—— 安徽师范大学徽学研究丛书 ——

徽州牌坊研究

基于徽州旧志的分析

黄成林◎ 编著

安徽师范大学出版社

ANHUI NORMAL UNIVERSITY PRESS

·芜湖·

图书在版编目（CIP）数据

徽州牌坊研究：基于徽州旧志的分析/黄成林编著.—芜湖：安徽师范大学出版社，2023.1

ISBN 978-7-5676-5718-2

Ⅰ.①徽… Ⅱ.①黄… Ⅲ.①牌坊–介绍–徽州 Ⅳ.①K928.71

中国版本图书馆CIP数据核字（2022）第253450号

徽州牌坊研究：基于徽州旧志的分析　　　　黄成林◎编著

HUIZHOU PAIFANG YANJIU：JIYU HUIZHOU JIUZHI DE FENXI

责任编辑：祝凤霞

责任校对：翟自成

装帧设计：张　玲　冯君君

责任印制：桑国磊

出版发行：安徽师范大学出版社

　　　　　芜湖市北京东路1号安徽师范大学赭山校区　　　邮政编码：241000

网　　址：http://www.ahnupress.com/

发 行 部：0553-3883578　5910327　5910310（传真）

印　　刷：江苏凤凰数码印务有限公司

版　　次：2023年1月第1版

印　　次：2023年1月第1次印刷

规　　格：700 mm×1000 mm　　　1/16

印　　张：29.75

字　　数：600千字

书　　号：ISBN 978-7-5676-5718-2

定　　价：128.00元

凡发现图书有质量问题，请与我社联系（联系电话：0553-5910315）

目　　录

表　录

第一章　引　言

研究徽州牌坊，首先要弄清楚徽州人"旧时为什么要建牌坊"。关于这一点，徽州旧志中叙说很多，下面这几段引文从一方面很好地回答了这个问题。

康熙《休宁县志》上的两段话说得很直白，其卷一《方舆·坊市》开篇曰：

> 书曰：表厥宅里，树之风声。休先贤之宅里盛矣，都人士勖乎哉。硕儒、旌孝足以劝善，昼锦、朱紫足以劝学，余可类推。[1]

其卷二《建置·坊表》开篇曰：

> 人有善欲与天下共荣之，以劝勉当世，故为之异其车服，榜其门闾，犹恐不足以垂久远也，复为之建坊而立表。圣王之所以奖进激励，使民日迁于善而不自知，意何深欤？休城隅村市皆有坊，而高爵甲科居大半，百岁、节烈诸坊亦间有焉。呜呼，过斯坊者可毋卓然自命思所树立哉？[2]

道光《婺源县志》卷九《建置志·坊表》开篇和结语说得比较文乎：

> 叙曰：旌淑表宅，树之风声。彰厥善以率或不善，王者历世磨钝，道由此也。是故褒德录贤，扬姓名而垂之石，岂徒一时烜赫？将以昭示乎奕祀焉。志坊表。[3]

> 赞曰：星云山岳，东鲁之后。一人过阙里而钦仰止者，教泽何穷也。若夫儒者，自振步青云，早策名天府矣。厥有成绩，则又铭诸大常，而尤为之树坊表于其乡，俾称道匆绝，夫亦励人积学立名之心欤。至于巾帼幽贞、铮铮

---

[1]（康熙）休宁县志[M]. 台北:成文出版社,1970:199.
[2]（康熙）休宁县志[M]. 台北:成文出版社,1970:305.
[3]道光《婺源县志》卷九《建置志·坊表》第一页。

奇烈，直与星日争光，其声施又何朽乎哉？[1]

综上，无论科举功名坊、善行义举坊，抑或节孝贞烈坊、封赠例授坊、百岁期颐坊等，建坊的目的都是以牌坊这种“垂久远”、高大威严、引人注目的建筑物进一步“褒扬坊主，教化今人”。每个朝代有每个朝代的主流价值观，每个朝代有每个朝代褒扬先进的物质载体，徽州牌坊就是徽州旧时褒扬先进的最显赫的物质载体，形式是物质的，实质是精神的。

为了方便读者，在后文正文涉及牌坊的直接引文中，为了突出牌坊名或坊主姓名或姓氏信息，必对其中之一加粗字体；在后文脚注人物传中，为了突出人物姓名或姓氏，对人物姓名或姓氏一律采用黑体字。

永乐《祁阊志》卷一共七目，其中第五目《坊巷》中的两段话从另一方面很好地回答了徽州人“旧时为什么要建牌坊”：

在宋建坊，曰**英才**、**昼绣**，为丞相汪伯彦[2]立；曰**省元**，为秋崖方岳[3]

[1]道光《婺源县志》卷九《建置志·坊表》第六页。

[2]永乐《祁阊志》卷七之三《先达·宋》载：“**汪伯彦**　字廷俊，居北寓昼绣坊。性宽厚，嗜诗书。年甫七岁，自书斋归午饷，时炎天，以黑扇遮日，途遇乡尊叶先生以对戏之，云‘乌扇戴头归吃饭’，随应曰‘红旗引我去朝天’，已见其不凡。及文学有声，邑宰王本延主宾馆，时宰二甥秦桧、秦迪皆受学。有风鉴者至馆中惊怪曰：‘祁山小邑，一书院有三宰相在焉。’二秦皆远到。公初入京，王宰以诗赠行。崇宁中登第，(词)〔祠〕成安主簿。时吕惠卿镇北京，见其文，嘉异之，数檄主旁郡学用。中书侍郎梁子美荐召，会子美帅定州，辟管机。移大名，复从之，连三师十余年，皆留自佐。及子美再师，诏缮守备，务从弘大，子美专倚以办。不数年，陪都势成，奏功，自宣教郎至中奉大夫。宣和二年，召对，除开府司仪曹事，军器将作少监，后擢尚书虞部郎。靖康初，中外严戒，工部四司三监长二诸郎，无一人留者。凡备御之职，大率兼之，所至皆办。召见，献《河北边防十策》，剀切当帝意，即以付尚书省。寻直龙图阁，知相州，赐金紫。陛对极言当时事，帝嘉纳，谓曰：‘兵起北方，悉求南去，卿独以边警请行，真体国之臣。’加赐衣马器胄及赏士金帛。至相州，大修城壁，儆戒聚粮，申明赏罚，军声甚振。冬十月，金人陷真定，诏移府相州，命兼领。时太上以康邸出使在磁，方虏骑充斥，伯彦亟以帛书请王还相州以安民心，遣将刘浩帅兵二千卫王。翌日，躬服櫜鞬，迎河上。王喜谓曰：‘他日见上，当首以京兆荐公。’闰月，王奉檄书，开大元帅府，以伯彦为副。欲引兵渡河，谋所向，或请出济、滑，或请渡。王：‘俞！’或请趋魏县，言人人殊。公独奋曰：‘非出北门济卞河不可。’抗论详明，众莫能夺。王喜曰：‘廷俊之言是也。’议既决，或犹欲宿留，伯彦以为乘此坚冰不渡，万一春泮，大事去矣。遂奉王渡而身为之殿。未毕，数骑而陷已，济饔人不至，乃奉羊羹饼饵以献。时以方冯异王霸，遂由大明历郓、济达于南京。时所将皆乌合，屡危，赖伯彦调护以免。先是王已渡，遣所乘车来迎属，天寒，又解所服条褐以赐。是月，奏为集英殿修撰。明年二月，承制，拜(献)〔显〕谟阁待制，升元帅，寻进本阁直学士。王即位南京，即日擢同知枢密院事。方披荆棘，立朝廷，百度草创，伯彦夙夜匪躬，以赞成大业。六月，知枢密院事，驾幸扬州。明年十二月，拜尚书左仆射。会疾弥月，求罢未报。乘舆南渡，乃除观文殿大学士、知洪州。自是屡黜，后尝知广州，盗数万，方寇广东，一夕遁。绍兴九年春，以观文殿学士知宣州。召对，泣谢，上为改容。翌日，拜检校少傅、保信军节度使，赐鞍马笏带茶药，留旬余，燕见赐赉无虚日。陛辞，至漏下数刻。至郡未几，请祠。诏特给真俸。自始仕在北方，至是归，凡四十年。拥旄节还家上冢，会族姻父老为笑乐。时子召嗣知抚州，

（接上页）命移本路转运判官，使便侍省。十一年，以开府仪同三司，加食邑二千七百户，致仕。赠太师，退居。生辰，天子诏庆曰：'卿作命元勋，济时宿望。孤矢之庆，岂惟光于家庭。柱石之良政，用资于今日，宜膺宠锡，以介寿康。今赐卿羊酒、米面等，具如别录，可领也。故兹诏示，想宜知悉。'嗣岁，后颁恩诏。时公年七十，尝筑昼绣堂，内相汪藻为之记。后三年，卒。官给葬事，录亲属十一人，又赐田十顷、银绢各千。奉敕葬于鄱阳下喻里尧山之阳，谥'忠定'。公性资乐易，不事边幅，事上以敬，接下以诚，未尝一日去书不观。有表章、奏议、杂文数十卷，《中兴日历》五卷，《春秋大义》十卷，又集《三传本末》为三十卷。子召嗣，中大夫直龙图阁，行太府少卿，四川茶马使，赠少师；召锡，右通直郎直秘阁，湖南提举。孙德辅，朝请大夫，广西提举；德轮，朝奉大夫，知房州。其后，云仍青紫不绝，有家于都者。邑北显亲院、邑西石门净庵有碑记祠像存焉。"崇宁二年进士。

[3]永乐《祁闻志》卷七之三《先达·宋》载："**方岳** 字巨山，号秋崖，居邑北隅。七岁能赋诗，长入郡庠，严陵叶子仪教授挟多闻，困苦学者，升论堂，点请诸生复诵《通鉴》，唯岳与方璆圭能抗之。相约每举及《通鉴》某事，即须举其事及人姓名，始见某卷，终至某卷。以复问之，叶遂语塞。绍定五年，漕试及别省皆为首选，廷试甲科第七人。除淮东安抚司干官。高邮军卒哄，以制命往，易置其事，戮首恶数人，一城贴然。赵葵曰：'儒者知兵，吾巨山也。'秩满，进礼、兵部架阁，添差淮东制司干官。丁父忧。先是史嵩之在鄂渚，王楫划江协和，嵩之主和议。岳尝代葵稿书，语侵嵩之，以此取怒。服阕，嵩之入相，差充刑、工部架阁，而嗾言者论列，闲居四年。而嵩之父弥忠死，以营求起复，得罪天下。范钟为左丞相，以礼、兵部架阁召，寻除太学（士）〔正〕兼景献府教授。轮对，首言：'化恶虽更，圣心未一。谓之刚果，时而阴柔；谓之清明，时而阴晦；弹〔兴〕土木，以彰宠赂，何以训吏？廉污环列，以示昵私，何以杜憸？'谒奏毕，叙言东西阃和战之议，且及书掇怒之由，上再三嘉叹。淳祐六年，迁宗学博士，复当轮对，谓：'政柄朝纲，莫之底绩，天运神化，仅子常程。陛下之德未出于一，如此则无怪乎二三大臣远避嫌疑之时多，而经纶政事之时少；共济艰难之意浅，而计较利害之意深。群工百执，大息儒者之无益，而涩缩方今之良图；隐忧静邪之复兴，而潜避它日之奇祸。'次疏谓：'丙午为自古厄运，考之国朝，则是李邦彦从吉之年。烛武已老，丐骸而去幸也；王陵少戆，不知何可代之。万一以馈之思，慨然有不如之叹，则天下事不可胜讳。'是岁淳祐六年丙午，此谓嵩之行将服阕，范钟已老去游，似如王陵之戆，无以为继也。其言亦深切矣。适讲荣邸，先是讲官日至，客次俟讲，岳持不可。王与芮甚敬之。七年，除秘书郎。方扫革省中旧弊，适赵葵以元枢出督，辟充行府参议官，遂以宗正丞权工部郎官在行。始至，即以祃祭违礼，与同僚辩论不合，又有欲括金陵隙地鬻蔬规利者，有以阵殁为死节者，岳力辟之。丐去，葵不许。葵出行边，自言之朝，丐祠，差知南康军。郡当扬澜左蠡之冲，风涛险恶，置闸以便泊舟。湖广总所纲梢据闸口，邀民钱万，始得入闸，民船有覆溺者，取纲梢惩之百。京湖阃总领贾似道怒谓'无体统'，移文令岳具析。岳怒谓'湖广总所，岂可于江东郡寻体统'，大书判数百语，有曰'岂不知天地间有一方岳'，还其文。似道益不堪，遂劾诸郡。朝不直似道，因两易，岳知邵武军。丐祠、丐罢，不许。未至邵武二百里，洞寇作，驰急足榜谕之。寇知威名，迎拜车下而散。郡之廖姓，峒丁派也。廖教谕复之者，与峒表里，杀人殖货，为郡梗。岳奏乞窜廖复之，而诛廖宗禹。复之等多资，先为计，奏格不下，而下福建帅赵希瀞覆实。希瀞下郡，追人索案。岳曰：'吾不可留。'三上疏，丐去，未报，则拜章交纳郡印与以次官而行。既归，然后得旨，如所奏。改知饶州，未上，罢。起知宁国府，未上，罢。时宝祐四、五年乙卯、丙辰之间也。越七载，程元凤当国，起知袁州，新其桥若城及门，为大役。后邕广连兵出湖湘，旁江西而北，袁有城可恃者，公力也。时丁大全当国矣，以先求举刻，不从，怒。及令张生者，携橐字求为造宅差舟。已差舟矣，求买钉钱，弗与。寻除〔吏部〕尚〔书〕左郎官，而属沿江副闸袁玠刻罢之。下郡磨算，应干文遣，追偿其钱，鞠勘死者数人。玠遣校诣门索钱，售田业偿之。又两悍卒索考功印历，既授之矣。后数日以历归，索领状。岳题诗历上，解嘲曰：'一钱太守今贪吏，五柳先生歉富民。''贪吏''富民'，玠疏中语也。贾似道既相，起知抚州，岳辞已题废印历，无出任意。似道与再给印历，尽复元官，给之也。不得已，异辞以谢，谓似道能释憾而不然，果以言者寝新命。景定三年壬辰卒，年六十四，官朝散大夫。自谓秋崖人，所居堂字曰'归来馆'，曰'著图书所'，曰'荷蓑坞'。自谓归藏之所，曰'茧窝'。气貌清古，音如钟，诗文与四六，不用古律，以意为之，语或天出。有《秋崖小稿》行于世，重修《南北史》一百一十卷，《宗维训录》十卷，未传。裔孙石，中童科文林郎，平江路监仓。"绍定五年进士。

立；曰状元，为程鸣凤[1]立；曰联桂，为进士胡镇孙[2]、赵必（达）〔赶〕[3]立；曰朱紫，为进士陈王业[4]立；曰孝女，为县尉史简瑞女立；又有临河、近民、宣化、思政、美俗、兴贤、仙桂、依绿、阜财、富业、丰储、介福、明善、崇善，凡二十一所。宋淳熙十五年，水决临河坊，其余皆因元至元丙子毁于火[5]。

　　时邑人方贡孙[6]为县令，新而立之，遵旧规也。且有记云：桥亭新建，咸喜**近民**。市路重修，聿观**美俗**。邦人之**明善**已久，坊题之**宣化**维新。上下相安，官则**思政**。民则**富业**，室家胥庆。妇有**孝女**，男有**英才**。湘潭疏**依绿**之源，儒学副**兴贤**之选。**省元**、**状元**而昼绣闾里，**仙桂**、**联桂**而**朱紫**门庭。众助**丰储**，喜**阜财**之有俗；士独**崇善**，宜**介福**之攸同。[7]

　　毋庸置疑，嵌入上述"记云"中的20处坊名都是构筑物牌坊之名称，除了英才、昼绣、省元、状元、联桂、朱紫、孝女7座纪念坊，其余13座则是重在"教化今人，期盼美好"的牌坊，寄托着朝廷对百姓和社会的诸多期盼。这种"教化今人，期盼美好"的牌坊称之为街坊，也可能是类似于题有里坊制之地名的标识牌，因其具有标识、教化、景观等意义，本研究称之为景观坊，以区别于

---

　　[1]永乐《祁阆志》卷七之三《先达·宋》载："**程鸣凤**　字朝阳，号梧冈，邑北善禾人。少颖异，博学洽闻。宋淳祐丙午应武举。宝祐癸丑射策占第一名。乙卯、戊午以经学两请漕举，初授殿前司同正，将除阁门宣赞舍人，改知德庆府。陛辞，指陈时事剀切，上躬，无所回避，上喜纳之。将之官，适郡内山（猺）〔瑶〕猖獗，或止其行者，乃正色曰：'方今天下多事之秋，正臣子奋忠之日，仗马木鹰，吾不忍为也。'毅然前进，未及境，奉檄促亲赴郡，至则条事宜上于帅，出奇掩击，磔大憝而尸死，余党悉平，士民咸咏之。及代主管建昌军仙都观以归，治亭榭于山谷间，匾曰'盘隐'，若将终身焉。未几，起知南雄州。朝辞，进《无逸说》，上奖谕再三。比至州，常赋外有折银钱，岁输六千缗，急请复之。三年解组而家，终于'盘隐'焉。公尝精草圣，工墨戏，有《读史发微》三十卷、诗文二集刊行。其子美授进武校尉，佫克柔任本县主簿。"宝祐元年武举状元。

　　[2]永乐《祁阆志》卷七之三《先达·宋》载："**胡镇孙**　字安国，居邑东隅。宋咸淳元年，赐同进士出身，授黄州户曹，入沿江制幕，进秩南康星子县令。任满家居，值宋季乡井寇攘，郡委极治县事。又西南五里强徒，乘时窥邑城，乃率城之勇义者，并力捕之，擒其首纽绳以法，余党尽散，而民赖以安。其子拱辰乡先生，闻学有声。邑大夫子弟及乡民俊秀者，多师从之。"

　　[3]永乐《祁阆志》卷七之四《科目·宋》载："**赵必赶**　咸淳元年阮登炳榜，仕至湖广总干。"

　　[4]永乐《祁阆志》卷七之五《科目·宋》载："**陈王业**　绍兴二十一年赵逵榜，仕至宣教郎。"

　　[5]永乐《祁阆志》卷六之五《灾异·元》载："淳熙戊申夏，大水割邑东临河坊，遂为溪道；邑南田产甚敞，人多溺死，朝廷窘其室而优恤之。""至元丙子夏，城兵灾，官民庐舍，十毁其九。"

　　[6]永乐《祁阆志》卷七之一《贤宰政绩·元》载："**方贡孙**　字去言，邑人也。宋季，监镇江酒库以归。咸淳乙亥，邑宰董更生道，居民散处，井邑为虚，郡（郏）〔剡〕于朝，俾领县事。政治帖怗，民皆晏然。至元十三年，为县令，奏上惟谨，临下以宽。邑民赖之，勒石县庠，以纪善政。"

　　[7]祁门县地方志办公室. 祁阆志(外四部)[M]. 祁门县地方志办公室，2009:20.

"褒扬坊主,教化今人"的纪念坊。

总之,无论纪念坊,还是景观坊,都具有教化作用。大体上可以说,"褒扬坊主,教化今人"和"教化今人,期盼未来",这就是徽州旧时建坊的真实目的。其实,不但徽州旧时,而且旧中国,建牌坊的目的之一恐怕亦如此。

有一种说法,说旧社会大众接受思想道德文化教育的地方主要是"三堂"。一是"中堂",作为全家活动中心"厅堂"意义之"中堂"是晚辈接受长辈言传身教、家规家法教育的场所,作为悬挂物"字画"意义之"中堂"和楹联让人们在警示或规劝的中堂文化氛围中成长;二是"祠堂",接受族规教育的地方,但每年宗族活动次数有限,并非时时、人人皆可耳濡目染;三是"学堂",接受学校教育的地方,但只限于有条件入学的人,旧时绝大多数人无缘聆听师长教诲。其实,从上述直接引文看,牌坊也是大众接受教育的地方,因为牌坊或是"时代楷模"之坊,或是寄托着"朝廷期盼"之坊,且位于开放空间,大众只要经过此地,"低头不见抬头见",虽无"耳濡"但肯定有"目染"。由此看来,旧时大众接受教育的地方可以概括为"三堂一坊"。

总之,在旧社会,具有教化作用的牌坊主要包括纪念坊和景观坊两类。立纪念坊是褒扬功德、旌表节孝贞烈、传递忠孝慈爱、倡行善行义举、敬重期颐、颂扬德政、追思故人等的重要形式,也是光宗耀祖、显赫乡里、树立楷模、教化乡里的重要举措。纪念坊和景观坊之外的牌坊,有仅具有"指示位置、标明处所"的标识坊,如齐云山下的"登封桥"坊,还有宗教场所的牌坊,如齐云山上的"小壶天""众妙之门""玉虚阙""天乙真庆宫""治世仁威""栖真岩""忠烈岩""碧霞灵应宫"诸坊,概不在本研究所指的牌坊之列。本书研究的牌坊,仅包括上文界定的纪念坊和景观坊。

《中华人民共和国文物保护法》第一条明确指出:"为了加强对文物的保护,继承中华民族优秀的历史文化遗产,促进科学研究工作,进行爱国主义和革命传统教育,建设社会主义精神文明和物质文明,根据宪法,制定本法。"第三条规定:"古文化遗址、古墓葬、古建筑、石窟寺、石刻、壁画、近代现代重要史迹和代表性建筑等不可移动文物,根据它们的历史、艺术、科学价值,可以分别确定为全国重点文物保护单位,省级文物保护单位,市、县级文物保护单位。"包括徽州牌坊在内的众多牌坊列为不同等级的文物保护单位,亦可见这些牌坊属于"中华民族优秀的历史文化遗产",具有"历史、艺术、科学价值",以及由于它们具有"历史、艺术、科学价值"而衍生出来的教育价值和旅游价值等。

第一节 研究缘起

笔者曾认为:"旧时徽州牌坊可能多于1000座","如果认真研读徽州旧时地方志和家谱,虽然不能彻底弄清楚徽州到底立了多少座牌坊,但是对了解徽州旧时建坊事宜肯定有重要帮助。"[1]完成自己先前的念想,试图依托多部徽州旧志,看看徽州到底有多少座牌坊,探探这条路径能否可以引导我们走近徽州牌坊的历史真实,这是本研究重要缘起之一。

研究徽州牌坊,除了上述"褒扬坊主,教化今人"和"教化今人,期盼美好"两个限定外,还应该进一步界定徽州牌坊的范畴。

第一,徽州牌坊应该是基于徽州文化视域下的牌坊,即排除仅具有"指示位置、标明处所"的标识坊,也不应该包括宗教场所的牌坊,但是,有的牌坊,乍一听是标识坊,实质上是纪念坊,则纳入纪念坊之列。如歙县县城"古紫阳书院"坊,它既有标识功能,即"古紫阳书院"所在地,同时更具有纪念意义,同样应该纳入纪念性非旌表类。紫阳书院建于南宋淳祐六年(1246),宋理宗赵昀题额"紫阳书院",以祭祀朱熹、宣扬朱熹理学思想为宗旨,几易地址,几建几毁,时兴时废,历经宋元明初发展—明季被毁—清代兴盛等阶段。康熙皇帝御题"学达性天"匾,乾隆皇帝御题"道脉薪传"匾。后因经费不济、讲学乏人,书院日渐衰落。乾隆五十五年(1790),歙人曹文埴和徽商鲍志道等人倡议在县学朱文公祠遗址创建古紫阳书院,以至"古紫阳书院"五字门坊成为一座具有纪念意义的标识坊。潜口"金紫祠"坊,形式上是金紫祠的门坊,实质上同样属于纪念坊。

牌坊是徽州文化的物化象征之一。有作者研究了徽州仕科坊、节孝坊和忠义坊后认为,"大体上可以说,宗法制度、乡土礼法和经济因素是树碑立坊

---

[1]黄成林.徽州文化地理研究[M].芜湖:安徽师范大学出版社,2018:230,231.

的决定性因素"[1]。这种认识可能不够全面,我们既要从全国看问题,也要从徽州看问题。从全国看,牌坊是立坊时代社会主流价值观的外在显现方式之一,"政策或制度因素"和"帝王偏好"等"共性因素"是立坊的关键性因素[2]。说徽州牌坊是徽州文化的物化象征之一,更多的是基于徽州"个性因素"[3],是说那个时代的社会主流价值观在徽州尤为根深蒂固:徽州节孝贞烈坊众多,与徽州崇尚女性遵循旧道德有关,与徽州宗族观念有关;徽州科举功名坊众多,与徽州重视教育、科举及第者众有关;徽州官宦世家多,在"封妻荫子"制度和"光宗耀祖"观念支配下,徽州封赠例授类牌坊无疑多有建造;徽商的经济实力从两方面促进了徽州牌坊的发展,一是徽商的善行义举有利于他们得以旌表,进而建坊,二是徽商的财富有助于牌坊的建设。

　　第二,徽州牌坊应该是存世牌坊、徽州旧志上记载的牌坊和旧志截稿之后建造但目前已圮牌坊这三部分中非重复者之和。徽州现存牌坊很少。徽州旧志中记载的牌坊,有的尚存,绝大多数杳无踪迹。徽州旧志截稿之后〔徽州旧时最后一部府志是道光七年(1827)的《徽州府志》,距离清末还有80余年;最后一部县志中问世最早的是嘉庆十五年(1810)的《绩溪县志》,距离清末还有101年〕新建的牌坊有的尚存,有的已圮。换言之,仅仅依据存世牌坊无法弄清徽州牌坊总量等问题。存世牌坊中,一部分是徽州旧志中记载的牌坊,一部分是徽州旧志中未记载的牌坊,但存世牌坊总量可能仅仅是徽州牌坊总量的百分之几。应该说,虽然徽州旧志中记载的牌坊绝大多数已经杳无踪迹,但其对牌坊的记载应该是牌坊史料中最全面系统的。因此,研究徽州旧志中的牌坊,即是研究徽州牌坊的主体,无疑对于认识徽州牌坊具有重要意义。

　　基于以上认知,本研究以徽州一府六县为研究空间,以徽州旧志上记载的牌坊等为原始资料。在已经查阅的徽州旧志中,虽然有的旧志问世于民国年间,但这类旧志中记载民国时期建造的牌坊仅7座〔民国八年(1919)2座,民国九年(1920)4座,具体年份不详1座,均见于民国《黟县四志》〕,所以本书研究的徽州牌坊,依然是徽州文化视域下的徽州牌坊。

[1]孙燕京,施彦.牌坊与徽州文化[J].安徽史学,2005(1):89.

[2]黄成林.徽州文化地理研究[M].芜湖:安徽师范大学出版社,2018:237-245.

[3]黄成林.徽州文化地理研究[M].芜湖:安徽师范大学出版社,2018:245-248.

一、徽州牌坊既往研究特点

众多学者为徽州牌坊研究做出了贡献,或论文或专著,或科普或学术,或文字或图片,或纸媒或网媒,或表象或内涵,或形态或类型,或现象或成因,等等,都从不同层面促进了我们对徽州牌坊的认识。

(一)关注存世牌坊,忽视已圮牌坊

应该说,存世牌坊仅仅是徽州牌坊的极小部分,已圮牌坊是徽州牌坊的主体,忽视已圮牌坊意味着忽视徽州牌坊的主体。

关注存世牌坊是研究徽州牌坊应有之义,如果不查阅徽州旧志等,仅靠有限的牌坊铭文,甚至也难以弄清徽州存世牌坊坊主的详细信息。

徽州存世牌坊总量是动态的,至少有三种情况导致徽州存世牌坊总量存在不确定性。

一是因为统计时点、口径不一样,徽州存世牌坊总量各有说法。有学者有图像有文字,一书囊括了117座牌坊[1],对认识徽州存世牌坊具有重要意义。有学者认为徽州现存牌坊113座:徽州区8座,歙县82座,休宁8座,祁门1座,黟县1座,绩溪13座[2]。笔者统计过徽州牌坊,共127座:屯溪区3座,徽州区19座,歙县75座,休宁7座,祁门6座,黟县4座,绩溪13座[3]。有学者发表了图文(照片、坊名、位置、坊主)并茂的《徽州现存牌坊大全》[4],截至清宣统三年(1911),徽州一府六县共有136座牌坊:屯溪区3座(含2座租借迁入坊),徽州区20座,歙县76座(不含2座租借迁出坊),休宁17座(含登封桥坊、小壶天坊、众妙之门坊、栖真岩坊、忠烈岩坊、碧霞灵应宫坊),婺源2座,祁门4座,黟县1座,绩溪13座。

二是因为调研或者阅读有限,有的牌坊未能纳入存世牌坊总量之中。如

[1]宋子龙,晋元靠.徽州牌坊艺术[M].合肥:安徽美术出版社,1993.

[2]罗刚.徽州古牌坊[M].沈阳:辽宁人民出版社,2002:213-217.

[3]黄成林.徽州文化地理研究[M].芜湖:安徽师范大学出版社,2018:232-235.

[4]程乔,许航.徽州现存牌坊大全[EB/OL].(2017-06-22)[2019-04-08]. https://mp.weixin.qq.com/s?__biz=MzI4OTU0MDYzMQ%3D%3D&idx=1&mid=2247486405&sn=c2d0fe8337579c026ea4c508941a8bef.

在婺源县城石家巷还有一座半牌坊[1]：一座位于石家巷16号，为一座墙坊一体的砖坊，形制为"四柱三间三楼冲天式"，"圣旨"坊，坊题"节孝双完"，坊注"旌表故生员张起敬妻江氏"，坊注左下方砖刻小字"巡按直隶监察御史田生金题请"，坊注右下方砖刻小字"大明天启二年玖月吉旦立"；另半座位于石家巷7号南墙，同样为墙坊一体的砖坊，龙凤板上有"恩荣"二字，可惜2016年冬已拆除上半部。

三是随着人们对牌坊认识的转变，开始出现了依照旧时风貌修复或复建的牌坊。如2018年祁门县闪里镇文堂村建于明正德十四年（1519）"乙卯科举人陈中立""奎光坊"，历经三个多月成功修复[2]；2019年徽州区西溪南修复了纪念明正德九年（1514）进士吴继隆的"国宾坊"，复建了纪念明代里人吴希周的"进士坊"、纪念明代里人孝男吴荣让的"孝子坊"。在个别旅游业发展比较好的村落，为了弥补缺少古牌坊的缺憾，有可能仿建古牌坊，包括历史上确实存在后来坍塌无存的牌坊和没有任何史实依据的牌坊。当然，没有任何史实依据的牌坊肯定不能与通常意义上的徽州牌坊相提并论。

综上，即使一年一统计，调研全面深入，复建的牌坊均基于史实，存世牌坊的总量都是极为有限的，忽视已圮牌坊不利于深入认识徽州牌坊。

（二）未见系统研究徽州牌坊

有些文献题目具有吸引力，但其内容均以徽州存世牌坊为基础。如《徽州牌坊资源数据库建设研究》[3]非常详细地叙述了如何建设牌坊资源数据库，但仅论及存世牌坊。《徽州古牌坊数字化保护初探》[4]提出在传统保护的基础上，运用三维激光扫描、三维仿真、虚拟现实等现代技术方法，使徽州牌坊的保护和利用数字化。该设想很好，但无法涉及今已荡然无存的牌坊。《徽

---

[1]江平.石家巷明代贴墙牌坊述评——呼吁保护婺源石家巷16号[EB/OL].(2017-05-06)[2018-04-05].https://mp.weixin.qq.com/s?__biz=MzIyMzQ1NTM5Mw%3D%3D&idx=1&mid=2247486540&sn=e8e3b640e7a377ef1379cc850763ee8e.

[2]陈昌奉.祁门闪里镇文堂村奎光牌坊修复成功[EB/OL].(2018-01-17)[2018-05-09].http://www.ah.xinhua net.com/2018-01/17/c_1122274414.htm.

[3]方兴林.徽州牌坊资源数据库建设研究[J].重庆工商大学学报（自然科学版）,2013(8):90-93.

[4]柏家文，朱正业.徽州古牌坊数字化保护初探[J].安庆师范学院学报（社会科学版）,2014(4):131-132,163.

州牌坊研究》[1]讨论了牌坊源流、徽州牌坊种类和徽州牌坊的文化价值,同样以存世牌坊为基础。

研究徽州牌坊的学位论文中,未见以徽州旧志为系统文献源的著述。如《徽州牌坊文化研究》[2],共5章22节,另有多幅图表,以徽州存世129座牌坊为实例,分析徽州牌坊起源与发展、形成的文化背景和文化内涵,阐述徽州牌坊的保护和利用,并结合现代园林景观设计,探讨徽州牌坊文化在现代园林景观设计中的应用。又如《牌坊研究——以皖、鄂、赣地区为例》[3],共7章29节,立足于存世牌坊,主要从建筑学的角度探究牌坊的历史与发展、共性与个性,其附录3《徽州牌坊列表》列出了130座徽州牌坊坊名、位置、建造年代、形制、类型,绝大部分是存世牌坊。

二、基于徽州旧志研究徽州牌坊的可能性和意义

既然未见系统研究徽州牌坊的著述,也未见利用徽州旧志研究徽州牌坊,那么,利用徽州旧志研究徽州牌坊,对于客观认识徽州牌坊诸多方面无疑具有可能性和重要意义。

(一)基于徽州旧志研究徽州牌坊的可能性

1. 徽州旧志是徽州重要的历史文献资料

方志是中国地域文化的瑰宝,是中国传统文化重要渊源和载体之一,内容上自然和人文兼备,以人文性内容为主;时间上古今兼备,或"厚古薄今",或"厚今薄古","贵因不贵创";详略上资料性与综合性兼备,是珍贵的历史文献,是区域百科全书,具有"存史、资治、教化"等功能。

"徽州是我国历史上修志发达地区之一","徽州旧志是徽州历史文化发展的典型缩影,也是徽州文化传播于久远的重要载体"[4]。徽州有"文献之邦"称誉,旧志是其保存历代文献的重要途径;徽州旧志拥有丰富的物产资

[1]柏家文,朱正业.徽州牌坊研究[J].铜陵学院学报,2014(1):89-91.

[2]董春.徽州牌坊文化研究[D].福州:福建农林大学,2014.

[3]梁峥.牌坊探究——以皖、鄂、赣地区为例[D].武汉:华中科技大学,2007.

[4]刘道胜.徽州旧志研究[D].芜湖:安徽师范大学,2003:2.

料、手工业及科技史资料、风土民俗资料、文献资料、人物及宗法资料、经济及人口资料、兵革资料等,无论是徽州文化的综合研究,还是徽州文化的个案研究,徽州旧志都为其不断向广深层面扩展提供了不可或缺的文献资料[1]。

不少徽州旧志不仅有详尽的文字,而且还有精美的插图。如弘治《徽州府志》共有插图15幅,包括《府治城垣图》《府治公廨图》和各县政区轮廓图及各县县治图等;同治《休宁县志》共有插图17幅,包括《山川图》《隅都图》《城郭图》《坊市图》《县治图》《学宫图》《松萝山》《古城岩》《齐云山》《屯浦》《灵山》《县境图》等。这其中的部分插图,对辨识建筑物牌坊和居住区"坊"有重要作用。

依据徽州旧志资料研究徽州的文章很多。有学者在《近20年来徽州旧志研究综述》[2]中从"徽州旧志的综合性研究""徽州旧志的微观性研究""徽州专志的具体性研究""徽州佚志的专门性研究"四方面综述了徽州旧志研究进展,但未见论及学者利用徽州旧志研究徽州牌坊。

有学者以《徽州旧志与徽州孝文化》[3]为题,依据康熙《徽州府志》和康熙《休宁县志》两种旧志,研究了体现儒家"亲亲、尊尊、长长"基本精神的孝文化,依托案例列举了包括"刲股治病者""庐墓者"等10种类型的孝举,认为旌表方式包括"旌表建坊""立祠年祀""改所居乡里名称""为所居之门题名""蠲其户税"等,但在"旌表建坊"方面没有进一步拓展,而且仅仅基于两种徽州旧志——康熙《徽州府志》和康熙《休宁县志》。

研究徽州旧志的学位论文,也未见基于徽州旧志研究徽州牌坊。如《徽州旧志研究》[4],核心内容共4章20节,着重从史学的角度研究徽州旧志,4章的标题依次是"徽州旧志的编纂源流""徽州旧志及其编纂的特征""徽州旧志的编纂理论"和"徽州旧志的资料价值"。虽然该文没有研究徽州旧志中的牌坊,但其对徽州旧志资料价值的具体认知为依托徽州旧志研究徽州牌坊提供了坚实可靠的价值判断。

[1]刘道胜.徽州旧志研究[D].芜湖:安徽师范大学,2003:35-44.

[2]蒲霞.近20年来徽州旧志研究综述[J].黄山学院学报,2010(2):5-8.

[3]蒲霞.徽州旧志与徽州孝文化[J].//安徽省管子研究会.安徽省管子研究会2011年年会暨全国第六届管子学术研讨会交流文集,2011:68-74.

[4]刘道胜.徽州旧志研究[D].芜湖:安徽师范大学,2003.

2. 徽州旧志包含着丰富的牌坊资料

在查阅的徽州旧志中，从徽州这片地域第一部府志淳熙《新安志》到徽州最后一部府志道光《徽州府志》，从问世最早的永乐《祁阊志》到问世最晚的民国二十六年(1937)《歙县志》，每部旧志中都有徽州牌坊资料。

徽州旧志中的牌坊资料，一部分见于"坊市""坊巷""坊都""街巷""门坊""坊表"等目，一部分见于"列女""孝友""义行""人瑞""封赠"等卷目，且在各志篇章结构中的位置也不一样。大体上，"坊市""坊表"中的牌坊，既包括景观坊也包括纪念坊。景观坊信息有坊名，有的还有主修者或倡修者姓名。纪念坊信息大体包括坊名(绝大部分节孝贞烈坊无坊名)、坊主姓名(绝大部分节孝贞烈坊主有夫姓无本名)，有的还有牌坊具体位置。"列女""孝友""义行""人瑞""封赠"中的牌坊信息内容大体包括坊主姓名、杰出事迹、旌表朝代和建坊时间甚至建坊地点等。有关科举功名坊坊主详细信息，主要以小传的形式记载在"选举""宦业""宦绩""儒硕""文苑"等卷目中。

(二)基于徽州旧志研究徽州牌坊的意义

本研究的主要意义，可能在于历史学和地理学两方面：

1. 从历史学角度说，有可能接近徽州牌坊历史真实

以史为鉴，可以知兴衰；以史为镜，可以明得失。简单地说，历史学是研究过去事件的，试图从整体上认识过去事件，系统叙述过去事件，"让历史告诉未来"。徽州牌坊作为徽州的一种过去存在，一种作为徽州过去事件的物质载体，到目前还没有弄清楚到底总量大体有多少，以及坊主的基本风貌。尽可能弄清这一问题，有可能还徽州牌坊历史真实，有可能从徽州牌坊中认识建坊时代的社会风尚，这无疑有利于认识旧时徽州和封建中国，有利于研究徽州历史和徽州文化，有利于丰富徽学研究内容。

另外，在徽州牌坊坊主中，不乏廉政勤政善政德政的为官者，重义轻利向善行善的为商者，向学问学笃学讲学的为学者，自强不息勤劳坚韧的为妇者等，他们可能是旧时臣民的"标准器"，看看他们的小传，可能对当今社会建设亦有积极意义。

2. 从地理学角度说，有可能大致弄清其时空分布

地理学是研究地理要素和地理综合体空间分布规律、时间演变过程和区域特征的科学。徽州牌坊作为徽州文化中的人文要素之一，作为徽州精神文化景观之一，弄清其时空分布特征和时间演变过程，揭示与此相关的地理问题，无疑同样具有重要意义。

第二节　研究内容

以下所讨论的研究内容，既是本研究试图达到的目标，也是本研究第九章结语核心内容的主要方面。

一、徽州牌坊总量和类型

（一）徽州牌坊总量

这是一个"永远没有准确答案"但又"无限接近准确答案"的总量。因为它是基于徽州部分旧志的分析，还可能查阅不详尽；因为辨识是否是重复坊，存在主观因素；因为即使阅尽徽州全部旧志，也可能因为徽州旧志记载不完整而无法抵达真实的彼岸。这里以歙县为例，歙县第一部旧志万历《歙志·凡例》说：

> 凡志旧载坊市。在淳熙志已有，如望仙、问政之属，不为一家一人设也。寻有孝童坊，则为今日之滥觞矣。彼在巍科腁仕，亦既高华，至于青琐黄扉，不胜猥冒，故亦不录。[1]

这段话很短，按顺序大概可以从中得出三点认知：一是歙境旧时有"望仙""问政""孝童"三坊，建坊顺序是先有"望仙""问政"，"寻有孝童坊"，但仔细阅读淳熙《新安志》卷三《歙县》，并没有关于这三坊的任何文字，据此判断，此三坊即淳熙《新安志》卷一《州郡·坊市》的"望仙""问政""孝童"坊（本书遵

---

[1]万历歙志[M].张艳红，王经一，点校.张艳红，注释.胡武林，审定.合肥：黄山书社，2014：19.

从淳熙《新安志》,统计于府城牌坊中);二是"寻有孝童坊,则为今日之滥觞矣"之句,至少明确表明歙县表彰个人的牌坊始于"孝童坊";三是万历《歙志》不录仕科坊的原因——"巍科膴仕,亦既高华,至于青琐黄扉,不胜猥冒,故亦不录"——大意是说,科举功名、高官厚禄、门庭显赫者,本就才华出众,地位显要,为众人所瞩目,况且既杂又滥,所以也就不记载了。由于歙县旧时首志万历《歙志》"不录"坊表,歙县随后几部旧志均未见"坊表",故歙县旧志中的牌坊信息少之又少,想弄清歙县旧时牌坊已无可能。

对于歙县旧时节孝贞烈女性,民国《歙县志》卷十一《人物志·列女》开篇言:

> 歙为山国,素崇礼教,又坚守程朱学说,闺闱渐被,砥砺廉贞,扇淑扬馨,殆成特俗。旧志义例取褒举而不遗,惟咸丰间兵事,歙人受祸实为奇酷,烽燹所至,闾里为墟,幽壑深岩,逃匿无所,全县人口十损七八,妇女之抗节守义、宁为玉碎者多至不可胜计。[1]

民国《歙县志》共16卷,其中卷十一至卷十四共四卷均为《人物志·列女》[2],其篇幅约占全志的五分之一,入志歙女达"8680人"[3]之多。

徽州牌坊的主体是节孝贞烈坊和科举功名坊,作为徽州第一人口大县(表1-1)和第一进士大县(表1-2),这两类牌坊应该比较多。道光《徽州府志》登载的歙县节孝贞烈坊多达1200多座(见第三章第四节),居六县之首,证实了歙县节孝贞烈坊"应该比较多"这一点。

表1-1　明清两代部分年份徽州各县人口统计[4]

年份	单位	歙县	休宁	婺源	祁门	黟县	绩溪	合计
洪武二十四年(1391)	口	177304	174114	137701	30749	22001	39213	581082
成化十八年(1482)	口	176581	172816	88727	42336	24741	25649	530850
嘉靖四十一年(1562)	口	204000	177849	82551	46467	24799	30731	566397
顺治二年(1645)	人丁	72647	63795	30805	17701	10656	10269	205873
康熙三十五年(1696)	人丁	75113	65908	32998	19465	12820	11100	217404

[1]民国歙县志[M].南京:江苏古籍出版社,1998:440.

[2]民国歙县志[M].南京:江苏古籍出版社,1998:440-585.

[3]歙县地方志编纂委员会.歙县志(　—2005)[M].合肥:黄山书社,2010:668.

[4](康熙)徽州府志[M].台北:成文出版社,1975:273-304.

表1-2 明清两代徽州六县进士统计[1]

县名	明代		清代		合计	
	进士/人	占全州比重	进士/人	占全州比重	进士/人	占全州比重
歙县	209	41.14%	413	51.95%	622	47.74%
休宁	85	16.73%	216	27.17%	301	23.10%
婺源	116	22.84%	86	10.82%	202	15.50%
祁门	56	11.02%	13	1.64%	69	5.30%
黟县	14	2.76%	23	2.89%	37	2.84%
绩溪	28	5.51%	44	5.53%	72	5.52%
合计	508	100.00%	795	100.00%	1303	100.00%

歙县存世牌坊中亦有未见记载于笔者查阅的歙县旧志的情况。如位于歙县桂林竦口、龙凤牌上有"圣旨"二字、"康熙五十年十二月具题""雍正七年十一月奉建"的"旌表故儒鲍望锡妻黄氏节孝"的"彤史流芳/女贞崇祀"坊,未见于通志民国《歙县志》。但是,这不等于"彤史流芳/女贞崇祀"坊僭越,因为道光《徽州府志》卷十三《人物志·列女·节妇·国朝》在"以上旌表建坊"所列众多节妇中有歙县"鲍望锡妻黄氏"[2]。

歙县是徽州府城所在地,其旧志中"不录"坊表,尽管有徽州五志做些补充,但对认识歙县牌坊总量进而认识徽州牌坊总量肯定有很大的负面影响。

徽州旧志疏漏了建坊信息,可能亦不仅仅是歙县,只不过歙县明确"不录"。

(二)徽州牌坊类型

对于牌坊分类,人云亦云。2019年7月8日9时,笔者在知网上以"徽州牌坊"为检索词,检索到篇名中带有"徽州牌坊"的文献共53篇,不少文献均讨论了徽州牌坊分类,如卞利的《徽州的牌坊》[3],董春等的《徽州牌坊的分类和旅游价值研究》[4],张联辉的《徽州古牌坊》[5],柏家文、朱正业的《徽州牌坊

[1]李琳琦.明清徽州进士数量、分布特点及其原因分析[J].安徽师范大学学报(人文社会科学版),2001(1):33.

[2]道光徽州府志(三)[M].南京:江苏古籍出版社,1998:126.

[3]卞利.徽州的牌坊[J].寻根,2003(1):72-76.

[4]董春,陈祖建,郑郁善,等.徽州牌坊的分类和旅游价值研究[J].蚌埠学院学报,2014(1):56-59.

[5]张联辉.徽州古牌坊[J].江淮,2009(5):48.

研究》[1],董春的《徽州牌坊文化研究》[2],等等。这些论述中的牌坊分类各有可取之处,也有不足之处,如都是基于文章自身需要而分类,而非基于徽州牌坊整体和全局考虑,甚至分类系统本身就存在不当之处。罗刚的《千古悲欢阅沧桑:徽州古牌坊》[3],大体也是这样。笔者对徽州牌坊也有分类[4],也不完全适合当下基于徽州旧志研究徽州牌坊分类之需要。

牌坊分类是相对的,很难决然分开,因为视角不同,对同一座坊解读不同,分类亦不同。根据存世牌坊形态、牌坊上的铭文、旧时文献上关于坊主的事迹等,大体按照从显性到隐性的顺序逐渐走近牌坊,可以作多种分类,如按牌坊现状分类,按建筑材料分类,按牌坊形制分类,按有无龙凤牌分类,按牌坊坐落分类,按坊主是否旌表分类,按坊主多少分类,按建坊目的分类,按建坊朝代分类,按建坊人分类,按建坊经费来源分类,等等。本研究主要讨论其中的部分分类。

1. 按建坊目的分类

为了方便统计牌坊是否属于纪念坊或非纪念坊,先将牌坊分为纪念坊和非纪念坊两大类;再将纪念坊分为旌表和非旌表两个亚类,非纪念坊分为景观坊和标识坊两个亚类;继而将旌表和非旌表两个亚类分别划分若干种类。本研究基于前文对徽州牌坊的界定,不含非纪念类的标识坊,其分类如表1-3所示(后文中各地域单元牌坊统计,均按照表1-3样式统计)。

表1-3 徽州牌坊按建坊目的分类统计样式

资料来源	合计/座	分类									
		纪念坊/座									非纪念坊/座
		小计	旌表类					非旌表类			景观坊
			节孝贞烈坊	孝友恩褒坊	善行义举坊	封赠例授坊	百岁期颐坊	科举功名坊	惠民德政坊	其他	

[1]柏家文,朱正业.徽州牌坊研究[J].铜陵学院学报,2009(5):48.

[2]董春.徽州牌坊文化研究[D].福州:福建农林大学,2014.

[3]罗刚.千古悲欢阅沧桑:徽州古牌坊[M].沈阳:辽宁人民出版社,2002:141-212.

[4]黄成林.徽州文化地理研究[M].芜湖:安徽师范大学出版社,2018:260-278.

1) 纪念坊。纪念坊是徽州牌坊的主体。

（1）旌表类牌坊。旌表是自秦汉直到封建社会末期，官府对忠实践行朝廷道德标准之人以树牌坊、立石碑、赐匾额等礼仪性标志物，予以表彰的一种方式，以显著于闾里，从而达到教化的目的。"我国的旌表制度历史悠久，一般认为，旌表制度形成于汉朝，历魏晋南北朝、唐、宋、元，至明清时期达到巅峰。长期以来，旌表内容以孝行、守贞、义行等优秀品德为主，高寿不在被旌表范围之内。明清时期，高寿老人中的百岁老人开始成为被旌表的对象。进入清代，旌表百岁老人逐渐成为定例，这是清代旌表制度中一项特殊的内容。"[1]也有认为，"秦始皇为巴寡妇清筑女怀清台，可为旌表之始"[2]。旌表类牌坊是旧中国最高的荣誉象征之一。

旌表是一种朝廷行为，上至帝王、礼部，下至巡抚、知府、教谕、邑宰等朝廷命官，均可给符合朝廷道德标准的人以旌表。节孝贞烈坊、孝友恩褒坊、善行义举坊、封赠例授坊、百岁期颐坊等，都属于旌表类牌坊。部分科举功名坊，亦与封建官府旌表有关，甚至与皇帝有关（如御制坊、恩荣坊、圣旨坊、敕建坊），考虑到是因科举功名这一基本前提而得旌表，故将具有旌表性质的科举功名坊一并划归科举功名类统计。

①节孝贞烈坊。这是专门针对女性坊主而划分的类型，但其中的女性高寿者坊主划属"百岁期颐"类。

徽州旧志中，对列女的分类以及各类列女的先后顺序存在很大差异。从府志层面看：淳熙《新安志》没有列女卷，仅第八卷第二目"义民"中有"章氏二女"[3]和"叶氏女"[4]两条列女信息；弘治《徽州府志》第十卷《人物四》下设"列女"目，目下只分朝代不分子目；嘉靖《徽州府志》第二十卷下设"列女"，其下只分朝代不分子目；康熙《徽州府志》第十六卷为《列女传》，其下只分朝代不分目；道光《徽州府志》卷十三《列女》，分为"节妇""节烈""贞女""贞烈""孝妇""孝女""贤淑"和"才媛"八目，不仅分类详细，而且广泛搜集资料，记载列女总数最多。从县志层面看，以黟县为例，嘉庆《黟县志》卷八为《列女》，下分

[1]单莹莹. 清代的旌表百岁老人政策[J]. 紫禁城，2015（10）：74.

[2]360百科：旌表[EB/OL].[2020-06-24].https://baike.so.com/doc/6261856-6475276.html.

[3]宋元方志丛刊（第八册）·新安志[M]. 北京：中华书局，1985：7720-7721.

[4]宋元方志丛刊（第八册）·新安志[M]. 北京：中华书局，1985：7722-7723.

"节孝""烈妇""贤妇""贞女""孝妇""孝女"和"寿妇"七目；道光《黟县续志·人物志》"列女"目下分"节孝""孝烈"和"贞女"三子目；同治《黟县三志》卷八为《列女》，下分"孝女""孝妇""贞女""烈女""烈妇""贤妇"和"寿妇"七目；民国《黟县志》卷八为《列女》，下分"孝女""孝妇""贞女""列女""烈妇""贤妇""寿妇""才女"和"节孝"九目。从上述府县旧志中关于"列女"的分类，大体可以看出，自宋以降，进入清代以后，尤其是县志，对"列女"的分类逐渐细化。

列女能够入志，是一件名垂青史的事情。列女入志的标准是官方"定例"。

对于入志记载的列女，还有严格的旌表与未旌表的区别。如道光《徽州府志》除了将列女分为"节妇""节烈""贞女""贞烈""孝妇""孝女""贤淑"和"才媛"八目外，还将每目列女分为"旌表建坊""官给额奖"和"未旌表未额奖"三类。

对于被旌表的列女如何归并，不同旧志表达方式不完全一样。有的称"节孝贞烈"，如同治《黟县三志》载："(顺治三年)定例：直省节孝贞烈妇女应旌表者，由该督抚、学正会同具题，并取具册结送部，由部核议题复"[1]；有的称"贞烈节孝"，如同治《祁门县志》称："节孝总坊"，"在祈春门内，道光〇年为五乡贞烈节孝建"[2]。本研究遵从"定例"，采用"节孝贞烈"称谓。

节孝贞烈坊坊主为题请旌表建坊的"节妇""孝妇""孝女""贞女""烈女"和"烈妇"。节妇，从一而终，永不改嫁，或为夫君故去而守节，或为抚育子嗣而守节，或为赡养长辈而守节；孝妇，恪守孝道，心存孝敬；孝女，克尽孝行，无怨无悔；贞女，或未嫁守贞，或未嫁殉夫；烈女，或重义轻生，或抗暴御侮；烈妇，或夫亡殉烈，或守节尽责再殉烈。列女们的孝行，大体分为两类：一是美德孝顺，二是愚孝，如违背科学常识的"割股疗亲"等。

②孝友恩褒坊。从徽州旧志看，被"孝友"目所收录者，要么"孝子顺孙"，要么"兄友弟恭"。

③善行义举坊。坊主或为热心公益者，或为捐输报国者，或为赈灾济困者。

[1]同治黟县三志[M]. 南京：江苏古籍出版社，1998:286.
[2]同治祁门县志 光绪祁门县志补[M]. 南京：江苏古籍出版社，1998:111.

④封赠例授类。皇帝赐予官员父母、祖先及妻室的爵位名号,存者称封,殁者称赠。关于封赠的具体爵位名号,笔者曾引用乾隆二十九年(1764)《钦定大清会典》卷七《吏部·封赠》[1],其对清代封赠所及代数、品阶、称谓等具体规定一目了然,届时只需循例而授(例授)。有的县志将封赠和例授者分得很清楚,本研究合二为一。

民国《歙县志》卷五《选举志·封荫》按语"封以荣祖父,荫以庇子孙,教慈教孝,亦一时之制也"[2],既道明了封赠(恩荫)之功能,亦道出了封赠(恩荫)之由来。

康熙《休宁县志》卷五《选举·封赠》开篇颇有意味,对于我们认识封赠很有意义:

> 封赠之礼通幽明,广仁孝典何盛也!然休自明以来,虽颇有不多见,而今更倍蓰于昔。何哉?由朝廷以大孝先天下,屡诏大小臣工,咸得推恩,荣其祖考,人子有善孰不愿归于其亲?仁孝之思,古今一致,固不必过为区别矣。[3]

⑤百岁期颐坊。爱老敬老是中华民族优秀传统之一。"我国自古即有优老的传统,并有相关政策予以保障。《册府元龟·帝王部·养老》从舜统治的时期开始讲起,历经夏、商、周、汉、晋、北魏、北周、隋、唐,记载了各个时期对高寿老人的优待措施。主要包括赏赐酒、肉、米、绢、帛等物质奖励,以及赏赐官职、爵位等精神奖励,还有免除老人一子差役的优待政策。"[4]《金史》《明会典》《大清会典》《皇朝文献通考》《清宣宗实录》等,对优待高寿者都有记载或明确要求。关于清朝旌表期颐政策具体内容,《清代的旌表百岁老人政策》[5]有详细介绍。

在徽州旧志中,也载有关于优老的具体规定"定例"。如同治《祁门县志》卷七《食货志·优老》记载了天顺八年(1464)、成化七年(1471)、万历十

[1]黄成林. 徽州文化地理研究[M]. 芜湖:安徽师范大学出版社,2018:242.

[2]民国歙县志[M]. 南京:江苏古籍出版社,1998:201.

[3](康熙)休宁县志[M]. 台北:成文出版社,1970:737.

[4]单莹莹. 清代的旌表百岁老人政策[J]. 紫禁城,2015(10):74.

[5]单莹莹. 清代的旌表百岁老人政策[J]. 紫禁城,2015(10):72-81.

(1582)、顺治五年(1648)、康熙二十七年(1688)、雍正元年(1723)、乾隆元年
(1736)、乾隆十五年(1750)、乾隆十七年(1752)、乾隆二十七年(1762)、乾隆
三十七年(1772)、乾隆四十五年(1780)、乾隆五十年(1785)、乾隆五十五年
(1790)、嘉庆元年(1796)、嘉庆十四年(1809)、嘉庆二十四年(1819)、嘉庆二
十五年(1820)、道光元年(1821)朝廷优老的具体规定。

乾隆年间的规定如下：

乾隆元年丙辰：民年七十以上，许一丁侍养，免杂差役；八十以上，给绢
一匹，绵一斤，米一石，肉十斤；九十以上倍之。老妇年七十以上，给布一匹，
米五斗；八十以上，给绢一匹，米一石；九十以上，视八十者倍之。

十五年庚午：老妇年八十以上，给绢一匹，米一石；九十以上倍之。百
岁者题明给与建坊。

十七年壬申，二十七年壬午，三十七年壬辰，四十五年庚子，五十年乙
巳：民年七十以上、八十以上、九十以上，并照元年例给与。

五十五年庚戌：民年七十以上，赏给绢一匹，绵一斤，米五斗，肉五斤；
八十、九十以上者，仍照元年例给，百岁者加赏大缎一匹，银十两。[1]

道光元年(1821)规定如下：

道光元年辛巳：民年七十以上，赏给九品顶带，许一人侍养，免杂徭役；
八十以上，赏给八品顶带，给绢一匹，绵一斤，米一石，肉十斤；九十以上，赏
给七品顶带，给绢二匹，绵二斤，米二石，肉二十斤；百岁者，加赏大缎一匹，
银十两，建坊银三十两。[2]

从上文看，"优老"定例在一朝之中和不同朝之间亦有所不同，但给百岁
者建坊的规定，乾隆十五年(1750)只是"题明给与建坊"，到了道光元年
(1821)还有"建坊银三十两"。

上述五类旌表坊中，节孝贞烈、孝友恩褒、善行义举、百岁期颐坊表彰的
主体是普通百姓，只有封赠例授坊表彰的主体是官宦人家。

(2)非旌表类牌坊。科举功名坊、惠民德政坊等，都属于非旌表坊。

[1]同治祁门县志　光绪祁门县志补[M]. 南京：江苏古籍出版社，1998：143.
[2]同治祁门县志　光绪祁门县志补[M]. 南京：江苏古籍出版社，1998：144.

①科举功名坊。科举是我国从隋唐到清代朝廷通过分科考试选拔官吏的制度。很多功名之人（如举人、进士、解元、会元、状元等）就是通过科举考试而获得功名，进而以功名为基础获得不同品级的官职。科举考试也是旧时寒士进阶的最重要通道。本研究把通过科举途径获得功名、官职进而建坊以示纪念之类的牌坊，统称为科举功名坊。

另外，将官员和因官员功绩而获得封赠的官员亲属同为一坊的牌坊，也归为科举功名类。因为没有科举实职功名者，就没有官员亲属被封赠。如歙县雄村"四世一品"坊，小字板上铭文为"皇清诰赠光禄大夫太子太保户部尚书兼管顺天府府尹事曹士珖[1]，皇清诰赠一品夫人程氏；皇清诰赠光禄大夫太子太保户部尚书兼管顺天府府尹事曹世昌[2]，皇清诰赠一品夫人朱氏；皇清诰赠光禄大夫户部右侍郎曹景廷[3]，皇清诰赠一品夫人张氏，皇清诰封一品夫人黄氏；皇清诰赠光禄大夫太子太保户部尚书兼管顺天府府尹事曹景宸[4]，皇清诰封一品太夫人朱氏；皇清诰授光禄大夫经筵讲官太子太保户部尚书兼管顺天府府尹事曹文埴，皇清诰赠一品夫人程氏，皇清诰赠一品夫人张氏"。这其中实职一品官员只有曹文埴[5]一人，其余都是封赠的，曹士珖是曹文埴的曾祖父，曹世昌是曹文埴的祖父，曹景廷是曹文埴的伯父，曹景宸是曹文埴的父亲，没有曹文埴的"官至户部尚书"，估计也不可能有其他人的"诰

---

[1]民国《歙县志》卷五《选举志·封荫·清》载："**曹士珖**　以曾孙文埴赠太子太保、户部尚书。"

[2]民国《歙县志》卷五《选举志·封荫·清》载："**曹世昌**　以孙文埴貤赠翰林院编修，晋赠太子太保、户部尚书；以曾孙振镛赠太子太傅、武英殿大学士。"

[3]民国《歙县志》卷五《选举志·封荫·清》载："**曹景宸**　以子文埴封翰林院编修，赠太子太保、户部尚书；以孙振镛赠太子太傅、武英殿大学士。"

[4]民国《歙县志》卷五《选举志·封荫·清》载："**曹景廷**　以侄文埴陈情，封翰林院编修，貤赠户部右侍郎。见《义行》。"

[5]民国《歙县志》卷六《人物志·宦迹·清》载："**曹文埴**　字近薇，雄村人。乾隆庚辰传胪，历官户部尚书，以母老乞归养，加太子太保衔。御书匾额诗章以赐母八旬暨九旬，并邀赐额，皆未有之异数。文埴在高宗朝由翰林供奉内廷二十余年，总裁《四库全书》，典试广东，视学江西、浙江，士习文风蒸然丕变。潍县民以浮派控，奉命查办得实。京师有疑狱久不决，复勘据实以闻，案遂定。论旨以为不肯扶同徇隐，得公正大臣之体。运艘卸粮迟滞，将误新漕，赴通督办，不十日而竣。浙省仓库亏短，乘传往按，既至盘验清厘，与长白阿文成公桂酌立善后章程，款皆核实。寻履勘柴、石两塘，以旧柴塘即为坦水关系石塘保障，奏明岁修，浙人赖之。官豫章时，拓省会试院，增设四千余席，就试者称便。家居，葺阊郡考棚，重兴古紫阳书院，六邑人文蔚起，倡率之力为多。在籍奉母十二年，年六十四卒于家。嘉庆五年，特旨颁祭葬，谥'文敏'。以子振镛赠太子太傅、武英殿大学士。著有《石鼓砚斋文钞》二十卷，《诗钞》三十二卷，《直庐集》八卷，《石鼓砚试贴》二卷。"乾隆二十五年传胪。

封一品"和"诰赠一品"。

②惠民德政坊。官员为政清廉,德政善民,惠及乡民,当其离任时或离任以后,乡民为其建坊,以示纪念。如永乐《祁阊志》第一卷第五目《坊表》载:

> 永乐戊子,邑宰路达秩满,考最,民思其惠,不忍其去,耆民汪德高、胡克昌等建思惠坊于十字街北,而怀慕焉。[1]

③其他。非旌表纪念坊中不便归入上述两类的列入本类。如歙县江村回仙坊,系后人为纪念江村十世祖荣禄公款待吕洞宾,吕洞宾离开江村前"指地掘井,汲此酿酒,酒当自佳"[2]之事而建造的牌坊。又如神道坊(墓道坊),虽有坊主姓名,但未见小传,虽其属于空间位置分类,但其纪念意义不言而喻,不便单独分类,也划归"其他"。如果神道坊坊主系科举功名者,则归入科举功名类。

2)非纪念坊。在本研究中,非纪念坊只有景观坊一个亚类。

这类牌坊的表象功能是景观,营造街道景观,烘托街市氛围,甚至标识的是所在地地名,虽然表象上没有明确的纪念对象,实质上同样具有教化、向善功能。

明代及其以前知府、县宰等地方官员非常重视景观坊建设,坊名充满着对百姓生活、社会经济发展乃至为官理政、为士治学的诸多祝愿和期盼。例如,本章开篇所引永乐《祁阊志》卷一第五目《坊巷》中的一段文字,记载了在元至元十三年(1276)任祁门县宰的邑人方贡孙,在任时对"宋淳熙十五年,水决临河坊,其余皆因元至元丙子,毁于火"的诸多牌坊"遵旧规""新而立之","且有记云"之事,表达了在他心目中诸坊尤其是景观坊所代表的"教化今人,期盼美好"等诸期盼或意愿,很能说明官员重视景观坊的教化、向善功能。

2. 按建坊朝代分类

这是一件很难的事情,尤其是统计到朝。首先,"题请"与"旌表"和"建坊"不是一件事,同一年完成可能性不大:"题请旌表建坊"要走程序,即使同意"旌表建坊",也要逐级下文,直到当事者或当事者家族,最后还有择地、设计、施工等环节,这有一个时间过程。其次,徽州旧志上关于"题请旌表建坊"的时间点表述比较模糊,难以判别:如"××年题请旌表建坊",这"××年"到底

---

[1]祁门县地方志办公室.祁阊志(外四部)[M].祁门:祁门县地方志办公室,2009:20.

[2]沙溪集略[M].邵宝振,校注.芜湖:安徽师范大学出版社,2018:19.

是"题请"年份还是同意"旌表建坊"年份,抑或开始"建坊"年份还是完成"建坊"年份? 最后,在徽州旧志中关于某人的旌表建坊的表述中,确实有先被"旌表",延后十几年乃至几十年才"建坊"的案例。

本研究以旧志所标示时间点为依据,先按唐宋元明清五代统计,个别旧志资料详实到朝的分朝统计,以说明代与代之间以及一代诸朝之间建坊之差异。

3. 按牌坊坐落分类

牌坊主要功能是纪念坊主、教化乡邻、彰显荣耀,显然必须立在引人注目之处。但从牌坊所在位置具体情况看,在人流密度、引人注目程度上还存在明显差别,相对而言,有"共享空间"与"私密空间"之分。

1)共享空间。这类牌坊所在位置人流密度大,为引人注目之处,是牌坊坐落的主要类型。

2)私密空间。这类牌坊所在位置人流密度比较小,地处相对僻静之处,如"祠内""墓前"等,但地处"私密空间"的牌坊数量很少。

4. 按坊主数量分类

1)一主坊。这是徽州牌坊的主体。

2)二主坊。二主坊的坊主,都是关系非常密切之人,如父子、弟兄、同科科举者、婆媳、妯娌等。在后文特定语境下,将二主坊及二主以上坊统称为"多主坊"。

3)众主坊。从三主坊到十数主坊、数十主坊、数百主坊、数千主坊,都是众主坊。众主一坊,必有其"共坊"的原因,常见的有祖孙三代、同科及第者、同年旌表者、同村同宗者、同区域历年科第者、同区域历年节孝贞烈者等。

4)"专坊"和"总坊"这两个词都出自徽州旧志。总坊是众主坊的特例,是指在坊题上有"总坊"二字的牌坊,是相对于"专坊"而言的。"总坊"这类牌坊数量极少,如清朝后期因财政不佳、无力逐一给"节孝贞烈"类受旌者30两银子单独建坊,于是在县城或其他合适位置建起了旌表"总坊",旌表本该独自建坊旌表的坊主。如同治《祁门县志》卷十一《舆地志·坊表》载:"节孝总坊""在城南十王寺前,同治癸酉为五乡贞烈节孝建"[1]。

5)"专坊"与"共坊"。严格说来,一主坊是"专坊",二主坊、众主坊都是"共坊"。

[1]同治祁门县志 光绪祁门县志补[M]. 南京:江苏古籍出版社,1998:111.

上述五种分类，后文都有涉及，具体含义依语境而定。

5. 按建坊手续分类

从建坊手续看，大体分为"自行建造""依例建造"和"先请后建"三类。

1）自行建造。惠民德政坊属于此类，由建坊人自行建造。

2）依例建造。科举功名坊多属于此类。科举功名坊又分两种情况。一是根据旧时规定，凡通过岁贡、恩贡、优贡、例贡、副贡等形式被贡举入国子监读书者，也即由州、县学贡献给皇帝的生员，以及获得举人以上功名者，可在经地方官府审核批准后，由地方官府按规定同意其建坊[1]，类似于"备案"后修建。如徽州区忠塘"丙辰进士方贵文"的"绣衣"坊，无龙凤牌，"绣衣"二字从右往左镌刻在大字板上。二是龙凤牌上有"敕建""覃恩""恩荣""诰赠""诰封"之类的词语，这类词语都与皇帝赏赐有关，不是普通百姓申报就可以获得的，得到赏赐必然要通过建牌坊这种形式显现出来。如前述祁门文堂陈中立（又名陈挺）"奎光坊"，龙凤牌上有"恩荣"二字，"1519年，经御史周推官奏报请旨为陈挺树坊，正德帝准奏，取坊曰'奎光永绚'。徽州府承恩督造"[2]。这第二种情况，实质上也是"先请后建"。

3）先请后建。这类牌坊主要包括"节孝贞烈""孝友恩褒""善行义举""百岁期颐"类。

是否题请旌表，取决于被旌表人事迹是否"与例相符"，是否值得朝廷"表彰"和后人"效仿"；何时题请旌表，可能取决于朝廷何时"通知"申报（又有"集中申报"和"零星申报"之分）。这里的"例"，即朝廷关于旌表建坊的制度或政策。大体从东汉开始，朝廷就有类似的规定。如明万历四年刻本《大明会典》卷七十九《礼部三十七·旌表》，对"节妇条件""节妇待遇""高寿者及其待遇"有明确规定；清乾隆二十九年《钦定大清会典》卷三十二《礼部·风教》，对旌表"节孝贞烈""义行""人瑞"有明确规定；清乾隆二十九年《钦定大清会典》卷七《吏部·封赠》，对官宦"封赠"所及代数及封赠之品阶和称谓有明确规定；清同治《黟县三志》卷六《人物志·忠节》，在记载忠节人物姓名、乡里、殉难年份、已旌、待旌等内容后，还载有礼部《旌恤定例》[3]，对咸同年间殉

---

[1]金其桢. 中国牌坊[M]. 重庆：重庆出版社，2002：28-29.

[2]佚名. 祁门一明代古牌坊成功修复[EB/OL].（2018-01-17）[2018-05-09]. https://www.sohu.com/a/217371079_164916.

[3]同治黟县三志[M]. 南京：江苏古籍出版社，1998：95-97.

难者旌表事宜有明确规定,包括建总坊或专坊、官建或民建、树碑或立坊、入祠设位祭祀等。在《岩镇志草》之《利集·节孝续传》也有旌表条件调整的记载:

> 旧时节妇,必年逾五十,方为合例。今奉恩例,凡守节历十五年以上者,即许请旌,诚表章盛典也。[1]

从上文看,"定例"和"恩例"差别很大。"恩例"即皇帝为宣示恩德而颁布的条例或规定。这种情况可能发生在新皇帝登基、国家重大庆典,或者皇帝、皇后、皇太后等身份尊贵人物过整寿时。

6. 按实际建坊人分类

按实际建坊人分类,可以分为坊主"自己建造"与"他人建造"两类,"他人建造"又可分为"族人建造""乡民建造"和"地方官府建造"等亚类。"生前建坊"可能是"自己建造",也可能是"他人建造",但"身后建坊"一定是"他人建造"。

如在歙县桂林,明万历四年(1576)建造的"尚书"坊,"户部尚书前奉总督两广军务兼理粮饷盐法巡抚地方兵部尚书都察院右都御史殷正茂立",系坊主殷正茂[2]生前自己建造;明万历五年(1577)建造的"大司徒"坊,系万历皇帝封赠殷正茂之祖父殷颎[3]、父殷镶[4]为"户部尚书",殷正茂为之立坊。

7. 按建坊经费来源分类

从经费来源看,可以分为"公建"和"私建"两类;从实际出资情况看,亦可分为"坊主出资""众人出资""官府出资"和"民办公助"四类。

1)坊主或其后人出资。科举功名坊主要为坊主或其后人出资建造,节孝

[1]西干志　岩镇志草　休宁孚潭志　善和乡志　杏花村志　杏花村续志　橙阳散志[M]. 南京:江苏古籍出版社1992:202.

[2]民国《歙县志》卷六《人物志·宦迹·明》载:"**殷正茂** 字养实,号石汀。以进士授行人,擢兵科给事,侃侃无所避忌。平江伯联姻分宜,怙势恣行,正茂疏其不法,贵戚竦然。适上有事斋宫祠上帝,正茂与诸科臣言'黩祭非礼',执不进香,俱杖于廷。寻补广西提学副使,振厉士节。除云南兵备艰归,起湖南驿传,迁浙江粮储参政,升江西按察使。属广西(猺獞)〔瑶僮〕作逆,隆庆三年特设开府专事征剿,擢正茂右企都往讨,破巢荡寇,斩馘七千有奇。捷闻,进兵部侍郎,荫赐有加。五年,总督两广时,倭陷锦囊、电白,而山海(猺)〔瑶〕狼诸贼窃发,所在骚然,众议且弃潮、惠,正茂分布攻守次第,削平擒斩俘馘五万余。万历元年,大捷,升右都御史。二年,再捷,加兵部尚书。三年,改南户部,寻晋北户部,请告家居。后掌南刑部二载,乞归。又十年卒,年八十。祠名宦,崇祀乡贤。初征古田,大学士高拱曰:'吾捐百万金予正茂,纵乾没者半然事可办。'时以拱为善用人。嘉靖二十二年举人,二十六年进士。

[3]民国《歙县志》卷五《选举志·封荫·明》载:"**殷颎** 以孙正茂赠户部尚书。"

[4]民国《歙县志》卷五《选举志·封荫·明》载:"**殷镶** 以子正茂赠户部尚书。"

贞烈坊资金来源主要也是这种情况。

2)众人出资。铭文中写有家族中历代科举及第者姓名的牌坊,当为族人或宗祠出资建造;惠民德政坊,当为族人或乡民出资建造。

3)官府出资。节孝贞烈总坊,坊主为辖区科举及第者的"甲第"坊,还有景观坊和"公建"坊,当为官府出资建造。在很多节孝贞烈坊上都有地方官员姓名及官职,这些人可能只是"督造"而已,代表地方政权,并非实际出资人。

4)民办公助。节孝贞烈坊、百岁期颐坊,当为民办公助,地方官府仅"给银三十两",不足以建造一座石坊。百岁期颐坊也有"公建"的个例。

同一村落、同一朝代(甚至不同朝代)、同一家族的牌坊,可能是资金原因,也可能受"示范效应"影响,其形制具有很大的相似性。如在歙县杞梓里镇竹溪,同为清代的旌表柯华国妻吴氏节孝坊、柯锅妻周氏节烈坊和柯华辅妻王氏节烈坊,都是两柱一间一楼石坊;在歙县坑口乡柔川,同为清代的旌表张法孔妻陈氏贞节坊、张大曾妻项氏贞节坊、张廷经妻洪氏节孝坊,都是两柱一间三楼石坊。又如歙县棠樾牌坊群7座牌坊,无论是明天启年间建、清乾隆年间重修的"官联台斗/命涣丝纶"鲍象贤[1]尚书坊,明弘治年间建造的"慈孝里"[2]坊,明建清修的鲍灿[3]孝行坊,清嘉庆年间的"人钦真孝/天鉴精诚"鲍

---

[1]康熙《徽州府志》卷十二《人物志一·经济·明》载:"**鲍象贤**　字复之,歙棠樾人。嘉靖己丑进士。授御史,历云南副使。毛伯温檄安南巡抚汪文盛会师讨安南,以象贤领中哨,象贤兵谓'不如抚之便',后卒如其言。累迁右副都御史,巡抚陕西。逾年,移抚云南,集土汉七万讨沅江贼那鉴。鉴惧,仰药死,遂抚安其众,择那氏后立之。迁兵部右侍郎,总督两广军务。贼魁徐铨等纠倭贼纵横海上,象贤檄副使汪柏等击之,斩首千二百级,铨等就戮。广西贼黄父将扰庆远,令参议陈善、参将戚振合兵捣其巢,大获。予象贤一子官。入佐南京兵部,被劾归。家居十年,起太仆卿,复以右副都御史巡抚山东,召拜兵部左侍郎。象贤廓达有大略,屡著声绩,而给事中张卤以虚名鲜实劾之,冢宰杨博称其贤,乃诏留任,旋以年老引去。卒赠'工部尚书',予葬祭。"正德十四年举人,嘉靖八年进士。

[2]弘治《徽州府志》卷九《人物三·孝友·元》载:"**鲍寿孙**　字子寿,歙棠樾人。父宗岩,字傅叔,在宋不仕。寿孙早慧,提刑汪应元常教以童子科。咸淳丁卯,中江东漕解第一人,时年甫十八。至元丙子,郡将李世达军叛,歙西北乡群贼窃发,富者皆不能免。或拽寿孙父子至贼魁前,子愿代父死,父愿代子死。贼魁醉,亦心哀之,顾求食不已。忽大风起丛林间,疑有骑军至,贼骇散,父子俱免,乡人称为'慈孝鲍家'。归元后,历杭州许村盐场管勾,徽、宝庆二州教授。其在乡学,整葺一新。同郡虚谷方回为之记:'讲学有源委,诗工而不刻,注《易》未竟而终。'孙,同仁,别有传。"此"鲍宗岩鲍寿孙父子遇盗争死"为后文"慈孝里"坊之缘起。

[3]康熙《徽州府志》卷十五《人物志四·孝友·明》载"**鲍灿**　字时明,歙棠樾人。母余年七十,两足均病疽,医药经年不效,腐秽流溃,灿旦夕焚香告天,亲为吮之,不浃旬自愈。周王闻之,亲书'存爱'二字以匾其堂。弘治初,进士袁翱纂修宪庙实录,采其事以闻。嘉靖十二年,礼官奏旌之。孙,象贤。见《经济卷》。"参见鲍象贤传。

逢昌[1]孝子坊，还是清乾隆年间建造的"节劲三冬/脉存一线"鲍文渊继妻吴氏节孝坊、"矢贞全孝/立节完孤"鲍文龄妻汪氏节孝坊，清嘉庆年间建造的"乐善好施"坊，其形制都是四柱三间三楼石坊。

相比较而言，歙县棠樾鲍氏家族要比竹溪柯氏家族、柔川张氏家族地位显赫不少，资财富有很多：棠樾鲍氏家族是徽州非常著名的家族之一，歙县经商大族"江村之江，丰溪、澄塘之吴，潭渡之黄，岑山之程，稠墅、潜口之汪，傅溪之徐，郑村之郑，唐模之许，雄村之曹，上丰之宋，棠樾之鲍，蓝田之叶"[2]之中的"棠樾之鲍"乃棠樾鲍氏家族；"棠樾鲍氏家族世代经商，在两淮官商中具有较大影响。鲍淑芳从小跟随父亲在扬州经营盐业，是当时扬州著名的富商之一。"[3]鲍志道以"资重引多"出任两淮总商二十年，虽巨富，但生活勤俭，重礼好义，为世人称道[4]。既然棠樾鲍氏家族地位显赫，又很富有，其牌坊建造得宏伟壮丽些也符合常理。

8. 按建坊时间与坊主存殁关系分类

大体分为"生前建坊"和"身后建坊"两类。

"科举功名""节孝贞烈""惠民德政"类牌坊，都有"生前建坊"和"身后建坊"情况。过去一般认为，坊主为个体的节孝贞烈坊肯定是"盖棺论定""身后建坊"，实际情况是既有"生前建坊"，也有"身后建坊"。如"鲍文渊继妻吴氏"，"现年六十。已赐坊旌"[5]。

二、其他研究内容

（一）徽州牌坊坊主与坊名

从坊主情况看，从一主一坊到一主多坊甚至千主一坊，从一品大员到平

[1]民国《歙县志》卷八《人物志·孝友·清》载："**鲍逢昌** 棠樾人。明季乱离，父外出杳无音耗。顺治三年，逢昌甫十四岁，沿途乞食遍访，相见于雁门古寺，奉归。母病，刲股，复走桐庐攀悬崖得乳香以调药。乾隆三十九年，奉旨旌表。"

[2]民国歙县志[M].南京：江苏古籍出版社，1984：41.

[3]季家宏.徽州文化大辞典[M].合肥：中国科学技术大学出版社，1994：436.

[4]刘淼.徽商鲍志道及其家世考述[J].江淮论坛，1983（3）：58-67.

[5]（乾隆）歙县志[M].台北：成文出版社，1975：1307.

民百姓,情况复杂多样。从坊名看,不同的坊主,因其值得标榜的事迹或内容不同,加之其他影响因素,其坊名也有个性化特点。虽然分析坊主与坊名依据的样本有限,但亦有利于进一步走近徽州牌坊。

(二)徽州牌坊时空分布

徽州牌坊时间分布。主要从总量和类型两方面,分析徽州牌坊在明清两代的分布(全样本),以及明清两代各朝节孝贞烈坊和科举功名坊的时间分布(部分样本)。

徽州牌坊空间分布。主要从宏观、中观和微观三方面分析:宏观上,主要分析其在六县的分布;中观上,主要分析一县之内牌坊在各都、村的分布;微观上,主要通过分析牌坊的具体位置,归纳牌坊分布的空间类别。

(三)徽州旧时社会风尚

"风尚"即"风气""时尚"。社会风尚应该是指在全社会所倡行的道德风尚,倡导者是朝廷或者政权当局。虽然时代不同,社会风尚有所差异,也应该有世代相传的代表传统优秀文化的良好社会风尚,如勤政廉政,诚信友爱,爱国敬业,孝悌忠信,礼义廉耻,尊老爱幼,扶贫济困,勤劳节俭,等等。徽州坊主传为认识当时的社会风尚提供了丰富的素材,尤其是科举功名坊和节孝贞烈坊坊主传,有助于我们认识明清两代的为官之道和为妇之道。

第三节　研究方法

任何研究都离不开科学思维方法。除此之外,基于对徽州旧志研究徽州牌坊,离不开文献研究方法和统计分析方法。因为本研究涉及的统计方法非常简单,统计分类已在本章第二节予以说明,本节第二目亦有相关叙述,这里不再列目叙述。

一、科学思维方法

科学思维方法是正确进行思维和准确表达思想的重要工具,对于一切科学研究都具有积极意义,本研究亦不例外。分析与综合、比较与分类、抽象与概括,以及归纳演绎、类比推理、思辨想象等研究方法,都属于科学思维方法。

在本研究中,每条牌坊信息都需要分析,并且要把逐条信息的各个部分、各种特征、各种属性综合起来,认识它们之间的关系与联系,进而形成对徽州牌坊的总体认知,这并非"窥一斑而知全豹"或"观滴水而知沧海"所能。通过比较牌坊的共同点和不同点及其关系,进而才能合理分类。分类以比较为基础,比较离不开分析与综合,分析、比较、综合方能"分门别类"。

抽象与概括是人类高级的分析与综合活动,抽象是指在头脑中将各种事物的共同本质属性抽取出来的过程,概括是指在头脑中将抽象出来的各种事物的本质属性综合起来的过程。本书将牌坊大体分为"褒扬坊主,教化今人"的纪念坊和"教化今人,期盼美好"的景观坊两类,本身就是一种综合和概括。

徽州牌坊数以千计,每座牌坊有每座牌坊的故事,但牌坊背后隐含的都是建坊时代的主流价值观;牌坊仅仅是建坊时代主流价值观的反映和物化,无论"褒扬坊主,教化今人",还是"教化今人,期盼美好","教化"都是牌坊的"初心"和"使命"。

二、文献研究方法

无论古今,修志都是一件十分严肃慎重的事情,往往都是地方行政长官主修,知名学者主纂,工程浩大,历经采访、博览、甄别、纂述、校勘,几易其稿,方得委信可征之作。这里引用嘉庆《黟县志》主修、时任黟县知县吴甸华于嘉庆十七年(1812)为该志所写的《序》,从中可见嘉庆《黟县志》所引资料前后时间跨度大,资料来源广泛,广征博引,人员分工明确,各司其职,三易寒暑,四易其稿,终成"委信而可征"之作。

黟之为邑最古,由秦汉至今二千余年,屡经更置,而邑志昉于前明。自正德时陈君九畴,迄我朝乾隆丙戌孙君维龙,中间王君家光、窦君士范、王君景曾,志凡五辑。而前明旧志,邑中久矣不存。嘉庆戊辰,予来宰兹邑,适有从吴门觅得万历时王君所续陈志[1]来者,邑人以修志请,且多言孙志[2]之疏。予曰:"责人斯无难,孙君盖有鉴。夫康熙时王志[3]之滥,不假手于人而独修者也,搜辑容有未详,其版复锓于去任之后,故不无遗议耳。今欲重修,非采访、纂述各得其人,博览旁搜要于至当,而更有为之校勘者不可也。"众皆曰:"然。"于是,公举方闻缀学之士数人,设局于外,自《二十四史》,《江南通志》,淳熙《新安志》,(宏)〔弘〕治、嘉靖、康熙三府志,程篁墩《新安文献志》,以至一切山经地志、诗集文集,有关黟邑者,皆酌取焉;而邑中坊额所载,金石所镌,及巉山绝壑摩崖之书,网罗无间。予更延友于署,往复数四,审其异同,辨其遗误,参订其次第,然后取从前五志之阙者补之,略者详之,讹者正之,更增入丙戌以来四十余年之事,凡为卷十六,为类八:曰图表,曰地理,曰职官,曰选举,曰人物,曰政事,曰杂志,曰艺文。为件共五十有三,皆因端竟委信而可征。稿成,集邑中绅士,公同检阅,然后付梓。凡三易寒暑而成,未敢谓毫发无憾,然采访、纂述、校勘诸君,实可为勤且公矣。

　　罗鄂州[4]有言:"志必使涉于学者纂之,若钞计簿以为书,则吏之善书者

[1]陈志,即陈九畴主修的正德《黟县志》。

[2]孙志,即孙维龙主修的乾隆《黟县志》。

[3]王志,即王景曾主修的康熙《黟县志》。

[4]罗鄂州,即罗愿。弘治《徽州府志》卷七《人物一·文苑·宋》载:"罗愿 字端良,歙呈坎人。尚书汝楫第五子。幼凝重寡言,颖悟强记,甫七岁能为《青草赋》以寿其父。少长落笔万言,继冠乃数月精思不妄下一语。绍兴二十五年,荫补承务郎,授临安府新城县监税,未上,连丁内、外艰。服阕,监饶州景德镇税。乾道元年,监南岳庙。雅意自树立,不乐从荫调。二年,遂踵世科,授饶州鄱阳知县,不赴,主台州崇道观。八年,通判赣州,遍摄州事。时寇攘甫定,一以政清讼简、化美风俗为务,赣人赖之,颂声翕然。祥刑使者剡闻于朝,谓'在清要之选'。秩满,差知南剑州,陛辞第一札主富民而言不为浮,文切中积弊,孝庙大赏,异曰:'卿磊落议论可采,必副朕委。'从臣交荐,改界鄂州。以淳熙十年至郡,上五事皆论病识源,切证用剂,他所罢行多类此。时刘清之子澄为倅,相率勤学劝农甚力。十一年甲辰七月值旱,立日中精祷致疾,及祠岳飞庙,遂卒,年四十九。鄂人绘像于灵竹寺孟宗泣竹处。愿博学好古法秦汉,为词高洁精炼,朱熹尝称其文'有经纬',又谓'止此可惜!'号存斋。所著有《新安志》《尔雅翼》三十二卷、《鄂州小集》七卷行世。《小集》仅文之什一,论文者以为'南渡后第一人'。兄颂,字端规,学古志道,始为进士业,屡下第,以任子恩补承务郎,注余杭县浣坎镇,改潭州南岳庙。连丁考妣忧,苫庐三年。服除,监镇江府排岸,主管湖北机宜司文字,擢镇江府通判。知郢州,简易廉明,狱无冤滞,号曰'罗佛子'。卒于官,邦人士女巷哭之。其在荆州,帅叶公衡自谓:'幕中得天下士'。周益公必大再入翰林,颂'独以书劝其无恃,一节高众为无愧!'益公以此加敬,愿亦为其所重,每以二程期之。其佐京口,屡争事,兵部侍郎耿公秉为郡,'每言助我者,特罗君'。守郢,登对三事,皆切用时宜。笔力高古,且奇诡跌宕,

足以次之矣。"予于此,盖不胜兢兢焉。谨略陈其概,弁诸简端。[1]

至于方志资料的客观性、完整性,是否存在野史演绎成正史的情况,因为笔者缺少研究,不敢妄加评论,但确实有研究者置疑其中的某人某事[2]。但基本可以肯定,方志虽然出自纂修者之手,但纂修者非官员即学者,或亦官员亦学者,除了早期个别县志的纂修是民间行为外,很多情况下都是自上而下的政府行为,代表着朝廷官方或统治阶层的观点、立场和态度,虽然对所载内容一定有所取舍,但其"存史、资政、教化"功能是值得肯定的。

从各旧志内容看,即使是府志或县志,也存在前后体例结构、篇目设置、内容选择不一致的情况。如在徽州诸府志中,淳熙《新安志》记载有府城牌坊,未见属县牌坊;康熙《徽州府志》只是重复了此前府志中的景观坊,没有新增牌坊资料;道光《徽州府志》没有府城及属县景观坊,但依据此前府志县志等旧志和其他书籍及采访所得,载有自唐以降府属各县节孝贞烈坊坊主信息。

(一)遴选旧志

基于徽州旧志研究徽州牌坊,肯定要查阅徽州旧志,但限于能力和精力,一时难以做到查阅全部旧志(一是手头旧志有限,二是不少旧志是通志),这就存在一个遴选旧志的问题。本研究查阅徽州旧志,大体遵循以下原则:

1. 尽可能查阅通志

一般地,通志遵循"旧者因之,新者增之,误者正之,疑者阙之"原则编纂,内容前后相衔接,完整性比较好。万不得已不得不查阅断代志时,亦必须保证诸断代志在年代上彼此衔接,以保证资料的完整性。本研究遴选的徽州

(接上页)有《狷庵集》,与愿齐名。弟顼,初议娶将作监丞汪若容女,骤缠痼疾,监丞请别议,顼不可,曰:'如此将安归邪。'卒成礼,宿恙亦愈,人咸高之。以荫入官,至朝散大夫、通判蕲州,赠中散大夫。顼子永臣,昭庆签幕。睦臣,承直郎,南康军录事参军。颂子阜臣,奉直大夫。阜臣子榍,历知融州,迁知瑞州,所至有善政。永臣子梓,江州察推,以廉称,及卒,吏部方岳挽诗,有曰:'只消廉吏字,题作墓门镌。'兄颉子似臣,登绍兴癸丑第,楼参政钥美其文有法达,张尚书伯垓入词,披荐自代,任安庆教授。榍孙萧,尝知海盐县,士庶为立生祠,后倅隆兴。'乾道二年进士。

[1]嘉庆黟县志 道光黟县志[M].南京:江苏古籍出版社,1998:原序1.
[2]如学者陆再奇在《宣城历史文化研究》微信版第1116期撰文《地方史志中汪华事迹的"六大疑点"》,根据《旧唐书》《新唐书》《资治通鉴》《元和郡县图志》等,从六方面置疑淳熙《新安志》汪华传内容,认为关于汪华的若干说法值得商榷。

旧志,除了黟县三部断代志,其余皆为通志。查阅的黟县旧志,包括一部通志(嘉庆《黟县志》)和三部断代志(道光《黟县志续》、同治《黟县三志》和民国《黟县四志》),但嘉庆《黟县志》和三部断代志彼此相衔接,从而也保证了黟县相关资料的完整性。

2. 尽可能查阅各自首部和末部旧志

无论徽州府旧志,还是六县旧志,尽可能查阅各自第一部志和最后一部志,进而保证资料的完整性。第一部志,"开天辟地",记述内容最久远、时代最早;最后一部志,"关门之作",记载内容最新、时代最晚。本研究查阅了全部五部徽州旧志,前后相继;查阅了歙县、休宁、祁门和黟县第一部旧志(或者现存第一部旧志)和最后一部旧志,还查阅了修志时间介于第一部和最后一部之间的部分旧志,尽可能保证资料的完整性。因为手头旧志有限,对于婺源县,只查阅了康熙三十三年《婺源县志》、乾隆二十二年《婺源县志》、道光《婺源县志》和光绪《婺源县志》(均为通志),没有查阅到第一部和最后一部旧志;对于绩溪县,只查阅了绩溪最后一部旧志——嘉庆《绩溪县志》(通志),没有查阅到第一部旧志,很是遗憾。幸好有弘治《徽州府志》、嘉靖《徽州府志》、康熙《徽州府志》和道光《徽州府志》,可以为研究婺源和绩溪牌坊弥补些许缺憾。

3. 府志、县志和乡村志兼顾

府志、县志和乡村志各有所长,三者兼顾,可以相互补充,甚至有助于辨识漫漶不清的文字。从府志、县志和乡村志的资料来源看,普遍比较广泛,广征博引,同时互有引用和借鉴。如道光《徽州府志》,不仅因袭了既往府志和县志,还有采访所得,更有来自《江南通志》《新安文献志》和《新安女行录》中的资料,其记载的徽州节孝贞烈坊信息,不仅来源广泛,而且信息众多、分门别类,这在一定程度上弥补了因查阅旧志种类不足和查阅中的疏漏等遗憾,还为分析道光七年(1827)之前节孝贞烈坊在唐宋元明清的时间分布提供了非常好的条件。至于县志、乡村志,其资料来源同样广泛,这可从各志序言中的相关叙述得到证实。府域范围比较大,因而府志的内容相对比较宏观,对县志中的内容肯定有所删减;县志是旧时官府纂修的最基层方志,内容比较详细;乡村空间范围较小,乡村志事无巨细,如果是聚族而居的一姓村落,为了光宗耀祖、彰显门楣等,牌坊方面的内容一定会详细搜罗和刊载。因此,府志、县志、乡村志各有所长,相互补充,同样有利于本研究。更重要的是,查阅部分徽州乡村志,亦可藉其观察府志和县志的详略程度,以判断依据府志和县志分析徽州牌坊总量是否存在误差,以及这种误差大体有多大。

从已经查阅的五部乡村志牌坊情况看,确实存在村志刊载的牌坊数量较府志、县志刊载的牌坊数量多的情况:康熙《善和乡志》载有善和村14座牌坊信息,而永乐《祁阊志》、弘治《徽州府志》、嘉靖《徽州府志》、万历《祁门县志》、同治《祁门县志》刊载的善和村牌坊仅8座;雍正《岩镇志草》、乾隆《沙溪集略》、乾隆《橙阳散志》和民国《丰南志》中未见于府县志的牌坊共有30多座。

在众多徽州旧志中,笔者只查阅了部分徽州旧志,共遴选了28部徽州旧志,包括徽州旧府志5部,旧县志18部,旧村志5部(表1-4)。这28部徽州旧志中,既有旧志影印版电子书,也有旧志点校今印本。对于既有影印版电子书又有点校今印本的旧志,两者兼顾,并不完全遵从点校今印本。点校今印本在点校时借鉴的版本比较多,这是其长处,但若略去了列女及相关内容的,笔者则仍以旧志影印版电子书为文献源,若自己认为点校今印本个别地方存在文字识读、句读方面的瑕疵时,则持己见。

至于旧志版本优劣,未做考虑。

表1-4　已查阅的徽州旧志一览

地域	旧志概览	查阅旧志版本
徽州府	淳熙《新安志》,赵不悔修,罗愿纂,通志,10卷,淳熙二年(1175)。徽州这片地域旧时第一部府志,以徽州古为新安郡[隋开皇九年(589)改新安郡为歙州]为志名	中华书局编辑部《宋元方志丛刊(第八册)·新安志》,据嘉庆十七年(1812)刻本影印,中华书局1985年版
	弘治《徽州府志》,彭泽修,汪舜民纂,通志,12卷,弘治十五年(1502)。徽州旧时第一部以徽州命名的府志	《天一阁藏明代方志选刊·(弘治)徽州府志》,据弘治十五年(1502)刻本影印,上海古籍书店1964年版 《弘治徽州府志:点校本》,黄山书社2021年版
	嘉靖《徽州府志》,何东序修,汪尚宁等纂,通志,22卷,嘉靖四十五年(1566)	《北京图书馆古籍珍本丛刊29·(嘉靖)徽州府志(弘治)休宁县志》,《徽州府志》据嘉靖四十五年(1566)刊本影印,书目文献出版社1998年版
	康熙《徽州府志》,丁廷楗、卢询修,赵吉士等纂,通志,18卷,康熙三十八年(1699)	《中国方志丛书·安徽省(康熙)徽州府志》,据康熙三十八年(1699)刊本影印,台北成文出版社1975年版
	道光《徽州府志》,马步蟾纂修,通志,16卷首1卷,道光七年(1827)。徽州旧时最后一部府志	《中国地方志集成·安徽府县志辑·道光徽州府志》,江苏古籍出版社1998年版

续表

地域	旧志概览	查阅旧志版本
歙县	万历《歙志》，张涛修，谢陛等纂，通志，30卷，万历三十七年(1609)。歙县旧时第一部县志	[明]张涛、[明]谢陛，《明万历·歙志》，张艳红、王经一点校，张艳红注释，胡武林审定，黄山书社2014年版
	乾隆《歙县志》，张佩芳修，刘大櫆等纂，通志，20卷首1卷，乾隆三十六年(1771)	《中国方志丛书·安徽省歙县志》，据乾隆三十六年(1771)刻本影印，台北成文出版社1975年版
	道光《歙县志》，劳逢源主修，沈伯棠总修，通志，10卷首1卷，道光八年(1828)	道光《歙县志》，京师图书馆藏本电子版
	民国《歙县志》，石国柱主修，许承尧总纂，通志，16卷，民国二十六年(1937)。歙县旧时最后一部县志	《中国地方志集成·安徽府县志辑·民国歙县志》，江苏古籍出版社1998年版
	雍正《岩镇志草》，余华瑞纂，通志，4集，乾隆初年刊印	《中国地方志集成·乡镇志专辑·西干志 岩镇志草 休宁孚潭志 善和乡志 杏花村志 杏花村续志 橙阳散志》，江苏古籍出版社1992年版。1992年江苏古籍出版社在《岩镇志草》影印本扉页注云："清雍正十二年(一七三四)纂，现据抄本影印。" [清]余华瑞，《岩镇志草》，吴之兴点校，徽州区人民政府办公室、徽州区地方志编纂委员会办公室2004年印
	乾隆《沙溪集略》，凌应秋纂，通志，8卷，乾隆二十四年(1759)	[清]凌应秋，《沙溪集略》，邵宝振校注，安徽师范大学出版社2018年版
	乾隆《橙阳散志》，江登云、江绍莲纂修，通志，12卷，乾隆四十年(1775)	《中国地方志集成·乡镇志专辑·西干志 岩镇志草 休宁孚潭志 善和乡志 杏花村志 杏花村续志 橙阳散志》，江苏古籍出版社1992年版
	民国《丰南志》，吴吉祜纂、吴保琳修，通志，10卷，民国二十九年(1940)纂成，后增补至民国三十三年(1944)	吴吉祜辑，吴宝琳校，《(民国)丰南志》，吴晓春点校，张艳红校注，许振东审订，黄山书社2017年版
休宁	弘治《休宁志》，程敏政纂修，通志，38卷，弘治四年(1491)。休宁旧时第一部县志	《北京图书馆古籍珍本丛刊29·(嘉靖)徽州府志(弘治)休宁县志》，弘治《休宁县志》据弘治四年(1491)刊本影印，书目文献出版社1998年版
	康熙《休宁县志》，廖腾煃掌修，汪晋徵、赵吉士等纂，通志，8卷首1卷，康熙三十二年(1693)	《中国方志丛书·安徽省(康熙)休宁县志》，据康熙三十二年(1693)刊本影印，台北成文出版社1970年版
	道光《休宁县志》，何应松修，方崇鼎纂，通志，24卷，道光三年(1823)。休宁旧时最后一部县志	《中国地方志集成·安徽府县志辑·道光休宁县志》，江苏古籍出版社1998年版
婺源	《婺源县志》，张绶、蒋灿等纂修，通志，12卷，康熙三十三年(1694)	《中国方志丛书·安徽省(康熙)婺源县志》，据康熙三十三年(1694)刊本影印，台北成文出版社1985年版
	乾隆《婺源县志》，俞云耕修，潘继善等纂，通志，39卷首1卷，乾隆二十二年(1757)	乾隆《婺源县志》，尊经阁藏版电子版
	道光《婺源县志》，黄应昀、朱元里纂修，通志，39卷首1卷，道光六年(1826)	道光《婺源县志》，国立北平图书馆藏本电子版
	光绪《婺源县志》，吴鹗总修，王正元等纂，通志，64卷首1卷，光绪九年(1883)	光绪《婺源县志》，国立北平图书馆藏本电子版

续表

地域	旧志概览	查阅旧志版本
祁门	永乐《祁阊志》,黄汝济主纂,通志,10卷,永乐九年(1411)。祁门现存第一部旧县志	祁门县地方志办公室,《祁阊志(外四部)》,祁门县地方志办公室2009年印
	万历《祁门县志》,谢存仁主撰,通志,4卷,万历二十七年(1599)	
	同治《祁门县志》,周溶主修,汪韵珊纂,通志,36卷首1卷,同治十二年(1873)。祁门旧时最后一部完整的县志	《中国地方志集成·安徽府县志辑·同治祁门县志 光绪祁门县志补》,同治《祁门县志》据同治十二年(1873)刻本影印,光绪《祁门县志补》据民国二十四年(1935)抄本影印,江苏古籍出版社1998年版
	康熙《善和志》,程襄修纂,通志,2卷,康熙八年(1669)	祁门县地方志办公室,《祁阊志(外四部)》,祁门县地方志办公室2009年印
黟县	嘉庆《黟县志》,吴甸华总修,程汝冀、孙学道、俞正燮分纂,通志,16卷首1卷,嘉庆十七年(1812)。黟县旧时最后一部通志	《中国地方志集成·安徽府县志辑·嘉庆黟县志 道光黟县志》,据道光五年(1825)刻本影印,江苏古籍出版社1998年版《(嘉庆)黟县志(附道光《黟县续志》)》,黄山书社2014年版
	道光《黟县续志》,吕子珏修,詹锡龄纂,断代志,16卷首1卷,道光五年(1825)	
	同治《黟县三志》,谢永泰总修,程鸿诏等纂,断代志,16卷首1卷末1卷,同治十年(1871)	《中国地方志集成·安徽府县志辑·同治黟县三志》,据同治十年(1871)刻本影印,江苏古籍出版社1998年版
	民国《黟县四志》,吴克俊、许复修,程寿保、舒斯笏纂,断代志,16卷首1卷末1卷,民国十二年(1923)。黟县旧时最后一部县志	《中国地方志集成·安徽府县志辑·民国黟县四志》,据民国十二年(1923)黟县黎照堂刻本影印,江苏古籍出版社1998年版
绩溪	嘉庆《绩溪县志》,清恺、彭志溶主修,席存泰纂修,通志,12卷和首1卷,嘉庆十五年(1810)。绩溪旧时最后一部县志	《中国地方志集成·安徽府县志辑·民国宁国县志 嘉庆绩溪县志》,嘉庆《绩溪县志》据嘉庆十五年(1810)版本影印,江苏古籍出版社1998年版

书稿主体部分按照从府城到六县(歙县、休宁、婺源、祁门、黟县、绩溪)顺序先后设章,在每章则按照所查阅的旧志问世时间由先到后设节:先依据府县旧志问世时间先后设节,后依据乡村志问世时间先后设节。

在后文中,为了节省篇幅,正文中的直接引文脚注一律省去表1-4中所列主书名之前的丛书名或旧志作者,直接标注主书名、出版地、出版社、出版年和页码;脚注人物注释引文,无论出自旧志版影印本,还是出自点校今印本,一律以主书名、卷、目次引领直接标示注释引文出处。

（二）甄别信息

1. 甄别"里坊制"标识坊和纪念性牌坊

在徽州旧志中，牌坊内容主要出现在"坊市""坊巷""坊都""街坊""门坊""坊表""列女""孝友""义行""封赠""官宦""儒硕"等篇目中。一般地，"坊市""坊巷""坊都""坊表"中的牌坊内容比较集中，"列女""孝友""义行""封赠""官宦""儒硕"中的牌坊内容比较分散；"坊表""列女""孝友""义行""封赠""官宦""儒硕"中的牌坊信息，因为有坊主姓名、"旌表建坊"等字样，比较好辨识，而"坊市""街坊""门坊""坊巷""坊都"中的"坊"到底是"里坊制"标识坊，抑或纪念性牌坊，需要甄别。

坊市制度在我国存续时间很长，主要表现形式是将居住区（坊）与交易区（市，集市）分开，以方便管理。"里坊制"是我国旧时城乡最基层的行政区划单元，在徽州旧志中直到清代还有县城某街区为"××坊"的称谓。所以，在徽州府县志"坊市"目中，既有居住区之"坊"，也有构筑物之"坊"，甚至构筑物"坊"名即居住区"坊"名，这就需要根据正文上下文、相关插图和前后相继的旧志相关叙述予以甄别。凡是有"立""新之""重建"之类字样者，或者有坊主名号的，或者城垣图中有坊形构筑物图形者，均按构筑物"坊"予以统计。

如在道光《婺源县志》卷三《疆域志·坊都》中，有"坊厢十有六，在城外者二"之句，在该句后面记载有"牧民坊""双桂坊"等16个坊名，对照该卷《疆域志·图考》之《婺源县治城垣图》和《坊市图》，这16个坊的全名均标注在大小不同、形状各异、方位有别的一块块图斑内部，而不是像"文公阙里"和"景星庆云"坊，既在图中各自所在位置画有坊状图形，又分别标注各自坊名，很显然，这"坊厢十有六"之坊仅仅是居住区之单位（坊）。

在徽州，亦有"里坊制"之地名坊同样具有纪念功能。弘治《徽州府志》卷一《地理一·坊市·歙县》：

> **贞白里坊** 在双桥，为元县尹郑千龄，里中立，（俞）〔余〕忠宣公阙书额，学士揭奚斯记。[1]

---

[1]（弘治）徽州府志[M]. 上海：上海古籍书店，1964：144.

为何里人为元代县尹郑千龄建坊，与北宋包拯、明代周玺并称"庐阳三贤"的余阙为之书额，与虞集、杨载、范悙同为"元诗四大家"，与虞集、柳贯、黄溍并称"儒林四杰"的揭奚斯为之记？弘治《徽州府志》卷八《人物二·宦业·元》有记：

> **郑千龄**　字耆卿，歙双桥人。授延陵巡检，转祁门尉，改淳安县，迁休宁县尹。操守廉介，所至有惠政，祁门民尤德之。学者私谥曰"贞白先生"，有司复为作里门，易其所居"善福里"为"贞白里"。[1]

很显然，此"贞白里"系由"有司"易"善福里"而来的里坊名，"贞白里坊"既是"贞白里"之地名坊，亦是纪念郑千龄惠民德政的纪念坊。

2. 景观坊依坊名甄别

景观坊主要出现在明代，总量不多，依据坊名甄别统计，重建的同名坊不予统计。

3. 纪念坊依坊主甄别

1）先见原则。同一坊主同一座牌坊，可能出现在多部方志中，按记载最早的方志统计。

2）排重原则。在相同地域，在时间上前后相继的几部方志中，不论某坊主在前一部方志中有几座坊，也不论在前一部方志中是分类记载的还是按坊名记载的，本书采用以下方法排重：①如果某坊主在前一部方志中只记载有1座牌坊，而在后一部方志中却记载有2座牌坊，那其中必有1座牌坊或者是前一部方志漏载的，或者是前一部方志截稿之后、后一部方志截稿之前建造的，因为在前一部方志牌坊总量中已经统计过1座，纳入后一部方志统计的只有1座牌坊；②如果某坊主在前一部方志中记载有2座牌坊，而在后一部方志中只记载有1座牌坊，那很可能是另外1座牌坊在纂修后一部方志时已不存世，前一部方志中按2座牌坊统计有效。其余类推。

4. 必要时主观判断

在实际甄别工作中，有的信息并非一目了然，对其判断难免有笔者的主观因素：一是有的坊主信息中只有"旌表"二字没有"建坊"二字，但其他信息

---

[1](弘治)徽州府志[M].上海：上海古籍书店，1964：1053–1054.

表明实际上建有牌坊,对此一律纳入牌坊总量统计之中;二是受旌表的徽州列女很多,只记载"旌表"未记载"建坊",没有证据表明已经"建坊"的,一律不纳入牌坊总量统计之中;三是已经记载为"建坊"的,实际建坊与否,无法考证,一律按实际建坊数统计;四是除了明确表明系二主坊、众主坊、总坊的,一律认定为一主坊。

在徽州旧志中,同一座牌坊在不同旧志中称谓不完全一致,如有的方志把坊主为进士的牌坊统称为"进士坊",把坊主为举人的牌坊统称为"举人坊",但在此前或后续方志中则依牌坊实际坊名记载,这就导致在同一地域不同朝代的方志中同一座牌坊出现多次但坊名不一样,难以判别,这对统计徽州牌坊总量造成一定困难。为此,本书遵循上述"先见"和"排重"两条原则,以尽可能减少过于主观判断的影响。

当朝人"述"往朝事,甚至"因"几百年前事,在图书资料甚少、辨别是非手段极其落后的时代,书稿中存在差错是必然的。徽州旧志也这样。从笔者阅读的部分徽州旧志看,至少存在几类现象:①"坊表"上的坊主姓名与人物传上的坊主姓名不一致。②节孝贞烈坊坊主"于归"年龄、夫殁时年龄、守节年数与寿终年龄不吻合。③志中给定的牌坊统计数与其下所列牌坊实际数有差别。如弘治《徽州府志》卷一《地理一·坊市·婺源》"进士坊"下给定的牌坊统计数是"在都隅有二十四",但所列牌坊实际是26座:每座坊均以"一为"引领,如"一为戴铣,一为王寿,一为戴敏,一为叶天爵",共有26个"一为"。④"专坊"还是"共坊",前后几部方志说法不一样,以证据确凿者为准。如在弘治《徽州府志》卷一《地理一·坊市·婺源》"进士坊"下有"一为戴铣,一为王寿,一为戴敏,一为叶天爵"之句,意即"戴铣""王寿""戴敏""叶天爵"4人各有"专坊";但在嘉靖《徽州府志》之《卷一·坊市》中婺源"进士坊"下则是"一为戴铣、王寿、戴敏、叶天爵",意即4人"共坊";在康熙三十三年《婺源县志》卷五《建置·坊表》中有"春闱四俊坊",坊主为"王寿、戴敏、戴铣、叶天爵",亦是4人"共坊"。他们4人同为弘治九年进士,4人"共坊"理由充分,一坊四主。

对于①②两类差错,依照徽州旧志如实引用,必要和可能时予以说明或勘误;对于③④两类差错,予以合理甄别。如在上例中,考虑到县志详于府志,况且三部旧志中两部志说的是4人"共坊",故将弘治《徽州府志》卷一《地理一·坊市·坊》,婺源"进士坊"下给定的牌坊统计数是"在都隅有二十四"改为"在都隅有二十(四)〔三〕,将"一为戴铣,一为王寿,一为戴敏,一为叶天爵"改为"一为戴铣、(一为)王寿、(一为)戴敏、(一为)叶天爵",并且遵循"先见原则",将嘉靖《徽州府志》和康熙《徽州府志》记载的他们4人坊作为重复坊,不再纳入总量统计之中。

(三)提取信息

徽州旧志内容非常丰富,为了保证研究的需要,主要提取两方面信息。

1. 合理摘录牌坊信息

由于所查阅的徽州旧志多为通志,从而必然会出现后志"因"前志牌坊信息的问题。为了减少书稿篇幅,合理摘录其中的牌坊信息,遵循以下两条原则:

1)凡非重复的牌坊或坊主信息,一律悉数抄录。

2)凡重复信息,一律予以省略,并且无论省略1条信息还是连续省略多条信息,一律在省略处标注一个省略号。

2. 有序注释坊主等信息

主要遵循以下三条原则:

1)应注尽注。旧志上的人物传,对于了解坊主,了解旧时为学、为官、为商、为妇之道,了解旧时社会主流风尚等具有重要意义。因此,凡是引文所涉及的人物,尤其是坊主,对于正文中没有坊主信息的,本着"应注尽注"的原则,脚注坊主传全文,并且以章为单元,章间尽可能不重复,必要时给出参见信息。

2)原志原传。坊主传有长有短,繁简不一,同一人物在不同方志中的小传也有差别,甚至在同一部方志中多处有载。转录人物传时,努力做到与直接引文出自同一部方志。如果原志传字迹漫漶不清无法辨识,或者缺失太多,则从他志中转录。

当然,旧志中的坊主传代表了建坊时代官方观点,其中肯定有腐朽没落、封建迷信、违背史实和科学的内容,包括"刲股疗亲"这类"愚孝"内容,我们必须清楚地看到这一点。

　3)合理替代。在摘录牌坊信息和脚注坊主信息时,采用以下替代办法:①原文脱漏字的,一律以"○"代替,脱漏几个字用几个"○";②原文漫漶不清的,用"□"代替,几个字漫漶不清就用几个"□"代替;③原文错字的,一律用"（ ）"括错字,紧接着用"〔 〕"括注正字;④因原文影响理解、能够径改的,尽可能径改,如通假字,还有"宏治"改"弘治"等。

　综上所言,本研究有点"史论结合"的意味:"史"的部分即来自徽州旧志中的史料,散见于各章直接引文;"论"的部分是对史料的分析与综合,主要是基于直接引文的第一章和第九章的几点主要认知。

第二章　徽州府城牌坊

　　徽州州(府)治与歙县县治经历过从"州县同城"到"府县双城"格局的演变。歙县是秦鄣郡五县之一,早期县治在今歙县雄村镇义成村一带,建安十三年(208)在乌聊山建城,习称"毛甘故城"。由于年代久远,"毛甘故城"范围和布局已经无考。隋开皇十一年(591),置歙州,设州治于黟县。隋末天下大乱,大业十三年(617),歙人汪华据州,建立"吴国",自称"吴王",王城初设于休宁万岁山(今古城岩),后迁至歙县乌聊山,并在毛甘故城遗址上筑郡城。万历《歙志》之《考卷二·建置》载:"府城在乌聊山,越国汪华所筑。"在相当长的时间内,歙县县治没有独立的城郭,"州县同城",县治依附在府城东郭,以至万历《歙志》之《考卷二·建置》有"歙旧无城,负郭为治"之言。万历《歙志》之《考卷二·建置》载:"嘉靖三十三年,知县史公桂芳惩倭寇之乱,建议植城",县城"后枕问政,前抵府城,左临练溪,右据石壁形险"[1]。至此,"府县双城"格局初步形成。自从汪华在乌聊山筑城以后,无论徽州这片土地或名徽州、徽州路,或名兴安府、徽州府,直到民国元年(1912)"裁府留县",歙县县城一直是州(路、府)治所在。

　　在笔者查阅的徽州旧志中,将徽州府城作为一个独立的地域单元记载其牌坊的旧志有淳熙《新安志》、弘治《徽州府志》、嘉靖《徽州府志》、康熙《徽州府志》和道光《徽州府志》五部,但康熙《徽州府志》卷一《舆地志上·厢隅乡都》和道光《徽州府志》卷二《舆地志下·乡都》上的牌坊内容却是重复既往府志相同的信息,故本章主要依据淳熙《新安志》、弘治《徽州府志》和嘉靖《徽州府志》分析府城牌坊。

---

[1]万历歙志[M].张艳红,王经一,点校.张艳红,注释.胡武林,审定.合肥:黄山书社,2014:26.

第一节　淳熙《新安志》中的府城牌坊

淳熙《新安志》记述时间上自"虞舜",下迄淳熙二年(1175),既是徽州现存最早的一部方志,估计也是徽州记载牌坊最早的一部方志。

一、卷一《州郡·坊市》中的府城牌坊

淳熙《新安志》卷一《州郡·坊市》篇幅很小,全文如下:

> 坊,旧十有二:曰**宣化**,曰**望仙**,曰**紫阳**,曰**兴仁**,曰**化成**,曰**同政**,曰**增明**,曰**和福**,曰**司晨**,曰**通济**,曰**育才**,曰**安集**。乾道中,尚书郎钱侯[1]数因民刲肝股为增立坊,曰**孝童**、**孝义**,之属今往往有存者。[2]

二、小结

对照弘治《徽州府志》卷一《地理一·坊市》内容,上述牌坊仅仅是郡治所在地府城的牌坊。淳熙《新安志》将属县分为三卷(第三卷《歙县》、第四卷《休宁祁门》、第五卷《婺源绩溪黟县》),各县内容中均未记载牌坊方面的内容。

根据上文14座牌坊坊名,结合"尚书郎钱侯"小传和本章第二节引文分析,大体可得出两点认知:

(1)从牌坊功能分类看:前12座牌坊属于景观坊,以期盼美好、教化乡里、写景抒情、烘托街市氛围、标识空间位置等为主要功能;"孝童坊、孝义坊",属于孝友恩褒类纪念坊,以表彰乡民的孝行孝举;未见科第功名坊和节孝贞烈坊。

(2)从建坊时间看:南宋乾道元年(1165)或二年(1166)"尚书郎钱侯数因民刲肝股为增立坊,曰孝童、孝义",此类坊为孝友恩褒类牌坊;景观坊始建

---

[1]淳熙《新安志》卷九《牧守·国朝》载:"钱豫　左朝请大夫。乾道元季正月八日到任,二季正月二十四日主管台州崇道观。"

[2]宋元方志丛刊(第八册)·新安志[M]. 北京:中华书局,1985:7610.

时间肯定早于宋乾道元年,从本章第二节引自弘治《徽州府志》卷一《地理一·坊市》文中有"宋初时"看,不迟于"宋初",至迟是南宋初。

第二节　弘治《徽州府志》中的府城牌坊

弘治《徽州府志》,彭泽[1]修、汪舜民[2]纂,《序》落款时间是明弘治十五年(1502),其卷一《地理一·坊市》中记载有牌坊。

一、卷一《地理一·坊市》中的府城牌坊

弘治《徽州府志》卷一《地理一·坊市》重点是"坊",排除与本章第一节重复的牌坊信息,"本府城内"其他牌坊信息如下:

> ......
> ......后又增立六坊,曰依莲,曰廪实,曰兴贤,曰春风,曰孝行,曰连营。共二十。
> 绍定中,郡守刘炳[3]悉葺而新之。
> 淳祐辛丑七月、辛亥四月,景定辛酉八月,咸淳庚午三月,元元贞乙未九月,郡城凡五遭回禄。
> 延祐六年,重立各坊:东北隅曰文明,曰富积,曰乾明,曰忠孝,曰流庆;西北隅曰甘泉,曰香泉,曰通津,曰利泽;东南隅曰宣化,曰登瀛,曰状元,曰化淳;西南隅曰化成,曰兴仁,曰慈孝,曰福源,曰孝节,共十有八。

---

[1]弘治《徽州府志》卷四之二《职制·郡邑官属·国朝》载:"彭泽　字济物,陕西兰州卫官籍,湖广长沙县人。由进士授工部主事,改刑部历员外郎郎中,升任。弘治十三年十月廿八日到,见任。"

[2]弘治《徽州府志》卷六《选举·科第·国朝》载:"汪舜民　字从仁,婺源大畈人。《春秋》,授行人。升河南道监察御史,谪蒙化卫经历,迁东莞知县未任,迁江西按察金事,今任云南按察副使。从兄坚,弟天□济民。"成化十三年举人,十四年进士。

[3]弘治《徽州府志》卷四之二《职制·名宦·宋》载:"刘炳　字叔文。绍定间,以寺丞来知郡事。始下□,顾学官,忱然曰:'学校不修,乌足言政!'端平元年,各次第营葺,明年告成,人皆谓'知所先务,注意教养'。拨婺源田以继廪粟。其他百度靡不整饬,一念在民,减租耗,蠲积逋,罢岩镇市榷,建育子局,制活人仓,甃通衢以离淖,创桥梁以利涉梅岩三瑞,为国流芳,是皆功之可纪也。徽人爱之,立生祠以祀。后阶中奉大夫,爵象山县开国男,食邑三百户。"

西南隅旧有宋省元坊，为别院省元方回[1]立，后废。

国朝，……新增者十有四：**绣衣**，**镇安**，**志节**，**永丰**，**孝义**，**通文**，**庆安**，**治平**，**里仁**，**崇宁**，**思贤**，**富山**，**清化**，**仁和**。非坊而有匾者二：东山，在东山之麓；武胜，在徽州守御千户所之前，后改新安卫，坊废。续增者二：**激扬**、**振肃**，并在察院前。新增者四：**承宣**在谯楼前，**藩镇**在府前东街，**抚绥**、**肃清**并在都察院前，俱知府象山何歆[2]立。

科第坊　在府学前，为本学历科举人进士题名立。

以下坊俱续增者：

步蟾坊　为举人程富[3]立。

---

[1]弘治《徽州府志》卷七《人物一·文苑·元》载："**方回**　字万里，一字因甫，号虚谷，歙人。父琢，以太学上舍登第，仕承直郎广西经干，权融州通判，坐广西提刑钱弘祖挟私憾诬劾，谪死封州。回幼孤，从叔父琭学，颖悟过人，少长倜傥不羁，赋诗为文，天才杰出，乡先生吕午、方岳咸亟称之。郡守魏克愚一见其诗，即延至郡斋，移知永嘉亦拉以自随。制帅吕文德尤相厚善。景定三年，以别院省元登第，调随州教授。吕师夔提举江东，辟充干办公事，历江淮都大司干官、沿江制干，所至皆得幕府誉，独与贾似道不偶。尝一再除国子正太学博士，辄遭诬劾。登第后，逾纪始改官通判安吉州，都堂禀议，时则德祐元年矣。似道鲁港丧师之后，犹在扬州，众皆惧其复人，莫敢论列。回独首上书，数其罪有十可斩，中外快之。俄除太常寺簿，又上言贾似道与其客廖莹中皆当即诛，王爚不可为平章，陈合不可同爚当去，福王入辅之议当寝。出知建德府，方用兵之际，兴建学校，以雅量正浮俗，煦弱锄强，赏罚信必，邻郡草寇乘间窃发，独境内肃然。至元丙子春，奉宋太后及嗣君诏书举城内附，改授嘉议大夫、建德路总管兼府尹。己卯，入觐，迁通议大夫，依旧任。在郡七年，无丝毫为利意，至卖寓屋犹不足以偿逋代。归不复仕，徜徉钱塘湖山间二十余年，豁达轻财，喜接引后进，嗜学至老不厌，经史百氏靡不研究，而议论平实，一尊朱文公熹。有《碧流集》《桐江集》行于世，又有《读易释疑》《易中正考》《尚书考》《仪礼考》《皇极经世考》《古今考》《历象考》《衣裳考》《玉考》《先觉年谱》《瀛奎律髓》《名僧诗话》若干卷及《宋季杂传》藏于家。卒年八十一。子存心，荫授义乌尹。"景定元年进士，甲科别院省元。

[2]康熙《徽州府志》卷五《秩官志下·名宦·明》载："**何歆**　字子敬，广东博罗人。弘治进士。由御史出守徽州，为人精敏强干，有吏能。郡数灾，堪舆家以为治门面丙，丙火位，不宜门，前守用其言，启甲门出人，犹灾。歆至，思所以御之，乃下令郡中率五家为墙，里邑转相效，家治崇墉以居。自后六七十年无火灾，灾辄易灭，墙岿然不动。祀郡中弥灾亭，又合祀十太守祠。"

[3]弘治《徽州府志》卷七《人物一·勋贤·国朝》载："**程富**　字好礼，歙人。气格轩伟。永乐甲午，以《春秋》领乡荐。宣德戊申，拜监察御史，出按广东，激扬有声。甲寅，复按江西，岁旱荒，抚之。大盘山贼曾子良以妖术惑众至数万，劫掠居民，有司莫能制。富至，即调官军民壮躬抵巢穴，一鼓破之，俘获男、妇两千余。众欲屠之，富不可，审放胁从平民一千一十五人，患遂息。事闻，玺书褒奖，有'知尔尽心尽力，运谋奋勇，用克臻兹'之美，特升大理寺左少卿，赐纻丝二表里，钞二千贯。又奏罢江西造纸、铸钱二局，及奏免椸心杉樟等木二百四十余万。正统六年，调行在都察院右佥都御史，往陕西、甘肃参赞军务，陈言军民利病五事。复以龙川不靖，再往云南，总督粮饷，兼领官军，守哨有功，就军中升左金都御史。竣事还，升右副都御史，进嘉议大夫。以疾陈请给驿还乡，乃避喧杂，挈居城西二里，怡情自适十余年，以'冰月道人'自号。从弟志学，由乡举授弋阳知县，清慎爱民，蒙敕褒显，升湖广按察司佥事。子镛，授新安卫世袭百户。"永乐十二年举人。

进士坊　为杨宁[1]立。

双凤坊　为刑部右侍郎杨宁、察院御史杨宜[2]立。

双豸坊　为都御史程富、佥事程志学[3]立。

昼锦坊　为两浙都转运史江浩[4]立。

都宪坊　为程富立。

世美坊　为举人杨埏[5]立。

---

[1]弘治《徽州府志》卷七《人物一·勋贤·国朝》载："**杨宁**　字彦谧，歙人。其先居浙之钱塘，父教授升始寓于歙，遂家焉。宁生而颖异，甫三岁授以古诗即应口成诵，八岁通《大学》《语》《孟》，十岁能属文，十八即以《春秋》领永乐丁酉乡荐，登宣德庚戌榜进士第二甲第一，诏归进学。壬子，授刑部主事，谳狱明恕，蔚有时名。正统丙辰，差往永宁、独石、大同，宣抚整饬边务。己未，麓川贼首思任发反，朝廷命将讨之，简文臣有才识者随征，宁为首举。师次麓川境，贼款军门约降，主将欲许之，宁曰：'不可！兵未加而降，诈也。'主将弗听。宁曰：'必欲许之，请严兵以备不虞。'又弗听。固请不已，众谓其迂。檄令督运于金齿，不旬月，贼众奄至，士卒多陷。比还京，将兵者率以失机被谴，宁独以劳被赏，特升郎中。岁辛酉，大举再征，总督军务兵部尚书王骥知宁料敌审，仍以同行。师入境，王指授诸将进取方略，以宁督战，乃攻上江贼寨，遂克之，连破七寨，斩其陶孟等，余贼奔溃，遂捣巢穴，乘风举火，烟焰涨天，贼不知所为，死锋镝及坠崖溺水者不知其数，贼首遁缅甸。师还，上亲宴劳于奉天门，赐白金楮币，拜刑部右侍郎。壬戌，丁母忧。甲子，奉命参赞云南军务，至则练兵伍，督屯耕，兴利去害，不以私挠于怀，抚远人尤尽心。先是有头目恭项者，尝效力随征，宁于是请置陇川宣抚司，以恭项为宣抚，用旌其义，民夷悦服。有言腾冲险要，宜城之，以控制蛮夷者。上命宁城之，即往相地、度工、计财费，勉励将士使效力，越四十五日而毕工。因建学舍，选生徒，训令务学，以变夷风，自为文刻石纪其事。宁以城完谋取贼首，简锐师旅，若将有所向者，乃遣使奉词责缅甸。缅人惧，求出贼自效，卒诛大慝，亟其首以献，自是朝廷无南顾之忧。丙寅，侍郎侯琎代还。丁卯暨戊辰春，上祭三陵，并命宁留守。未几，闽浙东广草寇窃发，师征未靖，江西密迩三境惧有窥患，朝廷命官巡抚江西，按视郡县，当贼冲者增修城垣、立排栅以断要路，团集乡兵，训以武艺，贼有侵轶者，辄击斩之，以故贼不敢犯，宁益镇以简静。景泰初，还京奏对，有金织、文绮、羊酒之赐，拜礼部尚书。后二年，以足疾改南京刑部，凡六年断狱一用宽恕。子埙授新安卫世袭副千户，赠曾祖以下三世如其官。天顺改元，致仕。逾年，以疾卒，得寿五十有九。所著有《白云稿》。弟宜，字彦理，年方十四，奋志读书，以兄为师。宣德辛亥游郡庠，壬子即领乡荐，戊辰登彭时榜进士，授监察御史。正统己巳，乘舆北狩，宜以老成选守内城。既而巡按北直隶河道，及奉敕广东，清理军务，持宪得体。景泰乙亥，迁广东按察副使，廉慎益著。致仕，卒于家，年六十有三。宜子埏，以庠生中景泰癸酉乡试，官至都察院司务。"永乐十五年举人，宣德五年进士。

[2]见脚注杨宁传。

[3]见脚注程富传。

[4]弘治《徽州府志》卷八《人物二·宦业·国朝》载："**江浩**　字敬夫，歙人。由乡举授江西建昌府广昌知县，以能著称。正统十四年，闽广强寇邓茂七侵掠县境，浩亲率民壮控御，寇不犯境，民赖以安。巡抚侍郎杨宁奏其功，升本府通判，仍知县事。秩满，又以巡抚都御史韩雍荐，升本府知府，蒙诰命之褒，升两浙都转盐运使司运使。致仕，卒于家。广昌民立生祠焉。从侄隽，字志伟，领成化戊子乡举，授山东泗水知县，今致仕。"

[5]见脚注杨宁传。

三俊坊 为南京刑部尚书杨宁、兵部侍郎吴宁[1]、都察院右副都御史程富立。

双凤坊 为举人汪荣[2]、汪杲[3]立。

仪凤坊 为举人叶相[4]立。

承芳坊 为举人江隽[5]立。

经魁坊 为举人叶孟[6]立。

少宗伯坊 为礼部侍郎康永韶[7]立。

---

[1]弘治《徽州府志》卷七《人物一·勋贤·国朝》载:"吴宁 字永清,歙莘墟人。父发,字士仁,颀身美髯,风度凝重,历览群书,至于阴阳、医卜、堪舆诸家说,亦旁搜远致,为乡人所称。宁天资颖敏,自幼立志远大,言动老成,年十一遂选入郡庠。登宣德庚戌林震榜进士,授行在兵部武库司主事,廉勤有为。正统戊午,凉州守臣以回回达力等送京师,上命宁驰驿转送浙江沿海地方安插,宁言:'此类资粮弗给,未免失所,有亏柔远之仁。'诏许给月粮,遂为例。是岁考最,升本司郎中。丁卯,充副使,持节册封楚王府通山王及妃,凡馈送悉不受。戊辰,沙尤盗起,命都督刘聚征讨,敕宁往南京会同守备官简阅军士,付聚统领,清出私占之数为多。己巳,虏寇犯顺,英庙亲征,尚书邝公以宁老成练达留治部事,乃招募王敬等五千余名,仍督山东等处官军至京并力御贼。已而土木失利,宁虑逆贼必犯几甸,急陈《备边十事》,奏留山东下班都指挥卫颖等,乞遣廷臣分行江北起取民壮,及令漕运未回官军留守京城,并河南等处实操官军与守海官军悉赴京操备。八月,升本部右侍郎。九月,贼入寇大同,边报甚急,景皇帝命尚书于谦总督诸军御之,宁独掌部事。十月,贼入紫荆关,布列郊外,宁奉命出城,与总兵议杀贼方略。还至,门弗启,贼骑充斥,从者惊散,郭外居民溃入城者塞路,宁立淫雨中,移时衣尽湿。贼既遁,京师奠安,而宁以劳伤成疾。明年,景泰改元,疾大作,乞归,优诏许之。既归,疾渐平复,杜门谢客,足迹不入城府,邦人高之。家居行乐三十余载,卒年八十有四。子绅、纹,俱领乡举。绅,历都昌知县,沂、兴国二州知州,今福建盐运司同知。纹,顺天府通判。孙瀚,成化甲辰李旻榜进士第,以才行选授监察御史,出巡浙江,纪纲肃然不可犯,卒年四十三,士论惜之。"永乐十八年举人,宣德五年进士。

[2]见脚注汪杲传。

[3]弘治《徽州府志》卷八《人物二·宦业·国朝》载:"汪杲 字廷辉,休宁人。寓居府城。弱冠用父命商于松江,不惬志,即从钱学士溥学,昼夜勤励不息,三年始还入郡庠。以《诗经》领景泰丙子乡荐,登天顺甲申进士。授南京户部山西司主事,清谨详慎。升员外郎,寻升郎中,擢云南曲靖军民府知府。时罗雄州土官自相雠杀,杲躬抵其地,谕以朝廷恩威,两感而解,自是民夷帖然。三载入觐,以老致仕。归闲十五年,闭户观书,足不入官府,卒年七十有六。弟荣,以《礼经》领景泰癸酉乡荐,卒。"景泰七年举人,天顺八年进士。

[4]弘治《徽州府志》卷六《选举·科第·国朝》载:"叶相 字茂时,歙人。府学生,《礼记》。广平府通判。今致仕。"成化四年举人。

[5]弘治《徽州府志》卷六《选举·科·国朝》载:"江隽 歙人。《书》,府学生。见《人物志》江浩传。"成化四年举人。参见脚注江浩传。

[6]弘治《徽州府志》卷六《选举·科第·国朝》载:"叶孟 歙人。府学生,《礼记》。经魁。"成化十年举人。

[7]弘治《徽州府志》卷六《选举·科·国朝》载:"康永韶 祁门人。《春秋》。见《人物志》康汝芳传。"景泰元年举人。参见第六章第二节脚注康汝芳传。

经元坊 为举人韩谦[1]立。

贞节坊 有二：一为江莱甫妻叶氏[2]立，一为王真祐妻张氏[3]立。[4]

二、小结

根据本节引文，排除本章第一节小结中认定的14座牌坊，"五遭回禄"之前，府城"增立六坊"，不包括"五遭回禄"之后于宋绍定中"重立各坊""共十有八"，实际新增6座景观坊。至于其中的状元坊、孝节坊是否是纪念类牌坊，未见相关信息，故一并作景观坊统计。

从明朝开元至弘治朝，府城景观坊先是"新增者十有四"，"续增者二"，再"新增者四"，共新增20座。

除此之外，未见本章第一节的纪念坊18座：科举功名坊16座，节孝贞烈坊2座。科举功名坊中，包括"为别院省元方回立"的"省元坊"，纪念科举功名者群体的"科第坊"，14座从明朝开元至弘治朝科举功名"续增者"坊。

综上，从淳熙二年（1175）到弘治十五年（1502），徽州府城新增牌坊44座：景观坊26座，科举功名坊16座，节孝贞烈坊2座。

方回（1227—1307），宋元间人，景定元年（1260）以别院省元登第，由此大体可以估计，"省元坊"建于南宋末，可能是最早出现在徽州方志中的个人功名坊。府城"科第坊"可能是徽州最早的纪念科举功名者群体的牌坊。旌表于"洪武辛未"（洪武十四年，1391）的江莱甫妻叶氏贞节坊（建坊时间不详），

[1]弘治《徽州府志》卷八《人物二·宦业·国朝》载："韩谦 字益之，新安卫人。其先出庐之合淝，父文任本卫前所千户。谦刻志务学，既冠游歙庠，成化庚子充贡，就领顺天府乡试《春秋》第一。明年，会试中乙榜。授河南罗山县学教谕，以身先之，当道推奖。癸卯，顺天府聘典文衡，精白乃心，公于去取，由是著名。汝宁郡守钱钺尝檄委署信阳州事，辞不行。己酉秋，赴福建聘途中以暑得痢，犹人闱视事。事竣还寇。卒年五十三。"成化十六年举人。

[2]弘治《徽州府志》卷十《人物四·列女·国朝》载："叶氏 名德，歙人江莱甫妻。年十六归莱甫时舅没，朝夕事姑惟谨。既十年，莱甫卒，无嗣，以其兄呈甫次子荣为后。荣在乳哺，抚育尽恩。元末兵乱，奉其姑避寇山谷中，服劳奉养，而姑安之。洪武辛未，年八十五，郡邑奏闻旌表，仍复其家。寿登百龄而终。"

[3]弘治《徽州府志》卷十《人物四·列女·国朝》载："张氏 休宁人王真祐妻，从夫戍新安，年二十一夫亡。时舅姑先逝，家贫，粥妆奁备衣棺以葬，誓不再适。抚孤子至成立，孀居三十二年。正统八年，卫所奏闻旌表。"

[4](弘治)徽州府志[M].上海：上海古籍书店,1964.

可能为府城最早的纪念个人的节孝贞烈坊。今歙县县城斗山街尚存"旌表江莱甫妻叶氏贞节之门"木门坊,是不是当年旧物,不得而知。

上述引文还间接表明:旧时徽州府城多火灾,既然"五遭回禄"牌坊不存,可能当时的牌坊不都是石质的。从宋淳祐辛丑(1241)到元元贞乙未(1295),宋元之际,府城"五遭回禄",牌坊尽毁,不得不于元延祐六年(1319)"重立各坊"。

何歆小传表明,徽州马头墙建筑始自他的善政。针对徽州砖木结构建筑易遭回禄、一旦火灾难免火烧连营的实情,何歆不信堪舆家之说,善于思考,为民思政,"歆至,思所以御之,乃下令郡中率五家为墙,里邑转相效,家治崇墉以居。自后六七十年无火灾,灾辄易灭,墙岿然不动";百姓知恩图报,十分敬重他,"祀郡中弥灾亭,又合祀十太守祠"。五百余年过去了,时至今日,虽然难以见到防火措施之一"五家为墙",但"家治崇墉以居"依旧清晰可见。这很可能就是具有防火功能的徽州民居马头墙出自徽州的最原始的文字证据。

第三节 嘉靖《徽州府志》中的府城牌坊

嘉靖《徽州府志》,何东序修,歙县竦口人、嘉靖年间进士、都察院右副都御史汪尚宁和婺源人、中顺大夫、温州知府洪垣总纂,成书于嘉靖四十五年(1566)。

一、《卷一·坊市》中的府城牌坊

嘉靖《徽州府志》第一卷共六目,其中第四目"坊市"对"本府城内"牌坊有详细记载。排除其中的与本章第一、二节重复的内容,全文如下:

……

曰东南钜藩坊 在谯楼前。

……

儒林坊 在上北街口。

乐育坊　在府学右。

科第坊　有二[1]，为府学历科举人进士题名。

……

东南邹鲁坊　在府学内。

状元会魁亚元坊　唐皋[2]。

……

都宪坊　有二：……，一洪远[3]。

大司徒坊　户部尚书汪玄锡[4]。

绣衣坊　有二：一程材[5]，一吴漳[6]。

大冢宰坊，大司马坊　俱尚书汪铉[7]。

---

[1]本章第二节已见一座府城科第坊，本节按一座科第坊统计。

[2]康熙《徽州府志》卷十三《人物志二·文苑传·明》载："唐皋　字守之，号心庵，歙岩镇人。家贫。尝谒浔阳守，赠百缣，途次知同行友窘状，罄囊赠之。又诣学宫，支额廪，途遇鬻妇偿债者，悉解与之，夫妇获全。正德甲戌，廷对第一，官翰林修撰，好言时事。嘉靖二年，刑部尚书林俊去，皋上言：'君臣同心则治，今尚书俊勉留，未几继以诘责复使去，上下乖离，何以为治？'报闻大礼事起，诸臣竞攻张璁、桂萼，皋谓杨廷和曰：'张公不为无理，但当择其可从者以慰上衷，斯能执其不可从者以安孝庙耳？'廷和曰：'卿言良是。'皋乃草疏上之：'请于本生备其尊称，以申追远之道，系其始封，以远正统之嫌。'帝大怒，夺俸三月。后累官至侍读学士，进讲多所启沃。卒，子祭皋为文，下笔立就，或请改窜，辄迅笔更撰，不袭前一字，人以是服其才。所著有《心庵文集》《史鉴会编》《韵府增定》诸书。"正德八年举人，九年进士。

[3]弘治《徽州府志》卷六《选举·科第·国朝》载："洪远　歙洪坑人。府学，《礼记》。见《人物志》洪宽传。"成化十年举人，十四年进士。参见第三章第一节脚注洪宽传。

[4]嘉靖《徽州府志》卷十七《宦业·国朝》载："汪玄锡　字天启，婺源大畈人。七岁能口占诗，学士程敏政奇之。占籍休宁。举进士，选给事中。与权阉悍帅持议异，每有非分邀请章下，辄驳奏不可。兵部论偏头关功，得大赉，升荫有差点，锡疏斥本兵王琼以下有过无功，又陈保治辽东三卫之策，人皆韪之。时武宗微行，一日趋幸昌平、宣大，率同列屡章极谏。及宸豪乱，武宗南征，上疏力争濠平车驾留幸南都，复列章言二十事。今上即位，玄锡首疏陈先朝群奸蛊惑基祸宜付法司定罪，以昭显辟，时亟行之。升太仆卿。以驳格买马事忤相张孚敬。会廷鞫大狱，辄以直言被廷杖，罢归十有四载。上念，召复其官，擢都御史，巡抚江西，入为户部侍郎。卒，赐祭葬，赠尚书。遗稿《奏议》行于世。"弘治十四年举人，正德六年进士。

[5]弘治《徽州府志》卷六《选举·科第·国朝》载："程材　字良用，歙岑山渡人。《礼记》。今任汀州府推官。"弘治五年举人，九年进士。

[6]弘治《徽州府志》卷六《选举·科第·国朝》载："吴漳　歙人。《易》。今任河南胙城知县。"弘治八年举人，十二年进士。

[7]弘治《徽州府志》卷六《选举·科第·国朝》载："汪铉　字宣之，婺源大畈人。《春秋》。"康熙《徽州府志》卷九《选举志上·科第·明》载："汪铉　婺源大畈人。壬戌进士。历官吏部尚书兼兵部尚书，管十二团营事。卒赠'少保'，谥'荣和'。"弘治二年举人，十五年进士。

大总督坊　都御史胡宗宪[1]。

[1]道光《徽州府志》卷十二《人物志·宦业·明》载："**胡宗宪**　字汝贞，绩溪人。嘉靖十七年进士。历知益都、余姚二县，擢御史，巡按宣大。诏徙大同左卫军于阳和、独石，卒聚而哗，宗宪单骑慰谕，许勿徙，乃定。三十三年，出按浙江。时歙人汪直据五岛煽诸倭入寇，而徐海、陈东、麻叶等巢柘林、乍浦、川沙洼，日扰郡邑。擢宗宪右金都御史，代李天宠抚浙江，寻以为兵部侍郎代总督杨宜。初，宗宪令客蒋洲、陈可愿谕日本国王，遇汪直养子澂于五岛，邀俱见直。直初诱入犯，倭大获利，各岛由此日至。既而多杀伤，有全岛无一归者，死者家怨直。直乃与澂及叶碧川、王清溪、谢和等据五岛自保，岛人呼为老船主。宗宪与直同乡里，欲招致之，释其母、妻于金华狱，资给甚厚。洲等谕宗宪指，直心动，又知母、妻无恙，大喜曰："俞大猷绝我归路，故至此。若代罪许市，吾亦欲归耳。但日本国王已死，各岛不相摄，须次第谕之。"因留洲，而遣澂等护可愿归。宗宪厚遇澂，令立功。澂遂破倭舟山，再破之列表。宗宪请于朝，赐澂等金币，赐之归，澂大喜，以徐海入犯来告。亡何海果引大隅、萨摩二岛倭分掠瓜洲、上海、慈溪，自引万余人攻乍浦，陈东、麻叶与俱。宗宪壁塘栖，与巡抚阮鹗相犄角。会海趋皂林，鹗遣游击宗礼击海于崇德三里桥，三战三捷。继而败死，鹗走桐乡，贼乘胜逼之。宗宪计曰：'与鹗俱陷无益也。'遂还杭州，遣指挥夏正等持澂书要海降。海惊曰：'老船主亦降乎？'时海病创，意颇动，因曰：'兵三路进，不由我一人也。'正曰：'陈东已他有约，所虑独公耳。'海遂疑东，而东知海营有宗宪使者，大惊，由是有隙，正乘间说下海。海遣使来谢，索财物。宗宪报如其请，海乃归，俘二百人，解桐乡围。东留攻一日，亦去，复巢乍浦。鹗知不能当海，乃东渡钱塘御他贼。初，海入犯，焚其舟，示士卒无还心。至是，宗宪使人语海曰：'若已内附，而吴淞江方有贼，何不击之以立功？且掠其舸，为缓急计。'海以为然，逆击之朱泾，斩三十余级。宗宪令大猷潜焚其舟。海心怖，以弟洪来质，献所载飞鱼冠、坚甲、名剑及他玩好。宗宪因厚遗洪，谕海缚陈东、麻叶，许以世爵。海果缚叶以献。宗宪解其缚，令以书致东图海，而阴泄其书于海。海怒。海妾受宗宪赂，亦说海。于是海复以计缚东来献，帅其众五百人去乍浦，别营梁庄。官军焚乍浦巢，斩首三百余级，焚溺死称是。海遂刻日请降，先期猝至，留甲士平湖城外，率酋长百余青而入。文华等惧，欲勿许之。海叩首伏罪，宗宪摩海顶，谓谕之。海自择沈庄屯其众。沈庄者东西各一，以河为堑。宗宪居海东庄，以西庄处东党。令东致书其党曰：'督抚檄海，夕擒若属矣。'东党惧，乘夜将攻海。海挟两妾走，间道中稍。明日，官军围之，海投水死。会卢镗亦擒辛五郎至。五郎者，大隅岛主弟也。遂俘洪、东、叶、五郎及海首献京师，帝大悦，行告庙礼，加宗宪右都御史，赐金币加等。海余党奔舟山，宗宪令俞大猷雪夜焚其栅，尽死，两浙倭渐平。三十六年正月，阮鹗改抚福建，即命宗宪兼浙江巡抚事。蒋洲在倭中，谕山口、丰后二岛主源义长、源义镇，还被掠人口，具方物入贡。宗宪以闻，诏厚赍其使，遣还。至十月，复遣夷目善妙等随汪直来市，至岑港泊焉。浙人闻直以倭船至，大惊。巡按御史王本固亦言不便，朝臣谓宗宪且酿东南大祸。直遣澂诣宗宪曰：'我等奉诏来，将息兵安境。谓宜使者远迎，宴犒交至。今盛陈军容，禁舟楫往来，公给我耶？'宗宪解谕至再，直不信。乃令其子以书招之。直曰：'儿何愚也。汝父在，厚汝。父来，阖门死矣。'因要一贵官为质。宗宪立遣夏正偕澂往。宗宪尝预为赦直疏，引澂入卧内，阴窥之。澂语直，疑稍解，乃偕碧川、清溪入谒。宗宪慰藉之甚，至令至杭见本固。本固下直等于狱。宗宪疏请曲贷直，俾成海上，系著夷心。本固争之强，而外议疑宗宪纳贼赂。宗宪惧，易词以闻。直论死，碧川、清溪戍边。澂与谢和遂支解夏正，栅舟山，阻岑港而守。官军四面围之，贼死斗多陷没者。至明年春，新倭复大至，严旨责宗宪。宗宪惧得罪，上疏陈战功，谓贼可指日灭。所司论其欺诞。帝怒，尽夺诸将大猷等职，切让宗宪令克期平贼。宗宪见患未已，思自媚于上，会得白鹿于舟山，献之。帝大悦，行告庙礼，厚赍银币。未几，复以白鹿献帝。帝益大喜，告谢元极宝殿及太庙，百官称贺，加宗宪秩。既而岑港之贼徙巢柯梅，官军屡攻不能克。御史李瑚劾宗宪诱徒汪直启衅，本固及给事中刘尧诲亦劾其老师纵寇，请追夺功赏。帝命廷议之，咸言宗宪功多宜勿罢。帝嘉其擒直功，

......

忝将坊 有二：一孙仁，一余正。

......

大中丞坊 都御史曹祥[1]。

......

畿南重镇坊 在歙县新城外，知府何东序[2]建。[3]

二、小结

综上，弘治《徽州府志》截稿之后，嘉靖四十五年（1566）之前，不包括改名改建坊，徽州府城新增牌坊17座：科举功名坊12座，景观坊5座（东南钜藩坊、儒林坊、乐育坊、东南邹鲁坊、畿南重镇坊）。

（接上页）令居职如故。贼之徙柯梅也，造巨舰为遁计。及舰成，宗宪利其去，不击。贼扬帆泊浯屿，纵掠闽海州县。闽人大噪，谓宗宪嫁祸。御史瑚再劾宗宪三大罪。瑚与大猷皆闽人，宗宪疑大猷漏言，劾大猷不力击，大猷遂被逮。当是时，江北、福建、广东皆中倭，宗宪虽尽督东南数十府，道远但遥领而已，不能遍经画。然小胜辄论功受赉无虚月，即败衄不与其罪。三十八年，贼大掠温、台，别部复寇滨海诸县，给事中罗嘉宾、御史庞尚鹏奉诏勘之，言宗宪养寇，当置重典，帝不问。明年，论平汪直功，加太子太保。宗宪多权术，喜功名，威权震东南，性喜宾客，招致东南士大夫预谋议，名用是起。至技术杂流，豢养皆有功，能得其力。然创编提均徭之法，加赋额外，而所侵官币、敛富人财物亦不资。嘉宾、尚鹏还上宗宪侵币状，计三万三千，他册籍沉灭。宗宪自辩言：'臣为国除贼，用间用饵，非小惠不成大谋。'帝以为然，更慰论之。寻上疏，请得节制巡抚及操江都御史，如三边故事。帝即晋兵部尚书，如其请。复献白龟二、五色芝五。帝为谢元告庙如前，赉宗宪加等。明年，江西盗起，又兼制江西。未至，总兵官戚继光已平贼。九月奏言：'贼屡犯宁、台、温，我师前后俘斩一千四百有奇，贼悉荡平。'帝悦，加少保。会御史汪汝正劾宗宪，遂逮下狱。宗宪自叙平贼功，言以献瑞得罪言官，且讦汝正受脏事。帝终怜之，并下汝正狱。宗宪竟瘐死，汝正得释。万历初，复官，谥'襄懋'。见《明史》本传。邑志云，宗宪侄子升赞画幕府，平海寇汪直有功，叙授新安卫镇抚。同时，宗宪弟宗周亦荫千户。"嘉靖十三年举人，十七年进士。

[1]弘治《徽州府志》卷六《选举·科第·国朝》载："曹祥 字应麟，歙雄村人。府学生，《礼记》。南京户部主事，升员外郎，今改工部。"成化十年举人，二十年进士。

[2]嘉靖《徽州府志》卷四《郡守职官·国朝》载："何东序 山西猗氏县人。由进士刑部郎中，嘉靖四十三年任，升紫荆阁副使，历官都御史。"

[3]（嘉靖）徽州府志 （弘治）休宁志[M]. 北京：书目文献出版社，1998:28.

本章小结

　　另外,未见于本章前三节、康熙三十三年《婺源县志》登载的位于府城的4座牌坊(位于"府城昭恩楼前"坊主为"宫保汪橚、汪焕、汪佟、汪铉"的"四世一品坊","在郡城东门"坊主为"汪铉"的"少保天官坊",位于"府城北门"的"司马总宪坊","在府城"坊主为"汪玄锡"的"清朝忠谏坊"[1]),一并记入府城牌坊。

　　综上,排除重复坊,淳熙《新安志》、弘治《徽州府志》、嘉靖《徽州府志》、康熙《婺源县志》共记载府城纪念坊和景观坊79座(表2-1)。

表2-1　部分徽州旧志记载的徽州府城牌坊统计

资料来源	合计/座	分类									
		纪念坊/座									非纪念坊/座
		小计	旌表类					非旌表类			景观坊
			节孝贞烈坊	孝友恩褒坊	善行义举坊	封赠例授坊	百岁期颐坊	科举功名坊	惠民德政坊	其他	
淳熙《新安志》	14	2	0	2	0	0	0	0	0	0	12
弘治《徽州府志》	44	18	2	0	0	0	0	16	0	0	26
嘉靖《徽州府志》	17	12	0	0	0	0	0	12	0	0	5
康熙《婺源县志》	4	4	0	0	0	0	0	4	0	0	0
合计	79	36	2	2	0	0	0	32	0	0	43

---

[1](康熙)婺源县志(二)[M].台北:成文出版社,1998:524.

第三章　歙县牌坊

歙县一直是徽州最重要的县份之一，除短暂的时间外，徽州府治一直在歙县，并且一度"州县同城"。

歙县旧志很多，保存完整的县志有：万历三十七年(1609)《歙志》30卷，知县张涛修，歙人谢陛等纂；顺治八年(1651)《歙志》14卷，知县宋希肃修，吴孔嘉、姚宗衡总修；康熙二十九年(1690)《歙县志》12卷，知县靳治荆修，吴苑、许承家等纂；乾隆三十六年(1771)《歙县志》20卷首1卷，知县张佩芳修，刘大櫆等纂；道光八年(1828)《歙县志》10卷首1卷，知县劳逢源修，沈伯棠等纂；同治年间《歙县采访录》8册，歙人曹光洛编；民国二十五年(1936)编成、二十六年(1937)出版《歙县志》16卷，石国柱、楼文钊主修，许承尧总纂。保存完整的歙县乡村旧志有雍正《岩镇志草》4卷，佘华瑞纂；乾隆二十四年(1759)《沙溪集略》8卷，凌应秋纂；乾隆四十年(1775)《橙阳散志》15卷末1卷，江登云辑；民国三十三年(1944)《丰南志》10卷，吴庆祐纂[1]。

鉴于万历《歙志》"不录"牌坊，自此以后歙县旧志亦无"坊市"或"坊表"。在查阅的歙县旧志中，如康熙、乾隆、道光、民国《歙县志》均无"坊表"，康熙《歙县志》卷三《疆域·古迹》和道光《歙县志》卷一《舆地志·古迹》中无牌坊，亦无"古迹"，惟有民国《歙县志》卷一《舆地志·古迹》中有"藩镇坊"[2]信息，但这条信息与弘治《徽州府志》卷一《地理一·坊市》中的"藩镇坊"始建者为同一人，且位置相同(见第二章第二节)，故该坊亦不列入歙县牌坊统计。凡此种种，显然不利于当下客观认识歙县旧时牌坊。

[1]歙县地方志编纂委员会. 歙县志(—2005)[M]. 合肥:黄山书社,2010:987-988.
[2]民国歙县志[M]. 南京:江苏古籍出版社,1998:43.

本章以弘治《徽州府志》、嘉靖《徽州府志》、乾隆《歙县志》、道光《徽州府志》、民国《歙县志》、雍正《岩镇志草》、乾隆《沙溪集略》、乾隆《橙阳散志》和民国《丰南志》为文献源，分析歙县旧时牌坊。

第一节　弘治《徽州府志》中的歙县牌坊

一、卷一《地理一·坊市》中的歙县牌坊

弘治《徽州府志》卷一《地理一》共十目，其中第九目"坊市"的重点是"坊"，其中包括歙县牌坊，全文如下：

旧坊五：**迎恩，新民，宣化，寅宾，双桂**。

旧坊改名一：**文源**改**道德渊源**，在县学前。

新增坊三：**五溪浍澈**在渔梁坝上，**万水朝宗**在渔梁坝下，俱知府张祯[1]立；**风化之源**坊在县学前，知县朱谏[2]立。

科第坊　在县学前，为本学历科举人进士题名立。

以下坊俱续增者：

进士坊　在隔都共有四十四：一为胡昌龄[3]，一为唐吉祥[4]，一为汪

---

[1]弘治《徽州府志》卷四之二《职制·郡邑官属·国朝》载："**张祯**　字国兴，山东平度州人。由进士授行人司行人，历广东道监察御史、凤阳知府。丁母忧，改任。弘治十一年十一月十七日到，十三年八月二十五日丁父忧去任。"

[2]弘治《徽州府志》卷四之二《职制·郡邑官属·国朝》载："**朱谏**　字君佐，浙江乐清人。由进士授任，弘治十二年八月十五日到，以忧去。"

[3]弘治《徽州府志》卷六《选举·科第·国朝》载："**胡昌龄**　歙人，府学生。"洪武十七年举人，十八年进士。

[4]弘治《徽州府志》卷八《人物二·宦业·国朝》载："**唐吉祥**　字彦祯，歙东关人。山长桂芳之从孙，经历中之子。以《诗经》登(洪武)〔建文〕庚辰科进士第，授湖广祁阳知县。考最，为天下知县第一，赐宴礼部。改叶县，再调南阳县，所至有冰蘗声。升工部营缮司主事。卒。"建文元年举人，二年进士。

善[1]，一为郑行简[2]，一为方勉[3]，一为叶蓁[4]，一为吴宁[5]，一为方贵文[6]，一为许（士）〔仕〕达[7]，一为杨宜[8]，一为朱永宁[9]，一为江真[10]，一为庄歆[11]，

---

[1]弘治《徽州府志》卷八《人物二·宦业·国朝》载："汪善　字存初，歙潜川人。宋赠奉直大夫叔敖之后。自幼孝友，弱冠游郡庠，治《毛氏诗》。永乐乙酉领乡荐，明年登进士第。以例归省，逾年赴京，授吏科给事中，弹奏不避权贵，缙绅惮之。未几，出知湖广夷陵州，改广东万州，升永州府同知。卒。善在郡庠，清俭苦学。两任州政，勤于抚字，劝农桑，崇学校，有循吏风。其孙思积及曾孙文兴辈，仰思覆荫，尝作专祠祀之。国子祭酒安成刘震有记，大学士淳安商文毅公表其墓。"永乐三年举人，四年进士。

[2]弘治《徽州府志》卷六《选举·科第·国朝》载："郑行简　本名汝敬，以字行，歙贞白里人。《春秋》。授永清知县，改上虞。坐事归老于家。"永乐九年举人，十三年进士。

[3]弘治《徽州府志》卷七《人物一·文苑·国朝》载："方勉　字懋德，歙潜川人。自少颖敏嗜学，年十二三作诗文如老成人语。治《春秋》，登永乐乙未陈循榜进士，选翰林庶吉士。尝应制作《麒麟赋》，奏回毕姻蒙准给驿，又赐宝钞。即而复任，扈从赴北京应制作《圣德瑞应赋》，赐《观灯》律诗，又蒙赐《为善阴骘》《孝顺事实》二书。洪熙元年，丁外艰。服阕，除太常寺博士。宣德三年，赐《历代臣鉴》，应制作《驺虞》《白乌》等赋，《击球》《射柳》等诗。凡遇郊庙社稷赞导，虔恭寅昼，不愆于仪。迁四川道监察御史，出按江浙，理狱全活多人。劾奏都指挥张霭，滨海以宁。正统四年，升湖广按察司佥事，奉敕诣五开整饬边务。又奉敕会同守将张善抚捕八蛮，宣布威德。景泰元年，升湖广布政司右参议，食正四品俸。专督粮储，陈言二十二事，皆便于民，悉准行。所至公暇，多有题咏。进阶朝议大夫，致仕。又奉诏进阶亚中大夫。卒年七十八。所著有《怡庵集》。子暕，登景泰甲戌进士第，授刑科给事中，寻卒。早，领成化乙酉乡举，授临安知县，有能声。"永乐九年举人，十三年进士。

[4]弘治《徽州府志》卷八《人物二·宦业·国朝》载："叶蓁　字永茂，歙新州人。登进士第。授行人，以廉慎称。寻升监察御史，持宪不阿。出按贵州，以疾卒于官。"永乐十五年举人，宣德二年进士。

[5]见第二章第二节脚注吴宁传。

[6]弘治《徽州府志》卷六《选举·科第·国朝》载："方贵文　歙中塘人。府学。《春秋》。行人。迁山西道监察御史。卒。"宣德十年举人，正统元年进士。

[7]弘治《徽州府志》卷八《人物二·宦业·国朝》载："许仕达　字廷佐，许村人。登进士第。拜监察御史，尝出按福建，革除奸弊，风裁凛然。升福建左参政，后升山东右布政使，转贵州左布政使。以风疾卒于官。"正统六年举人，十年进士。

[8]见第二章第二节脚注杨宁传。

[9]弘治《徽州府志》卷八《人物二·宦业·国朝》载："朱永宁　歙在城人。登进士第，拜监察御史，出按河间等府，清谨廉明，夙夜匪懈，以疾卒于官。"正统九年举人，十三年进士。

[10]弘治《徽州府志》卷六《选举·科第·国朝》载："江真　歙东关人。府学。《春秋》。户部主事。"正统六年举人，十三年进士。

[11]弘治《徽州府志》卷六《选举·科第·国朝》载："庄歆　歙雪坑人。府学。《春秋》。见《人物志》庄观传。"景泰元年举人，二年进士。

一为方暕[1]，一为吴真[2]，一为胡敬[3]，一为汪正[4]，一为吴宪[5]，一为汪山[6]，

---

[1]弘治《徽州府志》卷六《选举·科第·国朝》载："**方暕** 歙潜口人。府学。《春秋》。见《人物志》方勉传。"景泰元年举人，五年进士。参见方勉小传。

[2]弘治《徽州府志》卷八《人物二·宦业·国朝》载："**吴真** 字秉诚，歙岩镇人。为郡庠生，刻苦嗜学，中正统丁卯乡试，登天顺丁丑进士。除湖广茶陵知县，民多巨猾，素称难治，真以廉慎自持，杜绝奔竞。先是有奸宄构党，甚为民患，真晓以礼义，御以恩信，遂服。升南京山东道监察御史，改云南道，纠苛暴，振纲纪，百僚悚然。成化戊戌，谢政归。卒年六十。"正统十二年举人，天顺元年进士。

[3]弘治《徽州府志》卷八《人物二·宦业·国朝》载："**胡敬** 字文恭，歙上临河人。游郡庠，领景泰癸酉乡荐，登成化丙戌进士第。遣往陕西劳军，授行人。时楚王薨，遣致祭。秀王薨于河南，命迎归葬西山，皆祗肃详慎。迁江西道监察御史，执法平恕，遇渠奸巨滑，治之不少贷，声誉益起。奉敕命清理江西军伍，克振风裁。成化庚子，巡按山西，值岁侵，檄郡邑赈济，全活数万人。辛丑，升浙江按察司佥事，夙夜惕励，以劳致疾卒于官。"景泰四年举人，成化二年进士。

[4]弘治《徽州府志》卷八《人物二·宦业·国朝》载："**汪正** 字惟中，号坦轩，歙潜川人。早知读书力学，游郡庠，治《春秋》，领天顺壬午乡试，登成化己丑进士。授福州长乐知县，锄强植弱，杜绝私谒，权贵衔之，沮其迁秩。至再考，始升南京户部主事，均衡石，谨出纳。升本部员外郎，再升郎中。在部九年，操守一致。擢湖广辰州府知府，能施其善政。当道者嘉其刚大有守，屡剡荐之，不幸以疾卒于官。"天顺六年举人，成化五年进士。

[5]弘治《徽州府志》卷六《选举·科第·国朝》载："**吴宪** 字肃清，歙人。府学生。《春秋》。江西临川知县，今致仕。"天顺六年举人，成化八年进士。

[6]弘治《徽州府志》卷八《人物二·宦业·国朝》载："**汪山** 字仁夫，别号用拙，歙东关人，元提举孔昭五世孙。以《春秋》领成化戊子乡荐，登壬辰进士第。初观政户部，出散山东，拜直隶实征粮册。甲午，授行人，尝掌行陕西秦王府、江西淮王府丧礼。又赍奉诏书，往大名府并周王府、河南等处开读，所至以清慎称。三年，进阶修职郎。戊戌授福建道监察御史，以风裁见重于人。未几，出巡陕西茶马，号令严明，尽除宿弊。三年，进阶文林郎，受敕命，内有'克称激扬之任，益彰勤慎之名'之褒。巡按云南，有孟密强夷曩罕弄与木邦宣慰罕乞法仇杀三十余年，屡抚不服，久为边患。山至，谕以恩威，一时革心效顺，各归侵疆。事闻，《玺书》褒劳，有云'消三十余年之边患，活百千万亿之生灵'，兼赐彩缎一表里。是岁当大比，山礼聘师儒，合云贵士，躬监试之，惟公惟明，一时号称得人。明年，南安、螺峨等州县刺皮、刺古、谷泥整等村寨啰啰师伍等，恃险流劫分村，支解人命，烧毁衙门，流毒一方。山复会委边将，调兵剿杀，逾月而定。捷闻，钦赏白金一锭、彩缎二表里。它如奏减银课，改造军器，参劾奸贪，风纪尤振。乙巳，升浙江按察佥事。浙江分五道，而嘉湖素称烦剧，山至，郡县莫不望风靡服。时有苏州卫守御、嘉兴中左千户所百户陈辅以所司，御以不道，遂率众劫去府所印信官银，协从狱囚，肆为抢掠，官不能禁。山即下令捕擒之，追还所劫印信官银，上下莫不称快。以疾卒于官，年五十有四。山性孝，奉母梅甚谨，初仕京师，以道远不能迎养乃奏分俸于家以养之。处兄弟友爱甚笃，居官行事，动以古人自期。有奏议三册，并所著诗文一册，藏于家。"成化四年举人，八年进士。

一为洪汉[1]，一为唐相[2]，一为方进[3]，一为洪远[4]，一为吴湜[5]，一为郑达[6]，一为汪贵[7]，一为黄华[8]，一为吴瀚[9]，一为曹祥，一为鲍楠[10]，一为程

---

[1]弘治《徽州府志》卷六《选举·科第·国朝》载："**洪汉** 字朝宗，歙桂林人。府学生。《礼记》。授行人，升南京刑部福建司员外郎，改南京户部四川司，历升郎中、云南左参议。今致仕。"天顺六年举人，成化八年进士。

[2]弘治《徽州府志》卷六《选举·科第·国朝》载："**唐相** 字希凯，歙人。府学生《春秋》。乐清知县，升监察御史，谪县丞，迁桐庐知县。今致仕。子诰。"成化七年举人，十一年进士。

[3]弘治《徽州府志》卷六《选举·科第·国朝》载："**方进** 字惟新，歙结林人。府学《礼记》。授临海知县，升太仆寺丞，升济南知府。今致仕。"天顺六年举人，成化十四年进士。

[4]见第二章第三节脚注洪远传。

[5]弘治《徽州府志》卷八《人物二·宦业·国朝》载："**吴湜** 字一清，号讷轩，歙绍村人。少颖秀不凡，为乡先达庄副宪观所器重，力劝就学。以《春秋》领戊子乡荐，登成化戊戌进士第，试政工部。丁父忧服阕，除南京工部营缮司主事。奉使采修孝陵殿材于四川，取于深山穷谷，非万夫莫致其一。湜至，以身先之，所司惮其艰，欲馈千金冀缓其事，湜却以义，馈者靦服。丁母忧服阕，以清望改南京吏部稽勋司主事。升验封司郎中，益洁所操，恒以止足为戒。适太医院阙堂上官，部檄湜兼署院印。寻以疾卒，年五十六。湜友爱其弟，无私财，在官所奉如布衣时，卒之日无以为殓，冢宰暨僚友咸加赙之。"成化四年举人，十四年进士。

[6]弘治《徽州府志》卷八《人物二·宦业·国朝》载："**郑达** 字德孚，歙西溪人。自幼颖敏过人，治《春秋》，深得其旨。中成化(戊子)〔辛卯〕乡试第四人，登戊戌进士第。授浙之黄岩知县，操心公平，莅政勤慎。黄岩旧称难治，达为之有遗力。用是台省交荐，升云南道监察御史，独持风裁，名闻中外。出按辽东，尤能锄奸纠恶，边境肃然。寻以疾卒于官。"成化七年经魁，十四年进士。

[7]弘治《徽州府志》卷八《人物二·宦业·国朝》载："**汪贵** 字良贵，歙大里人。入郡庠，以《春秋》领天顺壬午乡荐，登成化戊戌进士，观刑部政。丁外艰服阕，授浙江嘉善令。首核富民买田不割税、小民陪纳之弊，又省上下无名馈送之费，新学宫及隍社、仓廪、公廨，咸励清操，抑强扶弱，独不利于豪猾。以此被诬，起送吏部，民数千人拥去舟攀号，请留其衣作留衣亭，以昭不忘。邑士周寅等为上书讼冤，冢宰三原王恕特为奏复职，民心始安。甫半载，考绩赴部，改固始县。卒于官，年五十五，身无遗物，仅衣被而已。子升，在郡庠，往归其榇，光州守叶适哀其清约，解所乘舟赙之。所著有《贻笑稿》。"天顺六年举人，成化十四年进士。

[8]弘治《徽州府志》卷六《选举·科第·国朝》载："**黄华** 字实夫，歙潭渡人。府学。《书》。金溪知县，改平江，迁兵部主事，今升员外郎。"成化元年举人，十七年进士。

[9]弘治《徽州府志》卷六《选举·科第·国朝》载："**吴瀚** 歙莘墟人。府学《春秋》。见《人物志》吴宁传。"成化十三年举人，二十年进士。参见第二章第二节脚注吴宁传。

[10]弘治《徽州府志》卷六《选举·科第·国朝》载："**鲍楠** 字良用，歙棠樾人。今南京户部主事。"成化十六年亚魁，二十年进士。

玠[1]，一为方荣[2]，一为唐弼[3]，一为汪侃[4]，一为何胜[5]，一为汪渊[6]，一为程忠显[7]，一为张芝[8]，一为程珣[9]，一为吴远[10]，一为程材[11]，一为唐泽[12]，一为吴漳[13]，一为胡煜[14]立。

登云坊 有二：一在莘墟，为举人吴宁立；一在潭渡，为举人许龙[15]立。

昼锦坊 为兵部侍郎吴宁立。

---

[1]弘治《徽州府志》卷六《选举·科第·国朝》载："**程玠** 字文玉，歙槐塘人。《春秋》。未任，卒。"成化十三年亚魁，二十年进士。

[2]弘治《徽州府志》卷六《选举·科第·国朝》载："**方荣** 字勉仁，歙临河人。《春秋》。善化知县，以急缺风宪召，未到京，卒。"成化十九年举人，二十年进士。

[3]弘治《徽州府志》卷六《选举·科第·国朝》载："**唐弼** 字希说，歙槐塘人。府学生。《春秋》。户部主事，升员外，今升四川按察佥事。"成化十六年举人，二十三年进士。

[4]弘治《徽州府志》卷六《选举·科第·国朝》载："**汪侃** 字仲和，歙岩镇人。《春秋》。未任，卒。"成化十九年举人，二十三年进士。

[5]弘治《徽州府志》卷九《人物三·孝友·国朝》载："**何胜** 字斯复，歙人。性至孝。五岁父士谧卒，母江氏守节，抚胜成立，充邑庠生。郡上其母贞节，诏旌表之。胜以《春秋》中成化辛卯乡试，寻登弘治庚戌进士第。迎母就养，母不习北方风土，多病，胜上疏乞终养归。甲寅，母染暴疾，胜斋沐告天以身代，已而江氏果愈，胜竟以忧瘁卒。择从子璪为嗣。妻杨氏有姑风，乡人称其'节孝'。"成化七年举人，弘治三年进士。

[6]弘治《徽州府志》卷六《选举·科第·国朝》载："**汪渊** 字仲深，歙岩镇人。《春秋》。江西永新知县，改上高。"成化十九年举人，弘治三年进士。

[7]弘治《徽州府志》卷六《选举·科第·国朝》载："**程忠显** 字良辅，复姓孙，歙岩镇人。《春秋》。大理左评事，升左寺副，今升寺正。"弘治五年举人，六年进士。

[8]弘治《徽州府志》卷六《选举·科第·国朝》载："**张芝** 字廷毓，歙人。《春秋》。今任南京大理评事。"弘治五年举人，九年进士。

[9]弘治《徽州府志》卷六《选举·科第·国朝》载："**程珣** 字德和，歙东关人。《春秋》，今任南京户部主事。"弘治二年举人，九年进士。

[10]弘治《徽州府志》卷六《选举·科第·国朝》载："**吴远** 字惟明，歙岩镇人。《礼记》。今任莆田知县。"成化二十二年举人，弘治九年进士。

[11]弘治《徽州府志》卷六《选举·科第·国朝》载："**程材** 字良用，歙岑山渡人。《礼记》。今任汀州府推官。"弘治五年举人，九年进士。

[12]弘治《徽州府志》卷六《选举·科第·国朝》载："**唐泽** 字沛之，歙人。《春秋》。"弘治十一年举人，十二年进士。

[13]弘治《徽州府志》卷六《选举·科第·国朝》载："**吴漳** 歙人。《易》。今任河南胙城知县。"弘治八年举人，十二年进士。

[14]弘治《徽州府志》卷六《选举·科第·国朝》载："**胡煜** 歙人。府学生。《春秋》。第二甲第一名，庶吉士。"成化二十二年举人，弘治十五年进士。

[15]弘治《徽州府志》卷六《选举·科第·国朝》载："**许龙** 字舜卿，歙人。《春秋》。"弘治五年举人。

绳武坊　为举人吴绅[1]立。

经魁坊　有二：一为举人方暕立；一在西溪，为举人郑达立。

擢科坊　在洪源，为举人洪宽[2]立。

继荣坊　在槐塘，为举人程熙[3]立。

文武联芳坊　在岩镇，为举人方佐[4]、千户方思敬[5]立。

步云坊　在上路，为举人汪山立。

双凤坊　有二：一在槐塘，为举人唐佐[6]、唐相立；一在县西，为举人李环[7]、李璋[8]立。

绣衣坊　有五：一在新州，为叶蓁立；一在岩镇，为吴真立；一在临河，

---

[1]弘治《徽州府志》卷六《选举·科第·国朝》载："**吴绅**　歙人。府学生。《春秋》。见《人物志》吴宁传。"景泰七年举人。参见第二章第二节脚注吴宁传。

[2]弘治《徽州府志》卷八《人物二·宦业·国朝》载："**洪宽**　字有约，号觉非，歙洪坑人。宋少师中孚之裔。早入郡庠，以《礼经》领景泰庚午乡荐，入胄监。成化丙戌，简授湖广桂阳州知州。时洞獠剽掠，民庐煨烬，宽劳心抚字，创驿堠为市区，理冤滞，安反侧，郡人大和，乃请于朝，复迁州治于古府治。寻，丁父忧。服阕，改河南郑州。时创藩封于汝宁，浚漕河于黑阳山，立会府于开封，役州夫千六百余人，宽恳言：'州狭民贫，免其半。'成化癸巳，岁大侵，宽奏免税三分，又请发陈麦万石与官粟兼济。巡抚大臣善之，下其事旁郡，民赖全活甚众。氾水古崤关，议者欲革之。宽曰：'崤，即虎牢古险塞，时平固无所事，若岁饥馑、盗出不测，其孰御之。'卒不革。岁久政成，乃新作州学，刻许文正《大学要略》诸书迪诸生，又新郑子产之庙。州民李庆家蚕簇巨茧成衣，襟袖悉具，而乡间犊驹多双生者，人以为德政之应。巡抚都御史张瑄原洁屡疏旌异，且请擢补郧阳府。命未下，会为豪猾所诬，而司府又有纵其奸者，宽遂辞职归。正家庭，敦礼教，厚风俗，遂林下之乐。卒年六十二。子达，字克正，七品散官；迪，字克顺，礼部司务；远，字克毅，登成化戊戌进士，授莆田知县，丁内外艰，历东浚县、交河县，迁南京福建道监察御史，今浙江按察司佥事；通，字克明，领弘治乙卯乡荐，今浙江淳安县教谕。"景泰元年举人。

[3]弘治《徽州府志》卷八《人物二·宦业·国朝》载："**程熙**　字克和，歙槐塘人。领景泰癸酉乡荐。授福建汀州府同知，刚介廉慎，佐郡十一载，政绩屡著，时汀民竟为歌谣颂之。紫云台有盗数千，往来劫掠，熙单骑抵其营垒，晓以理法，皆散去。郡民冯得全等具其实于巡抚，都御史滕昭奏闻旌异。秩将满，卒于官。"景泰四年举人。

[4]弘治《徽州府志》卷八《人物二·宦业·国朝》载："**方佐**　字良弼，歙岩镇人。充郡庠生，天顺壬午以《礼经》领乡荐。累举进士不第，乃就铨试居优等，授礼部司务。遇事通敏而勤，历三载，奉命出督直隶郡县银课。竣事还，例将迁秩，以老辞归。卒年五十九。"天顺六年举人。

[5]弘治《徽州府志》卷九《人物三·武功·国朝》载："**方本立**　歙人。由湖广永定卫中所总旗征洪江等塞有功，升百户，征东苗阵亡。子思敬，袭升本所副千户。"

[6]弘治《徽州府志》卷六《选举·科第·国朝》载："**唐佐**　字希元，歙人。《春秋》。府学生。宁波府同知。今致仕。弟相，从弟弼，侄诰，从侄泽。"成化四年举人。

[7]弘治《徽州府志》卷六《选举·科第·国朝》载："**李环**　字良璧，歙人。复姓江。《春秋》。今松溪知县。弟璋、瓛。"成化十六年举人。

[8]弘治《徽州府志》卷六《选举·科第·国朝》载："**李璋**　歙人。《春秋》。复姓江。"成化二十二年举人。

为胡敬立；一在上路，为汪山立；一在莘墟，为吴瀚立。

旌绣坊　在洪源，为洪远立。

奎光坊　在郑村，为举人郑循[1]立。

象贤坊　在槐塘，为举人程仪[2]立。

济美坊　在莘墟，为举人吴纹[3]立。

登庸坊　为举人江曜[4]立。

世科坊　在洪源，为举人洪宽、洪远、洪通[5]立。

重华坊　在槐塘，为举人程宽[6]立。

鸣凤坊　在潭渡，为举人黄华立。

绍光坊　在郑村，为举人汪亨[7]立。

桂东坊　为举人郑时[8]立。

得隽坊　在郑村，为举人汪濂[9]立。

文元坊　在槐塘，为举人程玠立。

继显坊　在莘墟，为举人吴瀚立。

尚宾坊　为举人（汪）〔江〕衷[10]立。

---

[1]弘治《徽州府志》卷六《选举·科第·国朝》载："**郑循**　字守道，歙人。《诗》。袁州府通判，今升嘉兴府同知。"成化四年举人。

[2]弘治《徽州府志》卷六《选举·科第·国朝》载："**程仪**　字式之，歙人。《春秋》。朔州知州，才堪治繁，调应州。今致仕。"成化七年举人。

[3]弘治《徽州府志》卷六《选举·科第·国朝》载："**吴纹**　歙人。府学，第九名。《春秋》。见《人物志》吴宁传。"成化七年举人。参见第二章第二节脚注吴宁传。

[4]弘治《徽州府志》卷六《选举·科第·国朝》载："**江曜**　歙人。府学。《春秋》。见《人物志》江祖传。"成化十年举人。

[5]弘治《徽州府志》卷六《选举·科第·国朝》载："**洪通**　歙洪坑人。《春秋》。见《人物志》洪宽传。"弘治八年举人。参见脚注洪宽传。

[6]弘治《徽州府志》卷六《选举·科第·国朝》载："**程宽**　字栗夫，歙人。湖广安化知县，改河南光山。"成化十年举人。

[7]弘治《徽州府志》卷六《选举·科第·国朝》载："**汪亨**　歙人。《诗》。府学生。浙江武义知县。"成化十九年举人。

[8]弘治《徽州府志》卷六《选举·科第·国朝》载："**郑时**　歙人。《诗》。府学生。湖广桂东知县。"成化十九年举人。

[9]弘治《徽州府志》卷六《选举·科第·国朝》载："**汪濂**　歙人。《礼记》。"成化二十二年举人。

[10]弘治《徽州府志》卷六《选举·科第·国朝》载："**江衷**　字秉彝，歙东关人。"成化十年举人。

聚奎坊　为举人李瓒[1]立。

世芳坊　在上路，为举人程迪[2]立。

文光坊　在潜口，为举人汪贤[3]立。

德征坊　在郑村，为举人郑贤[4]立。

会魁坊　在上路，为进士程琯立。

世美坊　在槐塘，为举人程仁[5]立。

国宾坊　在槐塘李家村，为举人李仁[6]立。

振芳坊　在岑山，为举人江韶[7]立。

毓秀坊　在岩镇，为举人程忠显立。

锺秀坊　在临河，为举人程隆[8]立。

凤林坊　在郑村，为举人汪濬[9]立。

登俊坊　在槐塘，为举人程源[10]立。

旌孝坊　在潭渡，为唐孝子黄芮[11]立，久废，国朝弘治己未，知府张祯命其后重立。

---

[1]弘治《徽州府志》卷六《选举·科第·国朝》载："**李瓒**　字良器，歙人。《春秋》。监生。复姓江。今任金华知县。"成化二十二年举人。

[2]弘治《徽州府志》卷六《选举·科第·国朝》载："**程迪**　字养吉，歙人。府学。《春秋》。左州知州，改横州，又改兴国州。今致仕。"成化十六年举人。

[3]弘治《徽州府志》卷六《选举·科第·国朝》载："**汪贤**　字时彦，歙人。《春秋》。"弘治十一年举人。

[4]弘治《徽州府志》卷六《选举·科第·国朝》载："**郑贤**　歙人。《诗》。"弘治二年举人。

[5]万历《歙志》卷十二《传卷二·通传（上）》载："**程仁**　字守之，初名辙。授华容令，为治务推恩信。时邑通贷积五年，督甚急。仁集父老，谓之曰：'令为政，当后催科，顾若等食土之毛，奈何为父母累乎？常赋外有责，令自当之。'民感其言，课先邻邑。忤奄瑾，罢。瑾殊，起为永兴令，上疏自免归。"

[6]弘治《徽州府志》卷六《选举·科第·国朝》载："**李仁**　字一元，歙人。《诗》。"弘治五年举人。

[7]弘治《徽州府志》卷六《选举·科第·国朝》载："**江韶**　歙人。《春秋》。"弘治二年举人。

[8]弘治《徽州府志》卷六《选举·科第·国朝》载："**程隆**　字时遇，歙人。《春秋》。"弘治五年举人。

[9]弘治《徽州府志》卷六《选举·科第·国朝》载："**汪濬**　字文渊，歙人。今任永州府推官。"弘治五年举人。

[10]弘治《徽州府志》卷六《选举·科第·国朝》载："**程源**　歙人。《春秋》。"弘治十一年举人。

[11]弘治《徽州府志》卷九《人物三·孝友·唐》载："**黄芮**　歙西黄屯园人。事亲以孝闻。唐建中初，继母洪氏疾病，芮割股馈羹而愈。贞元中，父卒，庐墓号泣，昼夜不绝声，遂终身不舍去。墓侧产芝十四本，木连理者四。郡刺史上其事，诏旌表门闾。芮，大和五年卒。"

　　丞相坊　在槐塘，为宋丞相程元凤[1]立；其弟元岳[2]为工部侍郎，故题其右方曰"亚卿"；其从侄念祖[3]直秘阁，故题其左方"学士"；扬祖[4]释褐第一，故题其下方曰"状元"，共立为一坊。

　　尚义坊　有七：一为程以宗立，一在凌川为汪坚立，一为方仕祥立，一

---

　　[1]弘治《徽州府志》卷七《人物一·勋贤·宋》载："**程元凤**　字申甫，歙槐塘人。父放，字季嘉，号拙庵，有隐德。从父旅，以《诗经》登第，仕至录参。元凤于诗学尤精，登第，授江宁府学教授。端平三年，除太学博士。寻用范丞相荐为宗学博士，讲书荣王府，多所裨益。王亦倾心敬听，轮对极论世运剥复之机。理宗览之，曰：'有古遗直风。'累迁著作郎，权右司郎官，累章轮对，指陈时病，当国者谓厉已。初，罹水灾，究心为治。进江、淮、荆、浙、福建、广南都大，提点坑冶，仍兼知饶州冶司，丐外差知饶州。久之，上思其忠说，召为右曹郎官，除监察御史，兼崇政殿说书。度宗为皇太子，首上书乞博选端方纯谨之士，增置辅导翊善之员，又上书言边备刑狱等事，上亲洒'昭光清忠儒硕'六大字以赐。宝祐元年，除侍御史，首疏乞取法孝宗八事，取当时有德望才学政绩者五十余人奏荐之。三年，除权二部尚书，特授端明殿学士，同签枢密院事，陈财计五事。四年，除参知政事，拜右丞相，条陈时政之最急者八事，曰正心，曰待臣，曰进贤，曰爱民，曰备边，曰守法，曰谨微，曰审令，而尤以'进贤'为急务。初，元凤守饶，丁大全为浮梁令，俭黜刻核，元凤素薄之。既登政路，大全时为台谏，上疏力诋董丞相槐罢之，意欲借是以相摇撼。未几，大全参预，因上疏乞解机政，除观文殿大学士，判福州福建安抚使，内帑出金器精缯以宠其归，依前职与祠。于是，大全柄国，任私灭公，丑正党邪。鄂渚有警，诏下山林，问策安出，元凤即手疏收人心、重赏罚及固结民兵数事奏之。遂命依旧职名，判平江府，郡政修举，拜特进依前观文殿大学士，充醴泉观使兼侍读。寻，依所乞，兼充侍读。咸淳元年，以登极恩进少保。三年，拜少傅右丞相兼枢密院使，进封吉国公。扼于贾似道，以言者罢。五年，以少保、观文殿大学士致仕。卒年七十。遗表闻上，震悼辍视朝两日，特赠'少师'，谥'文清'。元凤气貌冲粹，襟度宽夷，所言所行，略无伪饰。在政二年，外视之精采，若不快人意，论者以为譬之参苓之剂，于元气未为无益。自为宗博，致仕通显，始终蒙理宗眷遇，卒能见几而作，以全名自终。详见《宋史》。号讷斋居士，有《讷斋集》若干卷，《经筵讲义》若干卷，《奏稿》及《内外制》若干卷，藏于家。兄元定，魁，次榜，卒。从兄元岳，别立传。子彖祖，字岩孙，除朝奉郎直秘阁，两易处州军兼管内劝农营田公事。述祖，荫授扬州置司干办公事，入元不仕。从侄扬祖，登景定四年释褐榜第一，官至赣州通判。念祖，直秘阁。"绍定二年进士。

　　[2]弘治《徽州府志》卷八《人物二·宦业·宋》载："**程元岳**　字远甫，歙槐塘人。丞相元凤之从弟。淳祐六年，领青菁，入太学。宝祐元年，廷对姚勉榜进士。初授迪功郎、真州司户参军，屡转承直郎，除史馆检阅。开庆元年，除太学录及武学博士。景定元年，率学馆同僚上疏言时事，三叩天阁，遂出国门，有旨命留，寻添差通判建康军府兼管内劝农营田公事。转朝奉郎，除宗学博士。御笔云：'拥俊望以重来，知直心之犹在。'除监察御史，继除右正言兼侍讲。咸淳元年，除殿中侍御史。二年，除权工部侍郎兼修玉牒。以清介自持，尝弹击奸相宦寺无所畏屈。三年，恩封歙县开国男，食邑三百户。累疏祈闲，升集英殿修撰，知太平州，兼管内劝农营田公事，节制屯戍军马。值父忧，卒于家。自号山窗，所著有《山窗集》。"宝祐元年进士。

　　[3]见脚注程元凤传。

　　[4]见脚注程元凤传。

为程文立，一为汪本亨[1]男汝相立，一为唐模许奇立，一在潜口为汪添时立。

四节坊　在双桥，为郑氏妇洪氏、程氏、王氏、何氏[2]立。

贞节坊　有三：一为何士谧妻江氏[3]立，一为阴阳正术谢荣远妻汪氏[4]立，一在向杲为吴（以达）〔欢〕妻方氏[5]立。

贞白里坊　在双桥，为元县尹郑千龄[6]，里中立，（俞）〔余〕忠宣公阙书额，学士揭傒斯记。

慈孝里坊　在棠樾，为元鲍寿孙[7]父子，里中立。

传桂里坊　在莘墟，为吴氏世科[8]立。[9]

---

[1]万历《歙志》卷十七之二《传卷七·良民》载："汪泰护　字本亨，稠墅人。家饶裕，自处淡泊，勇于为义。初年，操资贾毗陵，值岁侵，出谷大赈，毗陵民皆德之，无不知有汪某者。后值里中饥，输粟六百石，郡守李公申请赐建尚义坊。子元傅，克承先志，里人称之。"

[2]弘治《徽州府志》卷十《人物四·列女·元》载："郑氏四节坊　歙贞白里双桥郑千龄卒，妻洪氏年二十六，无子，孀居六十四年，始终一节，寿九十有六，至顺初旌表其门。其子玉，至正十四年朝廷遣使授翰林国史院待制，十七年国朝大兵至，玉耻事二姓，卒于忠义。妻程氏死之，事见《元史》，妾何氏萱抚孤不二。次璿，字国英，卒，遗孤四，妾王氏禅年二十七，矢志抚孤，避红巾乱入山中，贼以刃胁之，奋死抗拒，贼不能犯。后，子思仁以孝悌举，思正以贤良方正举，皆入仕。其里人共白二妾之节。洪武戊寅，双旌其门。"

[3]弘治《徽州府志》卷十《人物四·列女·国朝》载："江氏　歙东北隅人何士谧妻，生子胜方五岁夫卒，江年二十八。家贫纺织，孝舅姑，教子胜有成。天顺八年，知府周正上其贞节，诏旌表其门。弘治庚戌，胜登进士第，疏乞终养，卒于家。江年八十余，以寿终。"参见脚注何胜传。

[4]弘治《徽州府志》卷十《人物四·列女·国朝》载："汪氏　歙东关人谢荣远妻，生子贵义五岁荣远故，汪年方二十二。辛勤织纫，抚孤底于成。成化十三年，有司奏闻旌表。"

[5]弘治《徽州府志》卷十《人物四·列女·国朝》载："方氏　歙向杲人吴欢妻，生二女而欢卒，方年二十八，励志守节，抚欢之兄子实为嗣。年八十。弘治甲寅，有司奏闻旌表。"此"方氏"可能系坊主"吴以达方氏"。万历《歙志》之《传卷八·列女（上）》载："方氏　向杲吴欢达妻。生二女而达卒，方年二十八，抚欢之兄子实为嗣。弘治甲寅，有司奏闻旌表。"相互对照，当为一事。"吴以达""吴欢""吴欢达"之差异，可能与笔误或字有关，这里取"吴欢"，亦与道光《徽州府志》中的"吴欢妻方氏"一致。

[6]见第一章第三节正文中直接引文郑千龄传。

[7]见第一章第二节脚注鲍寿孙传。

[8]根据弘治《徽州府志》卷六《选举·科第·国朝》，莘墟吴氏科举入士者，仅在弘治十五年（1502）之前至少"一门四科举"：宣德五年（1430）进士、兵部右侍郎吴宁，景泰七年（1456）举人、福建盐运使同知吴绅（吴宁之子），成化七年（1471）举人、顺天府通判吴纹（吴宁之子），成化二十年（1484）进士、监察御史吴瀚（吴宁之孙）。

[9]（弘治）徽州府志[M].上海：上海古籍书店，1964.

二、小结

　　根据上文,截至弘治十五年(1502),歙县共有牌坊113座:科举功名坊90座,景观坊9座(迎恩,新民,宣化,寅宾,双桂,道德渊源,五溪浍澈,万水朝宗,风化之源),善行义举坊8座(尚义坊7座,慈孝里坊),节孝贞烈坊4座(四节坊,贞节坊3座),惠民德政坊1座(贞白里坊),孝友恩褒坊1座(旌孝坊)。

　　值得注意的是,上述诸坊中出现了三座坊名中含有"里"字的牌坊——贞白里坊、慈孝里坊和传桂里坊,并且很可能都是"里中"所立(前两坊已经明确为"里中立"),但这个"里"并非都是旧时基层社会组织"里坊制"之通名"里"。

　　在万历《歙志》中,按照乡、里分,贞白里坊、慈孝里坊所在地均属于衮绣乡,衮绣乡包括仁风、乐平、善福、新平、黄池五里;传桂里坊所在地莘墟属于孝悌乡,孝悌乡包括永安、玉泉、信行、和睦、万安五里。按照都、图分,贞白里坊所在地双桥属于二十三都之郑村,慈孝里坊所在地为二十二都之棠樾村,传桂里坊所在地为十五都之莘墟村。

　　基于以上地名和坊主传分析:①"贞白里"系地名,"贞白里坊"既是地名标识坊("贞白里"门坊),亦是里中怀念郑千龄德政而建造的纪念坊。②关于"慈孝里",事出"鲍宗岩鲍寿孙父子遇盗争死"一事(见第一章第二节脚注鲍寿孙传),道光《歙县志》卷一《舆地志·古迹》"慈孝松"条在简述"鲍宗岩鲍寿孙父子遇盗争死"之事后言:"明永乐十八年赐御制诗,今有司立石树下,旌其村曰'慈孝里',松曰'慈孝松'。"[1]由此可见,"慈孝里"因"有司旌其村"而得名,并非旧时社区通名"里"。③莘墟的科举坊名"传桂里坊"取专名"传桂里",可能并非因地名而得坊名:第一,2010年黄山书社版《歙县志》收录了从嘉靖《徽州府志》到康熙《歙县志》、道光《歙县志》和民国《歙县志》歙县乡都图村地名[2],只见"莘墟"地名未见"传桂里"地名;第二,道光《徽州府志》卷十三《人物志·列女·节妇·国朝》中说到"吴焕妻汪氏"时有"传桂里人"[3]四字,估计"传桂里"三字来自"传桂里坊";第三,依据莘墟吴氏"一门四科举""三代

---

[1]道光《歙县志》卷一《舆地志·古迹》第五页。

[2]歙县地方志编纂委员会. 歙县志(　—2005)[M]. 合肥:黄山书社,2010:38-50.

[3]道光徽州府志(三)[M]. 南京:江苏古籍出版社,1998:130.

相传"之事实而得"传"字,借"蟾宫折桂"之寓意科举及第而取"桂"字,"里"字很可能是对莘墟这类小地域的通名,"传桂里"或者是对莘墟这一地名的雅化。

第二节　嘉靖《徽州府志》中的歙县牌坊

一、卷一之四《坊市》中的歙县牌坊

嘉靖《徽州府志》第一卷共六目,其中第四目"坊市"对徽州牌坊有详细记载,其中涉及歙县牌坊全文如下:

> 仍旧新增十一:曰……,**承流,宣化,亲民**,……
>
> 各坊附曰:
>
> **道学渊源,仰高坊**　二坊俱在溪西紫阳书院前。
>
> ……
>
> **进士坊**　在隅都有五十:……,一方贵文、方良曙[1],……,一杨宁,……,一王宠[2],一郑佐[3],一胡川楫[4],一汪伊[5],……,一鲍尚伊[6]。

---

[1]嘉靖《徽州府志》卷十三《选举中·科第·国朝》载:"**方良曙**　字子宾,歙忠堂人。今任刑部郎中。"嘉靖二十八年举人,三十二年进士。

[2]嘉靖《徽州府志》卷十三《选举中·科第·国朝》载:"**王宠**　字仲锡,歙岩镇人。刑部员外郎。子献芝。"弘治十四年举人,正德三年进士。

[3]嘉靖《徽州府志》卷十六《名贤·国朝》载:"**郑佐**　字时夫,歙岩镇人。举进士,授南刑部主事,数谳诀疑事,庭中称平。改祠部,奏立新安文公后博士。今上入继大统,抗疏仪礼,又极陈清宁宫后殿灾变之由。出为福建按察金事副使,寻备兵饶州,前后诛闽饶宿寇。机赞飚举奏功浃辰间,升本省左参政,执政以前在礼曹持议心固欲黜之。冢宰拟擢佐上副封执政,执政愕曰:'朝列尚有某耶!'冢宰遂从佐参政贵州。佐上疏,乞解职养母,归。佐生平裁正耿介,与乡邻切切善导,推诚近人,里有言'辄求平于佐'。晚益究心濂洛诸书,从弟子讲论不辍。悬车二十年,当道累疏荐,郡邑造请不就,扫轨绝宾客之知,尝率乡人建台塔以障水口。既没,祠其中,墓在吴村社后。所著有《春秋传义》《周易传义》《四书语录》《五经杂义》及它诗文。"正德八年举人,九年进士。

[4]嘉靖《徽州府志》卷十三《选举中·科第·国朝》载:"**胡川楫**　字汝济,歙岩镇人。南京户部郎中。"嘉靖七年举人,十七年进士。

[5]嘉靖《徽州府志》卷十三《选举中·科第·国朝》载:"**汪伊**　字汝衡,歙岩镇人。永昌知县。"嘉靖十三年举人,十七年进士。

[6]嘉靖《徽州府志》卷十三《选举中·科第·国朝》载:"**鲍尚伊**　字子任。今任知县。"嘉靖三十七年举人。

经魁坊 在隅都有六：……，一程旦[1]，一胡岐[2]。

举人坊 在关隅乡都共有四十：……，一杨埏[3]，……，一江珙[4]，一汪本[5]，一江瑄[6]，一阮圯[7]，……，一洪伊[8]，一洪通，一徐相[9]。

七俊坊 丁丑科进士汪思[10]、汪溱[11]、江元辅[12]、胡宗明[13]、程资[14]、郑建[15]、方纪达[16]。

[1]嘉靖《徽州府志》卷十三《选举中·科第·国朝》载："**程旦** 经魁。"正德八年举人，嘉靖二年进士。

[2]嘉靖《徽州府志》卷十三《选举中·科第·国朝》载："**胡岐** 字希文，歙人。中顺天经魁。"正德五年举人。

[3]弘治《徽州府志》卷六《选举·科第·国朝》载："**杨埏** 歙人。府学生。《春秋》。见《人物志》杨宁传。"景泰四年举人。参见第二章第二节脚注杨宁传。

[4]嘉靖《徽州府志》卷十三《选举中·科第·国朝》载："**江珙** 字良璨，歙东关人。西平县知县，捐俸筑城，民为立祠。"弘治十七年举人。

[5]嘉靖《徽州府志》卷十三《选举中·科第·国朝》载："**汪本** 字以正，歙人。"正德二年举人。

[6]弘治《徽州府志》卷六《选举·科第·国朝》载："**江瑄** 字伯润，歙人。《礼记》。"弘治五年举人。

[7]弘治《徽州府志》卷六《选举·科第·国朝》载："**阮圯** 歙人。《诗》。"成化二十二年举人。

[8]嘉靖《徽州府志》卷十三《选举中·科第·国朝》载："**洪伊** 字承志，歙人。礼部郎中。"弘治十七年举人。

[9]弘治《徽州府志》卷六《选举·科第·国朝》载："**徐相** 歙人。《诗》。"成化十六年举人。

[10]康熙《徽州府志》卷十三《人物二·风节·明》载："**汪思** 字德之，婺源大畈人。正德丁丑进士，选庶吉士，改给事中。嘉靖初，首荐耆旧大臣，石瑶、韩文、彭泽、孙交等以补新政，慎择近习，以防内奸，极论太监崔文、鲍忠、芮贤之罪，荐尚书林俊之忠，力救谏臣刘最，谠论重一时。未几，元宰论翊戴功为外戚议封，思奏曰：'此必有大臣贪天功为己有者。'事遂寝。寻出补广东参议，擢云南副使，上表归养。所著有《力塘集》。"正德二年举人，十二年进士。

[11]嘉靖《徽州府志》卷十三《选举中·科第·国朝》载："**汪溱** 字汝梁，祁门查湾人。标子。江西参政。"正德五年举人，十二年进士。

[12]嘉靖《徽州府志》卷十三《选举中·科第·国朝》载："**江元辅** 字尧卿，婺源旃坑人。户部郎中。"正德八年举人，十二年进士。

[13]嘉靖《徽州府志》卷十三《选举中·科第·国朝》载："**胡宗明** 绩溪人。见《宦业传》。"正德十一年举人，十二年进士。

[14]嘉靖《徽州府志》卷十三《选举中·科第·国朝》载："**程资** 字仲朴，婺源盘山人。云南参政，所在民怀其惠。卒无以殓。"正德十一年举人，十二年进士。

[15]嘉靖《徽州府志》卷十三《选举中·科第·国朝》载："**郑建** 字一中，祁门奇岭人。高州知府。"正德十一年举人，十二年进士。

[16]康熙《徽州府志》卷十四《人物志四·宦业·明》载："**方纪达** 字行可，歙潜川人。正德丁丑进士。历知南丰、襄阳二县，皆以廉著。擢南给事中。时张璁、桂萼用事，纪达抗章诋之。璁欲中以法，使人伺其短，不可得。调广西佥事。《南宁府志》载：'纪达为明朝名宦第一，历福建参议，卒无以殓。'"正德五年举人，十二年进士。

六英坊　戊戌科进士潘鈇[1]、鲍道明[2]、汪伊、胡川楫、游震得[3]、胡宗宪。

丁未进士坊　汪道昆[4]、程嗣功[5]、胡晓[6]、郑绮[7]、殷正茂。

癸丑进士坊　江一麟[8]、方良曙、程金[9]、程廷策[10]、汪春时[11]、方敏[12]、李叔和[13]。

丙辰进士坊　程大宾[14]、叶宗春[15]、尹校[16]。

---

[1]嘉靖《徽州府志》卷十三《选举中·科第·国朝》载:"**潘鈇**　字希行,婺源人。江西左参政,所在有政声。"嘉靖四年举人,十七年进士。

[2]嘉靖《徽州府志》卷十三《选举中·科第·国朝》载:"**鲍道明**　字行之,歙岩镇人。南京户部尚书。"嘉靖十三年举人,十七年进士。

[3]嘉靖《徽州府志》卷十三《选举中·科第·国朝》载:"**游震得**　字汝潜,婺源济溪人。右佥都御史,提督福建军门。"嘉靖十年举人,十七年进士。

[4]嘉靖《徽州府志》卷十三《选举中·科第·国朝》载:"**汪道昆**　字伯玉,歙人。今任福建巡抚都御史。"嘉靖二十五年举人,二十六年进士。

[5]嘉靖《徽州府志》卷十三《选举中·科第·国朝》载:"**程嗣功**　字汝懋,歙槐塘人。今任河南副使。"嘉靖二十二年举人,二十六年进士。

[6]嘉靖《徽州府志》卷十三《选举中·科第·国朝》载:"**胡晓**　字东白,绩溪人。庶吉士,监察御史。"嘉靖二十二年举人,二十六年进士。

[7]嘉靖《徽州府志》卷十三《选举中·科第·国朝》载:"**郑绮**　字汝文,歙丰口人。云南佥事。"嘉靖十六年举人,二十六年进士。

[8]嘉靖《徽州府志》卷十三《选举中·科第·国朝》载:"**江一麟**　字子文,婺源江湾人。今任荆州府知府。"嘉靖二十五年举人,三十二年进士。

[9]嘉靖《徽州府志》卷十三《选举中·科第·国朝》载:"**程金**　字德良,歙临河人。今任户部员外郎。"嘉靖二十五年举人,三十二年进士。

[10]嘉靖《徽州府志》卷十三《选举中·科第·国朝》载:"**程廷策**　字汝扬,休宁临溪人。今任辰州府知府。"嘉靖三十一年举人,三十二年进士。

[11]嘉靖《徽州府志》卷十三《选举中·科第·国朝》载:"**汪春时**　字子育,婺源大畈人。户部观政,解银辽东,卒。春时居乡,人称其'行义'。"嘉靖二十八年举人,三十二年进士。

[12]嘉靖《徽州府志》卷十七《宦业·国朝》载:"**方敏**　字汝修,祁门伟溪人。登进士,任湖州推官,谳狱平反。署篆归安数月,县无遗事。移署德清,建议植城,数月有成,劳焉。入为刑部郎。寻升登州知府。卒。"嘉靖十六年举人,三十二年进士。

[13]嘉靖《徽州府志》卷十三《选举中·科第·国朝》载:"**李叔和**　字介甫,祁门福洲人。今任北京陕西道监察御史。"嘉靖二十五年举人,三十二年进士。

[14]嘉靖《徽州府志》卷十三《选举中·科第·国朝》载:"**程大宾**　字汝见,歙槐塘人。今任浙江参议。"嘉靖二十五年举人,三十五年进士。

[15]嘉靖《徽州府志》卷十三《选举中·科第·国朝》载:"**叶宗春**　字仁卿,祁门在城人。今任金华知府。"嘉靖十六年举人,三十五年进士。

[16]嘉靖《徽州府志》卷十三《选举中·科第·国朝》载:"**尹校**　歙人。今任监察御史。"嘉靖二十五年举人,三十五年进士。

　　柱史坊　广东道御史黄铿[1]。

　　亚卿坊　兵部侍郎潘珍[2]，刑部侍郎潘旦[3]，工部侍郎潘鉴[4]。

　　大司徒坊　户部尚书胡富[5]。

　　忠节坊　赠光禄卿汪一中[6]，赠淑人程氏。

　　……

---

[1]康熙《徽州府志》卷十三《人物志二·风节·明》："**黄铿**　字德鸣，歙城人。正德己卯举人。知兰溪县，擢御史。奉敕行边，边将债事者罚金多括之士卒，铿废其议，使以轻重受笔。时武定侯郭勋骄横，铿欲纠之，语泄。会巡臣张汉师失律，铿将按其罪，汉遂与勋先事中伤之，谪浙江按察司知事。浙有泌湖没于魁宿，更大吏莫能夺，铿复为官湖，赖其利者数邑。稍迁至滨州知州，岁祲人流，铿请蠲逋减额，躬行阡陌间，流涕相劳，众感动，相劝归，户口尽复，滨人祀之。升南京刑部郎中。卒。子应坤，字惟简，隆庆戊辰进士，知浮梁、新淦二县。人为名御史，出按有声。迁大理寺丞。卒。"正德十四年举人。

[2]康熙《徽州府志》卷十二《人物志一·经济·明》："**潘珍**　字玉卿，婺源桃溪人。弘治壬戌进士。知诸暨县，邑人为立祠。历官山东佥事，流贼攻东东，掠曲阜，乃奏移县并阙里城之。逾年，改巡海，升福建副使，捕斩海南剧盗三百余，检括海船之为奸利者。擢湖广布政使，定宗禄就近转输，民便之。拜副都御史，巡抚辽东，治边墒，严防守，历升兵部左侍郎。适安南请讨莫酋，廷议遣参问罪，珍抗疏言：'安南远裔，止须遣使论以祸福。'遂以阻挠成命落职。寻诏复官。致仕。珍廉直有行谊，执节不渝，家居十二年，中外十余荐皆报寝。所著有《愚衷录》《省愆录》《两峰存稿》等书。"弘治十一年举人，十五年进士。

[3]康熙《徽州府志》卷十二《人物志一·经济·明》："**潘旦**　字希周，婺源桃溪人。弘治乙丑进士。授户部主事。时刘瑾招权，旦处度出纳无所徇。典漕真州，值寇发，转输不废。守漳郡，补邵武。有巨珰假上供擾民，旦裁抑之，民为立祠。历升右副都御史，抚郧阳，再平巨寇，赐金帛。累迁南刑部右侍郎，旋以兵部左侍郎提督两广。会安南乱，诏起毛伯温征之。旦语伯温曰：'安南非门庭寇，且事当虑始，公宜以终丧辞往来之间，可少缓师，期俟其求款。'伯温不悦。会安南遣使来贡，旦上疏，请留师观变，无事穷兵，不报。伯温复因而间之，遂乞归，既而卒用旦议。旦居官持大体，而行履修洁。其自岭南还也，吏白'有支库金为行资之例'，旦笑曰：'吾以不妄取为例，何如？!'卒，赠'工部尚书'，官给葬祭。"弘治十七年举人，十八年进士。

[4]康熙《徽州府志》卷十二《人物志一·经济·明》："**潘鉴**　字希古，婺源桃溪人。正德戊辰进士。授南京大理评事，升福建佥事。讨大哪哒苏秉有功，赐锦帛。安南盗起攻仙游城，时鉴在泉州，卷甲趋赴，斩获殆尽。累升右都副御史，巡抚四川，上时务四疏皆关切要。讨平西藩深沟诸蛮。擢工部左侍郎，兼左副都御史，总督湖广川贵诸省采木。进尚书，寻转兵部，提督两广军务未至，卒。谥'襄毅'。"弘治十四年举人，正德三年进士。

[5]弘治《徽州府志》卷六《选举·科第·国朝》："**胡富**　字永年，绩溪龙峰人。《书》。南京大理评事，升寺正，今升广东按察副使。"成化七年举人，十四年进士。

[6]康熙《徽州府志》卷十三《人物志二·忠节·明》载："**汪一中**　字正叔，歙潜口人。嘉靖甲辰进士。卢沟堤决，以工部都水司往治有功。寻治通州漕河，作水部志。擢江西副使，闽广贼薄太和，属一中讨之。一中以忠义自矢，战小利，会賊大，至师溃，遂身冲贼锋，力战死之。诏赠光禄卿，建祠，谥'忠愍'。录其子世袭锦衣百户。所著有《南华集》。妻程氏，亦不食死，同祀忠愍祠。"嘉靖十六年举人，二十三年进士。

大夫坊　提举程贤[1]，同知程铎[2]。

大宫保坊　汪铉。

内制坊　汪柟[3]。

……

以上坊俱城内外。

翊运坊，龙兴首顾坊　朱升[4]，俱在石门。

绣衣坊　在隅都有八：一方贵文，……，一洪远，一许仕达。

岩镇科第坊　本镇历科举人进士题名。

节孝坊[5]　本镇节孝列名东西二面。

状元坊　侍讲学士唐皋。

大司徒坊　南京户部尚书鲍道明。

良二千石坊　知府吴远。

---

[1]嘉靖《徽州府志》卷十四《选举下·输粟·国朝》载："程贤　浙江市舶司提举。"

[2]康熙《徽州府志》卷十四《人物志三·宦业·明》载："程铎　字子木，歙城人。嘉靖乙酉举人。授广州府同知。时征安南，转输不乏。尝承檄钩校韶州计簿，诏守故遗藏无名钱万余缗。摄事者以唉，铎不听，为疏其始末，立法以防侵牟。新会令不善事上官被斥，铎上其贤，必复其官，乃己竟以是忤时罢归。"

[3]嘉靖《徽州府志》卷十四《选举下·舍选·国朝》载："汪柟　上路人，由儒士中书科舍人。"

[4]弘治《徽州府志》卷七《人物一·勋贤·国朝》载："**朱升**　字允升，休宁回溪人，后徙居歙之石门。幼师乡进士陈栎，栎深器之。至正癸未，闻资中黄楚望讲道盆浦，偕赵汸往从学焉。归，讲学郡城紫阳祠。登乡贡进士榜。丁内艰。后四年戊子，省授池州路学正。庚寅之官，以身示法，江南、北学者云集。会淮甸兵起，壬辰春秋满归而蕲黄兵至徽矣。所居僻在穷山，虽避兵奔窜，著述不辍。每耻俗学之陋，务究极天人之蕴，研精覃思兼理数而一之，大有所造诣。丁酉秋，天兵下徽，即被召见。上潜邸，被顾问，升对曰：'高筑墙，广积粮，谩称王。'上大悦，遂预帷幄密议。冬辞归。嗣后，连岁被征。比至，上有所访问，后亦不强留也。大抵礼乐、征伐之议，升所赞画居多。吴元年丁未，授翰林侍讲学士、中顺大夫、知制诰，同修国史。诰词曰：'眷我同姓之老，实为耆哲之英。'其见亲礼如此。洪武改元，车驾幸汴，得告归省丘墓。冬末再行，寻以年高得请致政归家。有'梅花初月'楼，上亲洒'宸翰'以赐。卒年七十二，号'枫林'，学者称'枫林先生'。所著书有《易》《书》《诗》《周官》《仪礼》《礼记》《论语》《孟子》《大学》《中庸》《孝经》《小学》旁注，又有书《书传》《辑书传补正》《老子》《孙子》旁注，他如小四书、小学、名数、医家诸书、葬书、《内外杂传》《刑统传解》等，皆有记录。其在朝也有所拟议，随即毁弃，无复存者，唯《制诰》《表笺》及前后文稿若干卷藏于家。子同，字大同，小字外生，资性超迈，为文敏捷，洪武中举明经，为本郡教授。十三年，举人才，为吏部司封员外郎。十五年二月，以升恩升礼部侍郎。后坐事，废。所著有《覆瓿稿》《新安志》。"

[5]根据《岩镇志草·贞集·汇编·坊表》，嘉靖《徽州府志》所载岩镇"节孝坊"实为"贤良/节孝"坊，一坊两面坊题不同，"西面本里诸贤题名，东面本里节孝题名"。《岩镇志草》之《亨集·贤良题名》共记载85人（"名贤"2人，"文苑"3人，"宦业"16人，"武功"2人，"隐逸"7人，"儒行"11人，"孝友"14人，"义行"26人，"质行"4人），《亨集·节孝坊题名》共记载115人（均在"节烈"目下）。

……

地官坊　户部郎中汪渊。

桥梓联芳坊　父汪中[1],子汪渊。

豸史坊　御史方远宜[2]。

以上坊俱岩镇。

……

司马坊　封主事程俅[3]。

天官大夫坊　封吏部郎中程宠。

龙兴独对坊　耆儒唐仲实[4]。

世恩坊　封御史唐邦达[5],赠员外唐邦立[6],赠御史唐邦仁、唐杰[7],赠
修撰唐德盛[8],赠知县唐泰[9]立。

济美坊　御史唐相,知州唐诰[10]。

----

[1]弘治《徽州府志》卷六《选举·科目·国朝》载:"**汪中**　字时夫,歙人。《春秋》。今任邛州知州。子
渊。"成化七年举人。

[2]嘉靖《徽州府志》卷十三《选举中·科第·国朝》载:"**方远宜**　字伯时,歙人。陕西苑马寺卿。"正德
五年举人,嘉靖二年进士。

[3]嘉靖《徽州府志》卷十四《选举下·恩荫·国朝》载:"**程俅**　以子嗣功贵封南京兵部主事,配方氏封
太安人。"

[4]弘治《徽州府志》卷七《人物一·文苑·国朝》载:"**唐仲实**　名桂芳,一名仲,以字行。号白云,又号
三峰,歙在城人。教授元第五子。状貌魁伟,颖悟绝人。甫十岁,从学杏坛洪潜夫,日记经史数千言。
年十五受《毛诗》于钱水村,又从平江龚子敬游。贡于有司,不报。后客建康,郡太守聘为明道书院司
训,转建宁路崇安县学教谕,严训迪,起颓废。秩满,迁南雄路儒学学正,未赴。丁内外艰。至正末兵
起,隐居授徒,不复仕进。戊戌年,我太祖高皇帝驻跸徽州,延访耆旧,守臣邓愈以名闻,与姚琏、郑桓俱
召对称旨,有尊酒束帛之赐,事载《五伦书》。起摄紫阳书院山长。书院旧在城南,毁于兵,仲实请移于
县学旁。晚年徙家槐塘。其为文一以气为主,辞严理正,为诗清新流丽,格律高古。有《武夷小稿》《白
云集略》四卷。尝嫁兄之孤女,赒穷恤匮,行谊甚笃。卒年七十六。学者称'白云先生',今列祀府学企
德堂。子文虎、文凤、文楷,并见《宦业》下。"

[5]嘉靖《徽州府志》卷十四《选举下·恩荫·国朝》载:"**唐邦达**　以子相贵封监察御史,配潘氏赠孺
人,鲍氏封太孺人。"

[6]嘉靖《徽州府志》卷十四《选举下·封赠·国朝》载:"**唐邦立**　以子弼贵赠户部主事,配汪氏赠
安人。"

[7]嘉靖《徽州府志》卷十四《选举下·恩荫·国朝》载:"**唐杰**　以子泽贵封福建按察司副使,赠都察院
左副都御史,配洪氏封太恭人,赠淑人。"

[8]民国《歙县志》卷五《选举志·封荫·明》载:"**唐德盛**　以子皋赠翰林院修撰。"

[9]嘉靖《徽州府志》卷十四《选举下·恩荫·国朝》载:"**唐泰**　以子仕贵赠福安县知县,配汪氏封太
孺人。"

[10]弘治《徽州府志》卷六《选举·科第·国朝》载:"**唐诰**　字君锡,歙人。《春秋》。"弘治五年举人。

桥梓联芳坊　金事唐弼,知州唐侃[1]。

五马坊　知州唐仕[2]。

棠棣扬辉坊　侍郎唐泽,御史唐濂[3]。

……

以上坊俱槐塘。

……

世科坊　进士黄华、黄训[4],举人黄绸[5]、黄约[6]。

彰义坊　赠宛平丞黄廷皓[7]。

以上坊俱潭渡。

中宪大夫坊　在孝悌乡,封湖广襄府知府汪良彬[8]。

地官坊　户部员外鲍楠。

旌孝坊　旌孝子鲍灿[9]。

敕封坊　封监察御史鲍光祖[10]。

……

总宪亚卿坊　两广云陕都御史、兵部侍郎鲍象贤[11]。

以上坊俱棠樾。

[1]嘉靖《徽州府志》卷十三《选举中·科第·国朝》载:"唐侃　字节之,歙人。经魁。"正德五年举人。

[2]嘉靖《徽州府志》卷十三《选举中·科第·国朝》载:"唐仕　字信之,歙人。知县。"正德十一年举人。

[3]嘉靖《徽州府志》卷十三《选举中·科第·国朝》载:"唐濂　字景之,歙人。湖广道御史。"正德五年举人,六年进士。

[4]嘉靖《徽州府志》卷十三《选举中·科举·国朝》载:"黄训　歙潭渡人。见《文苑传》。"嘉靖四年举人,八年进士。

[5]嘉靖《徽州府志》卷十三《选举中·科第·国朝》载:"黄绸　字锦中,歙人。清安知县。"正德八年举人。

[6]嘉靖《徽州府志》卷十三《选举中·科第·国朝》载:"黄约　歙潭渡人。见《文苑传》。"嘉靖元年举人。

[7]康熙《徽州府志》卷十一《选举志下·恩荫·明》载:"黄廷皓　以子子静封县丞。"

[8]康熙《徽州府志》卷十一《选举志下·恩荫·明》载:"汪良彬　以子道昆赠兵部侍郎。"

[9]见第一章第二节脚注鲍灿传。

[10]嘉靖《徽州府志》卷十四《选举下·恩荫·国朝》载:"鲍光祖　性刚直,好读书,尚气节,家世以孝行称,克济其美。以子象贤贵封兵部侍郎,配余氏赠淑人。"

[11]见第一章第二节脚注鲍象贤传。

司空大夫坊 封推官后赠工部郎中汪文显[1]。

旌忠褒节坊 江南按察副史、赠光禄寺卿汪一中,封宜人赠淑人程氏。

以上坊俱潜口。

司副坊 在竦口,封行人司左司副程世勋[2]。

司谏坊 在巷里,科都给事中殷正茂。

台宪坊 在牌头,副使张芝。

……

司马坊 在溪南,封兵部员外郎江才[3]。

昼锦坊 兵部侍郎吴宁。

……

二坊俱莘墟。

世芳坊 在绍村,贞元张儒,举人张濬[4]。

世科坊 洪宽、洪汉、洪通、洪伊[5]。

世显坊 尚书洪远,郎中洪伊,知府洪价[6]。

薇省坊 在许村,参政许琯[7]。

内翰坊 在许村,中书许应登[8]。

大方伯坊 许仕达。

五马坊 许伯升[9]。

---

[1]嘉靖《徽州府志》卷十四《选举下·恩封·国朝》载:"**汪文显** 以子一中贵封开封府推官,赠工部郎中。"

[2]嘉靖《徽州府志》卷十四《选举下·恩封·国朝》载:"**程世勋** 以子尚宁贵封行人司司副,配汪氏封太儒人。"

[3]嘉靖《徽州府志》卷十四《选举下·恩封·国朝》载:"**江才** 性严而惠,尝辞让继产,遍葺□□,善行多可述。以子珍贵赠南京兵部员外郎,配□氏赠宜人。"

[4]嘉靖《徽州府志》卷十三《选举中·科第·国朝》载:"**张濬** 歙绍村人。分宜知县,多异政。子鸣秋。"嘉靖十年举人。

[5]嘉靖《徽州府志》卷十三《选举中·科第·国朝》载:"**洪伊** 字承志,歙人。礼部郎中。"弘治十七年举人。

[6]嘉靖《徽州府志》卷十四《选举下·恩封·国朝》载:"**洪价** 以父远荫历官思南府知府,□□□。"

[7]嘉靖《徽州府志》卷十三《选举中·科第·国朝》载:"**许琯** 歙人。当涂籍。见《宦业传》。"嘉靖元年举人,二年进士。

[8]嘉靖《徽州府志》卷十四《选举下·舍选·国朝》载:"**许应登** 许村人。由监生中书科舍人。"

[9]嘉靖《徽州府志》卷十二《选举上·荐辟·高潮》载:"**许伯升** □人举,聪明正直。官汀州府知府。"

右史坊 在竦塘,中书黄榜[1]。

贞节坊 在隅都有六:……,一唐禄妻王氏[2]。

……

锦衣坊 在绵潭,指挥汪瓚。

鸿胪坊 在袭绣乡,为方英。

世科坊 为查志立等建。

文献坊 在呈坎,为罗愿[3]等建。[4]

二、小结

与弘治《徽州府志》卷一《地理一·坊市》记载牌坊的方式有所不同,嘉靖《徽州府志》卷一之四《坊市》将相关内容予以归类:一是将不少各有坊名的坊主为"举人"或"经魁"或"进士"的牌坊分别归类到"举人坊""经魁坊""进士坊"目下;二是尽可能标注牌坊所在乡寓等具体位置,方便读者了解县域各地牌坊。

在科举功名坊中,歙县出现了5座坊主同科但不同县籍的科举功名者众主坊:七俊坊、六英坊、丁未进士坊、癸丑进士坊、丙辰进士坊。

根据前文岩镇"节孝坊"脚注引文看,岩镇"节孝坊"不仅仅是"本镇节孝列名东西二面"那么简单,而是一座"节孝/贤良"坊,"西面本里诸贤题名,东面本里节孝题名",题名"节烈"115人,题名"贤良"85人,故按表彰对象中"节烈"多于"贤良",将此坊列为节孝贞烈类。

综上,嘉靖《徽州府志》记载歙县新增牌坊共82座:科举功名坊63座,封赠例授坊11座(忠节坊,程佃司马坊,天官大夫坊,世恩坊,彰义坊,中宪大夫坊,敕封坊,司空大夫坊,旌忠褒节坊,司副坊,江才司马坊),节孝贞烈坊2座(岩镇节孝坊,唐禄妻王氏贞节坊),孝友恩褒坊1座(鲍灿旌孝坊),景观坊5座(承流坊,宣化坊,亲民坊,道学渊源坊,仰高坊)。

---

[1]嘉靖《徽州府志》卷十四《选举下·舍选·国朝》载:"**黄榜** 竦塘人。由监生中书科舍人。"

[2]康熙《歙县志》卷十六《人物志五·列女卷上》载:"**王氏** 槐塘唐禄妻。年二十寡,与姑仇氏、伯母唐赞妻方氏三节砥砺。有司以王最少无子,奏旌之。"

[3]见第一章第二节脚注罗愿传。

[4](嘉靖)徽州府志 (弘治)休宁志[M]. 北京:书目文献出版社,1998:29—30.

第三节　乾隆《歙县志》中的牌坊

　　一般认为，"康乾盛世"始于康熙二十年（1681）平三藩之乱，止于嘉庆元年（1796），前后110余年。在"康乾盛世"，歙县共纂修了两部《歙县志》：康熙二十九年（1690）《歙县志》纂修于"康乾盛世"之初，乾隆三十六年（1771）《歙县志》纂修于"康乾盛世"中后期。

　　乾隆《歙县志》虽然在其《卷首·凡例》开篇即历数过往四部歙县志之不足，"前志四更，各不沿袭：万历志体裁近史，致启读志公言'纷嚣聚讦'；天启志易为调停之作；顺治志踬为平近之言；康熙靳志则语尚雕镂，文崇装饰，故有'游山记异'之讥。然综而核之，诸志之志沿革多承故郢之误，志山川未明支派之原，志官司则彼缺此亡，志祥异则琐陈猥及。佩芳菲才谫见，茸编一邑征信之书，固不敢訾议以立异，亦岂能附和而苟同也"[1]，后续还有诸多"完善"之策，可惜通篇依旧未设"坊市"或"坊表"目。

一、卷十三《人物志三·孝友》中的牌坊

　　乾隆《歙县志》卷十三《人物志三·孝友》中有两条孝友恩褒坊信息：

　　程世铎　褒嘉里人。六岁父贾于外，音耗久绝。铎奉母甘旨，必念父，泪浻浻。年廿二，母为授室，铎即矢志寻父，然赤贫，无行资，乃精研卜理。据絫应在西南，怅怅于滇黔巴蜀数载。客有自滇来者语铎曰："尔父因寻尔叔遗骸，遭吴逆之乱，陷于东川，今应在彼也。"铎闻之，拜谢，星即担簦躧屩，深入不毛，豺虎昼逼，魑魅宵侵，所不计矣。甚至糇粮不继，屡日始得一食，瘅疠侵肢骨，濒死者数焉，而卒不死达东川。父他往复之，寻旬更至乌蒙，始得父耗。比两不相识，以数庚甲、通籍贯、道姓名而知，盖父离乡之日至此已廿一年矣。扶侍而归，时铎年已廿七。铎之万里辞家，也赖妻徐氏孝养其母，得无内顾，人谓之"双孝"云。雍正二年，奉恩旌铎，建坊崇祀，悉如典

---

[1]（乾隆）歙县志[M].台北：成文出版社，1975：37.

礼焉。[1]

鲍光朗　新馆人。三岁失怙,奉母命无违。父墓去家不远,每日必往瞻拜。偶有远行,必诣墓哀泣而去。在外见有时食,必求取献母奠父。自母没后,不见笑容。母节坊表告成,犹涕泣恨不及其生见。乾隆三年,坊旌从祀。其子增曾庐父墓三年,哭母致病,葬母事毕而殂,亦于乾隆十四年膺旌如典礼。[2]

上述两条信息,记载牌坊3座:孝友恩褒坊2座,节孝贞烈坊1座(坊主鲍光朗母亲)。考虑到本章第四节引自道光《徽州府志》卷十三《人物志·歙县列女》中多条有家住新馆的夫家鲍姓的坊主信息,鲍光朗母亲的节孝贞烈坊在本节不纳入统计。

二、卷十三《人物志三·义行》中的牌坊

乾隆《歙县志》卷十三《人物志三·义行》中有5座牌坊方面的信息,其中前2条为明代善行义举信息,后3条为清代善行义举信息:

许奇泰　唐模人。明季,输粟助边,赈济饥民,钦赐冠带,建坊旌其门。[3]

吴思沐　字新之,向杲人。滕沛岁凶,饥馑相望,思沐出粟以赈,置义冢以埋饿殍。黄河徙,柳椿巉石没于波中,舟触立破,思沐白于杨司空"愿捐资募夫起拔",司空嘉之。乃由徐沛抵清河三百余里,三年拔削始尽,自是舟行如平地。又于夏镇地方卫石筑岸,造二舟募夫操渡四十余年。杨司空建坊旌之。[4]

项宪　字景原,小溪人。独修郡学,费及万缗;又精研考究祭器八佾大

---

[1](乾隆)歙县志[M].台北:成文出版社,1975:890-891.

[2](乾隆)歙县志[M].台北:成文出版社,1975:907.

[3](乾隆)歙县志[M].台北:成文出版社,1975:932.

[4](乾隆)歙县志[M].台北:成文出版社,1975:933.

乐器,罔不鼎新;最后增建石坊一,署曰"**东南邹鲁**"。宪殁,子延安同知绅继之,十数年而落成,为之董役经纪其始终者翀山国子生吴棠也。宪赠议叙,棠亦邀抚军匾旌。棠又修斗山文会,亦独力捐举。集有《斗山文录》。[1]

江承珍　字待占,江村人。置祀田四十亩以奉蒸尝,置义田百二十亩以给族之贫乏者,置公田十亩以备桥梁茶亭修葺之费,置右文田三十亩以为文士讲学之资。其子允升,字晓青,亦以捐赈登名彰善坊。[2]

江承燧　字敬和,江村人。性好义,笃于宗亲故旧。养育孤子,教之读书,至有策名筮仕者。而遣嫁孤女,玉成节义,尤不胜枚计焉。其客湖南也,目击洞庭冷饭洲船多覆溺,乃筑石台高七丈广十八丈,环植柳树数万株,建神祠于上,俾舟人不迷所往,利赖已四十余年,而岁修不懈。辰州清凉滩山势险恶,榜人患之,承燧凿山开径,挽运有资。又于常德府紫草湾上游建大石椿二,以示舟人趋避。更挖凿坍岸盘根一十五处,以利舟航。康熙甲午乙未间,洞庭飓风伤人无算,承燧募人收捞灾尸数百,予埋予祀。又捐修常德府西南两城外孔道,并植柳于湖口钞关之旁,以杀江涛。先是柜杆洲未奉恩旨帑建以前,承燧已于洲沚植椿堆石,费六千余缗。经督院迈柱入奏,嗣于乾隆十年湖南巡抚蒋洲特疏请旌,善士乃于次年关移歙县原籍建坊,并统计承燧一生义举之费不下数万缗云。[3]

上述5坊,善行义举坊4座,景观坊1座(东南邹鲁坊)。

三、列女传中的牌坊

乾隆《歙县志》延续惯例,继续为列女列传,包括卷十四《人物志四》第三目《列女传上》和卷十五《人物志五》第一目《列女传下》,前后180多个筒子页,约占全志篇幅的20%。被旌表之列女,按朝代最早为唐代"诏褒""章氏二女"[4],最晚为"乾隆三十五年旌""汪源盛妻王氏,大里人,二十三岁守志,年

[1](乾隆)歙县志[M].台北:成文出版社,1975:961.
[2](乾隆)歙县志[M].台北:成文出版社,1975:962-963.
[3](乾隆)歙县志[M].台北:成文出版社,1975:964-965.
[4](乾隆)歙县志[M].台北:成文出版社,1975:1029.

七十而终"[1]。乾隆三十五年(1770)系乾隆《歙县志》刊行前1年。

排除见于第二章的明"江莱甫妻叶氏"[2]贞节坊,乾隆《歙县志》列女传中有33座节孝贞烈坊信息,其中前4条为明代坊主信息,后29条为清代坊主信息。

江务本妻许氏 江村人。嫁五年而夫卒,氏年二十四,誓不二。洪武二十九年奏闻,特差御史式庐建坊。[3]

汪道耆妻方氏 松明山人。年十二失怙恃,道耆母逆之,归以待年。越五载及笄,期以季冬成礼,而道耆病卒。方出视殓始面耆,夜中自经死,有异光满室。建坊旌表。[4]

程大节妻吴氏 岑山渡人。大节恶疾数年,氏侍汤药不懈。大节死,氏自经殉。敕坊"贞烈",兼膺祠祀。

吴显盛妻程氏 溪南人。显盛殁于楚,氏年二十四。有两世嫠姑俱垂白,家四壁立,氏纺绩以供膳馐。遗孤荣让甫八龄,教之耕耰,年十四即请于母求迎父丧,卒负骨归。曾孙孔嘉特疏陈情,建坊旌表。其后,孙肇东以副榜读书成均死,妇洪氏亦年二十四,扶榇归,抚三岁孤鼎衍。盖"一门双节"云。[5]

徐秉谦继妻杨氏 年二十六而夫亡,苦节四十三年而卒。建坊旌表。[6]

江志勋妻汪氏 江村人。夫卒无子,甘贫守节。旌表建坊。[7]

徐廷鲤妻蒋氏 徐村人。年二十五夫故,矢志抚孤,八十三而终。坊旌崇祀。[8]

[1](乾隆)歙县志[M].台北:成文出版社,1975:1362.

[2](乾隆)歙县志[M].台北:成文出版社,1975:1032.

[3](乾隆)歙县志[M].台北:成文出版社,1975:1032-1033.

[4](乾隆)歙县志[M].台北:成文出版社,1975:1034.

[5](乾隆)歙县志[M].台北:成文出版社,1975:1035.

[6](乾隆)歙县志[M].台北:成文出版社,1975:1089.

[7](乾隆)歙县志[M].台北:成文出版社,1975:1091.

[8](乾隆)歙县志[M].台北:成文出版社,1975:1092-1093.

方道显妻汪氏　路口人。苦节十八年,年四十七而卒。建坊崇祀。[1]

汪尚行妻黄氏　年十八于归,事太姑徐及病姑皆曲尽其欢。尚行省亲,于楚归至镇江而殁,氏时年二十九。以夫兄之子为嗣,抚育恩勤,课读则又俨如严师,居恒言不达于户外,族人罕见其面,年七十二而卒。乾隆四年,建坊崇祀。[2]

石川方门九节　秉坤妻姚氏,年二十六守节,郡守龚旌其门。允辉妻洪氏,祖观妻洪氏,起炎妻洪氏,皆苦志守节,坊表崇祀。士棓妻汪氏,士棓殁,氏年二十二,抚孤,五十年而卒。士诚妻曹氏,成婚逾月而夫殁,守志事姑,姑以年少无子谕之曰:"汝欲事我后谁事汝?"氏曰:"我事姑,礼也,事我者何虑焉!"起杰妻汪氏,起杰殁,氏年二十九,抚孤,十五年而卒。惠妻曹氏,年十八守志,郡守何旌其门。嘉良妻杨氏,年二十二夫殁,抚二子成人,族党推其清操。[3]

胡门三节　藤坑明恕妻方氏,年二十三夫亡,上奉翁姑,下抚三岁孤儿廷济。廷济无子而死,妻洪氏立侄训祚为嗣。训祚又亡,妻黄氏未婚守节。三代孀居。方于乾隆四年坊表,洪、黄俱符例待旌。[4]

篁南江门四节　嘉绩妻杨氏,嘉绩为诸生,氏年二十夫亡,守节五十年,已请坊旌。镳妻孙氏,年二十一夫亡,守节抚孤。连顺妻程氏,年二十五夫亡。嘉生妻朱氏,年二十六夫亡。程家贫守节三十三年。朱抚孤守节三十七年。[5]

方光立妻黄氏　方村人,年二十三夫亡,遗孤三月,苦节抚成。已经坊旌。[6]

江德裕妻贺氏　西南隅人,年二十七夫故守节。坊表崇祀。[7]

[1]（乾隆）歙县志[M].台北:成文出版社,1975:1094.

[2]（乾隆）歙县志[M].台北:成文出版社,1975:1101.

[3]（乾隆）歙县志[M].台北:成文出版社,1975:1132-1133.

[4]（乾隆）歙县志[M].台北:成文出版社,1975:1139.

[5]（乾隆）歙县志[M].台北:成文出版社,1975:1140.

[6]（乾隆）歙县志[M].台北:成文出版社,1975:1157.

[7]（乾隆）歙县志[M].台北:成文出版社,1975:1170.

岩镇闵门三节　懋宗妻余,抚子文章,娶妇徐死,遗孤赖继室祝氏抚之。后孤复殇,祝立服属允恭为嗣。允恭娶汪又客死,汪抚七岁孤成立。先是祝以哭子丧明,汪扶掖其姑更以孝著,历节四十一载。雍正三年坊旌。[1]

许安宁继妻张氏　年二十七夫故,家贫如洗,十指辛勤,抚三子成立,守贞五十五年而卒。坊旌崇祀。[2]

江广渊妻汪氏　岩镇人,守节五十一载。建坊崇祀,更膺粟帛之恩。[3]

梅村叶门双节　廷灏妻罗氏,年二十七夫亡,抚子麟成立,娶妇王氏,年二十九而寡,偕姑抚孤。罗励节之始,曾剪发以拒浮言,侍衰翁尽孝,卒年八十六。王之事姑亦如其姑孝。邻有火灾,氏执妇人夜不下堂之义,宁死不避,而所居卒免,人谓"天佑",殁年五十五。均膺坊表。[4]

程应僖妻江氏　上市人。年二十余守节,现年六十六。已膺坊旌。氏初入程门值姑病,侍汤药不怠,及夫病亦如之,戚族咸钦其孝。[5]

汪长法妻吴氏　环山坦头人。年二十八守节抚孤,卒年四十八。已邀坊表。[6]

鲍文龄妻汪氏　棠樾人。年二十五守节,卒年四十五。已邀坊旌。

鲍文渊继妻吴氏　棠樾人。二十二岁于归,孝事其姑,越七年夫客死苏州。氏忍死抚前子元标,延九世一线之祀。岁饥惟食芦穄数合自活,针纫所积归夫榇于千里。现年六十。已赐坊旌。[7]

汪烈女　名法弟,玉村前人,贫家女也。随女伴往田间,守舍农王丫头要于路而欲污之,死拒得脱,归而自经。有司抵丫头于法,而旌烈女建坊

[1](乾隆)歙县志[M].台北:成文出版社,1975:1171.

[2](乾隆)歙县志[M].台北:成文出版社,1975:1199.

[3](乾隆)歙县志[M].台北:成文出版社,1975:1213.

[4](乾隆)歙县志[M].台北:成文出版社,1975:1250-1251.

[5](乾隆)歙县志[M].台北:成文出版社,1975:1251.

[6](乾隆)歙县志[M].台北:成文出版社,1975:1302.

[7](乾隆)歙县志[M].台北:成文出版社,1975:1307.

于墓。[1]

程高名妻余氏 上市人。年二十六夫故,艰苦备尝,孝慈曲尽。迨遗孤成立完姻复夭客邸,孤孙甫晬,氏又以抚子者抚孙,守节五十二年而卒。坊表崇祀。[2]

王士俊妻胡氏 青年守节,皓首而终。已邀坊旌。[3]

周台继妻潘氏 溪塝头人。结缡未及一载而夫亡,氏绝粒以殉。已膺坊旌。[4]

程国枚妾吴氏 荷池人。年十九入侍程门,事主妇尽礼,事姑嫜以孝闻。国枚病,刲股和药以进。已而国枚卒,无嗣,氏年二十六。苦志守贞,针指自给,念宗祧事重,抚亲侄龙成立。六十九岁而终。坊旌崇祀。[5]

程倧达妻曹氏 岑山渡人。夫亡守节。已邀坊旌。[6]

程兰生妻江氏 岑山渡人。夫亡矢志守节。已邀坊表。[7]

程润妻龚氏 岑山渡人。二十一岁而寡,遗腹子生而又殇,苦节抚继子成立。已膺坊表。[8]

许学伊妻江氏 邑城人。乾隆十年,坊旌崇祀。[9]

金有庆妻戴氏 金家墩人。守节三十八年,抚三子成立。已膺坊旌。[10]

---

[1](乾隆)歙县志[M]. 台北:成文出版社,1975:1307-1308.

[2](乾隆)歙县志[M]. 台北:成文出版社,1975:1309.

[3](乾隆)歙县志[M]. 台北:成文出版社,1975:1331.

[4](乾隆)歙县志[M]. 台北:成文出版社,1975:1332.

[5](乾隆)歙县志[M]. 台北:成文出版社,1975:1372.

[6](乾隆)歙县志[M]. 台北:成文出版社,1975:1377.

[7](乾隆)歙县志[M]. 台北:成文出版社,1975:1377.

[8](乾隆)歙县志[M]. 台北:成文出版社,1975:1377.

[9](乾隆)歙县志[M]. 台北:成文出版社,1975:1379.

[10](乾隆)歙县志[M]. 台北:成文出版社,1975:1380.

长岭桥郑门双节 萱妻金氏，年二十七夫卒，氏以遗孤不敢殉，逾年孤复夭，氏因坚欲死，赖侄谟武劝慰，以己子光国为嗣孙。光国娶方氏，越一载而客死，时方年十九。谟武复以孙士灿继之。两世孤孀，艰窘同历。乾隆二年，金氏坊旌崇祀，终年八十有七。方氏阅年四十有六而殂。[1]

四、小结

综上，排除重复坊，乾隆《歙县志》新增牌坊40座：节孝贞烈坊33座（明代4座，清代29座），善行义举坊4座（明代和清代各2座），孝友恩褒坊2座（清代），景观坊1座（东南邹鲁坊，清代）。

第四节 道光《徽州府志》中的歙县牌坊

道光《徽州府志》卷十二《人物志二·义行》、卷十三《人物志三·列女》和卷十六《杂记·附人瑞》均记载有歙县牌坊。

一、卷十二《人物志二·义行》中的歙县牌坊

道光《徽州府志》卷十二《人物志二·义行》文末有一段关于嘉义坊的文字[2]，包括立坊事由和坊主（嘉奖对象）。道光《徽州府志》纂修、"知徽州府事会稽马步蟾"为"嘉义坊"撰写的铭文全文如下：

嘉义坊

郡志百余年未修，而府治大堂及六邑水口禹王阁皆倾颓，仅存基址。予来守兹土，六邑绅士踊跃捐输，不逾年而三事毕。举其好义，岂不可嘉乎？！爰立坊于孔道，载名其上，以嘉徽人之义，亦令后来者有所兴起云。

---

[1]（乾隆）歙县志[M]. 台北：成文出版社，1975：1380-1381.

[2]道光徽州府志（三）[M]. 南京：江苏古籍出版社，1998：86-87.

知徽州府事会稽马步蟾题[1]

随其之后的文字列出了嘉义坊全部坊主——府属六邑踊跃捐输者。在捐输者名单中，既包括歙县"鲍勋茂"等124人（歙县50人，休宁23人，婺源36人，祁门9人，黟县4人，绩溪2人），还有"鲍仁本堂"等宗祠或家族18个（歙县14个，休宁4个），歙县"杭商"等行业组织4个（歙县"杭商"，"歙县鹾业"，"休邑鹾业"，黟县"渔埠鹾业"），以及很可能是制墨业作坊歙县的"程墨林轩"1家。

二、卷十三《人物志三·列女》中的歙县牌坊

道光《徽州府志》卷十三《人物志三·列女》开篇按语全文如下：

> 按：康熙赵志列女一门不分节妇贞女，及已旌未旌只于某氏下注明。其时，旧志流传甚少，采访亦隘，卷帙不多，故统书一卷。今则国家礼教覃敷，人尚节义，而六县列女多至赵志十倍有余，故分四门编纂，一节妇，一节烈，一贞女，一贞烈，而以孝妇、孝女、贤淑、才媛诸人殿其后，或"旌表建坊"，或"官给额奖"，或"青年守志历数十载未旌未奖"，均以类编次，庶几纲举目张，卷帙虽繁而不病其繁。至于细注，则视县志从略，亦府志之体例使然，非有轩轻于其间也。[2]

这段按语有两点特别值得关注：第一，康熙《徽州府志》印行之后，徽州列女数量增加很快，"多至十倍有余"，原因是"礼教覃敷，人尚节义"；第二，较旧志明显改进，"分四门编纂"，"或'旌表建坊'，或'官给额奖'，或'青年守志历数十载未旌未奖'，均以类编次"，这为研究牌坊提供了方便。

道光《徽州府志》卷十三《人物志三·列女》资料来源广泛，既包括此前印行的徽州府旧志和六邑志书，以及地域范围较徽州广的《元氏》《明史》《江南通志》，还有《新安文献志》《新安女行录》等，也包括道光《徽州府志》编纂人员采访所得，据此统计徽州各县节孝贞烈坊主信息具有很好的客观性。

[1]道光徽州府志(三)[M]. 南京：江苏古籍出版社，1998：86.

[2]道光徽州府志(三)[M]. 南京：江苏古籍出版社，1998：110.

从道光《徽州府志》卷十三《人物志三·列女》所载歙县节孝贞烈坊坊主信息,与第二章和本章前三节诸旧志所载节孝贞烈坊坊主信息比较看,吻合度非常高。弘治《徽州府志》、嘉靖《徽州府志》和乾隆《歙县志》记载的歙县节孝贞烈坊均见于道光《徽州府志》卷十三《人物志三·列女》。

道光《徽州府志》卷十三《人物志三·列女》共记载歙县节孝贞烈坊坊主信息1264条(含已见于第二章和本章前三节重复坊及本身重复信息):节妇坊坊主信息1164条[宋代3条,元代9条,明代57条,清代1095条(含百岁坊坊主1条)],节烈坊坊主信息57条(宋代2条,元代5条,明代25条,清代25条),贞女坊坊主信息24条(元代1条,明代1条,清代22条),贞烈坊坊主信息15条(宋代1条,明代3条,清代11条),孝妇坊坊主信息2条(清代),孝女坊坊主信息2条(元代1条,明代1条)。

上述1264条坊主信息中,排除与第二章和本章前三节重复坊及本身重复信息共44条,共有节孝贞烈坊坊主信息1220条(含百岁坊坊主信息1条)。

(一)卷十三《人物志三·列女·节妇》中的歙县牌坊

宋:

项大十妻王氏　项,小溪人。

吴如渊妻方氏　吴,上舍生。

吴梦荣妻汪氏　宋末,夫奉檄任潜川务副使,率民校防御佛岭关隘。梦荣殁,氏年二十九,守节抚孤泰孙、槐孙、奇孙。泰孙有声庠序,槐孙紫阳书院山长。

元:

周门双节　周亨甫妻张氏,亨甫弟子和妻方氏,俱守节终。

程梧妻吴氏　程,槐塘人;氏,溪南人,年二十五守节,百有四岁而终。

汪三桂妻张氏　氏于归五十三日夫死,孝养舅姑,以守节终。

吴子恭妻蒋氏　见《元史》汪抆妻潘氏传。

……

鲍门双节　表里鲍金妻汪氏,鲍明妻徐氏,并以节受旌于朝。

毕德晔妻汪氏　毕,上路人。

程仁伟妻吴氏　程,槐塘人;氏,溪南人。

洪门三节　姑妇孙媳孀者三,见《新安文献志》、唐文凤《洪氏节孝诗》注。按:此父子孙三世名字俱无考,旧府县志亦皆失载。

明:

……

鲍颎妻宋氏　棠樾修撰鲍颎,洪武初坐事株连,宋氏抱所生子长安至京收夫遗骸,长安亦夭,以节终。唐文凤有传。

……

汪门双节　岩镇汪贵贤妻闵氏,贵贤子志道妻吴氏,姑妇并以二十六岁寡,相依守节而终。

王铭妻鲍氏　王,洪坑人。

……

程孟诚妻张氏

……

鲍德诚妻江氏

江睦妻潘氏　江随父任死云南,氏抚孤节终。

汪洪妻何氏　汪,在城人,早逝,氏年二十二,有遗孤。叔利祖产百计谋夺其志,何引刀连截二指,曰:“资产可捐,节不可改。”遂尽让产于叔。次子锈,性至孝,时城西北火延至其门,风反火灭。郡侯旌其庐,曰“节孝格天”。

潘图南妻黄氏　潘,监生。

李尚华妻汪氏　李,樟村人;氏,章岐人。

方模妻李氏　方,马岭儒士。

江枢妻汪氏　江,江村人。

江岩龙妻方氏　江,江村人;氏,潜川人。姑患痈,氏亲为吮濯,患以瘳。方不宜子,为夫置媵万氏。夫游楚而死,方念万有遗娠,忍死以俟,阅月果举子应全,同励志抚育。后应全以孝子旌表。

许立德妻鲍氏　相国文穆公子妇也,年二十四立德亡,氏自经者再,为保姆救苏,又绝粒六日。文穆谕氏“有子当以抚孤为重”,乃素服蔬食三十余年而终。

徐樟妻程氏　路口人。

俞波妻汪氏　俞，新安卫指挥，子应瑞袭职。"俞"，通志[1]作"余"。

吴文勋妻徐氏　吴，郡城人。

程家赞妻方氏　年十七适槐塘程氏，甫半载而夫殁，矢从地下，父母勉以继嗣大义，舅姑亦多方慰谕之。自是布衣蔬食，坚守不二，年四十八殁。尝刲股和药以愈父病。

吴相妻程氏　吴，三十七都人。

黄钺妻洪氏　黄，虬村人，病，氏刲股愈之。越三年而夫殁，氏励志守节终。

江应祉妻汪氏

郑文治妻汪氏　郑，长龄桥人。举子不育，即为夫纳妾。夫死妾娠，生男未久妾亦死。男羸善病，汪抚育如己子。娶媳而男又死，汪为继嗣。媳程氏亦矢志不嫁。上官旌为"双节"。

罗一章妻方氏　罗，呈坎人，卒，无子，氏年二十五，清贫苦节。一章弟一道，孝友乐施，人称为"一门节孝"。

毕燧妻黄氏　毕，郡城人。

徐门双节　路口徐义妻郑氏，徐灌妻亦郑氏，俱早寡，抚孤养姑以节终。

许性恭妻潘氏　许，邑城人。

徐尔强妻黄氏　徐，邑廪生。

……

江以达妻洪氏　江，江村人。

仇门双节　仇国高妻汪氏，守节三十七年；仇成彦妻项氏，守节四十六年。奉旌"双节垂芳"。

……

凌予璠妻吴氏

方士玉妻张氏　方，岩镇人。

……

许时雍妻余氏　许村人。

……

程懋光妻方氏　荷池人。

[1]即《江南通志》，下同。

许秉和妻罗氏　许村人。

许谦和妻黄氏　许村人。

汪士泰继妻徐氏

……

方良简妻章氏　方，环山人，生子国儒甫二周而殁。氏和熊课子，永夜缉屦以伴读，卒使其子登贤书。

汪鏓妻方氏　汪，上路人。"鏓"，通志作"總"。

郑门双节　岩镇郑策妻方氏，策客死，氏二十，生子数月，抚之成立，娶媳佘氏子又亡，姑媳相依守节终。

吴辉宗妻孙氏　吴，南溪南人，氏年十八方孕而夫殁。伯议改适，氏誓以死，生子添呈。伯佯喜阴怀，针刺儿脐，氏觉以丝贯针而出。添呈甫娶，伯复陷之，从军庐龙。氏率妇拜斗，以祈生还。久之，滕板欲穿，添呈果还。

汪门双节　岩镇进士汪侃，入京道卒，继妻胡氏、妾娄氏解衣装治丧，扶柩归葬。胡谓娄曰："汝年少，且与我俱无后，恐不能终志也。"娄剪发自誓。家故穷，庠生汪任岁分廪资给之。胡年五十余卒，娄年八十余卒。"娄"一作"刘"。

郑普照妻罗氏　郑，长龄桥人；氏，呈坎人。

方富权妻程氏　方，忠堂人。

吴守华妻何氏

以上七人据《江南通志》补入。

方良楠妻曹氏　夫殁守节，遗腹生子国焕，顺治乙酉殉明难者也。

方继准妻袁氏　方，澄塘人，寄籍怀远。氏刲股救姑。

以上旌表建坊，除据《江南通志》补入七人，余俱据旧府志、歙县志及采访册登载。[1]

国朝：

张天旭妻张氏　夫殁，生子行素仅二十日。茹蘗训子为名诸生。孙光祁，登进士。

黄一锦妻程氏　夫卒，抚二子成立。次子养治刲股疗母、兄之病，扶母避乱遇兵，拥见其主，验其左右股痕，询故，释之。

[1]道光徽州府志(三)[M].南京:江苏古籍出版社,1998:110–112.

江重妻叶氏　江,郡城人。

何可达妻詹氏

萧邦永妻胡氏

张法孔妻陈氏

洪之楷妻徐氏

姚灿妻程氏

姚守邦妻汪氏

程宗孟妻吴氏　程,岑山渡人,病革,氏刲股进。及殁,绝粒数日,族人劝之,乃起抚孤。长子其位仅三龄,次子其禄甫半岁,含辛茹苦四十余年卒,训子有成。其禄性至孝,母病吁以身代,母丧后日食□粥十四年,庐于墓侧,日食必供母而后食。有大蛇环土室,其禄泣告以母故,蛇即去。

何大国妻闵氏

汪鸣玉妻陈氏　从夫家常熟,夫亡抚孤。

吴一赞妻郑氏　吴,莘墟人,病,氏吁天求代,及卒,励志终身。

佘门双节　佘廷充妻黄氏,廷充客死,氏无子,侧室俞氏生一子,氏抚育如己生。明时题其里曰"慈节"。孙可述娶方氏,可述亦早世,氏适遭丧乱,抚其遗孤四人,倍极艰苦。

吴门双节　岩镇吴嘉年妻鲍氏,夫殁抚孤,依母室以居。子汝逵娶妇汪氏,汝逵亦早卒,氏抚子明觐成立。

江大本妻程氏　夫殁,事姑训子。子文衍遵其教,卒补博士弟子。

江重学妻叶氏　抚三孤,家贫,备尝茶苦。

程道荫妻汪氏　程,监生,殁,氏抚继嗣成立。

吴自诚妻胡氏　吴,溪南人,太常卿应明孙,早卒。氏抚遗腹子延支,延支又早世,氏勉抚两孙终身。

汪大贞妻江氏　夫亡,遗孤仅一龄。汪氏三世单传,赖氏抚子成立,娶妇生孙,族遂蕃衍。

程家蔚妻鲍氏　程,太学生。

程嗣忠妻方氏

许象晋妻程氏　年二十三夫殁,矢志奉侍舅姑,姑疾刲臂以愈。

洪兰妻吴氏　洪源人,性孝,刲股以疗姑疾,夫殁抚继嗣成立。

程孚光妻汪氏　夫殁,抚伯子为嗣。

程世茂妻洪氏 夫殁，侍舅姑，抚二子成立。

吴一初妻方氏 吴，莘墟监生；氏，石川人。吴肄业太学，与知固安县某善因游固安，会有警，某劝之去，一初曰："平时相依，有急去，不义。"城破死焉。氏欲死殉，而子旷方九岁，姑唐氏、母许氏皆年八十余，于是忍死励节，抚孤事姑及母，子旷卒能成立。事载《明史》及国朝《一统志》，后以孙苑贵赠淑人。

汪清继妻潘氏 夫亡毁容，教子经书皆自督课，积善好施，虽贫弗倦，后以子贵赠安人。

江朝贤妻孙氏 夫亡，遗孤未半周，竭力抚之。孀姑善病，常在床笫，氏尽心奉养，节孝两全。

方文灿妻吴氏 方客死苏州，氏上事舅姑，下抚孤子。

徐时惠妻黄氏

汪知元妻王氏 汪，大里人，家于杭。

王正宸妻程氏 王，郡城人，客死；氏扶遗腹子成立。

方泰臻妻吴氏 徐村吴佽恩女，夫亡，抚遗腹子成立。

汪门双节 丛睦坊汪孚周妻程氏，夫殁守节终身，已膺旌典，累赠恭人。其伯姒汝襄妻谢氏亦节媛也，当叛弁唐士奇煽乱时，游卒抄掠村舍，谢先以计匿程而己坠楼，示死不辱，血被面，声息寂然，贼亦以为死也，舍之。诸名士有坠楼诗记其事。盖程无子，抚谢之子焕文为嗣，同心共节，谢亦并膺赠典。事见《新安女行录》。

上丰宋门双节 承尧妻王氏早寡，矢节不逾。子在福妻程氏，夫病笃刲股以疗，夫殁与姑同守终身。

毕天镛妻孙氏 东隅人。

鲍秉宽妻程氏 大址村人。

汪有年妻吴氏 邑城人。

凌彦芸妻程氏

张德明妻曹氏 西南隅人，夫亡，奉事祖姑，抚侄为嗣。

徐文林妻潘氏 结林人，文林游学庐州，归而病殁；氏孝事翁姑，抚遗腹子成立。

巴熙溶妻凌氏 西关人。

程兆籛妻汪氏 岩镇人。

施以桂妻毕氏　渔梁人,夫卒苦节终身。

汪章妻程氏　东关人,夫亡苦节,立侄为嗣。

郑献妻唐氏　郑村人,夫亡,奉养舅姑,营葬夫柩,课子诵读成人。

江学级继妻汪氏　丰瑞里人。

黄孝先继妻叶氏　潭渡人。

江作霖妻宋氏　丰瑞里人。

叶应莹妻洪氏　二十二都二图人。

汪一麟妻黄氏　西山边人,夫亡,抚子娶妇。未几子、妇俱死,孙九龄,氏又抚之成立。

王邦重继妻汪氏　王,虹坑人;氏归王仅三载而寡,上奉九十岁姑,下抚二岁儿百龄成立。

王得朋妻方氏　王,虹源人。

饶兆孟妻叶氏　饶,北关人。

饶邦教妻吴氏　饶,北关人。

江宜振妻毕氏　江,东关诸生。

吴灿妻江氏　十九都六图人。

吴廷珣继妻程氏　十九都六图人。

江德妻程氏　东关人。

汪有琯妻朱氏　过塘坞人。

江天吉妻潘氏　东关人。

程文任妻徐氏　蒲田人。

黄履勋妻马氏　潭渡人,夫卒,氏抚子成立,后子贵封安人。

方士亮妻洪氏　三十七都三图人。

张大曾妻项氏　三十六都四图人。

程应聘妻汪氏　东北隅人,夫客死宁国,氏扶柩归里,抚子成人。

黄兆熙妻徐氏　二十三都人,守节抚孤。

汪庶妻殷氏　东关人。

程林苑妻汪氏　新屋下人。

许其瑶妻程氏　东关人。

黄焕龙妻巴氏　潭渡人,夫殁,立子抚养授室,后子、妇皆亡,复抚幼孙。

汪儒林妻胡氏　上路人。

洪之龙妻项氏　王村人。

吴溥妻项氏　岭后人，夫病五年，氏昼夜扶持。及卒，立侄为嗣，事翁姑尽礼。"溥"，通志作"浦"。

王增龙妻吴氏　王村人，夫殁遗二子，家无担石。氏弟怜其困苦，欲夺其志，氏引绳自经，家人救免。

王逢智妻姚氏　王家宅人。

黄修麟妻汪氏　潭渡人。

黄文苑妻程氏　新馆人。

唐祚继妻程氏　槐塘人。

唐如琮妻程氏　槐塘人。

王问善继妻方氏　蔡坞人。

郑上远妻凌氏　承狮人。

郑学曾妻徐氏　承狮人。

江宜扙妻郑氏　江，东关人，卒。氏事庶姑如亲姑，及庶姑卒，氏抚幼叔成立，主持家务。

吴厚力妻程氏　吴，路口人。氏乃贡生程云鹏女，通书史。夫故，氏上奉甘旨，下饲孤儿。子宁宽以优行诸生应召试，置高等。后遇覃恩膺封典。

胡松龄妻黄氏　方塘人，夫卒，氏立侄为嗣。

胡家凝妻江氏　方塘人，夫殁，抚九龄子至于成人。

吴炜妻黄氏　䂀山人，夫殁，抚遗腹子成立，苦节终身。"炜"，通志作"惮"。

……

吴廷遽妻孙氏　郡城人。

……

方起元妻仇氏　马岭人。

程之椿妻洪氏　岑山渡人，夫殁扶继子成立，曾孙士麒任沔阳知州。

方世徽妻徐氏　路口人。

洪寿长妻程氏　桂林人。

桂林洪门双节　于祚妻潘氏，夫殁抚子承则成人，娶妇殷氏。承则早亡，越七年殷又卒，氏抚孙成立。

洪请大妻王氏　桂林人，夫殁，氏抚遗腹子焕若成立。焕若习衣工，能孝养其母。

洪承长妻叶氏　桂林人。

许联镳妻黄氏　唐模人。

许昌贞妻吴氏　许，唐模人；氏守节抚子成立，以子贵赠孺人。

吴自亢妻程氏　下长林人。

吴自充妻罗氏　下长林人。

吴荣登妻汪氏　下长林人。

吴万龄妻鲍氏　下长林人。

吴家驹妻方氏　下长林人。

吴寿名妻郑氏　下长林人。

江思敬妻汪氏　江村人。

江承琦妻许氏　江村人，以子贵赠宜人。

江时辰妻凌氏　江村人。

谢应璜妻程氏

朱象升妻汪氏　义成人。

朱美熷妻张氏　义成人。

朱德昀妻吴氏　义成人。

蒋立恩妻余氏　蒋村人。

洪起蛟妻杨氏　二十七都四图人。

洪大魁妻孙氏　二十七都四图人。

朱美瑶继妻程氏　义成人。

程元豫妻仇氏　临河人。

朱兆麟妻黄氏　东关人。

毕天铎妻巴氏　东关人。

汪元旦妻吴氏　洪鲸人。

江景堂妻梅氏　江，江村监生。

江衍庆妻钱氏　江，江村人；氏守志抚孤，以子人龙贵赠安人。

……

汪嘉秩继妻仲氏　西关人。

程一槐妻郑氏　北关人。

江邦相妻郑氏　登第桥人。

汪元圣妻范氏　西南隅人。

殷明庆妻胡氏　项里人。

程湘妻路氏　槐塘人。

程玉音妻吴氏　槐塘人。

程勋妻陈氏　槐塘人。

程士铎继妻徐氏　槐塘人。

程其冶继妻凌氏　槐塘人。

洪宪韶妻吴氏　洪源人。

洪应绥继妻方氏　洪，洪源人，赠中宪大夫，殁。氏矢志抚孤，归夫柩于千里外，遇乱兵而抚孤子得存，后以孙璟贵赠恭人。

洪源洪门三节　庠生淑妻汪氏，子应梁妻程氏，曾孙秉成妻陈氏。

洪秉懿妻郑氏　洪源人。

洪瑗妻程氏　洪源人。

洪元栋妻程氏　洪，洪源人；氏教子人龙为名诸生。

洪元冲妻胡氏　洪源人。

罗简受妻程氏　呈坎人。

罗苍期妾汪氏　罗，呈坎人，为中书舍人，卒于京师；氏守节抚子成立。

罗大同妻谢氏　呈坎人。

罗秉智妻汪氏　呈坎人。

罗敬文妻许氏　呈坎人。

罗鼎文妻蒋氏　呈坎人。

罗尚年妻汪氏　呈坎人。

罗以燧妻谢氏　呈坎人。

罗清妻汪氏　呈坎人。

吴孟仪妻马氏　向杲人，夫殁抚孤成立，复教诸孙，以孙承勋貤封恭人。

吴文林妻汪氏　向杲人。

吴我馨妻闵氏　向杲人。

程敬孝妻闵氏　岩镇人。

许自周妻吴氏　许，邑城人，官教谕。

项三桂妻程氏　岩溪人。

张深妻汪氏 绍村人。

沙溪凌门双节 和义妻张氏,夫殁抚子顺晟为邑诸生;顺晟妻汪氏亦早寡,同姑守志终身。

凌宏樟妻汪氏 凌,沙溪人,殁;氏抚孤葬乾成立,为衢州诸生。

程万佐妻凌氏 冯塘人。

曹元潢妻程氏 航埠头人。

庄大中妻张氏 薛坑口人。

庄起泽妻王氏 薛坑口人。

庄昌家妻黄氏 薛坑口人。

庄光玺妻方氏 薛坑口人。

庄光台继妻张氏 薛坑口人。

江醇和妾张氏 江村人。

江以培妻洪氏 江村人。

曹廷琬妻王氏 雄村人。

曹一鹏妻汪氏 雄村人,夫殁抚孤授室,而长子与妇俱夭,未几次子复夭,氏与次媳形影相依。

曹奕昌妻项氏 雄村人,夫殁氏坠楼骨折不死,复自缢,家人救之,慰以身有遗孕。明年生男,矢志抚孤而孤殇,以侄继嗣,课读授室而复夭。以伯氏之孙为孙,氏与孀媳依嗣孙为命,年余孙殇妇亦亡,氏积衰成疾卒。

曹俊继妻汪氏 曹,雄村人,侨居姑苏。氏归生子贤瑞数龄而夫病,氏劝夫焚千金之券,甫归里夫殁。氏忍死以育遗孤,且为前子丰瑞蓄妾生子,爱如己孙。

曹国俊妾汪氏 雄村人。

曹再锡妻张氏 雄村人。

曹圣舆继妻吴氏 曹,雄村人,侨寓浙江处州早死;氏抚遗腹子苦节终身。

曹景联妻程氏 雄村人,夫殁,氏仰事孀姑,抚育幼子。

曹廷宪妻孙氏 雄村人。

吴植孙妻罗氏 丰南人。

曹增妻张氏 曹,航埠人,游学武林,归舟失足溺死;氏忍死抚遗腹子成立。

吴重周妻汪氏　丰南人。

吴之骀妻程氏　丰南人。

吴念祖妻程氏　丰南人。

吴承勋妻方氏　吴,丰南廪生。

吴家桂妻方氏　丰南人,早寡,与姑方氏相依守节。

吴乾生妻罗氏　丰南人,性至孝,归乾生早寡,守志终身。

吴春先妻张氏　丰南人。

吴廷枢妻汪氏　丰南人。

……

吴之骀继妻方氏　吴,丰南增监生,殁;氏事祖姑及姑尽孝,抚前室子如己出,子天复抚五孙。

汪定基妻许氏　汪客死全椒,氏抚子梦丹成立。

方锡遐妻程氏　灵山人,夫殁氏抚子成立。子壮能养,而藜藿如故,使以有余赡邻里。

程炽妻崔氏　岑山渡人,夫殁抚遗腹子守节。

项良秀妻王氏　小溪人。

项士贤继妻吴氏　小溪人。

项道煦妻李氏　小溪人。

程有灿妻鲍氏　褒嘉坦人。

程有稔妻郑氏　程,褒嘉坦人;氏,贞白里郑介祉女。婚后程客滇南死,氏勤纺绩,事嫡姑,变钗环募人往滇访夫遗骸,数十年无耗,所募人亦死。有稔兄有和以寻弟骨羁滇南转徙不归者二十一载,氏盼音耗不得,日夕哭泣不少怠。

程世镇妾张氏　程,褒嘉坦人,殁;守节抚子兆熊、孙学俱中乡科。"程",通志作"陈"。

方承烈妾姜氏　方,岩镇举人,以艰嗣纳姜生二子而卒,氏抚之成立。

罗定垣妻方氏　罗,呈坎人,殁。氏奉舅姑,抚幼子,复遭贼氛,倍历阽沛。

许联昊继妻凌氏　东关人。

汪景昂妾洪氏

岩镇汪门双节　方皋妻胡氏,夫侨居常熟死,氏尽卖所存,扶翁姑及夫枢还里,抚遗孤浩成立,娶妇程氏生子甫九月而浩夭,姑妇相依,同抚孤孙。

汪启厚妻郑氏 邑城人。

佘开瑞妻谢氏 岩镇人。

徐振玉妻郑氏 徐,路口人,殁;氏守节抚孤,以子职封安人。

徐昌继妻饶氏 徐,徐村人,殁;氏守节,寿登百岁。

······

胡门双节 方塘胡汝球妻洪氏早寡,抚子揆森娶妇王氏揆森又死,姑妇相依守节。

······

胡国嘉妻鲍氏 岩镇人。

汪云端妻王氏 槐塘人。

杨维周妻方氏 岩镇人。

方时昌继妻谢氏 方,岩镇人,殁;氏孝事孀故,抚育前子。

汪门双节 富堨汪师柏妻王氏,师权妻程氏,并称"苦节"。

大里汪门双节 汪世麟妻鲍氏,夫殁子廷琮生甫四月,氏抚之成立。娶妇亦鲍氏,尝割股疗夫,后又刲右臂救姑。廷琮死,姑妇相依抚孤。

程鼎镛妻朱氏 洪坑人。

方敦化妻吴氏 方,环山人,殁;氏抚子甲秀成立,娶妇许氏而甲秀死,姑妇相依守节。

毕应周妻江氏 毕,邑城人,殁,氏励志守节。舅客死泰州,氏百计蓄资,哀恳舅之同堂兄弟移枢归里,同姑安葬。

胡廷渭妻程氏

巴钟浚妻金氏 西关人。

吴观裕妻潘氏 溪南人。

程门双节 八都一图程钦元妻汪氏,子宗沣妻徐氏,皆青年守节,姑妇相依终身。

江启新继妻许氏 东北隅人。

郑添恕妻黄氏 郑村人。

曹馥妻汪氏 曹,西南隅人,客死;氏扶枢归里,苦节抚孤。

方秉济妻鲍氏 姚村人。

黄时庆妻汪氏 潭渡人。

周琠妻张氏 郡城人。

方聚斌妻郑氏 联墅人。

汪日昶妻凌氏 富堨人。

饶九英妻叶氏 北关人。

凌爱来妻刘氏 凌，沙溪人，殁；氏抚子和庆成立，娶妇李氏，逾十年和庆死，姑妇同守终身。

吴宏述妻王氏 昌溪人。

吴永玠妻姚氏 昌溪人。

吴永埏妻方氏 昌溪人。

汪煓妻程氏 上路人。

程汝龙妻罗氏 早寡，事舅姑孝，舅姑病昼夜扶持，殁则棺衾丧葬尽礼，抚孤子成立。

叶熙鼎继妻汪氏 叶，蓝田人，性孝，父疾尝割股和药，父殁哭踊绝而复苏。叶亡，氏抚遗腹子并绩麻以养孀姑。

黄成已妻汪氏 潭渡人。

吴廷奇继妻胡氏 北岸人。

吴廷五妻冯氏 北岸人。

吴元赞妻方氏 北岸人。

许昌祄妾蒋氏 唐模人。

江嗣铖妻潘氏 江村人。

江嘉谏妻洪氏 江村人。

江嘉赞继妻姚氏 江村人，夫殁守节终身。

朱鹤嵩妻洪氏 朱，浯村人，殁，无子；氏抚侄为嗣侄又夭，复抚孤孙，数十年不出户庭。

胡大淳妻汪氏 胡，堨田人，殁；氏竭力以养舅姑，割股以愈姑疾。

朱芝芬妻许氏 朱，宝村人，殁；氏矢志抚孤，尝剔股和药以愈姑疾。

唐能裕妻汪氏 槐塘人。

洪立三妻张氏 洪，洪源贡生。

黄履旦妻程氏 黄，潭渡贡生。

程斗樿妻许氏 槐塘人。

江承均妻程氏 江村人，夫馆于外死，氏移枢归里，上奉翁姑，下抚幼子。

项仲武妻程氏　岩镇人。

胡懋信妻李氏

曹蓼瑞继妻洪氏　曹,雄村拔贡生,卒于京邸;氏奉舅姑抚幼子,姑老目盲,扶掖十余年不倦。

旬子上潘门双节　守祜妻程氏,夫殁抚遗腹子世俊成立,娶妇方氏未久而亡,姑妇相依,抚遗腹子祖荫成立。

江殿桂妻方氏　岩镇人。

汪一琔妻周氏　古塘人。

程启光妻蔡氏　虹梁人。

路口蒋门双节　廷璠妻汪氏,孙日焕妻余氏,抚遗腹子士椿仕为州倅,两节妇并膺封典。

……

胡德璘妻俞氏　路口人。

方世珮妻宋氏　方,岩镇人,殁;氏抚孤奕成立,娶妇有孙而旋失怙恃,复抚孤孙士绶,苦节至目失明。

郑启槐妾汪氏　贞白里人。

黄以憬妻许氏　潭渡人。

凌汝信妻项氏　古溪人。

……

黄光进妻庄氏　黄,三十六都四图人;氏进士庄采之姊,幼通经史大义,及归夫亡,事姑抚孤终身。

方明骧妻程氏　沧坑人。

程珉修妻郑氏　程,上市人,殁于浙。

岩镇洪门双节　举人尧昭继妻方氏,子钟麟妻亦方氏,俱早寡,姑妇同守终身。

黄履侯妻江氏　黄,潭渡人,殁;氏抚孤子为栋为名诸生。

吴门三节　顺喜继妻张氏,前室子恒庆妻潘氏,又良僖妻胡氏。

张宏熊妾李氏　旃田人。

张公甫妾金氏　旃田人。

黄燧妻江氏　黄,东关人,殁;氏抚子大宾读书,后登科第者数人。

堨田鲍门三节　日翔妻江氏,日升妻汪氏,起坤妻方氏。

吴育彪妻方氏　岩镇人。

方惟忠继妻吴氏　岩镇人。

汪继孙妻吴氏　松明山人。

胡允铉妻汪氏　胡,郝村人,殁,氏守节抚孤。有女适徐村徐元黑,亦青年励志。汪氏为葬其翁姑柩。

黄政新妻江氏

汪溶妻江氏　槐塘人。

胡兆瓒妻汪氏　狮塘人。

方成可妻王氏　方,联墅人,殁。时怜氏年少,欲遗金帛遣之,氏闻剪发自矢,与姑同守。子显瑛,官广东按察。

洪未福妻江氏　七都四图人。

鲍正松妻仇氏　鲍,高山人,亡,两世父母皆在堂,又有两幼弟;氏养葬尽礼,并抚两叔成立。

叶支茂妻程氏　长庆人。

洪永成妻鲍氏　山昆人。

章起生妻汪氏　三十五都二图人。

饶人儒继妻江氏　北关人。

程德亨妻张氏　程,虹梁人;氏,绍村张登钧女,夫殁抚继嗣尚易为诸生而复天,更继尚晋,慈育愈笃。

郑宏辉妻王氏　三十五都五图人。

许效毅继妻胡氏　唐模人。

蒋廷椿妻项氏　蒋村人。

仰继岳妻程氏　仰村人。

姚廷对妻汪氏　深渡人。

黄廷瑞妻许氏　东关人。

叶某妻方氏　二十八都二图廷铣之母。

曹鈺妻方氏　曹,航埠人。

郑永奎继妻叶氏　郑,郑村人,殁;氏有孕,决志欲殉,翁泣止之,后生女,乃立犹子为嗣。

　　……

毕宏源妻黄氏　毕,邑城人。

汪沅宽妻郑氏　汪,岩镇人,殁;氏抚侄为嗣,营葬祖骸六棺,备极艰窘。

程思玺妻吴氏　岩镇人。

张明韶妻丰氏

王景濂继妻郑氏　岩镇人。

……

许懋明妻刘氏　潭渡人。

许懋华妻汪氏　潭渡人。

许成金妻刘氏　潭渡人。

许效董妻叶氏　许村人。

许学成妻叶氏　许村人。

许正迈妻程氏　许,潭渡诸生。

汪继康妻吴氏　汪,潜口人,殁;氏奉孀姑,抚孤子,守节终。

汪沅妻江氏　汪,潜口太学生;氏,进士江德新女,夫亡守节,尝代里中输历年逋赋。

……

程锡琏妻方氏　程,岑山人,客死淮上。氏仰药不死,不下楼者十年,临殁出敝箧示家人曰:"吾□衣饰,积针钑,并王舅授田五亩,共得百余金,可以此修姑墓,归夫旅榇,治丧立嗣。"后继侄为嗣。

方深明妻仰氏　方,上磻溪人。在室尝割股疗母,及嫁两次割股救姑与夫,夫殁抚遗腹子成立。

许学清妻张氏　许,许村人,客死汉阳;氏扶榇归里,抚子娶妇而子夭,后抚孤孙以终。

许维文妻叶氏　许,许村人,殁,氏孝事孀姑,择侄承祀。

许学达妻汪氏　许,许村诸生。

许是乾妻宋氏　许村人。

许正琅妻汪氏　许,许村人,殁;氏抚继子娶妇而夭,复偕孀妇抚孤孙成立。

许是祜妻何氏　许,许村人。"是",通志作"自"。

许肇熙妻吴氏　许,许村人,殁;氏奉孀姑,抚遗腹子。

许人龙妾范氏　许,许村贡生。

许名家妾徐氏　许村人。

许敏复妻金氏　许村人;氏中宪大夫金茂萱女。夫客死,氏抚孤而孤痘殇。氏劝姑为翁置妾生子,子又生孙,氏立为夫嗣。

汪志广妻吴氏　汪,潜口人,客死镇江。

汪文湛妻叶氏　汪,满田人,殁;氏上奉孀姑,下抚继嗣。

汪循咏妻黄氏　汪,瞻淇人;氏,檀墅霍山教谕黄体先女,幼即以孝闻,于归后事本生舅姑暨所后姑吴贞女如事父母。夫疾经年不寐,夫殁矢志教两孤成人,与贞姑并膺旌典。后冢妇曹亦以节著,时称"三世贞节"。

方门双节　磻溪方源明继妻曹氏,孙为烈妻吴氏。

方灿妻潘氏　磻溪人。

许正铎妻夏氏　许村人。

汪以燕妻胡氏　汪,潜口人;氏,贡生胡铭恭之女。夫卒无子,予从弟之子广裕抚之成人,又葬两世翁丧。与祖姑江氏并以"节孝后先"著闻。

方文焯妻汪氏　方,磻溪人,候选同知。

方元麟妻柯氏　磻溪人。

方忻润妻周氏

上市程门节孝　士绅妻鲍氏,廷凤妻鲍氏,世茂妻洪氏,德祥妻仇氏,琪妻王氏,淇妻郑氏。

徐士锴妻孙氏　徐,路口人;氏守节,以子本增职封夫人。

徐可选妻江氏　徐村人。

徐友淳妻许氏　徐村人。

徐士灏妾汪氏　徐,路口人;氏守节,以子本仪职封夫人。

徐廷钱妻黄氏　徐村人。

徐恒典妻洪氏　徐村人。

徐及建妻凌氏　徐村人。

徐滋秀妻汪氏　徐村人。

徐连荫妻汪氏　徐村人。

徐增恺妻许氏　徐村人。

徐登龄妻章氏　徐村人。

徐宏志妾吴氏　徐村人。

徐习周妻鲍氏　徐村人。

徐名旦妻汪氏　徐村人。

徐一新妻方氏　徐，徐村人，客死；氏携抱子女，扶榇归里。

……

周乔松妻吴氏　周，溪塝头人。

汪瑞符妻程氏　稠墅人。

汪道炫妻吴氏　稠墅人。

汪荣妻程氏　稠墅人。

汪祖晖妻吴氏　稠墅人。

汪人龙妻程氏　稠墅人。

汪上选继妻程氏　稠墅人。

汪鼎安妻鲍氏　稠墅人。

汪廷瑞妻方氏　稠墅人。

汪焕然妻黄氏　大里人。

汪逢辰妻鲍氏　汪，大里人，殁；氏抚遗腹子成立。

汪师周继妻黄氏　大里人。

汪宏妻许氏　大里人。

汪锡琳妻许氏　大里人。

汪尚正妻朱氏　汪，大里人，殁；氏抚遗腹子成立。

许祚贤妻鲍氏　唐模人。

许祚良妻程氏　唐模人。

程又山妻叶氏　槐塘人。

汪积轩妻冯氏　洪鲸人。

鲍望锡妻黄氏　新馆人。

汪允佐妻吴氏　西山人。

岩镇郑门三节　铉妻吴氏，夫殁，立铉弟为藩子长元为子。未几为藩死，妇孙氏欲殉，吴劝之共抚长元。后长元娶汪氏而早夭，汪氏奉两节姑抚幼子濬。濬亡又求服小叔德元为姑吴氏后，而以德元子泗为己子。

凌彦芳妻程氏　邑城人。

郑祥旦妻汪氏　郑村人。

金成福妻许氏　岩镇人。

叶茂英妻宋氏　赵村人。

徐景裹妻方氏　路口人。

吴宏俊继妻余氏　金山人。

俞之滨妻王氏　郡城人。

方元标妻江氏

程敦孝妻潘氏

汪门双节　维浩妻游氏,守节抚孤国珍,娶妇鲁氏又以青年而寡。姑妇相依,共矢苦节。

凌承珂妻汪氏　洪鲸人。

程子璞妻许氏　岩镇人。

程志尹妻寇氏　岑山人。

吴锏妻汪氏　吴,丰南人,客死汉阳。

程休复妻吴氏　程,岑山人;氏封宜人。姒吴氏为程浚妻原胞姊妹,并有贤声。新城王士正为立二母贤节传。

程希衍妻洪氏　岑山人。

程倩生妻王氏　岑山人。

方华仪妻吴氏　罗田人。

方子愚妻郑氏　罗田人。

毕祈妻叶氏　上路人。

徐五琦妻吴氏　徐,路口人;氏早寡,姑性褊执,氏曲意承顺。

毕嘉猷继妻程氏　毕,上路诸生。

毕澥妾池氏　毕,上路诸生。

毕宏美妻程氏　上路人。

毕荀龙妻金氏　上路人。

毕模妾柳氏　上路人。

胡如嵩妻吴氏　槐充人。

程恭济妻汪氏　槐充人。

唐良铎妻程氏　槐塘人。

张思琳妻曹氏　绍村人。

张登瑚妻杨氏　张,绍村人,早殁;氏守节事姑,姑病刲股以进。

汪震旭妻程氏　西关人。

张怀明妻庄氏　绍村人，夫殁时祖姑与姑皆孀，遗孤未匝岁，氏仰事俯育，孝慈两全。

汪源盛妻王氏　大里人。

方元友妻黄氏　岩镇人。

闵汉龙妻吴氏　岩镇人，见《新安女行录》。

郡城汪门四节　文铤妻陈氏，夫殁抚子肇源成立，娶媳宋氏亦早寡，择立继嗣，与姑同守。又陈氏夫弟文镰妻亦陈氏，夫殁抚子肇澜娶李氏，肇澜病故，李无子择立族子为后，与姑及伯姑伯姒同守，又兼抚两幼叔肇澄肇溶。姑目以泪渍而枯，氏常忍饥饿，而姑与两叔之供无缺。

叶潮占妻黄氏　叶家山人。

汪阳遇妻吴氏　松明山人。

鲍椿妻汪氏　古溪人。

程公溶妻汪氏　荷池人。

许奇锦妻何氏　许，郡城人，就试江阴，卒；氏典查物移榇归里，上奉翁姑，下抚遗腹子成立。

岩镇程门双节　敏事妻鲍氏，敏言妻汪氏，姒娌同守。

郡城吴门双节　候选经历启曜妻罗氏，妾方氏，同心励节，抚孤成立。

潘福女妻黄氏　大佛人。

潘景曜妻张氏　大佛人。

……

潘兆烜妻鲍氏　大佛人。

程咏恺妻余氏　程，荷池人，殁；氏孝奉舅姑，以纺绩得钱易米。舅疽发背，氏昼夜扶持得不死。以家贫不能兼味奉老人，誓终身断血味。后子大能奉甘旨有血味，氏即瞑目痛哭却之。

荷池程门双节　龙锡妻洪氏，抚子正清娶妇江氏，均苦志守节。

徐懋赏妾赵氏　徐村人。

程行谨妻曹氏　岑山渡人。

程鉴妻陈氏　岑山渡人。

程鏊妻杨氏　岑山渡人。

程阶妾赵氏　程，岑山渡人，官绍兴同知，殁；氏守节，以子鋆贵封恭人。

程朝徵妾朱氏　岑山渡人。

程大庶妻汪氏　岑山渡人。

程炯妻张氏　岑山渡人。

……

江晋妻李氏　牌头人,八岁时尝吮母背疽。及长归江,事舅姑尽孝,姑疾割臂和药以进,夫殁抚孤守节。

……

郑文英继妻吴氏　长龄桥人,夫死无子,氏抚侄为后,为之娶妇后子妇复天,更抚孤孙成立。

郑玉珩妾高氏　郑,长龄桥人;氏幼知书史通大义,归侍玉珩越六年夫卒,孤仅三岁。外侮频侵,老姑又病,嫡甚忧怖,氏筹画保守五年,始得安恬。

何之麟妻汪氏　峤山人。

程必先妻毕氏　云雾塘人。

江澄妻汪氏　江村人。

江九皋妻程氏　江,江村监生。

吴铎教妻程氏　郡城人。

王世勋妻刘氏　二十八都三图人,氏在室时尝割股以愈父病。于归逾年,舅客殁,夫方自塾出,扶榇归,居丧遘疾,不能理生产,姑亦老病,斥卖典鬻,家无立锥,惟湖田薄地数弓仅存。越数年,夫与姑相继殁,抚六岁遗孤以守。念先世两代犹厝浅土,乃奉四柩于湖田葬之,工力不赡,负土以成,见者皆为流涕。

汪廷柱妻张氏　王村人。

程可诏妻吴氏　临河人。

鲍嘉绩妻王氏　新馆人。

许日化妻吴氏　邑城人。

宋诚益妻方氏　梅岭人。"诚",通志作"承"。

孙锡裕妻汪氏　郡城人。

詹锡禄妻毕氏　郡城人。

吴秉位妻张氏　岭后人。

何良凤妻汪氏　峤山人。

巴钟华妻何氏　西关人。

汪元琳妻徐氏　　富堨人。

胡正鼎妻方氏　　邑城人。

罗淳浩妻郑氏　　北关人。

何士祺妻江氏　　峤山人。

江元烈妻洪氏　　北关人。

张大彭妻江氏　　后坞人。

程国枚妻吴氏　　邑城人。

江文曜妻程氏　　邑城人。

叶良芳妻方氏　　叶玕人。

胡国辰妻吴氏　　洪鲸人。

姜大铨妻贺氏　　邑城人。

许云龄妻黄氏　　邑城人。

宋德润妻洪氏　　珠冲坞人。

程天瑞妻姚氏　　街口人。

何良璟妻胡氏　　峤山人。

徐世铉妻施氏　　褒嘉坦人。"铉",通志作"铉"。

殷明在妻吴氏　　上里人。

何从信妻姚氏　　上北街人。

胡文光妻汪氏　　胡村人。

张世义妻杨氏　　郡城人。

黄廷位妻叶氏　　潭渡人。

汪春昕妻黄氏　　信行人。

姚宗鼎妻徐氏　　渔梁人。

吴兆璋妻王氏　　昌溪人。

江之灏妻洪氏　　高段人。

方嘉馨妻吕氏　　齐坞人。

毕天象妻宁氏　　郡城人。

何鼎妻郑氏　　峤山人。

吴准妻张氏　　岭后人。

吴奕庆妻项氏　　岭后人。

程德祥妻仇氏　　牌边人。

鲍吉清妻胡氏　东门人。

孙之骥妻郑氏　小北街人。

方璧先妻吴氏　岩镇人。

吕万春妻叶氏　岩镇人。

何之泽妻胡氏　在城人。

汪有佐妻程氏　北门外人。

江宗灏妻汪氏　五王阁人。

许尚妻殷氏

吴士伦妻程氏　新州人。

吴钟绍妻方氏　昌溪人。

汪立文妻胡氏　汪，瞻淇人。

王可振妻黄氏　蔡坞人。

江纯妻纪氏

鲍安鼎妻叶氏

杨榜妻吴氏　岩镇人。

叶启昂妻鲍氏　大和川人。

吴宗鼐妻程氏　岩镇人。

汪士瓒妻潘氏　岩镇人。

黄德清妻江氏

汪一潚妻罗氏　邑城人。

王一诚妻曹氏　余岸人。

汪天麟继妻张氏　邑城人。

章必先妻项氏

许奇凤妻汪氏　上路人。

吴国璠妻鲍氏　澄塘人。

朱良桂妻胡氏　上路人。

张士浦妻胡氏　后坞人。

张大皋妻汪氏　后坞人。

叶国瑄妻程氏

吴承秩妻叶氏　丰甫人。

汪师楷妻江氏　富堨人。

许芳声妻罗氏 邑城人。

江琪继妻某氏 江潭人。

郑日垣继妻吴氏 长龄桥人。

吴元当妻汪氏 宁清庄人,夫殁矢志守节以终。

汪晋绩妻吴氏 汪,瞻淇人。

戴煊妻许氏 戴,古关人,殁;氏守节抚孤。事详戴□《戴节妇传》。

佘其铨妻某氏 岩镇人。

朱铨谏妻宋氏 府城人。

吴尔熊妻罗氏 丰南人。

许奇英妾叶氏 邑城人。

方兆昆妻洪氏

方满基妻郑氏 岩镇人。

黄启俨妻赵氏 黄,黄村人。

汪一铨妻江氏 小路口人。

汪光淇妻方氏 汪,龙坑人。

方逢坤妻谢氏

方递求妻许氏

殷自夔妻黄氏

汪存忠妻吴氏 汪,瞻淇人。

程天爵妻陈氏

周秦松妻吴氏 溪塝头人。

汪有度妻詹氏 莘墟人。

汪圣绪妻姚氏 步廊巷人。

方元友妻黄氏 岩镇人。

张宏复妻吕氏 府城人。

汪某妻许氏 西溪人。

吴邦铨妻黄氏 二十五都人。

汪时妻余氏

江善荣妻孙氏 南溪南人。

吴邦佐妻江氏 郡城人。

程尚信妻朱氏 槐塘人。

程良佐妻景氏　槐塘人。

江禹度妻方氏　结林人。

程邦化妻徐氏　槐塘人。

程宠妻汪氏　槐塘人。

程子诏妻黄氏　槐塘人。

郑启贤妻洪氏　郑村人。

洪文元妻程氏

张应奎妻毕氏

吕德先妻黄氏

汪熟妻郑氏　大里人。

叶有江妻项氏

程正孔妻吴氏　虹梁人。

鲍㧟妻吴氏　蜀源人。

毕元瓒妻罗氏　上路人。

杨承采妻胡氏　郡城人。

江东尹妻汪氏　江村人。

吴尊静妻程氏　吴，篁南诸生。

江宏连妻吴氏　篁南人。

罗志妻汪氏　呈坎人。

吴大恢妻胡氏　北岸人。

吴正柏妻章氏　北岸人。

吴满员妻方氏　北岸人。

吴国奕妻章氏　北岸人。

汪士励妻吴氏　白洋人。

周长桢妻张氏　绍廉人。

胡德荣妻潘氏　蔚川人。

胡时翼妻许氏　西关人。

汪铉妻郑氏　西溪人。

江邦植妻程氏　北关人。

许荣宽妻程氏　东关人。

江楞妻巴氏　东关人。

程士琦妻江氏　东溪里人。

徐公儒妻程氏　徐村人。

徐是治妻毕氏　徐村人。

毕天鉴妻吕氏　邑城人。

黄宗伦妻郑氏　黄村人。

汪一凤妻郑氏　西溪人。

郑璿次妻王氏　郑村人。

郑昌龄妻洪氏　郑村人。

鲍德叟妻江氏

朱廷○妻汪氏

潘如绰妻仇氏　二十都五图人。

刘兆英妻程氏　二十都五图人。

姚天玉妻项氏　十九都一图人。

郑瀚继妻李氏　岩镇人。

方立诚妻张氏　岩镇人。

罗七欢妻叶氏

胡灏妻黄氏　　方塘人。

闵汉龙妻余氏　闵,岩镇人。

江秉健妻鲍氏

吴宏俊妻汪氏

曹深妻汪氏

项廷椿妻汪氏

……

汪人贵妻程氏　夫殁姑病,吁天求代,药必亲尝,讳日必哭,守节而终。

程道铉妻吴氏　夫殁守节抚孤,纺绩度日。

汪应僖妻江氏

程文焕妻曹氏　夫客死平□,榇归勉营丧葬,事翁以孝闻,守节以殁。

张明龙继妻丰氏　夫殁,孝翁姑,抚继子。

刘文元妻吴氏

巴在薇妻程氏

李春先妻吴氏

黄从先妻郑氏　夫殁守节,事舅姑,训子成立。

······

叶廷灏妻罗氏

汪士泰继妻徐氏

王国秀妻张氏

叶承福妻许氏

方处实妾汪氏　方,岩镇廪生。

方士玉妻张氏

汪贻谟妻鲍氏　千秋里人。

张护继妻汪氏

潜口汪门双节　汪德炎妻陈氏,妾王氏。

汪世穆妻胡氏　事姑孝,夫殁守节,抚孤成立。

罗长庚妻吴氏　夫殁自经以救免,事姑至孝,姑病刲股以疗。

汪长润妻吴氏　松明山人。

许承奎妻谢氏

汪应元妻程氏　汪,岩镇人;氏,槐塘人。

······

许迈妻程氏

吴自允继妻程氏

汪济民妻潘氏　小北街人,早寡守节,尝刲股疗姑疾。

汪承元妻黄氏　年二十六而寡,子甫五龄,氏苦志抚孤,刲臂以救翁疾。

项德辅妻吴氏　小溪人,夫客死,同室人利其资欲令改适,百端困挤之,氏不为动。经寇乱,夺孤儿于盗手,以延其嗣。

汪家椿妻黄氏

汪之凤妻程氏　汪,岩镇人,殁;氏事姑抚子,又千里外扶翁枢归里。

吴焕妻汪氏　传桂里人。"焕"一作"瑛"。

······

章嘉庆妻汪氏　夫殁抚孤,孙曾繁衍。

潘守祐妻程氏　夫殁,抚孤世俊,娶妇方氏,世俊又夭。方遗腹生子,姑媳并守。

许敏复妻叶氏　不谙书史,动中礼法,纺绩一室,茶苦自甘。

以上二十八人俱据《江南通志》补。

黄廷瑞妻许氏　东关人。

吴廷璋妻汪氏　吴,儒童;氏,候选国子监学正汪梓琴女。夫殁氏年二十,孝事舅姑,抚继成立,守节终。

江以鳌妻鲍氏　进士鲍夔女,夫以攻苦积疾,氏代事舅姑以孝著。夫病笃吁以身代,夫殁守节抚孤。

吴文采妻程氏　夫客殁汉阳,氏事祖姑继姑尽孝,抚孤苦守。

罗大有妻汪氏　呈坎人,夫殁,氏矢志苦节,抚侄为嗣。

曹健妻张氏　雄村人,夫殁,氏孝养翁姑,课子守节,并抚育其孤侄。母家三世浮攒皆氏营葬。

程汝龙妻罗氏　夫殁,事翁姑丧葬尽礼,抚孤成立,苦节终身。

江通灏妻何氏　江村人,夫殁守志,孝奉舅姑,勤抚幼子。

程宏祝妻洪氏　荷池人,夫殁经营殡殓,奉姑抚子,无力焚膏,多于月下针纫,苦节以终。

方士棱妻汪氏　十五都二图人,夫殁氏矢志孝养,苦节终身。

张门双节　张一化妻江氏,夫殁孝舅姑抚继子守志,其娣妇一儒妻吴氏亦早寡,奉舅姑抚子,人称"双节"。

萧一桓继妻毕氏　林村人,夫客殁,氏养姑抚孤,孝慈兼至。

汪文芳妻方氏　清流人,年十四尝割股疗母疾。及于归,夫殁,奉翁姑,抚幼子,守志。族人议析祀田为氏养节,氏坚辞不受,惟以针纫自给。

江天坚妻汪氏　江,丰瑞里人,客死含山。

程肇顺妻黄氏　西南隅人,夫殁抚孤子,弱女苦节。康熙五十七年,蛟水大作,氏居濒河,邻屋尽漂没,氏居独存。后子光禄一产三男,人咸谓"苦节之报"。

许继先妾李氏　许村人。

吴廷佐妻汪氏　长龄桥人,夫病刲股以愈,后夫殁养舅姑抚继子守节。

程子珩妻佘氏　岩镇人,夫殁守志,养伯舅姑,子生甫八月,抚之成立。

江上智妻程氏　江村人,夫殁守志,抚子长成,子殁又抚继孙。

黄钺妻仇氏　下市人,夫客死汉阳,氏急命子迎夫柩归。后翁中疯,姑患目,扶持尽孝,守节终身。

唐纲继妻罗氏　唐,槐塘人,任邱县簿;氏年十六于归,夫旋赴任,氏留侍姑。及夫殁于任,氏事姑抚继子继孙守节。

唐从长妻汪氏　槐塘人,夫殁抚孤守节。

吴士昊妻胡氏　北岸人,夫殁抚遗腹子成立,娶媳胡氏子又亡,遗两孙在抱,姑媳同抚以守。

程光焜妻汪氏　荷池人,夫客死,抚孤孝养。姑丧明,氏常以舌舔之,冀复明。

章大锁妻程氏　师干人。

程宗沣妻徐氏　夫殁,养孀姑,抚幼子,守节。

汪启昌妻吕氏　汪,茂坦人;氏,青阳人。

汪启孝妻李氏　汪,茂坦人;氏,协镇李纲女。

汪世琮妻江氏　汪,茂坦人,病殁;氏继侄守节终。

汪圣祥继妻殷氏　西北隅人。

汪贞莱妻黄氏　西北隅人,夫殁继嗣守节。

汪嘉馥妻王氏　西关人,夫殁孝事继姑,慈抚幼子,子亡立继守节。

汪世琪妻江氏　茂坦人。

吴绪让妻王氏　吴,丰南诸生。

项炳妻洪氏　项,一都三图人。项与父同客死于闽,氏事姑立嗣,归翁与夫之柩,守节终身。

王启士妻郑氏　凤凰人,年十九于归,甫三日而夫殁,继侄守节。

方嗣文继妻吴氏　岩镇人,夫殁事姑尽孝,姑殁哀毁失明,抚孤自课,盲后犹口授诸孙,有诗集曰《霜筠编》。

江绍仁妻吴氏　江村人。

江肇澜妻李氏　郡城人,夫殁事孀姑,立继嗣,兼抚两幼叔,守节不渝。

……

吴铖妾朱氏　吴,丰南贡生。

张大佐妻凌氏　张,后坞人,殁;氏事孀姑,抚幼子,守节以终。

曹冀荫继妻胡氏　雄村人,夫殁,姑痛子成疾,氏勤侍汤药,能竭诚尽礼,抚前室子成立,苦志守节以终。

项暄妻程氏　项,小溪人,为诸生,病殁;氏上奉孀姑,下抚继嗣,孝慈兼至,乡里称之,苦志守节至五十年而殁。

江常棣妻余氏 东关人,夫殁氏孝养翁姑,姑病刲股和药,矢志抚孤,孤夭继侄为嗣,守节以终。

张延桥妻王氏 绍村人,于归时夫病瘵已笃,阅十三日夫殁,遂矢志守节以终。

洪门双节 桂林洪肇彩继妻程氏,夫殁事翁姑抚孤锡瑞守节,未几瑞殁,与媳许氏共抚孤孙。

蒋立悌妻谢氏 梅村人,夫殁矢志守节以终。

程门双节 北关程可书妻杨氏,夫常外佣,氏力作养姑。姑殁夫未归,氏丧葬无□。及夫殁,矢志抚孤。孙媳奕晟妻叶氏,性至孝,祖姑年高不能粒食,氏乳哺之,后夫殁抚孤守节。乾隆九年,蛟灾其屋,姑老病不能走避,氏舍死冒水背负姑出。姑疾革刲股以疗,姑殁携孤子负土成坟,守节终。

罗云妻鲍氏 呈坎人,夫客死于嘉定,氏孝事翁与庶姑,为夫立继守节终。

程明照妻宋氏 夫殁,孝孀姑,抚继子,守节。

汪积侯妻江氏 洪鲸人,殁,氏抚继以守。

汪启耀妻吴氏 槐塘人,夫客死,氏称贷以归夫榇,孝事翁姑,后子殁孙殇,复抚继孙成立,苦节以终。

洪成瑶妻江氏 洪,桂林人,病,氏刲股和药以愈。后夫殁,养姑抚遗腹子敦达成立,更刲右股以疗姑,守节终身。

仰伟妻程氏 仰村人。

项鼎贤妻吴氏 项,小溪监生。

王嗣亮继妻江氏 七都九图人。

程桓鹏妻饶氏 荷池人,于归甫五月,夫即赴浙,病不得归,氏售衣饰迎夫还。及夫殁,事病姑。适邻人不戒于火延烧氏屋,时姑在楼,翁客汉阳,夫弟幼,氏从火中奔楼负姑出。后翁姑相继殁,藉女红营葬,抚嗣成立。

曹兆远妻叶氏 岩镇人,夫病殁,奉两代翁姑,再立继嗣,守节以终。

李明森妻洪氏 樟村人,夫病殁,奉祖姑翁姑及继姑,教子与孙成立,守节而终。

余士铸继妻周氏 余,尾滩州同;氏,吴县人,年十八夫殁,翁疾刲股和药,抚前室子,孀妇孤孙,营葬五代祖棺,皓首而终。

蒋立翰妻余氏 梅村人。

江肇隆妻黄氏 路口人,夫客死于汉阳,氏藉灌圆,奉孀姑抚弱子守节。

鲍光绩妻许氏 鲍,蜀源人;氏,许村人,以子其正诰封恭人。

郑淮继妻胡氏 郑,长龄桥人;氏,丰南胡国源女。夫客死淮安,氏事姑抚前室子,孝慈备至。姑患乳溃,氏手药敷治,染毒十指烂脱。姑殁,氏哭丧明。孙南珍尝拾金于道,氏命询其人归之。南珍后为名诸生。

吴国梓妻方氏 吴,岩镇人;氏年十六将归,夫疾已笃,父母欲改婚期,氏坚请往。越五日夫殁,持刀自到,以翁姑命乃止。孝事翁姑,丧葬尽礼,抚侄为嗣,守节终身。

朱文在妻许氏 东关人,夫殁,或讽氏去,氏剪发矢夫枢前,力作养姑抚子,葬三代之棺,皓首而终。

江忠德妻胡氏 江,上路人。氏幼与孀母依外家,年十九适江。孝翁姑,并迎孀母同养。后夫殁,再立继嗣,孤苦零丁。胞叔宝璟迎之官邸,坚辞不往,守节终身。

程利毅妻汪氏 东南隅人。

项立昌妻毕氏 小溪人,夫客死于扬州,氏屡觅死皆以救免。事姑抚继子,守志不逾,年登八十。

洪成栋妻程氏 桂林人,夫客死于兰溪,姑以哭子丧明,氏饮泣奉养,姑得享大年。母洪氏无嗣,氏迎养于其家。蓄针纫余资,归夫枢并葬三代祖,抚继嗣成立。

汪绍仪妻许氏 年十九夫殁,抚二孤成立。

江长迈继妻汪氏 江村人,于归七月夫即殁,绝粒四日,翁姑泣谕乃强起。事翁及继姑尽礼,继姑殁抚夫弟成立。

曹遇天妻谢氏 雄村人。

程时章妻江氏 程,荷池人。氏年十八于归,九年寡,守志事姑,抚子成立,寿七十一。明邑令傅岩旌之。

胡炎森妻王氏 胡,牌头人;氏年十三归,侍夫疾,阅四年夫殁。侍孀姑,立继嗣,为姑请旌,族称其贤。

殷宜桂继妻江氏 殷家山人,年二十一于归,是年夫殁,养翁姑,立继嗣,守节。

洪士诏妻张氏 叶圩人,客外死;氏归夫榇,养舅姑,立继嗣,守节以终。

胡以志妻吴氏　胡,路口人;氏幼读书,通经史,于归后夫殁。抚遗孤亲自课读,矢志守节。

吴孝基妻汪氏　吴,丰南人,客死于仪征;氏养老姑,抚遗孤,归夫柩,备尝艰苦,不易其操。

高天善妻潘氏　一都一图人,夫病殁,养翁姑,抚二子成立,年逾八旬。

叶时赓妻许氏　五都三图人,夫病刲股和药;及夫殁,养舅姑,抚继子,守节终身。

李九锡妻杨氏　东北隅人,夫病殁,养翁姑,抚继嗣孙芹入邑庠。

曹景贤妾章氏　曹,雄村监生,殁;氏守志抚遗腹子墅成立入邑庠,任光禄寺署正。

徐士通妻姚氏　徐,路口人;氏,姚村人,夫殁,事两代孀姑,抚三幼子,守节终。

黄光荣妻程氏　上路人,夫病殁,姑以哭子丧明,氏扶持数十年如一日,再立继嗣,苦节不移。

王廷贵妻吴氏　王,王村人,病笃,氏刲股以愈。越数年夫客死凌湖,事孀姑,抚幼子,葬五代祖,守节终。

吴廷鏊妻程氏　夫病刲股,夫殁养翁姑立继嗣,姑病复刲右股,矢志不移。

汪培銮妻吴氏　汪,潜口监生,殁;氏之翁与嫡姑皆先客死江都,氏事继姑,再立继嗣,归翁及嫡姑之柩,守节以终。

叶其茛天妻王氏　蓝田人,夫病殁,事姑抚子。

曹炎昌妻仲氏　曹,雄村人,客死于河南;氏事姑抚子,守节终。

赵良城妻程氏　赵,黄荆渡人,殁;氏奉孀姑享年九十,抚孤成立,有孙四人,曾孙五人。

徐廷渭继妻吴氏　夫客死甘泉,氏事病姑尽爱敬,抚幼子成立。

黄廷亨妻罗氏　黄,䴔山巷人,殁;氏养翁姑,立继嗣,守节以终。

姜瑞凤继妻江氏　姜,西河塍人,客死于江西;氏以家贫、姑老子幼,尽售衣饰,觅邻妇代养姑,自携子徒步往江西迎归夫柩,矢志守节。

章荫燮妻徐氏　棠坞人。

朱美炟妾沈氏　义成人,夫殁,或讽氏改适,氏触碛血流满地,继室慰谕乃止,事继室尽善,抚子成立。

吴国樟妻方氏　吴,岩镇人,殁;氏抚子娶妇而子夭,偕妇方氏抚幼孙守节。

江新涛妻黄氏　年十九夫殁。是年秋大水,舅姑厝柩皆将漂逝,氏冒水至厝,抚棺恸哭,呼天期以身殉。水落,邻柩多付洪流,氏舅姑柩独免。夫弟幼,氏教养成立有子,抚为夫嗣。

黄克权妾朱氏　夫殁,以女红养翁姑及嫡室。嫡室病床蓐二十年不知疾苦,抚嫡室子爱逾己子,嫡子妇亡又抚其孙。

吴正煜妻方氏　夫殁,侍孀姑,守节终。

汪渌继妻程氏　汪,上路人,殁;氏抚前室子成立,子卒又抚孤孙,守节终身。

毕觐光妻张氏　毕,东关人,病殁;氏立继嗣,葬翁姑,守节以终。

江长燧继妻洪氏　江,江村监生,殁;氏养病姑,抚前室子,守节以终。

郑寅晃妻黄氏　郑,郑村人;氏,潭渡人。

程起洸妻郑氏　夫殁,抚孤守节。

程敦义妾张氏　程,宝村人,纳氏于汉阳。氏年二十六夫殁,以辟炉所入扶柩携子归里,事嫡如姑,抚三子皆成立。

胡正嵩妻许氏　项里人。

巴廷录妻黄氏　巴,渔梁人,氏归两月夫殁。将殁时执氏手,氏拔簪刺手出血,以示不二,事翁姑丧葬尽礼,抚继嗣成立。

汪本枢妻巴氏　岩镇人。

江成旭妻张氏　江,杨公塘人,殁;氏事舅姑尽礼,抚幼子成立,后见孙曾,四世一堂。

许大鹏妻张氏　夫殁,孝事翁姑,姑殁,夫无可继,氏以针纫所入,劝翁续娶生子,氏共抚之。继姑子生孙,乃立为夫嗣。

张宏道妻方氏　桑岭下人。

徐铭泽继妻汪氏　徐,路口人,病殁;氏藉针纫养祖姑,抚二孤,守节终。

洪滋涯继妻方氏　年十七夫殁,事舅姑,立继嗣,守节终。

汪坚妻程氏　汪,上路人,病,氏刲股和药以进;汪殁,事姑立侄矢志,年逾六旬。

吴宏津妻方氏 吴,昌溪人,客死于浙江;氏养姑,归夫枢,立继嗣,守节终。

郑士整妻王氏 郑,长龄桥人,殁;氏苦作,抚幼子,葬舅姑及夫。嫡妇殁,复抚孤孙,守节终身。

汪启溶妻张氏 绵潭人。

谢成美继妻程氏 氏,吴县人。

方炳妾汪氏 方,贡生,殁;氏与嫡冢妇黄氏共孀居矢志,抚幼子成立。

吴文玑妻黄氏 吴,上北街廪生,殁;氏藉针纫供继祖姑,抚孤成立授徒得脩金,为葬祖姑及夫资。

徐光明妻胡氏 徐,徐村人,贸易徐州,奉父挈氏同往。后氏之翁殁于徐,夫痛父椎心遂成疾不起,氏乃扶两枢,携幼孤走千余里归歙。族人酿金为氏抚孤养姑资,氏坚辞不受,藉纺绩以葬翁姑,守节终身。

汪廷圣妻曹氏

许运涛妻贺氏 山根人。

汪觐涵妻江氏 汪,瞻淇人,殁;氏事病翁尽孝,抚二子成立,长子佩兰入邑庠。

江廷凤妻杨氏 夫殁,事翁姑及继姑尽礼,善小姑许字杨嗣立后为贞女,教幼子兆仁成立为诸生。

程仁瞻妻吴氏 程,临河人;氏归,夫客死荆襄,翁疯疾,姑丧明,恃针纫供药饵、营丧葬、归夫枢、教遗孤,守节以终。

江嘉璃妻鲍氏 江村人。

吴之骁继妻方氏 吴,溪南增监生,殁;氏养祖姑及姑尽孝,抚前室子如己出,子辛抚五孙俱成立。

程楚妻汪氏 程,岑山渡人,客死于宿迁,氏以侄承宗,侄长得归夫枢,侄殁又抚其孙,守节以终。

吴应镳妻徐氏 吴,郡城人,病殁;氏养翁姑享大年,抚孤成立,守节以终。

谢光熠妻凌氏 上路人。

方宏炳妻汪氏 灵山人。

徐世琦妻吴氏 徐,朱坊监生。

沈岘继妻曹氏 夫殁,抚二子,营葬翁姑。

程开晟妻吴氏　程，牌边人，殁；氏孝养孀姑，抚遗腹子成立，守节以终。

江门双节　江村江希祖妻凌氏，亢祖妻郑氏，妯娌也，并以夫殁守节。凌无子，以郑一子承两宗。翁因八世单传，尝叹而吟曰"寒门双寡妇，八代一孤孙"，闻者伤之。二氏孝养翁姑皆登上寿，抚两月遗孤成立，举二孙焉。

洪葳舆妻汪氏　夫殁，孝事翁姑，翁纳妾生子未期而妾殁，氏抚幼叔成立，生子以为夫嗣。

洪家环妻黄氏　洪，桂林人；氏年十八，夫客死松江，售奁以归夫柩，养翁姑，立继嗣，守节终身。

潘门双节　大佛监生潘宗谦继妻郭氏，吴县人，因舅姑以望孙为忧，为夫纳妾吴氏生子。迨夫殁，郭事翁姑丧葬尽礼，抚妾子如己出，吴氏亦相嫡抚孤，同心守节终。

程咸豫妻黄氏　程，岩镇人。

洪禄星妻江氏　洪，桂林人。

黄启志妻洪氏　夫殁，翁复客死东台，氏矢志抚孤，以针纫资命孤往东台迎归夫柩，守节终身。

冯明佩妻凌氏　冯，鸿飞人，殁；氏侍病姑，抚幼子，子殇复立继，葬翁姑及夫柩，苦节终。

杨璐继妻程氏　杨，上北街人，殁；氏侍病姑，抚二幼子，孝慈兼至。

洪元炯妻江氏　王村人，年二十而夫殁，绝粒六日，念仰事俯育委任无人乃强起苦作，养舅姑抚遗孤，孤殇复立继。舅客死黄岩，氏售衣饰归舅榇。姑病侍汤药衣不解带经年，丧葬尽礼。

郑承沧妻洪氏　郑，郑村人；氏，东充人，夫殁侍翁姑抚继嗣，姑殁痛悼累月亦亡。

贺邦仰妻吴氏　贺，郡城人。

贺芳华妻汪氏　贺，郡城人。

刘天淳妻顾氏　氏，常熟人，年十七夫殁，立嗣守节。

程尚易妻汪氏　程，虹梁堨诸生，殁；氏事孀姑孝，抚遗腹子成立。

江长遇继妻胡氏　江，江村人，殁；氏与姒妇洪氏孀居同守，教二子及孙皆为诸生。

程天锡妻吴氏　程，槐塘人，殁；氏事孀姑，抚幼子，蓄针纫资葬先世五棺。

洪兆澍妻胡氏　洪，监生；氏，绩溪人。夫病姑亦病，侍汤药昼夜不遑。夫殁姑亦遂殁，孝事翁及继姑再继姑。慈抚二子，长子亡，又与孀媳抚孙同守。

汪大经妻黄氏　夫殁，孝奉病姑，抚嗣成立。

黄成鹏妻凌氏　黄，潭渡人。

胡汉芳妻黄氏

章思埋妻江氏　章，棠坞人，殁；氏事翁姑，抚遗腹子，夫兄弟皆客金陵，氏以纺绩奉甘旨。

胡席儒妻洪氏　夫以葬父冒雪而归得寒疾遂殁，氏纺绩养老姑抚幼子，守节以终。

叶正燮妻宋氏　叶，赵村人，客外死；氏事翁姑，抚夫弟成室生子为夫嗣，守节以终。

王原妻吴氏　王，监生，殁；氏事祖姑孀姑尽礼。

汪宗昊妻方氏

汪登梓继妻吴氏　汪，小北街人，客死于汉阳；氏事翁姑，归夫柩，再立继嗣，守节终身。

鲍仁麟妻汪氏　鲍，棠樾人；氏，黄屯汪连喜女。年十八归仁麟，甫三月仁麟以贫出贾荆州，时氏已怀妊，阅七月生子福顺。讵仁麟十年不得归，竟客死，氏以姑老子幼不敢殉。凡姑之生事葬祭及福顺之养育婚娶悉出氏之针黹，己则以芦穄为食。及福顺成立，命往荆州归仁麟之榇，乃福顺又殁于途。含泪抚孙，一生之苦节如此。

鲍裕位妻叶氏　鲍，棠樾人。

汪天庆妻吴氏　夫殁食贫，抚孤矢志。

徐元晴妻吴氏　徐，徐村人，病殁；氏事姑尽礼，抚孤成立，或讽以改适，剪发自矢守节终。

鲍廷宾继妻凌氏　鲍，棠樾人；氏，沙溪凌和煦女。年二十来归，时廷宾家贫且病咯血不能谋生，氏以女红佐其用。夫殁，苦守拮据，葬翁姑，抚遗孤。讵孤以勤读致疾夭，氏恸极欲自经，娣劝止，以侄馨为之后。

徐崟妻方氏　徐，岩镇人。氏适徐，侍嗣姑病十余年，扶出入涤污秽不倦。亲姑亦病，氏时往省视，值火灾床帐，氏冒焰负病姑以出。迨夫殁，绝粒六日,念病姑孤儿无可委任,含痛强生,矢志不移。

鲍宜琼继妻程氏 鲍,棠樾人;氏,槐塘程尔云女。夫客死金华,忍死事姑苦守,归夫楱。夫弟宜瑶以甫晬之子春迎入绍无乳,氏辄以粥哺之而自食觅藜。侍姑病濒危屡愈。卒年八十三,计守节五十五年。

吴永松妻杨氏 夫殁,事嫡如母,勤抚嫡子。

吴永杏妻程氏 夫殁,立继守节。

方峰妻洪氏 方,环山人。

汪希伦妻叶氏 夫殁,养翁姑,抚幼子成立。

汪元福妻李氏 夫殁,孝事翁姑,抚孤成立。

程一鹤妻孙氏 程,邑城人,病殁。氏刺履养姑,抚孤成立,守志。或馈钱米,坚辞不受。

程仰高妻许氏 程,岩镇人。

江长兆妻张氏 江,江村人,殁;氏守事病姑。

吴思孝妻黄氏 夫殁,养庶姑,抚二孤成立。

宋亨遐妻汪氏 宋,屯田人。

程国祯妻吴氏 程,烟村人。

巴钟润妻程氏 巴,河西人,病殁,氏年十七。

汪保麟继妻江氏

方敦源妾吴氏 方,官塘监生;氏,溪南人。夫殁,事嫡敬谨,抚孤成立。

程应钰妻梅氏 程,上路监生;氏年十九夫殁,事祖姑翁姑,抚幼子,子殇立继,楼居持斋,守节终身。

汪永泰妻杨氏 汪,郡城人。

黄修洛妻汪氏 黄,潭渡人。

程廷松妻巴氏 程,槐塘人,客死舒城;氏鬻产归夫柩,孝事舅姑,抚侄为嗣。邻人不戒于火,延及其家,氏入火救孙,守节以终。

鲍光奕妻程氏 新馆人。

叶长菁继妻许氏 夫殁,守事两世翁姑。

程世锦妻饶氏 北关人,夫殁,事上抚继嗣。

胡明槐妻黄氏 夫客死苏州,翁姑相继殁,氏经营丧葬,备极艰辛,抚幼子早卒,立两继孙。

胡煜妻汪氏 胡,州同,殁;氏事孀祖姑陆氏、孀姑吴氏,立继子,同心苦守。

程佳善妻汪氏 程,槐塘人;氏年十七适程,父母爱之,资嫁甚厚。值翁昌祚率同宗建祠宇费大不支,氏尽售奁中物助之。及夫病,刲股和药。是年,翁与夫相继殁。氏无私蓄家遂贫,藉蚕织以抚继嗣矢守。

程能勋继妻张氏 程,荷池人;氏归,夫常病不能治生,氏售衣饰、勤女红,佐翁姑甘旨及夫药饵之费。迨夫殁,抚孤矢志。孤夭,立侄为嗣。侄复夭,又以次侄宏诰再嗣,抚教劝学,食饩邑庠。

江文谠妻程氏 江,江村人。

程兆仪妻叶氏 槐塘人。

曹光庭妻程氏 曹,雄村人。

江钟鉴妻殷氏 江,邑城监生。

方世苑妻鲍氏

汪仁楼妻程氏 汪,西溪人,子志煌邑廪生。

王德榜妻汪氏 氏,绩溪人,夫殁事祖姑及翁姑,立两嗣子以守。

徐寿福妻鲍氏 徐,竹万寺人,殁;氏事翁姑尽孝,抚孤授室复夭,与媳郑氏两世孀居,立继孙,苦节终。

张明俅妻曹氏 张,后坞人,殁;氏孝事孀姑,姑病在床,邻人失火,氏冒焰负姑出,邻屋尽毁,氏居独全。

程世祖妻许氏 程,冯塘人。

吴文铨妻方氏 吴,东南隅人。

洪肇灿妻胡氏 洪,桂林人;氏幼读女箴,夫殁刺履,奉翁姑,抚继嗣,亲自督课,守节终。

朱其备妻王氏 朱,义成人,赠知府;氏年十九,父贫母病,请鬻身以医母而养父,遂归朱。夫殁守节终。

洪锡庆继妻江氏 洪,桂林人;氏年十七适洪,夫外出翁殁,经纪翁丧尽礼。及夫客死,抚二子一女成立。其后,次子淑翊妻俞氏,孙立格妻黄氏,皆以节著。

方其抡妻鲍氏 方,灵山人,殁;氏守侍孀姑。

胡正嵋妻程氏 胡,上里人;氏年十六,夫游学浙江客死。氏养翁姑立继嗣守节。

胡正昆继妻洪氏　胡,上里人;氏年十九夫殁,事翁姑尽礼,抚继嗣入郡庠。

汪肇清妾吕氏　汪,郡城人,氏因父贫病无力医药请鬻身于汪,以资父疾得痊。夫客死湖口,氏奉嫡室抚继嗣,守节以终。

汪锡禄妻江氏　汪,渔梁人。

王仁教妻鲍氏　王,片上村人。

许良池妻江氏　许,许村人。

程秉谔妻汪氏　程,牌边监生;氏年十八夫殁,事两代舅姑,抚遗腹子入郡庠,守节终。

方家骒继妻陈氏　方,姚村监生;氏归,抚前室四子一女爱逾己出。夫殁,事舅姑,抚幼子,守节以终。

朱志衮妻程氏　朱,义成人。

徐光徽妾叶氏　徐,路口人,殁;氏抚孤守节。

胡崇淇妻江氏　胡,上里人,业农多病;氏胼胝以给饔飧,典售以供药饵。夫殁,事孀姑,立继嗣,姑殁售所居以营葬,守节终。

郑东晃妻程氏　郑,郑村人,幼以孝称。

闵志侃继妻方氏　闵,岩镇人,客死于豫章;氏鬻衣饰归夫柩,事舅姑,抚前室子道隆成立为岁贡。道隆殁,又抚孙成立,守节终。

方视瑭妻吴氏　方,苏村人,氏孝侍孀姑。

洪永弼继妻程氏　洪,岩镇监生,殁;氏抚遗孤,孤夭立继孙。氏父母家贫无嗣,亦为父立继。守节终。

方炆生妻吴氏　方,苏村人,病殁;氏以针(组)〔纫〕养舅姑,抚幼子,守节终。

洪树佐妻张氏　洪,洪坑人,殁;氏忍饥寒,养姑抚子守节终。

程人绣继妻黄氏　程,邑城人。

任学桂妻汪氏　任,河村人。

许福麟妻李氏　许,邑城人,病殁;氏事祖舅及舅姑尽孝,抚子成立,守节终。

徐士业妾方氏　徐,路口人,候选道,殁;氏守节,事舅姑嫡室,抚孤及遗腹子成立。

江嘉谊继妻金氏　江,江村人。

王惟佳妻朱氏 王,王村人。

项士浚继妻汪氏 项,小溪监生;氏归未半月翁殁,夫以恸父未逾月亦殁。氏孝姑,抚两继嗣成立。

方成均妻吴氏 方,磻溪人;氏,昌溪人,亲见五世同堂。

毕焕然妻汪氏 毕,邑城人。

吴文敦继妻毕氏 吴,北岸人。

孙世懋妻饶氏 孙,邑城人;氏年十九归,甫一月而夫殁。事舅姑丧葬尽礼,抚继嗣,守节终。

朱广文妻刘氏 夫殁守节,始侍孀姑,继抚孀媳,备极艰辛。

徐廷相妻杨氏 徐,徐村人;氏养孀姑,抚孤成立。

吴得柱继妻汪氏 吴,石桥人,病殁;氏养姑抚遗腹子,姑殁售衣饰营葬,守节以终。

郑光祝妻杨氏 郑,长林人,氏年十六归。翁客死汉阳,夫迎柩归哀毁成疾殁,氏侍姑抚一月孤守节。

曹景明妾王氏 曹,雄村人,候选布政司理问。氏归,嫡室子生孙,嫡妇乏乳,氏同时生子并乳之。嫡室嫡妇继殁,嫡孙遂惟氏是依。及夫殁,事孀姑,抚孤守节终。

程正璜妻杨氏 程,槐塘人。

黄世禄继妻叶氏 黄,太梓塘人,病殁;氏事姑尽孝,姑殁未葬屋将倾,每暴雨常抱棺号泣,逾年蓄针纫资,卜宅兆,抚孤成立,并竭力营母家殡葬。

郑牺宾妻程氏 郑,郑村人。

胡廷源继妻吴氏 胡,牌村人,病殁;氏事翁姑病历久益勤,教嗣子士范成立,以廪贡生试用训导。

郑泽繁妻鲍氏 郑,郑村人,客死于泗州;氏事翁姑,抚幼子,归夫柩。

程人均妻杨氏 程,东关人。

张惇龙继妻王氏 张,后坞人。

汪启瑶继妻程氏 汪,大里人,病殁;氏抚孤成立,姑目失明奉侍惟谨。

萧志仁妻张氏 萧,林村人。

汪宏钟妻程氏 夫殁,侍病姑,抚继嗣,守节。

程文端妻胡氏 程,宝村人,殁;氏事祖姑翁姑,翁客汉阳,祖姑及姑皆多病,氏侍汤药不怠,抚继守节。

曹门双节　雄村赠中宪大夫曹增妻鲍氏,于归数载不育,为夫纳妾方氏,生子共抚之。夫殁,鲍养翁姑教孤子,方亦偕嫡矢志,侍嫡尽敬,持舅姑之丧三年不御酒肉。鲍以子自鋆官户部员外郎膺覃恩封典,方亦以子职膺覃恩封典。

吴世浚妻洪氏　年十九夫殁,事舅姑抚孤。

程承汉继妻许氏　程,东山人;氏,唐模人。

程世锦妻鲍氏　夫殁,孝舅姑,抚继嗣,守节。

鲍大声妻郑氏　鲍,棠樾人;氏,郑村郑高恺女。夫客死,拮据,归夫榇,孝事姑,尝为姑吮疽,抚幼孤成立。

江维桂妻程氏　夫殁事姑抚孤,姑病常以乳饮之遂强健,孀母无依,并迎养焉。

吴士俊继妻郑氏　吴,向杲人。

鲍光组妻胡氏　鲍,蜀源人;氏,郝村人。

潘世洲妻王氏　潘,大佛人,病殁;氏矢志抚遗腹子,生孙子又亡,抚孙成立。

江廷相妻潘氏　江,邑城人。

许习绪妻罗氏　许村人。

姚国川妻黄氏　姚,监生,殁;氏孝事舅姑,舅姑殁,经纪夫弟妹婚嫁,抚孤子,子殁,又抚孙成立。

方正字妻吴氏　方,齐武人。

汪绍愈妻江氏　汪,西溪儒童;氏,江村人。

汪门双节　稠墅汪道庸妻毕氏,道中妻程氏,妯娌也,并以夫殁事姑抚孤孀居共守。

江其敬妻叶氏　江,岑山人,客死于浙江;氏孝事翁姑,姑病昼夜扶持不倦,教幼子成立。

程宏猷妻朱氏　程,岑山渡人,病殁;氏孝养祖姑得享大年,抚遗腹子授室生孙,葬两代棺。

程兆铨妻胡氏　程,邑城人,客死于浙江;氏事翁姑,丧葬尽礼,抚遗腹子成立,守节终。

胡德镛妾沈氏　胡,长林人,殁;氏抚孤入泮。

鲍光定妻程氏　鲍,蜀源人;氏,叶村人。

汪起林妻江氏　汪,石榴村人,当为小贩养孀母;氏归夫病,饔飧药饵惟氏操作是赖,夫殁养姑抚孤。

郑家麟妻许氏　郑,宋村人。氏年十六适郑,翁病盲姑病疯,夫业儒乏生计,赖氏经营。年二十夫殁,翁姑病益剧,氏百计调护翁姑得享大年,教二孤成立。

江荣镗妻胡氏　江,江村人。

吴泽时妻胡氏　吴,西溪南人,病殁;氏事祖姑病翁,抚遗孤守节。

汪世龙继妻黄氏　汪,塌田人,氏父闻世龙纯孝以字焉。适汪逾月夫殁,事孀姑抚前室子守节。

胡世爵继妻汪氏　胡,塌田监生,殁;氏事姑抚孤,葬三代之棺,守节终身。

江士铣妻程氏　江,郡城人,客死于江西;氏事姑抚孤,兼抚孤侄如己出。

汪继纬妻胡氏　汪,潜口人,客死于海州;氏事舅姑,抚继嗣,归夫柩,守节终。

孙门双节　郡城孙士佐继妻许氏,夫殁与妾吴氏共矢志抚孤成立。初,吴氏父病,鬻女于孙,□□□□吴归,事姑及嫡如礼。嫡姚氏殁无子,吴请于姑,命夫娶继室,故许生子,吴共抚之,无异所生。

江权妾黄氏　江,郡城人,官知府;氏四川人,年十九夫殁,抚孤成立。

江奕熊妻程氏　江,郡城人,殁;氏孝事舅及继姑庶姑,抚继嗣成立,守节终身。

宋余期妻许氏　宋,屯田人。

洪贻善妻张氏　洪坑人。

汪仁兰妻张氏　汪,瞻淇诸生,殁;氏抚嗣守节,事舅姑以孝闻。

江华勤妻程氏　江,江村人;氏在室曾割股瘳母疾,及夫病又割股不效,事祖姑翁姑尽孝,继侄守节。

江承勋妻许氏　江,江村人,病殁;氏孝养孀姑,抚遗腹子本圻成立。

潘日烜妻黄氏　潘,郡城监生,殁;氏继侄矢守,翁姑贫老,孝养殡葬咸尽礼。

许可玑妻程氏　许,许村人,病殁;氏年十九,誓以身殉,念翁姑贫老,勉力奉养,抚侄为嗣。

吴廷柏妻汪氏　吴,澄塘人,病殁;氏孝养孀姑,继侄为嗣,守节终身。

江成伸妻程氏　江,接沱人,病殁;母患疯痹氏扶持孝养,抚两孤成立。

汪启洪妻程氏　汪,双源人,病殁,氏矢志抚遗腹子国霖成立。

任嘉铣妻张氏　任,卖鱼和村人,殁;氏奉老姑,值雷雨屋震动,旋负姑出屋即倾。继侄为嗣,教养成立。

何永培妻许氏　和,富塌人。

江绍庄妻王氏　江,江村人,殁;氏孝事老姑。

何其傅继妻陈氏　何,富塌人,病殁;氏绝粒欲殉,翁姑泣挽乃止,遂矢志抚侄守节。

毕致凝妻殷氏　毕,上路人;氏年十八归,甫两月夫殁,矢志守节。姑已殁,翁患疯疾,侍奉十余年,丧葬尽礼。抚侄为嗣。

胡学凝妻汪氏　胡,竹坞人,殁;氏针纫养翁。

江应春妻叶氏　江,东北隅人,病殁。遗孤未周岁,氏抚之以守。翁常卧病,氏针纫以养之。

曹馨妻张氏　雄村人,夫客死,孝姑继侄守节。

汪大睿妻黄氏　汪,富塌人。

许士棠继妻仇氏　许,许村人;氏年十九归,甫三月夫殁于苏,经营归葬,孝事翁姑,抚前室子成立。

潘奕顺妻曹氏　潘,大阜人,病殁;氏誓以身殉,因姑在强起,孝事姑,继侄守节。

宋仕柱妻程氏　宋,魁瑶人,病殁;氏事翁姑病尽孝养,孤生甫百日抚之成立。

汪瓒妻程氏　汪,潜口人,病殁于外;氏翁姑垂老,孝养惟谨,抚孤成立,归夫柩与翁姑同葬。

汪有奇妻方氏　汪,瞻淇人,殁;两孤俱幼,时氏两代舅姑及伯舅姑六棺俱侨寄苏州,氏苦佣针工十数年,奉归安葬。

胡鼎祚妻程氏　胡,上路人。

洪源析妻方氏　洪,山阳坑人,病笃;氏刲股不效,誓以身殉,孀姑谕止,抚孤成立。现年七十九岁,五世同堂,亲见七代,钦赐"七叶衍祥"匾额。

吴广居妻方氏　吴,昌溪人,氏孝两代舅姑。

吴大亨妻方氏　吴,昌溪人,病殁;氏矢志抚孤,翁病姑盲,扶持尽力,姑目复明。

江启藻妻汪氏 江,江村人,客死豫省;氏翁老姑常卧疾,继侄为嗣,孝慈兼至,远归夫榇,皆藉女红。

程道铨妻许氏 程,荷池人,殁,无子;氏守志抚侄祖伊成名,以侄祖洛貤封太恭人。

洪诒谷妾沙氏 洪,雄村人。

张士芳妻汪氏 张,薛坑口人。

吴永钊妻凌氏 吴,昌溪人,病殁;氏抚继嗣,翁患痹孝养无懈。

吴庆爵妾詹氏 吴,西溪南人,官教谕,殁,嫡已先殁。矢志抚孤,念夫与嫡浮厝,积针工助嫡子营葬。

吴延锡妻王氏 吴,西溪南人;氏,芝篁人。夫殁翁老且病,生养死葬皆藉女红,课子入库食饩。

毕法圣妻程氏 毕,上路人,殁;氏抚孤成立。

方良彩妻江氏 方,章村湾人。

江顺俨妻洪氏 江,丰瑞里人。

江嘉诚妾张氏 江,江村人。

吴大节妻凌氏 吴,昌溪人。

吴大奎妻姚氏 吴,昌溪人。

姚国榜妻洪氏 姚,深渡人。

罗福绘妻胡氏 罗,上路人,氏年二十守节。

宋有鲁妻许氏 宋,霞峰人。

江绍璜妻方氏 江,江村人。

汪承谩妻方氏 汪,大里人。

徐振滨妻江氏 徐,良干人。

方正桂妻陈氏 方,中塘人;氏年十八夫殁欲殉,翁姑劝止,孝养惟谨。痛夫无嗣,请翁置篷室得举三子。后氏病革,翁姑命第三子所生长子至前曰"以是为若子",氏泣受命,寻卒。

鲍裕高妻叶氏 鲍,棠樾人;氏,向果叶云开女,年十七归裕高。裕高贫,贾于遂安,所入不足,氏以针黹佐之。及裕高病归殁,欲以身殉,忍死质衣饰治丧。事姑最孝,抚四岁孤荣聚成立,以逮生孙,乡党称之。

张太英继妻吴氏 张,定潭人。

江绍菘妾仲氏　江,江村人。

汪永迪妾陈氏　汪,沙溪人;氏,浙江秀水人。

黄开升妻饶氏　黄,七里湾人。

胡锦鼎妻王氏　胡,长庆人。

洪家宪妻胡氏　洪,洪坑人。

洪性鉥妾余氏　洪,桂林人,殁于扬州;氏扶榇归歙,抚孤课读,与嫡子妇及夫前妾张氏相处无间言。自以未得,逮事翁姑岁时祭必诚敬。以子黻职赠恭人。

程尚昆妻张氏　程,虹梁堨人。

刘士华妻汪氏　刘,敬与人,病殁;氏无出,助继姑抚幼叔成立。

潘其本妻吴氏　潘,大阜人。

洪奕朴妻吴氏　洪,洪坑人。

汪兆遯妻金氏　汪,木匠坞人。

汪永耆妻胡氏　汪,木匠坞人。

吴光宸妻黄氏　吴,岩镇人。

徐来达妻鲍氏　徐,路口人,氏年十八守节。

王槐康妻方氏　王,杞梓里人,客殁于京都;氏决志欲殉,姑以俟榇归缓之。榇至,绝粒五日,母苦谕以"姑老子幼,务尽孝慈",乃忍泣从命守节。

汪宗煦继妻程氏　汪,富堨人。

汪承炳妻叶氏　汪,五都坦头人,氏归甫二十八日而夫殁欲殉,适伯姒叶氏亦寡,以次子善倬嗣之,乃同心抚孤。婢王夏兰年二十六丧夫,遣嫁不去亦同守。

汪正贞妻鲍氏　汪,东关二图人。

程名琯继妻曹氏　程,槐塘人。

叶汝韬妻许氏　叶,赵村人。

江基卓妻孙氏　江,东关人,殁于外;氏闻讣痛不欲生,念夫棺在客,蓄针纫资以归夫枢,继侄为嗣。

洪腾永继妻殷氏　洪,桂林人。

许承祐妻程氏　许,唐模人;氏,东山人。

巴源育妻吴氏　巴,渔梁人;氏,郡城人。夫殁无出,姒曹氏伯以子树荪为之后,氏励节守志,抚侄成立。

郑徵妻程氏　郑,堨田人;氏年十七归,甫六月夫殁,孝养舅姑,尽瘁成病,守节不渝。

方维岷妻罗氏　方,姚村人。

洪桂荣妻孙氏　洪,岩镇监生。

许门双节　许村许俟业继妻金氏,呈坎人,夫殁偕妾贺氏事姑尽孝,抚侄承桃,同心苦守。

许光格妾王氏　许,许村人,病殁;氏佐嫡事舅终天年,抚嫡子成立。

江至璇妻潘氏　江,郡城人,殁于外;氏欲以身殉,祖姑谕以"抚孤",乃矢志守节。

江立智妾汪氏　江,江村人。

程文坦妻黄氏　程,槐塘人。

程世功妻张氏　程,澄丝人。

庄荣鸿妻张氏　庄,柔川人。

罗福海妻姜氏　罗,东关人,病殁;氏孝养太翁姑,抚幼子成立。

鲍兆瑾妾朱氏　鲍,棠樾人。

徐瑞淦妻吴氏　徐,路口人,氏年十八守节。

汪兆海继妻杨氏　汪,富堨人。

汪振素妻程氏　汪,大里人。

汪国栋妻许氏　汪,大里诸生。

汪辉妻曹氏　汪,上路人。

叶汝琯妻汪氏　叶,赵村人。

汪楠妻胡氏　汪,潜口人。

江莒妾袁氏　江,江村人。

江国桐妻许氏　江,江村人。

汪门双节　潜口汪肇铨妾胡氏扬州人,李氏湖北人,夫殁同志抚孤。

吴孚泰妻许氏　吴,西溪南人;氏年十九夫殁,事两代姑嫜,抚孤成立,守节终身。

吴允珂妻汪氏　吴,西溪南人。

叶光升妻洪氏　叶,蓝田人。

叶光昊妻汪氏　叶,蓝田人,病殁;氏欲殉死,绝粒五日,翁姑泣谓"殉烈易,抚孤难,愿妇为其难也",乃强起,奉上抚孤守节。

程树妻汪氏 程,黄荆渡人,殁;氏年十九守节。

刘士文妻罗氏 刘,庄边人,病殁;氏辛勤葬翁姑,抚二子成立。后子建祠修路皆遵母教。

洪鸣盛妻吴氏 洪,岩镇诸生。

黄聚增妻程氏 黄,黄村人;氏年十八守节。

谢学璀妻蒋氏 谢,梅村人。

张伦浩继妻萧氏 张,鲍家庄人。

曹士湘妻郑氏 曹,新馆人,因侍父病积劳成疾殁;氏遵姑命,不敢殉烈,抚孤成立。孙名英、曾孙廷升连举于乡。

曹国杰妻方氏 曹,雄村人。

吴爱嵩妻吕氏 吴,吴家塘人,病殁;氏侍姑疾三载未瘥,刲股和药,创重几绝,扶病守节终。

鲍宜铭妻王氏 鲍,棠樾人;氏,吴村王炳文女,年十八归宜铭,年二十二宜铭殁,氏以舅姑皆老、孤廷嵩甫三龄不敢殉。以针黹所入,上事舅姑以逮丧葬,下抚遗孤,娶媳生孙,卒年四十七。

吴家炜妻程氏 吴,向杲人;氏,查坑人。

郑尚恕妻程氏 郑,长林桥人。

程星聚妻吴氏 程,槐塘人。

吴教仪妻郑氏 吴,长林人。

汪国楚继妻程氏 汪,潜口人。

程起丰妾王氏 程,洪坑人。

程正绅妻蒋氏 程,汤口人。

程永珏继妻谢氏 程,汤口人。

江芝妻饶氏 江,江村人。

程宏吉妻黄氏 程,郡城人。

吴广韵妻张氏 吴,昌溪人,病殁;氏抚二孤俱夭,与其次媳潘氏同心守节。

胡良宪妻许氏 胡,邑城人。

巴光宣妻汪氏 巴,渔梁人。

程度妻朱氏 程,虹梁塌人。

江钟琳妻汪氏 江,郡城人。

詹德汶妻汪氏　詹，浯溪人。

洪绥南妻程氏　洪，洪坑人。

汪士琠妻徐氏　汪，慈姑人。

汪允煠妻项氏　汪，岩镇人；氏年十九守节。

洪家骏妾何氏　洪，桂林人；氏年十九守节。

许廷杰妻程氏　许，唐模人；氏年二十守节。

胡文烈妻潘氏　胡，李黄塘人。

汪长祚继妻蒋氏　汪，松明山岁贡。

汪能润妻胡氏　汪，丰塈头人；氏年十九归。夫患血症，成婚之日，尚未合卺，病发身殁，氏绝粒欲殉，家人劝止，孝舅姑立继嗣守节。

巴源榴妻叶氏　巴，渔梁人。

江基烺妻汪氏　江，邑城人。

徐文达妻许氏　徐，徐村人。

潘经概妾程氏　潘，大阜人。

潘成堉妻程氏　潘，东北隅人。

冯明焕妻方氏　冯，鸿飞人。

汪辉九妾滕氏　汪，稠墅人。

叶正辉妾吴氏　叶，溪头人。

吴广纯妻方氏　吴，昌溪人。

汪正湘妻黄氏　汪，唐模人。

许冠祺妻鲍氏　许，唐模人。

鲍树谷继妻汪氏　鲍，蜀园人；氏，潜口人。

汪敦中妻何氏　汪，稠墅人。

鲍献谟妻吴氏　鲍，蜀园人；氏，鲍家那人。

姚国巩继妻吴氏　姚，深渡人；氏，昌溪人。

项绍祖妻江氏　项，小溪人，客死于豫章；氏守志抚孤，上事太姑舅姑极其孝谨。

谢门双节　黄山中段谢士霁妾宰氏年二十五夫殁，王氏年十七夫殁，俱守节终身。

江志镇妻徐氏　江，丰瑞里人。

胡崇桔妻程氏

吴广爵妾詹氏　吴,举人。

吴玉林妻叶氏　夫殁守节,课子食饬。

江绍挟妻方氏

程正孝妾丁氏　汤口人。

方仑玖妻闵氏　方,岩镇人。

汪德埂妻江氏　汪,瞻淇人。

以上旌表建坊,除据《江南通志》补入二十八人,余俱据府县两志及采访册登载。[1]

(二)卷十三《人物志三·列女·节烈》中的歙县牌坊

宋:

汪门二烈　富塔汪福妻王氏,承和妻吴氏,姑媳也。方腊寇歙,姑自经,吴为殓毕亦缢死,朝旌"双烈"。

方回师妻江氏　岩镇人,避难留村猝遇贼逐之急,氏义不受辱投水死。

元:

程门双烈　塔田程赵妻郑氏,赵弟旺妻吕氏,至正寇乱,吕负二岁儿,败卒欲拉之去,郑救被杀,吕大骂死。周石泉为作传。

……

罗宣明妻蒋氏　至正壬辰,蕲黄寇起,呈坎罗宣明保障乡井,蒋售奁仪以相之。乙未冬,寇至,宣明欲携妇从军中,妇曰:"妾兄弟在香山寨栅,愿往依之,君努力自爱。"丙申正月,城复陷,宣明请兵江浙,贼闻宣明妻孥在香山,攻之益力,寨破。蒋以二子驴儿马儿嘱苍头奴詹胜宝使养护之,旋遇贼石崖上,极口骂贼。贼怒斫其臂坠崖下,驴儿亦哭骂贼,贼刺死驴儿,胜宝执木戟击伤数贼,遂皆遇害。寇退,蒋从侄志道从积尸中绿崖下见蒋尸如生,旁有衣箧类物窣窣然动,启视之,马儿在焉。见宋濂《蒋贞妇传》。

鲍琪妻吴氏　鲍,蜀源人。至正十六年,官军克复郡治,游卒下乡哨掠,乡人皆遁,吴独不去,曰:"吾姑卧疾将安之,姑思羹。"吴怀婴儿至村疃采苋,游卒俄至,执吴欲污之。吴大骂,卒怒斩其首,蹴尸涧中,犹抱儿不置并溺死。

[1]道光徽州府志(三)[M]. 南京:江苏古籍出版社,1998:120-140.

吴兴祖妻吕氏　吴，澄塘人。至正中避乱黄山遇贼，夫妇被执，兴祖坠崖逸去，吕不屈被杀桃花潭上。

明：

……

鲍大宾妻刘氏　鲍，鲍屯人，殁；刘年十八，恸哭废食，祖姑与姑愿相依为命。二姑殁，绝粒死。诏旌"孝烈"。

程有仁妻罗氏　中丞罗应鹤之女，早寡；有仁两从弟各举次子，氏并立为嗣，曰："可死矣。"不食八日卒。

汪凤芭妻吴氏　汪，瞻淇人，病殁；氏闻闭户欲自经，姑谕之曰："死不若抚孤。"吴从之，抱子国维拊棺誓曰："泉壤相见，当于此子有室时。"自是纨绮不御，克勤以孝。迨国维成婚，遂绝粒七日卒。

汪伟继妻耿氏　汪，官检讨，氏随夫任京邸。崇祯甲申，从伟从容自缢。题曰："夫妇同死，节义成双。"据《江南通志》补。

汪一鸾妻唐氏　汪，丛睦举人，殁；氏自坠楼折其臂，救之少苏，绝粒七日死。

程璟夫妻凌氏　程，槐塘诸生；氏，沙溪人。夫病殁，继侄为嗣，饮药自缢，家人觉而救之，复吞金死。通志作"程璟"，无"夫"字。

吴贞美妻江氏　吴，溪南人；氏，江村人。夫病殁，氏绝粒属纩甫毕，即裂帛自缢死。

……

吴宽浩妻郑氏　吴，茆田人；氏早寡，拮据养姑，姑殁。兄子阴受人聘，计使与人拥之去。郑觉，嘤咻无及，假入室更衣，遂自经死。

吴漳妻朱氏　吴，宪副，病笃，朱吁天请代，刲股和糜以进。学士唐皋序其事。时修《武宗实录》，采入《贞烈传》。

程金继妻刘氏　氏归汉阳太守为继妻，封宜人。太守子伯氏之子早世，氏与妇抚孤孙元泰恩勤甚至。初太守病剧，谓氏"年少，奈何"，氏许以身殉。及太守殁，竟不食言。诏旌里门曰"清烈"。

毕熙阜妻李氏　上路人，熙阜殁，氏志相从。以舅姑未葬因，罄家所遗，营四圹，余一自待，绝粒九日死。

汪孟禄妻詹氏　汪，临塘人，殁，氏绝粒以殉。

罗所学妻许氏　夫殁即自经以殉，犹及共殓。

黄养蒙妻汪氏　黄,漳渡人,病瘵殁,氏自经以殉。

程希游妻汪氏　荷池人,夫殁氏以身殉。

吴敦义妻胡氏　吴,溪南人;氏,柳州守胡汉之女,名美英。将归,敦义遘疾,或劝胡母缓期,女曰:"儿业已聘吴,乌得观望。"为进止计,母义之。归吴未几,敦义病殁。氏一恸几绝,不食八日死。

丁开先继妻程氏　丁,诸生;氏,程参老女。丁寄籍江夏以应试,舆疾归,越二日殁,氏恸登楼自经死。

汪彦云妻洪氏　汪,丛睦副榜,游学于外,抑郁不得志而殁。椟归,氏绝粒十二日而死。

张元迪妻吴氏　张客死,氏闻引剪欲自决,姑止曰"俟有的音未晚",乃去饰减餐以待,得耗日自经死。

鲍钦忠妻程氏　鲍婚月余而病,逾年不起。既殓毕,氏潜入卧室,自经以殉。

王永盛妻汪氏　王,家贫,氏纺绩事姑,素以孝闻。夫病祷以身代,及夫殁绝粒八日死。

汪知几妻蒋氏　汪,潜口人,业儒不遇,抑郁成疾,氏侍饮斋,中夜露祷九年。及殁,绝粒十日,死于枢侧。

方大法妻程氏　方,岩镇人,婚甫五月客游真州病殁;氏闻讣恸几绝,而孝事舅姑如平时,将期年值夫忌辰,先数日遂绝粒仰药死。

以上旌表建坊,除据《江南通志》补入一人,余俱据旧府志及歙县志登载。[1]

国朝:

吴沛妻黄氏　夫殁绝粒以殉。

毕抡妻胡氏　夫殁不食死。

凌嘉恪妻吴氏　名云绀,尚书吴中明曾孙孝廉吴植女,高御史凌骃之忠,遂以女妻其子嘉恪。嘉恪生四龄父殉难,时时哀思其父,体羸善病而殁,氏绝粒七日投缳死。就殓时,姑妯为周衣,见左股肉溃,乃知其刲股。

王则荣妻叶氏　夫贾死梧州,绝粒十五日而死。

洪肇整程氏　洪源人,洪殁氏经营丧殡毕,绝粒八日死。

[1]道光徽州府志(三)[M].南京:江苏古籍出版社,1998:228-229.

洪枚效妻程氏　洪，桂林人，殁。氏绝粒七日，家人劝谕，氏曰："妾不即死者，欲俟翁至一辞别耳。"时翁游学，闻子病亟归，时氏已绝粒十余日，犹扶病拜翁。上下衣皆自缝缀，语侍者："即以此殓，毋令见体。"绝粒凡二十日殁。

程执妻鲍氏　槐塘人，夫客死舒城。氏尽脱簪珥，泣求族人移柩归里，哭奠毕，绝粒七日死。

鲍东连妻叶氏　鲍，塌田人，贫而佣贩，氏力作相之。及病，氏为医祷，艰难万状。卒不起，无子。氏语诸族人，欲置片土葬其夫，虚右为己圹，比无应者。商之母族，亦然。氏叹曰："命也！"乃泣拜夫柩，尽燎夫之故籍文券，而自经焉。次日，邻人启尸视之，氏形色如生，发丝不乱。

方骏业妻吴氏　方，磻溪人；氏，北岸把总吴连之女，尝刲股救姑，又两次刲股救夫，夫殁绝粒七日死。

方仕封妻姚氏　磻溪人，夫殁，氏绝粒十三日死。

……

吴宣来妻朱氏　岩镇人，夫殁葬毕，奉主归家，夜即自经。

吴星生妻程氏　吴，篁南人；氏，岑山人，夫殁无子，水浆不入口，其父来灌以汤水少甦，终不食，后夫亡几九日。

吴永腾继妻汪氏　昌溪人，年十六于归，孝媰姑，和妯娌。次年，夫客死临清，氏候槗归葬毕，拜恩伯姒奉养媰姑，绝粒九日死。

洪启益妻叶氏　桂林人，年十九于归，次年夫殁，遂绝粒八日死。

黄全宝妻吴氏　年二十夫殁，姑令改造，投塘死。

郑德佩妻方氏　夫客死河南，闻讣自经死。

汪善科妻程氏　夫殁，氏殡夫毕，告诸亲族为夫立继嗣，售遗产偿夫所称贷及丧葬费，以其余资付立继子之父，自绝粒十四日死。

汪百幅妻凌氏　稠墅人，夫客死江西，氏闻讣即绝粒求死数次以救复甦，逾月乃投缳以殉。

方惟宣继妻宋氏　岩镇人，年二十八有无赖窜入内室，胁以刃欲污之，氏力拒骂贼，贼斫以刃骂益烈，遂被连斫而死。

朱基妻曹氏　朱，浯村诸生；氏年十八于归，孝奉两代翁姑，佐夫读书入泮，二十九岁夫殁。念两代高堂见此未亡人必触目难安，遂于夫殁逾月投缳以殉。

洪建瑷妻曹氏　洪坑人,夫殁于外,氏即绝粒,母与姑谕以"夫枢未归"冀缓其念,氏忍泣进食,及枢归殡毕夕即自经。

汪光瑶妻程氏　五都坦头人,夫殁于姑苏,氏坚贞矢志,择侄承祧,逾年扶榇归葬毕,即以身殉。

汪效修继妻胡氏　江村湾人,夫殁氏誓不欲生,绝粒以殉。

胡象法妻冯氏　年十八于归,越七年夫殁,绝粒十日以殉。

以上旌表建坊,据府县两志及采访册登载。[1]

(三)卷十三《人物志三·列女·贞女》中的歙县牌坊

元:

毕贞女　邑城毕庆一之女,许字而夫殁,庆一无嗣,女誓不嫁,代子职以终其身。

明:

汪贞女　许聘洪尧立时归洪待年才十岁。尧立年十五而殇,女哭殓濒死者再,嫂以女未合卺阴嘱女巫作鬼状,敦其必嫁,女志坚守不可夺。洪乃以仲姒子天玉继其后,抚子有成补诸生,殁年六十九。

以上旌表建坊,据旧府志及歙县志登载。[2]

国朝:

吴贞女　篁南赠光禄卿吴文玉之孙女,父昌郡诸生。女凤禀家训,言动以礼,许字瞻淇汪晋绍,未婚而夫殁。女坚贞自守,其舅姑来迎,素车衰服以往,遂执妇道,姑病尝割臂肉以疗。

柯贞女　柯柏贵之女,许聘山阳坑洪灶寿,未婚而夫殁。女闻讣请归洪门,以奉堂上舅姑,抚育夫弟成人,为娶吴氏。不意夫弟弱冠又殁,吴与柯相依共节,操冰茹蘖,历尽艰辛。

许惇佑未婚妻谢氏　许,许村人;氏幼受许聘,年二十夫疾革。姑念子未婚而死,不免于殇,急迎氏归。方四日,将择吉举婚礼而夫殁。氏矢志不还,侍孀姑,立继嗣,贞守终。

程世埴未婚妻汪氏　程,槐塘人;氏,塌田人。世埴客死苏州,讣至女

[1]道光徽州府志(三)[M].南京:江苏古籍出版社,1998:234.

[2]道光徽州府志(三)[M].南京:江苏古籍出版社,1998:239.

泣请曰："儿见爱于父母,兄死必伤父母心,曷允儿往程门守贞,且程父母即儿父母也,程子死得妇代子职,庶生者死者两无憾乎!"父母泣从之。入程门,事舅姑奇孝。后舅姑相继殁,哭奠葬祭如礼,因而致病。病剧,坚拒医药,端坐而逝。

程之荣未婚妻张氏 程,北关人;氏幼受程聘,年十九未归而夫殁。氏请归程门,视殓成服,孝事舅姑,抚夫幼弟成立,售衣饰为之完姻,冀其生男,为夫立继。逾年,夫弟复殇,氏乃尽脱簪珥请舅置妾延嗣。惟时母家亦贫,遂还依母,针织苦作,以佐兄嫂,尝以薪米遣进衰翁。

江承基未婚妻项氏 江,江村人;氏,小溪项薰女,八岁受江聘,年十一夫殁,闻讣绝粒。祖父母及父母劝谕强起,欲归江门奉侍舅姑,父母怜其幼小,勉留在室守志。年十五,舅姑老病,夫弟糊口四方,无人侍奉,遂适江门,恃针织以养舅姑。舅姑病殁,丧葬尽礼,竭所积针工为夫弟完姻。夫弟生子启坤,抚为夫嗣。

徐光都未婚妻黄氏 徐村人,年十二受徐聘,十七岁未嫁而夫殁。闻讣遂适徐门,事舅姑,继伯子玉增为嗣,苦志贞守。

杨嗣立未婚妻江氏 杨,郡城人;氏东关江嘉桂女,年十七未嫁而夫殁。女泣请于父母,愿往守志。时杨母叶得癫病,见人即殴人,毋敢近者,群难之。女曰:"姑殴死,分也。"入门冒死侍姑侧五载,以劳致病不粒食,惟饮淡糜,励志数十年,为夫立嗣承桃。

汪启炯未婚妻吴氏 汪,烟村人;氏,篁南吴应中女,年十五受汪聘,二十一岁未嫁而夫殁于外。氏闻痛绝,家人曲慰,氏曰:"欲吾偷生?誓归汪守贞,否则死。"家人佯许之。逾期氏知人之绐已也,死志益坚。汪闻乃迎归,拜舅姑毕,独居一楼,即有疾亦拒医视,惟一老妪侍饮食,苦志十二年而终。

巴林未婚妻潘氏 巴,渔梁人;氏,大佛潘诏女。年十五夫客死宁国,家无期功之亲,所居又毁于火,氏在室守志、针织养母阅二十年。氏年五十四,夫族高其节,共建一室迎氏归。氏谋归夫枢,与舅姑并葬。后祖墓为人所戕,氏诉于官。郡守张廉得贞孝事,嘉之,饬其族择继焉。

吴贞女 许字胡国辰,辰亡;女过门,事舅姑,立嗣守贞。据《江南通志》补。

程门夫妇贞义 程允元,岑山渡人,寓山阳,二岁时其父勋著为其与大兴部郎刘登庸之女约婚。未几,勋著卒,刘出守蒲州亦卒,无子妻又亡。女扶二亲柩归葬天津,音耗遂绝。允元守义不娶。乾隆丁酉,依杨□粮艘教读。艘泊天津,允元同督运刘弁登岸,遇女家老仆,始知女守贞数十年,寓尼庵中。允元随仆往,女拒不见。弁白之县,县官质实,迎刘女至内署。县眷开谕再三,命允元行合卺礼,时夫妇年皆五十七。事闻于朝,奉旨建坊旌表。

王国彦未婚妻江氏 芳坑里人,幼字国彦,夫家侨居武进。女年十九,请婚有期,而国彦父卒哀毁将危,其祖寓书与女父。女闻,急请于父母,誓欲归王。父不得已,送至常州,而婿已死矣。祖翁备礼迎归,女事姑与祖翁尽孝,守贞以终。

洪正伸未婚妻程氏 洪,刘塘山人;氏,大程村人。年十八正伸殁于苏,氏闻讣屏饰,禀于父母,归洪门成服,奉侍太姑及媥姑,守贞尽孝。

汪其章未婚妻吴氏 岩镇人,年十六其章病殁,女归汪门守贞。

项睐增未婚妻程氏 项,小溪人;氏,休邑人,许聘于项。睐增远出,杳无音耗。氏年二十,值姑疾剧,来侍汤药。姑疾愈,遂留奉养十有九年。姑以天年终,皆氏摒营。抚侄孙承桃不育,守贞六十年。

柯辉宗未婚妻程氏 水竹坑人,年十七许字于柯,十九岁未婚夫病殁,在室守贞。

程文晶未婚妻谢氏 汤口人,年十二受聘于程,十六岁未婚夫殁,在室守贞。

潘上来未婚妻方氏 蛇坑人,幼受潘聘,年二十未婚夫客殁,誓不改字,即归潘门守贞。

王贞女 年十七许字许村许承桂,未婚而承桂病殁。女请于母,乞诣灵祭奠,即留不还。母讽以薪水不给难以久守,女即以剪刀自势其面,日不再食。殡葬舅姑及夫三柩。抚侄为嗣,娶妇生孙,而继子复夭,与妇纺绩抚孤孙。

胡贞女 胡志皋女,许字丰瑞里江承麟,未婚而承麟殁,氏乃素服入江门执妇道,立伯氏次子承桃。

曹成福未婚妻汪氏 曹,雄村人;氏,瞻淇监生汪沄女。福远出十余年无耗,福父谓子已死,凭书辞婚。女矢志不二,居室二十年,足不逾阃。母病刲股不效,哭几丧明。父卒益伦,送葬后即自经死,年已四十有九。夫家为立嗣,迎木主归,与福祀于家庙。

以上旌表建坊,除据《江南通志》补入一人,余俱据旧府县两志登载。[1]

---

[1]道光徽州府志(三)[M]. 南京:江苏古籍出版社,1998:240-241.

（四）卷十三《人物志三·列女·贞烈》中的歙县牌坊

宋：

程烈女　城内程叔清女，方腊寇至，女年十七，不受辱，骂贼死。罗鄂州颂为作传。见新安志[1]。

明：

……

鲍烈女　诸生鲍正春之女，许字溪南吴士榜。榜客死燕京，讣至不使女知。阅数日，女觉，遂不食不言自缢死。

许烈女　许字宋秉德，未婚夫殁，女闻绝粒，母慰之，防懈，即投缳以殉。

以上旌表建坊，据旧府志、歙县志及采访册登载。[2]

国朝：

吴烈女　岩镇吴瀚之女，名淑姬，许字黄是，未嫁。是游学楚中病殁，女闻毁妆绝粒，所亲力劝之乃食。柩归，欲往亲吊，父许之。如黄氏服衰却帼但哭，其姑以为未同牢也。是夜，自经死。

罗烈女　名玉满，呈坎罗天吉女，许字丰南吴兆纲。其次女玉秀，字郡胥朱瑞。迨玉满及笄，值饶寇至，逃匿山中。瑞亦携妇至，见玉满少艾，欲夺为妾。会吴氏亲迎，瑞造谤诬之，吴遂不娶。女闻绝粒三日，母防甚严。父获瑞欲送公庭雪之，瑞夜遁。女度不得自给，母为饮粥母去，乃盥栉戴吴所聘簪投缳邃阁。母持粥往，女已气绝，三日面如生。比鸣有司，瑞供服，按律拟斩，后援恩倖脱。上官多给额旌奖，又给银置田祠祭，葬溪南乌埵，勒碑封树，以昭贞烈。

绿衣女　不知姓名。顺治己亥，叛弁唐士奇掠村舍，获女于潭渡，惊其艳，欲污之。女自纫衣袂甚固，士奇舔以利，泣詈不已。士奇愤甚，欲刃而怜其色不忍下，微以锋触其肤。女啮舌血喷士奇，骂愈厉，士奇怒刃十余创而死。时衣绿，故称"绿衣女"。士奇亲语医人陆姓云："潭渡黄氏，瘗女于大围

---

[1]即《新安列女志》，下同。

[2]道光徽州府志（三）[M]. 南京：江苏古籍出版社，1998：244.

山麓。"

徐烈女　徐村徐球之女,许聘江村江承增未婚而承增客殁,女年十九,闻讣绝粒九日死。

胡烈女　许字凌百和。百和病笃迎女过门次日死,女年十九,即欲捐躯。舅姑泣慰,强起奉事,立子为嗣。舅姑继殁,女成服三日,即绝粒十日死。

吴烈女　溪坎人,许字匋子上潘世瑰。既归其家,待年未婚,世瑰父母俱亡,门衰祚薄,竟以贫死。其上世数棺未葬,女尽鬻其所有以营葬事,而以世瑰祔焉。事毕,遍拜邻族,泣告曰:"无祀之坟,得不易坏,死生均感。"是夜,雉经死。

……

汪烈女　许字竦川鲍立昂,未归夫殁,女愿归守志。时翁远客逾期,女恐他变,请于母,迎姑谒见,绝粒八日死。

郑烈女　长龄桥侍御为光之妹侠如室女,幼字诸生程起善。起善以救父溺富春江中,女闻饮泣三年不言笑,屡欲自尽。父母知其志乃遣之,程以妇礼见翁姑承服,为立嗣毕。至夫忌日,设奠恸哭绝粒死,时年十七。

丁杰未婚妻徐氏　甫十岁许字丁,事亲以孝闻,年十九未嫁。闻夫殁,翁姑又已偕亡,拜辞父母,密用针线自缝衣裤,登楼扃户自经死。

胡学详未婚妻许氏　年十八受胡聘,择吉十月迎娶。夫于六月病殁,家人匿不与知。至婚期将近,侍婢在旁私语,氏闻之,遂绝粒十一日死。

以上旌表建坊,据府县两志登载。[1]

(五)卷十三《人物志三·列女·孝妇》中的歙县牌坊

国朝:

洪光柱妻汪氏　洪,桂林人,贾于外,氏刲股以愈翁咽。后氏病,子廷宪刲股而愈,人以为"孝妇之报"。

刘荣传妻萧氏　东南隅人,姑病笃医药罔效,氏遂糜股以进,姑病得瘥。年余姑殁,号痛或忘寝食。

---

[1]道光徽州府志(三)[M].南京:江苏古籍出版社,1998:245.

以上旌表建坊,据府县两志登载。[1]

(六)卷十三《人物志三·列女·孝女》中的歙县牌坊

元:

唐孝女 名佛姑,年十一祖元病笃,勺饮不入口者七昼夜,女斋沐刲股和糜以进,祖病遂瘳。

明:

胡孝女 东关人,母因产病笃,女年甫十三,偕弟之宪刲股和药以进,母病遂痊。时之宪年七岁。

以上二人旌表建坊,据旧府志及歙县志登载。[2]

除了上述信息中的多主坊外,在没有其他证据证明多主坊的前提下,视此 1220 条坊主信息包括节孝贞烈坊 1219 座[节妇坊 1125 座(宋代 3 座,元代 8 座,明代 45 座,清代 1069 座),节烈坊 53 座(宋代 2 座,元代 4 座,明代 23 座,清代 24 座),贞女坊 24 座(元代 1 座,明代 1 座,清代 22 座),贞烈坊 13 座(宋代 1 座,明代 2 座,清代 10 座),孝妇坊 2 座(清代),孝女坊 2 座(元代 1 座,明代 1 座)],百岁期颐坊 1 座(坊主徐昌继妻饶氏)。

三、卷十六《杂记·附人瑞》中的歙县牌坊

道光《徽州府志》卷十六《杂记·附人瑞》共登载歙县百岁期颐坊 5 座,除了见于本节第二目的"徐昌继妻饶氏"外,其余 4 座坊主是"鲍德成妻方氏""方一侃继妻□氏""闵蒦麟妻金氏""汪奕亨"[3]。

四、小结

综上,道光《徽州府志》共记载未见于本章前三节的歙县牌坊 1225 座:节

---

[1]道光徽州府志(三)[M].南京:江苏古籍出版社,1998:247.

[2]道光徽州府志(三)[M].南京:江苏古籍出版社,1998:249.

[3]道光徽州府志(三)[M].南京:江苏古籍出版社,1998:519.

孝贞烈坊1219座,百岁期颐坊5座,善行义举坊1座(嘉义坊)。

第五节 民国《歙县志》中的牌坊

民国《歙县志》是旧中国歙县纂修的最后一部县志,虽然付梓于民国二十六年(1937),但其《例言》中言明"编纂至清末为止":"既因袭旧例,故编纂至清末为止。入民国后,国体既更,非旧例所可包举,自应更定,别为记载。今未遑及,以俟后人。"[1]

民国《歙县志》中的牌坊信息出现在卷一《舆地志·古迹》、卷八《人物志·孝友》、卷九《人物志·义行》和卷十一至十四的《人物志·列女》中。

一、卷一《舆地志·古迹》中的牌坊

藩镇坊 在府前街钟楼之东,跨十字街口。明弘治十六年,知府何歆建。嘉靖四十年,改为乡官坊。四十四年宋缵抵任,仍改正,题其西曰"承流宣化",东曰"守土保民",南曰"六州重镇",北曰"三辅名藩"。今坊圮,四址犹存。[2]

如前所言,这条信息与弘治《徽州府志》卷一《地理一·坊市》中的"藩镇坊"同为知府何歆建,且位置相同(见第二章第二节),暂不考虑其他差异,该坊亦不列入歙县牌坊予以统计。

二、卷八《人物志·孝友》中的牌坊

民国《歙县志》卷八《人物志·孝友》中记载的未出现在前志中的牌坊共6座:坊主汪益谦元末被创而殁,道光年间旌表立坊纪念,前后相距约五百年;江彦良、江应全孝友恩褒坊均建于明代,江有容、江义泰、程宏玉孝友恩褒坊

---

[1]民国歙县志[M]. 南京:江苏古籍出版社,1998:3.

[2]民国歙县志[M]. 南京:江苏古籍出版社,1998:43.

均建于清代。

  汪益谦 字受之。至正初,江南寇起,诱杀其弟艮都。益谦率乡团三入贼巢,夺弟尸出,身被数创,及樟塘而殁。清道光间,旌表立坊。[1]

  江彦良 歙城人。性颖悟,龆龀时知识如老成人,事父母以孝闻。洪武丁卯,父以疾殁于客邸,彦良徒跣奉柩归,而母亦卒,哀毁骨立,祭葬尽礼。时仲弟彦杰、季弟彦德及诸女弟俱幼,彦良周施抚字,恩义曲尽。尝服贾江湖以佐经费,既家业渐裕,子侄日蕃。所居湫隘,或言当析居,彦良迟回不忍,久之乃尽发其资产均与诸弟。邑有争田致讼者,邑大夫曰"独不见江某兄弟耶",其人愧谢不复争。宗族贫乏者,周之;死不能葬者,葬之;甥侄早孤,悉辅之成立。郡守崔公建坊以旌,曰"孝义"。以子浩赠江西建昌知府。[2]

  江应全 字左衡,江村人。父早殁,母万氏遗腹生。家贫,事两孀母极孝,遇父忌日辄悲啼旬日。嫡母方氏疾,与妻杨氏同刲股。居丧哀毁,庐墓不返,芝生墓侧。崇祯时建坊旌表。生平多义举,尝独建合郡节烈祠。以光禄寺署丞卒于家,年八十。[3]

  江有容 字公望,江村人,邑诸生。弱冠随父羲龄客鸠江,同栖破庙。每入市必度危桥,父心怯,有容晨起进餐毕负以度,日晡负以归。后归应试,闻父病星夜奔驰,遇虎不暇避,虎弗为害。会山水陡发,漂泊数里卒获全。两昼夜行四百余里,至则父病已笃,竭力救治得愈。寻奉父归,贫无舟车费,背负以行,迤遭万状,终身色养。母之衰器,皆亲涤焉。巡抚陈大受额旌其闾,巡抚福庆具疏,题请建坊旌表。[4]

  江义泰 字宜之,江村人,生有至性。少继叔父,后事继母如所生。本生父殁时才逾十龄,事祖父母能代父职。祖父母殁,悲痛尽礼,夜宿柩旁,及殡旦夕哭墓侧,惨动路人。念两母皆苦节,娶妻后犹侍宿寝门,母喻之再三始一返。举子后,不复入私室。尝为本生母吮疽获愈,舐目复明。母疾,呼

[1]民国歙县志[M]. 南京:江苏古籍出版社,1998:307-308.

[2]民国歙县志[M]. 南京:江苏古籍出版社,1998:314.

[3]民国歙县志[M]. 南京:江苏古籍出版社,1998:315.

[4]民国歙县志[M]. 南京:江苏古籍出版社,1998:324.

天叩祷,额破膝肿,疾以得瘳,寿至九十余岁。巡抚荆道乾题请建坊旌表。[1]

程宏玉 字广亭,邑城人,天性纯笃。父常患病,邻人失火延烧几及己屋,宏玉不暇呼妻、子,急负父出,而火势猛烈,适当其冲,乃徒手奋扑,父子竟无恙。居常先意承志,能得欢心。父殁,事继母尽孝。嘉庆九年,奉旨建坊旌表,入祀孝子祠。[2]

三、卷九《人物志·义行》中的牌坊

民国《歙县志》卷九《人物志·义行》4位人物小传中有个人牌坊信息,其中坊主"程允元"[3]信息见于本章第四节,赵滂建程朱阙里坊于明代,其余2坊建于清代。

赵滂 字伯雨,岩镇人,武城令赵时勉曾孙。承祖绪论欲建阙里祠于篁墩,邑侯刘伸询其故实,滂以程朱源流考上之,并据方司徒宏静三夫子合祀。议改湖田古圣堂为三夫子祠,坊曰**"程朱阙里"**。复蒐讨诸书,作《程朱阙里志》八卷。又清理篁墩朱子祖墓三穴,各表以碣。祖孙致力先贤,士论题之。[4]

江振鸿 字吉云,江村人。性倜傥好义,敦本睦族。尝捐田千数百亩,立追远、周急二户,为阖族蒸尝及周恤贫乏之费。将次购齐旋病故,其妻黄氏克成夫志,捐资购足,子大镛踵行不倦。巡抚康公绍镛于嘉庆二十四年疏题,奉旨旌表建坊。[5]

鲍均 字虞卿,生有至性。父漱芳病,刲左股以进不起,哀毁逾恒。明年,母叶、庶母赵亦相继殁。弟泰圻,赵出也,年十一,均抚爱备至,以逮成

[1]民国歙县志[M]. 南京:江苏古籍出版社,1998:327.
[2]民国歙县志[M]. 南京:江苏古籍出版社,1998:338.
[3]民国歙县志[M]. 南京:江苏古籍出版社,1998:367.
[4]民国歙县志[M]. 南京:江苏古籍出版社,1998:351.
[5]民国歙县志[M]. 南京:江苏古籍出版社,1998:371.

立。生平自奉俭,而见义必为。凡族中祠墓之事无少吝,戚友不给者恒周贷之,且为计长久,多过所望。先是漱坊尝修府学文庙,重建忠义祠,未竟而殁,均藏厥工。更修尊经阁、两学署,重建斗山文昌祠、魁杓亭。督抚为并请于朝,以"乐善好施"得旨旌表建坊。又尝修县学文庙。蠲银五千两,白盐运使援案存两淮生息,以增紫阳书院膏火,赒同县之应乡会试者。年三十五而卒,时论惜之。[1]

上述未见于本章前四节的3坊牌坊中,善行义举坊2座,景观坊1座(程朱阙里坊)。

四、列女传中的牌坊

民国《歙县志》中的列女非常多,以至该志最后一目《人物志姓名备查表》只列出男性人物(有学者统计共"列人物姓名索引3592人"[2]),旁注"列女以太繁未录"[3]。有统计说,民国《歙县志》第十一卷至第十四卷共四卷《列女志》入志列女共8680人[4]。

经逐页清点民国《歙县志》四卷《列女传》,清代受旌表的列女分为"旌节孝""旌节烈""旌贞孝""旌贞烈"4类,共1324人(表3-1);在旌表年份明确的列女中,旌表年份最早的是"顺治四年""何可达妻詹氏"[5],旌表年份最晚的是"光绪三十四年""程汝易妻王氏"[6],都是"旌节孝"类。

从表3-1看,旌表列女最盛当属雍正朝和乾隆朝,平均每年都超过10位。民国《歙县志》卷十一《人物志·列女》开篇虽说"惟咸丰间兵事,歙人受祸,实为奇酷,烽燹所至,闾里为墟,幽壑深岩,逃匿无所,全县人口十损七八,妇女之抗节守义、宁为玉碎者多至不可胜计"[7],因朝纲不振,国力衰竭,百姓灾难深重,旌表建坊诸事明显逊于往朝,见于咸同年间被旌表的歙县妇女仅一例。

[1]民国歙县志[M].南京:江苏古籍出版社,1998:380.

[2]吴之行.钟灵毓秀徽州区·徽州人物[M].合肥:安徽人民出版社,2010:193.

[3]民国歙县志[M].南京:江苏古籍出版社,1998:707.

[4]歙县地方志编纂委员会.歙县志(　—2005)[M].合肥:黄山书社,2010:668.

[5]民国歙县志[M].南京:江苏古籍出版社,1998:454.

[6]民国歙县志[M].南京:江苏古籍出版社,1998:472.

[7]民国歙县志[M].南京:江苏古籍出版社,1998:440.

表3-1 民国《歙县志》列女传记载的清代受旌表列女分类统计

年号	旌表分类				合计
	节孝	节烈	贞孝	贞烈	
顺治	1	2	0	0	3
康熙	41	3	0	1	45
雍正	129	2	3	1	135
乾隆	627	15	13	5	660
嘉庆	189	4	4	1	198
道光	44	2	6	0	52
咸丰	0	0	0	0	0
同治	1	0	0	0	1
光绪	13	2	0	0	15
不详	190	15	9	1	215
合计	1235	45	35	9	1324

排除与本章第四节重复的"程休复妻吴氏"[1]坊,民国《歙县志》记载了未见于本章前四节的10座节孝贞烈坊坊主信息:

谢永绿妻蒋氏 芳村人。年十八于归,二十一夫故,守节四十二年。乾隆庚午,奉旨建坊,赐"励志冰霜"额。[2]

胡一近继妻吴氏 胡,湄干人。年十九夫故,孝事姑嫜,抚孤守节。道光二十五年,旌表建坊,翰林郑成章为撰墓志。

胡世庚妻洪氏 胡,湄干人。矢志守节。道光十一年,旌表建坊。[3]

方秉济妻鲍氏 瑶村人。十七岁守节。

方国儒妻鲍氏 瑶村人。二十五岁守节抚孤。

皆乾隆时旌表建坊。[4]

许成塘妻方氏 灵山人。守节抚侄,自十九岁至七十余岁。光绪二十

---

[1]民国歙县志[M].南京:江苏古籍出版社,1998:454.

[2]民国歙县志[M].南京:江苏古籍出版社,1998:471.

[3]民国歙县志[M].南京:江苏古籍出版社,1998:471.

[4]民国歙县志[M].南京:江苏古籍出版社,1998:471.

六年,旌表建坊。[1]

　　许钜生妻程氏 　**许钜桓妻朱氏** 　**许元镛妻江氏** 　皆徐村人。光绪九年,旌表建坊。[2]

　　许本岳妻江氏 　许村人。光绪间旌表建坊。[3]

　　柯钣继妻周氏 　母宅合肥籍,五岁失怙,事母以孝闻,母病恒数月不解带。年十六归钣,抚前妻女如己出。次年,钣入浙抚李公幕塘,氏居杭商数月。旋奉委管衢州厘局,未及挈眷病殁,差次家人迎。氏返徽始悉凶问,恸绝复苏,水浆不入口者五日。至第六日,索水浣面,两手入盆,水为立涸,氏恍惚若有所思,泪涕皆血,由是沉迷九载。光绪八年某日,忽大吐痰,神识顿消,恨殉大已晚。次日,乘守者困倦,吞金自尽。皖抚奏请,旌表建坊。[4]

　　程煜书妻汪氏 　葆村人。年二十四夫故,时光绪丙申十月十四,氏于次日仰药以殉。越二年,奉旨建坊,赐银三十两。[5]

五、小结

　　综上,排除见于本章前四节的重复坊,民国《歙县志》新增牌坊19座:节孝贞烈坊10座,孝友恩褒坊6座,善行义举坊2座,景观坊1座(程朱阙里坊)。

第六节　雍正《岩镇志草》中的牌坊

　　《岩镇志草》中的岩镇,大体即今岩寺镇区一带。《岩镇志草·志草发凡》言:"吾乡亦一隅之地耳,而独以镇称。论者以为此特因甲第如麟,贾区若栉,

---

[1]民国歙县志[M]. 南京:江苏古籍出版社,1998:471.

[2]民国歙县志[M]. 南京:江苏古籍出版社,1998:473.

[3]民国歙县志[M]. 南京:江苏古籍出版社,1998:473.

[4]民国歙县志[M]. 南京:江苏古籍出版社,1998:476.

[5]民国歙县志[M]. 南京:江苏古籍出版社,1998:476.

舆马辐辏,冠盖丽都,故张大其名耳,而不知沿革俱本王制所由来者远矣。"[1]
"岩镇自嘉、隆以来,巨室云集,百堵皆兴,比屋鳞次,无尺土之隙,谚所谓寸金
地也。"[2]《岩镇志草·元集·原始》曰:"歙城附郡之东郭,自县治而西二十五
里,曰岩镇。其乡旧名永昌,洪武二十四年,改曰永丰,分其里曰清泰。居六
邑之都会,为九达之通逵。鳞次万家,规方十里,阀阅蝉联,百昌辐辏,则自有
明嘉隆之际始也。分野属天官斗十六度。其地在秦之鄣郡,汉之丹阳,孙吴
之新都,晋之新安。唐武德四年置歙州,宋宣和改徽州,而县自古以歙称。歙
东故有华阳镇,唐大历元年分置绩溪县,更于县西立岩寺镇。其时民居列平冈
之上,仅百余户。东至今墈头,西界颍溪之浒。古岩寺为径山蕴公道场,僧徒
五百余人,极其弘盛。以镇为护持,故名因之。宋绍兴壬子,诏更名曰岩镇。"[3]

　　与歙县江村为江姓村落、双溪为凌姓村落、溪南为吴姓村落不同,岩镇乃
五方杂处之地。《岩镇志草·元集·祠社坛宇》载有岩镇各族祠堂21座[4](吴氏
祠堂3座,方、鲍、郑、王氏祠堂各2座,汪、胡、闵、程、阮、谢、孙、余、曹、潘氏
祠堂各1座),涉及15姓,有"敕建祠"(敕建尚书鲍公祠)、"支祠"(方氏支祠、
王氏支祠)和"家庙"(方氏家庙),其余均是祭祀移居岩镇一世祖的"宗祠",
"徽州八大姓"中的六姓在岩镇建有祠堂。

　　岩镇是徽州旧时重要的交通枢纽之地。从陆路交通看,岩镇是徽州府通
往休宁、黟县、婺源、祁门诸县必经之地,也是通往黄山要津之一。从水路交
通看,《岩镇志草》写有丰乐溪的来龙去脉但没有述及水上交通[5],但1996年
黄山书社版《徽州地区交通志》却表明至少旧中国渔梁坝至岩寺可常年通行
3吨木船:"自渔梁坝上行至西溪南,全长17公里。渔梁坝至岩寺11公里,常
年通行3吨木船,岩寺至西溪南6公里,季节性通航。1955年古关发电站筑

[1]西干志　岩镇志草　休宁浮潭志　善和乡志　杏花村志　杏花村续志　橙阳散志[M]. 南京:江
苏古籍出版社,1992:99.

[2]西干志　岩镇志草　休宁浮潭志　善和乡志　杏花村志　杏花村续志　橙阳散志[M]. 南京:江
苏古籍出版社,1992:100.

[3]西干志　岩镇志草　休宁浮潭志　善和乡志　杏花村志　杏花村续志　橙阳散志[M]. 南京:江
苏古籍出版社,1992:103.

[4]西干志　岩镇志草　休宁浮潭志　善和乡志　杏花村志　杏花村续志　橙阳散志[M]. 南京:江
苏古籍出版社,1992:129-133.

[5]西干志　岩镇志草　休宁浮潭志　善和乡志　杏花村志　杏花村续志　橙阳散志[M]. 南京:江
苏古籍出版社,1992:106.

坝拦水,航道切断而停航。"[1]

"《岩镇志草》共4集近12万字,分别以八卦中乾坤之卦辞'元、亨、利、贞'名之。"[2]该志"全面系统地展示了清乾隆以前岩镇及其周边的人文历史和社会风貌","描述了岩镇的地理环境","记录了妇女贞节资料","记载了很多徽商活动资料","记录了'黄山大狱'案珍贵史料","具有很高的史料价值和学术价值"[3]。从纪事延续时间看,《岩镇志草》"从序言推断,该书成书于雍正末年,刊印于乾隆初年"[4]。

从作者层面看,与《橙阳散志》《沙溪集略》《丰南志》《善和乡志》的作者均为各自本族人不同,《岩镇志草》作者佘华瑞并非出身岩镇最显赫家族,可能其纂的《岩镇志草》的内容比《橙阳散志》《沙溪集略》《丰南志》《善和乡志》更客观。"佘华瑞,字朏生,岩镇人。工诗、古文辞。雍正十三年,诏举博学鸿词,辞不赴。后以选授桐城训导。著有《绿萝山人集》、《岩镇志草》诸书。生平端肃自范,行矩言规,故其为文亦整严有则。"[5]

一、《利集·节孝续传》中的牌坊

《利集·节孝续传》记载了7座牌坊坊主小传,排除见于本章前五节的6座节孝贞烈坊(坊主为吴一初妻"方氏"[6]、胡国矗妻"鲍氏"[7]、闵允恭妻"汪

[1]《徽州地区交通志》编纂委员会.徽州地区交通志[M].合肥:黄山书社,1996:173.

[2]吴之兴.《岩镇志草》提要[J].徽州社会科学,2004(5):36.

[3]张健.《岩镇志草》史料价值探讨[J].合肥学院学报(社会科学版),2009(2):3-7.

[4]刘景莲.中国社会科学院所藏稀见方志概览[J].中国史研究动态,2018(2):52.

[5]吴之兴.《岩镇志草》提要[J].徽州社会科学,2004(5):36.

[6]西干志 岩镇志草 休宁孚潭志 善和乡志 杏花村志 杏花村绫志 橙阳散志[M].南京:江苏古籍出版社,1992:195.

[7]西干志 岩镇志草 休宁孚潭志 善和乡志 杏花村志 杏花村绫志 橙阳散志[M].南京:江苏古籍出版社,1992:196.

氏"和太学生程敏孝妻"闵氏"[1]、方士玉妻"张氏"[2]和杨维周妻"方氏"[3]），只有1座为非重复坊：

……

潘氏　方修绪妻。绪家于苏，早殁。潘苦节抚孤。苏抚汤疏请敕赐建坊。[4]

《利集·女贞传》开篇言："本里之女嫁于外乡而能成节孝者，虽不得与于题名之列，敬录而存之，亦书宋伯姬之意也。"[5]其下共登载节孝贞烈者22位，其中建坊的3位坊主"方氏"（适呈坎罗定垣）[6]、"叶氏"（适洪源王则荣）[7]和"鲍氏"（适丰瑞里江以鳌）[8]均有传，与本章第四节重复。

二、《贞集·汇编·坊表》中的牌坊

《贞集·汇编·坊表》共记载了岩镇27座牌坊，排除见于前五节的牌坊12座（五马第/桥梓联芳、地官坊、贤良/节孝、进士坊、豸史、毓秀、绣衣里/文武开科、状元第、文武联芳、京兆大夫/良二千石、尚书、科第坊），未见于本章前五节的牌坊共15座：

[1]西干志　岩镇志草　休宁孚潭志　善和乡志　杏花村志　杏花村续志　橙阳散志[M].南京：江苏古籍出版社，1992：197.

[2]西干志　岩镇志草　休宁孚潭志　善和乡志　杏花村志　杏花村续志　橙阳散志[M].南京：江苏古籍出版社，1992：199.

[3]西干志　岩镇志草　休宁孚潭志　善和乡志　杏花村志　杏花村续志　橙阳散志[M].南京：江苏古籍出版社，1992：200.

[4]西干志　岩镇志草　休宁孚潭志　善和乡志　杏花村志　杏花村续志　橙阳散志[M].南京：江苏古籍出版社，1992：201.

[5]西干志　岩镇志草　休宁孚潭志　善和乡志　杏花村志　杏花村续志　橙阳散志[M].南京：江苏古籍出版社，1992：203.

[6]西干志　岩镇志草　休宁孚潭志　善和乡志　杏花村志　杏花村续志　橙阳散志[M].南京：江苏古籍出版社，1992：203.

[7]西干志　岩镇志草　休宁孚潭志　善和乡志　杏花村志　杏花村续志　橙阳散志[M].南京：江苏古籍出版社，1992：203.

[8]西干志　岩镇志草　休宁孚潭志　善和乡志　杏花村志　杏花村续志　橙阳散志[M].南京：江苏古籍出版社，1992：207.

……

祖孙进士　方祠门内。嘉靖庚戌科方弘静[1]，(万历)〔崇祯〕辛未科方士亮[2]。

……

侍御坊　上新街口。万历丙戌方元彦[3]。

……

父子进士　税务巷内。正德戊戌科王宠[4]，嘉靖壬辰科王献芝[5]。

……

尚义坊　槐花巷西。义士阮辉[6]、阮杰[7]。

……

节孝　心庵桥西。旌表方清妻汪氏[8]。

---

[1]雍正《岩镇志草·利集·宦业续传》载："**方弘静**　字定之，号采山。嘉靖庚戌进士。分宜为政，雅慕其才，使客啖以鼎甲，静笑谢之。遂释褐东平。三竹权要，归田四年，起补南京曹郎，参济南，视学粤西，寻转江藩。分宜父子以怙宠败，使者治其狱，有所波溢。静白之，并具衣冠葬故相，人叹为不可及。既持节入浙，时故少保胡宗宪新得罪，议者苛求滥费，士气倚坏，水战馀艎皆废。阁乃抗疏，谓'去冗不若增备，增备不能惜费'。朝下其议，于是大修艨艟，习流飞楫，诸将以讯期会别岛，急击寇，覆其水寨九，海卤为赤。论功当超叙。未几，中蜚语归。三省为上书讼冤，诏起补郧阳，迁南少司农，盖犹处之以散地也，竟然以不悦要人致政。所著有《家谱》《千一录》《索图稿》行于世。学者称'采山先生'。年九十有五卒。谕祭赐葬，赠南京工部尚书。"嘉靖二十九年进士。

[2]雍正《岩镇志草·贞集·举人/进士》载：**方士亮**　万历乙卯科举人，辛未科进士。

[3]雍正《岩镇志草·利集·宦业续传》载："**方元彦**　字士美，万历丙戌进士。初令金华，多惠政。报最，擢御史。巡按甘肃，罢市赏视阅，陈备兵五议。再按畿南，按浙江，疏不一，上皆关利弊之大者。按闽，释冤罚，惩巨奸，却红毛番市，镇安海堡城。又入言星变地震，宜撤珰使以答天谴。卒于官。"

[4]雍正《岩镇志草·贞集·封典》载："**王宠**　刑部员外郎子献芝贵，覃恩赠文林郎、南京山西道监察御史。"

[5]雍正《岩镇志草·利集·宦业传》载："**王献芝**　字德仁，员外郎宠之子。举进士，为御史。清戎两浙时，分遣御史钩刷簿书，阅军实。献芝兼其任，风裁严峻，当道畏之。以他事左授建昌推官。迁南户部主事，虞衡郎中，领遵化铁冶。所著有《使信使楚使浙诸稿》《台宪法评》《归田录》《八阵合变图说》。芝居官廉正，然意蕴蔼，不得发舒，颇寄酒为迹，集诸音家诨玩之观，士论惜之。"

[6]雍正《岩镇志草·亨集·义行传》载："**阮辉**　仗义轻财，广交贤达。郡守范公雅敬重之，凡有不决之狱，送令劝谕裁断，无不悦服。宣州下桥渡石桥及水灾赈饥，与兄杰同心捐助。授冠带，旌之曰'尚义之家'。太史叶颜其堂曰'和乐'，取兄弟相成大义也。"

[7]雍正《岩镇志草·亨集·义行传》载："**阮杰**　德性浑厚，度量宽洪。承父业光大之，富甲一乡，名重宣歙。遵父遗命，于宣州下桥渡建造石梁，又输数百金修砌本镇大路。郡造河西桥，捐助五百金。当道授以冠带，表其门曰'尚义'。宣州水灾大饥，输粟以赈饥民。"

[8]雍正《岩镇志草·亨集·节烈传》载："**汪氏**　名泛，方清妻，同里汪尚度女。归清才数月，清客死。安贫守志，卒年六十有八。"

……

高义坊/翰家佐国 唐家坦。奉诏义官吴文光[1]。

龙章褒节 唐家坦东。旌表方铖妻汪氏[2]。

百岁坊/期颐偕老 唐家坦东。潘韶同妻吴氏。

殿陛执法/畿省澄清 青云桥东。京畿道监察御史方元彦。

……

贡元 尚书祠内。本里明经题名。

闻扬贞义/简召循良 凤山台前。赠文林郎方三应[3]，嘉靖辛酉科方铉[4]。

……

仁寿坊/百龄义淑 水口。郑铎妻吴氏。

凤池锡命/鸾省承恩 水口。赠文林郎潘高年[5]，中书舍人潘允升[6]。

应魁 凤山台后。成化丙午科阮玘[7]。

癸丑进士孙忠显 水口。[8]

上述15座牌坊中，科举功名坊9座（"祖孙进士""侍御坊""父子进士""殿陛执法/畿省澄清""贡元""闻扬贞义/简召循良""凤池锡命/鸾省承恩""应奎""癸丑进士孙忠星"），节孝贞烈坊2座（"节孝""龙章褒节"），善行义举坊2座（"尚义坊""高义坊/翰家佐国"），百岁期颐坊2座（"百岁坊/期颐偕老""仁寿坊/百龄义淑"）。

---

[1]雍正《岩镇志草·利集·义行续传》载："**吴文光** 字德明，号南渠。仁让好施，尝曰：'财者，天下公物，善用则为财之主，徒守反为财所奴矣！'万历戊子，岁饥，糜粥以饲饿者，散钱米以活里人，施棺椁以掩道殣。次年，应诏输赈千石，拜爵一级，建坊以显荣。许殿傅国署曰'高义'，而为之传。先是，市材楚江，见覆舟，捐重赏募善水者拯之，出溺者十三人，给衣粮以归之。载方司徒弘静《仁寿堂记》。"

[2]雍正《岩镇志草·亨集·节孝坊题名》有"**方铖妻汪氏妾佘氏**"，无传。

[3]雍正《岩镇志草·贞集·封典》载："**方三应** 子铉贵，覃恩赠文林郎、宜黄县知县。"

[4]雍正《岩镇志草·利集·宦业传》载："**方铉** 字允声。登乡荐，令宜黄。自言当官三事，吾性庶几近之。以奏最征为御史，未授，以疾卒于京邸。"嘉靖四十年举人。

[5]雍正《岩镇志草·贞集·汇编·封典》载："**潘高年** 子允升贵，覃恩赠文林郎、武英殿中书舍人。"

[6]雍正《岩镇志草·贞集·汇编·仕宦》载："**潘允升** 武英殿中书，钦差督饷大同宣府。"

[7]雍正《岩镇志草·贞集·贡元坊题名·举人》载：阮玘 成化丙午举人。

[8]西干志 岩镇志草 休宁孚潭志 善和乡志 杏花村志 杏花村续志 橙阳散志[M]. 南京：江苏古籍出版社，1992：251-252.

在《岩镇志草》中,还有1座地名坊"富饶坊"[1]。该坊建于宋大中祥符二年(1009),是《岩镇志草》中记载的建造时间最早的一座景观坊,虽然已圮,但从介绍中亦可看出岩镇古今变化之大。

三、《贞集·举人》中的牌坊

《贞集·举人》第一条记载了1座牌坊,信息很简单:

> 咸淳丁卯科汪玙,解元坊,未载。[2]

咸淳丁卯科举人汪玙,乡试第一名,故以"解元"之名建"解元坊"。咸淳丁卯年,即1267年。这是《岩镇志草》中记载的唯一一座建于南宋的科举功名坊,也是《岩镇志草》中记载的以人物为纪念对象、建坊年代最早的一座牌坊。《岩镇志草》中"未载"汪玙小传,《贞集·坊表》"未载"此坊。

四、小结

综上,未见于本章前五节的牌坊共18座:科举功名坊10座,节孝贞烈坊3座,善行义举坊2座,百岁期颐坊2座,景观坊1座(宋建木坊富饶坊)。

今天岩寺镇区,除了"龙章褒节/豸绣承恩"石坊外,还有一座"进士第"砖牌坊(门楼)。"'进士第'坐落在岩寺后街'洪桥'西头,是进士郑佐(双溪)的府门坊。郑佐为明朝正德甲戌(1514)进士,正德丙子(1516)建'进士第'。门楼为仿木结构砖砌牌坊,通宽9米,残高5.85米,四柱三间,惜楼顶已毁。枋和匾全用烧雕青砖砌筑,雕刻精美。门楼上有飞禽走兽和怪角兽,形态饱满,栩栩如生,对研究明代烧制半圆雕艺术有着很高的价值。柱脚有抱鼓石金刚腿。丁字斗拱雕成鲤鱼吐水。中间二柱处枋斗拱三挑,边间两柱头坐平盘

---

[1]雍正《岩镇志草·元集·古迹》载:"**富饶坊**　在今大塘坑之西。以木为坊,盖镇之旧地名也。宋大中祥符二年八月,知歙县事楚丘李纮立,直昭文馆里人舒雅书。尔时比屋而居者其数可纪,坊以外即原野,溪流清浅,一望可见,故亦以名其滩。迨将圮而不复,富饶之称,在溪之北矣。"

[2]西干志　岩镇志草　休宁孚潭志　善和乡志　杏花村志　杏花村续志　橙阳散志[M].南京:江苏古籍出版社,1992:246.

头,承六开斗拱,接榫处饰元宝榫。正间和次间共饰高浮雕石狮八只、凤凰六只、鲤鱼雀替六个。"[1]正间匾额由五块大方砖拼成,中间是线刻阳文"进士第"三个大字,上款阴刻"钦差巡抚直隶都察院右副都御史张凤、巡按直隶监察御史张仲贤",下款阴刻"大明正德丙子岁孟冬吉日,徽州府知府熊桂、同知王仲仁、通判刘文、周勋、推官杨天茂、歙县知县高文炯为甲戌进士郑佐立,南京刑部郎中陈善书"。关于郑佐,本章第二节有其小传,《岩镇志草·亨集·明贤传》对其记载较为详细。

第七节　乾隆《沙溪集略》中的牌坊

沙溪是今歙县城北富堨镇下辖的一个行政村,是一个以凌姓为主的古村落。由于沙溪是徽州凌姓始祖地,且人丁兴旺,凌姓成为名门望族,故有"沙溪凌"之说。

关于徽州凌姓一世祖,《新安名族志》载:"汉末曰公绩,吴拜为将军,世居余杭。唐显庆间曰安,任歙州判,卒,遗孤曰万一,夫人汪氏扶柩葬城北里湖园,遂迁沙溪。"[2]

《沙溪集略》载:"沙溪属徽州府歙县北乡九都七图,由郡北门临溪过万年桥,十里至沙溪村。"[3]"歙九都十六图,沙溪其一也。东至江村五里,西过防溪至郑村十里,南至徐村一里,北至富堨三里。通衢大道,往来要津。"[4]这里所说的"通衢大道,往来要津",是说沙溪位于旧时徽州府歙县至池州府青阳县"官道"(歙县县城—沙溪—富堨—许村—茶坦—箬岭—桃花岭—上岭脚—谭家桥—仙源—广阳—青阳)必经之地。

乾隆《歙县志》第一卷《舆地志·都鄙》载,清乾隆年间,歙县城区分为4关4隅,乡村分为16乡37都260图627村,其中德政乡九都共16图25村,沙溪

[1]佚名.岩镇[EB/OL].(2018-12-02)[2019-04-16]. http://www.ahhz.gov.cn/About/show/3024243.html.

[2][明]戴廷明,程尚宽等.新安名族志[M].朱万曙,王平,何庆善,等校点.余国庆,审订.合肥:黄山书社,2004:556.

[3]沙溪集略[M].邵宝振,校注.芜湖:安徽师范大学出版社,2018:3.

[4]沙溪集略[M].邵宝振,校注.芜湖:安徽师范大学出版社,2018:72-73.

是25村之一。

从《沙溪集略》所载具体人物、事件内容的时间跨度看，最早是"凌安，高宗显庆二年为歙州判，遂居新安歙之沙溪，为始祖"[1]之句中的"高宗显庆二年"（657），最晚是"乾隆三十五年庚寅季春上浣，里人凌应秋记"[2]之句中的"乾隆三十五年"（1770），前后1100多年。该书《序》之落款时间是"清乾隆二十有四年"，但成书应该在清乾隆三十五年之后。

从《沙溪集略》所载内容的详细程度看，唐宋元代内容比较简略，明清两代内容比较详细。

从《沙溪集略》看，旧时沙溪有"沙堤春晓""双溪垂虹""新桥晚眺""平楚遥青""文台秋月""社坛烟柳""苍松挺秀""梅山霁雪"八景，有"北园文会""双凤馆""北溪草堂""蕉园"等文人读书处，有"瞰溪阁""临清楼""饮甘亭""辅仁亭"等登高揽胜处，有"吕仙宫（祠）""玄坛庙""观音大士庙""张仙祠""罗汉祠""五猖祠""忠烈公祠""皇富大社""东祠""雍睦祠""善公支祠""民公支祠""大分支祠""二分支祠""三分支祠""凌氏家庙"等祭祀场所，有"登科第""柱史第""廷尉第""五马第"等官宦住宅，有"仙姑桥""沙溪桥""临清桥""双桥""更路桥""步梅桥"等大小桥梁，有"隆堨""富堨""皇吕堨""休堨""水湖"等水利设施，想必当时的沙溪应该是一个面积不小、人口不少、地处交通要道、较为富裕、历史上官宦较多的村落。

一、卷一之四《古迹》中的牌坊

卷一之四《古迹》有"回仙坊"和"孝烈坊"[3]两条牌坊信息，其中凌嘉恪妻吴氏"孝烈坊"已经见于本章第四节，"回仙坊"信息全文如下：

> **回仙坊**　在双溪桥下数步。唐时吕仙来游，里人竖坊题额曰"回仙旧游"，志仙迹也。又曰"芹曝彰赐"，志荣公之献仙方也，而受君惠也。今废。

"回仙坊"条涉及的人物"吕仙"乃"吕洞宾"，"荣公"乃沙溪凌姓十世祖

---

[1]沙溪集略[M].邵宝振，校注.芜湖：安徽师范大学出版社，2018：92.

[2]沙溪集略[M].邵宝振，校注.芜湖：安徽师范大学出版社，2018：197.

[3]沙溪集略[M].邵宝振，校注.芜湖：安徽师范大学出版社，2018：44.

"荣禄公",在《沙溪集略》卷一第四目《古迹》之《吕仙宫》[1]、《谒吕仙祠瞻壁上凌荣禄公遇仙图》[2]和《谒吕仙宫瞻壁上凌氏祖荣禄公遇仙图》[3]均有记。回仙坊属于纪念坊,纪念吕洞宾指引荣禄公凿井取水酿造佳酒之事——《吕仙宫》说:"唐僖宗时,十世祖荣禄公遇异人,待之甚恭,久而弗倦。异人授方指地凿井曰:'汲此酿酒,酒当自佳!'试之,果验。忆此异人乃吕仙也。"

根据上文"唐僖宗时"信息,回仙坊建于862—888年。

二、卷四之四《列女》中的牌坊

《沙溪集略》卷四第四目《列女》中有关于"凌晟妻汪氏""旌表建坊"的记载:

> **凌晟妻汪氏** 晟,字侣仪,邑庠生,娶富溪处士汪圣瑞女汪氏。性严肃而重节孝,入门时即以不逮事翁为恨,孝事太姑克于姑等,深得二世堂上欢心,至其体翁姑至最。勖夫劝读供子识,诸凡家事不使与闻,故能锐志萤窗,早游黉学。夫殁,汪氏与姑两世孤嫠,更相为命三十余载,晨昏不离。姑晚撄痼疾,侍奉弥艰,竭力送终。尤不堪其苦,犹百计筹划,为子娶媳以慰老姑之怀。守节四十一年,寿至六十九而卒。安抚范灿具题旌表建坊,崇祀郡城节孝祠。[4]

关于"凌晟妻汪氏"孝节之事,《沙溪集略》卷六《艺文》之《凌母双节记》[5]亦有记载。

《沙溪集略》卷四第四目《列女》共收录嫁入凌门他姓女性34人,得"旌表建坊"者仅"凌嘉恪妻吴氏"和"凌晟妻汪氏"2人。

[1]沙溪集略[M].邵宝振,校注.芜湖:安徽师范大学出版社,2018:19.
[2]沙溪集略[M].邵宝振,校注.芜湖:安徽师范大学出版社,2018:22.
[3]沙溪集略[M].邵宝振,校注.芜湖:安徽师范大学出版社,2018:23.
[4]沙溪集略[M].邵宝振,校注.芜湖:安徽师范大学出版社,2018:134.
[5]沙溪集略[M].邵宝振,校注.芜湖:安徽师范大学出版社,2018:177.

三、小结

综上，《沙溪集略》共记载沙溪牌坊3座（节孝贞烈坊2座，纪念类"其他"1座），其中未见于前六节的牌坊2座：节孝贞烈坊1座，纪念坊"其他"1座。

第八节 乾隆《橙阳散志》中的牌坊

乾隆《橙阳散志》卷一《舆地志·地界》曰："村地直歙城北七里，邑九都一图、二图、十五图、十六图地也。古称德政乡归化里，亦作居化里。东至锦里亭，东南至清塘界，南至小溪，西南至长湖，西至三里亭，西北至田干，北至庆安桥，东北至仁和亭，周十五里有奇。北障飞布，南带练溪，其间山田交半，顾平冈土阜，胥可筑屋，中夹平原，颇开朗。自宋歙州倅江公卜居，历七百载，烟户三千余家，分三派：西里村州倅公孟派居焉；东外村仲派居焉；中介塘亦孟派，出绍蜀源程氏，还居于村。通名其地曰江村。"[1]江村因姓而名，是一个江姓聚族而居的村落。

关于徽州江姓，《新安名族志》载："萧江氏，本萧姓，唐宰相遘之仲子曰祯，为护军兵马使，广明间伐巢贼有功，封柱国上将军，镇守江南，驻兵于歙黄墩，谋复唐业不克，遂指江为誓，易姓江焉，郡号兰陵。"[2]关于江村江姓一世祖，《新安名族志》载："出唐宰相遘之子祯为柱国上将军，祯长子曰威，迁衢之开化，仲曰董，迁婺源；季曰绍，守故王溪南。威之裔曰汝刚，由开化来倅歙，卒葬云岚山，因家橙子培，后以族蕃，因姓其村。"[3]

江村周边多人文胜迹、山林野趣，《橙阳散志》卷一《舆地志·盛景》曰："村地去城远，而路非要冲，碧岫遥环，清溪旋绕，深得山林趣。"先辈有八景之

[1]西干志 岩镇志草 休宁孚潭志 善和乡志 杏花村志 杏花村续志 橙阳散志[M].南京：江苏古籍出版社，1992：602.

[2][明]戴廷明，程尚宽等.新安名族志[M].朱万曙，王平，何庆善，等校点.余国庆，审订.合肥：黄山书社，2004：520.

[3][明]戴廷明，程尚宽等.新安名族志[M].朱万曙，王平，何庆善，等校点.余国庆，审订.合肥：黄山书社，2004：523.

目：洪相晓钟，王陵暮鼓，松坞樵歌，练溪渔唱，云朗岚光，飞篷月色，白石晴云，紫金霁雪[1]。

乾隆《歙县志》卷一《舆地志·都鄙》载，清乾隆年间，城区分为4关4隅，乡村分16乡37都260图627村，其中德政乡九都共16图25村，江村是25村之一。由于所处位置不同，江村有里村与外村之分。

民国《歙县志》卷一《舆地志·风土》载："邑中商业，以盐、典、茶、木为最著，在昔盐业尤兴盛焉。两淮八总商，邑人恒占其四。各姓代兴，如江村之江，丰溪、澄塘之吴，潭渡之黄，岑山之程，稠墅、潜口之汪，傅溪之徐，郑村之郑，唐模之许，雄村之曹，上丰之宋，棠樾之鲍，蓝田之叶，皆是也。彼时盐业集中淮扬，全国金融几可操纵，致富较易，故多以此其家。"[2]上文列为诸商之首的"江村之江"，即本节中的江村江氏家族；其中所说的"两淮八总商，邑人恒占其四"，就包括担任两淮盐运总商40年的江村清代著名盐商江春。

《橙阳散志》所记人物、事件方面的内容，从江村江姓始祖宋江汝刚"由进士判歙州军事"开始："江汝刚，字君毅，开化人。由进士判歙州军事，为政以德，民大化淳。任满兆姓遮留，卜居城北橙子培，以姓名地曰江村，为迁歙祖。"[3]"江汝刚，宋天圣庚午进士"[4]。宋天圣庚午年是天圣八年，即1030年。《橙阳散志·江序》落款时间为"乾隆四十年岁次乙未"[5]，即1775年。由此可以大体断定，《橙阳散志》所记人物、事件前后延续700多年。从其中所记载的人物、事件看，宋元相对简略，明清较为详细。

《橙阳散志》卷三《人物志上·孝友》中的江应全[6]和江有容[7]的牌坊，已见

[1]西干志　岩镇志草　休宁孚潭志　善和乡志　杏花村志　杏花村续志　橙阳散志[M]. 南京：江苏古籍出版社，1992：606.

[2]民国歙县志[M]. 南京：江苏古籍出版社，1998：41.

[3]西干志　岩镇志草　休宁孚潭志　善和乡志　杏花村志　杏花村续志　橙阳散志[M]. 南京：江苏古籍出版社，1992：615.

[4]西干志　岩镇志草　休宁孚潭志　善和乡志　杏花村志　杏花村续志　橙阳散志[M]. 南京：江苏古籍出版社，1992：607.

[5]西干志　岩镇志草　休宁孚潭志　善和乡志　杏花村志　杏花村续志　橙阳散志[M]. 南京：江苏古籍出版社，1992：598.

[6]西干志　岩镇志草　休宁孚潭志　善和乡志　杏花村志　杏花村续志　橙阳散志[M]. 南京：江苏古籍出版社，1992：620.

[7]西干志　岩镇志草　休宁孚潭志　善和乡志　杏花村志　杏花村续志　橙阳散志[M]. 南京：江苏古籍出版社，1992：621.

于民国《歙县志》。

《橙阳散志》卷四《人物志下·列女》有7座节孝贞烈坊，坊主分别是"监生江九皋妻程氏"[1]，"赠州佐江衍庆妾钱氏"[2]，"赠州佐江以培妻洪氏"[3]，"江承增聘妻徐氏"[4]，"赠州牧江承琦妻许氏"[5]，"江嘉谏妻洪氏"[6]，洪枚效妻"候训导程乙生女"[7]，均见于本章前几节。

一、卷九《营建志·坊表》中的牌坊

《橙阳散志》卷九《营建志·坊表》记载了10座牌坊，其中5座为重复坊（坊主为"江承增未婚妻徐氏"的"烈女坊"和"江衍庆妾钱氏""江承琦妻许氏""江嘉谏妻洪氏""江以培妻洪氏"的"贞节坊"[8]），另5座未见于本章前七节：

[1]西干志　岩镇志草　休宁孚潭志　善和乡志　杏花村志　杏花村续志　橙阳散志[M]. 南京：江苏古籍出版社，1992：635.

[2]西干志　岩镇志草　休宁孚潭志　善和乡志　杏花村志　杏花村续志　橙阳散志[M]. 南京：江苏古籍出版社，1992：636.

[3]西干志　岩镇志草　休宁孚潭志　善和乡志　杏花村志　杏花村续志　橙阳散志[M]. 南京：江苏古籍出版社，1992：637.

[4]西干志　岩镇志草　休宁孚潭志　善和乡志　杏花村志　杏花村续志　橙阳散志[M]. 南京：江苏古籍出版社，1992：639.

[5]西干志　岩镇志草　休宁孚潭志　善和乡志　杏花村志　杏花村续志　橙阳散志[M]. 南京：江苏古籍出版社，1992：640.

[6]西干志　岩镇志草　休宁孚潭志　善和乡志　杏花村志　杏花村续志　橙阳散志[M]. 南京：江苏古籍出版社，1992：641.

[7]西干志　岩镇志草　休宁孚潭志　善和乡志　杏花村志　杏花村续志　橙阳散志[M]. 南京：江苏古籍出版社，1992：642.

[8]西干志　岩镇志草　休宁孚潭志　善和乡志　杏花村志　杏花村续志　橙阳散志[M]. 南京：江苏古籍出版社，1992：654.

古良臣坊 在宗祠前。万历时大中丞东之[1]公建,乾隆四年改造。最上层题曰"桂岩贻庆",溯先德也;次曰"古良臣",唐宋诸名臣与焉;下分三额,中曰"青云",接武科第入仕者书,左为恩荣、舍选、仕宦及赠封秩者书,右为忠孝节义有其实者书。盖族中题名坊也。

登庸坊 在新建庙东。成化甲午科举人江昌[2]建。

巡抚坊 在三台山脚。万历间贵州巡抚江东之建,今圮。

御史坊 在宗祠东北。万历间右金都御史江东之建,今圮。

四世一品坊 在村南新亭。乾隆三十八年,布政使晋秩光禄大夫江春[3]建。

......[4]

上述5座牌坊中,科举功名坊4座(明代),善行义举坊1座(江春"四世一品坊")。

二、小结

综上,乾隆《橙阳散志》共记载江村牌坊19座,其中未见于本章前七节的

---

[1]乾隆《橙阳散志》卷三《人物志上·宦业·明》载:"江东之 字长信,号念所,晚号耽瑞。由行人擢山东道御史,忠直敢言。首发冯保奸,继劾都御史王宗载。承张居敬指,与于应昌共陷刘台事,奸人尽抵于法。出视屯政,奏驸马都御尉侯拱宸从父豪夺民山,置于理。会小阿卜户率众袭破黑谷关,杀数百人去,边臣周咏等掩尸诈以功上,为按臣所劾。公奉命往勘,尽得欺罔状,直声大震,有"尽忠言事"之旨,擢光禄少卿,改太寺。以争寿宫事,与李植、羊可立同贬,出知霍州。久之,起邓州,进辰沅兵备,三迁大理少卿,以金都御史巡抚贵州,提督川湖军务。击高岩叛苗,斩首数百。后讨杨应龙,兵寡不敌,为奸党中伤,免官归,积劳成疾卒。尝买妾武陵,知为婆人妇,遣归不责其锸。同门友舒邦儒阖门疫死,遗一岁孤儿,人莫敢近,公报归乳之,舒氏赖有后。事迹载《明史》及所著《瑞阳阿集》。"嘉靖四十三年举人,万历二年进士,五年补殿试。

[2]乾隆《橙阳散志》卷三《人物志上·宦业·明》载:"江昌 字伯大,号困庵。领乡荐。知攸县,轻徭节费,与民休息,宿猾不敢市奸。升南昌同知,历岳州太守,击豪强,扶寡弱,有当戍者挟中贵请免,公立遣之。以年老致政归。"成化十年举人。

[3]乾隆《橙阳散志》卷二《选举志·殊恩》载:"江春 字颖长,号鹤廷,外村人。由即用副使道,乾隆二十二年南巡,奏对称旨,钦赐内务府奉宸苑卿。三十年八月,复奉特旨,加赐承宣布政使,晋三级,诰授光禄大夫。前后叠膺,赏赐貂皮、彩缎、朝珠、玉器,并御书'怡性堂'额,沐恩最渥。"此江春,即前述清代两淮著名盐商江春。

[4]西干志 岩镇志草 休宁孚潭志 善和乡志 杏花村志 杏花村续志 橙阳散志[M].南京:江苏古籍出版社,1992:653-654.

牌坊共5座:科举功名坊4座,善行义举坊1座。

第九节　民国《丰南志》中的牌坊

　　"丰南隶歙之西乡,一称丰溪,俗称溪南,又称西溪南。崇山环绕,丰水萦回,因处丰乐水之南而得名曰'丰南'焉。"[1]乾隆《歙县志》卷一《舆地志·都鄙》载,溪南在唐、五代及宋朝为中鹄乡五里(迁桥、礼教、长林、礼泉、清烈)之礼教里,后来为十六都四村(溪南、上临河、芝黄、杨家桥)之一[2]。1987年11月徽州地区行政区划调整时,溪南划属黄山市徽州区。

　　西溪南镇为中国历史文化名镇,西溪南村的老屋阁和绿绕亭为全国重点文物保护单位。西溪南村建于唐代,鼎盛于明清,文风昌盛,名人辈出,历代名人有宋学者吴自牧,元诗人吴鼎新,明学者吴海、诗人吴可封、著名徽商吴养春,清学者吴元满、诗人吴崎,书法家吴又和、篆刻家吴凤等。旧有"祖祠乔木""梅溪书屋""南山翠屏""东畴绿绕""清溪涵月""西陇藏云""竹坞鸣凤""山源春涨"八景,明代祝枝山依八景之名和意境各赋诗一首,清代画家石涛以祝枝山八景诗意作八景图。

　　吴姓是徽州八大姓(程、汪、吴、黄、胡、王、李、方)之一。关于徽州吴姓一世祖,《新安名族志》载:"唐监察御史曰少微者,为(吴姓)三十二世,居休宁石舌山,始有新安之族。"[3]关于西溪南吴姓一世祖,《新安名族志》载:"唐侍御少微之后,居休宁临溪,曰团次子全兴,尝构别业于歙汉洞之岭后,至曾孙曰镇,因迁岭后,生五子:曰涛、淙、浩、潜、渊。今歙南、黄口、溪南、留村、岭后、环溪、汉洞诸派皆其后也。"[4]

　　从《丰南志》所记载的人物、事件内容的时间跨度看,前后历时1080年。卷一《舆地志·沿革》载:"吾始祖宣议郎光公自唐懿宗咸通元年庚辰浙东寇

[1](民国)丰南志[M].吴晓春,点校,张艳红,校注,许振东,审定.合肥:黄山书社,2017:1.

[2]乾隆歙县志[M].南京:江苏古籍出版社,1998:111-117.

[3][明]戴廷明,程尚宽等.新安名族志[M].朱万曙,王平,何庆善,等校点.余国庆,审订.合肥:黄山书社,2004:376.

[4][明]戴廷明,程尚宽等.新安名族志[M].朱万曙,王平,何庆善,等校点.余国庆,审订.合肥:黄山书社,2004:379-380.

起,攻陷象山,四方骚动,公善堪舆,避地择居,繇休宁凤凰山迁徙于此。当时,凡卜居者三:一曰莘墟,地刚而隘,山峭而偏,居之者主贵而不利于始迁;一曰横渠,地广而衍,水抱而〔环〕,居之者主富而或未蕃于后胤;一曰丰溪,一作圭溪,之南,土宽而正,地沃而厚,水揖而回,后世其大昌也,遂家焉。"[1]唐咸通元年,即860年。《丰南志序》载明了吴葆琳对丰南旧志"略加补缀"的落款时间是"民国二十九年"[2],即1940年。据此,民国《丰南志》前后记事时间尺度900余年。

一、卷二《舆地志·古迹》中的牌坊

《丰南志》卷二《舆地志·古迹》中列有5座牌坊:

　　国宾坊　在东龙须巷。旧志云为里人吴继隆[3]立。

　　应龙坊　在十字街北。旧志云为里人举人吴琳[4]立。

　　孝子坊　在愚公堤之南首三元殿左,为里人孝子吴荣让[5]立,不知何年倾圮。

　　进士坊　在泰伯祠头门之左,为里人乡进吴希周[6]立。

　　中书坊　在泰伯祠头门之右,为里人中书吴希元[7]立。[8]

---

　　[1](民国)丰南志[M].吴晓春,点校.张艳红,校注.许振东,审定.合肥:黄山书社,2017:1.

　　[2](民国)丰南志[M].吴晓春,点校.张艳红,校注.许振东,审定.合肥:黄山书社,2017:丰南志序1.

　　[3]民国《丰南志》卷五《选举志·文科目·举人进士·明》载:"**吴继隆**　字栋卿,溪南人。甲戌进士,户部郎中。"正德二年举人,九年进士。

　　[4]民国《丰南志》卷五《选举志·文科目·举人进士·明》载:"**吴琳**　字良璧,溪南人。琼州府通判。"正德十四年举人。

　　[5]民国《丰南志》卷三《人物志·孝友·明》载:"**吴荣让**　字子隐,丰南人。父殁于楚,荣让年甫十四,即出寻父骨。舟覆鄱阳湖,缘木获免。抵襄阳,得父骨,藁葬识之。父有贷户,焚其券,嘱为守家。越十年,再往,襄骨归,后递葬高、曾以下及亲戚之无主者凡十九丧。建宗祠,置义田、义塾。卒年八十有六。"民国《丰南志》卷五《选举志·吴氏历代科第仕宦等简表》载:"**荣让**　〔字〕子隐。寿八十六。崇祀郡邑乡贤,敕赐一门节孝,建坊旌表。"

　　[6]民国《丰南志》卷五《选举志·文科目·举人进士》载:"**吴希周**　字汝旦,溪南人。"嘉靖四十三年举人。

　　[7]民国《丰南志》卷五《选举志·吴氏历代科第仕宦等简表》载:"**希元**　〔字〕新宇。明征仕郎,文华殿中书舍人。"

　　[8](民国)《丰南志》[M].吴晓春,点校.张艳红,校注.许振东,审定.合肥:黄山书社,2017:29.

二、卷四《人物志》中的牌坊

在《丰南志》卷四《人物志》[1]分"节妇""贞烈""贞女""孝女""才媛"五目，共记载"节妇"197人，"贞烈"24人，"贞女"4人，"孝女"5人，"才媛"11人，其中3位"节妇"小传中有"旌表建坊"之类的文字：坊主"吴显盛妻程氏"[2]、"吴念祖妻程氏"[3]已先后见于本章第三、四节，只有"吴鸿儒妻张氏"坊此前未见：

> **吴鸿儒妻张氏** 鸿儒，字元士。张氏孝翁姑，抚孤守节，奉旨建坊，入祀节孝祠。[4]

另外，卷八《艺文志·碑记》之《新安吴节母旌门颂并序》[5]载：康熙四十（一）〔二〕年春，覃恩诏告天下，"节妇未经旌表者，令所司核实题请"，巡抚安徽等处都察院右副都御史臣刘光美奏，并会同两江总督阿三、督学臣张廷枢合词具题"徽州府歙县吴自诚妻胡氏"节孝事，"得旨下礼官，定议如抚臣言，照例听本家自行建坊以旌其门。时为康熙四十〔三〕年十二月十九日"。"氏曾孙与桥等涓吉庀工，建贞节坊于歙之西溪南村中鸠礼教里"。

上述"吴自诚妻胡氏"贞节坊，已经见于本章第四节。

三、小结

综上，民国《丰南志》共记载西溪南牌坊9座（科举功名坊4座，节孝贞烈坊4座，孝友恩褒坊1座），其中未见于本章前八节牌坊6座：科举功名坊4座，节孝贞烈坊1座，孝友恩褒坊1座。

---

[1]（民国）丰南志[M]. 吴晓春，点校. 张艳红，校注. 许振东，审定. 合肥：黄山书社，2017：91–111.

[2]（民国）丰南志[M]. 吴晓春，点校. 张艳红，校注. 许振东，审定. 合肥：黄山书社，2017：92.

[3]（民国）丰南志[M]. 吴晓春，点校. 张艳红，校注. 许振东，审定. 合肥：黄山书社，2017：98.

[4]（民国）丰南志[M]. 吴晓春，点校. 张艳红，校注. 许振东，审定. 合肥：黄山书社，2017：98.

[5]（民国）丰南志[M]. 吴晓春，点校. 张艳红，校注. 许振东，审定. 合肥：黄山书社，2017：447–449.

本章小结

综上,排除重复坊,上述9部徽州旧志共记载歙县牌坊1510座(表3-2)。

表3-2　部分徽州旧志记载的歙县牌坊统计

资料来源	合计/座	分类									
		纪念坊/座									非纪念坊/座
		小计	旌表类					非旌表类			景观坊
			节孝贞烈坊	孝友恩褒坊	善行义举坊	封赠例授坊	百岁期颐坊	科举功名坊	惠民德政坊	其他	
弘治《徽州府志》	113	104	4	1	8	0	0	90	1	0	9
嘉靖《徽州府志》	82	77	2	1	0	11	0	63	0	0	5
乾隆《歙县志》	40	39	33	2	4	0	0	0	0	0	1
道光《徽州府志》	1225	1225	1219	0	1	0	5	0	0	0	0
民国《歙县志》	19	18	10	6	2	0	0	0	0	0	1
雍正《岩镇志草》	18	17	3	0	2	0	2	10	0	0	1
乾隆《沙溪集略》	2	2	1	0	0	0	0	0	0	1	0
乾隆《橙阳散志》	5	5	0	0	1	0	0	4	0	0	0
民国《丰南志》	6	6	1	1	0	0	0	4	0	0	0
合计	1510	1493	1273	11	18	11	7	171	1	1	17

第四章　休宁牌坊

"休宁建县于东汉建安十三年（208年）。据考，宋代就有海阳诸志，惜均已散佚。现存旧志书6部，即明弘治四年、嘉靖二十七年、万历三十年，清康熙三十二年、嘉庆二十年、道光三年6个版本。这些志书记载了本县的地理、历史、政治、经济以及风土民情等演变过程，是本县极为珍贵的历史文献。"[1]

在上述休宁6部旧志中，笔者查阅了弘治《休宁县志》、康熙《休宁县志》和道光《休宁县志》，另外还查阅了弘治《徽州府志》、嘉靖《徽州府志》和道光《徽州府志》。虽然只读了休宁6部旧县志的一半，但弘治《休宁县志》是休宁现存最早的一部旧县志，康熙《休宁县志》和道光《休宁县志》都是通志，并且道光《休宁县志》是休宁旧时最后一部县志，又有弘治《徽州府志》、嘉靖《徽州府志》和道光《徽州府志》补充，这对于认识休宁旧时牌坊提供了较好的文献支撑。

第一节　弘治《休宁县志》中的牌坊

弘治《休宁县志》共38卷，卷一共17目，其中第7目有牌坊方面的内容，其余诸卷未见"坊表"目。

一、《卷一·门坊》中的牌坊

弘治《休宁县志》之《卷一·门坊》包括"门四""坊十""隅四"和"都三十三"四部分内容，"坊十"全文如下：

---

[1]休宁县地方志编纂委员会.休宁县志[M].合肥:安徽教育出版社,1990:序二3.

昼锦[1]、荣贵、宣仁、文昌（旧惠化，以金尚书[2]改本名）、永宁、旌孝[3]、救宁、瑞芝、朱紫、保宁。[4]

---

[1]康熙《休宁县志》卷一《方舆·坊市》载："**昼锦坊**　宋少师吴渊自宣城归得名。后毁。"

[2]弘治《休宁县志》卷八《人物七·勋贤·宋》载："**金安节**　字彦亨，下东人。颖悟强记。登宣和六年进士第。调洪州新建主簿，秩满，范丞相引为删定官。当绍兴初，法令散逸，凡专司法令皆安节所修。次书成，会广中得旧本上之，若合符节用。张魏公荐除司农丞。首论军兴以来国用岁广，言利者日益繁然，皆瓒碎掊尅，无益于国；为今之计，独有推行营田之制，以省边地转输，命守令禁游惰，招流亡，与山泽陂池之利，以备水旱，庶几田野辟而谷粟多，缓急有以供，公上之，求而无容恣，是为长久之策。七年五月，擢监察御史。建言比年栋干或桡者，皆由自用其智，无以揆天下之务，宜众建大臣使均任其责，又请裁革任子恩数，一时公卿多不悦，而识者韪之。迁殿中侍御史。秦桧方得君进其兄梓知台州，安节连章论其倖冒，谓其'自始仕以来，差除皆非其所当得，依恃权门，惟意所欲，不复知有朝廷'。桧怒，竟罢之。寻以急告去朝，坐之闲废十有八年。家贫，祠禄不给，处之自如。桧死，起知严州，提点浙西刑狱，入为大理宗正少卿。在卿寺凡四年，有言其独立无援者，上曰：'朕亦知之。'迁礼部侍郎。将祀名堂时，已闻钦宗之丧，安节言'皆当以大臣摄事从之'，继兼侍读，迁给事中。殿院杜莘老以论内侍张去为补外，安节言'不可因内侍而去言官'，上遂留莘老。金人犯两淮，安节首上进取、招纳、备守三策，谓：'逆亮殒灭虽可庆而未可恃，自昔英雄之君削平祸乱未尝不先固根本而后征讨，如汉祖关中、光武河内是已然，则备守者进取、招纳之本不可不早图也。'又奏：'杨存中非大将才，不宜使宣抚江淮刑襄。'上皆纳之。隆兴初，金人来议和，安节言：'和出于彼理难拒绝，当权与通好以息民，益当修车政为后图，而唐、邓、海、泗之地决不可弃。'时宰相汤思退遣王之望、龙大渊等通问决议弃地，于是太学生张观等七十人伏阙上书乞斩三奸臣，而用胡铨、金安节、虞允夫、龚茂良等。不报。安节复请诏有司按求建康吴晋以来城垒旧迹，以次营造，往来巡幸慰远近之望。时集议太上皇尊号，安节言：'自尧舜以来，能尽事君事亲之道为天下万世法者一本，于礼而已。尊号之加，始于唐明皇，违礼悖义，先儒非之。我朝神宗毅然不受，为万世法子孙所宜守而勿失也。'孝宗初政，诏给廷臣笔札令条具当今弊事。安节条奏：'元有成法者，不得请用近例，严倖求内降之律堂；除差遣并归吏部，清中书之务，减内侍之费，荫补文武官各依本色，毋得专求文资妨右武之义。'在职封驳最多。而于论曾觌、龙大渊二人，尤力上，为罢其命，迁兵部侍郎，盖疏之也。或劝其决去，安节曰：'若尔乃躁也，事君之义不当。'如是越数月，乃乞祠，诏提举太平兴国宫给事中。胡铨援韩愈留孔戣例缴奏，上从之。隆兴二年正月，迁吏部侍郎，权尚书。告老益力，诏以敷文阁学士转一官。致仕，赐封衣金带鞍马，陛辞，面赐金鱼。去都之日，送者数百人，以为中兴以来全名高节鲜有其比。太学生许衍等百余人，伏阙上书乞召用，侍从台谏以为请者相继。乾道七年，卒，年七十七。历官中奉大夫，爵休宁县开国子，累赠开府仪同、三司少保，谥'忠肃'。安节乐易恬退，遇人有礼，在朝则衎衎正色。尝曰：'士大夫始进多务迎合，稍如意则患得患失，不复能副前言，以此为人主厌弃，未有委富贵洁去就而见轻于时者也。'安节至孝，亲丧不入私室，与兄相友爱，田业悉推与之，又奏荫其兄之孤。有《文集》三十卷及《奏议》《表疏》《周易解》。后进立祠于县学。"宣和六年进士。

[3]康熙《休宁县志》卷一之二《方舆·坊市》载："**旌孝坊**　元建，在美俗门巷口，为曹矩。"康熙《休宁县志》卷六《人物·孝友·宋》载："**曹矩**　字诲之，登景祐进士。官至屯田郎中。先任都官，敕赠父汝弼殿中丞。燎黄之夕，芝产茔上，郡上其事，被旨以所居为忠孝乡孝芝里。从孙文，死方腊之难。时称'忠孝曹家'。"景祐元年进士。

[4](嘉靖)徽州府志　(弘治)休宁县志[M].北京：书目文献出版社，1998：469.

二、小结

虽然宋尚书金安节为仕科者,但不能因为文昌坊"以金尚书改本名"且位于"宋金尚书安节祖"处就认为文昌坊是科举功名坊,毕竟它原本并非为金安节而立,这里作为景观坊统计。

综上,并结合康熙《休宁县志》卷一之《方舆·坊市》关于上述10坊的信息[1]判断,弘治四年(1491)之前休宁共有10座牌坊:景观坊8座,孝友恩褒坊1座(旌孝坊,坊主曹矩),科举功名坊1座(昼锦坊,坊主吴渊)。

上述8座景观坊坊名各有寓意,代表了士民的心声,其中以平安最为突出:士民期盼社会安定(敉宁)并且长治久安(永宁),百姓期盼官员、官员亦希望自己能够保一方平安(保宁)。

第二节 弘治《徽州府志》中的休宁牌坊

弘治《徽州府志》比弘治《休宁县志》面市晚11年,但就休宁牌坊而言,内容却增加不少。

一、卷一《地理一·坊市》中的休宁牌坊

弘治《徽州府志》卷一《地理一》共十目,其中第九目"坊市"的重点是"坊",不含与本章第一节重复信息,涉及休宁县牌坊方面的文字如下:

> 宋初坊五:曰**海宁**,……
>
> ……
>
> 国朝仍旧者六:……;改旧名者一:……;新增者一:**善教**;续增者四:**绣衣**……
>
> **科第坊** 为本县学历科举人进士题名立。

[1](康熙)休宁县志[M].台北:成文出版社,1974:199.

登俊坊,兴贤坊　并在县学前,成化庚子知县俞深[1]立。

进士坊　在隅都共一十三:一为汪回[2],一为金辉[3],一为汪献[4],一为谢志道[5],一为程信[6],一为程景云[7],一为汪杲[8],一为程敏政[9],

[1]弘治《徽州府志》卷四之二《职制·郡县官属·国朝》载:"**俞深**　字濬之,浙江新昌人。乙未进士。成化十一年十二月到,后迁监察御史,今升四川按察司副使。"

[2]弘治《徽州府志》卷六《选举·科第·国朝》载:"**汪回**　休宁万安人。《诗》。福建按察司经历,改江西按察司,升刑部员外郎。"洪武二十九年举人,三十年进士。

[3]弘治《徽州府志》卷八《人物二·宦业·国朝》载:"**金辉**　休宁珰溪人。登永乐二年进士第。授江西临江府推官,有政绩。升广东道监察御史,以风节著称。"永乐元年举人,二年进士。

[4]弘治《徽州府志》卷六《选举·科第·国朝》载:"**汪献**　休宁洪坊人。磁州判官,升金华府同知。"永乐元年举人,二年进士。

[5]弘治《徽州府志》卷六《选举·科第·国朝》载:"**谢志道**　休宁人。《诗》。监察御史。"永乐十二年举人,十六年进士。

[6]弘治《徽州府志》卷七《人物一·勋贤·国朝》载:"**程信**　字彦实,休宁陪郭人。自祖父以来戍河间。信举正统壬戌进士,授吏科给事中。己巳七月,英庙北征,与廷臣上疏谏止不报。十月,虏遂入寇,诏提督守御京城,上五事。景泰纪元,升左给事中。时天象累变,上中兴固本十事。壬申春多雪恒阴,复上弭灾三事。升山东布政司右参政,总理广宁边储。逾年,丁祖母忧。服除,改四川管理松潘边储,进攻夷寇,破黑虎诸寨。天顺改元,升太仆卿。戊寅,升都察院左佥都御史,巡抚辽东,设义仓,增屯堡,程勇怯,号令一新。庚辰,率外台劾边将之贪婪者坐,改南京太仆少卿。逾年,召还,升刑部右侍郎,自守益笃。寻,丁母忧。成化纪元,有事于两广、四川,诏起复为兵部右侍郎,上书固辞,不允。已而,复有事陕西、荆襄,奏牍山委,日不暇给。丙戌,升左侍郎,时以足疾移告家居,召起力疾视事,暂免常朝。丁亥,四川、贵州山都掌蛮据大坝作乱,进兵部尚书,提督军务讨之。破诸寨,擒馘数千,获铜鼓数十。又阴察黑九姓土獠之附于贼者,还师扑之。裂都掌故地以隶邻郡,移泸州卫于渡江铺,改大坝为太平州,立长官司以控制之。凯旋,诏兼大理寺卿,赐白金彩币及羊酒以劳。四疏告疾请老,俱不允。辛卯春,以天变求言上疏论兵事可更张者四,兵弊可伸理者五。是岁,改南京参赞机务,特免入谢;陛辞,特给人扶上,面谕而遣之。壬辰彗见,与守备六卿上便宜三十事,多著为令。岁甲午,旧疾作,恳辞机务,特赐玺书,还居休宁。卒年六十三,特赠太子少保,谥'襄毅',命有司营葬事,遣官谕祭。信历仕几四十年,刚方之操,终始不渝。性孝友,少时尝力耕,为养母丧,庐墓侧有野蚕成茧及芝产之瑞,又割田五百亩于金沙岭,以济亲族之贫者。所著有《晴洲集》《容轩稿》《榆庄集》《尹东稿》《南征录》若干卷。子敏政,别有传。敏德,字克俭,以才学名,工真草篆隶,荫补胄监,授詹事府主簿,调蕲州判官,卒。"正统六年举人,七年进士。

[7]弘治《徽州府志》卷六《选举·科第·国朝》载:"**程景云**　休宁人。试南京监察御史。卒。"景泰四年举人,五年进士。

[8]见第二章第二节脚注汪杲传。

[9]弘治《徽州府志》卷七《人物一·文苑·国朝》载:"**程敏政**　字克勤,休宁陪郭人。尚书襄毅公信之子。生而早慧,人方之孔文举、李长源。十岁随信参政四川方镇,大臣以神童荐,召试圣节及瑞雪诗并经义各一篇,援笔立就。诏读书翰林院,官给廪餼。时大学士南阳李文达公妻以女。逾冠举成化丙戌进士第一甲第二人,授翰林院编修,同修《英宗实录》。己丑春,同考礼部贡举,时欲刊布《大明一统志》《洪武正韵》《资治通鉴纲目》,皆同校勘。寻同修《续资治通鉴纲目》,书成,迁左春坊左谕德,且以宋艺祖太宗授受大事。当时史臣不能详记,遂启千古之疑,乃取宋李焘《宋史长编》、元史臣欧阳玄等《宋

（接上页）史本纪》为正,而考订发挥之,深黜陈栎、胡一桂之谬,别著《宋纪受终考》三卷。乙未春,廷试进士,充受卷官。俄诏侍讲经筵,寻兼侍皇太子讲读。未几,丁父忧。服阕,入朝。丙午秋,主考应天府乡试。丁未,迁詹事府少詹事,兼翰林院侍讲学士。弘治戊申,同修《宪宗实录》。二月,诸王出阁,诏敏政率属于右顺门侍雍王讲读三日。初开经筵,诏敏政侍讲,仍日侍文华殿讲读,特赐织金绯袍一袭,金带、冠履各一。时有学官进《治安备览》,诏敏政看详。敏政摘其中多窃宋赵善璙《自警编》、元张养浩《牧民忠告》,或袭用其标目,或全剿其语言,然此之猥不及彼之精,况以治安为名,而不及君德心学,谓秦商鞅有见于孔门立信之说,则又踵王安石之故智,其息异端等说亦非拔本塞源之论。诏以学官狂妄,置不问责,还其书。时诏廷臣会议从祀孔子庙廷诸贤,敏政上疏,欲大正祀典,考据精详,议论切当,时虽未行其言,士论胜之。先是台臣论奏请退奸进贤,且各有所指。敏政在所进中,由是有忌之者。俄有御史以暧昧之言中之,诏致仕。有劝其自辩者,敏政答书谓:'欧阳公、朱文公当时各遭谗谤,时欧公在执政,故力可辩,文公在庶僚,故不可辩,恐反遭锻炼故耳。况上有老母,下有弱子邪!'既归,读书休宁南山中。郎中陆容、给事中杨廉、进士夏昶、锦衣卫千户叶通,先后上书讼之,上悟诏还。有以书止其勿起者,敏政又答书:'以为自古圣贤,固不以不仕为高,亦不以苟就为得,故虽伊川之严重刚毅,至于复官之际无所辞焉。若君实远臣不得不辞,晦叔世臣不得不起,岂非当时亦有轻重于两公者,而伊川以义断之若此乎。至于文公被召必逊,南轩被召必行者,亦皆远臣与世臣之义不同也。虽不敢上拟申公、南轩,然世受国恩,宜无不同者。'既至,职任如故,命教庶吉士于翰林院,寻迁太常卿,仍兼翰林院侍讲学士,掌院事,兼修玉牒。时有上书请以宋儒杨时从祀孔庙者,诏下廷臣会议,敏政上疏,谓以'龟山跻于从祀,列于东庑司马光之下、胡安国之上,宜矣',从之。寻,丁母忧。以修《大明会典》召为副总裁,敏政上疏乞终丧制,许之。服阕,入朝未至,转詹事府詹事,兼翰林院学士。陛见后,迁礼部右侍郎,《会典》副总裁,余如故,仍掌詹事府事,侍皇太子讲读。己未春,主考礼部贡举,未揭榜,给事中有劾敏政鬻题卖士者,诏狱核之。敏政累疏请致仕,且引咎自责,乞释之,以全谏臣。继而同列言官,再有劾者,敏政乃请与廷辩。事方释,仍因前请诏致仕,而尽斥言者,未行,卒,年五十五。赠礼部尚书,赐葬祭。敏政秀眉长髯,风神清茂,于书无不读,文章为一代宗匠。尝考合朱陆二家始之所以异、终之所以同者,为《道一编》六卷。喜接士大夫,升其堂属谈不厌,叩之者不能测其涯。虽遭多言,至于逮系,言动如平日,且著《行素稿》。中年号'篁墩'。所编著有《皇朝文衡》《苏氏梼杌》《瀛贤奏对录》《新安文献志》《咏史诗》《宋遗民录》《真西山心经附注》《程氏统宗谱》《程氏贻范集》,并《宋纪受终考》《道一编》诸书,《篁墩诸稿》若干卷,及《行素稿》《仪礼》《逸经》,其于《大学》,有重订本。子埁,见《武功下》。"天顺六年举人,成化二年进士。

一为谢恭[1]，一为吴郁[2]，一为吴裕[3]，一为汪循[4]，一为汪大章[5]立。

尚书里坊　在县陪郭，为南京兵部尚书程信立。

观光坊　在南街，为举人张遠[6]立。

经魁坊　有三：一在县前，为举人程敏政立；一在后街，为举人张旭[7]立；一在鹏源，为举人汪循立。

绣衣坊　有二：一在珰溪，为金辉立；一在县前，为程景云立。

及第坊　在县陪郭，为程敏政立。

步云坊　在鹏源，为举人汪浩[8]立。

擢秀坊　在万安，为举人范顺[9]立。

双凤坊　在江潭溪口，为举人汪荣[10]、汪杲立。

尚宾坊　为举人谢恭立。

---

[1]弘治《徽州府志》卷八《人物二·宦业·国朝》载："谢恭　字文安，休宁人。以《春秋》领成化乙酉乡荐，登己丑进士第，授刑部主事，谳狱平恕，升员外郎。以学优荐为乙未会试考官。寻迁郎中。以年劳擢湖广黄州府府府。卒于官。"成化元年举人，五年进士。

[2]弘治《徽州府志》卷八《人物二·宦业·国朝》载："吴郁　字文盛，休宁冰潭人。幼颖敏倜达，以郡庠生中成化辛卯乡试，《春秋》，亚魁。壬辰会试，经魁，第进士。授工部都水司主事，提督清江提举司，痛革铜弊，以廉能称。满一考，复任本部。寻迁员外郎，差榷荆州竹木厂。先是主榷者抽分逾制，不恤商贾之苦，货人增羡，输纳不明，多招物议。郁至，一以光明正大莅之，积年胥侩无所售其诈，人既不怨课亦不亏。一载还部，寻差河南赈济。迁郎中，出督遵化铁冶，能誉益著，人以大用期之。未几，擢云南布政司左参议，分守安普道，宽猛得中，夷民悦复。丁母忧，服阕，以疾卒。号'冰潭'，所著有《冰潭稿》。"成化七年举人，八年进士。

[3]弘治《徽州府志》卷八《人物二·宦业·国朝》载："吴裕　字克宽，休宁人。以《春秋》登成化戊戌进士，授山东曹州知州。未几，丁母忧。服阕，改河南光州，莅政严明，吏畏民爱。以疾卒于官。"成化十年举人，十四年进士。

[4]弘治《徽州府志》卷六《选举·科第·国朝》载："汪循　字进之，休宁人。今任永嘉知县。"《春秋》，弘治二年经魁，九年进士。

[5]弘治《徽州府志》卷六《选举·科第·国朝》载："汪大章　字一夔，休宁人。汉之子。"贯普定卫军籍。弘治十一年举人，十二年进士。

[6]弘治《徽州府志》卷八《人物二·宦业·国朝》载："张遠　字九达，休宁南街人。正统辛酉乡贡进士，历邯郸、叶县二学教谕，升南安府学教授，所至教人以方。尝陈时政十事，廷议多行之。子旭，以《易》经魁，成化甲午乡荐，授浙江孝丰县知县，改广东高明县，又改河南伊阳县。"正统六年举人。

[7]参见脚注张遠传。

[8]弘治《徽州府志》卷六《选举·科第·国朝》载："汪浩　休宁人。《春秋》，府学生。永州府通判，今致仕。"成化七年举人。

[9]弘治《徽州府志》卷六《选举·科第·国朝》载："范顺　休宁人。《礼记》，府学生。山东巨野知县，改湖广麻阳县。"景泰七年举人。

[10]见第二章第二节脚注汪杲传。

跃龙门坊　在万安，为举人汪云[1]立。

文魁坊　在冰潭，为举人吴郁立。

会魁坊　为吴郁立。

文光坊　在万安，为举人游显[2]立。

承恩坊　在黄茅，为举人吴裕立。

仪凤坊　在万安，为举人吴恺[3]立。

登庸坊　在万安，为举人吴琏[4]立。

登云坊　在石田，为举人汪璪[5]立。

尚义坊　有三：一为孙庆远[6]，一为汪寿[7]，一为吴伊重、常兄弟立。

贞节坊　有二：一在县前，为吴清妻朱氏[8]立；一在率溪，为程永得妻汪氏[9]立。

孝行坊　在县前，为吴仲成[10]立。

储济坊，迎恩坊　并在东关门外庙岭。[11]

---

[1]弘治《徽州府志》卷六《选举·科第·国朝·国朝》载："汪云　休宁人。府学生。河南桐柏知县。"成化元年举人。

[2]弘治《徽州府志》卷六《选举·科第·国朝》载："游显　字文明，休宁万安人。广西河池知县。"成化十九年举人。

[3]弘治《徽州府志》卷六《选举·科第·国朝》载："吴恺　休宁人。府学。《春秋》。知县。"成化十六年举人。

[4]弘治《徽州府志》卷六《选举·科第·国朝》载："吴琏　休宁人。府学。《诗》。江林县教谕，升广东道监察御史。"永乐六年举人。

[5]弘治《徽州府志》卷六《选举·科第·国朝》载："汪璪　休宁人。《书》。"永乐十二年举人。

[6]弘治《休宁县志》卷十三《人物六·义民·国朝》有孙庆远姓名但无传。

[7]弘治《休宁县志》卷十三《人物六·义民·国朝》有汪寿姓名但无传。

[8]弘治《徽州府志》卷十《人物四·列女·国朝》载："朱氏　休宁人吴清妻。生子修三岁而清亡，年二十六。养姑寿终，孀居四十年，节操不渝。有司奏闻旌表。"

[9]弘治《徽州府志》卷十《人物四·列女·国朝》载："汪氏　休宁率口人程永得妻。年二十七，永得没，遗腹六月，生子祖瑗，誓不再嫁。纺绩织纫以养姑，姑没尽卖簪珥营葬，抚教祖瑗名立，孀居三十七年，邻里共称曰'贞妇'。知县欧阳旦奏闻旌表。"

[10]弘治《徽州府志》卷九《人物三·孝友·国朝》载："吴修　字仲成，休宁县前人。幼失怙，赖母朱氏抚育。及长，事母孝谨。东、西邻火延百余家，抱母号泣告天，火顿息，家遂获免。母卒，庐墓三年，群鸟来巢。服阕，连旬阴雪，归葬之日忽开晴，禫祭毕，雨雪如故，人谓孝感所致。有司以闻，核实旌表。"

[11](弘治)徽州府志[M].上海：上海古籍书店，1964.

二、小结

在上述未见于弘治《休宁县志》的牌坊共47座:科举功名坊34座,景观坊7座(海宁坊,善教坊,绣衣坊,登俊坊,兴贤坊,储济坊,迎恩坊),善行义举坊3座,节孝贞烈坊2座,孝友恩褒坊1座。

第三节　嘉靖《徽州府志》中的休宁牌坊

嘉靖《徽州府志》《卷一·坊市》中休宁牌坊信息较多。

一、《卷一·坊市》中的休宁牌坊

嘉靖《徽州府志》第一卷共六目,其中第四目"坊市"对徽州牌坊有详细记载,不含与本章前两节重复信息,涉及休宁县牌坊方面的文字如下:

　　……
　　各坊附曰:
　　激扬坊　在察院左,今废。
　　近民坊　在县前,知县宋国华[1]建。
　　东南邹鲁坊　在县学前。
　　……
　　贞肃坊　在县署左,御史金辉。
　　牧爱坊　在县署右,知府谢恭。

---

[1]康熙《休宁县志》卷四《官师·名宦·明》载:"宋国华　号霁州,江西奉新人。性刚敏,人言不易入。甫任,决疑狱以十数,吏以忤上尝之,国华斥焉。清赋轻役,视前减三之一已。视邑志修于篁墩太史几六十年,嘱邑博士临海徐滋,汝阳王璋,诸生吴宗尧、金时中、陈有守、徐良玉、金珙、汪塪开局编辑,义例务协,舆论称全书。擢去,士民碑之东门,淇御史垣为记。"嘉靖二十四年到任,由进士历布政。

进士坊　在隅都有二十四：……，一吴瓒[1]，一汪玄锡[2]，一林时[3]，一查应兆[4]，一戴静夫[5]，一查懋光[6]，一黄福[7]，一戴章甫[8]，一汪埧[9]，一邵龄[10]，一程廷策[11]。

经魁坊　在隅都有六：一吴诚[12]，……，一俞一木[13]，一俞指南[14]。

---

[1]嘉靖《徽州府志》卷十三《选举中·科第·国朝》载："**吴瓒**　字廷瑾，休宁人。两浙盐运使。"弘治十七年举人，正德二年进士。

[2]见第二章第三节脚注汪玄锡传。

[3]嘉靖《徽州府志》卷十三《选举中·科第·国朝》载："**林时**　字懋易，汝阳籍。翰林庶吉士修撰，国子监司业，终南京通政司右通议。"正德十一年举人，十二年进士。

[4]嘉靖《徽州府志》卷十三《选举中·科第·国朝》载："**查应兆**　字瑞徵，休宁人。长州县籍。广东左布政。"正德八年举人，十六年进士。

[5]嘉靖《徽州府志》卷十三《选举中·科第·国朝》载："**戴静夫**　字应山，休宁隆阜人。南京户部主事。"正德八年举人，嘉靖二年进士。

[6]嘉靖《徽州府志》卷十三《选举中·科第·国朝》载："**查懋光**　字允谦，休宁人。太医院籍。应兆子，中顺天举人，刑部四川司主事。"

[7]嘉靖《徽州府志》卷十六《名贤·国朝》载："**黄福**　字子谦，休宁黄村人。登进士，除兵部主事，进武选郎中。司礼中涓鲍姓者为从子乞锦衣百户，旨下，福执奏不予锦衣。凡以罪调他卫，夤缘渐复，福一切裁之。疏言时事，抗直不挠。久之，报福建参议，掌司事不入一钱，以部讹误谪判饶州。寻迁至浙江佥事，开城河，疏湘湖，尤多遗惠。升湖广参议。卒，崇祀乡贤。"嘉靖元年举人，八年进士。

[8]康熙《休宁县志》卷六《人物·宦业·明》载："**戴章甫**　字元礼，上溪口人。性颖敏和易。家贫，得师友力，斋盐苦学十余年，博涉子史，文气豪迈。嘉靖丁酉，领乡荐，登辛丑进士。授民部主事，即岿然自树立，恪恭厥职。寻给饷边陲，宣府吏士称之。继管太仓，出纳惟慎，绝苴谒投，积蠹仓庾一肃。时有役胥为部尚书所属，意恃弗敬，章甫去之。胥胜谤部，尚书怒曰：'不允告休。'沐晨夜邃，过典唱酬文书，至废寝食遂成疾。医误方脉，病益亟。署寝旧有宦寺床，命从者撤之，曰：'吾得正而毙焉。'与家人诀'以未能报酬君父恩为恨'。言毕而逝。铨部郎海盐郑晓、同年浮梁曹田宪皆哭以文辞，有'春藻秋霜，白贲黄裳，自许齐古人，共誓肩纲常'之语，'人信其非阿私'云。"嘉靖十六年举人，二十年进士。

[9]嘉靖《徽州府志》卷十三《选举中·科第·国朝》载："**汪埧**　字仲弘，休宁上溪口人。福建参议。"嘉靖十六年举人，二十三年进士。

[10]嘉靖《徽州府志》卷十三《选举中·科第·国朝》载："**邵龄**　字子延，休宁西门人。浙江宁绍兵备副使。"嘉靖二十二年举人，二十九年进士。

[11]嘉靖《徽州府志》卷十三《选举中·科第·国朝》载："**程廷策**　字汝扬，休宁临溪人。今任辰州府知府。"嘉靖三十一年举人，三十二年进士。

[12]嘉靖《徽州府志》卷十三《选举中·科第·国朝》载："**吴诚**　字存之，休宁溪口人。永城知县。"嘉靖四年举人。

[13]嘉靖《徽州府志》卷十三《选举中·科第·国朝》载："**俞一木**　休宁溪口人。经魁。今任同知。"嘉靖三十四年举人。

[14]嘉靖《徽州府志》卷十三《选举中·科第·国朝》载："**俞指南**　字叔明，休宁溪西人。经魁。"嘉靖四十三年举人。

举人坊　在隅都有六十四：一程尚[1]，一汪（永）〔求〕[2]，一曾用济[3]，一程山[4]，一何润[5]，一程全寿[6]，……，一程道隆[7]，一戴冕[8]，……，一许远[9]，一吴彬[10]，一黄仲余[11]，一查琳[12]，一吴贤[13]，……，一方崖[14]，一张

---

[1]康熙《徽州府志》卷九《选举志上·科第·明》载："**程尚**　字梦易，休宁汊口人。惠州府通判。"洪武二十六年举人。

[2]康熙《休宁县志》卷五《选举·乡举·明》载："**汪求**　字好古，十泽人。"洪武二十九年举人。

[3]嘉靖《徽州府志》卷十三《选举中·科第·国朝》载："**曾用济**　休宁人。浙江宁波教谕。"永乐十五年举人。

[4]康熙《休宁县志》卷五《科第·乡举·明》载："**程山**　字体仁，二十五都人。湖广靖州经历。"永乐十八年举人。

[5]嘉靖《徽州府志》卷十三《选举中·科第·国朝》载："**何润**　字道克，休宁率口人。"永乐二十一年举人。

[6]嘉靖《徽州府志》卷十三《选举中·科第·国朝》载："**程全寿**　字孟康，休宁黄石人。宁海判官。"宣德元年举人。

[7]嘉靖《徽州府志》卷十三《选举中·科第·国朝》载："**程道隆**　字文昌，休宁富溪人。思恩军民通判。"正统九年举人。

[8]康熙《休宁县志》卷五《科第·乡举·明》载："**戴冕**　字惟端，上溪口人。四川巴县籍。乡试第一名，知华亭县。"景泰四年举人。

[9]嘉靖《徽州府志》卷十三《选举中·科第·国朝》载："**许远**　字仲明，休宁厚街人。"永乐十八年举人。

[10]嘉靖《徽州府志》卷十三《选举中·科第·国朝》载："**吴彬**　休宁石田人。新野教谕。"永乐十二年举人。

[11]康熙《休宁县志》卷五《科第·乡举·明》载："**黄仲余**　字庆夫，黎阳西乡人。任行人司行人，诏催督广东粮饷，卒于官。"永乐九年举人。

[12]嘉靖《徽州府志》卷十三《选举中·科第·国朝》载："**查琳**　休宁西门外人。宁波府通判。"宣德元年举人。

[13]康熙《休宁县志》卷六《人物·宦业·明》载："**吴贤**　字思齐，上溪口人。以《春秋》领乡荐，授山西辽州知州。州地险民顽，任者鲜终其职。贤莅任，仁爱廉慎，民甚德之。监司书其绩曰：'学优足以居官，才敏足以济事。'再考，书其绩曰：'清慎勤终，考将有殊擢。'以老病辞归，民遮道而泣。"景泰元年举人。

[14]康熙《徽州府志》卷九《选举志上·科第·明》载："**方崖**　字汝高，休宁大坑人。德兴知县。"天顺二年举人。

宗道[1]，一李时[2]，一汪道[3]，一吴拯[4]，一范初[5]，一许贵[6]，一李（模）〔谟〕[7]，一金约[8]，一金宠[9]，一汪如珍[10]，一黄文光[11]，一陈有容[12]，一朱

[1]康熙《徽州府志》卷九《选举志上·科第·明》载："**张宗道**　字士鲁，休宁小硕人。上津知县。"弘治八年举人。

[2]康熙《徽州府志》卷十四《人物志三·宦业·明》载："**李时**　字惟中，休宁流口人。弘治戊午举人。知龙泉县，迁严州府通判，常例一无所入。海宁患海潮，累堤不就，上台已嘱时。时斋沐以祷，逾月而成。升本府同知，民树碑以志去思。时为人方正严毅，初在成均，与张孚敬善，及孚敬为相，时三觐京师不通私谒。孚敬遣人通故旧，时谨谢而已。"弘治十一年举人。

[3]康熙《休宁县志》卷六《人物·宦业·明》载"**汪道**　字世行，充山人。由举人授湖广醴陵令，区画差役，醴陵世守行之。遭母丧，起复入京，建言十事皆谠论，下廷议行之。补江西新昌令，政绩丕著。寻自陈致仕。既归，足迹不入城府。"天顺二年举人。

[4]康熙《徽州府志》卷九《选举志上·科第·明》载："**吴拯**　字济民，休宁大溪人。大名知县。见《绩学传》。"弘治十四年举人。

[5]嘉靖《徽州府志》卷十三《选举中·科第·国朝》载："**范初**　字世元，休宁林塘人。山西隰州知州。"弘治十七年举人。

[6]嘉靖《徽州府志》卷十三《选举中·科第·国朝》载："**许贵**　字良贵，休宁人。"弘治十七年举人。

[7]嘉靖《徽州府志》卷十三《选举中·科第·国朝》载："**李谟**　字世陈，休宁流口人。福安知县。"正德二年举人。

[8]嘉靖《徽州府志》卷十七《宦业·国朝》载："**金约**　字用博，休宁西山人。领乡荐，署唐县教谕。流贼猖炽，约集诸生为有司筑城守具且身首登，贼伏射中胠右即令人以刀取镞，奋激坚守弥月，贼知有备，夜遁。事闻诏下，念其忠义，补江西信丰县学，以节行文章称。寻升国子助教。祀名宦乡贤。所著有《守斋文集》。"正德二年举人。

[9]嘉靖《徽州府志》卷十三《选举中·科第·国朝》载："**金庞**　字良辅，休宁西山人。南城教谕。"正德五年举人。

[10]嘉靖《徽州府志》卷十三《选举中·科第·国朝》载："**汪如珍**　字廷辉，休宁上资人。西华县知县。"正德八年举人。

[11]嘉靖《徽州府志》卷十七《宦业·国朝》载："**黄文光**　字应奎，休宁黄村人。领乡荐，授冠县令。市猾数辈，故常为民害，光廉得其状，曰'爱嘉禾者去莨莠'，悉置之法。岁旱民饥，文光竭诚露祷，大雨如注。文光重义乐施，与士人有待，以'举火者'称，以'晏子'云。"正德八年举人。

[12]嘉靖《徽州府志》卷十三《选举中·科第·国朝》载："**陈有容**　休宁东南隅人。见《孝友传》。"嘉靖元年举人。

存莹[1]，一吴旦[2]，一詹敬[3]，一金用[4]，一何其贤[5]，一程燮[6]，一程鸣鹤[7]，一俞乔[8]，一吴道〔立〕[9]，一汪惟一[10]，一项惟祯[11]，一毕乔，一杨旦[12]，一金幼芥[13]，一吴景明[14]，一程时言[15]，一张子泉[16]，一俞一兰[17]，一汪克

---

[1]嘉靖《徽州府志》卷十三《选举中·科第·国朝》载："**朱存莹**　字本静，休宁人。金华知县。"嘉靖四年举人。

[2]康熙《休宁县志》卷五《科第·乡举·明》载："**吴旦**　字启东，梢云人。西南府知府。"嘉靖七年举人。

[3]嘉靖《徽州府志》卷十三《选举中·科第·国朝》载："**詹敬**　字时吉，休宁流塘人。以文知名，在南雍时，六馆推之，文体为变。"嘉靖七年举人。

[4]嘉靖《徽州府志》卷十七《宦业·国朝》载："**金用**　字九夫，改名曰鋪，休宁峡东人。举于乡。令邹县，以赈民事与郡守相左，调翁源。有冶铸者据山险为椎埋，害民数十年，用单舆抵庐谕之，即伏地拜散去。王相以豪贵跆籍乡邑，用置于法，而悉考竟其党数十人。郡命巡视海舶，不增资就赋，夷人感激，匾其名为故盛令同揭舶上。升儋州。卒于官。"嘉靖十年举人。

[5]嘉靖《徽州府志》卷十三《选举中·科第·国朝》载："**何其贤**　字少愚，休宁万安人。今任江西道监察御史。"嘉靖十年举人

[6]嘉靖《徽州府志》卷十三《选举中·科第·国朝》载："**程燮**　字赞元，休宁蟾溪人。林县知县。"嘉靖十三年举人。

[7]嘉靖《徽州府志》卷十三《选举中·科第·国朝》载："**程鸣鹤**　字于皋，休宁瑶干人。同知。"嘉靖十六年举人。

[8]嘉靖《徽州府志》卷十三《选举中·科第·国朝》载："**俞乔**　字子迁，休宁万安人。大田知县。县近边，乔至兴学，与民更化，旧锻铁户进馈赞例金千余，乔尽屏去。流贼薄城，率民捍御露宿凡七昼夜，贼遁去。以感岚气殁，无以为殓，士民立碑记德。"嘉靖十九年举人。

[9]嘉靖《徽州府志》卷十三《选举中·科第·国朝》载："**吴道立**　字敬成，石岭人。浙江籍试。"嘉靖二十二年举人。

[10]嘉靖《徽州府志》卷十三《选举中·科第·国朝》载："**汪惟一**　字士贞，休宁石田人。通判。"嘉靖二十五年举人。

[11]嘉靖《徽州府志》卷十三《选举中·科第·国朝》载："**项惟祯**　字徽周，休宁溪阳人。南漳知县，有惠政。"嘉靖二十五年举人。

[12]嘉靖《徽州府志》卷十三《选举中·科第·国朝》载："**杨旦**　字明甫，休宁板桥人。今任青州府通判。"嘉靖二十八年举人。

[13]嘉靖《徽州府志》卷十三《选举中·科第·国朝》载："**金幼芥**　休宁五城人。东流县籍。"嘉靖二十八年举人。

[14]嘉靖《徽州府志》卷十三《选举中·科第·国朝》载："**吴景明**　字阳复，休宁茑山人。"嘉靖三十一年举人。

[15]嘉靖《徽州府志》卷十三《选举中·科第·国朝》载："**程时言**　字克中，休宁芳干人。"嘉靖三十一年举人。

[16]嘉靖《徽州府志》卷十三《选举中·科第·国朝》载："**张子泉**　休宁人。"嘉靖三十四年举人。

[17]嘉靖《徽州府志》卷十三《选举中·科第·高潮》载："**俞一兰**　休宁溪西人。今任知县。"嘉靖三十四年举人。

仁^[1]，一金世和^[2]，一汪廷元^[3]，一金淑滋^[4]，一李彦^[5]，一许榜^[6]，一刘尧
锡^[7]，一闵宗舜^[8]，一范涞^[9]。

……

绣衣坊　在隔都有四：……；一在安岐，谢志道；……；一庙山岭，何
其贤。

……

学士坊　程敏政。

……

台宪坊　有二：一在庙山岭，副使邵龄；一在梅林，佥事汪大章。

司谏坊　有二：一在梢云吴田，给事中吴牧^[10]；一在陪郭，给事中汪
玄锡。

郡牧坊　在南街，同知陈有容。

秋官坊　在前源，员外谢恭。

武选大夫坊　在董干岭，郎中黄福。

世第坊　有二：一城北，一曹村。

---

[1]嘉靖《徽州府志》卷十三《选举中·科第·国朝》载："**汪尧仁**　字守心，休宁西门人。"嘉靖三十四年举
人。康熙《休宁县志》卷五《选举·乡举·明》载："**汪克仁**　改尧仁，字守心，西门人。知柏乡县。"

[2]嘉靖《徽州府志》卷十三《选举中·科第·国朝》载："**金世和**　休宁五城人，东流籍。"嘉靖三十七年
举人，知福山县。

[3]嘉靖《徽州府志》卷十三《选举中·科第·国朝》载："**汪廷元**　字汝应，休宁石圳人。"嘉靖四十年
举人。

[4]嘉靖《徽州府志》卷十三《选举中·科第·国朝》载："**金淑滋**　字汝霖，休宁峡东人。江都籍。"嘉靖
四十年举人。

[5]嘉靖《徽州府志》卷十三《选举中·科第·国朝》载："**李彦**　休宁流口人。望江籍。"嘉靖四十年
举人。

[6]嘉靖《徽州府志》卷十三《选举中·科第·国朝》载："**许榜**　字登之，休宁夏汶溪人。"嘉靖四十三年
举人。

[7]嘉靖《徽州府志》卷十三《选举中·科第·国朝》载："**刘尧锡**　字元圭，休宁邑前人。"嘉靖四十三年
举人。

[8]嘉靖《徽州府志》卷十三《选举中·科第·国朝》载："**闵宗舜**　字惟孝，休宁万安人。"嘉靖四十三年
举人，知上高县，补饶阳。

[9]嘉靖《徽州府志》卷十三《选举中·科第·国朝》载："**范涞**　字本易，休宁林塘人。"嘉靖四十三年举
人，万历二年进士。

[10]嘉靖《徽州府志》卷十二《选举上·荐辟·国朝》载："**吴牧**　字彦守，休宁梢云吴田人。从成靖难
功，举授纪善，迁工部给事中兼司经局校书。"永乐年间荐辟。

郡宪坊　板桥推官杨奎[1]。

父子登科坊　在溪西,俞琏[2]、俞一木。

世科坊　在上溪口,汪应奎[3]等立。

科贡双隽坊　在演口,举人胡文孚[4]。

……

中翰坊　在上山,中书吴瀛[5]。

世德聚魁坊　在流口,举人吴迪[6]等。

彩凤联飞坊　在董干岭,举人汪应奎、吴旦、胡文孚、曹鼎[7]、吴诚、程燮、金用、何其贤、程鸣鹤、戴章甫、汪垍。

多士坊　在庙山岭,举人俞乔、邵龄、吴道立、汪惟一、项惟祯、杨旦、金幼芥、吴景明、程廷策、程时言、俞一木、张子泉、俞一兰、汪克仁、胡良俸[8]、汪(渡)〔度〕[9]、金世和、范伯荣[10]。

百岁坊　在上溪口,寿官汪齐。

---

[1]康熙《休宁县志》卷五《选举·贡士·明》载:"**杨奎**　字焕章,板桥人。廷试第一,授浔州府推官,出冤辟,法悍卒,郡中称平。著《芳溪集》《含藏窝稿》。"嘉靖二十一年贡士。

[2]嘉靖《徽州府志》卷十三《选举中·科第·国朝》载:"**俞琏**　字子荐,休宁溪西人。龙溪知县,立告约四十条,善政多可记云。"正德二年举人。

[3]嘉靖《徽州府志》卷十三《选举中·科第·国朝》载:"**汪应奎**　字文明,休宁人。广州府通判,平寇升俸一级,任九年,申准致仕。"嘉靖四年举人。

[4]嘉靖《徽州府志》卷十三《选举中·科第·国朝》载:"**胡文孚**　休宁演口人。南京工部员外郎。"嘉靖十三年举人。

[5]康熙《休宁县志》卷五《选举·舍选·明》载:"**吴瀛**　字惟登,商山人,武英殿中书舍人。"嘉靖年间舍选。

[6]嘉靖《徽州府志》卷十三《选举中·科第·国朝》载:"**吴迪**　字子吉,教□□子,休宁流口人。山东寿光县教谕,升郓城知县。"正德五年举人。

[7]嘉靖《徽州府志》卷十三《选举中·科第·国朝》载:"**曹鼎**　字维新,休宁曹村人。初令南阳,调盐山,升高州同知,革弊甦困,剿盗兴学,监司有召,父杜母奖荐,民为立亭。"嘉靖十年举人。

[8]嘉靖《徽州府志》卷十三《选举中·科第·国朝》载:"**胡良俸**　休宁人。"嘉靖三十七年举人。

[9]嘉靖《徽州府志》卷十三《选举中·科第·国朝》载:"**汪度**　休宁兖山人。"嘉靖三十七年举人。

[10]嘉靖《徽州府志》卷十三《选举中·科第·国朝》载:"**范伯荣**　字履仁,休宁林塘人。"嘉靖三十七年举人。

科贡题名坊　在板桥，为进士杨伟[1]，贡士杨康[2]、杨凤[3]，贡元杨奎，举人杨旦。

地官坊　在齐宁门外，封户部主事邵万[4]。

双寿承恩坊　在万安街，封江西道御史何积[5]。

薇省驰封坊　在王宁门外，封中书舍人吴柱[6]。

崇贤坊　在上资，为乡贤汪如玉[7]立。

……

贞节坊　在隅都有九，见各乡妇传。

……

父子进士坊　在县前街，查秉彝[8]、查志立。[9]

二、小结

鉴于"贞节坊""在隅都有九"具体坊主不明，且后文道光《徽州府志》卷十三《人物三·列女》中休宁节孝贞烈信息非常多，为避免重复统计，此处9座节孝贞烈坊不纳入本节休宁新增牌坊中统计。

---

[1]嘉靖《徽州府志》卷十三《选举中·科第·国朝》载："**杨伟**　休宁板桥人。南康县教授。"淳熙二年进士。

[2]嘉靖《徽州府志》卷十二《选举上·岁贡·国朝》载："**杨康**　字迪吉，休宁人。阳山训导。"正统十四年贡士。

[3]康熙《休宁县志》卷五《选举·贡士·明》载："**杨凤**　字子仪，板桥人。庆元县丞。"成化二十二年贡士。

[4]嘉靖《徽州府志》卷十四《选举下·恩荫》载："**邵万**　弘治间游吴兴，贷张定六输官银千两。张死家贫，万即出券焚之。嘉靖癸卯，人梦张持金八千来偿。是秋，子龄举于乡，咸以为其报云。以子龄贵封户部主事，配程氏赠安人，继金氏封太安人。"

[5]嘉靖《徽州府志》卷十四《选举下·恩荫·国朝》载："**何积**　宽厚诚直，有长者风。里人望风质成，服其高义，以子其贤贵封监察御史，配金氏封太孺人。"

[6]嘉靖《徽州府志》卷十四《选举下·恩荫·国朝》载："**吴柱**　以子瀛贵赠中书科舍人，配〇氏赠孺人。"

[7]嘉靖《徽州府志》卷十七《宦业·国朝》载："**汪如玉**　字德温，休宁上资人。居家以孝友称，所得学廪辄分济具族人。以贡授福宁州训导，却私馈，士有□学而贫者周之。卒于官。祀名宦。"正德五年贡士。

[8]嘉靖《徽州府志》卷十二《选举中·岁贡·国朝》载："**查秉彝**　字性甫，浙江海宁籍，太常寺卿。"嘉靖十七年进士。

[9](嘉靖)徽州府志　(弘治)休宁志[M]. 北京：书目文献出版社，1998:30-31.

综上,嘉靖《徽州府志》中休宁新增牌坊99座:科举功名坊92座(进士坊11座,经魁坊3座,举人坊53座,绣衣坊2座,台宪坊2座,司谏坊2座,世第坊2座,其他坊名坊17座),景观坊3座(激扬坊,近民坊,东南邹鲁坊),百岁期颐坊2座(百岁坊,双寿承恩坊),封赠例授坊2座(地官坊,薇省貤封坊)。

第四节　康熙《休宁县志》中的牌坊

康熙《休宁县志》卷一《方舆·坊市》、卷二《建置·坊表》和卷六《人物·列女》,均记载有休宁牌坊。

一、卷一《方舆·坊市》中的牌坊

康熙《休宁县志》卷一《方舆·坊市》有牌坊方面的内容:

……

硕儒里　柳塘先生汪莘[1]旧居。

名儒世里　为元征士汪士逊[2]、子安甫、孙衮明,逸士德[3]、德弟善等题立。

---

[1]康熙《休宁县志》卷六《人物·儒硕·宋》载:"汪莘　字叔耕,西门人。幼不羁,长卓荦,有大志。不肯降意场屋之文,退安丘园,读《易》自广,凡韬钤释老诸书,靡不究习。屏居黄山。嘉定间,诏求言,遂三扣阍,论天变、人事、民穷、吏污之弊。杨慈湖、真西山见曰:"真爱民忧国之言也!"不报。时朱子召赴经筵,未至。莘逆通书言:"财不待先生而富,兵不待先生而强,惟主上父子之间所不能济者待先生而济。若惮于为父子深爱之本,而利于为体貌臣工之末,以是为治,未有能久者。今日之事,先生建明稍缓,窃恐言者已伺其后是,非不能为天下学道者之地,亦恐不能为后世学道者之地。"朱子深重之,用其言。徐贰卿谊帅江东日,谓其履行素高,移檄本郡,使备笔札,抄录著述,欲以遗逸荐于朝,不果。筑室柳塘上,自号'方壶居士'。著有《柳塘集》。"

[2]康熙《休宁县志》卷六《人物·隐逸·元》载:"汪士逊　字宗礼,南门人。性资温厚,不喜华侈,日坐隐一室中,研精理学,博极群书。贞元间,征为休宁县教谕。尝倡新本县学宫,教授拱辰陈公为文载其事,详见《儒学碑记》。及门,深沐教泽。以功德祀本学遗教祠。至元间,复辟南轩书院山长,益阐周、程、张、朱诸先儒宗旨,化洽乡闾,人多悦服。"

[3]康熙《休宁县志》卷六《人物·隐逸·明》载:"汪德　字以名,南街人。精研理学,屡征不仕。善鼓琴工诗,著《袜线集》,列《新安文献志》,学者称为'尚古先生'。"

名贤里　在南街，为陈栎[1]、陈宜孙[2]、陈有容。郡牧坊改此。

勋贤坊　在崇寿观左，为宋尚书金公肃。

名宦坊　在北门，为国初吴令朱珍[3]。

……

贤俊奋庸　在学西路首，即典贤坊旧基，曾令[4]用旧废坊石改建。[5]

上述6座牌坊中，"名贤里"系由"郡牧坊改此"，而"郡牧坊"已见于本章第三节，故未见于本章前三节的牌坊共5座：科举功名坊3座，惠民德政坊1座（名宦坊），景观坊1座（贤俊奋庸坊）。

[1]康熙《休宁县志》卷六《人物·儒硕·元》载："**陈栎**　字寿翁，藤溪人。生三岁，祖母吴氏口授《孝经》《论语》，辄成诵。五岁入小学，即涉猎经史。七岁通进士业。年十五，乡人皆师之。宋亡科举废，栎概然发奋，致力于圣人之学，涵濡玩索，贯穿古今，尝以谓'有功于圣门者，莫若朱熹氏'。熹殁未久，而诸家之说往往乱其本真，乃著《四书发明》《书传纂疏》《礼记集义》等书，亡虑数十万言。凡诸儒之说，有畔于朱氏者刊而去之，其微辞隐义则引而伸之，而其所未备者复为说以补其阙，于是朱氏之说大明于世。延祐初，诏以科举取士，栎不欲就试，教授于家，不出门户者数十年。性孝友，尤刚正。日用之间，动中礼法。与人交不以势合，不以利迁。善诱学者，谆谆不倦。临川吴澄尝称：'栎有功于朱氏为多。'凡江东人来受业于澄者，尽遣而归栎。栎所居堂曰'定宇'，学者因以'定宇先生'称之。元统二年卒，年八十三。揭傒斯志其墓，乃与吴澄并称，曰：'澄居通都大邑，又数登用于朝，天下学者四面而归之，故其道远而章尊而明；栎居万山间，与木石俱，而足迹未尝出乡里，故其心学待其书之行天下乃能知之，及其行也，亦莫之御，是可谓豪杰之士矣。'世以为知言。"

[2]康熙《休宁县志》卷六《人物·宦业·元》载："**陈宜孙**　字行可，东南隅人。开庆元年廷对，已在乙科，以语侵权贵，降同进士出身，授江州瑞昌县主簿。寻试，教官科主司读其文，击节以取，旨格不下，时誉惜之。赵日起镇姑孰，辟充干官，大讼疑狱，悉委裁决，咸得其实。调常州教授，未赴。至元初，草窃蠭起，宜孙殚智毕虑，勉相保聚，一境无虞。行省差知本县事，以籼米代输粳米，民甚便之。居三年，乡邑大治。江东宪使奥屯茜鲁行部，礼请充郡庠教授。时经兵燹，学宫蹂于戎卒，宜孙乃大新之。授将仕郎，知开化县。县俗素悍甚，民刘元五等倡乱，乃戮其渠魁十余人，收降余众不费一矢。迁通州判官，绰有能名。所著有《弗斋集》《汴梁吟稿》。"开庆元年进士。

[3]康熙《休宁县志》卷四《官师·名宦·明》载："**朱珍**　字仲理，仪真人。元末从官九江，明初甲辰以荐授知县，勤政著绩，建县四门。洪武元年终于任，子孙家焉。"

[4]康熙《休宁县志》卷四《官师·名宦·明》载："**曾乾亨**　字子健，吉水人。由合肥令调。至性严毅，朔望视学肃诸生，讲书刑狱。详悉务输两造括地今下，单车周行四境，定则壤，称均平。已值大造青黄册，大加厘正，凤弊一清。鞫伪券，杜请托，表孝节，善政种种。擢监察御史，祀名宦。"

[5](康熙)休宁县志[M].台北：成文出版社，1974：199-201.

二、卷二《建置·坊表》中的牌坊

关于坊表,与本章前三节所查阅的三部志书明显不同,康熙《休宁县志》卷二《建置·坊表》有三方面的重要变化:一是对牌坊按表彰对象分类,分为"科目""封赠""例授"和"旌表"四类,这为辨识牌坊纪念类型提供了方便;二是在"科目"类中,除了洪武丁丑至隆庆朝20座进士坊未分朝代外,其余90座牌坊(明代88座,清代2座)又按朝代分类,这为辨识休宁嘉靖四十五年之后的牌坊提供了方便;三是出现了"公建"二字,明确告诉我们除了"公建"目下4座科举功名坊,其他牌坊为坊主和(或)其族人建造。

> 科目、封赠、例授、旌表、公建坊,大约以朝代为次。
> 科目
> **进士坊** 洪武丁丑至隆庆朝,凡二十:⋯⋯;高宅,为吴应奎[1];⋯⋯;在霞汉,为程朝京[2];在小阀,为张应扬[3]。
> 洪武:

---

[1]康熙《休宁县志》卷五《选举·进士·明》载:"**吴应奎** 字于宿,高泽人。福州知府。"嘉靖十三年举人,十三年进士。

[2]康熙《休宁县志》卷六《人物·宦业·明》载:"**程朝京** 字元直,霞汉人。进士。授江西鄱阳令。邑赋因里役代输多积通,京立周知实征二册,课遂如额。靖难时,胡廷尉闰殉节,坐成者数十家已二百余年。适过赦诏,京遂按籍除之,且祠廷尉于芝山。岁大饥,捐赎二千金,畀富民市谷分十二区,至春平粜,存活甚众。陶门乘荒倡乱,凿鹊湖之矿,推蓝芳威为帅,众六千一夕造寨三百余所。京悉,令居民各照保甲归守,丁壮去鹊湖一舍而阵,贼势窘,遂降;又力言芳威于上官,贷死戍边,卒为名将。举卓异,得南刑部主政,晋礼部郎,升泉州守。府治为韩魏公梓里,有忠献祠址,京为重建,并梓其文集。寻告养母病,衣不解带,殁,庐墓三载。服阕,补永平守。时税珰方炽,京议以他费充税,毋扰民,珰忿甚,聚恶少将为变,京悉锄之。又因湾水运天津粮至阀家口省辇输数倍,晋漳南宪副。"万历元年举人,十一年进士。

[3]康熙《休宁县志》卷六《人物·宦业·明》载:"**张应扬** 字以言,小阀人。颖悟力学,登进士。初令兰溪,俗多溺女,下令存活无算。所拔士多,一时髦俊邻邑欲移税,坚执不从。岁饥,捐俸置社仓,旱祷雨立应,兰人先后两祠焉。迁贵州,道多所建,白巡京庾,庾政以清,疏速徵辟、爱惜人才、批决章奏等事。按滇南,属顺宁代、侯二寇搆兵仇杀,应扬筹策匡定。复奉旨勘功次,赐上方金。会命兼恤刑滇南,平反冤抑。复按闽,闽豪先为中使所踞,力复之,一意裁省,民困以纾。建难作歼厥渠魁,以疾入漳,尤力视事,慑仗税使不能逞,奋笔出冤系十余人卒。性笃孝友,视伯氏如父、叔氏遗孤如子,禄饩田宅,悉推与共。善属文工诗,著有《星轺草》《忠勤堂集》《澄清堂稿》《畿省奏疏》。闽人祠祀之。"万历十年举人,十一年进士。

......

永乐：

......

宣德：

......

正统：

......

景泰：

......

天顺：

父子尚书 在陪郭，为兵部程信，礼部程敏政。崇祯辛巳毁，癸未年重建。

......

弘治：

......

文魁 大坑口，为举人方（荣）〔莒〕[1]。

......

莘英 在梅林，为举人汪大有[2]。

嘉靖：

......

桥梓联登 在大溪，为举人吴拯、贡元吴良璧[3]，父子进士。今废。

......

司元坊 在董干，为户部封主事程盖兴[4]、郎中廷策。

......

隆庆：

---

[1]康熙《休宁县志》卷五《选举·乡举·明》载："**方莒** 字时用，大坑人。亚魁，山东阳信县教谕。"弘治二年举人。

[2]康熙《休宁县志》卷五《选举·乡举·明》载："**汪大有** 字一谦，梅林人。普定卫籍。知金华县。"正德十一年举人。

[3]康熙《休宁县志》卷五《选举·贡士·明》载："**吴良璧** 字仲昆，大溪人。吴拯子。汉阳府训导。"嘉靖十九年贡士。

[4]康熙《休宁县志》卷五《选举·封赠·明》载："**程盖兴** 字文作，临溪人。以子廷策封户部主事。"

郡英汇拔 在庙山岭,为丁卯科胡宥[1]、张应元[2]、王宗本[3]、程子侃[4]、

---

[1]康熙《休宁县志》卷六《人物·宦业·明》载:"**胡宥** 字子仁,百石充人。受博士《易》,聚徒讲业,阁弟子室无所容。登进士,授长垣令,平狱讼,省租庸,缮城新学,长垣祠祀之。征南御史,时江陵柄国御史傅应祯以言事编成伍,特疏请释之。奔生母丧,庐居。率诸父老改学宫,竖尊经阁,出藏书贮之。服除,补河南道,代守苍梧,所至申功令,兴学造士。兼摄广东盐法佐军,兴用兵八寨,御史记功,功成赐尚方金币。会新令尽废天下书院,疏请程明,道不当废,江陵嘻之。左迁毕节金事,入境首励学官,茸诸卫颓毁,捐俸优诸材,官驿舍、桥梁莫不完缮。时廷议相寿宫,宥以习圭测,扈上幸山陵,规画称旨,赐金帛,再与宴七,盖异数云。还黔,卒,毕节哀之,为创名宦祠。时遂任有二仆,一刲股疗病,一刎颈欲殉死,皆令德所感。居常加志文学,惇厚人伦,居父母三丧,屡然骨立,友爱仲季,授之家,柄无间言。祀乡贤。"隆庆元年举人,五年进士。

[2]康熙《休宁县志》卷六《人物·文苑·明》载:"**张应元** 字子贞,岭南人。生而开朗,善属文,试辄高等。隆庆初,领乡荐。辛未,中十七魁,时年二十有六。选庶吉士,晋检讨。甲戌,奉册封益藩,主湖广试,称得人。既撤棘,叹吴化卷,曰:'此元卷也,以来解预期之。'吴,戊子果发解。升修撰,以纂修《会典》成,升宫洗。念母老,乞养。日纂辑《古今书史》,欲成一家之言。未脱稿,卒。有《涌云集》行世。"隆庆元年举人,五年进士。

[3]康熙《休宁县志》卷五《选举·乡举·明》载:"**王宗本** 字世端,美俗门人。知衡阳县,升卫辉府同知、汉阳府知府。"隆庆元年举人。

[4]康熙《休宁县志》卷五《选举·乡举》载:"**程子侃** 字仲言,黄茅人。云南徵江知府。"隆庆元年举人。

詹景凤[1]、王之臣[2]、金大(后)〔绶〕[3]、曹诰[4]、叶时新[5]、黄金色[6]、凌云鹏[7]、

[1]康熙《休宁县志》卷六《人物·文苑》载:“**詹景凤** 字东图,流塘人。性豁达,负豪爽,侃侃好谈论,壮举于乡,授南丰谕。丁外艰,南士为结桂亭碑。续补麻城,升南翰林院孔目,复升南吏部司务。风流文藻,东南士归之。谪保宁教授,奇益部山川,轻车周览,所至题咏几遍。升平乐府判,分署列邑,推奖誉髦,苗风丕变。以疾卒于官。雅好恢谐。抵掌古今成败,历历可数,人言‘癖古如倪元镇,博洽如桑民怿,书法如祝希哲,绘画如文徵仲’。所著有《西游稿》《詹氏性理小辩》《画苑》《字苑》诸书。”隆庆元年举人。

[2]康熙《休宁县志》卷六《人物·风节·明》载:“**王鏻** 号见庵,原名之臣,北城人。由进士授浙鄞令,以廉法称。邑有海船数百例,必得新合印单而后敢渔,纳公费数百金,鏻却其金,并为严禁,自是三年无海寇。历衢州同治,升户部主政。值地震,因上二疏:一因地震明大义;一条列时政,谓‘天下治乱在君相,人才进退在铨衡,国家是非在台谏,生民休戚在守令,守令贤否在巡按,此古今不易’之论。疏人,甚称上意,指所条列,传示内阁,曰:‘果如此疏,天下何患不太平!’然竟以疏内指斥权贵,左迁后阁。臣列前疏,补刑部员外郎,擢尚玺丞,奉敕恤淮王丧。寻病卒。有古直臣风。”隆庆元年举人,二年进士。

[3]康熙《休宁县志》卷五《选举·乡举·明》载:**金大绶** 字元结,汪溪人。北国子监学正。”隆庆元年举人。

[4]康熙《休宁县志》卷五《选举·进士·明》载:“**曹诰** 字仲宣,曹村人。礼部郎中。”隆庆元年举人,五年进士。

[5]康熙《休宁县志》卷六《人物·宦业·明》载:“**叶时新** 字惟怀,朱村人。由进士初理承天,忧归起补宁波。俗苦溺女,为裁婚礼,申厉禁署县。兴治海塘成,赐将作金币,晋户科给事中。疏论南道各按部株连无辜,诏切责台臣禁绝之。劾罢大卿,请御朝,皆谠论,侍经筵。乙酉,典江西试,得士为多。转吏科右给事中。既守弘农,首兴学校,举废坠括公例二万余,请当逋赋,拜疏斋居,以觊得请。祷亢旱,赈饥馑,流移心力毕竭。郡理李汝珪卒于官,出百金俸为装,遣其幼子,而罢关门之征不当榷者七十条勒之石。升四川按察司副使。卒河南。祀名宦。先是其父玛即世,时新自京邸奔讣徒跣,居丧如礼。己拓市之西偏葺居室,公共六昆,已周族党,率如服属。时巨室倡建无遮佛会于休宁,时新力却之,俗赖以维。修明伦堂、大成殿,皆有成绩详记中。”隆庆元年举人,五年进士。

[6]康熙《休宁县志》卷六《人物·宦业·明》载:“**黄金色** 字练之,龙湾人。浙籍。从钱绪山、王龙溪讲明良知之学。以进士授晋江令,敦教化,厚风俗,预修海防,巨寇曾一本以戢,补任德兴,多善政,两邑士民祠之。升南户部主事,搜奸剔蠹,以严正不阿权相,为给谏某诬罢。逾年,权相故,补南礼部。时曹事简,日从诸公孜孜讲学。会廷议王新建从祀有异同者,金色摭疏中语赋诗与辨识者,韪之。值大旱,上徒步郊祷具疏以纯心格天为言得谕旨。又疏陈六事,曰‘缓刑辟,宽逋负,慎起用,明学术,开言路,严修省’。因忤贵近,移疾归。久之,起南比部郎,历广西参议。道会有忌者,遂致仕。所著有《四书述说》《性鉴蒙求》诸书。”隆庆元年举人,二年进士。

[7]康熙《休宁县志》卷六《人物·宦业》载:“**凌云鹏** 字万里,磅州人。登浙江贤书,授临江司理,谳决多平反。转京兆司理,以明允称。晋太仆丞,转刑部员外郎中,升都匀守,却土司贽例金。时青衿与土司哗,被黜六人,为请于督学,复之。又请岁加弟子员额,裔服多士归功焉。锄强释冤,销兵三年,有‘凌菩萨’之称。致仕归,杜门绝郡邑通谒。著《五经纂要》《修身格言》《三迳文集》《诗集》。”嘉庆元年举人。

汪景莘[1]、查志文[2]。

四俊同升　在陪郭，为辛未科进士张应元、曹诰、胡宥、叶时新。

天朝司直　在南街，为给事中叶时新。

肃纪两台　在芝山前，为御史胡宥。

宗伯大夫　在东街，为仪制司郎中曹诰。

大夫坊　在商山，为知州吴继京[3]。

地官坊　在溪西，为户部郎中俞指南。

肇文世美　芳干，为举人程时言，经魁（恩）〔懋〕德[4]，贡士懋功[5]。

同榜五进士　在南关社前，为癸未科邵庶[6]、张应扬、吴尧臣[7]、程朝京、汪焕。

柱史坊　在小硎，为山东、云南、福建巡按张应扬。

世科第坊　在峡东，为嘉靖辛卯举人金用，辛酉金淑滋，万历丙戌进士

[1]康熙《休宁县志》卷五《选举·乡举·明》载："**汪景莘**　字志尹，干村人。嵩县籍。知临淮县。"隆庆元年举人。

[2]道光《休宁县志》卷九《选举·举人·明》载：**查志文**　隆庆元年举人。

[3]康熙《休宁县志》卷五《选举·乡举·明》载："**吴继京**　字用宾，商山人。任贵溪知县。升广东德庆州知州，未任，自疏致仕。"万历十三年举人。

[4]康熙《休宁县志》卷五《选举·乡举·明》载："**程（恩）〔懋〕德**　字敬甫，芳干人。时言子。"万历四年举人。

[5]康熙《休宁县志》卷五《选举·贡士·明》载："**程懋功**　字仲敏，时言子。任江西清江训导，清谨范士。卒于官。庠士立石志思。"万历二十八年贡士。

[6]康熙《休宁县志》卷六《人物·宦业·明》载："**邵庶**　字明仲，西门人。以进士选翰林院庶吉士，改兵科给事中。首劾骄帅，复因天变陈五事，俱蒙嘉纳。遇事辄直言，如清驿递，并汰运，总冗员，肃察典，坚止中，舍留用。及狂臣饰词市贪、镇臣践扈渎奏等疏，朝论韪之。又疏陈边务迄革、锦衣冒滥、裁戚畹越请，切中时弊，得谕旨，已转刑科右。典山东试，称得人。转户科左，册封鲁藩，不受馈遗。升工科都。淮、泗水荒，入告恳切。会内珰奏修京城角楼，勘估十减七八，有旨委监摄，工成如估，省费不资。优叙，赐金加俸。补礼垣，为外珰所中，引病归。侍父躬视含殓，藉免终天憾。居乡与祝令倡明理学，创还古书院，置恒产供会讲。又倡率建富琅神皋。李令重修县志，总裁最称详核。归田十年，起补礼科都，请上临御及躬祀行，召对并储讲暨论科场事宜，兴旌恤谥，议皆国体之大者。升太常少卿。先是廷推辅臣李晋江，言者多异议，庶念其清介，违众许可。李竟入相会京察报复者，犹藉口前事，遂归。无何国是，定部复搭，催起补，坚卧不出。所著辑《五垣奏议涤》《元馆稿》《宗谱》《邑志》《尚友集》诸书。"万历十年举人，十一年进士。

[7]康熙《休宁县志》卷五《选举·进士·明》载："**吴尧臣**　字师锡，商山人。刑部主事。"万历七年举人，十一年进士。

金继震[1]。

万历：

都谏坊　在西街惠政桥，为礼、工二科都给事中邵庶。

壬辰进士　在陪郭，为巡按贵州、浙江、河南御史金忠士[2]，浙布政司参政吴用先[3]，刑部郎中胡玠[4]。

八柱恩荣　在林塘，为进士范涞，举人范初、范伯荣、范涞，岁贡范隆[5]、

[1]康熙《休宁县志》卷六《人物·宦业·明》载："**金继震**　字长卿，峡东人。进士，授北直浚令。下车值岁凶，即开仓赈，捐俸二百缗设糜，存活甚众。潞王就国道浚议毁石梁通王舟，力持不可，集二邑丁夫，疏小河以济。改义乌令。会公署伙计狱中犯不避将，骈首死因约纵归自来竟无负者，与郡理谳囚雪七人冤，忤意不为诎。擢南礼部主政，因在浚时与当道隙为所中，迁长沙郡。理启藩王归民侵田，行县抑税，珰使者仆其旗，王师讨播委给饷，军典不乏。江中丞奉命征苗，寄以戎行，俘酋吴国佐等，降其众数千。捷闻，赐金半镒，累迁大理寺评事，晋刑部郎中。奉敕钦恤山东、辽左，释冤系重辟四百八十二人。青州民弥禄有从兄利其藏置毒酒中毙之，震行部，禄魂附母诉冤，廉得实，立收抵罪。莱郡长年御人货挝，死卒伍焦承忠魂附李庄媪以诉，为之判决，魂散而媪甦。或谓'非恤臣事'，震曰：'奉命恤，恤死犹恤生也。'竣事报命，课第一。以护于相国丧归还故里。卒于家。"万历十三年举人，十四年进士。

[2]康熙《休宁县志》卷六《人物·宦业·明》载："**金忠士**　字元卿，号丽阳。进士。授乐平令，任七载，卓异，擢御史。会奸弁袁顺时以预征徽宁税狂奏，忠士抗疏争之，事遂寝。巡按贵州，戡定水西，讨洛苗平之，抚降思南。按浙江，赈饥戢兵。按河南，剿巨寇，招流移，中忌者。转福宁道参政，署藩司，篆捐赎锾却羡金，贮库备倭。以平苗功升陕西按察使，管榆林道事。升右布政，擢右佥都御史。巡抚延绥，密布方略，谨烽燧，严斥堠，审间谍，无虚日。以驱除之功荫一子锦衣卫指挥佥事世袭。卒于任。赠兵部右侍郎，赐谕祭全葬。"万历十九年举人，二十年进士。

[3]道光《休宁县志》卷九《选举·进士·明》载："**吴用先**　字体中，长丰人。桐城籍。"万历十九年举人，二十年进士。

[4]康熙《休宁县志》卷六《人物·宦业·明》载："**胡玠**　初名之瑗，字元玉，北山人。少失怙，事母极孝。家贫力学，贯经史，登壬辰进士。宰建安，极意清廉，崇德化会。有兄弟健讼者，令互挞其臂，因感而泣好如初。有讼略卖者，令人潜探其妻，得略券，始伏辜，略风大息。邑赋烦重，奸吏肆渔猎，令民投柜，尽得奸状，裁省冗费，通商惠民，凡兴利除害之事，靡不竭力为之。去之日，民像祝之。擢南刑主事。公余聚在仕诸名公会艺，著有《北山文集》。寻转北户郎，疾剧归里。静摄推守赣州府，命下，卒。建安士民闻而哀悼，请当道祀名宦焉。"万历十六年举人，二十年进士。

[5]康熙《休宁县志》卷五《选举·贡士·明》载："**范隆**　字世用，林塘人。七岁应州郡辟充邑庠生，积学有志，著有《一斋集》。"成化十八年贡士。

范淑淹[1]，赠通奉大夫范岩周[2]、范鉬[3]，文范郎范泽[4]。

宫洗名臣　在东街，为张应元。

崇祯：

帝命三锡/宪邦文武　在上溪口，为三赠中宪大夫汪铅[5]，福建按察司副使汪康谣[6]。

康熙：

天官掌选　在陪郭，为赠吏部文选司员外郎汪雅会[7]，吏部文选司郎中

---

[1]康熙《休宁县志》卷五《选举·贡士·明》载："范淑淹　字本用，林塘人。府学。进贤训导。"万历二十二年贡士。

[2]康熙《休宁县志》卷五《选举·封赠·明》载："范岩周　字世全，林塘人。性笃孝，虽旅寓不忘亲，额'盼云'二字见志，立家规二十条。以孙涞赠布政使。"

[3]康熙《休宁县志》卷六《人物·隐逸·明》载："范鉬　字汝珍，郡志见《质行》《孝友》。天至每晨，焚香祝天，拜父母甘旨必亲，爱庶弟白首如初。亲殁，面庭训，如亲容。述家规，范后率，自身先端洁。严正辟佛老符箓诸邪说，子姓敬惮，乡人望风质成。雅号文学尤博古，吴下名流多友善，赠言盈册。筑室'栖息松林'，祝京兆手书为记，唐伯虎、文待诏、王雅宜各有题咏，称为'松林先生'。司马伯玉传之，谓'有仲弓子方之风'。以子涞累赠布政使。"

[4]康熙《休宁县志》卷五《选举·封赠·明》载："范泽　字本润，以子伯荣赠推官。"

[5]康熙《休宁县志》卷六《人物·孝友·明》载："汪铅　字惺凡，上溪口人。性恺悌。旅京口同舍有遗金五百两，留还之，其人愿分其半，不受，详张太史以诚记中。尝出橐中装与兄积着，不问出入。居尝研精理学，欲希圣超凡自以为字。以子康谣贵，制诰有'推产同气，并其瘠而不居，还金舍人，当奇穷而愈固'语。祀乡贤。"以子康谣三赠中宪大夫，福建按察司副使。

[6]康熙《休宁县志》卷六《人物·儒硕·明》载："汪康谣　字淡衷，号鹤屿，上溪口人。精研理学，以紫阳为宗。弱冠举于乡，万历癸丑成进士。授诸暨令，摘奸剪暴，不避权贵。晋户部郎，监草场，慇防有功。司庾临清，值白莲煽乱，为捐俸筹防御，贼知有备，从他境去。迁郎中，出守漳州，曰是'紫阳旧治也'。一考故宪申之，为自约者八，约属者三，又有八禁五不拟，着为令，皆实心实政。数讞积狱，全活多人。有汛海遭飓风者七十四人，镇将及僚佐利其金诬坐为寇，独廉其实，尽释之。漳故有洋饷上供外岁羡数万，亦纤毫无染。举卓异第一，推漳南参藩。适飓崔肆焰，崔为同门友，尝授意招致，谣不从，守漳三载，迄不通一字崔衔之。大中丞周起元坐赃数万，下漳州籍没，士民汹汹泣诉，谣泣谢之，乃阁其事，不累漳一人益。忏珰意推升疏上，遂矫旨削夺。去漳三载，民思其德，奉祀朱文公祠，额曰'新安两夫子'。崇祯改元，擢福宁兵宪。时闽海多事，为之广什伍，集亭障，严接济，尝以元旦驰师，贼不及备，斩馘无算。且谓'使功不如使过'，海弁有骁勇绝人者车囚，有谋勇出死力者破格用之，屡奏奇功。寇平，以疾告归。日讲学天泉、还古两书院，精治《尚书》，原本朱子之意而为之注。偕诸兄弟立约按季出钱，用资乏，名曰'偕与会'，宗党赖之。自初仕以至宦成，从未至郡邑干谒。历官二十余载，清贫如故，见地静定，遇死生利害绝不以动其心。年六十八卒。所著有《书传删补录》《漪园集》《闽濑漫记》行于世，学者称'鹤瞑先生'。"万历十九年举人，四十一年进士。

[7]康熙《休宁县志》卷六《人物·笃行·国朝》载："汪雅会　字清卿，西门人。八龄失怙，事母至孝，事兄如父，终身未尝分产。壮游楚，与刘克猷、韦念莪、汪千项诸名公为莫逆友。有至戚负会三百金，愿以腴田偿，会悯其贫，焚券不受。性甘淡泊，自十七即与妻茹蔬食终其身。课子成名，三受封诰建坊。"

汪锌[1]。

腐绣霜清/飞鸣瑞凤　在保和门,为御史程文彝[2]。

封赠

……

冬官坊　在柳塘街,为赠工部主事胡继祖[3]。

宸章世锡　在临溪,为封主事程盖兴。

……

秋官大夫　在东门外,为赠员外郎王鼎[4]。

龙章并锡　在南门,为封奉政大夫程晋旸[5]。

两台恩光　在瀛州桥,为赠御史胡正桢[6]。

启胤蜚英　在水西街,为赠知县吴钏[7]。

恩赐谏垣　在董干,为赠给事中叶琇[8]。

著义教忠　在东平祠,为赠知县闵逢生[9]。

恩焕玉堂　在董干,为封检讨张维勤[10]。

---

[1]康熙《休宁县志》卷六《人物·宦业·国朝》载:"**汪锌**　字锺余,号惕斋,西门人。性颖悟,过目终身不忘。年十七随父雅会游楚,为高汇旃先生首拔。已以父卒家中落,弃儒服贾走四方,供母甘旨者十余年。复习举子业,读书江汉书院。癸卯、庚戌登两榜,甲寅考,授中翰。时三藩变,羽檄旁午,锌办事内阁,黾勉弗懈。乙卯,分校京闱,称得士。升户部主政,督京仓,亲加厘剔,奸胥不敢欺。报最,擢吏部文选司主政,历考功封司员外。甲子,典陕西试,入彀皆孤寒知名士,文风为之丕变。部务独力担荷,秉公衡,一无所私。至大廷集议,序资纷纭,口授指挥,群吏脱腕,冢宰称之曰'贤',特荐由验封郎中超调掌选。锌性纯孝,入官后凡两告省母。颜别业曰'莱园'。摹秦中碑洞寿萱字奉母,歌者成帙。嗜理学,春秋讲期必躬诣还古书院,条晰奥义。母卒,服阕,借补稽勋凡十年,铨选备历四司,后起者多取则焉。辛未,告病归,终于维扬。生平忠厚和蔼,周贫济急,虽隆贵不忘商贩交,乡人钦为'长者'。"康熙二年举人,九年进士。

[2]康熙《休宁县志》卷五《选举·进士·国朝》载:"**程文彝**　号梓园,浯田人。松江籍。翰林庶吉士,改刑部主事,选河南道御史,屡建言,有裨国计民生。"康熙二年举人,三年进士。

[3]康熙《休宁县志》卷五《选举·封赠·明》载:"**胡继祖**　字绳武,演口人。以子文孚赠南京工部主事。"

[4]康熙《休宁县志》卷五《选举·封赠·国朝》载:"**王鼎**　北门人。以子鏻累赠刑部员外郎。"

[5]康熙《休宁县志》卷五《选举·封赠·明》载:"**程晋旸**　瑶干人。以子鸣鹤赠同知。"

[6]康熙《休宁县志》卷五《选举·封赠·明》载:"**胡正桢**　百石充人。以子宥赠南京河南道监察御史。"

[7]康熙《休宁县志》卷五《选举·封赠·明》载:"**吴钏**　廖山人。以子景明赠知县。"

[8]康熙《休宁县志》卷五《选举·封赠·明》载:"**叶琇**　朱村人。以子时新累赠户部给事中,加赠知府。"

[9]康熙《休宁县志》卷五《选举·封赠·明》载:"**闵逢生**　万安人。以子宗顺赠知县。"

[10]康熙《休宁县志》卷五《选举·封赠·明》载:"**张维勤**　岭南人。以子应元赠翰林院检讨。"

五马恩光　在南门,为封徽江府知府程功霁[1]。

青锁崇恩　在惠政桥,为赠给事中邵棠[2]。

……

还金余荫　在十一都,为赠永平府知府程琏[3]。

天恩重沐　在董干,为封登仕郎程参。

善庆覃恩　在石田,为赠户部主事汪耀[4]。

玉署承恩　在东街,为詹事府主簿吴汉。

誉命坊　在上资,为封光山县知县汪孟德[5]。

凤沼纶恩　在东郊,为赠中书舍人金录[6]。

三世二品　在林塘,为通奉大夫范岩周,夫人刘氏;范鈿,夫人陈氏、吴氏、胡氏;范涞,夫人黄氏。

柏府崇阶　在古楼,为加赠监察御史金坤[7]。

---

[1]康熙《休宁县志》卷五《选举·封赠·明》载:"程(公)〔功〕霁　字时旸,茅坦人。事兄如父,出纳惟命,兄病疽躬身浣傅,不交睫解带。以子子侃再赠知府。"

[2]康熙《休宁县志》卷六《人物·孝友·明》载:"邵棠　字汝思,西门人。性至孝。从金粟斋受举子业,务矜庄,无虐语。弱冠父丧,哀毁骨立,痛俗丧,尚简延,秉礼宿儒,考家礼,遵行之。时逆妇始三日率之手纫衰绖丧帷诸服,终三年不内也。奉寡母五十年,曲意承欢,日夕不离左右。终妇汪三十余年,未常由房对案食也。追母七十,有鸠巢于庭,人以为孝感之瑞。母殁,时年七十矣,犹孺子泣。忌日,缌素斋居,语及二亲,未尝不呜咽流涕。始祖基湮没,力按古迹求复其所。首建宗祠,为立祠规。诸缮桥兴学公务,俱为倡率。以子庶封给事中。"

[3]康熙《休宁县志》卷五《选举·封赠·明》载:"程琏　字廷器,霞汉人。尝还遗金,掩道骼,省父疾、涉暴涨、流十里得出,拯宗人子劳费不辞。〔以〕子朝京,赠知府。"

[4]康熙《休宁县志》卷五《选举·封赠·明》载:"汪耀　字文光,石田人。以子可进累赠南京户部主事。置义冢义渡,乡称长者。"

[5]康熙《休宁县志》卷五《选举·封赠·明》载:"汪孟德　上资人。以子先岸封知县。"

[6]康熙《休宁县志》卷五《选举·封赠·明》载:"金录　字德文,中街人。以子濂赠中书舍人。"

[7]康熙《休宁县志》卷六《人物·笃行·明》载:"金坤　字文载,古楼人。生颖异,最孝友,而动中矩矱。籍宿松,为诸生。每出必谆谆嘱妇汪,孝事继姑尽其欢。越在千里,时以方物献旅闻。伯兄二季疾,戴星驰视,卒为营瘗,抚遗孤甚力。尝之小孤,遇同邑乞者,倾囊解衣,令具善衣冠,且教以探蚌贩茶可厚获。越十年,道经建德,有顾丈夫骑而争道,恍泣拜曰:'若非宿松下镮金翁耶?予即乞人,承翁济起家二千金矣。'因出金楮,置酒为寿,还其金而去。有邑人贩牛殴市草价,其人以遭赋自经,乃文致贩牛者辟,坤力为白,出之不受谢。明年,有系驴于庭,盛鞍鞯,载束书,致拜而去。启之,即贩牛人报德也。坤每出必问无借,而后秉之。死以帷葬焉。有雅量,忘物我,生平无疾言厉色,施德于人所不知,座左右多标积德格言。配汪饶内德,以哭坤七日不食死。"以子忠士三赠都察院右都御史,崇祀安庆、休宁乡贤祠。

庆际青宫　在东郊，为赠中书舍人朱模[1]。

凤池锡命　在龙湾，为封文华殿中书舍人黄勤[2]。

笃生名世　在瓯山，为封御史金文耀[3]，孺人吴氏。

驯行孝谨　在上水南，为赠大理寺右寺副汪道斐。

五花毓彩　在洪方，为赠武英殿中书汪显潢。

例授

……

内史坊　为文华殿中书舍人朱家用[4]。

紫宸近侍　在太塘，为序班程元化[5]。

华省清班　为文华殿中书舍人金濂[6]。

承弼同文　在环田，为鸿胪寺左少卿朱仲[7]。

义能佐国　为文华殿管理中书汪鏶[8]。

天章褒义　在居安，为黄侃[9]输粟。

尚义坊　在市有三：景泰六年为输粟义民金宗敬[10]，坊今在后街；程宗

---

[1]康熙《休宁县志》卷五《选举·封赠·明》载："**朱模**　城北人。以子家用封中书舍人。见《笃行》。"

[2]康熙《休宁县志》卷五《选举·封赠·明》载："**黄勤**　字克敏，龙湾人。以子道克封中书舍人。冒火救母肤为烂，闾里称孝。"

[3]康熙《休宁县志》卷五《选举·乡举·明》载："**金文耀**　字元奎，中市人。湖广衡山知县。"万历十九年举人。

[4]康熙《休宁县志》卷五《选举·舍选·明》载："**朱家用**　字时行，鹤山里人。授文华殿中书舍人。"万历年间舍选。

[5]康熙《休宁县志》卷五《选举·舍选·明》载："**程元化**　泰塘人。鸿胪寺序班，升宛平县丞。"嘉靖年间舍选。

[6]康熙《休宁县志》卷五《选举·舍选·明》载："**金濂**　字子潆，中市人。授文华殿中书舍人。"万历年间舍选。

[7]康熙《休宁县志》卷五《选举·舍选·明》载："**朱仲**　字德予，杨冲人。历任鸿胪寺少卿。"天启年间舍选。

[8]康熙《休宁县志》卷五《选举·舍选·明》载："**汪鏶**　水南人。初授文华殿中书舍人。输粟六千石佐军需，加授大理寺右寺副。"崇祯年间舍选。

[9]康熙《休宁县志》卷六《人物·笃行·明》载："**黄侃**　居安人。收族建祠，置义社冢义田宅，捐万金建古城石梁亭台丛祠壮丽，入粟佐国资，诏赐树坊，额'天章褒义'。"

[10]康熙《休宁县志》卷六《人物·笃行·明》载："**金宗敬**　以字行。事母孝，奉兄谨，课子孙有法。景泰辛亥岁祲，输粟六百石助赈。"

远[1],坊在董干;汪希仁[2],坊在东村巷。

义佐国家　在榆村,为太医院吏目程绣。

旌表

母节子孝　东门外,为节妇朱氏、孝子吴仲成。

……

贞烈坊　一程潭妻吴氏[3];一在太塘,程时懋妻孙氏[4]。

贞节坊　在后街,为金云瑄妻胡氏[5]。今移东门墓道。

烈妇坊　在蓝田,为吴世华妻毕氏。

以上旧志。

砥柱纲常　在临溪,为吴文衮未婚妻汪氏[6]。

贞女坊　在流口,为方贞女[7]。

凤阁传宣　在南郭,为叶起凤未婚妻吴氏[8]。

---

[1]康熙《休宁县志》卷六《人物·笃行·明》载:"**程宗德**　字宗远,文昌坊人。初贫拮据,负米养亲。义还清源客遗金二十两。家稍裕,捐资修造万安、富来二石桥,董干、车田、竹条岭、古城干诸路。又买河西渡舟,备棺收葬冀州殍,活常镇饥民无算。景泰乙亥,郡饥输粟,赐民爵一级,立尚义坊。"

[2]弘治《休宁县志》卷十三《人物六·遗逸附义民·国朝》有汪希仁姓名但无传。

[3]康熙《休宁县志》卷六《人物·列女·明》载:"**程潭妻吴氏**　监生潭以暴疾殁于监,吴扶榇舟归至淳安赴水而殁。嘉靖十九年旌表。"

[4]康熙《休宁县志》卷六《人物·列女·明》载:"**程时懋妻孙氏**　适合泰塘监生,年廿二夫亡,矢殉却食旬日殁。诏旌其门。"

[5]康熙《休宁县志》卷六《人物·列女·明》载:"**金云瑄妻胡氏**　年廿五夫卒,胡痛姑早寡奉之,誓不二志,侄玠为嗣,有司闻奏旌表。"

[6]康熙《休宁县志》卷六《人物·列女·明》载:"**烈女汪氏**　临溪吴文衮未婚妻,洋湖汪世高女。将归,文衮病溲怯不治。请往省视,母呵止之。既赴,衰服临丧,哭奠就次,俟为伺葬。夕阁门,中夜屋震有声,举室惊视,红光隐隐烛天。启门视之,自经矣。年十七。郡邑上其事,诏下旌表。"

[7]康熙《休宁县志》卷六《人物·列女·明》载:"**贞女方氏**　流口李宗敏未婚妻,善女红。年十六闻宗敏痘殁,乃成服终丧训女悌。闻父母潜议婚,欲自刃,谨护之,断发。父母知不可夺,报李,礼迎之。哭拜夫丧,愿终养舅姑,日夕闭小楼刺绣成画图夺天巧。凡二老甘膬、丧葬及二叔姒殡殁、哺孤,咸自出。年六十终。题请诏旌,祝令立方、王二贞女祠。"

[8]康熙《休宁县志》卷六《人物·列女·明》载:"**烈女吴氏**　南街叶起凤未婚妻。闻凤客殁,欲断发自刃。及凤归丧,哀毁不食,寻殁。疏请诏旌。"

孝子坊　在东门外祠前,为癸酉科举人邵燕[1]。

劲节维风　在石田岭,为汪锜妻[2]。

……

百龄颐寿　在董干,为乡宾汪文实。

伉俪百岁　在洪方,为寿官汪让[3]同妻程氏。

青年完节　在洪方,为赠御史汪继荫妻黄氏[4]。

公建

硕儒里　在陈村,为元儒陈栎、巡按陈叔绍建。

勋贤坊　在临溪,为都御史程沄[5],国子祭酒程淘[6],显佑侯程旭录,歙州参军事程抗,宣城令程禁。

……

---

[1]康熙《休宁县志》卷六《人物·孝友·明》载:"**邵燕**　字裕昆,西门人。生而笃孝聪慧。八岁值父心疾,啼泣追随两月不解衣。病良已,父踣困于商,母金忧之至欲以身殉,燕曲为解谕。母扑灯伥寝,未几潜起,燕旋觉,蹀踱抱母号泣,如是者数四,里中称为'孝童'。十三应县试,文艺为有司叹赏。及出为弟子师,岁获修脯,以佐甘旨,而夫妇之粗粝如故。癸酉,举于乡,斋慄承懂愈谨。忽夜梦神示以'翊公纯孝'四字,燕疑之。翌日,父居楼圮,号趋拥入,见椽栋交加,空若一龛,幸无恙而出,人以为'孝感'云。戊子冬,上公车觉心动遂止。亡何,而父疾作,燕晨夕吁天,请身代。比父卒,哀毁骨立,抚膺恸曰:'吾心坠三寸矣。'后月余,竟然卒于苫次。直指上其事,诏旌其门。"

[2]康熙《休宁县志》卷六《人物·列女·明》载:"**汪锜妻李氏**　年廿七夫亡,孀居四十六年。有司闻奏旌表。"

[3]康熙《休宁县志》卷六《人物·孝友·明》载:"**汪让**　字钦礼,石田人。七岁失父,能哀慕。母命鸠工弗得,负荆请答。长哀母节,力请旌。年八十一,梦神告贼发冢,奔视,贼觉走,恸几绝,因庐墓侧。病将革,始舆归。先是尝夜行,有猛兽当户,手探之温如诘朝迹,其处已啮犬去矣。里中五谷神为厉,让檄而灭之。汪循为作《铁汉传》。既卒,张邑侯题曰:'生事尽力则母节表扬,死事尽忠则神明感格。'曾孙濂,孝如让,父早丧,母程氏欲以死殉,濂衣不解带,伺母二年得不死。邑令曾额其堂曰'追褒仁孝'。"

[4]康熙《休宁县志》卷六《人物·列女·明》载:"**汪继荫妻黄氏**　五城女,适洪方。荫游学当湖病卒,欲以身殉,念舅姑俱老强起。立侄宗友为嗣,哀其幼弱,勉力茹荼,抚育三载。知宗友必成立,遂以殁报夫地下不食卒。后以宗友贵荫赠御史,氏敕赠孺人。崇祯壬午,陈情,奉旨建坊旌表。"

[5]康熙《休宁县志》卷五《选举·武略·唐》载:"**程沄**　字元功,忠壮公十四世孙,英敏强毅。黄巢乱,众推沄为将,以东密山为寨,协力战守。未几,草寇毕鹳等七姓蜂起,皆战却之。杨行密遣田頵略地,令人谕沄曰:'杨太尉已受朝命,都督东南行营,今頵来非贼。'沄对曰:'所以自保者,不欲以三百年太平,民坐为贼苦耳。审如公言,吾又何求?'曰:'司空可得见乎?'頵即单骑入岩,沄具军容甚肃。頵曰:'卿,真将种!'即表沄为都知兵马使东密岩将,兼马金岭防拓事,金紫光禄大夫,检校散骑常侍,兼御史中臣上柱国。兵声大振,附近多归焉。沄卒,弟淘领其众,官至银青光禄大夫,检校国子祭酒,兼侍御史上柱国。"

[6]见脚注程沄传。

理学名儒 万历癸丑为宋文简程大昌[1]、文肃吴儆[2]、山长程若庸[3],元

---

[1]康熙《休宁县志》卷六《人物·儒硕·宋》载:"程大昌 字泰之,会里人。绍兴中第进士。献《十论》,言当世事。连擢太学正试馆职,为秘书省正字。孝宗即位,迁著作左郎。会诏百官言事,大昌奏曰:'汉石显矫制人不复言,国朝命令必由三省,防此弊也。请自今御前直降文书,皆申省审。'奏又言:'去岁完颜亮入寇,无一士死守,而兵将至今策勋未已。惟李宝捷胶西,虞允文战采石,实屠亮之阶,今宝罢兵、允文守夔,此公论所不平也。'帝称善。连迁国子司业,兼权礼部侍郎、直学士院,又除浙东提点刑狱,徙江西转运副使。大昌曰:'可以兴利去害,行吾志矣。'会岁歉,出钱一十万缗代输。清江县旧有二堰,后堰坏岁罹水患且四十年,大昌力复其旧。进秘阁修撰,召为秘书少监。帝劳之曰:'卿,朕所简记,监司若人人如卿,朕何忧累?!'迁权吏部尚书。会行中外更迭之制,力请郡,遂出知泉州,迁知建宁府。光宗嗣位,徙知明州。寻,奉祠。绍熙五年,请老,以龙图阁学士致仕。卒年七十三,谥'文简'。大昌笃学于古今事靡不考究,有《禹贡论》《易原》《雍录》《考古编》《演繁露》《北边备对》行于世。"绍兴二十一年进士。

[2]康熙《休宁县志》卷六《人物·儒硕·宋》载:"吴儆 初名偶,避秀园讳,改儆,字益恭,商山人。早有文名,登进士。授明州鄞县尉,改知安仁县。岁饥盗起,儆设方略,境内赖以安全。暨之邕州,时南轩张公经略广右,遇疑事必置邮筒以咨,儆尝以书告。朱晦翁曰:'吴益恭忠义果断,缓急可仗,未见其匹。'因荐于朝,得召对。南轩授以'五峰知言',又书'孔子之刚,曾子之勇,南方之强'三言以赠之。儆一见孝宗,首陈恢复大计,备论帅臣漕司协济之宜。迁广南西路安抚,以亲老请祠。除知泉州,奉祠。与兄俯专业棣华堂,四方从游者岁数百人。儆资禀雄浑,学该体用,上下数千年间世变升降、制度因革灿然若指诸掌,而能剂量之;以道出入,诸子百家,天官稗说,靡不洞究,而能折衷之。以圣人之经,故其发为文辞涵蓄演养、严洁渊奥,每一引笔,若飘风骤雨,不可止遏,初若未尝屑意也。晦翁见而喜曰:'往者张荆州吕著作皆称吴邕州之才,今读其记文有以见其所存矣。'所著有《竹洲集》三十卷,或谓其峻洁类贯长沙,雄丽类苏内翰,风骚类柳柳州,世必有能辨之者。宝祐四年,曾孙资深以儆生平著作表进,谥曰'文肃。'"绍兴二十七年进士。

[3]康熙《休宁县志》卷六《人物·儒硕·宋》载:"程若庸 字达原,汉口人,学士珌之从子。从双峰饶氏、毅斋沈氏游,得闻朱子之学,用工精到。淳祐丁未,聘湖州安定书院山长。庚戌,冯去疾创临汝书院抚州,聘为山长,买田宅居之。咸淳戊辰,登进士。授福建武夷书院山长,若庸累主师席。在新安以'勿斋'匾其斋,学者称'勿斋先生'。在抚州以'徽庵'匾其寓,学者称'徽庵先生'。及门之士最盛,如吴澄、程钜夫、金若洙,其尤也。所著有《性理字训讲义》百篇、《太极图说》、《近思录注》、《洪范图说》。"咸淳四年进士。

布衣陈栎、布衣倪士毅[1]，明学士朱升[2]、徵君赵汸[3]、工部范准[4]、别驾汪循

[1]康熙《休宁县志》卷六《人物·儒硕·元》载："倪士毅　字仲弘，倪干人。曾祖机，祖文虎，父良弼，三世皆以经学教授乡里，士毅世其学。及长，潜心求道，师朱敬、陈定宇，学益以充，教授于黟下阜二十有三年，黟人化之。所著有《四书辑释》《历代帝王传授图说》行世，尝别为纂释之例。《甚精书》未脱稿而卒，年四十六。有《道川集》，学者称为'道川先生'。既殁，贫不能葬。逾四年，门人捐地迁葬于黟南黄坑，东山赵汸为之志其略，曰：'先生守身制行，不为名高，而事亲至孝，接物以诚。非其人不交，非其友不取，非仁义道德之说论定于先师朱子者不以教人，利害得失、揣摩计较之词不挂于口。秦汉以来，大道既隐，而忠信孝友淳厚之士世未尝无也。正学复明于近代，士始以知道为宗若吾仲弘者，可得哉。'详见《新安文献志》。"

[2]康熙《休宁县志》卷六《人物·儒硕·明》载："朱升　字允升，回溪人。幼师陈定宇栎。闻九江黄楚望泽讲道溢浦，偕赵汸往从学焉。既有得乃归，读书郡城紫阳祠。是秋，登乡贡进士。戊子，授池州路学政，以身法法，江南北学者云集。己丑，淮甸兵起。壬辰，蕲黄兵至徽，允升所居穷僻，虽避兵遁窜而时时著述不辍。其学以列圣传心为主，践履致用为功，上穷道体，幽探化原，务究极天人之蕴合理数而一之。谓濂洛既典，考亭继作，而道学大明于世，然先儒传注之意，所以求经之明也。而近世科举业，往往混诵经、注，既不能体会乎传注，而反断裂其经文，使之血脉不通、首尾不应，知味乐学何所自乎？于是取《易》《诗》《书》《周官仪礼》《礼记》《四书》《孝经》《小学》，各为旁注及书传、补正、辑注刻行之。寻，隐居歙之石门山，讲学不倦。丁酉，太祖兵下徽州，以邓愈言其贤，降驾亲访之，对曰'高筑墙，广积粮，缓称王'。上大悦，命预帷幄密议。寻，辞归。明年，梅花初月楼成，上洒宸翰四字赐之。嗣是连岁被征别有访问，大底礼乐征伐之事，密赞居多。平生处己以俭，待物以仁，恩以处乡邻，异以处患难，犯而不较，宽而有制，是以遐迩宗师大小悦服。自幼学至于捐馆六十年间，虽出处不常，未尝一日释卷，编录考索，日益月加，动成卷帙。吴元年丁未，授翰林侍讲学士、中顺大夫，知制诰，同修国史。戊申，上登极沛恩亲制诰词赐之，有曰：'眷我同宗之老，实为耆哲之英。'亡何，晋本院学士，特免朝谒，以示优礼。车驾幸汴，得告归省坟墓。尝受命偕诸儒臣修《女戒》及撰《斋戒文》。己酉三月，请老归石门。庚戌冬，卒，年七十二。学者称'枫林先生'。"至正四年举人。

[3]康熙《休宁县志》卷六《人物·儒硕·明》载："赵汸　字子常，龙源人。母梦飞鸟自齐云岩来集于怀，觉有娠孩。抱闻读书，辄能成诵。及长，励志求道，不事举子业，偏诣郡邑师儒。壮而负笈四方，恒赍产以为裹粮，执贽具或非人弗顾。闻九江黄楚望杜门著述，往拜之。楚望穷经以积思自悟为主，故教人引而不发，使其自思。一再登门，乃得授六经疑义千余条，复往得口授六十四卦义与学《春秋》之要。过严〔陵〕，请益于夏先生大之，夏示以家传《先天易书》。如杭，谒黄文献公于官署。黄公诵所进书，大异之，待以殊礼。谒翰林虞公于临川，遂授馆于其家，相与求草庐吴氏之传。值江西宪试，请题虞公拟策问江右六君子徐孺子、陶渊明、欧阳永叔、曾子固、刘原父、陆子静，未举朱陆二氏立教不同，子常具对，朱陆二子入德之门尤为详备，末乃举朱子曰：'子静所说专是尊德性，而某平日所论却是道问学上多了，今当反身用力去短集长，爱不堕于一偏也。'又举：'陆子追悔曩昔，粗心浮气，徒致参辰，岂足酬议；观二先生之说，岂鹅湖之论至是而有合耶，使其合并于暮岁，微言精义，必有契焉；子静则已往矣，抑不知于朱子后来德盛仁熟，所谓去短集长者，使子静见之又当以为何如也。'虞公大为赞叹。赵郡苏伯修与子常友善，比入守邦畿要同往，以母老辞归。名其室曰'东山精舍'，自是鸡鸣则起，证心默坐，涵养本原，以为致思之地，而后凡所得于师指及文字奥义，必用向上工夫以求之。其为学大约在求放心，以精思为本领，以自悟为归宿，得楚望氏宗传，虽志不苟仕，而内蕴经济颇长。壬辰兵起，奉母避地方塘。己亥，结茅于星溪之古阆山。山深阒廖，人事几绝，潜心著书。壬寅春，始过东山。太祖初起，尝统兵过其家物色之，屡被征辟，皆以疾辞。洪武二年，再召修《元史》，乃如京师。事竣，不愿仕，以疾辞归之。未

九贤建。[1]

综上,康熙《休宁县志》新增牌坊76座:封赠例授坊30座,科举功名坊29座,节孝贞烈坊10座,善行义举坊4座,百岁期颐坊2座,孝友恩褒类1座。

三、卷六《人物·列女》中的牌坊

康熙《休宁县志》卷六《人物·列女》[2]共有628位女性小传,其中"殁过"565人(唐代2人,宋代2人,元代1人,明代348人,清代212人),"现存者"40人,"补遗"23人)。在"殁过"565人中,"内有建坊者,有郡邑旌表者,有未旌表者,只挨年代编次"[3]。在"现存者"40人中,"孙允昆妻程氏""奉旨建坊旌表"[4]。在小传中有"建坊旌表"之类字样的,除了卷二《建置·坊表》中已经载明的青年完节坊坊主"赠御史汪继荫妻黄氏"外,还有8位女性得旌表建坊,具体如下:

程廷轩妻查氏　适富载逾年夫亡,查年十八,子世英甫三月,守志抚

(接上页)几疾作,卒于家,年五十二。学者称'东山先生'。有《东山集》。尝言《周易》《春秋》二经皆夫子手笔,圣人精神心术所存,必尽得不传之妙,然后孔孟之教乃备。其于《春秋》,不舍史以论事,不离传以求经,不纯以褒贬泥圣人,以为左杜主史释经而不知笔削本旨,公谷知求笔削之旨而不考鲁史旧章,俱不能无弊。爰离经析义,分为八类,辩而释之,名曰《春秋属辞》,以著圣人笔削之旨;作《春秋集传》十五卷,以明圣人经世之志;著《左氏传补注》十卷、《师说》三卷,以为学者求端用力之阶;于《易》著《序卦图说》《经文开端》《乾坤屯三卦解》,别著《葬书问答》一卷,皆行于世。"

[4]康熙《休宁县志》卷六《人物·儒硕·明》载:"范准　字平仲,汉口人。幼恂恂孝友,性敏善记。甫弱冠,读诸经史百氏之书殆尽,复念明经。应世未足称儒者,于是力求圣贤之学,师事朱枫林、赵东山、汪蓉峰三先生。至正壬辰,红巾寇起,束书从枫林避地石门者三年。丙申,郡邑大乱,喟然叹曰:'族祖求迩翁与程徽庵以道鸣于宋,吾当继其后。'遂绝意当世,端求身心,至忘寝食。虽俯仰之资愈困,处之泰然,非其道一介不取,日以讲学为业。游于闽,从学者益众。及归,隐云溪,茸《东山诗文》,并订《春秋集传》,广行之。洪武戊午,以明经举本邑训导。辛酉,召为葭川吴堡令,开设旧治,安复流佣,乃兴学校,清苦自甘,洞民化服,诸大吏多士咸颂为'有用道学'。乙丑,擢工部主事,逾月卒于官,年四十八。无以为殓,久之始得归葬。平仲为文弘议阔论,要在发明。孔孟尝曰:'孝悌忠信为学之本,记诵词章之习抑末耳。'著有《斋瓮稿》《西游率稿》《谬稿》《塞白稿》《何陋轩稿》《宗谱》等书行于世。"

[1](康熙)休宁县志[M].台北:成文出版社,1974:305-321.

[2](康熙)休宁县志[M].台北:成文出版社,1974:979-1065.

[3](康熙)休宁县志[M].台北:成文出版社,1974:1056.

[4](康熙)休宁县志[M].台北:成文出版社,1974:1058.

孤,年七十一,建坊旌表。[1]

胡尚穆妻汪氏　方塘女适演口,夫旌表中书尚穆殁于京,遗孤继文仅四龄,氏又有身未娩,绝粒七日。翁文焕泣谕,氏素孝乃强起,扶柩归舟中产仲子继武,守节四十余年殁。二子庐墓三年,桐杖枯而复生,顾宗伯锡畴为赋《双桐歌》。天启五年,继武服阕陈情,奉谕旨建坊旌表。[2]

程文鸣妻戴氏　隆阜女适率口,太学夫殁,无子苦节,旌表建坊。[3]

陈可久妻戴氏　环溪孝廉戴其功妹,夫殁无子,绝粒七日卒。侯令旌其墓,族人为立坊在珠里。[4]

吴怀慎妻程氏　芳干孝廉懋德女,十七适商山,举二子,年廿一慎殁,誓以身殉,蔬食六十余年,足不逾阃,教子孙成立,皆列雍庠。崇祯间,直指请于朝,诏旌表。后孙闻礼登癸未进士,疏闻,奉旨准自建坊,年八十二。[5]

烈女汪氏　黎阳汪广国女,许字山斗太学生程道翼。翼卒于丹徒,女闻讣潜起,整饰程聘簪珥自缢死。死之夜,雷雨交作,异香不散。翼母至,抚尸恸哭,女双目复开,嘱之方瞑。绅士张九徵、笪重光等诗歌记之。题请奉旨建坊。[6]

朱元德妻程氏　山斗程应元女,适月潭。德亡,氏慷慨杀身以殉。郡邑闻于朝,特许建坊立祠。[7]

孙允昆妻程氏　由坑女,适草市,割左股救夫,割右股救姑,守节三十一年。奉旨建坊旌表。[8]

康熙《休宁县志》卷六《人物·列女》文末一段文字表明,旧时载入县志列

---

[1](康熙)休宁县志[M].台北:成文出版社,1974:989.

[2](康熙)休宁县志[M].台北:成文出版社,1974:998.

[3](康熙)休宁县志[M].台北:成文出版社,1974:1012.

[4](康熙)休宁县志[M].台北:成文出版社,1974:1014.

[5](康熙)休宁县志[M].台北:成文出版社,1974:1034.

[6](康熙)休宁县志[M].台北:成文出版社,1974:1048.

[7](康熙)休宁县志[M].台北:成文出版社,1974:1056.

[8](康熙)休宁县志[M].台北:成文出版社,1974:1058.

女卷是有条件的,即"圣朝之褒旌,非五旬而弗录",守节"廿载";对于极个别"非五旬"守节"廿载"的"现存者",以"按"的形式"特为附书于列女之末"。这段文字系康熙《休宁县志》主修、知县廖腾煃所写,全文如下:

> 重修邑志告成,余受而审阅之,见其义例明、去取当、考订备,窃以为无有遗逸矣。方命刊布,突有金嘉祯者呈称嬬母之志节逾廿载而弥坚。圣朝之褒旌,非五旬而弗录。痛信志之难遇,惧芳名之终泯,恳天附书,以便后采,云云。
>
> 按:汪氏,东门女,适金弘礼,年甫廿一而礼早丧,距今二十二载,年已四十有二,有子有孙有外孙,孝节兼全,乡族并称。由前可以观后,善始必有敬终。询之,即金子兰之儿媳也。余怪其不早为表彰,金子以已预纂修不敢破例,以滋物议。余益嘉金子之贤,金嘉祯之孝,特为附书于《列女》之末,并颜之曰"苦节有终",以光氏之淑德。[1]

四、小结

康熙《休宁县志》共记载未见于前三节的牌坊89座:科举功名坊32座,封赠例授坊30座,节孝贞烈坊18座,善行义举坊4座,百岁期颐坊2座,孝友恩褒坊1座,惠民德政坊1座,景观坊1座。

第五节　道光《休宁县志》中的牌坊

道光《休宁县志》卷一《疆域·坊市》[2]和《疆域·坊表》[3]均记载有休宁牌坊,但道光《休宁县志》卷一《疆域·坊市》所载24座牌坊与康熙《休宁县志》卷一《方舆·坊市》所载牌坊内容完全相同,故遵循前述原则,一律不录。

---

[1]康熙休宁县志[M]. 台北:成文出版社,1974:1064-1065.

[2]道光休宁县志[M]. 南京:江苏古籍出版社,1998:31-32.

[3]道光休宁县志[M]. 南京:江苏古籍出版社,1998:32-36.

一、卷一《疆域·坊表》中的牌坊

道光《休宁县志》卷一《疆域》第六目《坊表》，共记载有163条牌坊信息，省略与前四节重复信息145条，其余18条牌坊信息如下：

　　……

　　科贡蜚英　在上资，为举人汪如珍，岁贡汪如玉，进士汪先岸[1]、汪姬生[2]。

　　紫薇启锡/丹笔重颁　在上资，为武英殿中书、分大理寺评事汪云鹏[3]。

　　孝子坊　在板桥，为孝子杨嗣勃[4]。

　　双凤坊　在上溪口，明建，为进士汪荣、汪杲，后毁。国朝乾隆年重建，为进士汪荣、汪杲、汪埴、汪泗论[5]、汪康谣、汪渐磐[6]、汪晋徽[7]、汪升英[8]、

---

[1]康熙《休宁县志》卷六《人物·宦业·明》载："**汪先岸**　字登于，上资人。进士。授光山令，有声，擢御史。时光宗年十七，冠昏之礼未行，遂上疏，请正国本。首辅依违其议，特疏论劾。嗣巡视漕河，建开泇河，议报可。河成，岁省金钱不资。迁浙江按察金事，复谪都司断事。厥后，神宗为张差挺击东宫事览诸臣章奏，得岸原疏，特擢南雄司理。寻晋少光禄，贰闽乡党。熹宗时，魏珰用事，修都者诬岸与汪文言同宗，竟削籍。崇祯诏复职，自是屏迹田间，年七十七。"万历十六年举人，十七年进士。

[2]康熙《休宁县志》卷六《人物·宦业·明》载："**汪姬生**　字自周，上资人。登进士。授黄州司理。黄为八贼蹂躏，公署残破，生视事瓦砾中。署太守篆，时左帅麾下神将王某道黄肆掠，生单骑造其营，谯让之。王曰：'大兵方呼？'庚癸，黄民无一应者。'若不为之所，吾将统军籍其家。'生曰：'如公言，是叛耳！'王勃然凶怒，一军皆哗，刃上拟。生历声曰：'吾为百姓请命，一死不惜，岂反顾耶？'王知不可屈，麾军退，取资粮以过。会国朝鼎新，旋里。"崇祯六年举人，十六年进士。

[3]道光《休宁县志》卷十一《仕宦·文官·明》载："**汪云鹏**　上资人。武英殿中书舍人，大理寺右评事。"

[4]道光《休宁县志》卷十四《人物·孝友·国朝》载："**杨嗣勃**　字鹤皋，板桥人。幼侍父继芬病，亲尝汤药，昼夜不离侧。父卒，哀毁如成人。奉孀母陈氏，七十余卒，菽水承欢，老而弥笃。从兄为山贼所房，嗣勃微服奔全，献资求释，贼感其诚，遂使同归。雍正五年请旌。"

[5]道光《休宁县志》卷九《选举·进士·明》载："**汪泗论**　字石莲，上溪口人。"万历二十八年举人，三十八年进士。

[6]道光《休宁县志》卷九《选举·进士·明》载："**汪渐磐**　字石臣，上溪口人。"万历四十六年举人，四十七年进士。

[7]道光《休宁县志》卷九《选举·进士·国朝》载："**汪晋徽**　号寒斋，上溪口人。康谣孙。"康熙十六年举人，十八年进士。

[8]道光《休宁县志》卷九《选举·进士·国朝》载："**汪升英**　字与循，上溪口人。晋徽子。"康熙三十五年举人，三十九年进士。

汪文炯[1]、汪倬[2]、汪由敦[3]、汪士鍠[4]、汪鼎金[5]、汪永聪[6]、汪存宽[7]，举人汪应奎、汪璈[8]、汪陈善[9]、汪永尊[10]、汪大锜[11]，副榜汪琼枝、汪光被[12]、汪廷琳[13]、汪大枚[14]，武进士汪伯浤[15]、汪懋勋[16]、汪桓兴[17]，武举人汪伯瀛[18]。

---

[1]道光《休宁县志》卷九《选举·进士·国朝》载："**汪文炯**　字秋屏，上溪口人。晋徵次子，榜姓吴。"康熙二十九年举人，四十二年进士。

[2]道光《休宁县志》卷九《选举·进士·国朝》载："**汪倬**　字尊士，晋徵四子。"康熙三十五年举人，四十八年进士。

[3]道光《休宁县志》卷九《选举·进士·国朝》载："**汪由敦**　字师茗，上溪口人。浙江籍。"雍正二年进士。

[4]道光《休宁县志》卷十《选举·贡生·国朝》载："**汪士鍠**　字君宜，上溪口人。顺天榜。"雍正七年副榜贡。

[5]道光《休宁县志》卷九《选举·进士·国朝》载："**汪鼎金**　字凝之，由敦弟。"乾隆三年举人，七年进士。

[6]道光《休宁县志》卷九《选举·进士·国朝》载："**汪永聪**　字颖思，上溪口人。"乾隆六年举人，十七年恩科进士。

[7]道光《休宁县志》卷九《选举·进士·国朝》载："**汪存宽**　字经耘，上溪口人。晋徵孙。"乾隆十二年举人，十九年进士。

[8]道光《休宁县志》卷九《选举·举人·国朝》载："**汪璈**　字赞皇，上溪口人。"康熙四十四年举人。

[9]道光《休宁县志》卷九《选举·举人·国朝》载："**汪陈善**　字子丰，上溪口人。钱塘籍。"乾隆元年恩科举人。

[10]道光《休宁县志》卷九《选举·举人·国朝》载："**汪永尊**　字守仁，上溪口人。"乾隆二十一年举人。

[11]道光《休宁县志》卷九《选举·举人·国朝》载："**汪大锜**　字以湘，上溪口人。浙江籍。"乾隆三十六年举人。

[12]道光《休宁县志》卷十《选举·贡生·国朝》载："**汪光被**　字佑安，上溪口人。浙江籍。"康熙十四年副榜。

[13]道光《休宁县志》卷十《选举·贡生·国朝》载："**汪廷琳**　字孔璋，上溪口人。浙籍。"乾隆三十三年副榜。

[14]道光《休宁县志》卷十《选举·贡生·国朝》载："**汪大枚**　字雪还，上溪口人。顺天榜。"乾隆四十五年副榜。

[15]道光《休宁县志》卷十《选举·武科第·明》载："**汪伯浤**　字任之，上溪口人。江北籍。庚子、癸卯两登武举，庚戌进士。"万历二十八年、三十一年举人，万历三十八年进士。

[16]道光《休宁县志》卷十《选举·武科第·明》载："**汪懋勋**　字允嘉，溪口人。"崇祯十六年举人。

[17]道光《休宁县志》卷十《选举·武科第·明》载："**汪桓兴**　字文威，溪口人。"崇祯十六年举人。

[18]道光《休宁县志》卷十《选举·武科第·明》载："**汪伯瀛**　字子洲，上溪口人。"天启元年举人。

乐善好施 在南街,为朝议大夫汪国柱[1]。

……

钦衮节孝 在庙山岭,节孝祠前。

孝子坊 二:一在霞溪,为孝子汪士铨[2];一在南街,为孝子吴曰连[3]。

经邦华国/表正百僚 在木瓜坑,为文端汪由敦。

光被孝思 在珰坑街,为孝子朱元俨[4]。

珠联璧合/岳峙渊渟 在小珰,为金庆治[5]同妻汪氏双孝。

世进士坊 在上溪口,为进士汪埙、汪泗论、汪渐磐、汪桓兴、汪由敦、汪士锽、汪鼎金、汪永聪。

---

[1]道光《休宁县志》卷十五《人物·尚义·国朝》载:"**汪国柱** 字廷佐,凤湖人。迁居城南。候选州同。少孤贫,拮据成家,乐善好施,老而弥笃。嘉庆壬戌岁荒,捐金八百以助赈。新迁海阳书院,捐千金以助膏火。本邑士子举人艰于资斧,捐金五千二百有奇,呈请申详,定立规条,存典生息,以为试资。邑令李记其事,勒石明伦堂。抚宪奖额曰'德培俊义'。又尝助修文庙,助修城内沟渠;又独修凤湖街、南门正街及南城外大路;又修旌孝坊、宣仁坊、名儒世里、高市巷、金家巷、马桥等路,重造普满寺、张真君殿、南关社祠,置西乡、小北乡义冢三处,修本族文会馆,建支祠,置祀田。至如族戚中之孤寡者,养其生,葬其死,贷金无力偿者悉焚其券,其善行尤不胜数云。年八旬卒,以子殿芝、青芝捐职,赠中宪大夫,晋赠通议大夫。嘉庆十八年,大中丞胡奏请建坊,附祀孝悌祠。"

[2]道光《休宁县志》卷十四《人物·孝友·国朝》载:"**汪士铨** 字子芳,霞溪人。家素贫,母洪氏孕士铨时,父惟珲贸易潜山,财被窃,不得归。铨生十龄未见父,朝夕忧思。稍长,请母命往访,得迎归。会康熙甲寅,兄随父往浙避贼,铨奉母匿山中,且出求食以供母。贼退,同归,家益窘。两兄各远出,铨家居贸易,先意承志。里中疫盛行,百不一生,父病疫垂危,铨躬调汤药,叩首吁天额坎起。父愈,又十余年卒,人称'孝感'。乾隆三十八年请旌。"

[3]道光《休宁县志》卷十四《人物·孝友·国朝》载:"**吴曰连** 字连玉,东里人。年十三父光蕃客楚,音问少通,祖老且贫,连樵贩以供甘旨。祖殁,鬻庐舍,治丧葬,夜庐墓侧。会楚夏包子谋逆,连茧足千里冒险寻父。途遇贼以刃加身伤其手,泣告以情,贼义释之,乃达父所,奉之归。父病,躬侍汤药。父殁,治丧如葬祖。时连以家贫外贸,不欲母知其瘁,每归必整容易衣然后见母。同堂十余人婚嫁,悉助其费。乾隆二十七年请旌。"

[4]道光《休宁县志》卷十四《人物·孝友·国朝》载:"**朱元俨** 字正若,珰溪人。性至孝。乾隆元年请旌。"

[5]道光《休宁县志》卷十四《人物·孝友·国朝》载:"**金庆治** 珰溪人。少时父命游学江宁。父以疾卒于家,庆治闻讣,昼夜跣奔,抚棺一恸几绝,遂誓终身不复远游,屏迹乡园,以事老母。母得末疾,庆治亲侍汤药衣不解带者数载,晚而目眚,饮食起居、左右扶持惟谨。遭母丧,哀毁成疾,危笃之际,犹号泣呼母不置,族人共哀其死于孝焉。尝竭资创建宗祠,以承父之遗志。养孀姑,恤母族,抚诸甥,皆有笃行。雍正八年请旌。"

孝子坊 在和村，为孝子吴嘉祺[1]。

孝子坊 在社屋岭，为孝子汪肇正[2]。

节孝坊 在和村，为吴朝圣妻金氏[3]，吴铭铉妻郑氏[4]。

节孝坊 在和村，为州判吴应球妻陈氏[5]。

节凛冰霜 在山头，为陈永权妻黄氏[6]。

节孝流芳 在巨川，为貤赠奉直大夫黄文琦妻邵氏[7]。

百岁坊 为赠奉直大夫吴士绂妻汪氏。[8]

二、小结

上述18条牌坊信息中共有牌坊19座：孝友恩褒坊7座，节孝贞烈坊5座，

[1]道光《休宁县志》卷十四《人物·孝友·明》载："**吴嘉祺** 字吉人，和村人。父爽，明末官中书，卒于都。嘉祺闻讣，号恸欲绝，请于母，将奔丧，戚友以流寇多警劝以缓往，嘉祺泣曰：'诸君虽爱我，而父棺在远，岂能须臾缓哉？'顾其妻凌氏抱襁中儿而言曰：'事姑教子，吾累若。'又慰其母曰：'扶柩即返，勿以游子为念。'竟去扶榇南归。舟次山东候仙闸，遇贼纵火焚舟，仆从尽皆奔窜，或促之避，嘉祺泣曰：'背父以求生，吾弗忍也！'乃抱棺焚死。进士徐云祥为作孝子传。国朝乾隆四年诏旌之，祀孝子祠。"

[2]道光《休宁县志》卷十四《人物·孝友·国朝》载："**汪肇正** 方塘人。国学生。家素贫，贾于外。时曾祖母祖父母俱在堂，岁必一归省，担簦蹑屩，不远千里，所得微资辄进之。祖病危，值康熙甲寅兵警，正闻信仓皇驰归，途次屡遇贼锋，越险阻，仅得免。父两遘危病，昼夜露祷，额破血流，诚格而父得安。方父病中，比邻失火，延及房舍，夜漏方半，正惶遽无措，冒烟焰急负父扶母以出，火烈及身，仰天长恸，风少息，二亲获安，而正力已尽，神痴者数日。父殁，尽摒家事，庐墓侧，旦夕拜泣，终三年如一日。事孀母孺慕弥笃，未几以疾卒，临殁以不得终事母为恨。伯兄艰子嗣，为买妾以续。凡一己居积所致，概均之兄弟，不以自私。乡人士以孝行闻，县令赵奖以'孝符曾闵'。其孙文祜，字方来，孝友好义，能绍先德。正以乾隆二十五年请旌。"

[3]道光《休宁县志》卷十七《人物·列女二·国朝》载："**吴朝圣妻金氏** 小珰女适和村，夫亡守节。乾隆十二年请旌。"

[4]道光《休宁县志》卷十七《人物·列女二·国朝》载："**吴铭铉妻郑氏** 郑家坞女适十三都四图，年二十八寡，抚孤成立，苦志守节三十八年。乾隆十二年请旌。"

[5]道光《休宁县志》卷十七《人物·列女二·国朝》载："**州判吴应球妻陈氏** 陈村女适和村，年二十九寡，守节抚侄为嗣。乾隆三十五年请旌。"

[6]道光《休宁县志》卷十七《人物·列女二·国朝》载："**监生陈永权妻黄氏** 居安淮徐道，黄兰谷女，年十七适山头，未三载权殁，黄以针刺右目，继子守节。乾隆四十七年请旌。"

[7]道光《休宁县志》卷十七《人物·列女二·国朝》载："**黄文琦妻邵氏** 霓塘女适巨川，年二十二寡，抚孤成立，守节四十七年。嘉庆十六年请旌。以孙振泗貤赠宜人。"

[8]道光休宁县志[M]. 南京：江苏古籍出版社，1998：32-36.

科举功名坊5座,善行义举坊1座,百岁期颐坊1座。

第六节　道光《徽州府志》中的休宁牌坊

道光《徽州府志》卷十三《人物志三·列女》共登载休宁节孝贞烈坊坊主信息517条:节妇坊坊主信息478条(宋代2条,元代4条,明代24条,清代448条),节烈坊坊主信息24条(唐代1条,明代13条,清代10条),贞女坊坊主信息7条(明代2条,清代5条),贞烈坊坊主信息7条(唐代1条,明代4条,清代2条),孝妇坊坊主信息1条(明代)。

排除与本章前几节重复坊信息25条(节妇坊信息16条,节烈坊信息5条,贞女坊信息1条,贞烈坊信息3条),其余492条信息如下。

一、卷十三《人物志三·列女》中的休宁牌坊

(一)卷十三《人物志三·列女·节妇》中的休宁牌坊

宋:

程起宗妻吴氏　程,会理人。氏归二年,舅与夫相继殁,无子,择继。有强族利其资百计逼嫁,吴蓬首粝食,日诵《列女传》以自警。强族计不得行,乃挈登闻鼓告"其舅有亡子,应归奉祀"。吴遂被逮临安府狱,安抚使魏克愚证验得直。未几,继子又死,仅一孙相依。寿八十二。见弘治府志。

程希曾妻曹氏　程,率口人。氏名昌,城南人,宏斋先生泾季女也。年十六于归,二十三岁而寡,始终一节,人无间言。宏斋有《季女述》,见《新安文献志》。

元:

程忠甫妻汪氏　程,陪郭人,为本县永盈仓副使。氏名淑,正西门建宁路教授芗之女,年二十九夫殁。监郡托媒妪探其意,汪挝妪面骂曰:"监郡,风化之首,而为此等事,何面目见吏民乎?!"乃守节事姑,抚二子成立而终。见弘

治府志。

黄元珪妻吴氏　儒士吴仲礼女,秋江处士黄一清之母。年二十余寡,家素贫,舂绩以养舅姑,甘旨无阙,教子有法。舅殁,卖衣衫,具丧葬。侍姑疾数十年无几微倦怠意,人咸"难之事"。详《虞文靖公集·墓志》。

戴杞子妻金氏　杞子年十二能诗文,事父母以孝,极力奉甘旨,娶金氏邑士应凤女。杞子年二十而殁,殁后三十五日生子兰,金氏年二十一。保抱鞠育,稍长从学陈定宇先生,知名当世。金氏守节终身。事详《陈定宇赵东山集》。

程兼善妻徐氏　氏,资口人,夫因蕲黄寇陷郡城,起义赴敌力战而死,时氏年二十六,子仁发方四岁。以养以教,仕至楚府伴读。徐氏孀居五十年而终。见《汉口志》。

明:

王天民妻汪氏　抚二子,守节终。赵汸有序。

金汝恭妻周氏　氏,歙邑周彦明女,夫殁守节终。吴兴沈梦麟为作传。

黄仲瑾妻吴氏　遭乱抚孤,坚守而终。婺源王澈有传。

……

朱原卿妻李氏　夫亡子继殁,抚幼孙以终。

……

金孟章继妻赵氏　金,瑞安州判官;氏,赵教谕宗道女。

……

闵士华妻汪氏　闵,万川人;氏,同里士龄女。

……

谢德琛妻金氏　孝事舅姑,抚五岁孤成立。

吴煜妻汪氏　煜早卒无子,汪守志以终。

吴以琳妻程氏　东村吏目吴鳌母,通判吴成器祖母。鳌生八十日琳卒,程年二十九,舅姑老且贫,人或劝之改适,程指坐蓐草示人曰:"此草能复活乎?妾类此草,只待朽耳。"日治圃,夜纺绩,口授孤《孝经》,年七十三卒。

……

邵文光继妻郑氏　邵,东门人;氏,楚均州人。年十七适邵为继室,置媵生子正魁。未久,夫客死,氏力贫抚孤。后正魁诣阙上书,请表母节,诏旌之。

戴倖妻吴氏

……

朱斯纶妻黄氏　朱,屯溪人;氏,少参金色女。母病曾割股,及夫卒,自刎自缢俱救免卒,以守节终。

夏茂兰妻汪氏　早寡,孝事舅姑,抚遗腹子士俊,苦节三十年。后汪病,士俊割股疗之。

……

戴凤彩妻程氏

程道育妻戴氏

以上旌表建坊,据旧府志及休宁县志登载。[1]

国朝:

金秉聪继妻邵氏　金,七桥监生;氏,西门人。

杨继芬妻陈氏　杨,板桥人;氏,山头人,寿臻百岁。子嗣勃,以孝闻。母子均奉旨建坊。

……

程光伦妻吕氏　程,临溪人。

程如彬妻吴氏　程,斗山人。

汪应瑚妻齐氏　汪,三都八图人;氏,县丞齐汝璧女。

汪朝光妻王氏

吴元钟妻汪氏　吴,临溪人。

戴三畏妻金氏　戴,上溪口人。

金齐颂妻王氏　金,小珰人。

江圣麟继妻吴氏　江,梅田人;氏,岩镇人。

戴玥妻汪氏　戴,瑶溪诸生;氏,本城汪镎女。

汪懋炳妻金氏　汪,石田人;氏,珰溪人。

方炳先妻毛氏　方殁,氏截发自誓,尝上夫家,见墓有积水,解所戴麻帻盛土填之。姑李氏哭子丧明,氏以舌舐数月,一目复明。后以孙春熙贵赠宜人。

项继枝妻余氏　项,蓝田人;氏,璧山人。"枝",《江南通志》作"被"。

陈应炤妻郑氏　程,郑村人;氏,同里人。

---

[1]道光徽州府志(三)[M].南京:江苏古籍出版社,1998:252-253.

汪载安妻吴氏　汪，石田人。

余朝瑞妻胡氏　余，蓝田诸生。

吴兆龄妻苏氏　吴，城南人；氏，城西人。

潘应焀妻孙氏　潘，水坑口人。

朱正元妻程氏　朱，曹村人；氏，歙邑人。

叶芷妻汪氏　叶，廪生；氏，本城人。

朱启侃妻汪氏　朱，本城人；氏，本城人。

程元章妻何氏　程，低山人。

吴梦桂妻汪氏　吴，万安人。

朱时效妻孙氏　朱，本城人；氏，洋湖人。

杨懋森妻汪氏　杨，板桥人；氏，溪口人。夫殁，氏抚孤成立授室。孤亡，姑媳同守节。

吴廷梓妻孙氏　吴，隆阜诸生；氏，十六都人。

杨如椿妻胡氏　杨，板桥人；氏，溪口人。

汪应林妻程氏　汪，上山人。

汪延炜继妻朱氏　汪，上溪口人；氏，和村人。

杨名正妻汪氏　杨，板桥诸生；氏，金塍人。

杨光公妻戴氏　氏，二十二都五图人。

程佑妻吴氏　程，率口监生；氏，隆阜人。

程之曤妾李氏　程，洽阳人；氏，洋湖人。

黄培佑妻邵氏　黄，居安监生；氏，城西人，以孙灝貤赠宜人。

金宏礼妻汪氏　氏，本城人。

金士烈妻程氏　金，七桥人；氏，西馆人。

朱岐舞妻余氏　朱，湖村人。

杨辉祖妻吴氏　杨，板桥人；氏，商山人。

吴兆龄妻苏氏

江梦熊妻戴氏　江，梅田诸生；氏，隆阜人。

程镗继妻郑氏　氏，五都二图人。

吴芝煌妻黄氏　黄，古林人；氏，五城人。

黄鉴妻朱氏　黄，古林人；氏，月潭人。

黄樟妻程氏　黄，古林人。"樟"，《江南通志》作"璋"。

黄永超妻吴氏　黄，五城人；氏，雁塘人。

杨坚正继妻金氏　杨，板桥人；氏，小珰人。

姚书言妻吴氏　姚，洋湖诸生；氏，隆阜中书吴鹤祥女。

汪士浤妻朱氏　汪，乾头山人；氏，曹村人。

汪文钦妻程氏　汪，本城人；氏，芳圩人。

方志钟妻吴氏　方，商山人；氏，万安人，尝割股愈姑病。

余士绅妻汪氏　余，三都三图人；氏，二十一都人。

吴光曜妻刘氏　氏，本城人。

金承诏妻夏氏　金，中街人；氏，南街人。

张榔妻洪氏　张，西门人。

张光迁妻许氏　张，厚街人；氏，汶溪人。

孙时省妻程氏　孙，厚街人；氏，程中道女。

金元彦妻汪氏　金，草市人；氏，东门人。夫殁忍贫苦守，抚孤及遗腹子成立，督子及时营先世窀穸。外家乏嗣，岁时奉祀不替，人称之。"草市"，一作"中市"。

吕之俊妻汪氏　吕，唐由人；氏，水南人。"汪"，通志作"王"。

江云同妻戴氏　江，梅田人；氏，隆阜人。于归未期夫病，割股以疗不愈，忍死抚孤，孝节两完。

邵邦达妻金氏　邵，龙源人；氏，七桥金秉女。

以上八人据《江南通志》补。

杨祚裕妻余氏　杨，板桥人；氏，蓝田人。

戴应文妻陈氏　戴，隆阜人；氏，珠里人。

吴之夏妻程氏　吴，率口人；氏，同里人。

朱邦锦妻汪氏　朱，邑城人；氏，岳山后人。

汪立仁妻陈氏　汪，霞溪人；氏，本城人。

吴证篙妻汪氏　吴，上溪口人；氏，同里人。

潘应彪妻朱氏　潘，八都人；氏，十七都七图人。

汪兆瑞妻李氏　汪，竹林监生；氏，屯溪人。

汪文烺继妻胡氏　汪，王家山头监生；氏，四都人。"汪"，《江南通志》作"王"。

吴联荣妻汪氏　吴，江潭人；氏，溪头人。

方翊伟妻程氏　方,东山人;氏,唐庐山人。

张其仲妻汪氏　氏,本城人。

戴伟妻程氏　戴,隆阜诸生;氏,牛坑人。

戴明睿妻韩氏　戴,隆阜人;氏,屯溪人。

杨嘉幹妻汪氏　杨,板桥人。

孙裕焘妻程氏　孙,十六都五图人。

孙志铨妻戴氏　孙,厚村人;氏,隆阜人。

黄兆京妻吴氏　黄,五城人;氏,璜源人。

邵文焕妻马氏　邵,本城人;氏,广东人。"妻",通志作"妾"。

石田双节　汪光炜妻吴氏,子逢麐妻吴氏,姑媳同守节终。"炜",通志作"伟"。

金秉亮妻汪氏　金,七桥人。

程溥妻孙氏　程,率口诸生;氏,坑口人。

程宏珍妻吴氏　程,东阁人;氏,大斐人。夫殁守节,抚孤良敬成立。良敬亡,其妻金氏同里人亦守节终。

黄士仪妻蔡氏　黄,下溪口人;氏,隆阜人。

杨正吉妻金氏

汪正伊妻金氏　汪,深圩人;氏,万安人。

……

吴国盛妻余氏　吴,大斐人;氏,蓝田人。

黄普妻程氏　黄,五城贡生;氏,山斗人。

汪翔妾吴氏　汪,本城州同;氏,吴江县人。

汪立孝妻何氏　汪,本城人;氏,万安人。

潘正铎妻徐氏　潘,屯溪人;氏,由潭人。

程祉继妻梁氏　程,率口武举;氏,汉阳县人。

叶华祖妻王氏　叶,万安人;氏,仁和县人。

黄德章妻程氏　黄,古林人;氏,山斗人。

吴澍妻汪氏　吴,万安儒士;氏,浙江汪寀女。

杨嗣赞妻金氏　杨,板桥人;氏,珰溪人。

胡士珙妻许氏　胡,宋村人;氏,许村人。

金士元妻程氏　金,本城人;氏,汉坑人。

刘之玩妻项氏　刘，水南人；氏，居安人。

程永宾妻江氏　程，率口人；氏，歙邑人。

金秉锜妻杨氏　金，水西街人；氏，板桥人。“金”，通志作“吴”。

孙士湘妻汪氏　孙，洋湖人，殁；氏绝粒五日以劝止，抚孤守节终。

杨经正妻汪氏　杨，板桥人。

黄钟义继妻王氏　黄，黄村人；氏，溪头人。年十五归黄，甫五月寡，抚继子成立，苦志守节终。

方召迁妻邓氏

吴伯荣妻戴氏　吴，隆阜人；氏，同里人。“伯荣”，通志作“荣伯”。

金奇秀妻吴氏　金，小珰人。

程麟璋妻查氏　程，榆村人。

吴师淮妻程氏　吴，临溪人；氏，九都人。

戴顺孙妻李氏　戴，十八都三图人。

汪曾恂妻金氏　汪，石田人；氏，二十七都人。年二十归汪，未逾月寡，抚伯娣烈妇子成立，以承两祧。

汪起凤妻刘氏　汪，十都二图人；氏，白茅人。

吴廷遴妻孙氏

张为锫妻李氏

吴可士妻潘氏　吴，诸生。

胡士埙妻朱氏　胡，宋村人；氏，二都七图人。

汪玉珂妻邵氏　汪，八都一图人；氏，龙源人。

吴尚振妻程氏　吴，朱塘铺人。

程星炜妻戴氏　程，榆村人。父泰亨被贼执，殉父皆亡。

以上四人据《江南通志》补。

吴任庚刘氏　吴，洺洲人；氏，城南人。吴客死，氏二十三，舅姑先逝，祖舅年耄，孤仅四岁，氏仰事俯育，人称“孝妇贤母”。

张有仪妻李氏　张，十三都人；氏，同里人。

汪元徽妻黄氏　汪，竹林人；氏，居安人。

陈盛庆妻程氏　陈，山头人；氏，西馆人。

汪熙璟妻黄氏　氏，桐城人。

汪儒谟妻吴氏　汪，本城人；氏，化生桥人。

吴德键妻金氏　　吴,上溪口人;氏,小珰人。

叶方发妻许氏　　叶,在城人;氏,汉溪人。

余尚铣妻吴氏　　余,大源贡生;氏,磻溪人。

邵之球妻张氏　　邵,龙源人;氏,七桥人。

汪嘉英妻吴氏　　汪,在城人;氏,东北隅人。

吴继杰妻程氏　　吴,大斐人;氏,篁墩人。

汪光烈妻戴氏　　汪,上溪口诸生;氏,同里内阁中书戴朝立女。

程瑞德妾保氏　　程,率口知县;氏,通州人。

黄钟和妻吴氏　　黄,黄村人;氏,溪口人。

汪瑞先妻朱氏　　汪,石田人;氏,长丰人。

夏尚璟妻苏氏　　夏,监生;氏,西北隅人。早寡,抚孤成立。有堂姒夫亡遗孤,氏出余资助其守志。

吴光文妻汪氏　　吴,桃源人;氏,上溪口人。

汪之鎏妻杨氏　　汪,溪口人;氏,板桥人。

程云荷妻戴氏　　程,率口人;氏,隆阜人。

程中桓妻陈氏　　程,牛坑人;氏,古城人。

程肇昌妻吴氏　　程,牛坑人。

汪维桓妻苏氏　　氏,本城人。

叶兆荃妻吴氏　　叶,本城诸生;氏,西北隅人。

汪珝继妻程氏　　汪,本城人,国子监学正。

朱正元妻苏氏　　朱,本城人;氏,西南隅人。

金调继妻汪氏　　金,本城人;氏,水南人。

吴钟泰妻朱氏　　氏,下瀛人,赣州知府朱光围女。

戴嘉容妻吴氏　　戴,瑶溪人;氏,商山人。

汪全妻许氏　　汪,本城人;氏,汉溪人。

毕凤岐妻桂氏　　毕,闵口人;氏,十七都人。

黄源妻张氏　　黄,山后人;氏,祁邑石坑人。

吴福桂妻戴氏　　吴,隆阜人;氏,同里人。夫殁,甘贫苦节,姑患瘫疾,常亲奉养,念翁乏嗣,易衣饰为翁置妾,得二子以续宗祧。

苏士论妻汪氏　　苏,西南隅人;氏,西北隅人。

吴希旦妻叶氏　　吴,大斐人;氏,石岭人。

吴士琇妻鲍氏　　吴,本城人;氏,东南隅人。

巴承锡妻朱氏　　氏,本城人。

吴云锦妻杨氏　　吴,一都二图人;氏,嘉定人。

程邦几妻汪氏　　氏,本城人。

余国宰妻杨氏　　余,六都三图人;氏,汉阳人。

胡承耀妻汪氏　　氏,本城人。

程振辕妻金氏　　程,二都四图监生;氏,东南隅人。

汪应仪继妻吴氏　　汪,上溪口人;氏,同里人。

吴国昌继妻金氏　　吴,柏墩人;氏,峡东人。

程启扬妻吴氏　　程,坊圩人;氏,本城人。

汪来球妻吴氏　　汪,溪口人;氏,山背人。

汪朝秉妻金氏　　氏,十一都二图人。

洪元志妻黄氏　　洪,洪家山人;氏,黄村人。

姚渐闻妾陈氏　　姚,洽阳人;氏,嘉定人。

朱国里妻汪氏　　朱,珰坑街人;氏,十都人。

胡世魁妻汪氏　　胡,演口人;氏,霞溪人。

詹肇修妻程氏　　詹,流塘人。

赵景行妾朱氏　　赵,旧市内阁中书;氏,大兴县人。

胡世琦妻程氏　　胡,东村人;氏,九都人。

戴廷槐妻程氏　　戴,隆阜人;氏,由溪人。

邵士槐妻陈氏　　邵,黎阳监生;氏,珠里人。

叶采妻陈氏　　叶,诸生;氏,东南隅人。

程应坿妻汪氏　　氏,二十□都三图人。

姚治豫妻赵氏　　姚,苏田监生;氏,旧市人。

金世封妻詹氏

查宗淑妻汪氏　　氏,本城人。

黄世锽妻石氏　　黄,一都二图人。

汪志潘妻余氏　　氏,本城人。

戴士璧继妻俞氏　　戴,隆阜人;氏,黎阳人。

徐正旭妻金氏　　徐,万安人;氏,三都五图人。

汪学礼妻程氏　　汪,本城人,氏,率口程瑞祊女。

杨嘉森妻汪氏　杨,板桥人;氏,石田人。

程宗孔妻吴氏　程,率口监生;氏,隆阜州同吴宗镈女。

吴文振妻金氏　吴,诸生;氏,本城人。

汪百揆妻詹氏　汪,本城人;氏,流塘人。

程望龄妻吴氏　程,牛坑人;氏,临溪人。

洪智先继妻程氏　洪,江村人;氏,浯田人。

孙如龙妻程氏　孙,草市人;氏,率口人。

汪尚琳妻邵氏　汪,诸生;氏,本城人。

程树勋妻金氏　程,坊圩人;氏,厚田人。

汪宏铎妻查氏　氏,本城人。

胡虞骅妻金氏　胡,百石充人;氏,沾露人。

刘永仁妻金氏　氏,本城人。

余国臣妻许氏　余,万安人;氏,汶溪人。

洪国彬继妻朱氏　洪,东湖人;是,皂荚园人。

朱元煐妻汪氏　朱,月潭人;氏,上溪口人。

吴秉锦妻汪氏　吴,山背人。

吴廷钧妻程氏　吴,商山人;氏,率口人。吴客死,氏典鬻珥以归夫柩,遗腹一子数月而夭,舅姑皆七十余,舅病曲尽孝养,姑病不能食即以其乳乳姑。

金本妻汪氏　金,七桥人。

张之龄妻陈氏　张,水南人;氏,三都八图人。

王维勤继妻戴氏　王,二十五都八图人。

吴嘉泰妻汪氏　吴,长丰人;氏,同里人。

金楷继妻苏氏　金,七桥人;氏,本城人。

金柏妻陈氏　金,七桥人;氏,九都人。

潘文远妻吴氏　潘,万安人;氏,石岭人。

汪文拭妻吴氏　汪,本城人;氏,瑯斯人。

汪乘江妻金氏　汪,长丰人;氏,黄泥塘人。

胡孔彰妻程氏　胡,白石充诸生;氏,歙邑人。

胡茂楠妻苏氏　胡,二都七图人。

汪本森妻李氏　氏,本城人。

郑元生妻王氏　　郑,洽阳人;氏,同里人。

杨瑞森妻黄氏　　杨,板桥人;氏,高垾翰林黄瓒女。

戴位镇妻吕氏　　戴,隆阜人;氏,歙邑人。

戴从登妻吴氏　　戴,隆阜人;氏,临溪人。

吴廷虬妻朱氏　　吴,临溪人;氏,二十二都人。

金章产妻吴氏　　金,瓯山人;氏,南圩店人。

汪廷侃妻吴氏　　汪,西北隅人;氏,本城人。

杨寿森妻朱氏　　杨,板桥人;氏,月潭人。

邵世英妻汪氏　　氏,本城人。

金德光继妻胡氏　　金,临溪诸生;氏,二十二都人。

黄可登妻程氏　　黄,五城人。

郑世迎妻陈氏　　郑,洽阳训导;氏,杭州人,归郑未逾年寡,抚遗腹子牧
成立。

邵日钟妻吴氏　　氏,本城人。

程祖兴继妻何氏　　程,率口人。

朱国镳妻杨氏　　朱,典口人;氏,重塘人。

杨祖功继妻汪氏　　杨,板桥人;氏,十都人。

朱彦澍继妻洪氏　　朱,长丰人;氏,迥溪人。

程观生妻刘氏

吴麒英妻金氏　　吴,十都三图人;氏,吴田人。

戴廷琮妻程氏　　戴,新屯人;氏,榆村人。

金学仕妻程氏　　金,沾露监生;氏,低山人。

汪文骦妻夏氏　　氏,本城人。

金嘉时妻汪氏　　金,沾露人;氏,汪村人。

李士毅妻吴氏　　李,渠口人;氏,珠簾人。

汪启思继妻程氏　　汪,水南人;氏,古塘人。夫殁,抚孤成立,为娶刘
氏。孤又亡,偕媳守节终。

丁行三妻吴氏　　丁,一都六图人。

朱文拥妻王氏　　朱,合潭人;氏,陈村人。

吴兆珍妻金氏　　吴,本城人;氏,汉坑人。

叶应鳌妻金氏　　叶,石岭人;氏,石田人。

洪有祚妻汪氏 洪,江村人。

戴乔年继妻程氏 戴,隆阜监生;氏,腾紫关人。

杨挺秀妻朱氏 杨,板桥人。

黄应时妻程氏 黄,商山监生;氏,溪边村人。

朱文霈妻赵氏 朱,下瀛贡生;氏,旧市候选知县赵泫女。

刘芳渭妻黄氏 刘,永南儒童;氏,居安人。

刘逵年妻汪氏 氏,本城人。

金门双节 监生金学沧,七桥人,寄居太仓,妻盛氏抚孤苦节;弟监生学浦妻张氏,继子守节。

程应凤妻昌氏 程,文昌坊人。

程政妻吴氏 程,由溪人。

查兆连妻程氏 查,碧丛人;氏,新塘人。

黄振圭妻方氏 黄,居安人,殁;氏抚二子成立,二子继亡,抚幼孙与二孀媳居贫守节。

汪麟年妻程氏 汪,西门人;氏,本城人。

杨元勋妻朱氏 杨,板桥人;氏,长丰人。

朱之权妻黄氏 朱,月潭人。

咸受伯妻程氏 咸,孙打渔人。

徐文熠妻黄氏 徐,公塘人。

吴任暹妻程氏 吴,璜源人;氏,大阜瀛人。

李匡世妻陈氏 李,东南隅人。

汪廷柏妻吴氏 汪,石田人;氏,溪口人。

朱洪裹妻吴氏 朱,长丰人;氏,大溪人。

程绍琜妻吴氏 氏,隆阜人。

汪晴妻戴氏 汪,金城人;氏,隆阜人。

程其敬妻查氏 程,二都人;氏,同里人。

孙佳蕙妻朱氏 孙,草市人;氏,歙邑人。

吴如珪妻程氏 吴,商山人;氏,山斗人。

戴寅亮妻吴氏 戴,隆阜监生;氏,同里人。

程广夏妻戴氏 程,率口人;氏,隆阜人。

程侠妻戴氏 程,率口人;氏,隆阜人。

汪有楫妻程氏　　汪,引充人;氏,同里人。

刘有亿妻詹氏

汪宏录妻金氏　　汪,东北隅人。

江其亮妻杨氏　　江,梅田人;氏,板桥人。

……

金世俊妻汪氏　　金,沾露人。

程仁发妻吴氏　　程,尤溪人。

金正时妻吴氏　　金,西山人;氏,桑园人。

汪时效妻孙氏　　氏,西北隅一都人。

方元璞妻叶氏　　氏,四都三图人。

汪尚薰妻程氏

金之琳妻汪氏　　金,西北隅人;氏,一都人。

吴思澄妻余氏　　吴,大斐人;氏,蓝田人。

许应瑚妻程氏　　许,青山人;氏,资村人。

胡荣镈妻吴氏　　胡,六都二图人。

戴德禹妻程氏　　戴,隆阜人;氏,率口人。

杨锡祖妻汪氏　　杨,板桥武生。

戴元埙妻程氏　　戴,隆阜人;氏,率口萍乡知县程世经女。戴病笃,迎娶侍疾,未二月殁,氏继子守节。

毕世杰继妻田氏　　毕,峡东人;氏,吴县人。

戴皇年继妻刘氏　　戴,隆阜诸生;氏,江宁人。

吴汝祥妻赵氏　　吴,璜源人;氏,旧市人。

詹嗣徽妻程氏　　詹,流塘人;氏,五都人。

胡正祚妻余氏　　胡,小溪人;氏,蓝田人。

詹务维妻方氏　　詹,流塘人。

程民禄妻汪氏　　程,本城人;氏,断石人。

吴之屏妻潘氏　　吴,朱塘铺人。

戴元佣妻范氏　　戴,隆阜人;氏,瑶圩人。

汪以宝妻程氏　　汪,富昨人;氏,率口人。汪殁,抚侄为嗣。〔侄〕卒,遗孙二又相继逝,曾孙俱幼,抚三世孤苦节。

汪声庶妻祝氏　　汪,文昌坊人;氏,本城人。

金广贵妻朱氏 金,洲阳关人;氏,珰坑街人。

何景山妻吴氏 何,祖居常熟;氏,本邑吴德求女。归何时何已得羸疾,未两月而殁,氏继子苦节。

朱元瑛妻汪氏 朱,廻溪监生。

朱雯诰妾汪氏 朱,廻溪贡生。

黄宏洪妻金氏 黄,黄村人。

黄志卿妻程氏 黄,黄村人;氏,汉口人。

黄耀斗妻金氏 黄,黄村人;氏,汪溪人。

范旦照妻程氏 范,博村人;氏,蟾溪人。

王文燧妻汪氏 汪,洽阳人。

汪曾祚妻吴氏 汪,上溪口人;氏,和村人。

孙永樋妻邵氏 孙,汉口人,祖迁常熟,殁。三子镐、锦、钟俱幼,氏矢志抚孤,锦、钟早卒,后以镐知潞安府封恭人。

程家权妻项氏 程,草市人;氏,歙邑人。年二十寡,姑殁柩在家,山水骤涨入室,氏抱柩漂流,乡人救之,氏与柩皆无恙。

吴应铢妻陈氏 吴,山背州判。

朱星晖妻程氏 朱,湖村人;氏,十都人。

金鸾妻王氏 金,七桥人,寄居太仓。

······

黄渐妻汪氏 黄,居安人;氏,嘉兴人。

陈朝珍妻郑氏 陈,上典口人;氏,郑家坞人。

吴上林妻陈氏 吴,上溪口人;氏,陈村人。年十九适吴,甫九月寡,继子娶媳,子天,复继孙娶孙媳,孙又天,更继曾孙,守节终。

李可达妻戴氏 李,珠里人;氏,隆阜人。

陈正绎妻胡氏 陈,蓝渡人;氏,万安人。

汪大俊妻刘氏 氏,本城人。

戴时槌妻吴氏 戴,上溪口人;氏,婺源人。

朱荪妻吴氏 朱,长丰人;氏,上溪口人。

汪成檀妻郑氏 汪,霞溪人;氏,郑家坞人。

金忠沆妻黄氏 金,瓯山人;氏,高堨人。

吴桂生妻汪氏 吴,溪口人;氏,同里人。

吴如赋妻程氏

吴如荃妻孙氏 吴,商山人;氏,洋湖人。夫殁,抚孤娶妇,孤亡抚孙,同媳苦节。

吴允锟妻朱氏 吴,商山人;氏,月潭人。于归未匝月吴殁,继子守节终。

吴宏烺妻汪氏 吴,桑园人;氏,柳洲人。

方国俊妻汪氏 方,下山人;氏,高低山人。

黄中禄妻汪氏 黄,五城人。

汪汲妻陈氏 汪,汪村州判;氏,古城人。夫殁,继子娶妇子又亡,同媳李氏守节终。

金怀韫妻汪氏 金,水南人;氏,同里人。

潘百岭妻汪氏 氏,八都二图人。

戴文煌妻严氏 戴,和村人,居湖州。

王嘉铨妻戴氏 王,洽阳人;氏,隆阜人。

……

陈启焯妻鲍氏 陈,古城人;氏,焦村人。

汪之斌妻邵氏 氏,本城人。

项元谱妻叶氏 项,蓝田州同;氏,城东人。

程日宣妻苏氏 程,溪头人;氏,城北人。

叶寿年妻汪氏 叶,东南隅人;氏,本城人。

黄涣妻金氏 黄,万安监生;氏,秀岐人。

吴员振妻叶氏 吴,东南隅人;氏,本城人。

吴瑞妻程氏 吴,大斐廪生;氏,率口程世稗女。夫殁矢守课子,乔林有声簧序。

汪士良妾何氏 氏,湖北人。

金文光妻叶氏 金,西门人;氏,小珰人。

汪振源妻程氏 汪,南街人;氏,东南隅人。夫殁抚孤成立,子国柱请封恭人。

汪日滚妻朱氏 汪,上溪口人;氏,珰坑人。

程兆伦妻金氏 程,一都四图人;氏,一都七图人。

叶廷钟妻汪氏 叶,叶祈人;氏,徐村人。

戴纶恩妻王氏 戴,隆阜人;氏,洽阳人。

孙日章妻程氏 孙,十六都五图人。

戴奇淮妻姚氏 戴,隆阜州同元鉴第六子;氏,傍霞瑶人。

孙日济继妻程氏 孙,十六都五图人。

叶兆澄妻吴氏 叶,东南隅人。

汪之林妾吴氏 汪,石田监生;氏,歙邑人。

汪之相妻朱氏 汪,石田人;氏,霞瀛人。

叶榕妻程氏 叶,监生;氏,本城人。

张廷澄妻胡氏 张,七都三图儒童。

张有溶妻何氏 张,东南隅一图人。

叶门双节 诸生叶文焘继妻汪氏,城西人,妾程氏,同守节孝。

胡凝匡妻方氏 胡,四都九图人。

朱琦妻汪氏 朱,珰坑街人;氏,长丰人。

朱定国妻汪氏 朱,月潭武生;氏,临溪人。夫殁,翁被累系狱,氏典簪珥,曲解姑忧。及冤雪,翁患疯疾,侍养备至。又以针纫余资助兄膏火,得捷浙闱。

查宏伦妻吴氏 查,东南隅三图儒童。

吴尚镛妻汪氏 吴,上溪口人;氏,石田人。

金洛妻汪氏 金,瓯山监生;氏,歙邑过塘坞人,以继子荣贵覃恩封宜人。

吴浩澄妻刘氏 吴,霞塘人;氏,下水南人。

吴懿勋妻陈氏 吴,大斐人;氏,蓝渡人。

金国士妻汪氏 金,城东监生;氏,城西人。

戴世俊妻程氏 戴,隆阜人;氏,由溪人,尝修隆阜大路。

陈启煦妻汪氏 陈,涨山儒童;氏,汪村人。

俞以忠妻佘氏 俞,万安人;氏,杨源人。

余国燧妻胡氏 余,老楷人;氏,黟县人。

吴奇琥妻潘氏 吴,万安人;氏,水坑口人。

朱沛妻汪氏 朱,霞瀛监生;氏,上溪口人。

叶士琬妻程氏 叶,西园人;氏,汶溪人。

黄学政妻程氏 黄,古林人;氏,山斗人。

余英敏妾金氏　余,潜阜人;氏,苏州枫桥人。

吴廷章妻程氏　吴,陪郭人;氏,八都人。

叶士瑷妻程氏　叶,西园人;氏,前山人。

邵永洋妻汪氏　邵,龙源儒童。

胡学宽继妻程氏　胡,百石充武生。

余永元妻陈氏　余,溪北人;氏,蓝渡人。夫殁,氏抚侄为子,娶妇陈氏环珠人,子又亡,姑媳同守节。

张廷用妾胡氏　张,水南州同;氏,歙邑人。

……

戴蒋如妻王氏　戴,瑶溪儒童;氏,本村人。

汪梁妻程氏　汪,张家塝人;氏,同里人。

吴学志继妻朱氏　吴,大斐人;氏,白茅人。

吴兆嗣妻游氏　吴,溪西人;氏,婺邑人。

张明璧妻程氏　张,岭南人;氏,婺邑人。

张鼎玉妻余氏　张,岭南人;氏,溪西人。

张明渔妻黄氏　张,岭南人;氏,龙湾人。

汪国桢妻程氏　汪,本城人;氏,柳州人。

朱文鈴妻汪氏　朱,珰金街儒童;氏,南坑人。

程大受妻范氏　程,率口人;氏,龙塘人。

汪国增妻黄氏　汪,滁村人;氏,居安人。

吴树震妻郑氏　吴,和村监生;氏,江宁人。

吴骏标继妻朱氏　吴,和村儒童;氏,霞溪人。

程霖汇妻戴氏　程,率口儒童;氏,隆阜人。

程振宗妻汪氏　程,杨村人。

朱永淳妻蔡氏

戴延禧妻吴氏　戴,隆阜人;氏,歙西溪南人。

戴大杓妻程氏

程国盛妾徐氏　程,贺川监生;氏,如皋人。

金惟纪妻姚氏　金,七桥人,寄居宝山,殁;氏抚子以埻、以垆成立,埻登贤书官主事,氏封宜人。

金惟诗妻朱氏　金,七桥人,寄居桐乡,殁;氏抚遗腹子成立,封宜人。

金以采妻陆氏　金,七桥监生。

黄日耀妻金氏　氏,本城人。

金际堃妻王氏　金,七桥贡生。

程宗顼妻王氏　程,率口人。

吴元沄妻黄氏　吴,商山人;氏,古林人。

詹传礼妻黄氏　詹,五城人;氏,古林人。

许文铉妻吴氏　许,汶溪儒童;氏,大斐人。

吴永潮妻黄氏　吴,上溪口监生;氏,段山后人。

金忠澄妾吴氏　金,瓯山监生;氏,元和县人。

吴锡祺妻程氏　吴,商山人;氏,霞阜人。

汪集妻叶氏　汪,汪村人;氏,叶淇人。

汪承炘继妻张氏　汪,汪村监生;氏,水南人。

潘世铨妻汪氏　潘,八都人;氏,四都人。

吴联铸妻朱氏　吴,长丰监生;氏,珰坑街人。

杨日锽妻陈氏　杨,板桥监生;氏,霞瀛人。

程生申妾张氏　程,兖山渠人;氏,常熟人。

汪本昂妻吴氏　汪,汪村人;氏,吴田人。

朱可煜妻吴氏　主,小砥人;氏,朱帘人。

胡新德妻方氏　胡,小溪人;氏,山坑人。

李华妾冯氏　李,屯溪运同;氏,平湖人。

汪国析妻金氏　汪,高低山人;氏,潜阜人。

程浩妻孙氏　程,湖边人;氏,草市人。

汪光铨妻叶氏　汪,滁村人;氏,歙邑郑村人。

金忠溥妻叶氏　金,瓯山监生;氏,奕棋人。

吴廷祥妻胡氏　吴,山背监生;氏,演口人。

戴振熙妾吴氏　戴,瑶溪监生;氏,吴县人。

程浩妻孙氏　程,坑口人;氏,洋湖人。夫殁家贫,藉针纫养舅姑抚孤,苦节终。

吴玉榜妻汪氏　氏年十九夫殁,守节以终。

程芝寿妻曹氏

孙锦松妻郑氏

汪铨芹妻杨氏　汪,渠口人;氏,板桥人。

程有谅妻叶氏　程,月潭人;氏,歙西人。

汪逢原妻查氏　汪,监生;氏,巡抚查礼女。

以上旌表建坊,除据《江南通志》补入十三人,余俱据旧府志、休宁县志及采访册登记。[1]

(二)卷十三《人物志三·列女·节烈》中的休宁牌坊

唐:

吴姬　江潭人。黄巢之乱,贼至,姬曰:"可断吾头,不可戕吾乡。"贼怒杀之,见白血骇去。

明:

朱一龙妻黄氏　朱,月潭人,病亡;氏以簪刺喉血流频死,后以巾绞项死。

吴邦明妻项氏　吴,四都人,病亡;氏引刀自决,家人守护之闲复自缢死,时年十七。"明",通志作"凝"。

……

程鈜妻范氏　程,汊口人,成进士,归病卒,氏以身殉。

汪道行妻查氏　氏,邑城西街人,适汪二年夫病刲股进,逾月夫亡,氏自经以殉,时年十九。

吴继芳妻汪氏　吴,商山人,官序班,修《永乐大典》劳瘁卒,氏绝粒死。

……

徐钟泰妻程氏　徐,南街处州守文龙之子,为邑诸生;氏,古塘人。泰弟钟翰死,泰哭之衰呕血卒。氏视含殓毕即绝粒七日,自缝其衰经,嘱家人勿易衣殓而死。

……

汪湛然妻程氏　汪,洪方人;氏,北村人。夫客江右死,氏闻讣绝粒自经以殉。

……

程元倬妻汪氏　程,由溪人,病卒,氏吞金死。

[1]道光徽州府志(三)[M]. 南京:江苏古籍出版社,1998:259-265.

汪格妻范氏 汪，洪方人；氏，博村人。汪客死柩归，氏治丧葬毕自经死。

以上旌表建坊，据旧府志及休宁县志登载。[1]

国朝：

月潭朱门双烈 朱德妻程氏，夫卒自经死；德侄重庆妻程氏，婚甫弥月寡，亦自经死。

杨恂妻金氏 杨，板桥人；氏，汪溪人。年十八归杨，甫六月夫游学松江卒。氏闻讣一恸几绝，逮葬事毕，继子懋承祧，乃肃衣诀拜舅姑，曰："妇不克终养，永获罪愆矣！"不食五日卒。

汪曾怿妻金氏 汪，石田人；氏，二十七都人。夫亡，氏嘱娣抚育遗孤，绝粒死。

姚士勋继妻吴氏 姚，清漪人；氏，鉴潭人。夫殁，绝粒四日，姑谕曰："汝子甫六月，且有前室女，均赖抚养，岂可背夫托耶。"氏乃起，叩夫柩，曰："迟死十余年，待儿女婚嫁终遂吾志。"及子与女婚嫁毕，遂自经死。

杨日镗妻吴氏 杨，板桥人；氏，大斐吴乔龄女。夫殁，水浆不入口者数日，逮殡葬事毕绝粒死。

吴安礼妻黄氏 吴，商山人；氏，本里人，夫亡坠楼以殉。

吴廷球妻黄氏 吴，商山人；氏，高枧人。夫客殁，闻讣自经死。

余元悉妻金氏 余，溪口人；氏，西村人。夫殁于楚，讣至，氏为夫设木主立后嗣，遂殉烈而死，时年十九。

朱仁寿妻龚氏 朱，月潭监生，寄籍嘉兴。氏年二十七寡，子殇，夫两弟幼。及夫弟定婚期，谓"舅姑奉养有人"，遂自经死。仁寿弟仁荣妻汪氏，年十八亦寡，恸夫旋卒，太守洪梧为之记。

……

以上建坊旌表，据旧府志及休宁县志登载。[2]

[1]道光徽州府志(三)[M].南京：江苏古籍出版社，1998：305.

[2]道光徽州府志(三)[M].南京：江苏古籍出版社，1998：307-308.

(三)卷十三《人物志三·列女·贞女》中的休宁牌坊

明：

……

程思聘妻王氏　程，榆村人，聘王氏女为妻，未婚思客死，女归程养姑守节终。

以上旌表建坊，据旧府志及休宁县志登载。[1]

国朝：

吴士圭聘妻金氏　女家珰溪，许字婺邑吴士圭，未嫁圭殁，守贞不字。"圭"，通志作"书"。

赵景涞聘妻程氏　赵，旧市训导；氏，山斗人，未嫁夫卒，归夫家抚侄为子，守贞以终。通志作"赵徕"，无"景"字。

黄嘉树聘妻程氏　黄，约山人；氏，毕村程懋璠女，未嫁夫殁，归黄门守志，孝奉姑嫜。

郑启枞聘妻胡氏　郑，郑家坞人；氏，溪口胡肇祺女，未嫁夫殁，归郑门为夫立后，勤女红以供姑膳，守贞以终。

黄禄聘妻吴氏　黄，高堨人；氏，商山监生吴文瑞女，未嫁夫殁，闻讣泣禀父母，归黄门成服。继夫兄次子旋亡，又继其五子及夫仲兄四子承夫之后，守贞以终。

以上旌表建坊，据旧府志及休宁县志登载。[2]

(四)卷十三《人物志三·列女·贞烈》中的休宁牌坊

唐：

范三娘　博村人，宣歙使范传正之女，字歙州陆刺史之弟贤赞。卒，三娘年十七，不食死。

---

[1]道光徽州府志(三)[M]. 南京:江苏古籍出版社,1998:311.

[2]道光徽州府志(三)[M]. 南京:江苏古籍出版社,1998:311.

明:

……

江士验聘妻黄氏　江,梅田文学江圣麟子;氏,黄村黄道翔女,将归夫患痘卒,吞金死。

……

金章佐聘妻施氏　金,殴山人,聘施氏女未婚卒,氏闻讣诣墓哭奠,触石而死。

以上旌表建坊,据旧府志及休宁县志登载。[1]

国朝:

金惟骊聘妻凌氏　金,七桥人,聘嘉定凌氏女未婚卒,女闻讣自经死,时年十八。

……

以上旌表建坊,据府县两志登载。[2]

（五）卷十三《人物志三·列女·孝妇》中的休宁牌坊

明:

程溧妻汪氏　程,临溪人;氏,富昨人。于归后事姑至孝,姑病割股和药以进,姑病遂瘳。

此一人旌表建坊,据府县两志登载。[3]

二、小结

在暂无证据证明还有多主坊的前提下,暂视上述492条坊主信息为492座牌坊信息:节孝贞烈坊491座,百岁期颐坊1座(坊主杨继芬妻陈氏"寿臻百岁")。

[1]道光徽州府志(三)[M].南京:江苏古籍出版社,1998:312.

[2]道光徽州府志(三)[M].南京:江苏古籍出版社,1998:313.

[3]道光徽州府志(三)[M].南京:江苏古籍出版社,1998:313.

本章小结

综上,上述六部徽州旧志共记载唐至清道光三年(1823)休宁县牌坊756座(表4-1)。

表4-1　部分徽州旧志记载的休宁牌坊统计

资料来源	合计/座	分类									
		纪念坊/座									非纪念坊/座
		小计	旌表类					非旌表类			景观坊
			节孝贞烈坊	孝友恩褒坊	善行义举坊	封赠例授坊	百岁期颐坊	科举功名坊	惠民德政坊	其他	
弘治《休宁县志》	10	2	0	1	0	0	0	1	0	0	8
弘治《徽州府志》	47	40	2	1	3	0	0	34	0	0	7
嘉靖《徽州府志》	99	96	0	0	0	2	2	92	0	0	3
康熙《休宁县志》	89	88	18	1	4	30	2	32	1	0	1
道光《休宁县志》	19	19	5	7	1	0	1	5	0	0	0
道光《徽州府志》	492	492	491	0	0	0	1	0	0	0	0
合计	756	737	516	10	8	32	6	164	1	0	19

第五章　婺源牌坊

　　婺源县旧志很多：冯炫纂修《婺源县志》六卷，嘉靖十九年（1540）刻本；刘光宿修、詹养沉等纂《婺源县志》十二卷，康熙八年（1669）刻本；蒋灿等纂修《婺源县志》，康熙三十三年（1694）刻本；俞云耕修、潘继善纂《婺源县志》三十九卷首一卷，乾隆二十二年（1757）刻本；彭家桂修、张图南等纂《婺源县志》三十九卷首一卷，乾隆五十二年（1787）刻本；赵汝为纂修《婺源县志》三十九卷首一卷，嘉庆十二年（1807）刻本；黄应昀、朱元理纂修《婺源县志》三十九卷首一卷，道光六年（1826）刻本；吴鄂修、汪正元等纂《婺源县志》六十四卷首一卷，光绪九年（1883）刻本；葛韵芬等修、江峰青总纂《婺源县志》七十卷末一卷，民国十四年（1925）刻本；董钟琪、汪廷璋编《婺源乡土志》七章，光绪三十四年（1908）活字本[1]。

　　本章借助弘治《徽州府志》、嘉靖《徽州府志》和康熙三十三年（1694）《婺源县志》、乾隆二十二年（1757）《婺源县志》、道光《婺源县志》、道光《徽州府志》、光绪《婺源县志》，研究婺源旧时牌坊。

第一节　弘治《徽州府志》中的婺源牌坊

　　弘治《徽州府志》卷一《地理一·坊市》记载有婺源牌坊信息。

---

[1]明旭.明代徽商"贾而好儒"现象的研究[D].杭州:浙江大学,2012:28.

一、卷一《地理一·坊市》中的婺源牌坊

弘治《徽州府志》卷一《地理一》共十目，其中第九目"坊市"的重点是"坊"，涉及婺源牌坊方面全文如下：

宋、元坊十：有一曰**字民**，曰**兴善**，曰**昭义**，曰**兴孝**，曰**兴礼**，曰**兴逊**，曰**福泽**，曰**双桂**，曰**种德**，曰**兴贤**。

国朝，仍旧者五：……；改旧者四：……；新增者七：**太平**，**集贤**，**明道**，**旌善**，**泽民**，**闻善**，**昼锦**（后又改名登瀛）。

文公阙里坊 在朱韦斋[1]故居今文公祠堂前；宋咸淳五年，绣使蛟峰方逢辰[2]书额，后毁；国朝，县人中书舍人詹希原[3]书额，今又毁。

科第坊 为本县历科举人进士题名立，在学中门外。

---

[1]弘治《徽州府志》卷七《人物一·儒硕·宋》载："**朱松** 字乔年，婺源万安乡松岩里人。父森，承事郎。松，政和八年未冠上舍登第，授迪功郎，建州政和尉。丁父忧，道梗弗克归故里，因寓居崇安。服除，更调南剑州尤溪尉，监泉州石井镇，忽闻北狩之音，恸哭几绝。建炎再造，闲居养亲十余年。绍兴四年，用内翰綦崇荐，召试馆职，策问中兴事业难易，先后对以'服人心，任贤才，正纲纪'。除秘书省正字，循左从政郎。丁母忧服除，召对改左宣教郎，除秘书省校书郎。适淮西有杀叛兵之变，疏言不可撤两淮之兵，不报。明年，车驾还临安，因对言辞迫切，上亦不以为忤。迁著作佐郎，尚书度支员外郎，兼史馆校勘，历司勋吏部两曹，兼领史职如故。与修《哲宗实录》，书成，转奉议郎。尝与同馆胡公理等合辞抗疏，不主金人和议，秦桧尽逐诸异议者。绍兴十年春，以年劳得请补外，知饶州。未上，请闲得主管台州崇道观。秩满，再请，命下而卒，时绍兴十三年三月也。松初得浦城萧顗子庄、剑浦罗从彦仲素与之游，闻龟山杨时中立所传河洛之学独得古先圣贤不传之遗意，于是益自刻励，痛割浮华，以趋本实，日诵《大学》《中庸》之书，用力于致知诚意之地。自谓'卞急害道'，因取古人'佩韦'之义以名其斋。所著有《韦斋文集》十二卷行于世，《外集》十卷藏于家。娶同郡歙县祝氏，生三子，伯仲皆夭，其季为晦庵先生熹也。松疾革，手书家事属少傅刘子羽，又告诀于所善籍溪胡宪原仲，草堂刘勉之致中，屏山刘子翚彦冲，且顾谓熹曰：'此三人者吾友，其学皆有渊源。吾即死，往受学焉'。元至正二十一年，追谥'献靖公'。弟柽、栝、槔，字逢年，号玉澜，奉才不肯俯仰于世，善吟，有《逢年诗集》。"政和八年进士。

[2]方逢辰（1221—1291），字君锡，号蛟峰，学者称蛟峰先生，淳安城郭高坊（今属浙江）人。南宋政治家。自幼随父习字学文，以理学为归宿。

[3]弘治《徽州府志》卷八《人物二·宦业·国朝》载："**詹希原** 字孟举，婺源庐源人。承旨同之从子也。以书学名世。仕元为供奉监照磨，历善用库大使。洪武初，吏部奏差铸印局副使，升中书舍人，官殿及城门坊匾皆其所书。陶九成云：'希原正书师虞永兴，富有绳墨，其字愈大愈好。'杨文贞公云：'国朝大字，希原为第一，盖兼欧虞颜柳之法，而有冠冕佩玉之风者'。弟希恺，仕元，为台州学正，山东元帅府译史，调易州同知，历大都兵马指挥，从顺帝北去，不知所终。"

　　进士坊　在都隅有二十(四)〔三〕：一为朱元贞[1]，一为余士真[2]，一为汪良士[3]，一为王士真[4]，一为张文中[5]，一为程宪[6]，一为汪敬[7]，一为程思温[8]，

---

　　[1]弘治《徽州府志》卷八《人物二·宦业·国朝》载："**朱元贞**　婺源香田人。幼聪慧，德性淳厚，选充县学生。日夕刻志经传，兼及诸子百氏，博览晓析，以《诗》领(洪武三十二年)〔建文元年〕乡荐，登庚戌进士第，授吏科给事中，迁詹事府丞。出知荆州府，以逸囚左迁广信府同知，剔繁治剧，简易爱人，民多德之。终于官。"建文元年举人，二年进士。

　　[2]弘治《徽州府志》卷六《选举·科第·国朝》载："**余士真**　婺源人。山西芮城知县，降湖广道州判官。"永乐元年举人，二年进士。

　　[3]弘治《徽州府志》卷六《选举·科第·国朝》载："**汪良士**　婺源吾村人。见《人物志》汪叡传。"永乐元年举人，二年进士。

　　[4]弘治《徽州府志》卷六《选举·科第·国朝》载："**王士真**　婺源人。知县。"永乐元年举人，二年进士。

　　[5]弘治《徽州府志》卷六《选举·科第·国朝》载："**张文中**　婺源人。《诗》。未任官。卒。"永乐九年举人，十三年进士。

　　[6]弘治《徽州府志》卷八《人物二·宦业·国朝》载："**程宪**　字伯度，婺源城西人。治《书经》。以县学生领乡荐，登宣德五年进士第。授南京云南道监察御史。丁外艰服阕，转云南道监察御史，巡按陕西及直隶苏松等处，所至风声凛肃，奸豪为之胆落。卒于行台。侄丕才，字叔用，亦以《书经》领成化戊子乡荐，授吉安府推官，诚笃勤慎，卒于官，吉民思之。"永乐十八年举人，宣德五年进士。

　　[7]弘治《徽州府志》卷八《人物二·宦业·国朝》载："**汪敬**　字益谦，婺源城西人。治《书经》。以儒学生领宣德己酉乡荐，登癸丑进士第。奉命往湖广纂修《宣庙实录》，竣事还。丁外艰服阕，以母老求终养，家居十余年。部檄促起，授户部陕西司主事，监督通州等处马房粮料，以廉能著名。景泰间，徽州府知府孙遇以该征税粮本色繁重疏乞折纳轻赍，事下户部，敬力赞画，每麦米一石折银二钱五分带耗银一分五厘，郡邑德之。寻，丁内艰。服阕，复除本部福建司主事，仍于通州各仓监收京储，三载考称。年六十六，致仕。七十九以天年终。刑部尚书陆瑜铭其墓。子显，治《书经》，以邑庠生贡入太学，授湖广蒲圻县丞。"宣德四年举人，八年进士。

　　[8]弘治《徽州府志》卷九《人物三·忠节·国朝》载："**程思温**　字叔玉，婺源种德坊人。正统元年登进士第，授中书舍人，历官九载，升礼部仪制司员外郎，以清慎著名。十四年，扈从北征，奋不避难以死。景泰四年，朝廷追赐诰命，赠其父、母、妻，进其长子俊于太学，以旌其忠。次子伟，以经明行修举，授邵武县学训导。"宣德四年举人，正统元年进士。

一为程昊[1]，一为程永[2]，一为朱稳[3]，一为程广[4]，一为汪奎[5]，一为汪进[6]，

---

[1]弘治《徽州府志》卷八《人物二·宦业·国朝》载："**程昊**　字希大，婺源凤岭人。元武昌路教授义夫曾孙也。幼孤性敏力学，为县生，以《诗》领正统戊午乡荐，登戊辰进士第。授河南道监察御史。奉敕往河间等府巡恤军民，给散布花。景泰庚午，巡按浙江，数奏劾不法。聂大年颂之曰：'弹劾如汉之张纲、桓典，鲠直如宋之刘颍、赵抃。'时贼人叶仁八等继起，攻劫郡县，民不得息，昊至即以计擒斩之，郡县以宁。金都御史张楷咏之曰：'驱逐豺狼归夜壑，扶持民物上春台。'未几，卒于官。钦赐彩缎二表里，下有司致祭归其枢。所著有《程氏世谱》及《奏议》若干卷，藏于家。"正统三年举人，十三年进士。

[2]弘治《徽州府志》卷六《选举·科第·国朝》载："**程永**　婺源人。《书》。未任。故。"景泰元年举人，五年进士。

[3]弘治《徽州府志》卷八《人物二·宦业·国朝》载："**朱稳**　字伯承，婺源在城人。徽国文公熹十世孙。治《诗经》，以县学生领景泰癸酉乡荐，登天顺丁丑进士第。授南京户部四川司主事，进承德郎，历升本司郎中，惟慎惟勤。寻升福建都转运盐使司运使，改两浙，复除福建，皆以廉干称。卒于官。弟懋，援宣圣孙例入太学，授永年县丞，致仕。桢，由县学生贡入太学，以先贤乞便奉祠，授本县学训导。从侄焰，字孔光，治《诗》，援例入太学，授瑞州府知事。"景泰四年举人，天顺元年进士。

[4]弘治《徽州府志》卷八《人物二·宦业·国朝》载："**程广**　字克勤，婺源城西人。治《书经》，以儒学生领景泰癸酉乡荐，登天顺丁丑进士第，除南京户部福建司主事。天顺八年，以目疾乞归。后蒙行取，以母老终养不就。卒于家。文章有古人风，所著有《英华略》《直义轩稿》。从弟奇，字克正，亦以《书经》领天顺壬午乡荐，授山东登州府学训导，改江西靖安县学。二学旧无科目，奇造就之，各有成名者。后升浙江青田县学教谕。广子文，领弘治戊午科乡荐。"景泰四年举人，天顺元年进士。

[5]弘治《徽州府志》卷六《选举·科第·国朝》载："**汪奎**　字文灿，婺源吾村人。《诗》。初授秀水知县，历升监察御史、夔州府通判、叙州府同知、成都府知府、陕西左参政、广东按察使、广西左布政，今升都察院右副都御史，巡抚贵州。"成化元年举人，二年进士。

[6]弘治《徽州府志》卷七《人物一·勋贤·国朝》载："**汪进**　初名煟，字希颜，号止斋，婺源大畈人。父菜，号质庵，以刚直称重乡邦。进幼学务勤确，比年十六七，过目诸书，举通卷成诵，入邑庠。天顺壬午乡试，中《春秋》第二卷，登甲申进士第。授刑部山西司主事，进以刑为民命所系，鞫问必审。有死囚张成者，已诬服，进辨其非罪而释之。阶承德郎。有廷臣为时相所忌，小人附势，诬讦其前任公用钱帛不明奏之，事下刑部，坐以侵欺有成案矣，进与御史复勘。进执法不阿，得实即上报，事始得白，舆论咸快之。成化壬辰，山西分巡官与守备官构狱，朝廷遣进讯之。守备者略权贵为之主，进惟据实以闻，权贵虽切齿，但均释之莫能害。未几，升山西按察佥事。有宗室劾其郡王府内使殴母妃，且私于内人，属进往莅其事，契勘劾词，多无左验。宗室盛怒，佯行有司，给骍声言讦奏。有司夜叩门，白其故，且劝宜少徇以纾祸。进曰：'汝第去。明日如旧讯之。'械至京，三法司会审，卒如进所拟。太原卫有军余缢杀其兄，悬于逋主之门，诬其威逼者，按察使行有司勘结，送进复之。进疑结状八字，缢伤有交匝之文，因拘其子，一诘即服。岁甲午，丁质庵忧。服阕，改湖广，尝分巡衡、永等处，痛革势豪巨商倚债害人之弊。岳之平江县与江西之宁县接境，僻在万山间，宁民诬平江民，构狱数载不解，两处巡抚大臣以其事下各三司，巡守官皆因循不行。进恐山泽之民日久生变，乃约期会于界上，结茅为行署。江西三司以卒伍自从者千数，平江民屈于力久矣，见进惟一人往，益惧。进曰：'在理曲直，不在众寡。'时逮系者四百余人，至行署，进誓已秉至公，谕以国法，日中而两造：以判宁民法当死者五人，徒者二十五人，杖者百余人；平江民徒者彼三之一，杖者八之二。宁民举火焚山林，县官皆惊怖，进召囚属谕以祸福，众皆帖伏，共扑灭之。成案而退，至今以为美谈。岁庚子，监湖广乡试。施州卫所辖蛮夷，长官宣慰宣抚等司十有四，宋元及今，中国人冒作夷人授职，使彼夷情不得上达，时为冒职。宣抚如谭景隆者，诬讦人过。又有秦

一为张黻[1]，一为汪坚[2]，一为汪舜民[3]，一为倪进贤[4]，一为潘珏[5]，一为

（接上页）志虎者，将国朝革除全元忠、全元帅等府，先立衙门设官，而后以闻拜，以冠带授人，威挟府县，夷民酷受其毒，章上累十年莫能治，几至生变。巡抚、巡按促进偕三司官按之，经三峡，入深山，行兼日，方达其地，既得其情，遂追夺其印，撤其衙门，置之于法。巡抚、巡按欲为请功，进以臣子当为，辞之。岁甲辰，升福建按察副使，奉敕巡海道。时暹罗国数千人乘大舰假以入贡，迫境贸易，先行贿于当道，许之矣。进兼程至海上，练士卒，修战具，召使者，谕以祸福，不肯去，乃下令诘朝，率官军联舟鼓噪而往，暹罗人惧遁。当道衔之势豪家以招亡命通番取重利为常事，稍禁戢之辄生谤。进治其尤者，以警其余，海道肃然。岁丙午，监福建乡试。弘治戊申，丁继母詹忧。服阕，改山东。时大饥，流离满道，进建议赈恤，又专清理尺籍，兼提督学政。岁壬午，监山东乡试，巡抚都御史王霁力荐于朝。岁癸丑，迁贵州按察使。时都匀苗寇猖獗，朝廷方命出师，进即倍道至，协谋赞力，师大捷。兵后以清简为治，民用宁止。贵多土官，莅之者每姑息不正以礼，进每见必庄严莅之，土官至不敢仰视。岁丙辰，升陕西左布政使。进以钱粮根本之地，务持大体，虽细务亦加之意，每中夜起，秉烛判署，日高不暇食。库藏岁久就坏，即修葺之。至于大狱讼，三司连鞠不决者，金举进为老法司，俾治之不爽情实。时有势要售铜钱于布政司，及冒占盐课，进力拒不从。巡按及总制三边都御史交章荐之。偶以疾卒，年六十有二。进性峭直，不畏权势，当事喜怒必形，既过则止，有当言必尽言，以此多为人所忌，然知其不留诸心，不甚怨之。事亲以孝闻，事继母詹尤尽道，凡两迎养于湖广、福建官邸。抚孤侄时，吉尽恩意。凡族之子弟有志于学者，皆躬考校，奖劝以期其成。居官三十余年，家无余资。子远，邑庠生。璡，七品散官。"天顺六年举人，八年进士。

[1]弘治《徽州府志》卷六《选举·科第·国朝》载："张黻　婺源人。府学，军生，《春秋》。未任，卒。"景泰四年举人，成化二年进士。

[2]弘治《徽州府志》卷九《人物三·孝友·国朝》载："汪坚　字守贞，婺源大畈人。曾祖澹为邑吏，尝署邑事，有惠政。祖桐卒于客，父伟奔数千里归其榇。祖母游守节甚苦。坚生而岐嶷，既长奉游暨父母尽孝，授徒乡里，以给甘旨，既而以《春秋》领成化戊子乡荐。丁外艰，哀毁逾礼。服阕，登辛丑进士第，拜大理寺左评事，分禄为养。未几，得推恩，赠父如其官，封母程为孺人，祖母亦及享其养，寿几百岁终。坚守制恸悴，抚诸弟尤笃友爱，俸余一毫不自私，买屋以居诸弟。其季曰隽，幼瞽，父未为娶，坚曰：'岂可使无后?!'卒为娶之，且为文以告于父。及丁内艰，哀毁尤甚。坚有俊才，尤长于诗，所著有《余力稿》若干卷。官至右寺正。在大理凡十年，多所平反，人称不冤。年五十八，卒于官。"成化四年举人，十七年进士。

[3]弘治《徽州府志》卷六《选举·科第·国朝》载："汪舜民　字从仁，婺源大畈人。《春秋》。授行人，升河南道监察御史，谪蒙化卫经历，迁东莞知县未任，迁江西按察佥事，今任云南按察副使。从兄坚，弟天民、济民。"成化十三年举人，十四年进士。

[4]弘治《徽州府志》卷六《选举·科第·国朝》载："倪进贤　字秉忠，婺源人。《诗》。庶吉士，授监察御史。今致仕。子鼎。"天顺三年举人，成化十四年进士。

[5]弘治《徽州府志》卷六《选举·科第·国朝》载："潘珏　字玉汝，婺源桃溪人。《书》。蕲水知县，今金华府同知。"成化十九年举人，二十年进士。

（载）〔戴〕铣[1]、（一为）王寿[2]、（一为）戴敏[3]、（一为）叶天爵[4]，一为汪铉[5]，一为方进[6]，一为潘珍[7]立。

聚秀坊　为举人方月同[8]立。

文明坊　在学前，为举人程广立。

步云坊　在五镇，为举人倪以孚[9]立。

青云坊　在西门外，为举人夏惟中[10]立。

登俊坊　为举人汪子友[11]立。

重光坊　在文公祠左，为举人朱稳立。

---

[1]弘治《徽州府志》卷六《选举·科第·国朝》载："**戴铣**　字宝之，婺源人。《书》。今任兵科给事中。"弘治五年举人，九年进士。

[2]弘治《徽州府志》卷六《选举·科第·国朝》载："**王寿**　字希仁，婺源人。《书》。今任户部主事。"成化十九年举人，弘治九年进士。

[3]弘治《徽州府志》卷六《选举·科第·国朝》载："**戴敏**　字逊之，婺源人。《书》。今任易州知州。族兄铣。"弘治八年举人，九年进士。

[4]弘治《徽州府志》卷六《选举·科第·国朝》载："**叶天爵**　字良贵，婺源人。今任抚州府崇仁知县。"《礼记》，弘治八年举人，经魁，九年进士。

[5]见第二章第三节脚注汪铉传。

[6]弘治《徽州府志》卷六《选举·科第·国朝》载："**方进**　字以礼，婺源镇头人。《书》。"弘治十四年举人，十五年进士。

[7]弘治《徽州府志》卷六《选举·科第·国朝》载："**潘珍**　字玉卿，婺源人。《书》。"弘治十一年举人，十五年进士。

[8]弘治《徽州府志》卷六《选举·科第·国朝》载："**方月同**　婺源人。府学。《春秋》。"永乐三年举人。

[9]弘治《徽州府志》卷八《人物二·宦业·国朝》载："**倪以孚**　婺源五镇人。幼颖异嗜学，由县学生领永乐辛卯乡荐，授宁波府慈溪县学训导，升南昌府进贤县学教谕。所至严立教条，诸生多所造就。以疾致仕。有斋匾曰'思诚'。学士庐陵解缙为之记。孙，进贤；曾孙，鼎。并见《选举志》。"永乐九年举人。

[10]弘治《徽州府志》卷八《人物二·宦业·国朝》载："**夏惟中**　婺源城西人。性淳厚，不妄言笑。治《春秋》，以邑庠生贡入太学。授湖广永州府通判，历六载，以廉勤公慎称。因疾乞归，永民怀之。晚于家事一无所与，惟教训子孙以终。孙时，治《礼记》，亦以邑庠生应贡，授山东东阿县知县，今致仕。"永乐十二年举人。

[11]弘治《徽州府志》卷九《人物三·孝友·国朝》载："**汪子友**　字伯厚，婺源城西人。由县学生领永乐丁酉乡荐。宣德庚戌，会试中乙榜，授浮梁县学训导。丁外艰服阕，改宜黄县训导。秩满，以母老乞终养，孝敬备至。未逾年，母卒，子友三年甘旨不入于口，乡里重其孝。其子潴，治《诗经》，领景泰癸酉乡荐，甲戌会试中乙榜，授四川嘉定州同知。"永乐十五年举人。

拔秀坊　为举人王宗善[1]立。

擢桂坊　为举人杜宗顺[2]立。

冠英坊　在大畈，为举人汪进立。

攀桂坊　为举人程奎[3]立。

世荣坊　为举人汪濬[4]立。

恩光坊　为刑部主事胡宗达[5]立。

双凤坊　在学前，为举人程广、程奇[6]立。

奎光坊　在县，为举人孙冠[7]立。

聚英坊　在县，为大畈汪氏世科立。

绍芳坊　在学西，为举人程丕才[8]立。

梯云坊　在学前，为举人汪敬立。

文光坊　在大畈，为举人汪坚立。

宾贤坊　有二：一为举人程思温立；一在大畈，为举人汪星[9]立。

世美坊　在五镇，为举人倪进贤立。

---

[1]弘治《徽州府志》卷八《人物二·宦业·国朝》载："王宗善　婺源在城人。性纯厚寡言。以儒学生领（洪武）〔建文〕己卯乡荐，知赣县，改仁和及曲阳。时曲阳民多逃亡，宗善设法招抚，皆以恩意结之。未逾年，相率来归者二百余户，悉复业。劝率殷富之家助其牛，具种子，宽租税，免徭役，民甚安之。后以旧令复职当代，民郝泰等数百人诣藩臬保留，上司以其事闻，得报遂留曲阳。历两考，皆居最。以老致仕。"建文元年举人。

[2]弘治《徽州府志》卷八《人物二·宦业·国朝》载："杜宗顺　婺源在城人。以儒学生领永乐甲午乡举，授江西宜黄县学教谕。其地僻，士读书者少，素无科甲。宗顺临之，严立条约，不逾二年诸生连中高科，人谓之'破天荒'。满考，升赣州府学教授，造士亦多。以疾乞致仕。"永乐十二年举人。

[3]弘治《徽州府志》卷六《选举·科第·国朝》载："程奎　字文昭，婺源人。《书》。福建福宁县学教谕。"宣德四年举人。

[4]弘治《徽州府志》卷六《选举·科第·国朝》载："汪濬　婺源人。《书》。见《人物志》汪子友传。"景泰四年举人。参见脚注汪子友传。

[5]弘治《徽州府志》卷六《选举·岁贡·国朝》载："胡宗达　字兼善，婺源人。刑部主事。"府学。

[6]弘治《徽州府志》卷六《选举·科第·国朝》载："程奇　婺源人。《书》。见《人物志》程广传。"天顺六年举人。参见脚注程广传。

[7]弘治《徽州府志》卷六《选举·科第·国朝》载："孙冠　字侍宸，婺源人。《礼记》。授黄陂知县，迁宁波府通判，改建昌府。今致仕。"天顺三年举人。

[8]弘治《徽州府志》卷六《选举·科第·国朝》载："程丕才　婺源人。《书》。见《人物志》程宪传。"成化四年举人。参见脚注程宪传。

[9]弘治《徽州府志》卷六《选举·科第·国朝》载："汪星　字应明，婺源大畈人。《诗》。府学生。"成化二十二年举人。

蜚英坊 在县,为举人张清[1]立。

登云坊 有三:一在县,为举人王祺[2]立;一在词川,为举人王曙[3]立;一在大畈,为举人汪允厚[4]立。

绣衣坊 有二:一在吾村,为汪奎立;一在大畈,为汪舜民立。

世显坊 在吾村,为举人汪奎立。

重芳坊 在考川,为举人胡潗[5]立。

联桂坊 有二:一在桃溪,为举人潘珏立;一为举人潘珍立。

世英坊 有二:一在凤岭,为举人程昊立;一在大畈,为举人汪玺[6]立。

夺锦坊 在县,为举人王寿立。

锺英坊 在大畈,为举人汪嵩[7]立。

三凤坊 在大畈,为举人汪舜民、天民[8]、济民[9]立。

椿桂同荣坊 在大畈,为举人汪伊[10]、汪铉立。

世芳坊 在五镇,为举人倪鼎[11]立。

---

[1]弘治《徽州府志》卷六《选举·科第·国朝》载:"张清 字一之,婺源人。《书》。临城知县,迁赵州知州,今升间府同知。"成化元年举人。

[2]弘治《徽州府志》卷八《人物二·宦业·国朝》载:"王祺 字景福,婺源王许村人。寓居邑市。治《礼记》。贡入胄监,中成化辛卯顺天府乡试,铨试优等。授浙江嘉兴府通判,有能声。三年,以老致仕。"成化七年举人。

[3]弘治《徽州府志》卷六《选举·科第·国朝》载:"王曙 字启东,婺源人。《书》。今辰州府推官。"成化十九年举人。

[4]弘治《徽州府志》卷六《选举·科第·国朝》载:"汪允厚 字叔载,婺源大畈人。《诗》。"弘治五年举人。

[5]弘治《徽州府志》卷六《选举·科第·国朝》载:"胡潗 字德渊,婺源人。《春秋》。今崇阳知县。"成化十九年举人

[6]弘治《徽州府志》卷六《选举·科第·国朝》载:"汪玺 婺源大畈人。《春秋》。见《人物志》汪植传。子,玄锡。"成化十年举人。

[7]弘治《徽州府志》卷六《选举·科第·国朝》载:"汪嵩 字季高,婺源大畈人。《春秋》。今任睢州同知。"成化十三年举人。

[8]弘治《徽州府志》卷六《选举·科第·国朝》载:"汪天民 字全仁,婺源大畈人。《春秋》。"弘治五年举人。参见脚注汪舜民传。

[9]弘治《徽州府志》卷六《选举·科第·国朝》载:"汪济民 字以仁,婺源大畈人。《春秋》。"弘治十一年举人。参见脚注汪舜民传。

[10]弘治《徽州府志》卷六《选举·科第·国朝》载:"汪伊 字仲温,婺源大畈人。《春秋》。德兴县学教谕。弟嵩。子铉。"成化二十二年举人。

[11]弘治《徽州府志》卷六《选举·科第·国朝》载:"倪鼎 婺源人。《诗》。"成化二十二年举人。

世科坊　在县,为举人陈斌[1]立。

鸣盛坊　在桂岩,为举人戴铣立。

司谏坊　为给事中戴铣立。

鸣凤坊　有二:一在县,为举人罗璜[2]立;一在桂岩,为举人戴敏立。

济美坊　为举人张珠[3]立。

起凤坊　在外庄,为举人叶天爵立。

尚义坊　有二:一为祝孟资[4]立;一在长径,为程宗大[5]立。

贞节坊　有三:一在石枧,为进士程永妻王氏[6]立;一为方刚奴妻王氏立;一在江湾,为江璨妻汪氏[7]立。[8]

二、小结

对照乾隆二十二年《婺源县志》卷一《疆域志·图考》之《婺源县志城垣图》和《坊市图》各坊名在图中的位置,以及卷三《疆域志·坊都·坊厢》中各坊所处方位和名称演变,上述引文前两段所列17个坊名,均为旧时街区之名称,而非构筑物"坊"。

弘治《徽州府志》共记载婺源构筑物牌坊75座:科举功名坊70座,节孝贞烈坊3座,善行义举坊2座。

---

[1]弘治《徽州府志》卷六《选举·科第·国朝》载:"陈斌　婺源人。《书》。"弘治二年举人。

[2]弘治《徽州府志》卷六《选举·科第·国朝》载:"罗璜　字廷璧,婺源人。《诗》。山东范县教谕,改蒲台县,降广东番禺河泊所官。今致仕。"成化十六年举人。

[3]弘治《徽州府志》卷六《选举·科第·国朝》载:"张珠　字廷光,婺源人。《礼记》。"弘治十一年举人。

[4]见脚注祝孟谦传。

[5]康熙三十三年《婺源县志》卷十《人物·义行·明》载:"程宗大　字仕广,长径人。性孝友,怜族侄无宁止,出己田易柿木段基地构屋栖之。三楚岁祲,捐金赈饥,全活者众,诏旌'尚义'。素志高尚,以季子镐膺义官。凡要津僻岭,悉建桥建亭,以便行旅。详具学士程敏政、教谕陈简铭志,并膺诰命敕书。"

[6]弘治《徽州府志》卷十《人物四·列女·国朝》载:"王氏　婺源人王宗善孙女。年二十一嫁同邑程永,仅八阅月,永以乡荐会试上京。是年,生子名应科,永登进士第,卒于京,王年二十有四。闻讣恸哭几绝,旅榇归,以礼葬之,誓节以抚其子。姑患足疾,且夕躬扶持奉养不敢离侧。嫠居三十余载。弘治戊申,知县蓝章奏闻旌表。卒年五十有八。"

[7]弘治《徽州府志》卷十《人物四·列女·国朝》载:"汪氏　婺源吾村人汪用宁女,嫁江湾江璨,年二十三而夫亡无子,守志不二。弘治中,有司奏闻旌表。年今六十。"

[8](弘治)徽州府志[M].上海:上海古籍书店,1964.

第二节　嘉靖《徽州府志》中的婺源牌坊

嘉靖《徽州府志》中的婺源牌坊见于《卷一·坊市》。

一、卷一之四《坊市》中的婺源牌坊

嘉靖《徽州府志》第一卷共六目,其中第四目"坊市"对徽州牌坊有详细记载,其中与本章第一节不重复的婺源构筑物牌坊方面的内容如下:

　　……

　　……,**景星庆云坊**,**泰山乔岳坊**,**修德坊**,**凝道坊**　俱在朱韦斋故居今文公祠前。

　　儒林坊　城西。

　　巍科坊旧名腾蛟,**高第坊**旧名起凤,俱在儒学门外,为历科举人进士题名。

　　进士坊　在隅都有二十七:……,一胡德[1],……,一王钜[2],……,一江

---

[1]康熙《徽州府志》卷十四《人物志三·宦业·明》载:"**胡德**　字全之,婺源清华人。正德戊辰进士。授南户部主事,督输闽浙。时有巨珰搜其匣,惟扇数握。后以四川参议归养。会诏访有司,可大用者吏部奏起之,累升云南参政。大理土官侵灶户盐利煽乱垂九载,部使者讨兵。德至,单车深入,召父老谕之曰:'激之者,罪也。荷戈岂良民乎?'父老叩头请死。德为正土官之罪,通课数万,悉处分补之。抚按论功,德固辞。数月,乞归养。德家居三十余年,所著有《迁樵杂著》诸稿。"正德二年举人,三年进士。

[2]嘉靖《徽州府志》卷十三《选举中·科第·国朝》载:"**王钜**　字德卿,婺源人。庆远府通判。"嘉靖四年举人,八年进士。

元辅[1]，一方升[2]，一方舟[3]，一程资[4]。

举人坊　在隅都四十八：……，一余瑄[5]，一余菑[6]，一江淇[7]，一江涯[8]、江一桂[9]，一江东(暎)〔晖〕[10]，一方升，一方舟，一洪忠[11]。

……

传芳坊　在县，为桃溪潘氏世科。

钟秀坊　在济溪，为游氏世科。

---

[1]嘉靖《徽州府志》卷十三《选举中·科第·国朝》载："**江元辅**　字尧卿，婺源游坑人。户部郎中。"正德八年举人，十二年进士。

[2]嘉靖《徽州府志》卷十七《宦业·国朝》载："**方升**　字世猷，婺源平盈人。登进士，宰永嘉，洒濯弊政，制慑豪强。时相张璁遗书乡人曰：'方令尹铁汉也，戒勿犯之。'累官至福建副使。凡五任，囊无余财。以直道得罪当务，致仕。尝自题其室曰：'一官如洗人应笑，四壁皆空盗不窥。'林下二十余年，足迹未尝入城市。好读书。所著有《亦愚集》《南隐录》。"弘治十七年举人，嘉靖二年进士。

[3]嘉靖《徽州府志》卷十三《选举中·科第·国朝》载："**方舟**　字时济，婺源平盈人。宝庆府知府。"嘉靖四年举人，八年进士。

[4]嘉靖《徽州府志》卷十三《选举中·科第·国朝》载："**程资**　字仲朴，婺源盘山人。云南参政，所在民怀其德，卒无以殓。"正德十一年举人，十二年进士。

[5]康熙《徽州府志》卷九《选举志上·科第·明》载："**余瑄**　字廷章。婺源沱川人。"弘治二年举人。

[6]嘉靖《徽州府志》卷十七《宦业·国朝》载："**余菑**　字宗器，婺源沱川人。领乡荐，授广昌知县。县多盗，菑至，盗闻风屏息，流移走邻，户口增三之一。宸濠变作，都御史王守仁移檄伐罪，菑整旅追战于江，俘获贼酋甚众，斩馘五百余级。迄谢事归，民持金为赆不受。归隐山谷中，足迹不入城府，惟日以教子孙联族属为事。后守仁奉命征思田，疏菑从行，菑已疾革。广昌祀菑名宦。所著有《牧民政条》《北山稿》。"弘治十七年举人。

[7]嘉靖《徽州府志》卷十三《选举中·科第·国朝》载："**江淇**　字东源，婺源江湾人。"正德八年举人。

[8]道光《婺源县志》卷十六《人物志·经济·明》载："**江涯**　字汝济，游坑人。由乡荐授贵溪教谕，升荏平知县。岁歉民流，涯省罚宽赋，招集还业者殆万口。武宗南征，供亿不辨，涯贷于徽商，捐己俸佐之。改同安、瑞昌，咸有惠政。归休余三十年，绝迹郡邑，布衣脱粟，人所不堪。著有《雪泉遗稿》《朋峰文集》。"正德五年举人。

[9]道光《婺源县志》卷十六《人物志·经济·明》载："**江一桂**　字伯馨，游坑人。由乡荐选知建宁，制黠胥，尽铲秕政，购书院置田，有'师帅父母'之称。民建祠宇，与宋令赵纺夫并祀。擢入留曹，督中都，提九库，具奏洗刷积蠹，尚书倚重之。出守广西太平郡，接壤交阯，正身率属，被以华风，民夷詟服。时交酋莫登庸僭逆，上命毛伯温征之。伯温计先遣使臣往谕，一桂请往，登庸乃称臣，筑受降城、建诏德台于镇南关，勒'征南''昭德'二碑，颂朝廷功德。上嘉其绩，赐赍特厚，进阶亚中大夫。以副使卒。边郡及诸军建桃榔祠于关内，祀之。桂为人孝友笃实，而长于干理。著有《蓄德录》《留都小稿》《中都行稿》《岭南类稿》。"正德五年举人。

[10]嘉靖《徽州府志》卷十三《选举中·科第·国朝》载："**江东晖**　字宾之，婺源人。"嘉靖十年举人。

[11]嘉靖《徽州府志》卷十三《选举中·科第·国朝》载："**洪忠**　字宣之，婺源人。"正德十四年举人。

大夫坊　一在江湾,江轼[1];一在车田,洪范[2]。

地官坊　汪星。

四忠坊　在县,为吏部尚书汪铉玉英忠诚、忠尽、忠爱、忠弼。

大都宪坊,冢宰坊,青宫少保坊,少保坊　俱在大畈,为汪铉。

绣衣坊　有三:……;一在段梓,洪垣[3]。

……

封赠坊　有二:一在大畈,汪樯[4]、汪焕[5]、汪俨[6];一在江湾,江锐[7]。

留台总宪坊　在东门,汪舜民。

完名全节坊　在察院西,尚书潘潢[8]。

都宪坊　有三:一在县东;一在浯村,俱汪奎;一在县西,汪大受[9]。

---

[1]嘉靖《徽州府志》卷十三《选举中·科第·国朝》载:"**江轼**　字子敬,婺源江湾人。连州知州。"正德十一年举人。

[2]嘉靖《徽州府志》卷十三《选举中·科第·国朝》载:"**洪范**　字汝陈,婺源车田人。曹州知州。"嘉靖二十二年举人。

[3]嘉靖《徽州府志》卷十三《选举中·科第·国朝》载:"**洪垣**　字峻之,婺源官源人。监察御史,温州府知府。"嘉靖十年举人,十一年进士。

[4]嘉靖《徽州府志》卷十四《选举下·恩荫·国朝》载:"**汪樯**　以曾孙铉贵累赠光禄大夫、太子太保、吏部尚书,配江氏一品太夫人。"

[5]嘉靖《徽州府志》卷十四《选举下·恩荫·国朝》载:"**汪焕**　以孙铉贵累赠光禄大夫、太子太保、吏部尚书,配程氏一品太夫人。"

[6]嘉靖《徽州府志》卷十四《选举下·恩荫·国朝》载:"**汪俨**　以子铉贵累赠光禄大夫、太子太保、吏部尚书,配李氏一品太夫人。"

[7]嘉靖《徽州府志》卷十四《选举下·恩荫·国朝》载:"**江锐**　以子一麟贵赠刑部员外郎,配汪氏封太宜人。"

[8]嘉靖《徽州府志》卷十三《选举中·科第·国朝》载:"**潘潢**　婺源人。见名宦传。"正德十四年举人,解元,十六年进士。

[9]嘉靖《徽州府志》卷十三《选举中·科第·国朝》载:"**汪大受**　字叔可,婺源城西人。右副都御使。"嘉靖七年举人,八年进士。

　　尚义坊　有四：……，一查尚庆[1]，……，一祝孟谦[2]。

　　贞节坊　有五：……；一方刚宁妻郑氏[3]；……；一在官坑，洪榴妻余氏[4]。

　　双烈坊　有二：一在浯村，汪钜妻俞氏并妾宋氏[5]；一在旃坑，（汪）〔江〕棠妻汪氏女汪氏[6]。

　　贞烈坊　在外庄，叶天彝妻贞女江氏[7]。

　　紫闼近宸坊　在大畈，为中书舍人汪云程[8]、汪尚周[9]，光禄寺署臣汪云秀[10]。[11]

---

　　[1]康熙三十三年《婺源县志》卷十《人物·义行·明》载："**查尚庆**　又名永辉，字月轩，凤山人。弱冠侍父公道运粮之京，适靖难兵起，途遭劫掠，庆负父逃入山中乃免。后公道为官商贩木缘事拟戍，庆挺身代父庭辩，拷掠濒死，父乃得白。景泰甲戌，岁大歉，诏富民出粟赈饥，庆输粟八百石赈楚，遂授冠带，敕旌'尚义之门'，建坊西村巷口。"

　　[2]康熙三十三年《婺源县志》卷十《人物·义行·明》载："**祝孟谦**　字志中，中山人。其先世有祖曰直清者，以茂才任无锡令，多惠政，朱晦庵尝称其'政善民安'，著有《孝顺歌》传于世。至谦，聿修祖德，慕义好施。岁大祲，尝输粟千石赈饥。先是兄孟资亦输粟六百石以赈，存活不啻千万众。有司上于朝，并赐救旌表，建尚义坊。谦又捐资建鹊坑桥，乡人行旅便之。详见主政汪敬记。其后裔孙应聘任南京鸿胪，好行其德，捐田十亩为祖墓常祀。又捐资建桥，置常平仓以济族之贫窘。它如公熹、德、约，各捐资建桥梁，兴中山书塾，人称'世尚义'。"

　　[3]嘉靖《徽州府志》卷二十之一《列女·国朝》载："**郑氏**　名晋，婺源郑思敬女，年十八适方刚宁，生子齐同仅周岁而刚宁卒，郑年二十二，誓无二志。宣德己酉，有司奏闻旌表。"

　　[4]康熙三十八年《徽州府志》卷十六《人物志五·列女·明》载："**余氏**　名锦萱，沱川人。适官源洪榴，年二十六寡，家贫子幼，断指示志，寿近九十。嘉靖中，诏旌之。"

　　[5]康熙《徽州府志》卷十六《人物志五·列女·明》载："**汪门双烈**　吾村汪钜妻俞氏，妾宋氏，正德八年俱为盗所获，驱迫令前，俞知不免，行经深潭投水死，宋娩子方五日，亦抱子继投死。诏建'双烈坊'。"

　　[6]康熙《徽州府志》卷十六《人物志五·列女·明》载："**汪氏**　旃坑（汪）〔江〕棠妻。正德八年，为饶寇所获，驱迫至果子滩投水死。其女方十岁，亦骂贼，投水死。越半月尸浮水面，神色如生。绩溪教谕敖钺更其滩曰'列妇矶'。诏建'双烈坊'。"

　　[7]康熙《徽州府志》卷十六《人物志五·列女·明》载："**江氏**　名钱娘，江湾人，许字外庄叶天彝，未嫁夫亡，请于父母服衰往，哭拜舅姑，以托终身。寿六十四，诏旌之。"

　　[8]嘉靖《徽州府志》卷十四《选举下·恩荫·国朝》载："**汪云程**　以父铉荫授中书舍人，历广平府通判。"

　　[9]嘉靖《徽州府志》卷十四《选举下·恩荫·国朝》载："**汪尚周**　以祖铉荫授中书舍人，大理寺副。"

　　[10]康熙《徽州府志》卷十一《选举志下·岁贡·明》载："**汪云秀**　字子实，大畈人。通判抚州，署东乡、崇仁、乐安三县，民咸去思。升云南。"

　　[11](嘉靖)徽州府志　(弘治)休宁志[M].北京：书目文献出版社，1998：31-32.

二、小结

嘉靖《徽州府志》新增未见于本章第一节的婺源牌坊46座：科举功名坊37座，节孝贞烈坊5座，善行义举坊2座，封赠例授坊2座。

第三节　康熙三十三年《婺源县志》中的牌坊

康熙三十三年《婺源县志》卷五《建置·坊表》和卷十《人物·列女》均有牌坊方面的信息。

一、卷五《建置·坊表》中的牌坊

卷五《建置·坊表》全文如下：

……

圣学正宗坊　在县右街藏书楼前。

……

一门忠孝坊　在清华东园，为胡阆休[1]父子祖孙建。

四世科甲坊　在清华东园，为胡评事昶[2]父祖子孙建。

……

同乡五柱史坊　在官源，为御史汪宗大[3]，封御史洪辉[4]、汪善[5]，御史洪

---

[1]康熙三十三年《婺源县志》卷三《选举·科第·宋》载："**胡阆休**　清华人。昶子。"靖康元年进士。

[2]康熙三十三年《婺源县志》卷三《选举·科第·宋》载："**胡昶**　清华人。"宣和三年进士。

[3]康熙三十三年《婺源县志》卷三《选举·科第·明》载："**汪宗大**　字希化，官源人。《诗》。初为御史，调乐昌县丞，复为御史，调怀安知县。"洪武二十年举人。

[4]康熙三十三年《婺源县志》卷四《选举·貤恩·明》载："**洪辉**　以子垣赠监察御史，配余氏封太孺人。"

[5]康熙三十三年《婺源县志》卷四《选举·貤恩·明》载："**汪善**　以子怀德封南京江西道监察御史，配叶氏封孺人。"

垣、汪怀德[1]。

……

鸿胪坊　在县东门外,鸣赞汪逢秩[2]建。

……

凤池清选坊　在城西,中书舍人汪见远[3]建。

尚义坊　……,胡宗曙[4],叶佛政。

历传孝义坊　都御史海瑞为清华胡旭孙数世台宪叠表。

……

贞节坊　……,一环村城西儒生韩应泰妻余氏[5],一城西张仲良妻游氏[6],一大畈汪申贤妻程氏[7]。

……

---

[1]康熙三十三年《婺源县志》卷三《选举·科第·明》载:"**汪怀德**　字梦德,官源人。历南江西道监察御史。"万历十年举人,二十六年进士。

[2]康熙三十三年《婺源县志》卷四《选举·监选·明》载:"**汪逢秩**　城西人。儒士。鸿胪寺鸣赞。"万历年间监选。

[3]康熙三十三年《婺源县志》卷四《选举·舍选·明》载:"**汪见远**　字思明,城西人。文华殿中书舍人。"

[4]康熙三十三年《婺源县志》卷十《人物·义行·明》载:"**胡宗曙**　平乐人。生平好义。成化四年,出备粮米用助赈济,有司奏闻,敕赐玺书褒嘉,建坊闾里,旌为'义民',表励乡俗。其敕至今犹存。"

[5]康熙三十三年《婺源县志》卷十《人物·列女·明》载:"**余氏**　名充,城西韩应泰妻,刺史余世儒女,尚书懋学女弟,而给谏懋孳女兄也。有慧性,通文史,年十六归泰,未期月应泰水死。氏闻讣哀绝不食,父谓曰:'植孤,义也;殉死,情也。'乃复食。居九岁孤又暴亡,氏复绝浆粒,父谓曰:'徒死,背其生姑,而伤老父,犹不义也。'乃又感悟复餐,勤苦治生业。人怪之曰:'向为孺子让财,今日劳苦何也?'氏喟然曰:'有人此有土者,畴昔之事也;有社稷乃有君者,今日之事也。'于是,卜吉壤,葬应泰,筑新宫为韩宗祠,依序嗣伯子文昌。昌又卒,氏为之丧,乳其子起龙。陶文简望龄为作传,比于东汉之行义桓嫠。万历间,有司奏闻旌表。年七十卒。太史朱之藩志其墓。"

[6]康熙三十三年《婺源县志》卷十《人物·列女·明》载:"**游氏**　名桂芝,赠知县渐女,麻城令朋孚之妹,适城西儒士张仲良,同知学正张昊之媳也。年十六归良,越六年良从父宦游山东,卒于诸城。氏年二十二,遗孤穆文才四龄。矢志抚孤,报良地下,淡泊自甘,纺绩不问寒暑,晚年家益窘。舅瞽,旦夕视膳视药,必亲必虔。筑室课子,谆谆择交游唯谨,年六十二及见曾孙。以妇职而供子职,以母道而兼父道,氏而是之。按院田奏闻旌表,曰'贞节之门',建孤贞天挺坊。"

[7]见脚注双烈游氏程氏传。

贞烈坊 ……，一在大畈，汪举贤妻贞女游氏[1]。奉旨旌建。

……

五世恩光坊 汪开宗[2]，汪敬，汪时伟[3]，汪文华[4]，汪大受。俱在城西。

父子进士坊 程文[5]、程广，在城西。

双凤坊 举人程奇、程祯[6]。

……

圣明特简坊 进士程克显[7]，在城西。

太史芳 翰林院检讨陈寿[8]，建在城东。

……

---

[1]康熙三十三年《婺源县志》卷十《人物·列女·明》载："**双烈游氏程氏** 双烈皆阪上汪大宰之曾孙妇也。其一为济溪生员游天禄女，名益安，幼通《列女传》《女训》《内则》诸篇，受聘汪举贤，未字。举贤家贫，传武林客死。游闻讣毁容变服，泣曰：'守一靡他，女之志也。'举贤樃归，力请往奠，父母御之，就道迎樃路祭，攀触几死，竟谢父母，抱主归汪，修子妇礼。逾二年，追襢除樃衣，日进米一龠，姑及父母阻劝百端，氏曰：'前之不死，为持服申孝养也，今日固儿毕命日矣。'辰起，纫襢沐浴，绝食五日内犹进汤药奉姑，安好如常时。有虞其谷气绝而暴燥者，谢之曰：'吾有主在，清白若水。'追其濒死，正襟端坐，神色不变，历二十四日而死，年二十二岁。死之日，见者无不唏嘘泣下。郡邑士绅莫章哀词编汇成帙，直指何公上章表其门，立祠祀之。后四年，其家以烈闻者，为浯田岭程氏，名可仪，配汪申贤，归汪未期，申贤竟乡试喷血异。归资乏，程脱簪珥佐医，吁天愿以身代，引刃割股三，割肉落如掌，炙以进。申贤心动，抢席谢曰：'若归吾仅期以贫，故十九馆外，累岁尝艰苦忍以死食而肉乎？吾即死，愿得嘉偶以酬。'程抱哭曰：'君男儿，何出此言。常语幸君无死，死即妾死矣。'越日，申贤亡，程绝复甦，视殓殡，抱主归祠。大事既毕，奉翁泣曰：'夫有遗孙，余犹"未亡人"，今无望矣，虚生何为？'遂纫襢衣绝粒。刲肉创发楚痛，犹戒无闻，以贻翁戚，饿三十一日而死，年仅一十九岁，远近咸哀。邑郡交章上之，采风使者以闻，敕建坊祠，旌典'一如游氏故事，今一门有两旌节烈'云。"

[2]弘治《徽州府志》卷九《人物三·封赠·国朝》载："**汪开宗** 婺源城西人。以子敬贵赠承德郎、户部福建司主事，配陈氏赠安人。"

[3]康熙三十三年《婺源县志》卷四《选举·赀恩·明》载："**汪时伟** 以孙大受赠山东左布政使，配江氏赠夫人。"

[4]康熙三十三年《婺源县志》卷四《选举·赀恩·明》载："**汪文华** 以子大受赠山东左布政使，配程氏赠夫人。"

[5]康熙三十三年《婺源县志》卷三《选举·科第·明》载："**程文** 字焕章，城西人。《书》。广东按察司金事。"弘治十一年举人，十八年进士。

[6]康熙三十三年《婺源县志》卷三《选举·科第·明》载："**程祯** 字世兴，城西人。《书》。南阳府学教〔授〕。"正德二年举人。

[7]康熙三十三年《婺源县志》卷三《选举·科第·明》载："**程克显** 字君谟，城西人。授山东济南府推官。奉差辽东屯田，未任，卒。"万历四年举人，二十六年进士。

[8]康熙三十三年《婺源县志》卷三《选举·科第·明》载："**陈寿** 字克永，在城人。翰林检讨。"永乐元年举人。

朝端济美/甲第重光坊　祖汪翔[1],洪武进士,官应天府尹;孙汪文辉[2],嘉靖进士,官尚宝司卿。在古坑。

柱史坊　御史俞一贯[3]。

兄弟同榜坊　辛未进士俞文达[4],举人俞文道[5]。

俱在汪口。

……

世大夫坊　宪副江一桂,郡丞江朝阳[6]。

……

伟绩坊　江文式[7]。

世科坊　江思孟[8],江同[9],江淇[10],江轼,江一鹏[11],江时鸣[12],江一蔚[13],

---

[1]康熙三十三年《婺源县志》卷三《选举·科第·明》载:"汪翔　字仪仲,大畈人。应天府尹。"洪武三年举人。

[2]康熙三十三年《婺源县志》卷三《选举·科第·明》载:"汪文辉　字德充,古丰人。云南道监察御史,至尚宝司卿。"《易》,嘉靖四十三年乡试,亚魁,四十四年进士。

[3]康熙三十三年《婺源县志》卷三《选举·科第·明》载:"俞一贯　字原道,汪口人。历浙江道监察御史,巡按山东,调南大理评事。"嘉靖二十八年举人,四十四年进士。

[4]康熙三十三年《婺源县志》卷三《选举·科第·明》载:"俞文达　字行之。授广东四会县知县。"文道兄。隆庆四年举人,五年进士。

[5]康熙三十三年《婺源县志》卷三《选举·科第·明》载:"俞文道　字性之,汪口人。"隆庆四年举人。

[6]康熙三十三年《婺源县志》卷三《选举·科第·明》载:"江朝阳　字仪卿,一桂孙。广东广州府同知。"嘉靖三十四年举人。

[7]康熙三十三年《婺源县志》卷三《选举·科第·明》载:"江文式　字时凭,旃坑人。《诗》。河南莘县知县。"嘉靖二十二年举人。

[8]康熙三十三年《婺源县志》卷三《选举·科第·明》载:"江思孟　江湾人。任本府训导。"洪武三年举人。

[9]康熙三十三年《婺源县志》卷三《选举·科第·明》载:"江同　字一之,江湾人。《诗》。辽东都司教授。"永乐三年举人。

[10]康熙三十三年《婺源县志》卷三《选举·科第·明》载:"江淇　字东源,江湾人。《书》。未仕。"正德八年举人。

[11]康熙三十三年《婺源县志》卷三《选举·科第·明》载:"江一鹏　字伯健,轼子。《书》。浙江于潜知县,左迁按察司经历。"嘉靖二十二年举人。

[12]康熙三十三年《婺源县志》卷三《选举·科第·明》载:"江时鸣　字文凤,江湾人。《书》。建德县知县。"嘉靖二十二年举人。

[13]康熙三十三年《婺源县志》卷三《选举·科第·明》载:"江一蔚　字文中,江湾人。直隶永平府同知。"万历七年举人。

江世卿[1],江一麟[2],江文明[3]。

五世承恩坊　江骥[4],江锐,江一麟,江世佑[5],江邦琦[6]。

三世司徒坊　赠户部侍郎江骥、江锐,侍郎江一麟。

……

椿桂坊　江时逢[7],江一蔚。

……

四世一品坊　宫保汪樯、汪焕、汪俨、汪铉,一在大畈,一在府城昭恩楼前。

……

柱史承恩坊　赠御史汪仁卿[8]。

宸纶涣渥坊　赠郎中汪激[9]。

宪节升华坊　宪副汪国楠[10]。

少保天官坊　汪铉,在郡城东门。

---

[1]康熙三十三年《婺源县志》卷三《选举·科第·明》载:"**江世卿**　字子翼,江湾人。《诗》。四川宜宾县知县。"嘉靖三十一年举人。

[2]康熙三十三年《婺源县志》卷三《选举·科第·明》载:"**江一麟**　字仲文,江湾人。历官巡抚南赣都察院右副都御史,总督漕运右都御史,兼户部右侍郎。"《书》。嘉靖二十五年乡试,亚魁,三十二年进士。

[3]康熙三十三年《婺源县志》卷三《选举·科第·明》载:"**江文明**　字德普,江湾人。《书》。解元。河南内乡知县,广东高州府通判。"万历元年举人。

[4]康熙三十三年《婺源县志》卷四《选举·貤恩·明》载:"**江骥**　以孙一麟赠通议大夫、户部右侍郎兼都察院右佥都御史,配汪氏赠淑人。"

[5]康熙三十三年《婺源县志》卷四《选举·监选·明》载:"**江世佑**　一麟子。广东盐课司提举。"万历年间监选。

[6]康熙三十三年《婺源县志》卷四《选举·任子·明》载:"**江邦琦**　瑷弟,以祖一麟补荫任通政司经历。"

[7]康熙三十三年《婺源县志》卷四《选举·貤恩·明》载:"**江时逢**　以子一蔚赠直隶永平府同知,配汪氏赠宜人。"

[8]康熙三十三年《婺源县志》卷四《选举·貤恩·明》载:"**汪仁卿**　以子以时赠中宪大夫、南京太仆寺少卿,配朱氏继配何氏俱赠恭人。"

[9]康熙三十三年《婺源县志》卷四《选举·貤恩·明》载:"**汪激**　以子国楠赠南京礼部仪制司郎中,配俞氏封宜人。"

[10]康熙三十三年《婺源县志》卷三《选举·科第·明》载:"**汪国楠**　字仲木,大畈人。历辽东兵备副使。"万历十九年举人,二十三年进士。

祖孙济美坊　举人汪天锡[1],孙汪谟[2]、汪让[3]、汪谐[4]。

司马总宪坊　一在大畈,一在府城北门。

大司徒坊　汪玄锡[5],在府城。

清朝忠谏坊　汪玄锡,在府城[6]。

苑马坊　程文著[7]建。

兴贤坊　都御史游震得[8]为游氏世科题名。

三世司徒坊　赠侍郎游以埙[9]、游济生[10],赠尚书游应乾[11]建。

郡宪坊　兴化府推官游廷用[12]。

……

科甲联登坊　叶天球,在外庄。

……

---

[1]康熙三十三年《婺源县志》卷三《选举·科第·明》载:"**汪天锡**　字惟钦,大畈人。《春秋》。浙江仁和教谕。"嘉靖七年举人。

[2]康熙三十三年《婺源县志》卷三《选举·科第·明》载:"**汪谟**　字君俞,天锡孙。江西泸溪县知县。"嘉靖四十三年举人。

[3]康熙三十三年《婺源县志》卷三《选举·科第·明》载:"**汪让**　字君礼,谟弟。国子监学正。"万历十三年举人。

[4]康熙三十三年《婺源县志》卷三《选举·科第·明》载:"**汪谐**　字君孝,天锡孙。武康知县。"万历七年举人。

[5]康熙三十三年《婺源县志》卷三《选举·科第·明》载:"**汪玄锡**　字天启,大畈人。历官给事中、通议大夫、户部左侍郎,赠户部尚书。"玺子,《春秋》,弘治十四年举人,正德六年进士。

[6]上文中,"在府城"的"大司徒坊"已见于第二章第三节;位于"府城昭恩楼前"的"四世一品坊","在郡城东门"的"少保天官坊",位于"府城北门"的"司马总宪坊"和"在府城"的"清朝忠谏坊",已经纳入第二章府城牌坊统计中。

[7]康熙三十三年《婺源县志》卷三《选举·科第·明》载:"**程文著**　字美中,长径人。陕西苑马寺少卿兼金事。"嘉靖四十年举人,四十一年进士。

[8]康熙三十三年《婺源县志》卷三《选举·科第·明》载:**游震得**　字汝潜,济溪人。《易》。历户、礼、兵科给事中,都察院右佥都御史,总督南京粮储。"嘉靖十年举人,十七年进士。

[9]康熙三十三年《婺源县志》卷四《选举·貤恩·明》载:"**游以埙**　以孙应乾赠通议大夫、户部右侍郎,配詹氏赠夫人,改赠淑人。"

[10]康熙三十三年《婺源县志》卷四《选举·貤恩·明》载:"**游济生**　以子应乾赠通议大夫、户部右侍郎,配叶氏赠夫人,改赠淑人。"

[11]康熙三十三年《婺源县志》卷三《选举·科第·明》载:**游应乾**　字顺之,济溪人。历官户部右侍郎,总督仓场。卒。赠'户部尚书'。"嘉靖四十年举人,四十四年进士。

[12]康熙三十三年《婺源县志》卷三《选举·岁贡·明》载:"**游廷用**　济溪人。兴化府推官。"万历年间岁贡。

方伯坊　参政潘钰[1]。

……

双桂坊　兄工部尚书潘旦[2]，弟奉政大夫潘照[3]。

伯仲联芳坊　弘治辛酉潘鉴[4]、潘琨[5]。

恩崇弇绣坊　赠御史潘士相[6]。

科第联芳坊　兄参政潘镒[7]，弟主事潘铉[8]。

以上俱在桃溪。

兄弟黄门坊　给事中余懋学[9]、懋孳[10]。

科第貤恩坊　赠侍郎余垒[11]、余世儒[12]，尚书余懋学。

乡贤名宦坊　知县余茗，知州余世儒，尚书余懋学，给事中余懋孳。

---

[1]康熙三十三年《婺源县志》卷三《选举·科第·明》载："**潘钰**　字希行，桃溪人。《书》。授行人，历江西布政使司右参政。"钰弟。嘉靖四年举人，十七年进士。

[2]康熙三十三年《婺源县志》卷三《选举·科第·明》载："**潘旦**　字希周，桃溪人。《书》。提督两广兵部侍郎，赠工部尚书。"弘治十七年举人，十八年进士。

[3]康熙三十三年《婺源县志》卷三《选举·科第·明》载："**潘照**　字希颖，旦弟。《书》。亚魁。浙江明州府同知。"正德八年举人。

[4]康熙三十三年《婺源县志》卷三《选举·科第·明》载："**潘鉴**　字希古，桃溪人。《书》。历右都御史、兵部尚书，谥'襄毅'。"弘治十四年举人，正德三年进士。

[5]康熙三十三年《婺源县志》卷三《选举·科第·明》载："**潘琨**　字希玉，桃溪人。《书》。江西彭泽县知县。"弘治十四年举人。

[6]康熙三十三年《婺源县志》卷四《选举·貤恩·明》载："**潘士相**　以子之祥赠山西道监察御史，配程（人）〔氏〕赠孺人，继配俞氏封太孺人再赠孺人。"

[7]康熙三十三年《婺源县志》卷三《选举·科第·明》载："**潘镒**　字希平，桃溪人。《易》。河南布政使司左参政。"正德十四年举人，十六年进士。

[8]康熙三十三年《婺源县志》卷三《选举·科第·明》载："**潘铉**　字希举，桃溪人。《易》。南京户部主事。"嘉靖七年举人。

[9]康熙三十三年《婺源县志》卷三《选举·科第·明》载："**余懋学**　字行之，沱川人。历户科给事中，官至户部侍郎兼都察院右佥都御史，总督粮储。卒，赠工部尚书，赐祭葬，谥'恭穆'。"世儒子，嘉靖四十三年举人，隆庆二年进士。

[10]康熙三十三年《婺源县志》卷三《选举·科第·明》载："**余懋孳**　字舜仲，沱川人。历官礼部给事中。"世儒次子，万历三十一年举人，三十二年进士。

[11]康熙三十三年《婺源县志》卷四《选举·貤恩·明》载："**余垒**　知县茗子，以子世儒赠知县，以孙懋学加赠通议大夫、户部右侍郎，配汪氏赠淑人。"

[12]康熙三十三年《婺源县志》卷四《选举·貤恩·明》载："**余世儒**　任知州，以〔子〕懋学赠通议大夫、户部右侍郎，配孙氏、继配胡氏赠淑人。"

兄弟尚书坊 工部尚书余懋学,吏部尚书余懋衡[1]。

豸绣承恩坊 赠御史余基[2],封御史余世安[3],御史余懋衡。

冢卿坊 吏部尚书余懋衡。

甲第清卿坊 鸿胪寺卿余启元[4]。

天锡丝纶坊 封布政使余时英[5],布政使余一龙[6]。

传胪坊 翰林院庶吉士余棐[7]。

以上均在沱川。

奎光坊 查联芳[8],在山坑。

拔秀坊 恩贡洪一源[9]。

翠英坊 在龙山水口。

父子联芳坊 龙山乡贤祠前。

……

世承天宠坊 赠太仆寺丞方文豹[10],封主事方建[11],赠按察副使方

---

[1]康熙三十三年《婺源县志》卷三《选举·科第·明》载:"**余懋衡** 字持国,沱川人。历官至南吏部尚书。卒,赐祭葬。祀郡邑乡贤,永新祀名宦,附祀三贤祠。"由郡庠入国学,万历十九年举人,二十年进士。

[2]康熙三十三年《婺源县志》卷四《选举·貤恩·明》载:"**余基** 任卫经历,以孙懋衡赠都察院左副都御史,配吴氏赠淑人。"

[3]康熙三十三年《婺源县志》卷四《选举·貤恩·明》载:"**余世安** 以子懋衡赠都察院左副都御史,配吴氏、继配潘氏俱赠淑人。"

[4]康熙三十三年《婺源县志》卷三《选举·科第·明》载:"**余启元** 字伯贞,沱川人。历官大理寺正卿。致仕。祀乡贤。"隆庆元年举人,万历二年进士。

[5]康熙三十三年《婺源县志》卷四《选举·貤恩·明》载:"**余时英** 以子一龙赠通奉大夫、四川左布政使,配汪氏赠夫人。"

[6]康熙三十三年《婺源县志》卷三《选举·科第·明》载:"**余一龙** 字汝化,沱川人。历江西道监察御史,官至太仆寺卿。"嘉靖三十四年举人,四十四年进士。

[7]康熙三十三年《婺源县志》卷三《选举·科第·明》载:"**余棐** 字子忱,沱川人。《易》。会试第二,廷试三甲第一,翰林院庶吉士,授大理寺评事。"嘉靖四年举人,五年进士。

[8]康熙三十三年《婺源县志》卷三《选举·岁贡·明》载:"**查联芳** 凤山人。授雷州掌教,升合浦知县。"嘉靖年间岁贡。

[9]康熙三十三年《婺源县志》卷三《选举·岁贡·明》载:"**洪一源** 车田人。宁都县知县。"隆庆年间岁贡。

[10]康熙三十三年《婺源县志》卷四《选举·貤恩·明》载:"**方文豹** 以子升赠太仆寺丞,配汪氏赠安人。"

[11]康熙三十三年《婺源县志》卷四《选举·貤恩·明》载:"**方建** 以子舟封刑部主事,配胡氏封安人。"

照[1]，封京卫经历方仲诰[2]。

方岳参政坊　方邦庆[3]。

俱方村。

父子联第坊　戴敏，戴吉[4]。

……

双凤鸣盛坊　戴铣，戴炼[5]。

……

双贡联芳坊　戴钦[6]，戴金[7]。

……

俱在桂岩。

……

父子明经坊　贡士张环[8]，举人张聘夫[9]。

世芳坊　贡士张果[10]。

伯仲文魁坊　举人张仲，亚魁张文辉[11]。

---

[1]康熙三十三年《婺源县志》卷四《选举·貤恩·明》载："**方照**　以子邦庆赠云南按察司副使，配程氏封太恭人。"

[2]康熙三十三年《婺源县志》卷四《选举·貤恩·明》载："**方仲诰**　以子可成封南京沈阳卫经历，配王氏赠孺人。"

[3]康熙三十三年《婺源县志》卷三《选举·科第·明》载："**方邦庆**　字以贤，平盈人。《书》。福建布政使司右参政。"嘉靖二十二年举人，二十九年进士。

[4]康熙三十三年《婺源县志》卷三《选举·科第·明》载："**戴吉**　字惟谦，桂岩人。《书》。直隶大名府同知。"敏子。正德五年举人，六年进士。

[5]康熙三十三年《婺源县志》卷三《选举·科第·明》载："**戴炼**　字诚之。《书》。铣弟。景陵知县。"嘉靖四年举人。

[6]康熙三十三年《婺源县志》卷三《选举·岁贡·明》载："**戴钦**　桂岩人。府学。"正德年间岁贡。

[7]康熙三十三年《婺源县志》卷三《选举·岁贡·明》载："**戴金**　桂岩人。"嘉靖年间岁贡。

[8]康熙三十三年《婺源县志》卷四《选举·貤恩·明》载："**张环**　贡士，以子聘夫赠国子监助教。"

[9]康熙三十三年《婺源县志》卷三《选举·科第·明》载："**张聘夫**　字时珍，甲道人。国子监助教。"嘉靖四十三年举人。

[10]康熙三十三年《婺源县志》卷三《选举·岁贡·明》载："**张果**　字彦实，甲道人。任府同知。"景泰年间岁贡。

[11]康熙三十三年《婺源县志》卷三《选举·科第·明》载："**张文辉**　甲道人，《书》，亚魁。"天顺六年举人。

桥梓联芳坊　举人张中[1]，贡士张伏[2]。

世选坊　大夫邹以信[3]，亚魁邹节[4]。

俱在甲道。

名卿坊　玉川，胡用宾[5]。

百龄柱史坊　封御史百岁胡鼎高[6]。

天官坊　吏部郎中梅友月[7]建。

······

乡贤名宦坊　清华胡义端，赐绳祖，为参政胡德重建。

---

[1]康熙三十三年《婺源县志》卷三《选举·科第·明》载："张中　字用道，甲道人。鲁府教授。"永乐十八年举人。

[2]康熙三十三年《婺源县志》卷三《选举·岁贡·明》载："张伏　甲路人。"成化年间岁贡。

[3]道光《婺源县志》卷二十七之三《人物志·寓贤·明》载"邹以信　原名雪，以字行。其先世居江右庐陵五里冈，代有闻者。自雪为婺令，民爱敬之如汉朱邑于桐乡，遂居婺源甲道。洪武中，雪由郡学以明经贡礼部，补太学生，既选授崇宁学宫。凡七年，荐为婺源令。又四年，丁内艰服除，兴修大典。书成复用，荐迁无为州守。初授崇宁学宫，亲承明高皇面谕与赐赉之荣，师道克立，士服其教。令婺，兴利革害，去奸惠民，没祀名宦。典郡，则兴学校，课农桑，毁淫祠，汰冗费，而州人若邢宽、丁毅诸名流皆其所薪栖者，在州十有八年。洪熙乙巳，请病归庐陵。早失怙，不知父墓，雪攀林号恸，又法孔圣殡母五父衢几获之，而自葬五里冈焉。母刘有懿德慈爱，能教雪泣述《母训》于友。会公启，启为撰思训碑。后雪与配孺人周卒，葬甲道。季子节，登成化甲子乡荐。六世孙养，中弱冠，补文学，潜心诵读，涉猎九流百家，更于轩岐家言精，遂以医名。子学卿，能世其医。"

[4]康熙三十三年《婺源县志》卷三《选举·科第·明》载："邹节　字秉操，甲道人。《礼记》。亚魁。"正统九年举人。

[5]康熙三十三年《婺源县志》卷三《选举·科第·明》载："胡用宾　字晋卿，玉川人。历南京监察御史，官至太仆寺卿。致仕。"嘉靖二十八年举人，隆庆二年进士。

[6]康熙三十三年《婺源县志》卷九《人物·孝友·明》载："胡鼎高　字抑之，玉川人。家贫嗜学，淹贯百氏，工吟咏，善楷书，乡间晚进率北面受业焉。事父母至孝，躬定省，备滫瀡，罔不恭恪。弱冠，母氏奄衰，哀毁柴瘠，几至灭性。尝于居左诛茅营室，书其堂曰'慕萱'。晨夕瞻拜，每遇享祀，涕泪交下，不殊孺子时。后事继母张一如所生，教育异母弟不啻如子。因自号守拙，缙绅多雅重之，邑大夫屡以宾射造请。寿百岁而逝，封监察御史，人以为'孝友之征、食天之报'云。"

[7]康熙三十三年《婺源县志》卷三《选举·科第·明》载："梅友月　字如恒，黎平籍，梅田人。历吏部郎中、四川参政。"万历十九年举人，二十九年进士。

贞烈坊　旌表宋时钦妻金氏[1]。

外台总宪坊　在段梓,汪尚谊[2]。

殿中执法坊　御史汪怀德建。

联第坊　曹鸣远[3]。

进士坊　在都隅□,未建坊者不载。……,程文著,李寅宾[4],余懋学,潘选[5],……,余启元,……,余懋衡,汪国楠,江起鹏[6],宋之祯[7],梅友月,……,余懋葊,何应奎[8],余自怡[9]。

会魁坊　余棐,叶天爵,余懋学。

解元坊　潘潢,江文明,汪鸣鸾[10]。

---

[1]康熙三十三年《婺源县志》卷十《人物·列女·明》载:"金氏　名止,石潭人宋时钦妻,珰溪金熬女。生而端敏,父母爱之,难其配。闻宋氏子为学有能声,遂订盟。继而时钦以勤书致赢疾,媒以婚期请,金父母不许,氏咸曰:'盟不可负,难之何为?'请许诺。既归宋,视时钦病势之仓皇,凡可救药竭力致情,不以未合卺而有所避忌,日则服劳,夜则祈以身代。越三日,钦病转剧,呼氏语曰:'予幸生重庆,下四恩之报,惟汝是赖。'氏涕泣许诺,钦瞑目而逝。氏乱发坏形,棺殓必亲。自后帏帷,固肩镉,虽至亲罕见其面,一以侍养四尊人为事。三年而祖翁殁,又七年而祖姑殁,并以再期代死者为报服。岁辛丑,卜吉葬钦,虚其右圹,徐谓家人曰:'夫以归土,"未亡人"可以相从矣。'乃制襫服,偏谢家人,绝食七日而卒。万历丙午,有司奏闻旌奖。"

[2]康熙三十三年《婺源县志》卷三《选举·科第·明》载:"汪尚谊　字宜言,段莘人。历官广西按察使。"万历十三年举人,二十三年进士。

[3]康熙三十三年《婺源县志》卷三《选举·科第·明》载:"曹鸣远　字文季,筼岭人。任江西临川县知县,生祀抚州名宦。"崇祯十五年举人,十六年进士。

[4]康熙三十三年《婺源县志》卷三《选举·科第·明》载:"李寅宾　字于旸,理田人。南京工部主事。"嘉靖二十八年举人,四十一年进士。

[5]康熙三十三年《婺源县志》卷三《选举·科第·明》载:"潘选　字玉选,桃溪人。《书》。山西按察司佥事。"弘治十七年举人,十八年进士。

[6]康熙三十三年《婺源县志》卷三《选举·科第·明》载:"江起鹏　字羽健,旃坑人。历南京工、礼部郎中。"万历十年举人,二十三年进士。

[7]康熙三十三年《婺源县志》卷三《选举·科第·明》载:宋之祯　字子德,六安州籍,石潭人。福建福州府推官。"万历二十五年举人,二十六年进士。

[8]康熙三十三年《婺源县志》卷三《选举·科第·明》载:"何应奎　字咸仲,桐城籍,莒径人。授江西吉水县知县。"万历四十六年举人,四十七年进士。

[9]康熙三十三年《婺源县志》卷三《选举·科第·明》载:"余自怡　字士可,沱川人。历官广东广州府知府。"天启元年举人,崇祯元年进士。

[10]康熙三十三年《婺源县志》卷三《选举·科第·明》载:"汪鸣鸾　字律初,段莘人。"万历十九年举人,解元,二十年进士。

举人坊　在都隅，未建坊者不载。……，余镛[1]，……，王廷举[2]，……，程庆远[3]，……，许天球[4]，方纯仁[5]，王国昌[6]，方维藩[7]，余世儒[8]，胡晟[9]，吴文光[10]，潘衡[11]，余荣[12]，……，余懋进[13]，余纯然[14]，……，程端容[15]，……，洪

---

[1]康熙三十三年《婺源县志》卷三《选举·科第·明》载："**余镛**　字景宜，沱川人。《书》。亚魁。浙江严州府通判。"嘉靖元年举人。

[2]康熙三十三年《婺源县志》卷三《选举·科第·明》载："**王廷举**　字汝直，城北人。历国子监助教、监丞、南京户部员外郎。"万历元年举人。

[3]康熙三十三年《婺源县志》卷三《选举·科第·明》载："**程庆远**　字君流，城西人。"万历十年举人。

[4]康熙三十三年《婺源县志》卷九《人物·经济·明》载："**许天球**　字汝器，许村人。幼颖敏刻厉，下帷攻苦，寻登嘉靖戊午乡荐，年五十二始就仕，授永宁知州。州故残破，凋敝难治，球一切约己，革浮费，蠲商税，节里甲，剔蠹宽，校流移，归业省，选以文，行征帑役，甄拔独称得人。为治本廉平，无顾避府司理王公，私委隶访属州县。怙威酗横，笞而状其罪，归之不为愒，听断明恕，民无冤抑。六年，升浙绍兴同知，治一如永宁。临去任，籍封羡金千余不染，一时士论，推为循良廉吏。家居，日以成就后进为务。陈令尹宗愈称为'威凤之采，丹穴自珍'。祝公石林令海阳闻而手书诗四章寄之，叹其'高贵绝俗'。其以清品见重，时流类如此。"嘉靖三十七年举人。

[5]康熙三十三年《婺源县志》卷三《选举·科第·明》载："**方纯仁**　字时勉，平盈人。《书》。湖广郧阳府同知。"嘉靖十三年举人。

[6]康熙三十三年《婺源县志》卷三《选举·科第·明》载："**胡正道**　幼为本府同知胡公养子，携归绍兴，补彼处博士弟子，不第，弃去，遂以通州籍入学。中顺天乡试，言官论其冒籍，问革。"万历十三年举人。"**王国昌**　即胡正道，城北人，复回原籍，更名入国学中式，言官复疏追论，仍复革退，复以儒士考入县学。后屡疏求复，万历癸巳礼部复'准照例会试'。署鄞县教谕。卒。"万历十六年举人。

[7]康熙三十三年《婺源县志》卷三《选举·科第·明》载："**方维藩**　字元价，平盈人。福建邵武府通判。"嘉靖四十三年举人。

[8]康熙三十三年《婺源县志》卷三《选举·科第·明》载："**余世儒**　字汝为，蓉孙，沱川人。《书》。四川合川知州。致仕，赠户部侍郎。祀乡贤、江浙名宦。"嘉靖十三年举人。

[9]康熙三十三年《婺源县志》卷三《选举·科第·明》载："**胡晟**　字晦之，清华人。《书》。湖广沅陵知县。吏部疏名行，取以年齿违例，特旨报罢。"嘉靖四年举人。

[10]康熙三十三年《婺源县志》卷三《选举·科第·明》载："**吴文光**　字有明，荷花桥人。《书》。应山知县。"嘉靖二十五年举人。

[11]康熙三十三年《婺源县志》卷三《选举·科第·明》载："**潘衡**　字时佐，桃溪人。《易》。"弘治五年举人。

[12]康熙三十三年《婺源县志》卷三《选举·科第·明》载："**余荣**　字子仪。《书》。棐弟。嘉兴知县。"嘉靖十年举人。

[13]康熙三十三年《婺源县志》卷三《选举·科第·明》载："**余懋进**　字用之，沱川人。"万历四年举人。

[14]康熙三十三年《婺源县志》卷三《选举·科第·明》载："**余纯然**　字性甫，沱川人。《易》。兵部司务。"嘉靖三十七年举人。

[15]康熙三十三年《婺源县志》卷三《选举·科第·明》载："**程端容**　字尔瞻，城西人。山东茌平县知县。"隆庆四年举人。

范,董维岳[1]。

理学名儒坊 在城东城隍庙前。朱松,李缯[2],俞靖宋佑[3],滕恺[4],程复亨[5],李季札[6],程洵[7],

---

[1]康熙三十三年《婺源县志》卷三《选举·科第·明》载:"董维岳 字翰周,城南人。"万历四十三年举人。

[2]弘治《徽州府志》卷九《人物三·隐逸·宋》载:"**李缯** 字参仲,婺源钟山人,号钟山。父镛当高宗时以恩科入仕,终太平推官,与丞相李纲、奉使朱弁友好甚密,而未尝求进。吕仁甫乃尹和靖门人也,来主婺源簿,缯父子及滕恺南夫皆从之游,遂绝意科举学,筑室钟山以老。淳熙丙申,朱文公自武夷归,每与程洵允夫过缯讲论终日,称其文章高古奇崛如其人,为书斋匾,以'乡文人'称之。卒,书其墓表,曰有'宋钟山先生李君之墓'。所著有《论语西铭解义》《山窗业书》及诗文等集。子季札,亦从文公学,答问见《语录》。有《明斋蛙见录》《肤说》《仁说》《近思续录》《字训续编》《会遇集》《家塾记闻》。诸书藏于家。"

[3]弘治《徽州府志》卷九《人物三·隐逸·宋》载:"**俞靖** 一名猷仲,字宋祐,婺源韩村人。绩学祗行,晚号'西郊老人',与朱韦斋先生为'星溪十友'。""祐"同"佑"。

[4]弘治《徽州府志》卷七《人物一·文苑·宋》:"**滕恺** 字南夫,婺源东溪人。五岁就师受书即成诵,稍长日记千言,所居结茅三间,夜以继日读书,至四鼓不寐。枢密权公邦彦安抚江东,驻节婺源,驲馆夜闻读书声,召恺携文往见之,接礼款洽。年及志学,得三苏文章,笔端骤进。从乡先生俞宋佑学,县簿吕公广问与兄和问客于此,恺师友之。二吕公,尹彦明高弟也。从鄱阳乡举居前列,登绍兴五年进士第丙科,调信州司户参军。既之任,太守徐俯、刘岑不以属吏遇恺。漕檄差考南康军试罢,得微疾,将假道归迎母就养,至乐平卒。李钟山状其行。朱晦庵系之曰:'婺源为县最穷僻,斗入重山复岭间,而百年来异才间出,如翰林汪公及我先君太史公,皆以学问文章显重于世。至滕司户公虽稍后出,然其才智杰然远过流辈,譬如汗血之驹坠地千里,方将服鞿靮、鸣和鸾、范驰驱,以追二公之逸驾,则不幸短命死矣。遗文所存不十一,甚可惜也。'"绍兴五年进士。

[5]弘治《徽州府志》卷九《人物三·隐逸·宋》载:"**程鼎** 字复亨,婺源环溪人。朱韦斋松内弟也。少孤,与罗仲素、萧子庄从韦斋学于闽。韦斋赠以六言,皆修身为学之要,益自树立。博览经史,尤好读《左氏传》,为文辄效其体,不能屈意举子尺度,以故不利场屋。韦斋尝有'舅家今三世,笔耕未逢秋'之叹。家故贫,至鼎益困。中岁奉亲徒居穷山间,自号'环溪翁',终以不遇而卒。晦庵先生表其墓。子洵。"

[6]见脚注李缯传。

[7]弘治《徽州府志》卷七《人物一·儒硕·宋》载:"**程洵** 字允夫,号克庵,婺源环溪人。以诗文求教表兄朱晦庵,答书曰:'如欲为文章士而已,自应不在他人后;如果有志古人之学,则所示犹未得其门。'尝以'道问学'名斋,晦庵易其匾曰'尊德性'。因为作铭,其他往复问答累数十书,载于大全集者仅十三书耳。初任衡阳主簿,士友云集,登其门者如出晦庵之门。再调庐陵录参,与新使君不协。台章有云'吉州知录程洵亦在伪学之流'之语,晦庵答曰'今日方见吾弟行止分明。'又云:'滕公兄弟谓与吾弟为中表,因其有志,宜善诱之乡里,少知此学得从事者渐以成风,亦非细事。'洵没,晦庵祭之云:'中外兄弟盖无几人有如允夫,尤号同志。学与时背,仕皆不逢,犹翼暮年,更相勉励,卒其旧业,以毕余生。何意允夫而遽止此!'有《克庵尊德性斋集》十卷,周益公序之曰'平正和粹'。杨诚斋爱之,谓如'宝玉大弓'云。"

滕璘[1]，汪端雄[2]，汪清卿[3]，胡方平[4]　[宋]；胡一桂[5]，

---

[1]弘治《徽州府志》卷七《人物一·儒硕·宋》载："滕璘　字德粹，号溪斋，婺源人。父洙，字希尹，赠中奉大夫，恭俭质实。有士族女落娼家，极力赎以嫁之，朱文公熹为撰墓铭。璘与弟玠俱从熹游，造诣深邃，荐举于乡，入太学。淳熙八年，中南宫第四人，对策又中乙榜，以恩升首甲。调鄞县尉，教授鄂州，改除四川制置司干官。韩侂胄当国，或劝璘'一见可得掌政'，璘曰：'彼以伪学诬一世儒宗，以邪党锢天下善士，顾可干进乎。'后知绍兴府嵊县，适岁饥，奉行荒政，多所全活。庙堂欲处之，班列终不肯为韩屈，径从铨曹注四明签判及主管官，告院以病奉祠，未几俾。隆兴两为帅司参议官。其在闽也，有议更鬻盐旧法，璘白帅，弗尽从。后帅至，复力言，卒还其旧，挂冠而归。作堂聚书，榜曰'博雅'。尝自述平生大概，且曰：'吾涉世既久，益知吉凶祸福皆有天命，但当安分守己，居家孝悌，居乡善良，居官廉洁。少年勤学，晚年静退，斯足矣。'享年八十，官至朝奉大夫，赐三品服。遗文有《溪斋类稿》三十卷。参政真德秀为撰墓志铭，大概谓璘'早亲有道，明于义利取舍之分，故终身践行不离名教之域'，又谓璘'初为《论语》说子，朱子善之，因谓为学以变化气质，为功而不在于多立说'。璘为慊然，自是不敢轻论著。子钲及珙，别各有传。诸从武子字文叔，平子德玉，皆从学朱子。武子入太学，两举试馆魁选，登宝祐元年第，调绍兴府曹，未赴卒。淳熙八年进士。

[2]弘治《徽州府志》卷九《人物三·隐逸·宋》载："汪端雄　字季英，婺源冲山人。以易学鸣当时。建东山九曲亭，尝与朱晦庵熹、王双溪炎讲道其间。集其品题积成卷帙。隐居不仕而卒。"

[3]弘治《徽州府志》卷九《人物三·隐逸·宋》载："汪清卿　字湛仲，婺源城西人。兄弟居秀才园，朱晦庵熹自考亭归，过西溪徘徊四顾，溪流环邑，拱抱于此，遂寓清卿家，与乡人讲学。因嘉其事亲孝，扁其斋曰'爱日'，又室曰'敬斋'，为作箴。"

[4]弘治《徽州府志》卷七《人物一·儒硕·宋》载："胡方平　字师鲁，号玉斋，婺源梅田人。初，德兴沈毅斋贵珤受《易》于董介轩梦程，梦程受朱熹之《易》于黄幹，而方平又从学于梦程、贵珤。研精《易》旨，沉潜反复二十余年。尝因文公《易本义》著《启蒙通释》，又有《外翼》四卷，考象，求卦，明数，推占。又有《易余闲记》。其言曰：'《本义》阐象数理义之原，示开物成务之教。朱子言：《易》开卷之初，先有一重象数，而后《易》可读。启蒙四篇，其始明象数，以为读《本义》而设者与？象非卦不立，数非蓍不行，象出于图书而形于卦画，则上足以该太极之理。而《易》非沦于无体，数衍于蓍策而达于变占，则下足以济生人之事，而《易》非荒于无用。明乎此，则《本义》一书如指诸掌。尝馆于休宁之新洲。子一桂。"

[5]弘治《徽州府志》卷七《人物一·儒硕·元》载："胡一桂　字廷芳，婺源梅田人，玉斋之子。生而颖悟，《易》学得于家庭。宋景定甲子，年十八领乡荐，试礼部不第。入元，退而讲学，远近师之。尝入闽博访诸名士，以求文公绪论。建安熊去非方读书武夷山中，与之上下议论。归则裒集诸家之说，以疏朱子之言为《易》本义附录纂疏《本义启蒙翼传》。其言曰：'《易》为卜筮作也，辞以象著，占以变推，故象有未明，则占有未莹，是故《易》道有四象为要，《易》学有四占为难，朱子《启蒙》《本义》专主卜筮，《本义》又专以象占，示训盖皆引而不发，待学者自悟尔。'又为《诗传附录纂疏》《十七史纂》《人伦事鉴》《历代编年》诸书，并行于世。居之前有二小湖，自号'双湖居士'，远近师之，称'双湖先生'。详见元史。"

胡炳文[1]、程复心[2]［元］。

　　……

　　一门八座坊　在县前西，兵部尚书潘鉴、潘潢，工部尚书潘旦，右都御史潘珍。[3]

　　上述诸坊中，从坊名看，位于城隍庙前的理学名儒坊系为宋元婺源理学诸名儒树坊。从诸理学名儒坊坊主小传看，几乎囊括了婺源与朱熹与理学有密切关系的人物：朱熹生父朱松，与朱松同为"星溪十友"的俞靖，朱子省亲时"从之游"的李缯（朱子曾给予李缯文章"高古奇崛如其人"的评价）、滕恺等，弟子程洵、滕璘、李季札、汪清卿，沉潜并阐发朱子之学的胡方平、胡一桂、胡炳文、程复心。这些对理学发展做出贡献的人物中，有的还"子承父业"，如李缯、李季札父子，胡方平、胡一桂父子。至于朱子的再传弟子如程若庸、陈栎等，其他新安理学家如吴敬、郑玉、汪循等，晚明心学思潮的代表人物程敏政，徽州历史上均有其坊。

　　上述诸坊中，"会魁坊"和"解元坊"当各有3座，因为无论"余棐、叶天爵、

---

　　[1]弘治《徽州府志》卷七《人物一·儒硕·元》载："**胡炳文**　字仲虎，婺源考川人。幼嗜学，年十二夜读书不辍，父母恐其成疾欲止之，乃以衣蔽窗隙，终夜默诵。既长，笃志朱熹之学，上溯伊洛以达洙泗之源，凡诸子百氏、阴阳医卜、星历术数，靡不推究，四方学者云集。尝为信州道一书院山长。其族子淀为建明经书院以馆四方来学之士，炳文署山长，为课试以训诸生，成才者多。调兰溪州学正，不赴。所居扁曰'随斋'。于四书诸经，会集众说参考，以求其通。余干饶鲁之学，本出朱熹，而其为说多与熹抵牾，炳文深正其非，故作《四书通》，凡词异而理同者合而一之，词同而旨异者析而辨之，往往发其未尽之蕴。又作《易本义通》《性理通及朱子启蒙》《易五赞通释》，刊行于世。《春秋》尝为集解，《礼书》皆有纂述，自以更易未定，门人亦有得其稿者。又有《大学指掌图》《四书辨疑》《五经会意》《纯正蒙求》《尔雅韵语》《云峰笔记》《讲义》二百篇，《文集》二十卷。幼有诗云'举头山苍然，一峰立云表'，故乡人号之曰'云峰先生'。卒谥曰'文通'。见《元史》列传。八世孙贡士潞集其遗文，江西按察金事汪舜民校正序而刻梓以传。"

　　[2]弘治《徽州府志》卷七《人物一·儒硕·元》载："**程复心**　字子见，号林隐，婺源高安人。性敏悟敦厚，自幼沉潜理学，师朱文公从孙洪范，而友云峰胡炳文。中年益笃学力行，尝取文公《四书集注》会黄氏辅氏众说而折中之，分章为图，间附己意，积三十余年始成，名曰《四书章图》。及取《语录》诸书，辨证同异，增损详略，著《纂释》二十卷，发明濂洛诸儒未尽之旨，有功后学。元至大戊申，江浙儒学提举司言于行省，皇庆癸丑行省进于朝，翰林史院考订其书，率皆称之。学士赵孟𫖯请置诸馆阁阐明大典，而平章李道复难之，乃议于江南诸路教授中擢用。复心年将六十，以亲老固辞，乃授徽州路儒学教授。致事，给半俸，终其身。名士大夫，如方回、程钜夫、王约、元明善、邓文原、虞集、杨载、范德机诸公俱有制作，盛称之。至元六年庚辰十二月十八日卒，寿八十四。学者称'林隐先生'。"

　　[3]婺源县志（二）（据康熙三十二年刻本影印）[M]. 台北：成文出版社，1985：521-529.

余懋学"或者"潘潢、江文明、汪鸣鸾",他们既非同宗,也非同科,只是他们在科举仕途上在乡试中皆"首屈一指",两组各三人各有一座同名科举功名坊。

不包括位于府城的5座坊(四世一品坊、少保天官坊、司马总宪坊、大司徒坊、清朝忠谏坊),康熙三十三年《婺源县志》卷五《建置·坊表》新增婺源牌坊111座:科举功名坊98座,节孝贞烈坊5座(坊主分别为儒生韩应泰妻余氏,张仲良妻游氏,汪申贤妻程氏,汪举贤妻贞女游氏,宋时钦妻金氏),封赠例授坊4座(柱史承恩坊,宸纶涣渥坊,恩崇豸绣坊,世承天宠坊),善行义举坊3座(坊主分别为胡宗曙、叶佛政、胡旭孙),百岁期颐坊1座(百龄柱史坊)。

二、卷十《人物·列女》中的牌坊

除了上述《建置·坊表》中所列牌坊外,康熙三十三年《婺源县志》卷十《人物·列女》中至少还有1座牌坊的信息:

> **江氏**　名引卿,江湾生员江中孚女,适城西碧山生员张起敬,仅二周敬以苦读遘疾故,氏年十九绝粒欲殉。族妇再四谕之曰:"尔夫未子,袁翁在堂,宗祧孝养谁倚?"氏悟,遂复食,祭殡尽哀,见者感泣。躬纺纑以给甘旨,觅侄永秀绍嗣,婚教如亲生。足不逾阃,人罕见其面,苦守六十。院田题允,赐坊曰"贞节之门"。[1]

三、小结

综上,康熙三十三年《婺源县志》新增婺源牌坊112座:科举功名坊98座,节孝贞烈坊6座,封赠例授坊4座,善行义举坊3座,百岁期颐坊1座。

---

[1]婺源县志(四)(据康熙三十二年刻本影印)[M].台北:成文出版社,1985:1380-1381.

第四节　乾隆二十二年《婺源县志》中的牌坊

　　乾隆二十二年(1757)《婺源县志》卷三《疆域志·坊都》所列坊名,与本章第一、二节情况相同,皆为旧时街区名称。卷九《建置志·坊表》和卷二十八《人物十五·列女一》、卷二十九《人物十五·列女二》、卷三十《人物十五·列女三》,均有牌坊方面的信息。

一、卷九《建置志·坊表》中的牌坊

　　卷九《建置志·坊表》共记载290座牌坊信息,其中未见于本章前三节的共56座:节孝贞烈坊45座,科举功名坊7座,孝友恩褒坊2座(坊主王廷升、吴裕),善行义举坊2座(坊主王朝玠、王鸿岸)。

　　　在城坊:

　　　……

　　　彤城保障坊　城北华光楼前,旌表忠义王廷升[1]。

　　　贞节坊　……,一城北王承佐妻汪氏[2],一城西张名镐妻朱氏,一城北王士陵妻董氏[3]。俱贞节坊。或未建坊,或已建未报者,俱缺之。

　　　东乡坊:

　　　……

<hr/>

　　[1]乾隆二十二年《婺源县志》卷十七之一《人物志·忠节·国朝》载:"王廷升　字晋侯,城北人。幼嗜学,慷慨有大志。每读书至古人忠孝节烈事,辄感奋曰:'大丈夫,当如是。'既入庠,益敦志操,以匡扶名教为己任。家虽素封,而自待如寒士,遇有义举则欣然勇为之,如修文庙,建宗祠,设义渡,输茶田,无不挥金助成者。顺治己亥,逃将李芝率叛卒逼城勒饷,升倾囊为邑人请命。芝贪索无厌,升乃挺身出,谕以大义。芝不从,升怒责之,遂遇害。邑侯张率合城士民为位而哭,兰郡守一元旌之曰'取义成仁',李邑令脱凡旌之曰'虽死犹生',邑人至今哀之。乾隆四年,奉旨祀忠义祠,建坊于城北龙墩左。"

　　[2]乾隆二十二年《婺源县志》卷二十九《人物志·列女二·国朝》载:"汪氏　名欣,城庠生汪珊女,适双杉儒士王承佐,三载夫故,氏年二十二。抚九月孤起鳌,孝事舅姑,六十二而卒。乾隆六年,旌表建坊。"

　　[3]乾隆二十二年《婺源县志》卷二十九《人物志·列女二·国朝》载:"董氏　名和,城南董信女,十七适城北儒士王士陵,二十二而夫殒,遗一孤。氏矢志不二,家极贫,勤纺绩,孝养舅姑,鞠孤成立,备尝艰苦,历五十余年,孙曾林立。乾隆三年,建坊旌表。"

孝义流芳坊　王朝玥[1]。

孝子坊　王鸿岸[2]。

俱词川。

……

贞节坊　……,一江湾滕蛟妻江氏[3],……,一理田李云腾妻滕氏[4],一理田李广任妻孙氏[5],一词川王朝琱妻俞氏[6]。

北乡坊：

……

科第世家坊　清华江山方氏为历世科第题名。

……

贞孝坊　施村,为施仁卿女贞孝姑[7]建。

---

[1]见脚注王鸿岸传。

[2]乾隆二十二年《婺源县志》卷二十《人物志·孝友二·国朝》载:"**王鸿岸**　字登如,词源旌孝义朝玥子,出绍为叔周玉嗣。幼入塾,授《孝经》,即乐闻古人孝行。奉嗣母俞曲尽温情,虽细亵事亦不委臧。获生父病目几盲,医令寻兔粪疗治,急切入山,值虎突出,不伤且曳尾去。山人闻之,遗其药,父目获瘳。母俞病剧,私祷天,愿减己年以益母算,遂致忧悴得疾卒,年仅廿六。母年逾七十终。乾隆十八年,旌表孝行鸿岸父子,并建坊崇祀。俞氏以节表。闻人皆敬仰焉。"

[3]乾隆二十二年《婺源县志》卷二十九《人物志·列女二·国朝》载:"**江氏**　名联弟,江湾太学生江国准女,适同里生员滕蛟。幼通《孝经》诸书。蛟病,誓死以殉。及蛟没,家人防护不得死,乃绐其从者使懈遂坠楼,未死,绝粒数十日卒。操抚部院,特疏以闻,旌表建坊。"

[4]乾隆二十二年《婺源县志》卷二十八《人物志·列女一·明》载:"**滕氏**　名云芝,李坑李云腾妻。年三十,腾卒,遗孤弘受仅三岁。氏矢志断发,针黹茹贫,抚孤成立。夫有故遣,顷遗产偿之。训子义方。乡里咸敬其贞淑,以为母范。年八十卒。邑侯张旌匾曰'仁节克昌'。乾隆元年,旌表建坊。"

[5]乾隆二十二年《婺源县志》卷二十九《人物志·列女二·国朝》载:"**孙氏**　名玉书,理田邑廪庠李广任妻。任年十六乡闱试归病卒,氏年廿四。堂有老翁,无他子息,遗孤蕃瞻犹在襁褓,义不得殉,忍死矢志,荆布茹荼,事翁如父,鞠孤如师,孝慈幽贞垂四十载。乾隆三年,奉旌建坊祠祀。"

[6]乾隆二十二年《婺源县志》卷二十九《人物志·列女二·国朝》载:"**俞氏**　思溪女,年十八适词川王朝琱,贞静淑顺,养舅姑曲意承欢,恪恭妇职。琱早卒,氏年廿二,悲痛欲随地下。念公姑在堂未终养,承桃无人,勉起视事,觅侄鸿岸、鸿庭承继,抚养教育,严慈备至,俱各树立。雍正八年,旌表建坊崇祀。"

[7]乾隆二十二年《婺源县志》卷二十八《人物志·列女一·明》载:"**贞孝姑施氏**　名福德,外诗春人。父仁卿,洪武八年以王事没于京,遗孤继善甫二龄,母亦没,姑年十五。性聪慧,家殷富,懼以财为弟危,遂散十之七八以赡豪宗,朝夕与弟俱饮食用银碗箸以防毒。矢志不嫁,有以许字微言者,峻拒之。弟既成人授室,而姑卒,继善后裔蕃衍遂成巨族。嘉靖间,邑侯朱公衡赠曰'贞孝',余司徒督学南畿移文表墓,名贤赠言汇为《贞孝集》。国朝孝感熊相题曰'女德伊周',以年久未克褒扬,雍正初,恩诏特颁。后裔世槐妻戴氏,念祖姑奇贞异孝,售衣装,促子用烑裹粮千里,七吁宪辕,力请题达,事几四百年,特旨赐建坊入祠。用烑复编《贞孝后集》,与前集并传于世。"

　　两世坚贞坊　思溪生员江朝翰妻俞氏[1]，祀生江维梅妻俞氏[2]。

　　贞节坊　……，一桃溪潘震廷妻张氏[3]，一桃溪潘祖荫妻张氏[4]，一凤山查养得妻余氏[5]，一凤山生员查学安妻詹氏[6]，一北山头齐士美妻王氏[7]，一黄村黄嘉柴妻吴氏[8]，一思溪俞天徵妻汪氏[9]，一黄村孝廉黄昌修

---

　　[1]乾隆二十二年《婺源县志》卷三十《人物志·列女三·国朝》载："**俞氏**　江朝翰妻，于归五载翰故，遗孤一。氏矢志靡他，抚孤婚娶孤又夭，孤孙幼弱。氏上事祖姑，下抚幼孙，孝慈备至，守贞三十九年，六十一岁。雍正十一年，建坊旌表。"

　　[2]乾隆二十二年《婺源县志》卷三十《人物志·列女三·国朝》载："**俞氏**　龙腾俞尔灿女，适思溪江惟梅，乳子未育，氏年廿三梅故，哀恸几绝。念媚姑垂老，二叔幼稚，强食视事，孝奉甘旨，为叔授室。讵二叔继夭，仅遗孤侄甫半月。氏益励操，抚侄成立。幸侄举两子，爱抚长子大垓续嗣。两世哀茕，一脉系属。历节三十四年，五十六岁。乾隆七年，建坊旌表。"

　　[3]乾隆二十二年《婺源县志》卷二十九《人物志·列女二·国朝》载："**张氏**　坑头潘震廷妻，甲道张明棣女。归值家贫，屏服饰，养庶姑，抚幼叔，廿四孀。抚孤钟槐，弱冠早折，绍从孙承谷为槐后。连举五男谷又卒，更鞠群孤，曾孙林立。邑侯陈褒曰'节坚裕后'。乾隆七年，恩建坊旌表。"

　　[4]乾隆二十二年《婺源县志》卷三十《人物志·列女三·国朝》载："**张氏**　名嗣，甲道庠生张应璠女，适桃溪潘祖荫。荫贫谋生江右，氏勤女红，佐养舅姑。姑抱沉疴，氏祷身代，梦神增姑算，果获瘳。氏年廿三夫没江右，闻讣欲殉，念姑老无依，勉生孝养，夜伴榻卧。抚侄笃绍后，靡食婚教，勤绩置租，孙枝蕃衍。乾隆七年，恩例建坊。"

　　[5]乾隆二十二年《婺源县志》卷二十九《人物志·列女二·国朝》载："**余氏**　沱川余信卿女，适凤山儒士查养得。敬修妇职，孝养翁姑，结缡三载，生子国经甫七月而夫殁，氏年二十二。甘贫矢志，抚孤成人，为娶吴氏，生孙继甲十三龄而国经又殁，吴氏才三十。同心苦节，抚教继甲，尝伴灯课读，无间寒暑，漏尽方休。甲早入庠，人称二氏'节慈之德'，并享高年。抚两世之孤嗣，延三代之单传，孝慈苦节，妇德尤难。余于乾隆四年旌表建坊。吴犹待请。"

　　[6]乾隆二十二年《婺源县志》卷二十九《人物志·列女二·国朝》载："**詹氏**　名发姬，庆源生员詹讳锦女，适凤山府庠查学安，年廿六夫故，孤廷瓒七龄。氏茹荼养姑二十余年，死葬悉尽礼。抚孤成立。寿七十一。乾隆十四年，奉恩建坊。"

　　[7]道光《婺源县志》卷二十九《人物志·列女二·国朝》载："**王氏**　双溪王启晟女，适北山头儒童齐士美。氏年十八美故，继嗣守志，孝侍舅姑。尝焚香吁天，愿翁姑寿长。翁年七十三，姑年九十三，人谓'孝感'。雍正十三年，旌表建坊。"

　　[8]乾隆二十二年《婺源县志》卷三十《人物志·列女三·国朝》载："**吴氏**　名宿芳，轮溪岁贡生之瑗女，潢川儒童黄家柴妻。性贞静，明礼义，事两世舅姑继姑曲尽孝养，妯娌慕效之。劝夫力学，负笈北固抱疴归，半载卒。氏年二十，生子国勋才廿三日，号痛抢迫，愿从地下，顾兹赤孩，忍死抚孤成立。恪守媚帏，乡里罕觐其面。子入太学。乾隆十二年旌表。"

　　[9]乾隆二十二年《婺源县志》卷三十《人物志·列女三·国朝》载："**汪氏**　清华汪元福女，适二十一都俞天徵，廿二夫没。抚幼孤文怡成立，勤女红，孝事翁姑，守节已三十二年。乾隆十年，旌表建坊。"

妻吴氏[1],一庆源詹敞妻程氏[2]。

……

南乡坊:

……

秋官坊　中云王钜。

……

贞节坊　……,一中云王尚瑚妾徐氏[3],一汾水吕维当妻方氏[4],一太白潘懋镰妻蒋氏[5],一太白潘大坤妻吕氏[6],一方村方书芳妻胡氏[7],一嵩

---

[1]乾隆二十二年《婺源县志》卷三十《人物志·列女三·国朝》载:"**吴氏**　名霞芝,莒溪百谷女,适潢川黄昌修,篝灯佐读,族皆贤之。修没,氏年十九,矢志不二。居与莒溪为邻,不时遣人存问而足不逾阈。事公姑妇兼子道,遗腹产女。为夫绍嗣,以侄潪为子,养教有方,家政肃然,子若孙继登士籍。乾隆十四年,奉恩旌表建坊。"

[2]道光《婺源县志》卷二十九《人物志·列女二·国朝》载:"**程氏**　溪源庠生程兆达女,十九适庆源庠生詹敞,廿五夫没,绍侄培本为嗣,预营合圹,誓同夫穴。勤女红,事舅姑,丧葬如礼,劳瘁备尝。年终六十五。乾隆十八年旌表。"

[3]乾隆二十二年《婺源县志》卷三十《人物志·列女三·国朝》载:"**徐氏**　名璀璋,中云王尚瑚次室,仅生一女,配本里举人吴兆魁。廿六瑚故,嫡胡氏宝璋怜其年少,屡劝他适。氏愿随嫡终侍老姑,坚不易操,现年七十。教谕郑赠以'柏舟共矢'。乾隆十三年,旌表建坊。"

[4]乾隆二十二年《婺源县志》卷二十九《人物志·列女二·国朝》载:"**方氏**　名爱伦,平盈方苑女,适汾水吕维当,二十三而寡,有两世翁姑,孤献辂年甫周。氏矢志终养,抚孤有成,孙曾林立。郡侯郭奖以'节劲松筠'。乾隆四年,奉旨建坊旌表。"

[5]道光《婺源县志》卷二十九《人物志·列女二·国朝》载"**蒋氏**　德兴将仁女,年十五适太白潘懋镰,廿八而寡,养姑抚孤,备极劬劳,八十三卒。乾隆十一年,旌表。"

[6]乾隆二十二年《婺源县志》卷三十《人物志·列女三·国朝》载:"**吕氏**　汾水吕太女,十六归太白潘大坤,廿七夫亡,翁姑皆老,孤懋铃五岁。氏仰事俯育,备尝艰辛,年七十有四。乾隆十一年旌表。

[7]乾隆二十二年《婺源县志》卷三十《人物志·列女三·国朝》载:"**胡氏**　考川胡兆邦女,适平盈方书芳,年二十夫故。时叔幼,舅姑无托,欲殉不可。及丧毕,叔成丁,忽托疾语舅姑,集房长礼长子宜后求俟叔男为嗣,预名存顺,从之,莫喻其意。阅月,换服自浣夕沐浴,周身衣密缝,夜半焚楮乃投缳。时方酷暑,异香旬日,事闻非例。邑侯郭褒额'完节从容',申请特题加恩旌表。坊筑墓道,掘地尺,两石峙立,生成坊脚,众异之。"

峡程启莺妻潘氏[1]，一嵩峡程文瓒妻胡氏[2]，一中云王元悌妻程氏[3]，一方村方彦勋妻程氏[4]，一方村方逢年妻潘氏[5]，一方村方联奎妻王氏[6]。

西乡坊：

科第世家坊　镇头祠前，宋进士方劭[7]、方勃[8]、方访、方劼[9]、方洙[10]、方湜[11]、方楹[12]、方泾，明方进[13]。

……

四代承恩坊　赠国子监助教张环，国子监助教张聘夫，赠光禄寺臣张

---

[1]乾隆二十二年《婺源县志》卷三十《人物志·列女三·国朝》载："**潘氏**　孔村潘禄女，南江源程启莺妻。莺力学病故，氏年十五，子文琳甫周。励志终养，课子业儒，琳又早卒。媳云川王氏，矢贞共守，育三岁孤锦春入郡庠。潘享年八十四。乾隆十一年，旌表建坊。王未及请。人称'双节'。"

[2]乾隆二十二年《婺源县志》卷二十九《人物志·列女二·国朝》载："**胡氏**　考川胡庆珪女，配嵩下孝子程文瓒。二十四瓒没，守节四十一年。乾隆十一年，奉恩建坊旌表。"

[3]乾隆二十二年《婺源县志》卷三十《人物志·列女三·国朝》载："**程氏**　名德音，高安庠生之麟女，中云儒童王元悌妻。悌力学成疾卒，氏年廿二，长子文焕六龄，幼孤在腹。矢操孝养，鞠成三孤，训文焕入庠。乾隆三年，奉旨旌表建坊。"

[4]乾隆二十二年《婺源县志》卷三十《人物志·列女三·国朝》载："**程氏**　香山程世扳女，平盈方彦勋妻。事舅姑孝，姑疯疾年余，早晚必适姑所，为穿解衣履，且梳枇沃盥，亲同姑食。年廿三夫故。抚孤婚教。家贫，冬无絮被，纺织达旦。乾隆六年，奉旨建坊旌表。"

[5]乾隆二十二年《婺源县志》卷三十《人物志·列女三·国朝》载："**潘氏**　桃溪潘大禄女，平盈廪膳生方逢年妻。夫卒，封发三载，除服梳饰，发几尽脱。抚孤子二，业儒绍夫志。后次子试归卒，长因辍业，复抚遗腹孙，绵衍甚炽。邑令侯冯为请旌，孙曾辈立飨堂坊，后以报德。"

[6]乾隆二十二年《婺源县志》卷三十《人物志·列女三·国朝》载："**王氏**　云川王尚瑚女，归平盈方联奎。奎疾，衣服首饰尽鬻支持，至削竹簪发，结衣自蔽。年廿二居媚，扶植遗孤，心力交瘁。乾隆六年，旌表建坊墓侧。"

[7]乾隆二十二年《婺源县志》卷五《选举志·科第·宋》载："**方（邵）〔劭〕**　字力臣，藻睦人。宣德郎。"元丰二年进士。

[8]乾隆二十二年《婺源县志》卷五《选举志·科第·宋》载："**方勃**　特奏名。"元符三年进士。

[9]乾隆二十二年《婺源县志》卷五《选举志·科第·宋》载："**方劼 方访**　俱五马人。"元符三年进士。

[10]乾隆二十二年《婺源县志》卷五《选举志·科第·宋》载："**方洙**　字儒夫，藻睦人。太常礼院。"元符三年进士。

[11]道光《婺源县志》卷五《选举志·科第·宋》载："**方湜**　五马人。江西按察枢密使。"宣和六年进士。

[12]道光《婺源县志》卷五《选举志·科第·宋》载："**方楹**　奉使大夫，藻睦人，后裔分迁本里桂岭。"绍兴二年进士。

[13]乾隆二十二年《婺源县志》卷五《选举志·科第·明》载："**方进**　镇头人。《书》。礼部仪制司主事。见《名贤传》。"弘治十四年举人，十五年进士。

懋深[1]，光禄寺臣张成楚，赣州通判张成叙[2]。

……

义相坊　在赋春，义官吴裕[3]。

登瀛坊　甲路举人张金衡[4]。

……

贞节坊　一游汀张鸣远妻陈氏[5]，一甲路张鏻昌妻施氏[6]，一游山董天

成妻张氏[7]，一游山董必贞妻程氏[8]，一霍口陈国日妻戴氏[9]，一桂岩戴士

---

[1]乾隆二十二年《婺源县志》卷十九《人物志·孝友一·明》载："**张懋深**　字以道，甲路人。少负奇气，以父命总家政，尝称有亲可事，有子可教，有书可读，有田可耕，自号'四可亭主人'。性孝友，父宦游，深率诸弟奉母欢，岁时蒸尝，若冠婚丧，斟酌古礼，情文备至。方田之役，邑侯委重董正，单户孱弱赖以安。卒日，诸弟及乡人悲恸如失慈母。诸弟及内兄尚书余公抚其孤。评者咸以'陈仲弓之闺门雍睦，王彦方之乡里仪刑，庞遗安之轻财如土兼之'云。"

[2]乾隆二十二年《婺源县志》卷六之一《选举志·岁贡·明》载："**张成叙**　聘夫孙。辛酉副榜，准贡。见文苑传。"天启年间岁贡。

[3]道光《婺源县志》卷二十三之二《人物志·义行四·明》载："**吴裕**　字公绰，前明富春人。慷慨好施，凡桥梁道路，如吴村、善源、洪源、梅源诸处，独力建造，而工费浩大惟本村尚义桥为最，且于其上盖亭列肆，设义浆，施药饵，行旅赖之。又尝发粟赈饥，输金助帑，所费不赀。恩授七品义官。正德癸酉盗发余干、乐平等县，裕以承事郎受札委率乡兵屯虎溪，又调太平司防守，盗望风而遁，户赖以安。邑绅潘金宪尝记其事。"

[4]乾隆二十二年《婺源县志》卷五《选举志·科第·明》载："**张金衡**　字平甫，甲路人。《书》。"嘉靖二十五年举人。

[5]乾隆二十二年《婺源县志》卷三十《人物志·列女三·国朝》载："**陈氏**　名远仪，霍口陈嘉训女，适游汀张鸣远。翁老家贫，纺绩供养。翁没，鬻奁备葬祭。氏年廿五夫故，遗孤三龄，次孤在腹，抚鞠成立。孙枝蕃衍，群称氏德。乾隆十三年，恩例建坊。"

[6]乾隆二十二年《婺源县志》卷三十《人物志·列女三·国朝》载："**施氏**　名宜家，诗春施培生女，适甲道儒童张鏻昌。昌以勤学病瘵，氏鬻奁奉医药，刲股疗之，复延三载没，氏年廿三。父母怜其少且贫，欲夺氏志，曰'生孝义之门，适诗礼之家，岂忍负义？'侍姑二十余载，抚伯子祚震婚教成立，孙棻入庠。冰操五十三年。乾隆七年，恩例建坊。"

[7]乾隆二十二年《婺源县志》卷三十《人物志·列女三·国朝》载："**张氏**　名德引，甲道庠生张应璠女，适游山董天成。廿一夫故，遗孤二，长三龄，次在抱。氏茹苦茶誓志，继姑苛刁，敬事弥至，克回姑意。舅姑没，丧祭如礼，忌率奠拜尽哀。训子其棋冠军入泮，孙大田亦列宫墙。学博何旌以'德媲孟陶'。历节五十四年。乾隆七年，恩例建坊。"

[8]乾隆二十二年《婺源县志》卷三十《人物志·列女三》载："**程氏**　名宝姬，适游山董必贞。贞攻苦举业数奇早没，遗孤甫晬，五世单传，翁姑垂白，氏年廿四，苦节坚贞，养亲抚孤。乾隆十年，奉恩建坊。今寿八十七，康宁。"

[9]乾隆二十二年《婺源县志》卷三十《人物志·列女三·国朝》载："**戴氏**　名兴仪，桂岩戴苏女，适霍口陈国日。媥姑疯卧床榻，氏日夜扶持无少倦。廿二夫故，孤起雷才八月。姑没，执丧致哀，葬祭如礼。抚孤婚海成立，并悯从堂侄震霆无依，鞠育完婚如己子。邑侯蒋旌曰'节操冰霜'。乾隆三年，恩例建坊。"

儒妻吴氏[1]，一苦塅江祖裕妻齐氏、江宗隆妻宁氏、江德玉妻钱氏[2]，一甲路张公镇妻姚氏[3]，一苦塅江廷福妻潘氏[4]、江贤镜妻潘氏[5]，一游汀张仲范妻俞氏，一张村张时灏妻程氏、张廷枋妻汪氏[6]、张思言妻施氏、张显实妻方氏[7]、张元坤妻齐氏[8]，一石下张光珪妻许氏[9]，一长溪戴顺周妻张氏、戴顺

---

[1]乾隆二十二年《婺源县志》卷三十《人物志·列女三·国朝》载："吴氏　名树家，赋春吴道谋女，适桂岩戴士儒，廿四夫故，遗孤尚栋才四龄。氏荼薜纺绩，仰事翁姑，俯育孤稚。乾隆五年，恩例建坊。四十七岁没。"

[2]乾隆二十二年《婺源县志》卷二十八《人物志·列女一·明》载："虎溪江门三世节　齐氏，江祖裕妻，二十二而嫠，子宗隆甫四龄，氏劲节抚孤以拓业，六十九卒。宗隆妻宁氏，二十一丧夫，遗腹生子德玉，外侮侵渔，氏茹薜护御孝姑，勤训子，七十五卒。德玉妻钱氏，二十二德玉丧，子庆衡才三月，氏守志抚孤成立，七十卒。邑侯赵旌曰'三世秉节'。乾隆十年，钱氏奉旨旌表建坊。"

[3]乾隆二十二年《婺源县志》卷三十《人物志·列女三·国朝》载："姚氏　甲路张公镇妻，廿二守节，孝养媰姑，坚贞茹苦，七十七岁终。乾隆七年，题旌建坊。"

[4]乾隆二十二年《婺源县志》卷三十《人物志·列女三·国朝》载："潘氏　潘尚起女，配儒童江廷福，十八守节，孝侍老姑，抚六月孤若希艰苦鞠育。乾隆十年，建坊旌表。"

[5]乾隆二十二年《婺源县志》卷三十《人物志·列女三·国朝》载："潘氏　虎塅江贤镜妻，廿六矢志。老姑久病，孝养不倦，鞠三孤有成。乾隆十年，建坊旌表。今八十有四。"

[6]乾隆二十二年《婺源县志》卷二十九《人物志·列女二·国朝》载："张门双节　程氏，张村张时灏妻，环溪文学应技女，二十四夫故。抚孤（延）〔廷〕枋娶而又夭，同媳汪抚孙成立。值岁歉，氏减值平粜。闽寇扰乱，贼党相戕，毋犯节门。郡伯罗公襃额曰'女中师表'。媳黄砂庠生汪邦贵女，二十五守节，父给改适，引刀自誓，事姑极孝，隆师课孤，灿、煜并入官庠。孙元封，文梯魁封。庠监张侯匾奖'德希孟母'。乾隆五年，奉旨建坊，旌表双节。"

[7]乾隆二十二年《婺源县志》卷三十《人物志·列女三·国朝》载："汀渚双节　施氏，诗春施范女，张思言妻，廿九夫故，遗孤显实方四岁，抚育成立又夭。媳藻睦方文枝女，时年廿七，遗孤三，矢志养姑，抚孤婚教成立。李邑侯额曰'德媲孟姜'。乾隆七年，奉题双节，建坊旌表。"

[8]乾隆二十二年《婺源县志》卷三十《人物志·列女三·国朝》载："齐氏　凤冈邑庠齐元麟女，配汀渚双节孙张元坤，廿四夫故。氏绍芳型，备艰历苦，孝养高堂，勤抚孤息，时以承先志为勖，尝曰'使尔父有克家子，余始无憾'。今子孙成立，皆氏力也。郡侯朱襃曰'筠节嗣徽'。董孝廉昌祠为传。乾隆十二年，子国学宗仁依例详请，奉旨旌表。"

[9]乾隆二十二年《婺源县志》卷二十九《人物志·列女二·国朝》载："许氏　许士丞女，二十适钟山张光珪，甫期夫故，遗腹生男，矢志（扶）〔抚〕孤。姑早逝，痛未逮养，忌辰哀恸。翁五子俱散处，氏独力孝敬，始终尽礼。乾隆十二年，奉恩建坊旌表。"

璋妻张氏[1]，一黄砂汪联荣妻朱氏[2]，一严田李盛机妻汪氏[3]、胡细庆妻朱氏[4]，一盘山程大升妻方氏[5]、程起宅妻张氏[6]。

在都隅：

……

举人坊 ……，吕烈[7]，王忠[8]，……。

未建坊者不载。[9]

二、列女传中的牌坊

乾隆二十二年《婺源县志》卷二十八、卷二十九和卷三十记载的都是列女，除了记载于卷九《建置志·坊表》中出现的节孝贞烈坊坊主小传外，不包括

---

[1]乾隆二十二年《婺源县志》卷三十《人物志·列女三·国朝》载："张氏　甲路张旦初女，适长溪儒童戴顺璋，廿二夫没，子光裕甫生，氏忍死鞠育。翁姑与继姑三丧，皆氏仔肩。三世伶仃，赖氏绵衍。乾隆二年，旌表建坊。"

[2]乾隆二十二年《婺源县志》卷三十《人物志·列女三·国朝》载："朱氏　名瑞仪，灿然女，适黄砂汪联荣，廿五夫故。遗孤二，矢志事姑。孀姑疾剧，刲股以愈，后疯疾，侍养五载无倦。抚孤成立完娶。邑侯窦旌以'冰霜矢操'。乾隆十年，奉旨建坊。今寿八十三岁。"

[3]乾隆二十二年《婺源县志》卷三十《人物志·列女三·国朝》载："汪氏　严田李盛机妻，青年矢志，抚孤子复抚孤孙，辛苦备尝，宗祧赖绍。乾隆七年，建坊旌表。"

[4]乾隆二十二年《婺源县志》卷三十《人物志·列女三·国朝》载："朱氏　严田朱丽初女，清华胡细庆妻，廿二夫殇，家贫未有嗣，氏坠高墙，久绝乃苏。父母劝以'舅姑垂老，终养为大'，氏乃忍死，勤女红，孝养终身。绍侄为子，成立有孙。乾隆九年，旌表建坊。"

[5]乾隆二十二年《婺源县志》卷二十八《人物志·列女一·国朝》载："方氏　经历方师契女，盘谷程大升妻。天启元年，氏年二十升故，遗孤在抱。氏孝养翁姑，抚孤成人，矢节六十二年，寿八十四。乾隆九年，奉旨建坊。"

[6]乾隆二十二年《婺源县志》卷三十《人物志·列女三·国朝》载："张氏　游汀张有登女，盘山程起宅妻，年廿一夫故，未乳子。舅姑悼氏少家贫，欲令他适。氏念老亲在堂，夫未承桃，矢志不二，请续伯子士佐为嗣。越二年，庶姑及舅相继没，氏鬻产治丧，敬事嫡姑，饘食孝养，抚孤成立，育孙十余人。乾隆十一年，建坊旌表。"

[7]乾隆二十二年《婺源县志》卷五《选举志·科第·明》载："吕烈　字伯承，汾水人。《书》。福建兴化府通判。"嘉靖十六年举人。

[8]乾隆二十二年《婺源县志》卷五《选举志·科第·明》载："王忠　字元孝，中云人。"嘉靖二十八年举人。

[9]乾隆二十二年《婺源县志》卷九《建置志·坊表》第一至第六页。

雍正三年旌表建坊于江宁的江湾江元柏继室江宁人李氏[1]，还有以下19座节孝贞烈坊坊主信息。

江氏 江湾女，汪口俞象坤妻，年廿三夫故守节，孤仅五龄，孝养老翁，疾侍汤药，没贷治丧，诚信交至。闽寇之变，负姑奔匿，艰险备尝。乾隆十一年，膺恩建坊旌表。[2]

余氏 名凝，沱川廪贡矿女，幼通《孝经》《内则》诸篇，长适词源文学王鸿巍，勤修妇职。巍苦读抱疴，氏竭力调痊。及夫卒，氏年二十八。氏操勤红，奉姑养志。姑逾八秩，卧榻六载，立侍不离，膳具汤药必躬亲执，丧哀痛尽礼。抚诸孤慈严兼至，就傅夜归必口授经书，晚年又课孙曾不息。氏父嗟伯道生事死葬，悉供子职，遗命子孙，祭扫勿替。乾隆五年，奉旨建坊，准列入统志。[3]

张氏 甲路张曰玫女，桂岩戴复炬妻。姑疾刲股以疗。二十二炬应试卒于旌阳，氏矢志柏舟，抚孤德域终养。雍正十三年，建坊旌表。终七十二。[4]

汪氏 槎口职监汪时宇女，幼通《孝经》《内则》，长适阙里庠生朱镆，为翰博朱坤次媳。年二十七镆没，氏举遗腹子溶矢志，冰霜茹荼，抚海溶奉文公祀生。乾隆十一年，奉旨建坊旌表。年跻八旬，人称"松筠晚萃"。[5]

汪氏 雍溪汪士登室女，年十八归清源王煜文长子应甲。阅八载，会雍正癸卯恩广弟子员额，甲就试江阴，卒于旅。讣闻，设灵为位，苦奠哀动邻里。明年，榇归，随姑号泣迎之，以首触棺恸几绝。姑泣谕曰："殉节事易，若汝夫嗣何？"氏乃忍哀，抚侄景义为嗣已又殇，又抚侄佩莲。莲生而羸弱，鞠悯逾至，长就傅归必令背所诵书，百过以为常。篝灯效绩不息，十指为秃，以佐孝养。舅姑晚多病，左右无间，常曰："某以妇兼子道某职也，娣姒何与焉？"其秉大义，类如此。历节三十三载，现年五十七。乾隆二十年，沐恩旌表建坊。[6]

[1]乾隆二十二年《婺源县志》卷三十《人物志·列女三》第二十八页。
[2]乾隆二十二年《婺源县志》卷二十九《人物志·列女二》第十八页。
[3]乾隆二十二年《婺源县志》卷二十九《人物志·列女二》第二十五页。
[4]乾隆二十二年《婺源县志》卷二十九《人物志·列女二》第三十五页。
[5]乾隆二十二年《婺源县志》卷二十九《人物志·列女二》第三十八页。
[6]乾隆二十二年《婺源县志》卷二十九《人物志·列女二》第四十一页。

　　韩氏　城都监生韩癸麟女，清源儒童王辉文妻。辉文以读书劳惫早卒，氏年二十，矢志植孤，婚教成立。子媳继亡，又植孤孙。终身茹苦，卒年五十六。详请建坊。[1]

　　王氏　清源孝廉王廷槐女，城东儒童程世祝妻，二十于归。世祝嗜学劳疾卒，氏年廿二，痛不欲生。以舅垂白在堂，宗祀无续，起视甘旨。鬻钗钿为舅娶继室，幸生子。生事葬祭，妇兼子职。年六十三卒。旌奖建坊。[2]

　　吴氏　名爱娥，汇川吴时广女，配清华胡廷林，廿三夫故芜城。氏闻讣绝粒七日欲殉，旋念孤世瓒才三龄，宗祀攸托，鬻衣脱饰，归榇营葬。乾隆十年，奉旌建坊。[3]

　　章氏　章村章仕证女，配思溪程文焰，年十七夫故，遗孤尚位。氏励志，称"未亡人"，孝养翁姑，抚孤成立，矢节五十二年，寿六十九岁。乾隆九年，建坊旌表。[4]

　　章氏　高仓可成女，长饶胡大晟妻。姑没哀恸几危，事翁孝敬。年十九晟抱疾，祷神愿以身代。及没，痛绝复苏，遗孤才五月。翁谕"抚孤事上"，勉承翁命，孝慈笃挚，清操三十四年。乾隆十一年，旌表建坊。[5]

　　张氏　名琛容，城北张女，性淑顺，适词源文学王朝琛，修妇职警旦维殷。琛攻苦下帷抱病，临危嘱氏"代供子职"，氏年廿一。矢志坚贞，谨凛遗言，备申孝敬，至老益笃，长斋衣缟，足不逾阈四十余年。继侄鸿岗，恩勤教诲，早岁游庠，郡守丁公延入义学。督学张旌曰"香闺劲节"。雍正十一年，奉旨建坊崇祀，编一统志。

　　方氏　孔村儒童潘班生妻，廿二夫没，遗腹子天宠抚鞠成立。乾隆二年，请题旌表建坊。[6]

---

[1]乾隆二十二年《婺源县志》卷二十九《人物志·列女二》第十页。

[2]乾隆二十二年《婺源县志》卷三十《人物志·列女三》第十至第十一页。

[3]乾隆二十二年《婺源县志》卷三十《人物志·列女三》第十四页。

[4]乾隆二十二年《婺源县志》卷三十《人物志·列女三》第十八页。

[5]乾隆二十二年《婺源县志》卷三十《人物志·列女三》第十八页。

[6]乾隆二十二年《婺源县志》卷三十《人物志·列女三》第二十页。

方氏　平盈方琦女,归桃溪潘逢嵩,廿四夫故,誓死不二,完璧全贞。乾隆七年,建坊旌表。[1]

胡氏　名德兰,考川象孙女,适银峰王守英,廿四夫故,遗孤二,长二龄,次在腹。氏矢志奉翁姑,育孤成立,长天彩国学。乾隆十年,奉覃恩建坊旌表。[2]

程氏　名兰,城西程仕先女,城北庠生王光调妻。于归八年调没,遗孤一叙一增,抚之成立。课督一增入庠。乾隆四年,奉恩旌表建坊。[3]

董氏　长饶董士鼎女,适考川胡中乐,廿五夫没。抚孤天衡,己酉经魁,壬子聘湖北同考,氏励以忠孝大义。乾隆四年,旌表建坊。年八十二,受粟帛。[4]

俞氏　名顺闺,汪口俞日新女,年二十适江湾祀生江元楷,廿四夫亡。遗孤有熙在抱,茹贫鞠育成立。继姑患痰病二十年,尝侍榻不避垢污。苦节三十二年。乾隆十九年,邑侯俞褒以"贞孝流芳"。方二十年,奉恩旌表建坊。[5]

詹氏　虹关圣与女,适词川王天灿,廿四夫故,遗孤才三龄。氏哀恸欲殉,念翁姑垂老,幼孤在抱,饮泣矢志,勤红养亲。翁姑没,鬻奁备丧葬。抚诲婚娶,孤克成立。今六十余岁。乾隆十七年,旌表建坊。[6]

董氏　镇头方日亿妻,廿四亿没于饶。氏闻讣痛绝,念遗孤幼,嫠姑垂老,誓志事育,孝慈弥至。孤又疾卒,诸孙咸赖顾复。历节四十一年,今六十四岁。乾隆十二年,恩例建坊。[7]

[1]乾隆二十二年《婺源县志》卷三十《人物志·列女三》第二十二页。
[2]乾隆二十二年《婺源县志》卷三十《人物志·列女三》第二十三页。
[3]乾隆二十二年《婺源县志》卷三十《人物志·列女三》第三十一页。
[4]乾隆二十二年《婺源县志》卷三十《人物志·列女三》第三十一页。
[5]乾隆二十二年《婺源县志》卷三十《人物志·列女三》第三十四页。
[6]乾隆二十二年《婺源县志》卷三十《人物志·列女三》第三十五页。
[7]乾隆二十二年《婺源县志》卷三十《人物志·列女三》第三十八页。

三、小结

综上,乾隆二十二年《婺源县志》共记载新增牌坊75座:节孝贞烈坊64座,科举功名坊7座,孝友恩褒坊2座,善行义举坊2座。

第五节　道光《婺源县志》中的牌坊

道光《婺源县志》卷三《疆域志·坊都》所载内容同乾隆二十二年《婺源县志》卷三《疆域志·坊都》,所列坊名皆为旧时街区之名。卷九《建置志·坊表》和卷二十八、二十九、三十之一、三十之二和三十之三共五卷均为《人物十五·列女》,均有牌坊方面的信息。

一、卷九《建置志·坊表》中的牌坊

排除与本章前四节重复坊,卷九《建置志·坊表》共新增牌坊38座:节孝贞烈坊31座,孝友恩褒坊3座,百岁期颐坊3座,科举功名坊1座。

　　在城坊:
　　……
　　节孝坊　……一王嘉华妻祝氏[1],一王尚坊妻董氏[2],一胡添寿妻王氏[3]。余或未建坊,或已建未报者,俱缺之。

---

[1]道光《婺源县志》卷三十之一《人物志·列女三·国朝》载:"王嘉华妻祝氏　祝家庄祝辉武女,年十八归城北方三月夫没,抚夫兄嵩第三子文璜为嗣。翁起运抱风疾十二年,氏脱簪珥供甘旨,未尝不洁。学博许尝有'节孝留青'之褒。乾隆三十九年,建坊旌表。文璜,今吉安府永宁县典史。"

[2]道光《婺源县志》卷三十之一《人物志·列女三·国朝》载:"王尚坊妻董氏　在城董起华女,年十六归于王。舅姑早故,能孝事祖姑。二十八夫故,遗孤朝锡仅六龄,次四龄,仰事俯育,备极艰苦。祖姑病风疾十三年,奉侍无少懈。舅姑之棺,向在浅土,皆氏卜葬。乾隆三十九年,旌表建坊。入《一统志》。朝锡,邑附学生。"

[3]道光《婺源县志》卷三十之一《人物志·列女三·国朝》载:"胡添寿妻王氏　名龙弟,城北王宏任女,年十七归于胡,事舅姑以孝闻。十九,寿苦学致疾,氏吁天愿以身代。及卒,绝饮食,不欲生。遗孤全美生甫五月,舅姑谕以大义,始勉进糜粥。后历节四十一载,于乾隆三十九年,建坊旌表。"

东乡坊：

……

贞烈坊　……，一溪头贞女程氏[1]。

节孝坊　……，一江湾江文灯妻李氏[2]，一词川王建烑妻詹氏[3]，一龙溪江锡爵妻胡氏[4]。

北乡坊：

……

孝子坊　施村施用烶[5]。

……

节孝坊　……，一庆源詹炳妻汪氏[6]，一黄村黄学湃妻王氏[7]，一下坞叶

[1]道光《婺源县志》卷三十之一《人物志·列女三·国朝》载："**程氏贞女**　东溪头程廷选女，名庄弟，幼受休宁溪西俞聪聘。嗣聪长客吴楚间，未归娶。氏年十九，聪没于苏。讣闻，氏欲誓死以殉，母固止之，依母家纺绩自给。俞姓悯其青年，或讽改适，氏截发明志。至于舅姑之丧，仍在母家成服。乾隆四十年，旌表建坊。"

[2]道光《婺源县志》卷三十之一《人物志·列女三·国朝》载："**江文灯妻李氏**　名淑闺，李坑监生李茂廷女，年十六归江湾。二十三，灯以力学劳瘵卒，遗孤元鹤仅二龄，舅姑早世，惟太舅姑尚存，年俱七旬以外，氏断发矢贞。太姑患痢症，氏不避污秽，勤澣濯医药，皆身任之。后太舅姑年俱耄耋。孤幼未就外傅，氏以《小学》《孝经》课读，后能克家。乾隆三十七年，详请旌表。"

[3]道光《婺源县志》卷三十之一《人物志·列女三·国朝》载："**王建烑妻詹氏**　名贤圭，溪柄詹开闻女，年十四归词川，十九夫亡，遗孤国麟尚在腹。氏矢志坚贞，事亲尽孝，抚孤有成。乾隆三十九年，旌表建坊。"

[4]道光《婺源县志》卷三十之一《人物志·列女三·国朝》载："**江锡爵妻胡氏**　东岸胡士衢女，年二十归东龙溪。二十六夫故，孤逢源生甫五月，氏长夜悲号，绝食者几。姑詹氏谕'代供子职，抚孤为重'，乃忍泣视家政。守节三十六年。于乾隆四十七年，旌表建坊。"

[5]道光《婺源县志》卷二十之二《人物志·孝友三·国朝》载："**施用烶**　字以正，诗春人。世槐长子。家贫，竭力以养其亲。槐病，尝粪甜苦。母戴氏得沉绵疾，百计医治，昼夜含泪抚摩，厕牏之役皆躬亲之。父母没，水浆不入口者三日。既葬，庐于墓旁，霜晨月夕，悲号之声感动道路。俟服阕，始薙发。后遇朔望及生忌辰，瞻拜墓所不避风雨，年至七十，行之不怠。前明时姑曰福德，终身不字，以抚孤弟，今衍成族，奇贞异孝，湮没三百余年。烶遵母命，裹粮千里，七吁宪辕题旌，得准所请。至于修墓建祠掩骼埋胔诸务，一皆遵父遗言。待弟焕极友爱，白首怡怡，同爨计六十载。尝负贩景德镇，助都昌匠孙玉成完婚。孙除夕失火，延烧官谷，责尝无措，计欲鬻妻，烶又称贷，以纾其难，妻得不嫁。江西藩宪许给额'善行可嘉'，徽郡守魏给额'孝友可嘉'，邑令郭给额'根本情深'，陈敦请饮宾。乾隆四十九年，建坊旌表。子，太学生廷彩，析产于从兄弟，推肥受瘠有父风。"

[6]道光《婺源县志》卷二十九《人物志·列女二·明》载："**汪氏**　名安英，洪村汪有年女，适庆源文学詹炳，十九夫没，后七日遗孤磐始生。氏矢志抚育，孝事翁姑。磐稍长，训以义方，违辄谴责。磐入庠，孙曾多列宫墙，皆氏培植之力。乾隆十七年，旌表。"

[7]道光《婺源县志》卷二十九《人物志·列女二·国朝》载："**王氏**　名阜姜，词川王泓女，适黄村祀生黄学湃，年二十七夫故，仅遗二女，抚侄翊世绍后。事舅姑生养死葬如礼。今六十七岁。乾隆三十七年，旌表建坊。九十岁卒。"

兆麟妻詹氏[1]，一鸿村洪源涌继妻何氏[2]，一孔村潘祖发妻方氏[3]，一庐坑詹永康妻程氏[4]，一车田洪登澄妻施氏[5]，一水路吴大绥妻江氏[6]。

南乡坊：

……

百岁坊 为曹门汪崇爵[7]。

孝子坊 曹门汪学顺[8]。

---

[1]道光《婺源县志》卷三十之一《人物志·列女三·国朝》载："**叶兆麟妻詹氏** 名麟姜，龙湾詹尚华女，年十九归下坞，二十四夫故，遗孤启甫二龄，矢志守节。姑早世，舅瞽，孝养不懈。乾隆四十四年，年五十有三，旌表建坊。"

[2]道光《婺源县志》卷三十之一《人物志·列女三·国朝》载："**洪源涌继妻何氏** 名顺仪，周村何尔昌女，年十七归北鸿椿。前妻子二，长立耀九龄，立晃仅三龄。越二载，涌故。氏侍姑尽孝，抚子成立。乾隆四十七年，旌表建坊。"

[3]道光《婺源县志》卷三十之一《人物志·列女三·国朝》载："**潘祖发妻方氏** 方村方懋德女，年二十一归孔村。时发已抱恙，周年物故，无子。氏请于族，以夫从兄培先次子有鹤为后，鹤又故，为绍鹤兄次子传橘。乾隆四十七年，旌表建坊。

[4]道光《婺源县志》卷三十之一《人物志·列女三·国朝》载："**詹永康妻程氏** 十堡庠生程廷采女，年二十归庐坑。二十七康遵父命游学，卒于亳州，只二女无子。氏抚夫兄之子锦标为嗣，旋列入邑庠。乾隆五十年，请旌表建坊。"

[5]道光《婺源县志》卷三十之一《人物志·列女三·国朝》载："**洪登澄妻施氏** 施村施世选女，年十七归车田，二十四夫故，遗孤观成生仅月余。氏欲以身殉，水浆不入口三日。念洪氏两世仅存一线，因强起抚孤延嗣。乾隆五十年，氏五十四岁，计守节三十一载。五十一年，旌表建坊。"

[6]道光《婺源县志》卷三十之一《人物志·列女三·国朝》载："**吴大绥妻江氏** 名顺英，白坞江正燃女，年十六归水路。二十五夫以力学得疾卒，遗孤三人，鼎甫七岁，鼐四岁，鼐未及周，家故贫。其父欲挈之金陵就食，氏以侍养舅姑坚不往。舅姑没，典产营葬。续又房屋烧毁，荼苦弥甚，抚孤皆成立。计守节四十二年，年六十七卒。乾隆四十四年，旌表建坊。"

[7]道光《婺源县志》卷二十六之四《人物志·质行六·附旌善亭及诸老人》载："**汪崇爵** 字子万，曹门人。乾隆元年给八品冠带，二十一年百岁，旌表建坊。"

[8]道光《婺源县志》卷二十之一《人物志·孝友二·国朝》载："**汪学顺** 曹门人。幼失怙，事母尽孝。母患瞽，朝夕吮舐，目明如故。长持斋，保母算。母没未殡，邻火，顺急抱樉哀号，反风旋火邻尽毁，顺茅舍获全。既葬，庐墓，山虎避顺，夜闻鬼声不惧，朝夕荐食三年。兄没，抚孤侄婚教成立。子幼，晚家益窘，行乞至德兴海口，道拾遗金，守候其人还之，由是义声动邻境。乾隆二十七年，旌表建坊。

节孝坊 ……，一中云吴兆梯妻王氏[1]，一高安程立贵妻祝氏[2]，一阳村叶德垣妻程氏[3]，一玉坦胡世愷妻程氏[4]，一中云吴兆沂妻王氏[5]，一槎川韩名阶妻程氏[6]，一丰洛王承业妻祝氏[7]。

西乡坊：

……

百岁坊 一为虎墈江芳桂[8]，一为桂岩戴复炳妻余氏[9]。

---

[1]道光《婺源县志》卷三十之一《人物志·列女三·国朝》载："**吴兆梯妻王氏** 名智，中云王钦瑞女，年十九归于吴。夫系庶出，两姑角立，人共难之，氏委曲得其欢心，咸称'妇孝'。氏二十四岁，子仁祖生才五月，梯溺死，计以身殉，姑谕之乃止。或欲夺其志，日向木主号泣，目为丧明。劝之药，则曰：'古有截鼻见志者，今眇一目是天毁吾容也。'奚医为自少至老，唯纺绩自给，人罕有见其面者。乾隆三十九年，旌表建坊。"

[2]道光《婺源县志》卷三十之一《人物志·列女三·国朝》载："**程立贵妻祝氏** 高砂祝称女，幼归于程，二十四夫亡，孤之云仅周晬。氏矢节，孝养舅姑，抚孤成立。舅姑没，祭葬尽诚敬。邑侯李给额'劲节凌霜'。乾隆三十九年，建坊旌表。"

[3]道光《婺源县志》卷二十九之一《人物志·列女二·国朝》载："**程氏** 名淑琳，小岭程世适女，适杨村叶德垣，廿六守志，孝养翁姑，抚孤宏广成立。邑侯郭赠额'懿节可风'。乾隆三十七年，旌表建坊。"

[4]道光《婺源县志》卷三十之一《人物志·列女三·国朝》载："**胡世愷妻程氏** 江西德兴庠生程肇武女，名若兰，年十七归玉坦，未两载夫故，痛不欲生，遵舅姑命，称'未亡人'。嘱营夫圹，可容双棺。又绸缪久远计，送夫木主入家祠，并置墓田为祭扫费。氏未育子，抚次侄为后。婚教毕，旋又病故无子，爰择侄孙绍继子。后其遇事变，知大义，不以爱憎，与其间又如此。乾隆四十一年，旌表建坊。"

[5]道光《婺源县志》卷三十之一《人物志·列女三·国朝》载："**吴兆沂妻王氏** 名和弟，中云王洗女，年十八归于吴，二十一夫故，遗孤仅六月，翁姑老疾，义不得殉。氏饮泣抚孤十年孤复殇，乃营圹夫墓右。谋诸家长，绍侄为嗣，以励其志。乾隆四十四年，旌表建坊。"

[6]道光《婺源县志》卷三十之一《人物志·列女三·国朝》载："**韩名阶妻程氏** 高安程虎女，年二十一归槎川，越三年夫故，遗腹子元炳。氏毁容励节五十五年。乾隆四十四年，请旌建坊。"

[7]道光《婺源县志》卷三十之一《人物志·列女三·国朝》载："**王承业妻祝氏** 高砂祝有逵女，年十七归丰洛，二十三夫故，绍侄期旼为嗣。翁姑已老，会逢岁歉，日食维艰，氏自餍糠麧，而洁奉堂上，甘旨无缺。后姑享寿九十有五，皆氏孝养之力。乾隆四十九年，旌表建坊。"

[8]道光《婺源县志》卷二十六之四《人物志·质行六·附旌善亭及诸老人》载："**江芳贵** 虎墈人。乾隆四十五年百岁，旌表建坊，加赐青色大缎一匹，银十两。"

[9]道光《婺源县志》卷二十六之四《人物志·质行六·附旌善亭及诸老人》载："**桂岩戴复炳妻余氏** 沱川女。乾隆二十八年百岁，旌表建坊，寻加赐银十两。又二年而卒。"

　　孝子坊　许村许永科[1]。

　　节孝坊　……，一梅田董兆阁妻王氏[2]，……，一臧坑臧元坤妻汪氏[3]，一大坑张启光妻潘氏[4]，一冲田齐淑霈妻张氏[5]，一霍口陈尚定妻张氏[6]。

　　在都隅：

　　……

　　百岁坊　在桂岩，戴复灯妻黄氏[7]，乾隆六十年请建。

---

　　[1]道光《婺源县志》卷二十之二《人物志·孝友三·国朝》载："许永科　字焕文，西许村人。初就塾读书，遇天地君亲等字必起立庄诵。父起硕尝役甲催科，自塾归知父往邑当受责，夜奔赴，愿以身代，邑令嘉之，父获免。或赴宴，会父母所嗜不敢食，必怀归以进。晨昏定省，无间寒暑。比长，出告反面，虽百里未尝留宿。父病笃，医欲验粪，科尝之。母戴氏病奄床第，科悲号祈祷，衣不解带者阅四旬。后俱获痊。嗣矢愿斋素，祝双亲寿十年勿懈。父母没，哀毁逾礼，庐于墓前。后六年，每晨兴具汤沐，诣墓所请，盥漱进膳，必视寒温之节，以妥以侑，既彻而退。及日中，亦如之。庐墓期满，族人劝之归，然后归。遇生辰及伏腊，则设馔为位，拈香往墓，请父母归飨。途遇牛犬辄引避，曰：'毋或惊犯也。'有荆榛剗去之，曰：'毋刺衣履也。'经里闬门阈，祝无倾颠。迎至家，请即席上，食如平生。久之，乃馂余。既毕，如前导，复于墓，祝寝息乃返。乡人或愚之，抑疑其矫，科行之如故，历三十年。或以他事出，其妻代行一如礼。初习举子业，亲没不复应试。乾隆癸酉，郡守何公达善廉知其事，给额曰'因心笃孝'。科转大惊，痛自责曰："不能扬名以显父母，乃以父母博名耶！"甲戌应试，补博士弟子员。案发，啧啧人口争聚观许孝子。壬辰，旌表建坊。"

　　[2]道光《婺源县志》卷二十九《人物志·列女二·国朝》载："王氏　港头女，适梅田董兆阁，二十二阁故，痛绝复甦者数四。翁谕'养老抚孤为大'，氏忍死矢志。遇夫生忌，奉奠呜咽，二亲前辄敛戚容，恐伤其心。御史赵赠曰'天赐完人'。乾隆九年，旌表建坊。"

　　[3]道光《婺源县志》卷三十之一《人物志·列女三·国朝》载："臧元坤妻汪氏　汪玉生女，年十八归臧坑。二十五坤亡，时子金六岁，钦四岁，锋尚遗腹。氏守节四十二年，事其姑汪氏及继姑吴氏，皆能孝养。乾隆三十九年，建坊旌表。"

　　[4]道光《婺源县志》卷三十之一《人物志·列女三·国朝》载："张启光妻潘氏　豸下潘宗辉女，年二十归大坑。康熙三十八年，光以力学得疾卒，时氏年二十四，遗孤英宝生才三月，矢志守节。侍媚姑风疾十余载，溷秽皆亲涤，两手龟拆，不以为嫌。姑没，哀毁逾礼，营窀穸于屋侧，奉翁柩合葬。乾隆四十九年补报，得请旌表建坊。"

　　[5]道光《婺源县志》卷三十之一《人物志·列女三·国朝》载："齐淑霈妻张氏　甲路张英铨女，年十六归冲田，二十夫以读书攻苦病亡，遗孤彦联甫生三月。氏矢贞抚字，事媚姑孝且谨。姑尝病笃，刲股以救获痊。乾隆五十一年，旌表建坊。今寿七十一岁。"

　　[6]道光《婺源县志》卷三十之一《人物志·列女三·国朝》载："陈尚定妻张氏　张村张养女，年十八归霍口，生二子，长度云方三龄，幼未满晬，二十四夫故。矢志抚孤均能读书，事舅姑生养死葬皆尽礼。学宪徐尝给额曰'贞同松柏'。乾隆五十一年，旌表建坊。"

　　[7]道光《婺源县志》卷二十六之四《人物志·质行六·附旌善亭及诸老人》载："桂岩戴复灯妻黄氏乾隆五十○年百岁，六十年题请建坊。"

节孝坊　一石井汪元潜妻王氏[1]，一赋春吴鸿炠妻江氏[2]，一城汪德秀妻王氏[3]。

节孝坊　城南奉政大夫程尚志妻王氏[4]。[5]

二、列女传中的牌坊

道光《婺源县志》卷二十八、卷二十九和卷三十记载的都是列女，除了卷九《建置志·坊表》中出现的节孝贞烈坊坊主小传外，还有以下84座节孝贞烈坊坊主信息。

江氏　名新，清华庠生胡敬妻，东溪江南女，大参胡德冢孙妇也。年十九归胡，逾年而夫故，遗孤抚未周。氏矢志鞠养，苦节将及五纪，寿七十有二。乡人诔之曰："妇道母仪两全，孝行贞心并列。"国朝乾隆甲戌，旌表建坊。[6]

汪大椿烈妇余氏　名桂芳，沱川余廷序女，年二十归段莘生员汪忠长男，阅八年未育子，椿亡，氏绝粒十日死。族以其侄兆曜承嗣。乾隆二十四年，旌表建坊。后采入一统志。[7]

[1]道光《婺源县志》卷三十之二《人物志·列女四·国朝》载："**汪元潜妻王氏**　乾隆五十六年，旌表建坊。"

[2]道光《婺源县志》卷三十之二《人物志·列女四·国朝》载："**吴鸿炠妻江氏**　乾隆五十八年，旌表建坊。"

[3]道光《婺源县志》卷三十之二《人物志·列女四·国朝》载："**汪德秀妻王氏**　词源王作屏女，年二十二归城西汪门，职谙笄总，俭效葛覃。二十八岁夫没，遗孤应贞甫六龄。氏矢志饮冰，环钿不饰，事上滫瀡必洁，抚孤丸荻有成。现年六十二岁，孙曾绕膝，体健而康。学宪王给额'贞松晚翠'。嘉庆六年，旌表建坊。"

[4]道光《婺源县志》卷三十之二《人物志·列女四·国朝》载："**程尚志妻王氏**　城北王朝铉女，年十七于归。二十五岁尚志赴乡闱卒于外，孤学金四龄，南金遗腹。氏矢志守贞，事上久而益谨。氏母俞早寡，子媳继殁，孙仅三岁，氏迎母养于家中，为殡瘗并抚其孙婚教成立。今子学金任户部主事，南金候选库大使、早卒。嘉庆六年，旌表建坊。以子学金覃恩封太安人，晋封太宜人。今年五十有八。"

[5]道光《婺源县志》卷九《建置志·坊表》第一至第六页。

[6]道光《婺源县志》卷二十八《人物志·列女一》第八页。

[7]道光《婺源县志》卷三十之一《人物志·列女三》第一页。

张国珑妻何氏 乾隆五十年，旌表建坊。[1]

俞大坝妻余氏 嘉庆二年，旌表建坊。

张继肇妻叶氏 双节。嘉庆四年，旌表建坊。

张廷济妻戴氏 双节。嘉庆四年，旌表建坊。

张邦受妻王氏 卒年六十有八。嘉庆八年，旌表建坊。

王大相妻程氏 嘉庆十年，旌表建坊。

王佩芬妻郑氏 佩芬即景萃。嘉庆二年，旌表建坊。

汪世纯妻吴氏 初，世纯馆于休邑和村，氏父士法见纯器宇，以女许焉。年十九归廻岭，二十六夫卒，义不独生，太翁谕以“三世单传，俟者遗腹耳”。越五月生男，翁以宗支如一发引千钧也故名曰“承钧”。当是时太翁姑年逾八十，翁姑亦逾五十，仰事俯畜，黾勉甚急。后太翁姑及翁姑相继殁，哀号无以为礼。售住屋，结草庐，婚教承钧成立，太翁姑以下三世厝椁营葬封树唯谨。乾隆五十九年，旌表建坊。

程耀祖妻俞氏 西园俞广全女，年十九适城国学生程耀祖为继室。是时，夫已抱病矣，氏竭力调护。越两载夫故，欲殉，以舅姑年始衰、遗孤仅六岁、己又未育强起，以代养抚孤为己任。舅姑逾老，甘旨必洁，藐孤羸弱，爱不忘劳。诸孙就学，出纺绩资备膏火，以毕夫之志。嘉庆二年，旌表建坊。

戴德峦妻方氏 浮邑方广女，年十九适长溪，生子逢侁甫四岁夫殁，时氏年廿八。家贫如洗，勤纫纺以奉菽水，先世棺之厝浅土者悉黾勉营葬。姑年老事之益谨，抚孤婚教成立。今孙曾蕃衍，人谓“苦节之报”。嘉庆二年，旌表建坊。

王行恕妻严氏 江宁严长明女，年十七归副使王友亮长子国学生行恕。舅宦京师，太姑在堂，氏佐姑左右就养，最得其欢。十九生子世林甫弥月而夫卒，氏几死者数矣。奉姑命，不敢重伤太姑心。姑尝患病，勤侍汤药，祷以身代，病乃痊。其训子也稍长就傅，夜归口授经书如严师焉。嘉庆二年，旌表建坊。

程门双节 王氏，城西高女，归程良谟。谟弟良训，娶城西汪兆璜女。丙戌，谟赴岁试，训应童子试既入学，归舟抵湖山桥，舟覆皆殁，适端午日也。时王氏年廿七，三子长鸣谦、次世昂、允升并数岁。汪年十九，未育，闻信恸绝。翁姑益惶急，王乃谕汪大义，誓共守志。翁命世昂绍良训。事翁姑孝

[1]道光《婺源县志》卷三十之二《人物志·列女四》第一页。

养,承志抚诸孤,督允升学尤严,既补弟子员。翁且喜且泣曰:"吾两媳以妇代子,能食亦能教,儿可瞑目矣。"今鸣谦子鸢池亦列郡庠,世昂子鸢渚、鸢金皆世共学。乾隆五十九年,王氏年例将符,吴学宪褒以"柏舟志美"。嘉庆四年,旌表建坊。今王氏年六十有八,汪年六十。

孙大鹄妻俞氏　长滩俞月恒女,年十九归读屋前,二十四岁夫以勤学积劳病故,遗腹生男四龄又殇。舅姑老病,忍死终养,继侄有济、有滨为嗣。典簪珥,勤纺绩,以备婚娶。教子义方,无稍姑息。嘉庆四年,旌表建坊。时年五十九,守节三十六年。

王大成妻俞氏　新源俞大勋女,十九归中云,生子廷梯、廷极,年廿八夫故。氏纺绩承欢,孝养备至。太姑病笃,勤事汤药。姑老,扶持出入不少离。次子极又早卒,勖媳吴氏同矢贞操。年七十二卒。以孙维新浙商籍入庠。嘉庆四年,由浙题请旌表建坊。

王廷极妻吴氏　吴村吴耀廷女,十八归中云。敬事嫜姑,先意承志。越七年,生子维新夫旋病没,氏年二十有四。念上有嫜姑,下有呱稚,勤劳针黹,以佐饔飧。抚子维新,严慈备至,新以浙商籍入庠。嘉庆四年,由浙题请旌表建坊。现年六十三,历节四十年。[1]

俞从光妻潘氏　松山潘世同女,二十岁适龙腾,越四年夫以苦读劳瘵没,遗孤观礼生甫五月。舅旋死江北,氏售屋为归榇费,与姑合葬。继姑目疾,扶持调养,老而益挚。抚孤子婚教成立。嘉庆七年,旌表建坊。守节三十七年,时年六十岁。

胡永炽妻汪氏　汪抡元女,十七岁归清华,越二年夫没,氏誓以身殉,舅姑力劝,勉进水浆。自是孝养益虔,冰霜自凛。绍夫弟水部永焕长子麟瑞为嗣,教养成立。嘉庆八年,建坊旌表。年五十四,历节三十六年。

程允播妻查氏　山坑查克嵘女,二十岁归十堡,孝事舅姑无少懈,家故贫鬻妆奁以资日用,二十七岁夫没。抚二孤思、勤教育,及见成立。嘉庆十年,请旌建坊。时六十九岁,守节四十三年。

汪承辉妻吴氏　赋春吴电远女,年十八归黄砂,二十七岁夫没,遗孤兆任生方五月。氏事继姑如亲姑,舅患风疾,敬事不懈,送终如礼。抚孤授室,训导有方。嘉庆九年,旌表建坊。历节三十四年。

---

[1]道光《婺源县志》卷三十之二《人物志·列女四》第一至第二页。

董明发妻程氏 在城程文连女,年十九归国学生董明发。舅没居丧尽哀,夫病售查医治,持斋祷代。卒不起,氏年二十八,遗孤绪惇五岁。上有继姑,俯仰攸赖。嘉庆十年,旌表建坊。时年六十有二,守节三十六年。

徐大宠妻胡氏 在城胡正炬女,年十九岁归徐,二十八岁夫卒。氏坚励贞操,仰承志意,俯殚恳勤,卒年八十有八。嘉庆十年,建坊旌表。

朱光炼妻程氏 在城州同程文道女,二十岁适朱门,为翰博学彬冢媳。上事重帷,均得欢心。炼习举业,氏尝勉遵祖训,不幸贲志没,时氏年二十八,尚未育,痛欲捐生。舅姑谕以大义,乃已嗣。舅侧室谭氏生子光燮逾月,谭氏亡。其明年,舅继没,姑又多病,两世相倚,惟燮一人甫及晬。氏抚之婚教成立,并协力营舅丧葬。奉姑甘旨,动合礼法,懋著勤劳。嘉庆丙寅,光燮袭职,在京为氏请旌建坊。现年五十岁,历节二十三年。待绍光燮子为光炼后。[1]

江德煌妻詹氏 嘉庆十五年,旌表建坊。

詹琊卿妻查氏 嘉庆十七年,旌表建坊。

黄庆云妾张氏 嘉庆十七年,旌表建坊。

戴丕鉴妻王氏 嘉庆十八年,旌表建坊。

程鸿文妻王氏 嘉庆十八年,旌表建坊。

吴兆锦妻张氏 嘉庆十八年,旌表建坊。

石世茂继妻祝氏 嘉庆十九年,旌表建坊。

程文祁妻王氏 嘉庆二十年,旌表建坊。

叶继林妻程氏 道光二年,旌表建坊。

许庆立妻程氏 道光四年,旌表建坊。

张懋泰妻陈氏 懋泰即昌泰。道光四年,旌表建坊。[2]

董延惠妻方氏 嘉庆十三年,旌表建坊。

程大根妻何氏 嘉庆十四年,旌表建坊。

程兆灿妻胡氏 嘉庆十四年,旌表建坊。

洪志伴妻戴氏 嘉庆十五年,旌表建坊。

吴昭镰妻张氏 嘉庆十五年,旌表建坊。

刘文周妻侯氏 嘉庆十五年,旌表建坊。

[1]道光《婺源县志》卷三十之二《人物志·列女四》第三至第四页。
[2]道光《婺源县志》卷三十之三《人物志·列女五》第一页。

王金梅妻程氏　嘉庆十六年,旌表建坊。

俞培树继妻王氏　嘉庆十六年,旌表建坊。

汪振南妻潘氏　嘉庆十六年,旌表建坊。

王元耀妻潘氏　嘉庆十六年,旌表建坊。

潘羽丰妻金氏　嘉庆十八年,旌表建坊。

齐翀妾邵氏　齐门双节。嘉庆十八年,旌表建坊。

程立模妻董氏　嘉庆二十二年,旌表建坊。

潘像桂妻李氏　嘉庆二十三年,旌表建坊。

施道渡妻戴氏　嘉庆二十三年,旌表建坊。

胡元鉴继妻詹氏　胡门双节。嘉庆二十四年,旌表建坊。

潘光祖妻腾氏　嘉庆二十四年,旌表建坊。

董鸿恩妻张氏　嘉庆二十五年,旌表建坊。

程世升妻胡氏　嘉庆二十五年,旌表建坊。

胡迪清妻黄氏　道光三年,旌表建坊。

胡德璋妻詹氏　道光三年,旌表建坊。

王添桂妻俞氏　道光四年,旌表建坊。

余天赋妻汪氏　道光四年,旌表建坊。

俞俊被妻程氏　道光四年,旌表建坊。

王有社妻朱氏　道光四年,旌表建坊。

江信纲妻俞氏　道光四年,旌表建坊。

董桂先妻程氏　董门三节。道光四年,旌表建坊。

胡启斌妻施氏　道光四年,旌表建坊。[1]

俞桂玮妻齐氏　三十都齐升女,年十八归丰田,事孀姑得欢心。二十五夫故,遗孤烈炽甫四龄,抚育劬劳,婚教成立,时姑年已耄矣。氏病笃,呼儿媳嘱曰:"吾命尽,老姑不能终养,汝曹勉之。"殁年五十四,计守节三十年。嘉庆十三年,旌表建坊。

潘尝画妻祝氏　中平祝必诚女,幼归芳溪,二十五夫故,舅姑俱存,藐孤有章仅三岁,家贫。氏勤女红,资饘粥,仰事俯育,备历艰辛,殁年六十八,计苦节四十四年。嘉庆十五年,旌表建坊。

---

[1]道光《婺源县志》卷三十之三《人物志·列女五》第一至第三页。

詹增镛烈妇程氏　溪头程茂果女,年十八适庆源,家贫,事老姑女红供甘旨,二十三夫故。遗腹生子甫一周而殇,遂不食,氏惨哭月余,请继伯次子为夫嗣,立生茔于夫墓之侧,遂不食。氏弟进米饮不入口,母又以水进,氏泣下曰:"儿不欲苟生也!"绝粒十一日身亡,年二十五岁。嘉庆十七年,旌表建坊。

胡兆杰妻江氏　花园江肆女,年十八归于胡,二十七夫殁。氏操劳十指,以奉舅姑,抚侄朝辉为嗣,鞠育教诲,后能克家。嘉庆十九年,旌表建坊。历节二十六年。

王肇银妻单氏　漳村任贵州玉屏知县单廷淳女,年十七归王门,孝心纯笃。姑病卧三载,厕牏之疫必躬亲。二十五夫没,遗孤兴垠甫四岁。氏矢志抚育,婚教成人。现年五十五,计守节三十一年。嘉庆二十年,旌表建坊。

程广凤妻潘氏　矛下潘春宝女,年十六适龙山,家素寒,氏以夫奋志下帷,勤针黹,佐膏火。姑疯疾卧簀,药饵调护,经年如一日。及没,慎终尽礼。二十四夫故。抚侄孔炽为嗣,婚教成人。嘉庆二十一年,旌表建坊。现年五十四,计苦节三十一年。

单光褆妻王氏　中云贡生王联奎女,年十五归漳溪,氏夫已病未成婚,寻余夫故。欲以身殉,姑泣曰:"儿亡固累汝,吾何依?且继嗣为重。"因强起。矢志事姑尽孝,宗族贤之。抚侄作圭为后,婚教成立,入成均。现年五十岁,历节三十六年,实处女也。嘉庆二十一年,旌表建坊。

黄昌位妻吴氏　十六都吴世诗女,年二十归潢川,二十四夫故,孤朝珊甫三龄,朝珂生未满二月。氏励志坚贞,事亲尽孝,抚孤有成,守节四十九年,没年七十三。嘉庆二十一年,旌表建坊。

李朝濩妻江氏　云湾监生江熊光女,十六岁归理田,事翁姑与继姑孝,纺绩佐夫读不倦,二十九夫故。孤雏待哺,凡养生送死诸大事皆氏独任,尽礼尽诚,孤亦成立。嘉庆二十四年,旌表建坊。

洪立佳妾江氏　如皋县袁满女,十九岁适洪为侧室。翁老病疯,侍汤剂未尝少懈。二十八佳没,藐孤钟尚幼,鞠育婚教,有"母兼严父"之称。侄早失怙,氏抚如己出。嘉庆二十四年,旌表建坊。没年七十六。

洪欣仰妻查氏　凤山查世汇女,九岁归洪椿,十九合卺,二十二夫故,孤永秀甫二龄,越两月翁继没。氏以妇代子,筹棺衾,营祭葬,拮据百状。事姑三十余年,菽水均出十指。抚孤成立,连举五孙,咸以为"苦节之报"。没年七十三。嘉庆二十五年,旌表建坊。

江信纯妻俞氏　年十六归晓川,恪循妇道,二十九夫病,氏焚香祷以身代。明年夫故,恸哭绝水浆,死而复甦者数日。时太翁姑垂白在堂,翁姑年皆五旬,环顾泣曰:"是呱呱者谁依?毋遽从亡于地下!"氏强起,矢志奉甘旨益谨,抚孤有成。邑侯赵赠以"柏节松贞"之额。子敏政,商籍,循资以布经请封宜人。守节二十九年。道光元年,旌表建坊。

程跃涛妾陈氏　江苏吴县陈德愈女,城西附贡生程之篷室也。年十九来媵,姑病中风不能言,指画色授,氏迎顺得欢心。事嫡王氏恭慎。二十七岁,子光纬生七月而夫卒,氏痛切欲身殉,嫡指孤谕之乃止,鞠育有成。甫冠光纬又卒,复抚孙远谋、远谌,恩勤备至。以子光纬州同知职诰封宜人。道光二年,旌表建坊。守节今四十二年。

王嘉骰妾陈氏　金陵陈椿龄女,年十六归漳溪增生王为侧室。氏不逮事姑,岁时祭祀必齐敬。舅宦没京师,夫扶榇归病遂不起,氏年十八耳。念嫡已先没,遗孤世铨仅五龄,鞠育恩勤,以养以教,克振家声。世铨候选员外郎。诰封恭人。道光三年,旌表建坊。现年五十岁。

程世杰妾陈氏　太仓州陈凤鸣女,十七岁归盘山为侧室。二十五夫故,遗孤继甫七龄。氏严慈备至,四子书亲为口授,稍辍学则涕泣交并以加督焉。继由廪贡生,现任通州训导。历节二十六年。道光三年,旌表建坊。

王赞妻滕氏　二十四都滕云女,年十七适城西,二十九岁而寡,屡贫。氏割发自矢靡他,昼夜操劳纺绩,以供翁姑甘旨。殁后,竭力经营葬祭,无不尽礼,族邻钦之。训子课读,有画获风云。道光三年,旌表建坊。计守节三十年。

程世健妾赵氏　吴县赵秉彝女,年十六盘山程纳之侧室,事舅姑恪循妇道,二十一夫故。氏矢志靡他,摒挡家务,勤俭得宜,人咸称其"整肃"。现年五十岁。道光三年,旌表建坊。

程美彩妻董氏　三十九都董成女,年十七归盘山,二十四夫故,哀痛不欲生。翁姑以大义谕之,始忍泣赋《柏舟》见志。事亲承欢,抚孤母兼父训,卓立成人。道光三年,旌表建坊。现年五十岁。

程南金妻董氏　初,氏之姑王氏青年守志,南金遗腹子也。聘城东国学生董明发女,年十七于归。夫以兄学金宦京师,独肩家政,勤俭练达有祖风,二十九染疫病卒,孤祖训甫生十一月。氏坚贞自矢,事姑与祖姑得欢心。

训子严,幼入塾归必温习已读之书,夜半篝灯相伴,刀尺咕哔声相闻也。子弱龄入泮。道光四年,旌表建坊。时姑母俞氏、母程俱早寡守节,人谓"徽音嗣式"云。

汪应锡妻金氏 城南金瑛女,十九岁适城西,二十七夫故。姑患风痹,扶持甚谨,恐姑忧其孤孀,汤药拭泪痕以进。遗孤甫四龄,氏备历艰辛,母代父训,督课有成。道光四年,旌表建坊。计守节三十三年。

程世璜妻董氏 城东董鸿修女,幼归城西,十七岁合卺,二十三夫故,藐孤远镡甫三龄。氏忍死抚孤,事舅姑诚敬孝养,勤执女红,寒暑无间,嗣子已克成立。道光四年,氏五十四,历节三十二年,旌表建坊。[1]

三、小结

本节共新增牌坊122座:节孝贞烈坊115座,孝友恩褒坊3座,百岁期颐坊4座。

第六节 道光《徽州府志》中的婺源牌坊

道光《徽州府志》卷十二《人物志二》和卷十三《人物志三·列女》中均有婺源牌坊信息。

一、卷十二《人物志二·孝友》中的婺源牌坊

在卷十二《人物志二·孝友》中,1座善行义举坊(坊主詹胜洸)未见于本章前五节:

詹胜洸 字泗南,虹关人,性敦笃。十四岁父没济南,讣至,呼天泣血,即兼程驰往,擗踊凭棺,哀毁骨立。扶榇归葬毕,晨昏奉奠如事生。事母,家极贫,佣力供甘旨。母患目翳医罔效,鸡初鸣盥漱以舌舐患处,口津润之,阅

---

[1]道光《婺源县志》卷三十之三《人物志·列女五》第三至第六页。

月而瘁。患痰嗽及疯疾十四载,侍侧抚摹,常襁负中庭,温凉惟所适,母令休息即屏息立户外不使母知。及没,哀痛迫切,丧事必诚必敬,祔葬于父墓。先期结庐墓旁,独居宿,悲号声震山谷,远近居民为之流涕。奉旌建坊。[1]

二、卷十二《人物志二·忠义》中的婺源牌坊

在卷十二《人物志二·忠义》文后附"义夫"坊信息1条,未见于本章前五节:

施道浩 字明乐,诗春人,少有至性。母早没,哀毁逾礼。父年跻大耋,浩定省温清,孺慕终身。兄弟三人,自同居以至析著怡怡无间。妻卒时,浩年甫三十,或劝续弦,浩力持不可,曰:"吾已有子,奚复娶为自是。"鳏居四十余载,乡里咸高其义,邑令给额曰"追风摩诘"。嘉庆十五年,旌表建坊。见嘉庆婺源志[2]。

三、卷十三《人物志三·列女》中的婺源牌坊

道光《徽州府志》卷十三《人物志三·列女》共登载婺源女性坊主信息283条,按其给定的分类:节妇坊坊主信息255条(宋代1条,元代4条,明代22条,清代228条),节烈坊坊主信息12条(元代1条,明代5条,清代6条),贞女坊主信息6条(宋代1条,明代1条,清代4条),贞烈坊坊主信息7条(明代3条,清代4条),孝妇坊坊主信息2条(明代1条,清代1条),孝女坊坊主信息1条(明代)。

排除与本章前五节重复信息192条,其余牌坊坊主信息87条如下。

(一)卷十三《人物志三·列女·节妇》中的婺源牌坊信息

宋:

许伯仁妻张氏 氏适许未期夫殁,事姑孝。明年,姑卒,遗腹生一子亦

---

[1]道光徽州府志(二)[M].南京:江苏古籍出版社,1998:539.

[2]道光徽州府志(二)[M].南京:江苏古籍出版社,1998:543.

卒。族据其业毁其家,氏无居乃归母家,鬻簪珥别筑一室奉许氏祀。

元:

汪门三节　回岭汪揆妻潘氏,夫殁以从子元圭为嗣。元圭之子良厔有子燕山亦早卒,燕山妻李氏无子守节。曾孙惟德亦早卒子幼,惟德妻俞氏亦年少守节。时称"一门三节"。《元史》有传。

张元迪妻王氏　氏生子未晬夫殁,未几兵兴,携子逃难山林,纺绩供衣食。

汪德裕妻程氏　氏,下港程文昌女。邑人程文有传。

祝伯玉妻朱氏　祝,还珠里人;氏,高安人。

明:

鲍叔用妻俞氏　氏,城东人。"用",《通志》作"周"。

……

汪简妻余氏　汪,裔村人;氏名春闺。

……

方栌妻胡氏　方,平盈人;氏营夫葬,虚右待死。

……

詹派妻汪氏　詹,庆源人;氏,官源人。

戴绛妻方氏　戴,桂岩人;氏,平盈人。将归,绛或遘奇疾,乡人戒"勿促装",氏不肯,遂行躬亲汤药,绛疾痊。生子后,绛疾复发,卒。氏孝事两世舅姑,后两世舅姑继殁,绛一弟亦孤,氏抚之逾己子。

程瑾妻汪氏　程,溪头人;氏,大畈人。

……

余门四世节孝　沱川诸生余耿妻吴氏,环溪人,夫殁抚孤准成立。耿女名灿玉,适庆源詹天相,亦夫故守节。准孙训导懋交继妻江氏,夫殁奉姑抚孤自怡守节,后自怡成进士,封太孺人。懋乐妻胡氏名淑姑,夫殁事姑抚子。懋章妻胡氏名玉英,夫殁事舅姑扶幼子。懋京妻胡氏名祥凤,夫殁抚子自宏成立得二孙。自宏殁,媳胡氏名晚英,服内哀毁继亡,复抚二孙。崇祯间,诏余耿妻吴氏及女余氏以下节妇六人,皆旌表建坊。

……

詹天相妻余氏　詹,庆源人;氏,沱川余耿女。

……

黄思文妻潘氏　黄,本城人;氏,潘用成女。

吴琴妻汪氏　吴,荷花桥人;氏名硕珪。

以上二人据《江南通志》补。

以上旌表建坊。除据《江南通志》补入二人,余俱据旧府志及婺源县志登载。[1]

国朝:

······

江元柏继妻李氏　江,江湾人;氏,江宁人。

······

孙文伟妻吴氏　孙,读屋前诸生;氏,考川人。

······

胡起雷妻江氏　胡,双桂人;氏,白坞江祖女,夫殁抚遗腹子守节。舅年老病痢,躬涤溺器,尝粪甜,忧之,祷以身代,遂瘳。舅享大年,孤亦成立。

汪曦妻曹氏　据通志补。

······

俞观楫妻戴氏　俞,长滩人;氏,清华人。

······

詹端元妻李氏　詹,庐源人;氏,亳州东乡人。

张铎妻朱氏　氏,奉祀生朱瑄女。

······

朱致圭妻滕氏　朱,本城人;氏,诸生滕诗女。

······

胡德瑶妻俞氏　胡,汪村人。

······

俞太材妻黄氏　俞,龙溪人;氏,塘段人。

······

潘元柏妻程氏　潘,桃溪人;氏,程士龙女。

······

詹文瓒妻汪氏　詹,西岸人;氏守节七十年,三受粟绢,乾隆十六年百

[1]道光徽州府志(三)[M].南京:江苏古籍出版社,1998:315-316.

岁,旌表建坊曰"贞寿之门"。

……

王天灿妻詹氏 王,词川人;氏,虹关人。

……

汪震瑞妻吴氏 汪,裔村人;氏,花桥人。

……

詹之虎妻汪氏 詹,庆源人;氏名廷英。

余兆达妻詹氏 余,沱川人;氏,庐坑人。

江培基妻詹氏 江,龙尾人;氏,浙源人。

……

潘门双节 桃溪潘大泮妻胡氏,长饶人,夫殁抚孤正坚成立,为娶妇胡氏坚又殁,与妇共抚孙立铼同守。

……

曹兆魁妻詹氏 曹,清源人。

詹长贞妻汪氏 詹,秋溪人;氏,裔村人。

胡豫甲妻俞氏 胡,仁村人;氏,丰田人。

潘天员妻王氏 潘,孔村人。

俞大霞妻程氏 俞,新源人。

胡世闾妻汪氏 胡,仁村人;氏,江沱山人。

……

王作屏妻程氏 王,词川监生;氏名淑城。

游执升妻汪氏 游,济溪人;氏,大畈人。

游士璠妻汪氏 游,济溪人;氏,大畈人。

……

王之乾妻汪氏 王,词川人;氏,大畈汪波女。

戴顺则妻齐氏 戴,长溪诸生。

王门双节 词源王文芬妻李氏,理田人,夫殁抚遗腹子振兴成立,为娶妇汪氏生孙。兴殁,与妇抚孙同守。

王家清妻朱氏 王,城北人;氏,诸生朱锁女。

李华桢妻姜氏 李,白果树底人。

程振储妻何氏 程,龙山人;氏,城南人。夫殁氏有遗腹,念两世单传,请姑为翁置二妾。幸氏遗腹孪生二子，妾亦各举一男。姑疾氏逾月不解带，殁后致哀毁死。

王家治继妻董氏 王，城北人；氏，城东人。

……

张盛璧妻汪氏 张，亨溪人；氏，对坞人。夫殁遗腹三月，忍死抚孤，完娶而〔孤〕殁，媳潘氏遗腹甫二月幸生孙，两世茕茕，与媳同守，抚孙成立。

……

张应全妻俞氏 张，本城人；氏名一枝。

……

许庆立妻程氏 许，西许村人；氏，董家山人。

……

董朝勋继妻吴氏 董，城东人；氏，赋春人。夫殁，孝舅姑，抚前室子桂敷、桂新、桂科俱成进士，封宜人。

施洸妻戴氏 施，赋春人；氏，桂岩人。

……

俞昌溁妻吕氏 俞，龙腾人；氏，同里人。

……

黄永泰妻祝氏 黄，金田人；氏，源口人，夫殁守节，抚遗腹子广成立。

胡大祈妻潘氏 胡，汪村人；氏，桃源人。

……

王大轩妻詹氏 王，词源人；氏，庆源人。

施仁妾王氏 施，赠奉旨大夫；氏，事老姑惟谨。

……

叶家汇妻张氏 氏，许村张元府女。

……

汪元锜妻潘氏 汪，符村人；氏，桃源人。

……

程宗礼妻周氏 程，高安人；氏，二十四都人。

施应煦妻李氏 施，诗春人。氏事太翁姑及翁姑皆得欢心，姑殁又侍继姑无异。夫殁，抚孤汝霖成立，名列宫庠。

程美珩妻汪氏 程，盘山人，殁，氏茹苦抚孤。

程世皓妻王氏　程,城西人;氏,西清源任苏州府训导王佩兰女。夫殁孤云孙未一晬,时舅已病,姑有长疾,氏忍泣侍汤药,为诸妇率。

方其旺妻江氏　方,荷源人;氏,云湾江文高女。夫殁,遗孤升甫八月,抚育婚教,名列成均,尤能勖子行义举,尝修岭路,两助平粜。

程世位妻张氏　程,盘山人,殁,氏抚孤守节。

……

董昌玙妾陈氏　董,城西人,子鸿起为诸生。

董绪继妻王氏　董,城东人;氏,中云监生王源女。夫殁守节抚孤,孤十岁又夭,氏心痛成疾而死。

方有光妻程氏　方,坑口人;氏,城西人。夫殁,六旬老姑,五月遗孩,氏忍泣矢志,仰事俯育,孝慈兼至。

王承恩妻齐氏　王,中云人;氏,冲田布理齐彦阳女。夫殁守志,遗腹子启兴抚之成立,事孀姑孝谨,邻里称之。

施良赐妻朱氏　氏名三娘。

以上旌表建坊,除据《江南通志》补一人,余俱据旧府志及婺源县志登载。[1]

(二)卷十三《人物志三·列女·节烈》中的婺源牌坊

元:

程老奴妻胡氏　程,山溪里港头人;氏,考川人。至正壬辰,乱寇杀其夫,欲掠之,不屈自刎死。

明:

李士英妻汪氏　李为烈女韫珠之兄;氏,大畈人。夫殁,不食三日死,与姑韫珠并祀节烈祠。

……

江德郎妻吴氏　氏,蕉源吴守义女。夫殁,举遗腹,复殇,为夫营葬立后,遂绝粒七日死。

以上旌表建坊,据府县两志登载。[2]

[1]道光徽州府志(三)[M].南京:江苏古籍出版社,1998:319-323.

[2]道光徽州府志(三)[M].南京:江苏古籍出版社,1998:355.

国朝：

……

王茂妻胡氏　王，中云人；氏，考川人。夫殁，父之祖欲夺其志，自经死。

詹门节孝双烈　小源詹镇京妻程氏，溪头人，夫殁，子泰源幼。事姑江氏甚孝，为源娶妇汪氏休邑人，源往溪头从外父学。夜半厨房火起，程呼汪共救姑，汪负夫祖母出屋外，见姑程烟迷未出复入救，片时火烈同毙。

……

以上旌表建坊，据旧府志及婺源县志登载。[1]

(三)卷十三《人物志三·列女·贞女》中的婺源牌坊

宋：

程士龙聘妻叶氏　氏，中平人，士龙聘方行而卒，氏闻讣请于父，往哭之，誓不再适，继侄为嗣，事舅姑以孝称。诏特封孺人，表其门为"贞女坊"。章如愚为作传。

明：

……

以上旌表建坊。据府县两志登载。[2]

国朝：

汪玑未婚妻曹氏　汪，段莘人，聘曹氏未婚而玑殁，氏矢志不二，适汪门守贞以终。"玑"，《通志》作"□"。

董昌褚未婚妻王氏　董，城东人；氏，德兴旃材贡生王之绪女，未嫁夫殁，衰绖归董门守贞。

……

以上旌表建坊，据旧府志及婺源新志登载。[3]

---

[1]道光徽州府志(三)[M].南京:江苏古籍出版社,1998:356.

[2]道光徽州府志(三)[M].南京:江苏古籍出版社,1998:358.

[3]道光徽州府志(三)[M].南京:江苏古籍出版社,1998:358-359.

（四）卷十三《人物志三·列女·贞烈》中的婺源牌坊

明：

李烈女　名韫珠，李坑李德伭女，幼通《孝经》《列女传》，年十六闻父执义被害，遂自经。

……

以上旌表建坊，据府县两志登载。[1]

国朝：

俞照聘妻滕氏　俞，本城人；氏，云坏人，许字俞，择吉将归，夫殁，不食死。

江富国聘妻汪氏　江，游坑人；氏，晓起人，未嫁夫殁投河死。

鲍辛聘妻徐氏　氏，南大源徐进思女，许字鲍。鲍客于外，娶氏过门待夫归，而夫先殁于外。氏闻即典卖衣饰盘殡夫棣。或欲夺其志，遂自经死。

施德佩聘妻余氏　施，诗春人；氏，沱川余雷女，未嫁。夫患病卧箐累月，自知不起，力央媒妁告于余，令他字。未几，讹传佩已物故，氏遂纫衣投于河。

以上旌表建坊，据府县两志登载。[2]

（五）卷十三《人物志三·列女·孝妇》中的婺源牌坊

明：

余一龙妻戴氏　余，太仆卿；氏，桂岩人，刲股救姑。卒，累赠夫人，《纶章》有"毁身以起尊嫜，夙称异孝"之语。

此一人旌表建坊，据府县两志登载。[3]

国朝：

[1]道光徽州府志(三)[M].南京：江苏古籍出版社，1998：359.

[2]道光徽州府志(三)[M].南京：江苏古籍出版社，1998：359.

[3]道光徽州府志(三)[M].南京：江苏古籍出版社，1998：360.

金庆治妻汪氏 氏孝事舅姑,姑目瞽,吁天祷祀,姑目复明。此一人旌表建坊。据府县两志登载。[1]

（六）卷十三《人物志三·列女·孝女》中的婺源牌坊

明:

……

此一人旌表建坊,据旧府志及婺源县志登载。[2]

上述87条坊主信息,视为87座牌坊信息:节孝贞烈坊86座,百岁期颐坊1座(坊主詹文瓒妻汪氏)。

四、小结

综上,道光《徽州府志》新增婺源纪念坊89座:节孝贞烈坊86座,孝友恩褒坊1座,善行义举坊1座,百岁期颐坊1座。

第七节　光绪《婺源县志》中的牌坊

一、卷十二之二《建置志六·坊表》中的牌坊

光绪《婺源县志》卷十二之二《建置志六·坊表》共记载婺源牌坊351座,排除与本章前六节重复坊335座,其余16座牌坊信息如下:

在城坊:

……

节孝坊 ……,一董惠诚继妻程氏。

[1]道光徽州府志(三)[M]. 南京:江苏古籍出版社,1998:361.

[2]道光徽州府志(三)[M]. 南京:江苏古籍出版社,1998:363.

孝子坊　在城西,一孝子程永传[1],一孝子程启诜[2]。

孝贞节烈总坊　在城南大街阙里旧址,道光十八年戊戌,中书洪钧邀集合邑士绅,为自宋以来列女援例吁请旌表,计孝贞节烈志载二千六百五十六口,采访四百五十五口。

凡坊表,只录其来报者。

东乡坊:

……

贞烈坊　……,一理田李天格妻江氏,一理田李槐妻方氏,……,一荷源方士焜妻汪氏。

南乡坊:

……

乐善好施坊　汤村西培程志章[3]建。

西乡坊:

……

---

[1]光绪《婺源县志》卷二十九之二《人物志九·孝友五·国朝》载:"程永传　字子亮,城西人。性醇愨。甫四龄,父即远游。年十五,父殁于四川重庆未之知也。逾年,母没,又逾年,祖继没,传竭蹶成礼。既葬,孑身入蜀,始知父已死,大恸,见乡人访问遗骸,云向攒某所,有石姓旧好徙葬高原,遂力请其人偕往,遍觅累日不得,其人倦辞去。于是,独之原攒所,呼天哀号,誓曰'不得棺不还乡矣'。忽有老僧来示曰:'惟祷神,庶可得'。因如其言,复逶迤行过一山,见一碑屹立,视之,则父墓也,乃扶榇数千里以归。服除方娶,生一子一女幼,又遭鼓盆,忧时年三十三。不复娶,抚子成立,率与供养叔父母,勉力为堂弟议昏。未几,堂弟与叔偕没,叔母赖终养焉。从堂弟某以百余金寄生殖无券,其家未之知,某客死,急还其金,人咸'义之'。学宪白给额曰'德为寿徵'。卒年八十八。道光六年,建坊旌表孝子。"

[2]光绪《婺源县志》卷三十《人物志九·孝友六·国朝》载:"程启诜　字郅芳,监生,城西人,盐大使绶长子也。生有至性,六龄入塾,晚辄随父问书中疑义,恂恂然,长依膝下。年十七母汪氏殁,绝食饮者三日,父曲谕之,始进糜粥。后承父命,弃儒服贾,或江右,或岭南,一月中音问必再三至焉。道光十年秋七月,叔缙光往粤,父命随行,送之曰:'汝侍叔如恃余,余尚善饭,毋苦念余也。'时父故无恙,至冬十二月遭疾而殁。次年正月,诜在粤闻讣,惊痛而绝,绝而复苏,遂徒跣奔丧,终日涕涕,食不下咽。叔在途再三训谕,终不能解。以三月朔日抵里,匍匐丧次,抱棺号泣约片时许即昏晕仆地,家人环救,已泣汗交下而没矣。见者闻者,率皆挥涕,以为真孝子焉。道光十三年,奉旨建坊。"

[3]光绪《婺源县志》卷三十四《人物志十·义行七·国朝》载:"程志章　字品咸,在城人。盐运使司衔。居家孝友,慷慨乐施,独创静斋支祠,经费三千余金。道光年间岁荒,首输千金赈济。自支祖以上本派乏冢,查谱立碑,捐资祭扫。南乡黄家尖岭为吴越通衢,倾塌难行,独力重造石级,置亭设茶。陈邑侯详请修造城垣,踊跃输资,兼董其事。奉旨旌奖'乐善好施',给银建坊。他如京都文明会、本邑集善局、文庙考棚、修桥造路,凡属善举,莫不赞成。"

孝子坊　……，一大坑江庆甬[1]。

……

百岁坊　一为湖山张英家，……

北乡坊：

……

孝子坊　在里诗村，一为施用潊[2]建，一为施翮[3]夫妇双孝建。

……

乐善好施坊　一延村，为中宪大夫金芬[4]建；一洪椿，为州同洪立

---

[1]光绪《婺源县志》卷二十七《人物志九·孝友一·国朝》载："**江庆甬**　字德里，大坑人。天性纯孝，家贫躬耕，竭仓庾所入，谋甘旨以养父母。亲殁，庐墓三年，昼夜号泣，行路为之感动。邑侯胡连闻而旌之，缙绅学士争为诗歌纪其事。"

[2]光绪《婺源县志》卷二十九之一《人物志九·孝友四·国朝》载："**施用潊**　字养潜，诗春人。少孤鲜兄弟，事嫡母先意承志。每旦俟母与奉盥漱具栉洗毕，进食饮视寒暖之节。及暮，复诣卧阃，亲检枕簟、厕牏之事，母安寝乃退。居家自田宅资财及米盐琐屑出纳，悉由母经纪，无敢自专者。母寿七十四病革，晨夕侍汤药，带不去衣。及没，哀毁三年，不剃发，不入内，不饮酒食肉。墓距家数里，每朔望值生忌辰辄诣墓号泣，或暮不能归即卧墓侧，见者愚之，潊终身行之如故，然竟以此致毁而卒，乡人悲之。道光九年，奉旨建坊，旌表孝子。"

[3]光绪《婺源县志》卷三十《人物志九·孝友六·国朝》载："**施翮**　邑庠生，诗春人。母病疯，扶持多历年所，及殁尽哀，设主中庭，洁膳一如生存。后父病笃，刲股和药以进得瘳。妻氏戴，善事翁姑。道光八年，旌表'双孝'。"

[4]光绪《婺源县志》卷三十三之二《人物志十·义行六·国朝》载："**金芬**　字耀三，号素斋，候选盐运司运同，诰赠朝议大夫，晋赠中宪大夫，前志孝友文湅三子。性敦厚。父患瘰痹，芬扶持侍养，先意承志，事继母如所生，居丧哀戚逾礼。昆弟四人析产，让肥受瘠，门以内怡怡如也。生平仗义疏财，邑建紫阳书院，倡输千金。嘉庆壬戌、乙丑、己巳婺屡祲，甲戌金陵大歉，芬倾囊赈恤，全活甚多。武口三修桥梁，仙女镇真武庙，上新河置义塚三，凡创祠宇、立茶亭、推解济困诸义举，不惜重资。大宗伯恭赠额曰'令德寿岂'，陈玉方御史为之传。芬配俞氏、侧室马氏、魏氏，俞、马皆贤淑，魏尤仁慈知大体。邻某债急将鬻妇，芬代偿，俾得完聚。焚通券六百四十余道，约计数万金，皆魏赞助之。侨居维扬，尝念郡志百余年未修，文献阙略，慨然谓魏曰：'吾年老不及见修郡志，他日幸遇其时，嘱尔子力输，以毕吾愿。'芬卒，魏时以语其子。及魏病革，曰：'吾无以教汝，汝父有志未逮，汝兄弟须谨识之。'芬子四：俞未出；坡，马出也；桓、泽、照，魏出也。俱诰封恭人。子肯堂肯构，绰有父风。道光乙酉修郡志，遵父遗训，输千金，为一邑倡。都人士闻之曰：'为之前者美既彰，为之后者盛必传，金氏世世乐善，其昌炽也，宜哉。'芬，旌表'乐善好施'。"

登[1]建。

　　孝女坊　延川,为邑庠生金筠女名红英[2]建。

　　孝子坊　在沱川,为余含章[3]建。

　　在都会:

　　……[4]

二、小结

　　上述16座牌坊中,孝友恩褒坊7座,节孝贞烈坊5座,善行义举坊3座,百岁期颐坊1座。其中,道光十八年(1838)筹建的"孝贞节烈总坊",坊主多达3111人。

---

　　[1]光绪《婺源县志》卷三十四《人物志十·义行七·国朝》载:"洪立登　号岸先,洪椿人。州同衔。少孤贫,事母汪氏惟谨。比壮,服贾家渐裕,每往来吴楚岁暮必归省亲。性嗜学,隆师友,尝客金陵,命子钧重资购地,增置贡院号舍及提调公馆,又京师别建会馆,婺邑创造考棚,均首捐钜资,以倡众举。文公祠栋朽将更新,病笃未果,嘱钧踵成之,总计银壹万贰千余两。其增号舍也,督学沈作记。抚军色会题,奉旨准建乐善好施坊。其修文公祠也,督学罗作记,五经博士朱迎立登木主入祀祠侧报功祠,合邑以为盛事。家居敦宗睦族,尤加意阽穷族,有乏支撑祠祀之,其余节孝也亦然。诸如修宗祠,立社仓,新岭路,造茶亭,凡有善举,靡不踊跃争先。年跻大耋,五世一堂。"

　　[2]光绪《婺源县志》卷四十二之一《人物志十五·列女一(孝女)·国朝》载:"金筠女金氏　筠,延村军郡庠生,女名红英。年十三丧母,父续娶育弟二,阅数年,父母相继殁。时弟长九龄,次七龄,而女年二十五矣。既治亲丧,悲两弟无依,曰'我死两弟未必生,我生两弟或不死',遂矢不字,婚教成立,伯姊也如慈父母焉,年八十殁。殁后,异香绕室三昼夜。两弟子姓林立,女之力也。浙江抚宪杨为作赞,略曰:'梅以洁芳,柏以劲苍,彼娟娟之桃李,惟自媚夫春阳。'道光壬寅年,旌表建坊。以侄禧候补同知,贻封宜人。"

　　[3]光绪《婺源县志》卷三十《人物志·孝友六·国朝》载:"余含章　字坤三,谱名启铉,沱川人。太学生,有至性。父席珍治家严,稍不惬意呵遣随之,章怡色柔声,敛手侍立,不命不敢退。父遭危疾,章焚香告天,刲股和药进,疾果瘥。后复患噎膈,医用牛乳,乃饲牛取乳,恐不洁必躬其役,不解带不交睫者数月。父殁,椎胸泣血,水浆不入口。母呵之曰:'我在,汝可遽灭性耶?!'乃强起啜饮,因侍病劳瘁重以恸哭目失明。及殡,匍匐扶榇,忽见路如线,越百日复明。遭母丧,哀毁如其父。葬祖考堪舆言'不利长房',章曰:'卜宅以安先人,非求福也,我当之。'两弟读书,勖其有成,不以家政累,均有声庠序。析居辞隆就硗,友爱弥笃。承父业,客景镇,亲在时每岁暮必归省。浮东道路崎岖,行人视为畏途,承父志倡捐千金,身董其事,八年功始竣,三十里内成康庄焉。以子廷元贵晋封通奉大夫。同治二年,奉旨建坊。"

　　[4]光绪《婺源县志》卷十二之二《建置志六·坊表》第一至第六页。

本章小结

排除重复坊信息，截至光绪九年（1883），上述7部徽州旧志共记载婺源牌坊535座（表5-1）。

表5-1　部分徽州旧志记载的婺源牌坊统计

资料来源	合计/座	分类									非纪念坊/座
		纪念坊/座									
		小计	旌表类					非旌表类			景观坊
			节孝贞烈坊	孝友恩褒坊	善行义举坊	封赠例授坊	百岁期颐坊	科举功名坊	惠民德政坊	其他	
弘治《徽州府志》	75	75	3	0	2	0	0	70	0	0	0
嘉靖《徽州府志》	46	46	5	0	2	2	0	37	0	0	0
康熙三十二年《婺源县志》	112	112	6	0	3	4	1	98	0	0	0
乾隆二十二年《婺源县志》	75	75	64	2	2	0	0	7	0	0	0
道光《婺源县志》	122	122	115	3	0	0	4	0	0	0	0
道光《徽州府志》	89	89	86	1	1	0	1	0	0	0	0
光绪《婺源县志》	16	16	5	7	3	0	1	0	0	0	0
合计	535	535	284	13	13	6	7	212	0	0	0

第六章　祁门牌坊

"祁门原为歙州黟县和饶州浮梁二县地。唐永泰元年(765),方清起义,据黟县赤山镇置阊门县。永泰二年(766)划黟县赤山镇和浮梁一部设置祁门县。合县城东北祁山、西南阊门而得名。"[1]

历史上,祁门堪称修志事业发达的县份。新中国成立前,就曾九修县志,首部县志为县人汪元相修于元代至顺四年(1333年)的《祁阊志》,虽历史文献得以保存,但惜已亡佚。明代,又先后于永乐、正德、嘉靖、万历间四修县志,其中正德、嘉靖二志为民间修纂,均已失传。《永乐·祁阊志》是祁门县现存的最早一部县志。清代康熙、道光、同治也曾三次修志,均为官修,流传至今。民国三十一年(1942)县政府成立县志编修委员会,胡樵碧先生任主任委员兼主纂,亲自拟订组织规程及凡例和目录,并主持编纂工作。一年后,惜仅《氏族考》《艺文考》两卷定稿,其余各卷流产[2]。换言之,祁门现存完整的旧县志共五部:永乐《祁阊志》、万历《祁门县志》和康熙《祁门县志》、道光《祁门县志》、同治《祁门县志》。

笔者查阅的祁门县旧志,包括经过整理、内部印行的《祁阊志(外四部)》[3]和电子版《同治祁门县志　光绪祁门县志补》[4]。《祁阊志(外四部)》包括完整的旧志永乐《祁阊志》、万历《祁门县志》和康熙《善和乡志》。同治《祁门县志》是祁门旧时最后一部县志,而且是一部通志。光绪《祁门县志补》[5]为

[1]祁门县地方志办公室.祁门县志[M].合肥:安徽人民出版社,1990:39.

[2]祁门县地方志办公室.祁阊志(外四部)[M].祁门:祁门县地方志办公室,2009:504.

[3]祁门县地方志办公室.祁阊志(外四部)[M].祁门:祁门县地方志办公室,2009.

[4]同治祁门县志　光绪祁门县志补[M].南京:江苏古籍出版社,1998.

[5]同治祁门县志　光绪祁门县志补[M].南京:江苏古籍出版社,1998:467-574.

墨笔行书稿,共分舆地、水利、食货、学校、选举、人物、艺文、杂志八卷,篇幅很小,也非清稿,未见牌坊,《跋》落款时间为"中华民国二十有四年"[1]。

另外,还查阅了弘治《徽州府志》、嘉靖《徽州府志》和道光《徽州府志》。

第一节　永乐《祁阄志》中的牌坊

根据祁门县地方志办公室整理并印行的《祁阄志(外四部)》,永乐《祁阄志》除了前序、诸图、后序外,共分10卷(从卷一到卷十,无卷名)48目;知县路达[2]主修,永乐元年(1403)乡贡、教谕黄汝济[3]主纂;该志前序和后序所署年份均为永乐九年(1411)。

一、《卷一·坊巷》中的牌坊

永乐《祁阄志》卷一第五目《坊巷》关于牌坊方面的内容,全文如下:

> 邑治坊名,旧有其四,曰迁善、崇贤、丰化、升俊。后增其二,曰仙桂、安济而已。

> 在宋建坊,曰**英才**、**昼绣**,为丞相汪伯彦[4]立;曰**省元**,为秋崖方岳[5]立;

---

[1]同治祁门县志　光绪祁门县志补[M].南京:江苏古籍出版社,1998:574.

[2]永乐《祁阄志》卷七之一《贤宰政绩·国朝》载:"**路达**　字廉善,山东济南长山人。由监生授工科都给事中。(洪武)〔建文〕辛巳间为令。下车之初,劝农桑、兴学校,故田野辟而赋税岁增,作《新士类》而科目始得人。先时,赋役未均,贫民靠损,耆民胡克昌陈均平之策,侯乃因而行之,自是赋均役平,邑民赖焉。历任三载间,素知其贤者,乃荐而登庸。代官至邑,适侯秩满考最,邑民潘茂迁等思其惠泽,不忍其去,乃趋朝举留,而复任焉,时永乐丙戌春也。是年秋,工曹橄下,求大木以营宫室,郡委董其事,侯则不惮劳勚,以身先之,不立威,不加刑,谕之以报效,抚之以慈爱,故民踊跃欢欣,趋事起工,不逾时而事功先毕。又以学址东南湫隘,宫墙岁被水倾,率僚佐各捐俸,募民培土实虚,以广拓其址,复砌石为墙。新大成牌额,修泮宫池,以至建立坊巷,设柙祛疫,修桥梁,整街道,县治一新。是时同知县事顾均得、县丞杨生、主簿杨孟迪,同寅协恭,克赞厥事,皆一时之良有司也。"

[3]永乐《祁阄志》卷七之四《科目·国朝》载:"**黄汝济**　居邑西隅。永乐元年乡贡,授教谕。"

[4]见第一章第一节脚注汪伯彦传。

[5]见第一章第一节脚注方岳传。

曰状元,为程鸣凤[1]立;曰**联桂**,为进士胡镇孙[2]、赵必(达)〔赶〕[3]立;曰**朱紫**,为进士陈王业[4]立;曰**孝女**,为县尉史简瑞女立;又有**临河、近民、宣化、思政、美俗、兴贤、仙桂、依绿、阜财、富业、丰储、介福、明善、崇善**,凡二十一所。宋淳熙十五年,水决临河坊,其余皆因元至元丙子,毁于火。

时邑人方贡孙[5]为县令,新而立之,遵旧规也。且有记云:"桥亭新建,咸喜**近民**。市路重修,聿观**美俗**。邦人之**明善**已久,坊题之**宣化**维新。上下相安,官则**思政**,民则**富业**,室家胥庆。妇有**孝女**,男有**英才**。相潭疏**依绿**之源,儒学副**兴贤**之选。省元、**状元**而昼绣、闾里,**仙桂、联桂**而**朱紫**门庭。众助**丰储**,喜**阜财**之有俗;士独**崇善**,宜**介福**之攸同。"

至顺壬申,主簿宋也先[6]辟南门洗马巷古路,以便往来,立**文寿、里仁、慈爱**三坊。壬辰,兵燹,悉毁不存[7]。

国朝洪武初,知县余宝[8]重建**英才、宣化、仙桂、富业、美俗、思政、状元**,七所而已,余皆未立。

洪武己巳,豫章蒋俊[9]悯邑人汪志旋,思厥乃父,远戍边陲,立**瞻云坊**于所居之前。洪先生赋诗美之。

永乐纪元癸未秋,邑宰路达暨僚佐,建**并秀坊**于正街之南,为邑贡士黄汝济、汪宗顺[10]魁荐而立也。永乐戊子,邑宰路达秩满,考最,民思其惠,不忍其去,耆民汪德高、胡克昌建**思惠坊**于十字街北,而怀慕焉。己丑夏,悉为洪水所漂。庚寅冬,路宰复建**正本坊**于十字街南,以敦政教之本、风化之源。

---

[1]见第一章第一节脚注程鸣凤传。

[2]见第一章第一节脚注胡镇孙传。

[3]见第一章第一节脚注赵必赶传。

[4]见第一章第一节脚注陈王业传。

[5]见第一章第一节脚注方贡孙传。

[6]永乐《祁闻志》卷七之一《贤宰政绩·元》载:"**宋也先**　益都沂州人,至顺间为邑佐。多能,善文章,朔望谒庙,日其修葺之未完者,悉皆完之。建大成殿,镌加封先圣碑,制祭器,焕然新之。造坊巷,辟道路,靡无不为。革奸弊,祛虎患,给饷军储,慈爱黎民,盖为政之杰然者也。"

[7]永乐《祁闻志》卷六之五《邑灾·元》载:"至正十二年壬辰春三月,邑兵灾,民居悉毁,邑井为虚。"

[8]永乐《祁闻志》卷七之一《贤宰政绩·国朝》载:"**余宝**　字均五,江西袁州人,丙午间为令。性廉明,治公平,创察院、钟楼及各官廨宇,建坊巷额,造平政桥,募民开挑新河,庀材以为横梁,决水复故道,以除民害。惜其规制非度,功绩弗成。"洪武朝无丙午年,元至正二十六年(1366)为丙午年,余宝当为元末明初祁门令。

[9]永乐《祁闻志》卷七之二《邑宰题名·国朝》载:"**蒋俊**　南昌人。"儒学教谕。

[10]永乐《祁闻志》卷七之四《科目·国朝》载:"**汪宗顺**　居十七都。永乐元〔年〕乡贡,授教授教谕。"

又命邑人将宋迄今,凡有坊额而今可建者,悉皆立之,曰宣化、英才、思政、状元、昼绣、明善、联桂、美俗、孝女、丰储、介福、崇善、朱紫、思惠、正本、仙桂、富业、并秀、兴贤,总十有九所。[1]

二、小结

上述《坊巷》中,"迁善""崇贤""丰化""升俊""仙桂""安济"可能为街区名,不列入构筑物"坊"统计。

《坊巷》亦表明:邑宰等非常重视牌坊的教化和引领社会风尚的作用,每遇回禄、兵燹、水漂之灾,往往"悉皆立之","以敦政教之本、风化之源"。

排除几毁几建的同名坊,永乐《祁阊志》卷一第五目《坊巷》共登载牌坊27座:景观坊17座,科举功名坊7座,节孝贞烈坊1座(孝女坊),孝友恩褒坊1座(瞻云坊),惠民德政坊1座(思惠坊)。

第二节　弘治《徽州府志》中的祁门牌坊

弘治《徽州府志》卷一《地理一·坊市》记载有祁门牌坊。

一、卷一《地理一·坊市》中的祁门牌坊

弘治《徽州府志》卷一《地理一·坊市》涉及祁门县牌坊方面的文字,排除与本章第一节重复部分,全部如下:

......

---

[1]祁门县地方志办公室. 祁阊志(外四部)[M]. 祁门:祁门县地方志办公室,2009:20-21.

进士坊　在隅都有二十（二）〔一〕：一为胡永兴[1]，一为康汝芳[2]，一为李友闻[3]，一为胡深[4]，一为汪回显[5]，

---

[1]弘治《徽州府志》卷八《人物二·宦业·国朝》载："**胡永兴**　祁门人。登永乐戊戌榜进士，授三河县知县，以廉能老成擢赵王府左长史，民不忍其去，留靴'翼亭'。既至官，适汉王谋不轨，遣使来通赵，永兴上章，力谏不从，使人邀诸途焚书斩使，以灭其迹。后，汉得罪，而赵独无恙。历任四十余年，卒于官。"永乐十五年举人，十六年进士。

[2]弘治《徽州府志》卷八《人物二·宦业·国朝》载："**康汝芳**　字仲实，祁门人。性颖敏，为邑庠生，有先进。刁生诈取钞八百贯，汝芳不与较。中宣德乙卯乡试，登丙辰进士，授兵部武选司主事。时刁生坐事逮至京，汝芳犹礼貌之，乡人叹服。丁内艰服阕，改工部都水司，治水于河南，处分有方，免夫役三万余。事峻，改户部广东司。景泰二年，以年劳升湖广辰州府知府，惟勤惟慎，不一二载政声大著，巡抚都御史刘广衡特刻荐之，有'吏畏其威，民怀其德'之美。汝芳素恬退，未及大用，辄辞归，囊无私载，优游田里凡二十四年，足迹不入官府。若郡守孙遇同年相厚，龙晋、周正皆知旧，亦不轻出一见。以寿终，乡邦哀慕之。子永韶、闻韶，俱领乡荐。永韶，授河南道监察御史，谪福清知县，升钦天监正，历迁礼部右侍郎，今致仕。闻韶，授河南邓州学正。大韶，由岁贡授山东曹州判官。"宣德十年举人，正统元年进士。

[3]弘治《徽州府志》卷八《人物二·宦业·国朝》载："**李友闻**　字进明，祁门人。登正统乙丑进士第，授行人司左司副，忠厚淳实，凡应对内外、主西海祭，靡不克供厥职。景泰间，迁工部营缮司郎中，夙夜奉公缮修之政，缓急适宜。天顺三年，诰进奉政大夫。丁内艰，竟以疾卒。"正统三年举人，十年进士。

[4]弘治《徽州府志》卷八《人物二·宦业·国朝》载："**胡深**　字文渊，祁门人。为人忠厚端谨。正统戊午以《春秋》领乡荐，乙丑登商辂榜进士。寻奉命使湘蜀，给赏军功。事竣复命，选入河南道，理刑克称，授南京四川道监察御史。未几，奉敕简军旅于京营，克振风纪，慨然以功业自期，而存心平恕，事无冤滞，声誉遂起。都宪张纯爱其清操，有疑狱多委之立决而民悦服。卒于官。识者咸惜其不大用。子球，以邑庠生应贡入胄监，授留守左卫经历。"正统三年举人，十年进士。

[5]弘治《徽州府志》卷八《人物二·宦业·国朝》载："**汪回显**　字汝光，别号养晦，祁门人。登正统戊辰进士，授户部主事。已巳，北虏犯边，督刍于畿甸郡邑，奏行劝借赈恤之令，人得甦息。景泰初，监督官军万六千人攒运怀来、永宁军饷，备尝惊险。明年，舆白金万五千两买牛具于河南，转送大同给济军民耕种。于时，饿殍塞路，奏发廪粟十余万石赈之，全活者众。又教民造蕨粉充饥，为利甚博。民怀其德，立祠生祀之。又明年，奉使西蜀核实盐井，回显惟公惟廉，权豪请托一切不行，跋涉山川，躬察其井，久湮盐额亏则减之，新开而得利则增之。屡上封章，切中时弊，奏除冗课十余万，蜀民至今怀其惠。丁父母忧，改南京刑部主事，寻升郎中，理狱平恕。后历知广、惠二府，政尚宽厚，不任刑罚。其在惠也，尤留心学校，又尝筑城基之堤，垒马道之堑，建钟楼以定晨昏，建野史亭、建子西楼以表先贤，刊苏长公之诗以示后学。至于救饥荒，恤火患，买地充拓狴犴，以恤罪囚，无所不尽其心。以老致仕归，又号'见一山翁'，所著有《休庵稿》。子直，登成化丙戌进士第，历史、户二科给事中，号'笔峰'，所著有《古愚集》；表，以邑庠生应贡，授景宁县学训导。"正统六年举人，十三年进士。

一为程泰[1]，一为谢润[2]，一为饶钦[3]，一为叶琦[4]，一为程宏[5]，一为汪直[6]，一为黄文琰[7]，一为王珣[8]，一为谢蓉[9]，一为张敏[10]，

[1]弘治《徽州府志》卷七《人物一·勋贤·国朝》载："**程泰**　字用元，祁门之善和里人，长史显之子，天分最高。初，显以《春秋》擅名。泰既得家学，又旁通诸经史，登景泰甲戌进士，观户部政。初奉命犒师宣府，总帅厚馈，悉却之。都宪叶文庄公督边饷，与语大悦。天顺改元，授户部江西司主事。乙卯，犒师陕西，时尚书年恭定公待部属严，其独加礼于泰。三载奏最，进阶承德郎。督饷淮安，一年代还，乞归省。癸未用荐，充会试同考官仪曹，奉内币踵门，泰力辞免。礼部尚书姚文敏公叹曰：'超出流辈远矣！'未几，进署福建司员外郎，督负征于天津诸处，甲申实授。成化改元，进署郎中，丁亥实授。是岁，用兵辽东，遣条治军实，师赖以济。庚寅，遣视山东灾，比还，条陈四事，多见举行。擢广西右参政。安南以地界不定数近边，泰冒险往定之。壬辰，丁内艰。服阕，改河南，奉玺书专一督理国储，定转输远近适均法以便民。戊戌，进右布政使。明年，进左布政使。律己守法，以倡僚属，一方晏然。卒年六十。子昂，本县医学训科；杲，字时昭，登弘治癸丑进士，今户部江西司主事。侄昊，登成化丁未进士。"正统十二年举人，景泰五年进士。

[2]弘治《徽州府志》卷八《人物二·宦业·国朝》载："**谢润**　字德泽，祁门旸源人。邃于《春秋》学，名士多出其门。领景泰庚午乡荐，登天顺庚辰进士，授刑部主事，迁员外郎，以刚介质直闻。寻升浙江按察司佥事，冰蘗之操益励。卒于官。"景泰元年举人，天顺四年进士。

[3]弘治《徽州府志》卷八《人物二·宦业·国朝》载："**饶钦**　字克恭，号敬斋，祁门胥山人。年十四补邑庠生，笃志力学。景泰庚午领乡荐，试春闱弗利，入胄监。天顺庚辰，登王一夔榜进士。观政都察院。癸未，授户部陕西司主事。有福建林举人者，以白金一缄寄钦，而入会试死于火，钦召其家僮还之，家僮初不知也。钦行素不欺，由此名益显。尝差监收通州等处粮诸平料，量时出纳，军民便之。丁内艰服阕，改南京户部，尝建议修造乌龙潭等处仓廒。升本部员外郎，转郎中。大冢宰三原王恕时为少司徒摄部事，端方严重，于人少许可，钦独以刚介清谨见称。寻迁云南澄江府知府。澄江，古荒服地，夷罗杂处，时有寇夺者。钦至，首兴学校，省刑罚，轻徭薄赋，与民休息，未尝以荒服视之，不三年士风民俗为之丕变。所属路南州土官无子，欲以女袭职，厚赂钦，却不受，即日上奏，以职易之。时王恕以都察院右副都御史巡抚云南，属吏望风解印，独谓钦'有古循吏体'，特刻奖之，不报。秩满入觐，民有攀辕泣留者。至京，以年满七十请归。作书舍茅山下万松间，自号'万松散人'，在乡里多行德义事。卒年七十有七。孙荣，为邑庠生，尝编其平生所著诗文题曰《万松遗稿》，藏于家。"景泰元年举人，天顺四年进士。

[4]弘治《徽州府志》卷六《选举·科第·国朝》载："**叶琦**　祁门人。未任官，卒。子蒚。"景泰四年举人，《春秋》，解元，天顺八年进士。

[5]弘治《徽州府志》卷六《选举·科第·国朝》载："**程宏**　《春秋》，经魁。"天顺六年举人。

[6]弘治《徽州府志》卷六《选举·科第·国朝》载："**汪直**　祁门人。《春秋》。见《人物志》汪回显传。"天顺六年举人，成化二年进士。参见脚注汪回显传。

[7]弘治《徽州府志》卷六《选举·科第·国朝》载："**黄文琰**　字宗器，祁门人。《春秋》。刑部主事，历升本部员外郎、四川左参议。今致仕。"天顺六年举人，成化五年进士。

[8]弘治《徽州府志》卷六《选举·科第·国朝》载："**王珣**　字克温，祁门人。《春秋》。庶吉士，授给事中，升广西右参议未任。今致仕。"成化元年举人，十四年进士，

[9]弘治《徽州府志》卷六《选举·科第·国朝》载："**谢蓉**　字廷献，祁门旸源人。《春秋》。行人，河南道监察御史，今升云南按察副使。"成化四年举人，十七年进士。

[10]弘治《徽州府志》卷六《选举·科第》载："**张敏**　字志学，祁门人。《春秋》。桐柏知县，升监察御史，今升四川右参议。"成化十三年举人，十七年进士。

一为孙怡[1]，一为程昊[2]，一为程杲[3]，一为方谦[4]，一为汪标[5]，一为汪彬[6]立。

……

文魁坊　为举人汪芳[7]立。

文英坊　为举人谢仕俊[8]立。

解元坊　为举人叶琦立。

翔凤坊　为举人汪镛[9]立。

攀桂坊　为举人黄文瑞[10]立。

---

[1]弘治《徽州府志》卷八《人物二·宦业·国朝》载："**孙怡**　字德容，祁门人。以《春秋》登成化甲辰进士，授刑部主事，有能声。历升本部员外郎、郎中。尝选差理刑于淮安，持身清谨，请托不行，上下交誉之。弘治戊午，丁母忧，卒于家。囊无私积，邦人高其行。"成化十三年举人，二十年进士。

[2]弘治《徽州府志》卷六《选举·科第·国朝》载："**程昊**　祁门善和里人。《春秋》。见《人物志》程泰传。"成化十九年举人，二十三年进士。参见脚注程泰传。

[3]弘治《徽州府志》卷六《选举·科第·国朝》载："**程杲**　祁门善和里人。《春秋》。见《人物志》程泰传。"弘治五年举人，六年进士。参见脚注程泰传。

[4]弘治《徽州府志》卷六《选举·科第·国朝》载："**方谦**　字纯吉，祁门人。《礼记》。"弘治二年举人，十二年进士。

[5]弘治《徽州府志》卷六《选举·科第·国朝》载："**汪标**　祁门人。《春秋》。今任山东武定州知州。"弘治八年举人，十二年进士。

[6]弘治《徽州府志》卷六《选举·科第·国朝》载："**汪彬**　字学之，祁门朴树下人。《诗》。琦，从侄。"弘治十四年举人，十五年进士。

[7]弘治《徽州府志》卷八《人物二·宦业·国朝》载："**汪芳**　字世芳，号松崖，祁门临清人。性敏力学，弱冠补邑庠生。中宣德己酉乡试《春秋》第一人。时康汝芳、汪回显辈多出其门，远近学者咸执经叩难，祁门《春秋》得名自芳始。癸丑会试中乙榜，授陕西蓝田县学训导。丁内艰，改湖之安吉。丁外艰，改衢之常山。秩满，升江西吉水县学教谕。所至以《春秋》训迪，士类多所造就。丙子，聘主考河南乡试，取士公明，允符舆论。后以疾辞归。肃家庭，敦族属，优游诗酒间，非公事不入官府。哭亲有诗，示子有训，风水一叹，足破世人之惑，有补于名教多矣。以子瀚封东昌府通判。卒年六十六。所著有《松崖录》。瀚，字以渊，性颖敏，善真草书，由儒士领景泰癸酉乡荐，授福州府通判，勤劳清慎，藩臬郡牧咸加器重，事多檄委之。造桴桥，督粮储，赈饥民，理银厂，无所处而不当。有海寇纷扰，自郡守以上皆仓皇，瀚统督民兵奋捕，俘获甚众，自是窜伏不复为患。丁内艰服阕，改山东东昌府掌马政，寻升处州府同知，赞政恤民，益尽厥心。尝摄府事，一以兴利除害为事，虽忤权贵弗恤。以疾辞归。与从弟琦等倡立耆英会，赓酬终日。卒年六十四。"宣德四年举人。

[8]弘治《徽州府志》卷六《选举·科第·国朝》载："**谢仕俊**　祁门人。《春秋》。淳安县训导，改绍兴府及荆州府，升周王府伴读。"正统三年举人。

[9]弘治《徽州府志》卷六《选举·科第·国朝》载："**汪镛**　字廷振，祁门人。《春秋》。历任全、裕二州知州。"景泰四年举人。

[10]弘治《徽州府志》卷六《选举·科第·国朝》载："**黄文瑞**　祁门人。《春秋》。除邵武府通判，未任，卒。"景泰元年举人。

光启坊　为举人方秉琦[1]立。

继科坊　为举人汪瀚[2]立。

椿桂坊　为举人汪恕[3]、汪浩[4]立。

经魁坊　有五：一为举人谢瑄[5]立，一为举人程宏立，一为举人许瑢[6]立，一为举人谢杰[7]立，一为举人谢理[8]立。

少宗伯坊　为礼部侍郎康永韶[9]立。

世科坊　为举人汪直立。

鹏程坊　为举人吴信[10]立。

---

[1]弘治《徽州府志》卷六《选举·科第·国朝》载："**方秉琦**　祁门人。《春秋》。授宁县训导。"景泰七年举人。

[2]弘治《徽州府志》卷六《选举·科第·国朝》载："**汪瀚**　祁门人。儒士，《春秋》。见《人物志》汪芳传。"景泰四年举人。参见脚注汪芳传。

[3]弘治《徽州府志》卷八《人物二·宦业·国朝》载："**汪恕**　字秉忠，别号守晦，祁门人。以《春秋》领景泰丙子乡荐，历金溪、临海二县学教谕，两摄县政，升温州府教授。理明学纯，心夷行洁，言语简肃，威仪端庄，即之温如也。造就生徒，随才异教，不烦自立，凿凿可行，士风翕然以振。学舍废者，捐俸，倡诸生立之，缺者补之。又买邻地一区，以拓其址。浚腰带河，辟九曲巷，徙文昌祠，未尝假力于有司。乡贤祠，有宜祀而未祀者祀之，有不宜祀而已祀者去之。同僚有以非礼犯者，恬然不与校，其于郡邑，非公事不往。先是温郡文运中微，至恕作新之，遂有夺魁于省试及第入翰林者。恕持教铎三十年，聘典京闱及各布政司文衡者五，至公至明，得士为多，故在温凡观风之使及藩臬重臣行部者多其门生，并加敬重。恕惟守属僚，礼不敢慢。其摄县时，所设施虽良，有司弗及其学，有本故也。弘治壬子，以老致仕，温之诸生欲挽留，不可得，乃生为神主，奉置名宦祠，以系瞻仰。归田未几，卒。子浩，字养直，以家学领成化辛卯乡荐，授湖广宝庆府通判。"景泰七年举人。

[4]弘治《徽州府志》卷六《选举·科第·国朝》载："**汪浩**　祁门人。《春秋》。见《人物志》汪恕传。"成化七年举人。参见脚注汪恕传。

[5]弘治《徽州府志》卷六《选举·科第·国朝》载："**谢瑄**　祁门人。《春秋》，经魁。授顺天府训导，改弋阳县，升寿昌县教谕。"天顺三年举人。

[6]弘治《徽州府志》卷六《选举·科第·国朝》载："**许瑢**　字廷声，祁门人。《春秋》，经魁。瑞州府推官，今升东平州同知。"成化四年举人。

[7]弘治《徽州府志》卷八《人物二·宦业·国朝》载："**谢杰**　祁门旸源人。中成化戊子顺天府乡试，《春秋》，经魁，授湖广武陵知县。居要冲之地，民多贫，杰勤慎自立，处事有方，民甚德之。卒于官。子赞，字元卿，亦以《春秋》魁京闱；贤，充邑庠生。"成化四年举人。

[8]弘治《徽州府志》卷六《选举·科第·国朝》载："**谢理**　祁门人。《春秋》，经魁。授长垣县教谕，今升永平府教授。"成化十九年举人。

[9]弘治《徽州府志》卷六《选举·科第·国朝》载："**康永韶**　祁门人。《春秋》。见《人物志》康汝芳传。"景泰元年举人。参见脚注康汝芳传。

[10]弘治《徽州府志》卷六《选举·科第·国朝》载："**吴信**　祁门人。《春秋》。四川东乡知县。"成化元年举人。

登科坊　为举人谢琼[1]立。

聚奎坊　为举人汪琦[2]立。

联璧坊　为举人黄文琰、文珪[3]立。

鹏抟坊　为举人方直[4]立。

绣衣坊　为张敏立。

台宪坊　为按察副使谢蕾立。

应奎坊　为举人叶鼐[5]立。

登俊坊　为举人周英[6]立。

鸣阳坊　为举人徐美[7]、徐振[8]立。

文明坊　为举人汪谦[9]立。

世魁坊　为举人谢赞[10]立。

---

[1]弘治《徽州府志》卷六《选举·科第·国朝》载："**谢琼**　祁门人。《春秋》。松阳知县。"成化元年举人。

[2]弘治《徽州府志》卷六《选举·科第·国朝》载："**汪琦**　字时用,祁门人。《春秋》。见《人物志》汪芳传。"成化元年举人。参见脚注汪芳传。

[3]弘治《徽州府志》卷六《选举·科第·国朝》载："**黄文珪**　字宗镇,祁门人。文琰之弟。《春秋》。授浙江处州府府同知。今致仕。"成化元年举人。

[4]弘治《徽州府志》卷六《选举·科第·国朝》载："**方直**　祁门人。《春秋》。"成化二十二年举人。

[5]弘治《徽州府志》卷八《人物二·宦业·国朝》载："**叶鼐**　字致和,号畏斋,祁门人。以《春秋》领成化甲午乡荐,五上礼部皆不利,卒业胄监。弘治庚戌,授黄梅县知县。鼐素慕前徽州府知府福山孙遇之治,比到,官不伤财不害民,不唯唯以奉上,不赫赫以立名,一以诚心直道莅之。有孀妇负税而逃者,鼐宽期,召之来,使之佣织为人,以渐偿所负。有请鬻牛以输税者,鼐恻然曰:'奈何使汝失一岁之计?'立券以候其秋成,其人欣然听命,果如约。有女家先纳聘而后负之者,鼐以理谕之,卒使完聚。有以昆弟讼其先人遗业者,鼐谕以恩义而解。邑耆老请罚稻谷以备赈济,鼐曰:'第行其所无事,割百姓肉与百姓食,吾不忍为也。'邑有冤狱,累岁不决,案牍叠积,鼐未旬日发摘隐伏如神。丁父忧归,民有泣涕扶舆而不去者,有送之越境而后返者不啻数百人。又有一子尝为继母所潜,使其父告之不孝,鼐谕解而活之,其人追而送之江之(许)〔浒〕拜哭而去。服阕,改大冶县,道经阳谷而卒,远近哀之。有《无底蒉稿》藏于家。"成化十年举人。

[6]弘治《徽州府志》卷六《选举·科第·国朝》载："**周英**　字仲实,祁门人。《春秋》。授赵州学正,改沂州。"成化七年举人。

[7]弘治《徽州府志》卷六《选举·科第·国朝》载："**徐美**　祁门人。《春秋》。授湘潭县教谕,今升国子监助教。兄,振。"成化十九年举人。

[8]弘治《徽州府志》卷六《选举·科第·国朝》载："**徐振**　祁门人。《春秋》。巴陵教谕,今升国子监学正。"成化二十二年举人。

[9]弘治《徽州府志》卷六《选举·科第·国朝》载："**汪谦**　祁门人。《春秋》。"弘治八年举人。

[10]弘治《徽州府志》卷六《选举·科第·国朝》载："**谢赞**　字元卿,祁门旸源人。《春秋》,经魁。"弘治五年举人。

世英坊　为县南汪氏立。

父子元魁坊　为举人叶琦、叶蕭[1]立。

贞节坊　〔为〕汪轸妻陈氏[2]立。[3]

二、小结

综上，排除与永乐《祁阊志》中的同名坊，弘治《徽州府志》登载祁门新增牌坊51座：科举功名坊50座，节孝贞烈坊1座（贞节坊）。

第三节　嘉靖《徽州府志》中的祁门牌坊

嘉靖《徽州府志》卷一第四目《坊市》记载有祁门牌坊。

一、《卷一·坊市》中的祁门牌坊

嘉靖《徽州府志》第一卷共六目，其中第四目《坊市》对祁门牌坊亦有记载，排除与本章前两节重复内容，全文如下：

　　……

　　各坊附曰：

　　……

---

[1]弘治《徽州府志》卷六《选举·科第·国朝》载："叶蕭　祁门人。《春秋》，经魁。"弘治八年举人。

[2]弘治《徽州府志》卷十《人物四·列女·国朝》载："陈氏　名鼎，祁门朴树下人汪轸妻。生子铎而轸卒，时年二十二。守志奉舅姑，视夫存时益谨。铎既长，勉学择配。天顺癸未，有司奏闻旌表。卒年六十八。"

[3]（弘治）徽州府志[M].上海：上海古籍书店，1964.

　　　　进士坊　在隅都三十八：……，一程泰，一程昌[1]，一汪溱[2]，一郑建[3]，一蒋贯[4]，一余光[5]，一汪任[6]，一吴琼[7]，一李汛[8]，一谢霖[9]，一谢应龙[10]，

---

　　[1]嘉靖《徽州府志》卷十六之二《名贤·国朝》载："**程昌**　字时言，祁门善和里人。甫冠领乡荐，谒枫山章懋于南都，授正学。归，登进士，授蕲水令。时逆瑾有事湖湘，官校络绎征索，昌不为忟。举最为御史，陈十事，上嘉之。驾将南巡，率同官伏阙二日，谏止。巡按福建，会南靖群丑猖獗，昌率兵讨平之，诏慰劳升级。继巡东广，殄灭新会、新宁剧贼，赐白金彩币。昌在台九年，风裁独持如一日，铨注有曰：'八闽两浙已著激扬之绩，南靖宁会尤彰擒剿之功。今上即位，辞原加禄级，可其奏。'元年，与郊坛监礼及侍经筵，议大礼，昌援经证典数千言。历湖广、四川按察使，谢政归。闲居二十年余，惟阖户著书，未尝一刺侯公门。历官虽久，不置妾媵，财货无停(畜)〔蓄〕。所著有《和溪文集》《发蒙近语》《大学古本注(什)〔释〕》《宗谱》《家规》等书。今祀贤祠。"弘治十七年举人，正德三年进士。

　　[2]嘉靖《徽州府志》卷十三《选举中·科第·国朝》载："**汪溱**　字汝梁，祁门查湾人。标子。江西参政。"正德五年举人，十二年进士。

　　[3]嘉靖《徽州府志》卷十三《选举中·科第·国朝》载："**郑建**　字一中，祁门奇岭人。高州知府。"正德十一年举人，十二年进士。

　　[4]嘉靖《徽州府志》卷十三《选举中·科第·国朝》载："**蒋贯**　字一之，祁门白塔人。博通经史春秋，补邑学生。以《诗》中乡试，以《易》中庚辰会试，选南京户科给事中。"正德五年举人，嘉靖八年进士。

　　[5]万历《祁门县志》卷三《人物志·宦达·进士·国朝》载："**余光**　字晦之。廷试传胪，广览博文，操觚立就数千言，授大理评事。改御史，按河东盐政，议补课例，切中时宜。按广东，上《征安南表》《辅导太子疏》，皆赐俞纳。献《两京赋》，命副吏馆备采，赐彩缎宝钞。著有《古峰集》。"嘉靖十年举人，十一年进士。

　　[6]嘉靖《徽州府志》卷十三《选举中·科第·国朝》载："**汪任**　字子仁，祁门侯潭人。会试亚魁。大理评事。"嘉靖十九年进士，二十三年进士。

　　[7]嘉靖《徽州府志》卷十三《选举中·科第·国朝》载："**吴琼**　字德辉，祁门墩上人。信孙，为御史。疏时政□□□□，寻升温州知府。"嘉靖十三年举人，十四年进士。

　　[8]嘉靖《徽州府志》卷十八之一《文苑·国朝》载："**李汛**　字彦夫，祁门李坑口人。□□太史程敏政曰：'异日新安文伯也。'登进士。条陈六事，授南京工部主事，历员外郎郎中，以不谐时好出知广西思恩府。思恩(猺獞)〔瑶僮〕淆处，讯行次梧州，变作。或议以兵进，汛辞之，单骑诣府宣谕，黎诏、李禧等就抚者三万余人，擒叛首覃恩、韦材，戮于京，边境悉宁。时有忌其功者，遂引疾归，肆力诗文，所著有《镜山集》。"弘治十一年举人，十八年进士。

　　[9]嘉靖《徽州府志》卷十三《选举中·科第·国朝》载："**谢霖**　字世泽，祁门钟楼下人。户部主事。"正德十四年举人，十六年进士。

　　[10]万历《祁门县志》卷三《人物志·宦达·进士·国朝》载："**谢应龙**　字云卿。任行人。时议大礼，持正不阿。同年，姚涞以言忤，被谴，应龙力为解释，士论壮之。有清操，奉使周王府，不受一馈。归省，卒。"正德十四年举人，嘉靖二年进士。

一谢镒[1]，一郑维诚[2]，一李叔和[3]，一方敏[4]，一叶宗春[5]，一王之翰[6]。

解元坊 〔有三：〕为……、郑维诚、王讽[7]立。

经魁坊 十有二：……，一江振[8]，……，一谢赞，一李汛，一叶蒚，一谢师训[9]，一王之翰。

乡会联魁坊 王之翰。

……

举人坊 在隅都十九：……，一孙迪[10]，……，一李珽[11]，一方用[12]，一

[1]嘉靖《徽州府志》卷十三《选举中·科第·国朝》载："**谢镒** 字万卿，祁门学后人。以治行最召入京。卒。"嘉靖七年举人，十四年进士。

[2]嘉靖《徽州府志》卷十三《选举中·科第·国朝》载："**郑维诚** 字伯明，祁奇岭人。陕西提举，广东巡海副使。"嘉靖十三年举人，二十年进士。

[3]嘉靖《徽州府志》卷十三《选举中·科第·国朝》载："**李叔和** 字介甫，祁门福洲人。今任北京陕西道监察御史。"嘉靖二十五年举人，三十二年进士。

[4]嘉靖《徽州府志》卷十七《宦业·国朝》载："**方敏** 字汝修，祁门伟溪人。登进士。任湖州推官，谳狱平反。署篆归安数月，县无遗事，移署德清，建议植城，数月有成，劳焉。入为刑部郎，寻升登州知府。卒。"嘉靖十六年举人，三十二年进士。

[5]嘉靖《徽州府志》卷十三《选举中·科第·国朝》载："**叶宗春** 字仁卿，祁门在城人。今任金华知府。"嘉靖十六年举人，三十五年进士。

[6]嘉靖《徽州府志》卷十三《选举中·科第·国朝》载："**王之翰** 字宪卿，祁门严塘人。会魁。建昌府推官。卒。"嘉靖三十七年举人，三十八年进士。

[7]嘉靖《徽州府志》卷十三《选举中·科第·国朝》载："**王讽** 字大忠，祁门在城人。解元。今任南京大理寺评事。"嘉靖十六年举人。

[8]嘉靖《徽州府志》卷十三《选择中·科举·国朝》载："**江振** 祁门东都人。经魁。教谕。"永乐二十一年举人。

[9]嘉靖《徽州府志》卷十三《选举中·科第·国朝》载："**谢师训** 字学古，祁门学旁人。经魁。"嘉靖三十一年举人。

[10]万历《祁门县志》卷三《人物志·宦达·乡贡·国朝》载："**孙迪** 《春秋》，字元吉，有才名。成化丙戌秋，诏吏部择可傅诸王者，迪在选中。授中书舍人，侍崇王。戊子，王出阁，改审理正。诗文典雅，应令诸作，有讽有规。王宠赉之。与人交，见底里，风度洒然。"景泰四年举人。

[11]万历《祁门县志》卷三《人物志·宦达·乡贡·国朝》载："**李优** 《春秋》。府学正。一本作'李珽'。"成化二十二年举人。

[12]嘉靖《徽州府志》卷十三《选举中·科第·国朝》载："**方用** 字元钦，祁门在城人。金华教授。"弘治十七年举人。

黄友谅[1]，一黄尚礼[2]，一张宗杰[3]，……，一汪屺[4]，一许鼏[5]。

……

宪伯坊　程昌。

方伯坊　有二：为谢蓄、程泰立。

绣衣坊　有五：……，一程昌，……，一吴琼。

五马坊　有四：一汪回显，一汪彬，一叶藟，一方敏。

翰林坊　王珦。

父子宪臣坊　汪标、汪溱。

……

桥梓联芳坊　谢理、谢溥[6]。

父子进士坊　汪回显、汪直。

……

双凤坊　李振闻[7]、李友闻。

……

紫薇坊　孙迪。

……

贞节坊　有二：……，一汪希周妻汪氏。

双节坊　为王璇妻李氏[8]立。

---

[1]嘉靖《徽州府志》卷十三《选举中·科第·国朝》载："**黄友谅**　祁门九都人。"永乐九年举人。

[2]万历《祁门县志》卷三《人物志·宦达·乡贡·国朝》载："**黄尚礼**　《春秋》。崇阳训导。"成化十三年举人。

[3]嘉靖《徽州府志》卷十三《选举中·科第·国朝》载："**张宗杰**　祁门人。安远教谕。"永乐九年举人。

[4]嘉靖《徽州府志》卷十三《选举中·科第·国朝》载："**汪屺**　字秀之，祁门朴里人。国子监助教。"正德十一年举人。

[5]万历《祁门县志》卷三《人物志·宦达·乡贡·国朝》载："**许鼏**　《春秋》。中顺天试。"嘉靖七年举人。

[6]万历《祁门县志》卷三《人物志·宦达·乡贡·国朝》载："**谢溥**　字公济。《春秋》。知长汀县，改政和。裁冗费，革例钱。会清戎苛刻，属县多望风行赂，溥独晏然。溥故有廉直声。责赂者，不敢睨。王阳明剿武平挂坑象洞，檄溥给饷，称有方。长汀祀名宦。年八十，两县耆民数十来寿。理子。"弘治十一年举人。

[7]万历《祁门县志》卷三《人物志·宦达·乡贡·国朝》载："**李振闻**　《春秋》。以儒士中。"景泰四年举人。

[8]万历《祁门县志》卷三《人物志·女贞·国朝》载："**李氏**　名瑗，在城王璇妻。年二十八，璇死。李守节，抚孤宾，为婆方氏名舅，生子诏浩。宾亦死，方年二十四，同姑守节，三遭火艰，苦不堪。姑妇晏如，称一门双节。"

尚义坊　*张希本。*[1]

二、小结

根据坊主小传等信息，出现在嘉靖《徽州府志》中的"解元坊"应该是3座牌坊而不应该是"三主坊"。因为虽然三人都是"解元"，但他们不同宗，不同科〔万历《祁门县志》卷三《人物志·宦达·乡贡》载，叶琦为景泰癸酉(1453)科解元，谢维诚为嘉靖甲午(1534)科解元，王讽为嘉靖丁酉(1537)科解元〕，三人小传上没有表明是亲属关系，况且叶琦为解元早于谢维诚81年，早于王讽84年。

综上，排除与永乐《祁阊志》和弘治《徽州府志》中同坊主牌坊，嘉靖《徽州府志》记载祁门新增牌坊52座：科举功名坊49座，节孝贞烈坊2座(汪希周妻汪氏"贞节坊"，王璇妻李氏"双节坊")，善行义举坊1座(张希本"尚义坊")。

第四节　万历《祁门县志》中的牌坊

根据祁门县地方志办公室整理并印行的《祁阊志(外四部)》：万历《祁门县志》除了序、纂修人姓名、凡例等外，共分天文、地理、人物、人事4卷32目，其中卷四《人物志》记载有牌坊。

一、卷四《人物志·坊》中的牌坊

排除与本章前三节重复信息，万历《祁门县志》卷四《人物志·坊》信息如下：

……

---

[1](嘉靖)徽州府志　(弘治)休宁志[M]. 北京：书目文献出版社，1998：31—32.

国朝

……

进士 为……,周昌[1],……,谢志道,……,吴自新[2],谢宗伦[3],余孟麟[4],谢存仁[5],冯伟[6]立。

……

经魁 为……,冯伟立。

……

父子传胪 为余光、余孟麟立。

……

经元进士 谢瑄、谢镒。

……

文魁 ……,汪洪[7]。

鸣凤 李友闻。

……

---

[1]万历《祁门县志》卷三《人物志·宦达·进士·国朝》载:"周昌 字文昌,未廷试,卒。"永乐二十一年举人,二十二年进士。

[2]万历《祁门县志》卷三《人物志·名硕·国朝》载:"**吴自新** 字伯恒。少补诸生,天台耿先生督学南畿,倚重之。登进士,授工部都水司主事,出董徐、吕、洪务。已,迁南河,数往来浚渝,河不溢流。已,入为膳部郎中,督工大内,程材而赋,量役而精,貂珰亡所干没。已,出守杭州,镇以公廉,有重犯藏亡勋贵家,执而锄之;勋贵至,重足不敢潜。境内豪宦,当大辟,论如律,监司阴为关说不得。岁省织府钱数千缗。杭人感之,立像祠。已,迁兵备副使,历左右布政,皆于浙。岁大祲,百方燠休,民不知饥。麾例金不顾,又出岁所羡〔锱〕以佐兵饷。巡抚河南,会陈卒以饷不时,聚而哗,乃阴按其事首数辈,格杀之,余党立解散。晋南刑部右侍郎。卒。盖尝从耿先生游,讨论秘〔纪〕,故能以恢才应务,不滑淳衷,而好《易》,构洗心轩。所著诗若文,藏于家。"嘉靖四十三年举人,隆庆二年进士。

[3]万历《祁门县志》卷三《人物志·宦达·进士·国朝》载:"**谢宗伦** 字子叙。知顺德县,历三月堂事,凡七日,衙门弊蠹及士气民风,无一不振刷。卒于官,顺德人痛涕,失良有司。应龙侄。"隆庆元年举人,二年进士。

[4]万历《祁门县志》卷三《人物志·宦达·进士·国朝》载:"**余孟麟** 字伯祥。江宁县籍。会魁,殿试第二人。历官翰林院学士、南京祭酒。光子。"嘉靖四十三年举人,万历二年进士。

[5]万历《祁门县志》卷三《人物志·宦达·进士·国朝》载:"**谢存仁** 中壬辰会试,任户部云南司主事。"万历十六年举人,二十三年进士。

[6]万历《祁门县志》卷三《人物志·宦达·乡贡·国朝》载:"**冯伟** 字俊卿。长兴籍。今任南京大理寺正。"万历二十二年举人,《易经》,魁;二十三年进士。

[7]万历《祁门县志》卷三《人物志·宦达·乡贡·国朝》载:"**汪洪** 《春秋》,任辰州同知,改宁波。"成化十年举人。

英华　汪子(俨)〔严〕[1]。

……

世科　汪芳、汪瀚、汪屺。

登科　……，马锡[2]，方若坤[3]。

……

四俊　谢师训、王京祥[4]、谢兴隆[5]、许试[6]。

……

登庸　李端明[7]，胡守忠[8]，王家宾[9]。

彩凤　胡世英[10]，光文谟[11]。

登云　方用[12]。

---

[1]万历《祁门县志》卷三《人物志·宦达·乡贡·国朝》载："**汪子严** 《春秋》，以岁贡中顺天府试，任山东灵山卫教授。"正统三年举人。

[2]万历《祁门县志》卷三《人物志·宦达·乡贡·国朝》载："**马锡** 字公福。生绝干谒，知长山县。忤当道，改南康教授，推白鹿洞院长，修洞《志》。升南雄府判。督兵平贼，署保昌，始兴有声。致仕，著《双桥稿》。"嘉靖十三年举人。

[3]万历《祁门县志》卷三《人物志·宦达·乡贡·国朝》载："**方若坤** 字子静。由选贡中。知桂平县，省刑、励操、崇先哲，豪健舞文。及吏胥为奸者，不得逞。会司理有责略者，坤不应。阴诬坤，部使者劾坤，时在劾四十余人，铨部独以坤素有令闻，仍留坤桂平。然卒用是去。居林下，诗酒自娱，绝迹公门。谦孙。"嘉靖十九年举人。

[4]万历《祁门县志》卷三《人物志·宦达·乡贡·国朝》载："**王京祥** 字用极。《礼记》，亚魁。知湖阴县，有才略，持己庄廉。先是贫民多逃赋旷业，王招复之。裁夫役，以当其赋。单骑行村落，课耕，以乡正察其勤惰，几无旷士。又尝省兑耗，罢贾贴，擒巨贼。民甚德之。"嘉靖三十一年举人。

[5]万历《祁门县志》卷三《人物志·宦达·乡贡·国朝》载："**谢兴隆** 字孔吉。《春秋》，知云和县，廉谨。天旱，徒步数十里祷山川，受劳、暑，死为云和。凡二年，囊无余积。"嘉靖三十一年举人。

[6]万历《祁门县志》卷三《人物志·宦达·乡贡·国朝》载："**许试** 字廷扬。知将乐县，大治。迁漳浦。爱民鉴士，廉洁自持，不徇干谒，有古循良风。然竟以触忤权贵，致仕。林居，抱直茹清，为乡人所严重。"嘉靖三十一年举人。

[7]万历《祁门县志》卷三《人物志·宦达·乡贡·国朝》载："**李端明** 字公撰。《春秋》，任黄州府推官。"万历元年举人。

[8]万历《祁门县志》卷三《人物志·宦达·乡贡·国朝》载："**胡守忠** 字敬夫。《书经》。"万历四年举人。

[9]万历《祁门县志》卷三《人物志·宦达·乡贡·国朝》载："**王家宾** 字尧卿。《书经》。盐城教谕。"万历十三年举人。

[10]万历《祁门县志》卷三《人物志·宦达·乡贡·国朝》载："**胡世英** 山东籍。"嘉靖四十年举人。

[11]万历《祁门县志》卷三《人物志·宦达·乡贡·国朝》载："**光文谟** 字子明。《书经》。府学。"万历七年举人。

[12]万历《祁门县志》卷三《人物志·宦达·乡贡·国朝》载："**方用** 《春秋》。质直好义。任钱塘教谕，典试四川，升金华府教授。"弘治十七年举人。

　　凌云　周昂[1]。

　　科第世家　谢霖等。

　　……

　　侍郎都宪　吴自新。

　　榜眼学士会魁　余孟麟。

　　……

　　绣衣柱史台宪　……，胡深，……，康永韶，余光，李叔和，谢志道，康海[2]。

　　司谏　……，郑维诚，蒋贯，……

　　……

　　节铖宪臣　叶宗春。

　　文宗　郑维诚。

　　五马　……，康汝芳，……，郑建，李汛，吴琼，吴自新，叶宗春。

　　恩敕　李汛父灿[3]，叶宗春父实[4]，吴自新父明德[5]，俱主事。

　　旌节坊　谢畸妻李氏[6]，……，汪永祥妻林氏[7]，……，程克良妻陈氏[8]，

---

　　[1]万历《祁门县志》卷三《人物志·宦达·乡贡·国朝》载："周昂　《春秋》。任宁州学正。两典试。"成化二十二年举人。

　　[2]同治《祁门县志》卷二十四《人物志·忠义·明》载："康海　字德广，居十五都礼屋。洪武辛亥岁贡。使辽东有功，授福建道监察御史，又任四川道监察御史。以直谏谪烈山，饿七日卒。先题其词于案，曰：'圣主唐虞，钦哉帝俞，触犯龙颜，死谏无吁。'时诏复原任，海已殁。后杭州知府唐隆盛旌其门曰'一代忠节'。"

　　[3]万历《祁门县志》卷三《人物志·宦达·封赠·国朝》载："李灿　以子汛贵，赠南京工部主事。配方氏赠安人。"

　　[4]万历《祁门县志》卷三《人物志·宦达·封赠·国朝》载："叶实　悃愊无华，轻则嗜义，以子宗春贵，赠户部主事，加赠中宪大夫、金华府知府，配方氏赠安人，加赠恭人。"

　　[5]万历《祁门县志》卷三《人物志·宦达·封赠·国朝》载："吴明德　以子自新贵封主事，配李氏封安人。"

　　[6]同治《祁门县志》卷三十一《人物志·列女·明》载："西隅谢畸妻李氏　年二十七守节至殁，正统中旌。"

　　[7]万历《祁门县志》卷三《人物志·女贞·国朝》载："林氏　庠生汪永祥妻。祥死，无子，林年二十二。以祥兄子为子，守节不变。有司奏闻旌表。"

　　[8]万历《祁门县志》卷三《人物志·女贞·国朝》载："陈氏　名美贞，庠生程克良妻，生子二岁，克良死。家贫。陈年二十守节，七十有四，卒。成化五年，有司奏闻。旌表。"

汪舍芳妻余氏[1]，(程)〔谢〕训妻黄氏[2]，汪希和妻余氏[3]，马纯妻方氏[4]，谢与点妻汪氏[5]。

双节　……，陈实妻方氏。

……然亦多毁废不存。[6]

二、小结

综上，排除与前三节同主坊，万历《祁门县志》共新增牌坊55座：科举功名坊43座，节孝贞烈坊9座，封赠例授坊3座。

第五节　道光《徽州府志》中的祁门牌坊

道光《徽州府志》卷十三《人物志三·列女》和卷十六《杂记·附人瑞》都载有祁门节孝贞烈坊坊主信息。

---

[1]万历《祁门县志》卷三《人物志·女贞·国朝》载："余氏　汪舍芳妻。年二十八，舍芳死，守节五十八年，有司奏闻。旌表。"

[2]万历《祁门县志》卷三《人物志·女贞·国朝》载："黄氏　廪生谢训妻。生子夔三岁。训死，时年二十六，勤抚孤，事舅姑竭孝，守节三十余年，有司奏闻。旌表。"

[3]万历《祁门县志》卷三《人物志·女贞·国朝》载："余氏　汪希和妻。年二十一，和死，余阖户毁容，课子读书，不与知人间事，逾七十，卒，巡台奏闻。旌表。"

[4]万历《祁门县志》卷三《人物志·女贞·国朝》载："方氏　城北马纯妻。年二十一，纯死，淮邸讣闻，引绳绝粒，救苏，姑曰：'有侧氏子在，且幼，死未宜。'乃勉抚子，矢节四十余年。又尝割股救姑。监察御史姚奏闻。旌表。子大辅，解州同知。"

[5]万历《祁门县志》卷三《人物志·女贞·国朝》载："汪氏　一都谢与点妻。幼娴《内则》。年二十四，点死，子存仁仅二周，堂上惟继姑汪氏，无当户者，日夜辟纑，佐所不给，而啬其用，即一饱自吝，依依姑帷榻间，见少不怿，辄请谢环立，色解乃已。比姑卧病中，夜数起，进汤食三年，不言倦。然姑甚慈，亦赖姑以立，又沉慧，寡言笑。仁少时，妨之若处女，不令从群儿嬉，塾夜归来，辄课日所受书。比长，察所行谊，不少姑息，然不事扑箠，有不当，唯色怒泪下。仁承之，若有甚于扑箠，故有就。万历乙未，御史王奏闻。旌表。卒年六十五。存仁成进士。"

[6]祁门县地方志办公室.祁闿志(外四部)[M].祁门：祁门县地方志办公室，2009：281-284.

一、卷十三《人物志三·列女》中的祁门牌坊

道光《徽州府志》卷十三《人物志三·列女》共登载祁门节孝贞烈坊坊主信息182条：节妇坊坊主信息148条(元代3条，明代23条，清代122条)，节烈坊坊主信息19条(宋代1条，元代1条，明代2条，清代15条)，贞女坊坊主信息14条(均为清代)，贞烈坊坊主信息1条(明代)。

在这182条坊主信息中，见于本章前四节的共10条(均为明代节妇信息)，其余172条坊主信息如下。

(一)卷十三《人物志三·列女·节妇》中的祁门牌坊

元：

胡子仁妻谢氏　至正壬辰，蕲黄寇至，从夫避难山中，夫毙于兵，氏年二十余，子裕、佑俱幼，遭乱家破，忍死抚孤，以寿终。

郑夔妻陈氏　郑，奇墅人，殁，氏守志以孝敬称。

胡梦昌妻吴氏　胡，凫溪人，殁。氏守志抚孤应科，科卒诸孙幼，更勤抚养，卒年八十一。

明：

……

张希用妻汪氏　张，石坑人，赠参议，氏赠恭人。夫殁，抚子翰，孙敏成进士，官四川布阵司参议。

汪德昭妻胡氏　汪，朴墅人，殉父难于金陵。氏遗腹生子仕贤，抚之成立。

……

倪本诚妻胡氏　倪，渚口人，赠尚书，氏赠夫人。年十八夫殁，抚遗腹子道建，曾孙思辉官户部尚书。

……

方杲妻许氏　方，伟溪诸生，赠兵马司，殁。氏守节抚子征甫成立，孙滨官五城兵马司。

仰门双节　斜汉仰玘妻程氏，夫殁抚子高长娶妇谢氏，一载高死，谢氏

同姑茹苦以守。

……

谢与爵妻胡氏　谢,本城人,殁,氏忍死事姑。

程天佑妻余氏　程,程村人。

程门双节　善和监生程镔妻汪氏,夫艰于嗣,脱奁资买妾耿氏。夫殁,二氏矢志守节。

谢锡智妻章氏　西隅中丞存仁冢妇。

陈时有妻汪氏　陈,西隅人。

陈克绍妻汪氏　陈,石墅人。

张禧妻汪氏　张,石坑人,商豫章,为叛藩兵所逼赴水死;氏年十九,守节,抚子珪成立。

汪文燥妻饶氏　夫亡无子,为翁娶妾生三子,翁殁,氏抚之成立。

以上二人据《江南通志》补。

以上旌表建坊,据旧府志及祁门县志登载。[1]

国朝:

叶世荣妻张氏　叶,本城人。

汪大琏妻林氏　汪,侯潭人,子名文奇。

张守爵妻黄氏　张,石坑人,殁。氏抚子钦守节,子孙皆列庠序,曾孙清熙领乡荐。

张为锴妻李氏　张,石坑人,殁。氏抚孤读书,寿至九十。曾孙启光明经,官寿州学正。

方肇魁妻程氏　方,城南人,子国瑞、国祥。

倪起扶妻郑氏　倪,渚口人。

程圻妻谢氏　程,善和人,殁;氏继侄锡志、锡恩。

叶光辉妻周氏　叶,本城人。

马任侯妻胡氏　马,城南人;氏继姑汪氏原以守节绝粒死,氏年二十夫殁,守节,抚子腾游庠,孙惠领乡荐。

吴光岳妻汪氏　吴,渚口人,殁,氏守节,扶嗣子家驹游庠。

倪国熙妻吴氏　倪,渚口人,殁;氏抚孤完娶,孤又亡,姑妇相依守节。

[1]道光徽州府志(三)[M]. 南京:江苏古籍出版社,1998:365-366.

林自甫妻饶氏 林,漳溪人。

许柏孙妻洪氏 许,九都人。

许世高妻汪氏 许,九都人。氏幼育于许,完婚三载夫殁,遗子又夭,艰苦孝养。

马门双节 城东马承宝妻陈氏,夫殁守节,抚子宗禄成立,娶妇谢氏禄又亡,遗腹子名时,姑妇同抚以守。曾孙起桓为明经。

汪门双节 伦坑汪大玫妻陈氏、妾方氏,夫殁,同矢志守节,抚子宗泗入太学,起拴成立,孙曾并列庠序。

洪承楷妻马氏 洪,檗墅人,殁;氏守节,抚子秉元入太学,秉伦职理问,孙谟、璇并列庠序。

陈元楫妻倪氏 陈,桃源人。

方之江妻谢氏 方,茅山人,殁。氏守节,抚子文榄、文榴成名。

方树蔚妻许氏 方,城北人。

谢正僮妻张氏 谢,城西人,殁,氏守节,抚子洪成名,孙文熙游庠。

康光寿妻郑氏 康,碧桃人,子名宗佑。

廖兆珪妻程氏 廖,石门人。

汪国栋妻洪氏 汪,朴里监生;氏,石阡太守洪彬女,夫殁守志,抚二孤煮、燮,煮复夭,燮成名。

黄如冈妻谢氏 黄,院岭人,子名基垣。

汪荣庆妻冯氏 汪,汪村人。

倪前积妻吴氏 倪,渚口人。

汪福恺妻黄氏 汪,朴里监生。

陈永造妻王氏 陈,闪上诸生,殁,氏守节抚子宗琥食饩。

胡门三节 凫溪监生胡兆美妻洪氏,夫殁,抚子其锡、其钰成立。锡、钰继亡,锡妻张氏抚子志济,钰继妻吴氏抚前室子志汝。均以守节终。

郑光献妻胡氏 郑,奇峰人,氏名应兰。

汪士发妻郑氏 汪,查湾人,殁;氏矢志,继侄怀谨承祧,孙近思游庠。

许积里妻张氏 许,双溪人,殁;氏继侄远报。

汪福和妻叶氏 汪,朴里人。

洪门双节 虎溪监生洪兴起妻张氏,夫殁,偕妾袁氏抚子守志至老。

汪又鼎继妻谢氏 汪,朴里人,继侄新琬。

胡上里妻汪氏　胡,鳙潭人。

胡上珍继妻郑氏　胡,鳙潭贡生。

余德荣妻饶氏　余,枫林人,殁;氏守节,抚子世炜成名,孙杰游庠。

程从寿妻郑氏　程,八都人。

马门双节　城东马日铤妻谢氏,孙诸生起桐继妻仰氏,均青年守节。谢氏继侄浩承祧,仰氏继侄文嘉教诲游庠。

马珂妻汪氏　马,城东人。

马振权妻谢氏　马,城南人,殁;氏守节,抚子勋成立,孙锐游庠。

汪登延妻于氏　汪,本城人。

倪光拯妻谢氏　倪,千佛人。

倪昭珠妻郑氏　倪,千佛人。

胡为坊妻张氏　胡,本城人,殁;氏守节,抚子善焘成立,曾孙朴任典史。

马嘉继妻方氏　马,城北举人,值明甲申之变,自经死,祀忠义,其姊妹均以节著,氏守志抚孤。

汪兆英妻王氏　汪,彭垅人;氏名月芳,夫殁,抚子有本、有源成立,有源及孙炳文皆游庠。

谢士佳妻马氏　谢,城北人,子名永康。

徐锟妻马氏　徐,华里人,赠登仕佐郎;氏名赛兰,封孺人。夫殁,继侄志溥承祧,守节至老。

胡仁墉妻谢氏　胡,郑坑人。

马鸣玱妻胡氏　马,城南监生,子有骧游庠。

王兆达妾周氏　王,下若监生,继子名崇捷。

陈所坚妻谢氏　陈,石墅人。

胡大儒妾胡氏　胡,本城人,职川同,殁;氏守节,抚子承业、承恩成名。

胡有燃妻方氏　胡,城西人;氏名象弟。

鲍国瑞妻黄氏　鲍,本城监生,殁;氏守节,继侄希照游庠。

胡有焞妻王氏　胡,城西人;氏名珠。

汪进宏妻胡氏　汪,城东人。

汪进灵妻胡氏　汪,城东监生,殁;氏守志,抚子光荣游庠。

谢敬琇妾黄氏　谢,城西人,子名清。

冯正连妻王氏　　冯,中井人,子廷楫、廷榜。

梅辉昊妻方氏　　梅,天源人,孙俊杰游庠。

汪有起妻蒋氏　　汪,大坦人。

汪德洋妻曹氏　　汪,伦坑人,殁;氏矢守,抚子会渠游庠授明经,孙洁游庠,楷入太学。

张联捷妾方氏　　张,芝溪监生,殁;氏守节,抚子鹏彪成名。

倪昭松妻郑氏　　倪,千佛人。

倪昭柏妻陈氏　　倪,千佛人。

倪昭秾妻吴氏　　倪,千佛人,训导光升长子。

叶大义妻汪氏　　叶,里源人。

叶祖玫妻王氏　　叶,古竹人。

陈英宪妻王氏　　陈,横头人。

郑公濮妻张氏　　郑,湘源人。

胡仁栋妻汪氏　　胡,本城监生,殁;氏守志,抚子云灼、云炳成名。

谢圣恩妻汪氏　　谢,本城诸生。

胡启芳妻程氏　　胡,本城人。

谢文辏继妻方氏　　谢,本城人,殁;氏守志,抚孤成立,孙鸣铎游庠。

汪光湘妻倪氏　　汪,石谷监生,继子名明性。

汪进勋妻程氏　　汪,大坦人。

胡存义妻张氏　　胡,本城人。

谢兆洄继妻胡氏　　谢,城东人,殁;氏抚子必棹成立,守节以终,孙曾均入庠序。

汪进家妻胡氏　　汪,城东人。

汪丙妻杨氏　　汪,韩溪诸生,继子名嘉棣。

倪起铄妾汪氏　　倪,渚口人。

汪正熟妻谢氏　　汪,石谷人,继子嘉猷游庠。

廖时澄妻方氏　　廖,北隅人。

汪门双节　　石谷汪梓妻叶氏、妾王氏,夫殁守节,同心抚子。

廖得兆妻陈氏　　廖,石门人,礼部儒士。

程康炫妻徐氏　　程,善和人,子名茂城。

盛大顺妻方氏　　盛,间源人。

胡家浩妻马氏　胡,本城人,氏抚子棠游庠。

胡文挥妻张氏　胡,胡村人。

谢宗杰妻周氏　谢,旸源人。

汪烈妻郑氏　汪,大坦副贡生,殁;氏抚二子垣、城成立,城及孙觐、光皆游庠。

倪昭宪妻陈氏　倪,千佛人,殁;氏守志,姑疾刲股疗之。

汪兆谅妻王氏　汪,东隅人,子名铭。

倪玉珍妻郑氏　倪,千佛人。

陈之情妻王氏　陈,横头人。

谢家栗继妻黄氏　谢,本城人。

王自煜妻陈氏　王,上若人,殁;氏抚二孤守节,长镔成名。

陈启徕继妻王氏　陈,李源人。

张骥銮妻许氏　张,石坑人。

汪沾雯妻胡氏　汪,查湾人,殁;氏守志,抚子作成游庠。

陈元植妾汪氏　陈,沙湾人。

孙元相妻吴氏　孙,祖峰人。

李国彦妻倪氏　李,鳙潭人。

胡仁松妻洪氏　胡,本城人。

项世义妻蒋氏　项,鳙溪人。

黄基安妻谢氏　黄,院岭人。

汪添喜妻胡氏　汪,正街人。

谢庭馨妻汪氏　谢,本城人,子染衣游庠。

洪润继妻陈氏　洪,檡墅诸生。

谢鹏梅妾黄氏　谢,城西监生,殁;氏随嫡饶及庶姑冯守志,抚孤汝琦成名,孙维能贡生,维藩、维甸俱邑庠。

汪振帐妻郑氏　汪,大坦人。

汪瑞昌妻方氏　汪,朴墅人,子名永裕。

谢善炳妻胡氏　谢,旸源职员,子志仪游庠。

陈良谋妻汪氏　陈,石墅人。

谢必枺妻张氏　谢,城东人,殁;氏守志,抚子魁成名,孙二均游庠。

洪允郎妻汪氏　洪,檡墅人。

马起桐妻仰氏

康宗昭妻郑氏

以上旌表建坊,据旧府志、祁门县志及采访册登载。[1]

(二)卷十三《人物志三·列女·节烈》中的祁门牌坊

宋:

黄天衢妻程氏 黄,左田进士;氏随夫赴任新乡,舟遇盗投夫于水,渔人救起。盗乘夫溺,擒氏欲辱之,不屈,被盗剖胸而死。

元:

郑永寿妻康氏 郑,奇峰人。至正丙申寇至,氏随夫避难,遇贼自刎,时年三十六。

明:

倪大绶继妻胡氏 倪,渚口人,官泸州吏目,殁于王事,氏年二十四,绝粒数日死。

方应凤妻饶氏 方,北隅人,殁;氏恸绝复甦,比葬虚右圹,服阙设奠尽哀,阖户饮药死。

以上旌表建坊,据旧府志及祁门县志登载。[2]

国朝:

吴必琮妻倪氏 吴,渚口人,殁;氏自经,时年十九。

倪国观妻吴氏 倪,渚口人;氏年二十余夫亡,葬夫毕,置酒请族中绅耆立侄为嗣,其夕投缳死。

胡乾霁妻郑氏 胡,贵溪人;氏年二十夫故,即日投缳。

吴升统妻倪氏 吴,渚口人;氏年二十余,夫客景镇,里人某以金邀之,氏忿,召夫归,投河死。

吴云飞妻汪氏 吴,渚口人;遂父商于六,归以痼疾溺死,氏自经。

倪前全妻郑氏 倪,渚口人,殁;氏自经。

倪前杰妻陈氏 倪,渚口人,殁;氏请翁为夫立嗣,遂自经。

[1]道光徽州府志(三)[M]. 南京:江苏古籍出版社,1998:369–371.

[2]道光徽州府志(三)[M]. 南京:江苏古籍出版社,1998:390.

王日珪妻倪氏　王，严潭人，殁；氏矢志，继侄为嗣，事姑至孝，姑殁丧殡毕绝粒七日而死。

陈守福妻汪氏　陈，横头人，殁；氏俟殡葬毕，自缢而亡。

倪昭桓妻汪氏　倪，渚口人；氏年十九夫殁，请伯子承祧，夫出殡后投缳不死，是夜复持刀自刎。

马承轩妻汪氏　马，城南人，殁；氏抚子任宠，逾年宠殇，绝粒七日而死。

廖世源妻胡氏　廖，石门人，殁；氏继侄承祧，丧殡尽礼毕，扃户自经，距夫死五日。

汪景星妻马氏　汪，东隅人；氏名翠，孝廉马嘉姊，早寡。戊子城陷，氏恐被辱，仓惶入井死。

胡某妻马氏　名榴，孝廉马嘉妹，早寡，夜半盗入室，恐为盗逼坠楼死。

汪马氏

以上旌表建坊，据旧府志、祁门县志及采访册登载。[1]

(三)卷十三《人物志三·列女·贞女》中的祁门牌坊

国朝：

马恒聘妻汪氏　马，城南人；氏，查湾汪震英女。恒殁，讣闻，不食数日。母曰："汝为马氏死，不可死于汪氏之门。汝舅姑客维扬，子死又重以媳，得毋伤二人心。"遂饮蔬水，坐楼三年，足不履地。舅姑迎之以归。

马任傅聘妻黄氏　马，城南人；氏，邑令黄图公女。令爱任傅才，许以女。令卒，任傅亦亡，女年二十四，闻讣哀经归马，泣拜姑前，乞侄日达为嗣，事姑鞠子，守贞以终。

郑华家聘妻李氏　郑，奇峰人；氏，李登爵女，未婚夫殁，过门守贞，抚子书田为茂才，孙绳祖成进士。

康光礼妻郑氏　康，碧桃人；氏年十六于归，夫病重，甫入门而殁，矢志守贞。

陈光恺聘妻郑氏　陈，樵潭人；氏年十四恩养陈门，未婚夫殁，坚贞不二，姑病割股疗之。

[1]道光徽州府志(三)[M]. 南京：江苏古籍出版社，1998：391.

吴学瑷聘妻程氏　吴,武陵人;氏,环沙程元铭女,年十六闻瑷殁,过门守贞,抚侄士斌承祧。

汪大翻聘妻倪氏　汪,黄龙人;氏,渚口倪光璐女,未婚翻殁,氏闻讣即赴汪门守志,抚继子二成立。

胡昌遠聘妻叶氏　胡,渚口人;氏九岁恩养胡门,未婚夫殁,甘心守贞,继侄为嗣,寿至八十。

汪廷绍聘妻倪氏　汪,石潭人;氏名旺弟,伊川倪前瑞次女。绍殁,氏请于父母,素服奔丧,求伯叔各以一子承祧,孝养孀故二十年。姑殁丧事尽礼毕,绝粒十四日而死。

胡芝芹聘妻汪氏　胡,罗源人;氏,查湾汪起乔女,九岁恩养胡门,十五岁未婚夫殁,抚侄云门承祧。

汪桂祥聘妻章氏　汪,查湾人;氏幼为养媳,年十六至婚期未合卺夫殁,誓志守贞,继侄长发为嗣。

王日煜聘妻胡氏　王,严潭人;氏,贵溪胡永昌女,年十六未婚,闻讣奔丧,为夫立后,守贞以终。

吴云韶聘妻汪氏　吴,渚口人;氏,石潭监生汪昆女,年十六夫殁,闻讣奔丧,继侄际旭贞守。

汪氏贞孝女　石谷汪之泰女,名凤,夫亡,母患疯疾,弟幼,女事母抚弟,终身不字,卒年六十。

以上旌表建坊,据旧府志及祁门县志登载。[1]

(四)卷十三《人物志三·列女·贞烈》中的祁门牌坊

明:

李天眷聘妻谢氏　李,孚溪人;氏,旸源谢世显女,未嫁夫天,氏请往吊,哭极哀绝,而复甦者再。为夫立嗣,既长娶妇,曰:"吾有子妇可养姑矣。"遂沐浴更衣,不食死。"眷",通志作"春"。

此一人旌表建坊,据府县两志登载。[2]

[1]道光徽州府志(三)[M]. 南京:江苏古籍出版社,1998:392.

[2]道光徽州府志(三)[M]. 南京:江苏古籍出版社,1998:393.

二、卷十六《杂记·附人瑞》中的祁门牌坊

祁门章时迅妻汪氏　年登百岁，旌表建坊。[1]

三、小结

道光《徽州府志》新增祁门牌坊173座：节孝贞烈坊172座（宋代1座，元代4座，明代16座，清代151座），百岁期颐坊1座。

第六节　同治《祁门县志》中的牌坊

江苏古籍出版社1998年版同治《祁门县志》[2]影印本，系据同治十二年（1873）刻本影印，共36卷首1卷，是祁门县旧时最后一部县志。该志《重修祁门县志凡例》开篇指出："前志修于道光丁亥，今从丁亥以后编辑至同治壬申志成之日为断。"[3]道光丁亥为道光七年（1827），同治壬申为同治十一年（1872），新增资料时间跨度前后45年。该志是一部通史志，"各门记载，见前志者注明某志，新编入者注明采访，以示区别"[4]。关于坊表，该志既有道光七年（1827）至同治十一年（1872）年间内容，也有康熙旧志、道光旧志的内容，这为认识清代祁门牌坊提供了方便。

一、卷十一《舆地志·坊表》中的牌坊

排除与本章前五节重复坊信息，同治《祁门县志》卷十一《舆地志·坊表》其余信息如下：

---

[1]道光徽州府志（三）[M]. 南京：江苏古籍出版社，1998：519.

[2]同治祁门县志　光绪祁门县志补[M]. 南京：江苏古籍出版社，1998.

[3]同治祁门县志　光绪祁门县志补[M]. 南京：江苏古籍出版社，1998：9.

[4]同治祁门县志　光绪祁门县志补[M]. 南京：江苏古籍出版社，1998：9.

科第坊　在学左,历代科甲题名。

……

忠烈坊　在南门外朴里汪祠,为越国公[1]建。

廉宪坊　为郑进善[2]建。

……

---

[1]越国公即汪华。弘治《徽州府志》卷七《人物一·勋贤·唐》载:"**汪华**　字国辅,一字英发,世家新安,今绩溪登源人,宋司马叔举四世孙也。曾祖泰,祖勋,父僧莹,皆仕陈。母歙西郑氏。华生至德四年,幼颖慧,孤而贫,母挈归外氏,母亦寻卒。九岁为舅牧牛,每出常踞坐盘石,气使群儿。常令群儿刈茅营屋,曰'室成,吾且椎牛以犒若等',卒取舅牛分食之,牛尾插地。既归,舅问牛所在,对:'已入地矣。'舅素异之,不深诘。及长,身长九尺,广颡方颐,庞眉隆准美髭髯,不事田业,落魄纵放。从父宝欢仕隋,为大将军。华闻睦州有演公习武事,往从之游,时年十八。还,以勇侠闻。大业之乱,以土豪应郡募,平婺源寇有功。时杜伏威起江淮,郡将张某欲与相应,心独忌华,乃遣如箬岭山开道,欲因事诛之。华与裨将汪天宝领兵开拓,不日而毕。比还,张不加礼,更劾以差役不均,稍侵之。华怒,将士突入府阃。张惧,遁去。郡人欢请摄刺史,以镇一方。宣守闻之,将遣兵来战。华分部诸屯,自以精兵八百人先入宣境。未至三十里,宣将陈罗明出敌败走,华击斩之。宣守面缚降,释不问因,抚定其民,选其精锐以归。既而,杭、睦、婺、饶等四州相继皆下。时新安郡治黟,华乃迁治休宁之万安山,以凭其险。奄有六州,带甲十万,诸将议谓:'中原分乱,大众已集,若但以刺史统军之号临之,恐复瓦解。'乃建号称吴王,以弟天宝为右长史,铁佛为左长史,其他将佐择贤且才者处之,然奉隋正朔。义宁中,迁治歙之乌聊山。为政明信,远近爱慕,虽四方大扰,部内赖以平安者十余年。及唐高祖受隋禅,而秦王出师江左,华曰:'日月出矣,爝火不息,可乎!'武德四年九月甲子,乃籍土地民兵奉表于唐,其词云:'乾坤革运,帝王有真,据地利之善便者当思天命之攸属。臣本田家,强起山谷,不忍盗贼戕害生民,遂率一方,相与保聚,伊图左右,率属归心,故能赈乏窒奸,镇安境土,抚养黎庶,以俟定一。今闻应天受禅,革命肇基,敢令宣城长史铁佛奉表以闻。'高祖嘉之,是月二十二日诏曰:'具官某,往因离乱,保据州乡,镇静一隅,以待宁晏,识机慕化,远送款诚,宜从褒宠,授以方牧,可使持节,总管歙、宣、杭、睦、婺、饶等六州诸军事,歙州刺史,封越国公,食邑三千户。'时杜伏威据丹阳,自称行台,十一月命王雄诞以饶、洪兵万余人来侵,华遣天宝等击之。天宝作铁盾,执以冲敌,伏威大败。天宝与八十人追之。贼还军合战,天宝势蹙,因奋势越巨石,所践成迹,贼军惊异,乃退,郡境以宁。及伏威入朝,其长史辅公祏夺王雄诞兵以叛,伪建位号,华引兵讨之。公祏惧,退保武康,丹阳遂平。华振旅还,令兵民各复其业。明年,遂朝于京师。贞观二年,授左卫白渠府统军。十七年,改忠武将军,右卫积福府折冲都尉。太宗伐辽东,诏为九宫留守。驾还,尤称其勤。二十三年三月三日,薨于长安,时年六十有四。华初疾,帝劳问赐医药;及薨,赐杂彩十床、黄金百两、东园秘器,恩礼如功臣。永徽二年,诸子以丧还葬歙北七里云岚山。父老请于郡,建祠祀之。子建,朗州都督府法曹;璨,费州涪川令;达,以征贺鲁、龟兹、高昌功,袭上柱国越国公,镇巩昌;广、逊,并飞骑尉;逵,薛王府户曹;爽,歧王府法曹;俊,郑王府参军;献,早卒。"

[2]同治《祁门县志》卷二十五《人物志·宦绩·明》载:"**郑进善**　字仲祥,居湘源。永乐间以岁荐授监察御史,巡按云南,不避权贵,奸贪胆落。旋按山东、贵州,皆有仁声。升湖广按察副使,公正不阿,积有成劳,转本司廉使,寻以病乞归。"

　　五马坊　为……、许捷^[1]、……建。

　　……

　　少宗伯坊　……；又一，在府城南街^[2]。

　　……

　　冠英坊　为汪璪^[3]建。

　　……

　　贤大夫坊　为郑晁^[4]建。

　　……

　　三世科第坊　为谢应龙、谢宗伦、谢与甲^[5]建。

　　……

　　登庸坊　为……，李秉厚^[6]建。

　　四朝勋旧坊　为谢存仁建。

　　三代文宗坊　为余光、余孟麟、余大成^[7]建。

　　父子祖孙进士坊　为汪标、汪溱、汪惟效^[8]建。

---

　　[1]同治《祁门县志》卷二十五《人物志·宦绩·明》载："**许捷**　字云宾，试之子。崇祯戊辰进士。初榷河西，入为部郎，迁宁波知府。其俗生女辄溺之，捷躬祀曹娥祠，以激励之，俗遂变。旋以边材调广西平乐府。地近蛮徼，捷威德并用，蛮民率服。升任海宁分巡道。卒。祀名宦。"天启四年举人，崇祯元年进士。

　　[2]与第二章第二节的少宗伯坊为同一坊，不纳入祁门牌坊统计中。

　　[3]同治《祁门县志》卷二十二《选举志·举人·明》载："**汪璪**　习《春秋》，居城东隅。"成化四年举人。

　　[4]同治《祁门县志》卷二十五《人物志·宦绩·明》载："**郑晁**　字晦之，居奇岭。弘治甲子举人。初任曹州学正，流贼入境，率诸生守御。升长沙府通判，为政廉平，遇赋民争先输纳。转马湖府同知，奉檄讨芒部叛蛮，平定之。居官二十余年，家人不免饥寒。卒。祀乡贤。"弘治十七年举人。

　　[5]同治《祁门县志》卷二十二《选举志·举人·明》载："**谢与甲**　习《春秋》，字孔元，宗伦子。"万历二十八年举人。

　　[6]同治《祁门县志》卷二十三《选举志·举人·明》载："**李秉厚**　习《春秋》，居十一都李源。"万历四十三年举人。

　　[7]同治《祁门县志》卷二十三《选举志·进士·明》载："**余大成**　习《书经》，孟麟孙，江宁籍。"万历三十四年举人，三十五年进士，历官山东巡抚。

　　[8]同治《祁门县志》卷二十五《人物志·宦绩·明》载："**汪惟效**　字澹石，居查湾。崇祯辛未进士。授山东青州府推官。督师廉其才，召至幕府，参赞军务，以功召补户科都事中。初为山东同考官，又主试江西，号得士。流寇内逼，疏请召凤督帅师入卫，又劾首辅陈演佐理无状，词甚切直，皆不报。"万历四十六年举人，崇祯四年进士。

尚书坊 为倪思辉[1]建。

---

[1]同治《祁门县志》卷二十五《人物志·宦绩·明》载:"倪思辉 字实符,居渚口。万历丁未进士。授太常寺博士,历吏科给事中。天启二年,保母客氏出入宫禁,怙宠窃权,思辉因颁新历上疏曰:'臣闻四时不忒昊天所以成化也,巽命不易王言所以如纶也,故曰"人君之令坚如金石,信如四时诚重之也"。皇上英明天纵,纳谏如流,顷从台省诸臣之请,奉圣夫人客氏,择于九月二十六日由就外居,前旨已较,然如四时之不爽矣。乃未逾月,而复有时常进内奉侍之谕,是天有不信之时,而君有反汗之令也。夫客氏奉侍皇上,朝夕勤劳,以十余年亲事左右者,一旦离而出外,回想平昔乳哺之恩、调护之勤,自非人情焉得恝然不一动念。但帝王之家法与士庶不同,既已出外,势不得复召入内宫禁清肃之地。令一保姆女流突然而出,突然而入,勿论观瞻不雅、物情疑骇,而以继离出震之君、九重尊严之体恋恋于阿姆而柔情难割,何以垂青史而肃家法?借曰宫闱保护有中宫在,借两宫之淑慎侍一人之起居,自然鸡鸣有警、琴瑟均偕,饮食服御之际,谅能调适中节,无烦圣虑,而何必一客氏溷列其间,并介其侧也。夫皇上之待客氏,也赐之爵号、赐之土田,亦既厚矣,无以复加矣。日昨出宫之时,传闻驺从之盛、装饰之华,扬扬长安道中,车如流水,马如游龙,真不减灌龙门上,亦可为炫耀之极、恩泽之侈矣。皇上倘一时眷恋,岁时伏腊遣一二中贵问遗存慰亦无不可,而孺慕一念,犹望皇上继述大孝用之于庆陵勿用之于客氏,以启外庭猜疑之端,开近习干预之渐,则皇上所以富贵之者正所以安全之几微之际。圣人所谨,臣愚以为时常入内奉侍之旨断不可不收回成谕也。况皇上大婚已叶,封疆多虞,伏愿啬精葆和、早发麟趾之祥,以应螽斯之庆;清心寡欲,不耽声色之娱,日惟图史之亲,而于讲学听政之暇,与辅臣儒臣部院大臣讲求天下理乱之故、内安外攘之方,庶四方之人心知皇上励精图治,而西河之寒卒亦感泣皇上每饭不忘钜鹿意也。伏乞乘此宝历新颁之时,法天之健,以割姑息之爱,守四时之信,以重涣汗之颁,抑臣愚尤有说焉。宫闱,万化之原,政事之所从出,居室之一言一动,关千里之应违,召天地之和戾,最不可不慎者。本原之地在朝廷,而辅养之责在大臣。乃今妇寺之怙权希宠不闻,封还诏书而关门之,紫气已近,黄扉袖里之弹文先被显罚,京卿之忧谗畏讥不闻,闭阁思过,而虚应弓旌,无关君德之成败,横生枝节,忍使言路之摧残,不知于大人之正己而物正者何如也。'上怒,谪福建按察司知事。寻起兵科给事中,迁通政使。又以忤魏忠贤,削籍为民。崇祯初,起为刑部左侍郎,迁南京总督粮储、户部尚书。时储政多弊,思辉综理精严,条陈四弊,疏曰:'臣奉命督储两月余矣,朝夕饮冰,殚竭绵力,得于目击者有四弊焉。一曰虚报之弊。钱粮征解,先申文报部,三军不啻云霓之望,而报解在部,钱粮仍在县,或数月不到,或经年不到,或竟延搁不到者徒以一纸虚文希图搪塞,以免参罚,而日久弊生,则虚数遂为实数矣。臣请自今钱粮报解,必以到部为准,而酌量于道里远近,按期而稽,即以解部之迟速,定吏治之良窳,庶急公者多,而延捱观望者不得施其巧也。一曰盗卖之弊。军兵以粮为命,以刻为岁,乃衙役揽头视南粮为奇货,而解役通同营运辗转生奸,往往于芜湖都会之地,经纪保家潜通气脉,递相商贩,不藉口于风涛,即借名于抢劫,而军兵入口之糈强半化为乌有矣,无官管摄,凭何稽察?臣请自今省治州县,无问官解民解,必选择能干殷实之人,每府以管粮通判督押之,粮完报竣,容臣部题请记录,以示风劝,庶输挽争鸣,而三军果腹也。一曰需索之弊。夫解户运粮至京,江湖之险,转输之苦,不知费几许心力,几幸早得收纳,弛于负担,乃地棍衙役仓夫攒斗恣意横索,科骗钱布,瓜分粮米,只图肥己,即饥军之待哺、陵京之危急,皆所不顾。臣已惩创其尤者十余人,立置之法,而清厘弊,实全在司属得人。臣请自今以需索之有无,定监收之贤否,果能洁己自好、痛革陋规者从优考核。庶人心激劝,而从来窟穴之深可立破耳。一曰挂欠之弊。解粮有批,其米数明载于批文,决无短少之理,何至临期忽有挂欠?大都奸解积歇,表里为奸,黠役猾胥,乘机攫利,无名科剋尽出,粮米半以充使费半以润私囊,而实数化为虚数矣。解户只求脱身,以挂欠为故套,飘然一去,追补何日?臣请自今以挂欠之多寡定该差之殿最,果能宽恤示恩、乐输无逋者,亦从优考核,庶费省粮完,而从前虚耗之端可永杜耳。方今上游警急,防守戒严,南庚空虚,军兵枵腹,若

恩赠刑部郎中坊 为汪彦清[1]建。

……

二品诰赠坊 为谢汾[2]、谢与点[3]建。

昭代达尊坊 为倪大有[4]建。

……

以上见康熙旧志。

……

以上见万历旧志。

奎光坊 为陈中立[5]建。

乡进士坊 为陈添祥[6]建。

桂林坊 为程文[7]建。

……

(接上页)虚报盗卖之弊不除,则那移侵蚀,其蠹在外,而南粮不至,需索、挂欠之弊不除,则城社为祟,磨牙吮血,其蠹在内,外解闻风裹足,而南粮亦不至。四弊除而储政肃,庶可补救于万一乎?他如收粮之插和、放粮之减平、屯官之拖延、军粮之隐占,种种诸弊,经前督臣所条议,臣可以白简从事者,容再补牍以进。'帝嘉纳之。逾年告归。"万历二十五年举人,三十五年进士。

[1]同治《祁门县志》卷二十二《选举志·封赠·明》载:"**汪彦清** 以子标贵赠南京刑部郎中,配陈氏赠宜人。"

[2]同治《祁门县志》卷二十二《选举志·封赠·明》载:"**谢汾** 以孙存仁贵赠巡抚,配汪氏赠夫人。"

[3]同治《祁门县志》卷二十二《选举志·封赠·明》载:"**谢与点** 以子存仁贵赠巡抚,配汪氏赠夫人。"

[4]同治《祁门县志》卷二十二《选举志·封赠·明》载:"**倪大有** 崇祀乡贤。以子思辉贵赠尚书,配胡氏赠淑人。"

[5]同治《祁门县志》卷二十二《选举志·举人·明》载:"**陈中立** 习《诗经》,居二十都文堂,历官河南登封、山东滕县知县。"正德十四年举人。

[6]同治《祁门县志》卷二十二《选举志·举人·明》载:"**陈添祥** 习《诗经》,字时和,居二十一都庄里。历官上饶、宁化知县。万历志云'有功于民'。"嘉靖二十五年举人。

[7]同治《祁门县志》卷二十二《选举志·举人·唐》载:"**程文** 习《春秋》,居六都善和,山东新泰县教谕。"成化十三年举人。

文德武功坊 为郑传[1]建。

······

恩封御史坊 为谢用和[2]建。

······

举人坊 为······,王冕[3],王靖[4]建。

孝子明经坊 为谢用[5]建。

赠鸿胪署丞坊 为叶正荣[6]建。

---

[1]同治《祁门县志》卷二十七《人物志·武功·唐》载:"**郑传** 字国宝,居邑西,王璧婿。隆准方面美髭髯,身长六尺余,刚勇不群。乾符二年盗起,众推传兄弟义保乡里。四年,黄巢寇浙江,领三十万人从宁国攻祁,传令设鹿角栈道御之,民不被害。中和、大顺间,屡败流贼王仲隐、刘乃、陈孺及乡贼赵言、汪章、熊宿,威声大振。贼李仲霸者,入其里不敢扰而去。州申朝省,署传为保义指挥。景福、乾宁间,又击败外寇孙端、夏章、陈旭及城门寇朱庠、吴庠等。未几,李尚书赴歙州任,传招集所管土军,乞休,李为奏留,授宁国军节度押衙保义军使、检校刑部尚书、右金吾将军。天祐三年,浮梁金安尚据孤垒,传发军围守,安寻献地降,遂以传为饶州副使,兼知州事。以老辞,愿驻家山。时平乐汪思、海口诸岩寨犹为民扰,传从司空陶雅入衢、郛,破大浪、坞口等寨,擒王庭显、顾全武等,再破婺州,获夏侯以献。增秩淮南节度左押衙保义都指挥使,金紫光禄大夫,检校司徒兼御史中丞,上柱国。传自广明迄天祐垂三十年,握兵三万,保障八州,建立大功,卒于天祐八年。弟鲁,朝仪郎,宣州司马,检校工部郎中,知本县事,天祐中任,政声大著;玫,左右先锋,歙州中军使,检校尚书右仆射,总握军权,上下辑睦。子延晖,工部尚书,亡于阵;延辛,以平巢功授歙州都知兵马使,银青光禄大夫,国子祭酒,兼殿中侍御史,徙居奇岭;延匡,工部尚书;延光,历保义军押衙左先锋,都知兵马使,银青光禄大夫;延绍,充节度押衙前兵马副使;延芳,授将仕郎,检校饶州驿巡官。"

[2]同治《祁门县志》卷二十二《选举志·封赠·明》载:"**谢用和** 以子蔷贵封监察御史,配章氏赠宜人。"

[3]同治《祁门县志》卷二十二《选举志·举人·明》载:"**王冕** 习《春秋》,居二十二都赡家坞,河南偃师知县。康熙府志云:高塘人,永嘉知县,民立祠祀之,改偃师。致仕。"成化四年举人。

[4]同治《祁门县志》卷二十五《人物志·宦绩·明》载:"**王靖** 字宁之,居查源,成化丁酉举人。家居孝友,百口同爨,有古人风。授北直交河知县,寻改武平县,皆清慎有声。未逾年,卒于官。"成化十三年举人。

[5]同治《祁门县志》卷二十九《人物志·孝友·明》载:"**谢用** 字希中,居城西,父贞阳,生母马氏。方妊,贞阳客外,母汪氏妒而嫁之,生用。贞阳遗大恨,抱用寄乳。邻媪汪氏收而鞠之,寻亦生子,均爱无厚薄。用初不知其他出也,既冠始知,密访生母,则又改适,不知其所矣。用遍觅一载,号泣道路。一夕,宿休宁农家,有寡妪出问,用告以姓名及寻母之故。妪曰:'若非贞阳之子乎?'曰:'然。'妪遂抱用,曰:'我即尔母也。'母子相持而泣。时弘治十五年四月也。用归告父,迎母及同母弟归,居别室,孝养二母,曲尽其诚。后,汪感悔,令同居,无间言。贞阳卒,用居丧如礼。家居尝降甘露,冬发奇葩,邻人失火至用室反风灭之。用为诸生,督学、御史廉其孝列之德行,优等月廪之。后充贡,卒于京。宰相夏言以闻,诏建坊,复其家。"

[6]同治《祁门县志》卷二十二《选举志·舍选·明》载:"**叶正荣** 居城西北,鸿胪寺署臣。"

神道坊四　为谢端[1]，汪克宽[2]，汪禔[3]，

---

　　[1]同治《祁门县志》卷二十二《选举志·舍选·宋》载："谢端　将军谢铨次子，官至门下侍郎。"

　　[2]同治《祁门县志》卷二十三《人物志·儒林·元》载："**汪克宽**　字德辅，一子仲裕，居桃墅。祖华，学于饶州饶鲁。父应新，号中山处士，尝著《便民二十条》，欲上之，不果。克宽生有异质：六岁日记数百言；至十岁，见祖与饶鲁讲习之书、问答之语，玩索有得益，诵朱子《四书章句》，知为学之要。旋从父之浮梁，遂师事吴仲迁于州学，学益进。归，辟书斋，曰'思复'，为铭以自励，曰'厥初生民万本则一，降衷秉彝，至理真实。桎梏物诱，邪慝杂之。本然之善，未始或亏。身之反之，斯为上智。中人以下，毋自暴弃。鸡犬易求，牛羊勿牧。存养省察，戒惧慎独。不显亦临，战战兢兢。积之又久，云卷波澄。'又为《主静》《存诚》二铭。《主静铭》曰：'人生而静，天之本性。操而存之，守之有定。是心未发，中扃寂然。皎皎明镜，澄澄深渊。遇物而感，或喜或怒。随物处之，于我何与。统御万变，酬酢万端。中流砥柱，任彼狂澜。'《存诚铭》曰：'无为之真，凝而为人。满腔实理，具于吾身。思虑未萌，此心无妄。至理浑然，秋空月朗。心与物接，实理应之。从违喜愠，适事之宜。斯须匪实，言动俱虚。物欲陷溺，不保其躯。'外有《喜》《怒》《哀》《乐》四铭，俱得大学正心之旨。自是仲迁知克宽学已成，勉之充贡，对以'吾斯之未能信'。至泰定二年，应江浙试，举于乡。明年会试，论《春秋》，与主司不合，又对策触时忌见黜，归，遂弃举子业。以羽翼圣经为己任，著有《春秋纂疏》，《易》〔有〕《程朱传义音考》，《诗》〔有〕《集传音义会通》，〔《礼》有〕《经礼补逸》《周礼类要》《通鉴凡例考异》诸书。教授宣、歙间，与郑玉、汪泽民讲学，泽民遣其孙世贤执经门下，四方从游者日益众。克宽尝言：'圣贤之学，以躬践存省为先，文章余事耳。'至正壬辰，蕲黄兵至，焚其家，既贫困，无愠色。洪武二年，征修《元史》，书成，授以官，力辞不受，赐金帛宴，礼部给驿归。所居山谷环绕，学者因称'环谷先生'。卒年六十有九。程学士敏政题其像曰：'此考亭世适门生第四人，史局布衣第一人也。六经皆有说，而《春秋》独盛。平生皆可师，而出处尤正。'祀乡贤，从祀朱子词，又从祀程朱阙里祠、紫阳书院。"泰定二年举人。

　　[3]同治《祁门县志》卷二十三《人物志·儒林·明》载："**汪禔**　字介夫，居城西，诸生。年十三，闻吴与弼、薛瑄之为人，已知向慕。复读濂洛诸子遗书，慨然曰'不如此便不成人'，作持身箴自励。年三十一，谓：'圣人是时已成立，吾犹累于举子业，若初志何遂专意圣贤之学，从游日众，台司守宰无不造庐致敬焉。'禔少孤，奉母至孝。伯父有疾，率从兄弟卧床下谨事之。伯父殁，寝不离丧次。力行朱子家礼，治家甚肃，妇女无敢窥于堂。有老妪至门，禔厉责之，妪以老解，曰：'老遂不为妇人耶？！'时官吏凌铄士子，禔因上学使书曰：'盖闻系天下治乱者士之风，关国家盛衰者士之气，故士风可厚也而不可薄也，士气可作也而不可沮也。仰惟我国家之于多士，建学校以居之，立师儒以教之，欲厚其风则卧碑置立，欲作其气则常典作兴，而膺斯任者又皆有以奉宣德意，倡忠厚之风，振刚方之气，故有以辅天下之治而基国家之盛。吾祁门自国初以来，士风素号忠厚，顷因邑宰刘凌蔑已甚，遂不胜愤，而交恶为鼠雀之争，是虽奋激于一时之不平，然律之以忠厚之风，则蹊田而夺其牛，因不敢谓其无过也。而其攸灼之势，所以扑灭于炎之始者，固不能不仅司风纪者之虑，故惩艾之训，一行而躁，庚之风已，于是而丕变矣。而见形疑影者，乃过仅于虑，而欲以治楚者治齐，既举其尤者黜之，其不可尽黜者，咸苦挞而痛惩之，既损其科举之数，复薄其赏而重其罚焉。一抑于己卯，再抑于壬午，低眉俯首，嚛不敢声，乡童社老咸举是为訾笑，芸夫牧竖亦皆得以叫呼，士风虽翻然一新，而其刚方之气固已索然于屡抑之余而无复存矣。奸雄之徒谓藉是可以投其报复之私也，乃阴为告讦，以相倾陷焉。'正德辛巳，郡守留时县。见东山有淫祠为民害，令诸生具改为书院，生员胡宣之谢旨其呈首也。书院之工庸甫毕，而二生之巾服已夺，其焕新堂宇尽延燎于中夜之灾。虽奸计显然无弗知者，而竟无一人敢谁何。牙齿一折，舌觉为柔，呜呼！士气如此，尚望其立朝居位，出一言，建一议，决一策，任一事，以辅天下之治、基国家之盛也哉。生一介龆生，

谢朝元[1]建。

以上见道光县志。

三元坊 在试院前,道光十一年建。

彰义坊 在儒学前,道光十二年为造考棚捐输建。

节孝总坊 在祈春门内,道光〇年为五乡贞烈节孝建。

宣化坊 在县前,咸丰七年知县张桂芳[2]修。

进士坊 在礼屋,为前明进士康墀[3]建。

节孝总坊 在城南十王寺前,同治癸酉为五乡贞烈节孝建。

以上均见采访册。

贞烈节孝坊 凡旌表建坊者,见列女一门,兹不具载。

……[4]

根据同治《祁门县志》卷十一《舆地志·坊表》,可作如下分析:

按照本书给定的分类,上文4座"神道坊"坊主中,根据坊主传:谢端、汪克宽系科举仕宦之人,其坊纳入科举功名类统计;儒士汪禔既"力行朱子家礼",又敢于"上学使书",最后"侍母病过劳得疾卒",其坊纳入孝友恩褒类统计;谢朝元坊纳入善行义举类统计。

(1)出现在康熙《祁门县志》上的新增牌坊15座:科举功名坊12座(科第坊,忠烈坊,廉宪坊,许捷"五马坊",冠英坊,贤大夫坊,三世科第坊,李秉厚"登庸坊",四朝勋旧坊,三代文宗坊,父子祖孙进士坊,尚书坊),封赠例授坊3座(恩赠刑部郎中坊,二品恩赠坊,昭代达尊坊)。

(接上页)十年末学,才虽浅陋,志切孤贞,叔陵之迹既久,绝于交游,子羽之踪未尝,至于公室而顾不知忌讳,冒斧钻以陈言者,郁结于中而不容以自默耳。伏惟执事,念风纪之攸系,思道化之溥沾,怒生之狂,察其言而纳纳焉。匪惟诸生幸甚,将一邑幸甚、天下幸甚,自是士气为之一振。年四十一,侍母病过劳得疾卒,门生朋旧制服哭之。著有《家礼砭俗》《投壶仪节》《冀庵遗稿》。其徒王讽,请祀乡贤。"

[1]同治《祁门县志》卷二十九《人物志·孝友·明》:"**谢朝元** 字汝敬,居城西。父客死于淮,殡于庙。淮水暴涨,朝元号泣吁天,忽舟出波中,急扶榇就舟,而庙已成河,人以为天赐神舟。晚年卜亲茔于溶溪,结庐墓前,曰'瞻云楼',又尝倡社仓,输赈稻。天启四年,修万历《泰昌实录》,诏举义士,督学萧毅中举朝元。又巡按刘曰'梧杨春茂先'。"

[2]同治《祁门县志》卷二十《职官表·国朝》载:"**张桂芳** 浙江汤溪人。举人。咸丰七年二月署,闰五月去。"祁门知县。

[3]同治《祁门县志》卷二十二《选举志·进士·明》载:"**康墀** 习《春秋》,居十五都礼屋。"天顺六年举人,八年进士。历官礼部郎中。

[4]同治祁门县志 光绪祁门县志补[M].南京:江苏古籍出版社,1998:109-111.

（2）出现在道光《祁门县志》上的新增牌坊13座：科举功名坊8座（奎光坊，乡进士坊，桂林坊，文德武功坊，王冕、王靖的举人坊，谢端、汪克宽神道坊），封赠例授坊2座（恩封御史坊，赠鸿胪署丞坊），孝友恩褒坊2座（孝子明经坊，汪褆墓道坊），善行义举坊1座（谢朝元墓道坊）。

（3）道光《祁门县志》截稿之后新增牌坊6座：科举功名坊2座（三元坊，进士坊），节孝贞烈总坊2座，善行义举坊1座（彰义坊），景观坊1座（宣化坊）。

二、卷二十四《人物志·忠义》中的牌坊

同治《祁门县志》卷二十四《人物志二·忠义》记载很多咸同年间因清军和团丁与太平军祁门拉锯战中阵亡官兵和殉难士民方面的内容，既有"奉旨入县总祠总坊"或"奉旨给恤银入县总祠总坊"，还有"饶本良""汪昶""汪兆利"[1]等人小传，最后还附有《咸丰历年奖案》[2]《同治历年奖案》[3]和《历年殉难汇案补奖士民》[4]。

《咸丰历年奖案》"奉旨入县总祠总坊"之类字样涉及"阵亡""殉难"者共24人，均在咸丰十一年（1861）分6个批次表彰；另有"奉旨给恤银祭祀总祠总坊"1人，亦为咸丰十一年（1861）表彰。

《同治历年奖案》同样有"奉旨入县总祠总坊"之类字样，涉及"团丁二十七名"，"官绅十二名"，"士民一百六十五名"，分类表彰。这里提到的"总坊"是否与前文"节孝总坊"为同一坊，不得而知，故不列入新增牌坊之列。

《同治历年奖案》还有1条8位坊主的"专祠专坊"信息：

> 张本培（居石坑），张本崇（居石坑，本培弟），张清道（居石坑，本培侄），张本法（居石坑，妻汪氏、女得喜载后），张本宜（居石坑，母李氏、妹顺菊），以上一门殉难，奉旨准建专祠专坊。[5]

---

[1]同治祁门县志 光绪祁门县志补[M].南京：江苏古籍出版社，1998：283-284.

[2]同治祁门县志 光绪祁门县志补[M].南京：江苏古籍出版社，1998：284-286.

[3]同治祁门县志 光绪祁门县志补[M].南京：江苏古籍出版社，1998：286-287.

[4]同治祁门县志 光绪祁门县志补[M].南京：江苏古籍出版社，1998：287-291.

[5]同治祁门县志 光绪祁门县志补[M].南京：江苏古籍出版社，1998：286.

从这条信息看,与后文卷三十一《人物志·列女》中的"专祠专坊"信息有关联,但大体能判断并非同一坊。至于是否建坊,不得而知,故不列入祁门牌坊统计之中。

《历年殉难汇案补奖士民》于"同治九年汇案请旌五百六十四名",记载有在数十件死难事件中阵亡官兵和殉难士民姓名。

三、卷三十一《人物志·列女》中的牌坊

(一)关于道光〇年建"节孝总坊"坊主总数

关于"道光〇年"建的"节孝总坊"坊主总数,可能与以下内容有关:

同治《祁门县志》卷三十一《人物志·列女》有"以上奉旨旌表一百八十一人"[1]和"以上见道光志,旌总坊"[2]之句。"以上奉旨旌表一百八十一人":明代列女24人,清代列女157人。"以上见道光志,旌总坊"之句之前共登载列女1545人:宋代1人,元代4人,明代255人,清代1285人[3]。

如果这两组数字均为"节孝总坊"所表彰,共有坊主1726人:宋代1人,元代4人,明代279人,清代1442人。

(二)关于同治癸酉建"节孝总坊"坊主总数

关于"同治癸酉"建的"节孝总坊"坊主总数,可能与以下内容有关:

同治《祁门县志》卷三十一《人物志·列女》有如下文字:"以上旌总坊"[4]所列列女143人,"以上汇案请旌"[5]所列列女915人,"以上八十一名,同治十二年汇案请旌,奉旨旌入总坊"[6],有"以上请旌,奉旨旌入总坊"[7]"孝妇"13

[1]同治祁门县志　光绪祁门县志补[M].南京:江苏古籍出版社,1998:359.

[2]同治祁门县志　光绪祁门县志补[M].南京:江苏古籍出版社,1998:400.

[3]同治祁门县志　光绪祁门县志补[M].南京:江苏古籍出版社,1998:359-400.

[4]同治祁门县志　光绪祁门县志补[M].南京:江苏古籍出版社,1998:404.

[5]同治祁门县志　光绪祁门县志补[M].南京:江苏古籍出版社,1998:429.

[6]同治祁门县志　光绪祁门县志补[M].南京:江苏古籍出版社,1998:431.

[7]同治祁门县志　光绪祁门县志补[M].南京:江苏古籍出版社,1998:434.

人,"以上汇案请旌,奉旨旌入总坊"[1]"孝女"2人,"以上请旌,奉旨旌入总坊"[2]"贞女"12人,"以上见采访册,于同治九年汇案请旌"并"请旌,奉旨旌入总坊"[3]"贞烈"6人,"以上节孝殉难,奉旨旌总祠总坊"[4]"节烈"8人,"以上见采访册,于同治九年汇案详请旌奖"并"请旌,奉旨旌入总坊"[5]"节烈"29人。

不包括难以辨识是否"旌总坊"的列女,仅据上述9组数据,同治癸酉年建"节孝总坊"就有坊主1209人。

(三)卷三十一《人物志·列女》中的专坊

上文"贞烈节孝坊 凡旌表建坊者,见列女一门,兹不具载"句中的"贞烈节孝坊",指的是相对于列女"总坊"的列女"专坊"。在同治《祁门县志》卷三十一《人物志·列女》中,记载有11条"专旌"信息和两条"专坊"信息。

碧桃康宗昭妻郑氏 年二十九守志,继子成桃,卒年七十。督学徐褒之。

缫堂余五伦妻李氏 年十九守志,殁年六十五。

沙堤叶万钊妻孙氏 年二十六守志,抚遗腹子蔚文成立,后子以军功保盐提举衔,孙宗海游庠,卒年五十六。

沙堤叶宜堡妻冯氏 年二十三寡,守志抚孤,卒年六十八。

侯潭庠生汪焕章妻谢氏 年二十八守志,孝事翁姑,抚继子树滋游庠,卒年七十二。

溶溪貤赠中宪大夫郑国忱妻叶氏 年十七守志,现年六十八。

□□叶朝清妻谢氏 年二十六守志,抚子杨铃成立,现年七十。

方士欢妻陈氏 年二十三守志,抚孤成立,殁年八十二。

环溪陈富佶妻汪氏 年十九守志,抚成桃侄游庠,现年六十六。

旸源庠生谢嘉钟妻周氏 年二十八守志,抚孤成立,殁年七十五,旌入芜湖县总坊,祀节孝祠。

中井诰封奉直大夫冯廷焯妻陈氏 年二十五守志,抚继子邦梁成立,

[1]同治祁门县志 光绪祁门县志补[M].南京:江苏古籍出版社,1998:434.
[2]同治祁门县志 光绪祁门县志补[M].南京:江苏古籍出版社,1998:435.
[3]同治祁门县志 光绪祁门县志补[M].南京:江苏古籍出版社,1998:436.
[4]同治祁门县志 光绪祁门县志补[M].南京:江苏古籍出版社,1998:436.
[5]同治祁门县志 光绪祁门县志补[M].南京:江苏古籍出版社,1998:437.

现年六十五。同治四年请旌,督学祁褒之。

以上专旌。[1]

上述11条"专旌"信息中,"碧桃康宗昭妻郑氏"见于道光《徽州府志》,1条"旸源庠生谢嘉钟妻周氏""旌入芜湖县总坊",其余是否建有"专坊"不得而知,故这11条"专旌"信息均不列入新增牌坊统计之中。

城东给事中汪维效孙女 名静妹,字同邑马恒,未婚恒殁,氏过门守志,孝事翁姑,继侄成祧,卒年五十一,旌建专坊。[2]

张本丽母李氏、妻许氏、女爱娇(居石坑),**张本法妻汪氏、女得意**(居石坑),**张本宜母李氏、姐顺菊**(居石坑),从九品**张必涛妻蒋氏、女时意**(居西源里)。以上一门殉难,奉旨准建专祠专坊。[3]

这两条信息中:第一条与道光《徽州府志》卷十三《人物志三·列女·贞女》之"马恒聘妻汪氏"记载的是同一坊主;第二条是一座未见于本章前几节的节孝贞烈坊(一坊九主),但是否建坊,不得而知,故不列入祁门牌坊统计之中。

四、小结

综上,同治《祁门县志》共新增牌坊34座:科举功名坊22座,封赠例授坊5座,节孝贞烈坊2座,善行义举坊2座,孝友恩褒坊2座,景观坊1座。

必须指出:上述2座节孝贞烈坊均为"节孝总坊",这与万历《祁门县志》所载节孝贞烈坊主要为"一主坊"明显不同;建于同治癸酉(1873)的"节孝总坊",与咸丰四年(1854)至同治二年(1863)太平军八进祁门、七克祁城、清军和团丁与太平军多次在祁门激战[4]导致死难妇女人数空前增多有显著关系,并且有前述《咸丰历年奖案》《同治历年奖案》和《历年殉难汇案补奖士民》可以佐证。

[1]同治祁门县志 光绪祁门县志补[M].南京:江苏古籍出版社,1998:404.

[2]同治祁门县志 光绪祁门县志补[M].南京:江苏古籍出版社,1998:435.

[3]同治祁门县志 光绪祁门县志补[M].南京:江苏古籍出版社,1998:438.

[4]祁门县地方志编纂委员会办公室.祁门县志[M].合肥:安徽人民出版社,1990:16.

第七节 康熙《善和乡志》中的牌坊

祁门善和里,今名六都村,位于县城以北约20里,属祁山镇,建于唐代,为程姓世居之地。关于善和行政区划归属,同治《祁门县志》卷三《舆地志·疆域》[1]载:宋代祁门县置7乡23里,善和分上、下二里,属福广乡;元代改里名都,祁门县共置22都,善和上为六都,善和下为七都;明代恢复乡级建制,祁门县分为6乡22都51里,万历元年(1573)改为49里,善和上、善和下归属福广乡;清沿明制,全县仍为22都(不含城都)49图,康熙三十年(1691)分为22都52图,善和属六都,"上村、中村、林村、方村俱善和"[2]。民国三十六年,祁门县行政区划为1镇12乡93保,善和属胥善乡[3]。2018年,六都村为祁山镇17个行政村之一。从上述善和行政归属及名称沿革看,善和从没有以乡级建制出现过,因而《善和乡志》实质上是善和村的一部村志,此"乡"乃"乡村"之意。

程姓为徽州八大姓(程、汪、吴、黄、胡、王、李、方)之首,亦为《新安名族志》所记92姓之首。关于徽州程姓始祖,《新安名族志》载:"〔程〕元潭,当永嘉之乱,佐琅琊王起建业,为新安太守,有善政,民请留之,赐第于郡西之黄墩,遂世居焉。"[4]此后,人丁繁衍,为官者众,槐塘、虹梁、潜口、冯唐、岩镇、方村、岑山渡、竦口、叉口、善和等地都有程姓族人居住。关于祁门善和程姓,《新安名族志》载:"忠壮公十五世孙曰仲繁,仕唐检校户部尚书,尝作镇祁门,以御寇至郡,因居浮梁之锦里;季子曰令洭,仕中奉大夫,奉母胡夫人留居祁门善和里。"[5]

"康熙《善和乡志》修纂者程襄,字资仲,一字赞元,邑庠生,明末清初人,为嘉靖《善和乡志》编者程昌四世孙。是志祖述嘉靖志,程襄在自跋中说:'昔余高祖和溪公(程昌号和溪)乡志之作,……余故于斯志也,文必因旧而不敢

[1]同治祁门县志 光绪祁门县志补[M].南京:江苏古籍出版社,1998:47-50.

[2]同治祁门县志 光绪祁门县志补[M].南京:江苏古籍出版社,1998:48.

[3]祁门县地方志编纂委员会办公室.祁门县志[M].合肥:安徽人民出版社,1990:43.

[4][明]戴廷明,程尚宽等.新安名族志[M].朱万曙,王平,何庆善,等校点.余国庆,审订.合肥:黄山书社,2004:18.

[5][明]戴廷明,程尚宽等.新安名族志[M].朱万曙,王平,何庆善,等校点.余国庆,审订.合肥:黄山书社,2004:79.

益者,所以凛成法之可遵;词有新增而稍微续者,益以显家声之有继。'可见康熙志系效仿嘉靖志而稍有增续。斯志分上下两卷,上卷设志境、志居、志山、志水、志产、志俗6目,下卷设志人、志制、志坊、志礼、志宅、志祠、志墓、杂志8目。书稿完成后,未见刻印。"[1]

从康熙《善和乡志》卷下《志人》[2]所载人物看,最早始于唐代,最晚止于清雍正乙卯(1735);从《善和乡志》卷下《志坊》[3]所载人物看,最早始于宋理宗朝,最晚应在明正德之后;从人物和事件内容详细程度看,明清两代资料详实,其他朝代简略。

一、《志坊》中的牌坊

康熙《善和乡志》卷下《志坊》共登载14座牌坊,全文如下:

> 建有**状元坊**,郡守魏克愚[4]为鸣凤立,今废,字额存;**黄门第**,为福善[5]立,在所居之左;**钟秀坊**,为显立,在所居前,后火;**世科坊**,为泰立,在所居门外之东,后火;**世美坊**,在德坚[6]居前;**经魁坊**,为宏立,在所居前;**方伯里**,为泰立,在广济桥西岸;**绣衣坊**,为宏立,在所居前;**桂林坊**,为文立,在所居路口;**会亚魁坊**,为昊立,**柱史坊**,为程昌立,在河溪桥北岸各一;而**进士坊**有三焉:一为泰立,所居西,后火;一为昊立,在茅田降;一为程杲立,在金鱼山下。[7]

[1]祁门县地方志办公室. 祁阊志(外四部)[M]. 祁门:祁门县地方志办公室,2009:319-320.

[2]祁门县地方志办公室. 祁阊志(外四部)[M]. 祁门:祁门县地方志办公室,2009:333-340.

[3]祁门县地方志办公室. 祁阊志(外四部)[M]. 祁门:祁门县地方志办公室,2009:341-342.

[4]弘治《徽州府志》卷四之二《职制·名宦·宋》载:"**魏克愚** 字明己,了翁之子。淳祐壬子,以军器监丞出知徽州。为政知先,务辟贡闻,作桥梁,政恬事熙,民安其化。尝刻了翁所著《大易要义集义》,置于紫阳书院。"淳祐十二年三月去官,宝祐二年差知温州。

[5]康熙《善和乡志》卷下《志人·明》载:"**程福善** 字原佐。洪武中任兵科给事中,立官峭直,多所建明。未三年,休归,后复以前职,召时适卒矣。"

[6]康熙《善和乡志》卷下《志人·明》载:"**程弥寿** 字德坚,以字行,号仁山。魁伟豁达,好儒术,且谙韬略,与邑人汪环谷友善。值元季溃扰,以义倡率乡人,乡人赖之。□堵乐业,终乱世未尝有血刃之惨。后被荐,以布衣觐高皇帝于军门,帝壮之,即降札授行枢密院都事,委守番阳地。善政遗惠,至今差可征。已而,天下平定,即隐去,累召不起,因以遁迹江湖,遨游名胜,蹑九华,登勾曲,渡江汉,逾河济,遍观邹鲁之境。返而侨寓淮、泗之间,歌咏自乐,风度豁如也。自称为全真子。归老于家,卒年八十。所著今惟《仁山遗稿》一编存耳。其行与文,亦略见于《新安文献志》。"

[7]祁门县地方志办公室. 祁阊志(外四部)[M]. 祁门:祁门县地方志办公室,2009:341-342.

上述14座牌坊分属10位坊主：程鸣凤1座（状元坊），程福善1座（黄门第），程显1座（钟秀芳），程泰3座（世科坊、方伯坊、进士坊），程德坚1座（世美坊），程宏2座（经魁坊、绣衣坊），程文1座（桂林坊），程昊2座（会亚魁坊、进士坊），程昌1座（柱史坊），程杲1座（进士坊）。

二、小结

排除与本章前六节重复坊，康熙《善和乡志》新增科举功名坊6座（黄门第、钟秀坊、世科坊、世美坊、会亚魁坊、柱史坊）。

本章小结

综上，不含重复坊，上述7部徽州旧志中共记载祁门牌坊398座（表6-1）。

表6-1　部分徽州旧志记载的祁门牌坊统计

资料来源	合计/座	分类										
		纪念坊/座										非纪念坊/座
		小计	旌表类					非旌表类				景观坊
			节孝贞烈坊	孝友恩褒坊	善行义举坊	封赠例授坊	百岁期颐坊	科举功名坊	惠民德政坊	其他	
永乐《祁阆志》	27	10	1	1	0	0	0	7	1	0	17
弘治《徽州府志》	51	51	1	0	0	0	0	50	0	0	0
嘉靖《徽州府志》	52	52	2	0	1	0	0	49	0	0	0
万历《祁门县志》	55	55	9	0	0	3	0	43	0	0	0
道光《徽州府志》	173	173	172	0	0	0	1	0	0	0	0
同治《祁门县志》	34	33	2	2	2	5	0	22	0	0	1
康熙《善和乡志》	6	6	0	0	0	0	0	6	0	0	0
合计	398	380	187	3	3	8	1	177	1	0	18

第七章　黟县牌坊

黟县建置于秦，历史悠久，修志甚众。"唐时，就撰有《邑图》，早已散失。明正德十六年（1521年）知县陈九畴主修《黟县志》，万历十八年（1590年）又编县志。清顺治、康熙、乾隆、嘉庆、道光、同治年间均编纂了县志，并有乡土地理志问世。民国11年（1922年）编修《黟县四志》。"[1]

从明正德十六年（1521）陈九畴纂修黟县志开始，直至民国十二年（1923）《黟县四志》付梓，前后400余年，黟县一共修有9部县志。这9部方志中，前6部均为通志，后3部为断代志。嘉庆《黟县志》是黟县旧时最后一部通志。嘉庆《黟县志》、道光《黟县续志》、同治《黟县三志》及民国《黟县四志》，是目前流传较广的黟县旧志，俗称"黟县四志"。

由于"黟县四志"记事年代彼此相接，而这期间恰恰是徽州牌坊修建的主要时期，故查阅"黟县四志"对于认识黟县牌坊具有重要价值。

除查阅"黟县四志"外，还查阅了弘治《徽州府志》、嘉靖《徽州府志》和道光《徽州府志》。

第一节　弘治《徽州府志》中的黟县牌坊

弘治《徽州府志》仅在卷一《地理一·坊市》中记载有黟县牌坊。

---

[1]黟县地方志编纂委员会.黟县志[M].北京:光明日报出版社,1989:序一1.

一、卷一《地理一·坊市》中的黟县牌坊

弘治《徽州府志》卷一《地理一·坊市》的重点是徽州府城和各县的"坊"，其中黟县"坊"方面的内容全文如下：

　　宋坊八：曰里仁，曰阜通，曰永丰，曰崇义，曰仙桂，曰必兴，曰忠信，曰文武。

　　元坊五：曰视民，曰辅文，曰桂香，曰桃源，曰德聚。

　　国朝坊十：……，吉阳，椿桂，登云，联桂，和丰，平政，明伦，……。新增坊四：宣化，澄清，泮林，循良（为知县胡拱辰[1]祠前立）。

　　科第坊　在学，为本县历科举人进士题名立。

　　聚奎坊　为举人俞庄[2]立。

　　进士坊　在隅都有六：一为汪景明[3]，一为汪彦纯[4]，一为胡文郁[5]，一

---

[1]弘治《徽州府志》卷四之二《职制·名宦·国朝》载："**胡拱辰**　字共之，浙江淳安人。登进士第。正统辛酉知黟县事，廉明仁恕，讼简赋平，文学政事，称重一时，吏畏其威，民怀其惠。三年秩满，升广东道监察御史，邑人立祠生祀之。后历升南京工部尚书，清白之操始终一致焉。"

[2]弘治《徽州府志》卷六《选举·科第·国朝》载："**余庄**　字文敬，黟人。《春秋》。"成化四年举人。

[3]弘治《徽州府志》卷八《人物二·宦业·国朝》载："**汪景明**　黟六都人。以县学生第进士。授江西道监察御史，左迁弘农卫经历，寻复监察御史，巡按江西，清理军伍，以廉能蜚声中外。秩满，迁广西布政司左参议。卒于官。子仲瀚，领正统甲子乡荐，授桐庐县训导，升汲县教谕。"永乐二年进士。

[4]弘治《徽州府志》卷六《选举·科第·国朝》载："**汪彦纯**　黟人。监察御史，降广东新会教谕。"永乐二年进士。

[5]弘治《徽州府志》卷六《选举·科第·国朝》载："**胡文郁**　黟人。河南西华知县。"永乐二年进士。

为汪澍[1]，一为王俊〔得〕[2]，一为王圭[3]立。

进士第坊 为汪璿[4]立。

丹桂坊 为举人俞衍[5]立。

继锦坊 为举人汪应[6]立。

尚义坊 有五：一为胡彦本[7]，一为胡志广[8]，一为汪廷珍[9]，一为孙昌[10]，一为吴仲远[11]立。

---

[1]弘治《徽州府志》卷六《选举·科第·国朝》载："**汪澍** 字汝霖，黟人。《书》。江西分宜知县。"永乐三年举人，四年进士。

[2]弘治《徽州府志》卷八《人物二·宦业·国朝》载："**王俊得** 字大本，黟东珠川人。知府静之从侄。以邑庠生登进士第，授福建道监察御史。丁内艰，起复改山东道，巡按河北，持宪得体，尝除虎患。洪熙纪元，巡按云南，不宽不猛，民夷沾化，黔国公沐晟甚敬重之。宣德丁未，奉敕清理山东军伍，时蝗虫伤稼，父老告曰'但得骤雨可除'，俊得即斋沐率属祷于神，翌日甘霖倾注，虫随以消。及巡浙东，有土豪讼及无辜者数十人，俊得微服往，廉得其诬构之由，擒置于法，众皆称快。九年秩满，迁河南按察司副使，奉玺书参理戎政于赤城。未几，丁外艰，南还，朝廷遣使夺情，升广东布政司左布政使。比至，操履端严，识略宏远，遇事务尽其心，岁余，岭南数十郡之民皆帖然。及睹祭礼仪节有未安者，条画以闻，廷臣趣之。卒于官。"永乐十二年举人，十三年进士。

[3]弘治《徽州府志》卷六《选举·科第·国朝》载："**王圭** 黟人。习四夷字，监生。《诗》。选翰林院庶吉士。"永乐九年举人，十六年进士。

[4]弘治《徽州府志》卷八《人物二·宦业·国朝》汪濋传载："(孙)璿，字舜矶，登进士第，知武冈州，改陕州，今南京工部员外郎。"成化十六年举人，二十三年进士。

[5]弘治《徽州府志》卷六《选举·科第·国朝》载："**余衍** 黟人。《春秋》，崇安知县。弟庄。"天顺六年举人。

[6]弘治《徽州府志》卷八《人物二·宦业·国朝》汪濋传载："从孙应，字舜奎，领成化癸卯乡举，授江山县知县。"

[7]嘉庆《黟县志》卷七《人物志·尚义·明》载："**胡彦本** 字胜宗，郭隅人。正统九年，出谷一千二十余石以助赈济。朝廷嘉之，特赐敕奖，劳以羊酒，旌为义民，仍免本户杂泛差役三年。子洪，字志广，景泰六年，助谷六百石赈济乡人。俱建尚义坊于旌义堂前。"

[8]见脚注胡彦本传。

[9]嘉庆《黟县志》卷七《人物志·尚义·明》载："**汪廷珍** 霞阜人。与弟廷京、廷光俱好义，建越国公祠，修元儒倪仲宏先生墓。景泰间，输家财以足边饷，诏旌'尚义之门'，建坊，兄弟俱赐冠带。又横冈吴仲远者，成化间输粟助赈，敕赐建旌表'尚义之门'。"

[10]嘉庆《黟县志》卷七《人物志·尚义·明》载："**孙昌** 古筑人。乐善好施，见重于士大夫。邑中有大兴作，皆举以督率。弘治初，岁饥，输谷一千余石以助赈。旌表'尚义之门'，建坊里间，赐以冠带。"

[11]见脚注汪廷珍传。

　　贞节坊　有二：一为韩文炳妻汪氏[1]立，一为汪瑀妻王氏[2]立。[3]

二、小结

　　弘治《徽州府志》共记载黟县牌坊42座：景观坊23座（宋坊8座，元坊5座，明坊10座），科举功名坊11座，善行义举坊5座，节孝贞烈坊2座，惠民德政坊1座（循良坊）。

第二节　嘉靖《徽州府志》中的黟县牌坊

　　嘉靖《徽州府志》仅在卷一之《坊市》中记载有黟县牌坊。

一、《卷一·坊市》中的黟县牌坊

　　嘉靖《徽州府志》第一卷共六目，其中第四目"坊市"对徽州府城和各县牌坊均有记载，其中黟县"坊"方面的内容全文如下：

　　……

　　各坊附曰：

　　……

　　儒林坊　新学前，知县陈九畴[4]建。

---

　　[1]弘治《徽州府志》卷十《人物四·列女·国朝》载："**汪氏**　黟人韩文炳妻，年二十二而寡，事姑孝，尝刲骨以疗其疾。弘治间奏闻旌表。"

　　[2]弘治《徽州府志》卷十《人物四·列女·国朝》载："**王氏**　名淑兰，黟人汪瑀妻。年二十三而寡，奉舅姑以终天年，有女亦早世，孀居三十余年。成化间奏闻旌表。"

　　[3](弘治)徽州府志[M].上海：上海古籍书店，1964.

　　[4]嘉庆《黟县志》卷四《职官志·名宦·明》载："**陈九畴**　字孟箕，四川巴州人。正德十一年，由举人授黟县令。清慎廉勤，缓刑布惠，招抚流离，给以衣食，代贫民偿逋赋，辟邪说，崇正教，废五显庙以扩学基，改圆通阁为社学，撤五通殿以建名宦乡贤祠，修造桥梁，建'儒林''科第'等坊，百废俱举。县向无志书，至是，始编纂成帙，黟之有志自九畴创之也。秩满，屡求致仕，百姓交留，在任五年去。御史杨必进称之曰：'克有实心而爱民，不沽虚誉以欺世。'"

……

举人坊 在隅都有八：……，一舒泰[1]，一王俊（德）〔得〕，一汪澍，一余徽[2]，一王大度[3]。

绣斧坊 在横冈，御史汪景明、举人汪仲瀚[4]。

世显坊 在一都，余氏科贡题名。

柱史坊 在一都，御史舒迁[5]。

重光坊 在九都，通判舒希旦[6]、知县舒侃[7]。

牧侯坊 在三都，汪淮[8]。

昼锦坊 在六都，吴景温[9]。

---

[1]嘉靖《徽州府志》卷十三《选举中·科第·国朝》载："**舒泰** 黟人。永清训导。"永乐九年举人。

[2]嘉庆《黟县志》卷六《人物志·宦业·明》载："**余徽** 字一经，城西隅人。中永乐庚子乡试。宣德七年，授保定府祁州知州，革弊安民，务兴教化。正统二年，州内麦秀两岐，表进朝廷，旌异之。凡州治颓圮、学校废坏，举加修葺。四野不惊，刑讼简约。莅政七年，升保定府知府。卒，崇祀乡贤。"永乐十八年举人。

[3]嘉庆《黟县志》卷五《选举志·科第·明》载："**王大度** 字容之，城郭隅人。附《儒行》王张显传。"嘉靖七年举人。

[4]弘治《徽州府志》卷六《选举志·科第·国朝》载："**汪仲瀚** 黟人。《诗》。见《人物志》汪景明传。"正统九年举人。参见汪景明传。

[5]嘉庆《黟县志》卷六《人物志·宦业·明》载："**舒迁** 字于乔，南隅人。嘉靖乙未进士，选行人。都御史欧阳铎议增山税，力劝止之。擢御史，著《居官》《慎己》二铭。上疏言时事，息苟且，尚真实，正士风。又上备荒疏，镌之户部。按山西，修举盐政，上边防疏，筑罗城，以杜边患。后居母丧，卒。"嘉靖十四年进士。

[6]嘉庆《黟县志》卷五《选举志·贡生·明》载："**舒希旦** 选贡。广东盐课司提举，改云南嵩明州同知，升福建泉州府通判。见儒行传。"嘉靖年间贡生。

[7]嘉庆《黟县志》卷五《选举志·贡生·明》载："**舒侃** 九都人。选贡。山东即墨县知县。"嘉靖年间贡生。

[8]嘉庆《黟县志》卷六《人物志·宦业·明》载："**汪淮** 一名贵，字尚渊，黄陂汪葵之子。永乐甲辰，由生员入国子监。其时，国子生例得差监巡按事，适有南北二差，祭酒以南差属淮，淮请北差。祭酒曰：'北地苦寒，南差可千金获。'淮曰：'生有服叔在辽使，由是相见，所获奚啻千金。'祭酒许之。比至，叔饥寒几不自存，淮解裘衣之，赠之资，俾得谋生。差毕，不持一钱归。正统戊午八月，选授遂昌县知县。县有逋赋，淮抵任即捐资为偿。为政恺恻，平释冤，抑囹圄几虚。民有为非者，开诚劝导，率以自陈过，以求自新。是年十二月，卒于官，在任仅三月也。民为罢市，祀名宦焉。淮居家孝友，初补生员，其母以其善承色笑至涕泣不愿其入学。有弟二人，淮所置产悉与之共。或讽止之，淮曰：'易得田地，难得兄弟也。'今崇祀乡贤祠。"

[9]嘉庆《黟县志》卷五《选举志·贡生·明》载："**吴景温** 六都人。广东乐昌县知县。"嘉靖年间贡生。

贞节坊　有三：……；一在九都，舒容妻汪氏[1]。

……[2]

二、小结

嘉靖《徽州府志》新增黟县牌坊13座：科举功名坊11座，节孝贞烈坊1座，景观坊1座（儒林坊）。

第三节　嘉庆《黟县志》中的牌坊

嘉庆《黟县志》卷七、卷八和卷十均记有黟县牌坊。

一、卷七《人物志·尚义》中的牌坊

嘉庆《黟县志》卷七《人物志·尚义》中有一座清代善行义举坊信息：

胡巽　字健甫，西递人。赈饥施药，活人甚多。顺治乙酉，宋乞、胡得等倡乱，吁兵平剿。乾隆三年，奉旨建坊，崇祀忠义孝悌祠。[3]

二、卷八《人物志·列女》中的牌坊

嘉庆《黟县志》卷八《人物志·列女》将列女分为"节孝""烈妇""贤妇""贞女""烈女""孝妇"，并有"以上旌表建坊""以上建坊给额""以上旌表建坊及县官额奖""以上各宪暨郡县给额""以上给额嘉奖""以上辛未呈请"等分类，所列人物上自宋代，下至清代嘉庆十四年（1809），共登载坊主信息301条，排

---

[1]嘉庆《黟县志》卷八《人物志·列女·明》载："**生员舒容妻汪氏**　归屏山，年二十四而寡，无子守节，卒年六十七。正德间奏闻旌表。"

[2](嘉靖)徽州府志　（弘治)休宁志[M]. 北京：书目文献出版社，1998：32.

[3]嘉庆黟县志　道光黟县志[M]. 南京：江苏古籍出版社，1998：221.

除与本章前两节重复坊信息3条(均为一主坊),共记载新增坊主信息298条。

(一)卷八《人物志·列女·明》中的牌坊

　　节孝:

　　……

　　胡缨妻程氏　缨,横冈人。氏年二十夫故无子,矢志守节,迹不履户,卒寿八十。原建有贞节坊。

　　舒大浙妻卢氏　年十八归舒,未期年夫殁。一意奉姑,委曲保全,遗腹子成立。详见邑人黄元治〔为之〕传。万历庚辰请旌,坊建九都长宁里外。

　　汪成材妻江氏　于归时夫已病,氏侍奉汤药,至割股吁天代死。夫故,毁容断发,卜葬夫棺如礼,营虚圹矢志同穴。族为请旌,坊在二都。

　　……

　　以上旌表建坊。原志坊表内详注年代及各都分建合建,今仍旧书,每名下具补传,及续入者采访确实亦书坊建某处。[1]

　　贞女:

　　卢氏　许字城西许永源,女年十六未嫁而源天亡,矢志无他,终身守节,于母家步不逾户,卒年六十八,坚节五十二年。知县额曰"孤贞间出"。至国朝雍正七年,请旌建坊,坊在十一都。详见《艺文》杨如绪《贞女卢氏墓表》。

　　胡氏　城南胡应迁女,许字于汪。父为汪所凌,抱愤而死,女遂不肯适汪。汪拥众夺之,女闭门断发。汪讼之官,女曰:"非姻也,仇也!誓不事仇!"官壮其言,从之。续兄殁,女自食其力,抚侄宗淮,茹苦相依,寿八十四。知县李公给额曰"节烈可风"。宝公额曰"节孝风世"。

　　以上旌表建坊及县官额奖。[2]

---

[1]嘉庆黟县志 道光黟县志[M].南京:江苏古籍出版社,1998:249-250.

[2]嘉庆黟县志 道光黟县志[M].南京:江苏古籍出版社,1998:252.

（二）卷八《人物志·列女·国朝》中的牌坊

节孝：

舒之杰妻胡氏 逆仆变乱，大兵进剿之。杰倡议歼厥渠魁，遭逆斧伤殒命。氏年十八，痛夫身亡，绝粒欲自尽。舅姑谕以"遗腹三月，为夫延嗣事大"，氏从命，生子学仕。家贫，勤纺不倦，孝养二老，教子成名。守志五十余载。邑侯蔺公额曰"苦节坚贞"。康熙四十九年请旌，坊建在九都。

舒尚盛妻黄氏 纺绩养姑，守节四十九年，寿七十三。康熙四十九年，请旌建坊。

江文谦妻汪氏 三都汪联迪女，年十五适江，生子秉元八岁夫亡，氏年二十三。事翁姑孝敬备至，育孤成人授室。顺治元年，逆仆叛时子遭害，妇亦随殁，遗孤孙二。氏日夜勤劳，以给衣食，为二孙完娶，及见孙曾四代。守节四十八年，卒年七十二。雍正四年，请旌建坊。

江元璞妻朱氏 年二十四夫故，孝养耄姑，抚子韬全成立婚娶，卒年七十有一。

江锷妻汪氏 年十八归蓬村，二十七夫外贸病故。氏事姑尽礼，姑病侍药，目不交睫者数月。姑愈，谓人曰："吾之生赖有孝妇也。"继三龄侄为嗣，爱如所出。卒年四十五，守节十九年。

以上三人，通志载雍正四年旌表。

舒尚贤妻程氏 孝事翁姑，苦节四十七载，寿六十有六。

江廷琮妻汪氏 琮贫，贾于外病亡，家中孝养诸事氏独任之，子有滢生甫半载，辛勤以养成人。孙攀亦崛起。事见《新安女行录》。

江韬全妻汪氏 年十五归蓬村，二十夫故，遗子泽洪甫周。氏母探其志，氏曰："女自幼听父说列女传，已解其义。今孀姑在堂，孤儿在抱，义当事育。"守节四十七年。

李尚仁妻胡氏 早年夫卒，节坚金石。

程德与妻汪氏 德与，柏林人，早逝。氏诵《列女传》以自警。续于乾隆三年，坊建南隅城里。通志"与"作"愈"。

胡再兴妻叶氏 早寡矢志，辛勤茹苦，守节。

以上六人，通志载雍正五年旌表。

程应辉妻汪氏　氏归桂林，年二十二夫故。子一桂殇，择继承祀。变产葬八代未归土之棺。苦节五十年。雍正五年，旌表建坊。

余起妻江氏　年二十二夫亡，矢志自守，家贫无依，族人取祀田给之。通志载，雍正六年旌表。

舒德儒妻江氏　年二十二夫客死中州，遗腹三月。守志，孝事翁姑，生子枝教育成人入泮。雍正七年请旌，坊建九都。详见《艺文志》程云鹏《舒节母墓志铭》。

余好礼妻孙氏　氏归余村，夫亡守志，抚孤成立。通志载雍正八年旌表。

王文澜妻胡氏　夫亡，孝翁姑，育孤子，不忝闺贞。

王元标妻汪氏　早年夫故，尽心孝育，妇道克修。

韩一玢妻卢氏　氏归万村，青年而寡，抚幼成立，以节寿终。

贡生汪润继妻夏氏　氏归宏村，早寡守贞，妇仪足式。

汪廷枢继妻舒氏　归宏村未久夫逝，完节以终。

以上五人，通志载雍正九年旌表。

刘天元妻查氏　雍正九年请旌，坊建在一都。

汪世洙妻周氏　雍正九年，请旌建坊，坊在七都。

孙有祺妻项氏　夫殁时，翁姑在堂，稚子在抱。氏孝慈兼至，卒教其子文显成立。雍正九年请旌，坊建四都村口。

江福来妻舒氏　年十八适江，夫患痰瘵，氏侍汤药不效，夫亡氏年二十。立族侄以延祀，守节六十六年。雍正十年，请旌建坊。

舒邦宁妻江氏　年二十二夫亡守志，长子甫四龄，次子尚在腹。孝事孀姑。氏曝稻日中，失足扑楼下，邻媪甦之，忍痛戒"勿惊我老姑也"。教二子慈而严，皆成立。寿七十有八。雍正十一年，请旌建坊，坊在九都。

许之昊妻汪氏　氏自三都归城西，年二十四夫故。事病姑扶持必谨，茹素持斋，以保姑寿，抚继承祧，年四十六卒。通志载雍正十三年旌表。

王世域妻项氏　原志旌表贞烈。

舒福妻黄氏　年十九夫亡守志，事姑孝，家贫勤纺，以寿终。

生员舒启震妻胡氏　早年夫殁，苦志守节，教子成立。

舒安乡妻朱氏　年二十二夫亡，茹苦坚守，事姑孝谨，抚孤成立，卒年七十一。通志"乡"作"卿"。

舒启蒙妻朱氏 年二十夫亡,绝粒欲殉,念姑老矢愿终养。

舒文球妻卢氏 年十八夫在广东病故,氏娠五月,及产子抚育成人。事翁姑克孝,有病时侍药必谨,生事殁葬,妇职无亏。性好施,修桥路,施茶汤,不吝资助。卒年八十有二。

舒启玺妻黄氏 年十五适舒,六载夫亡,抚九月之孤,纺绩自勤,寿七十九。

舒士衡妻胡氏 敬事舅姑,和睦妯娌,家贫勤纺,抑郁而终。

舒尚恕妻汪氏 年二十四夫亡,事姑勤谨,苦节坚贞,以寿终。

舒国兴妻汪氏 年十八于归,孝事舅姑,善睦妯娌,待前妻之子如己出。夫病衣不解带,既殁苦志守节,历五十五载。

以上九人,雍正十三年请旌,坊共建九都舒村水口庙。

汪观侯妻程氏 夫亡,抚幼叔成立,继其子延夫后。乾隆元年请旌,坊建在十都。

许公植妻舒氏 夫客死江右,氏守志不为族戚所夺,孝养老姑,抚孤子成立,寿七十六。乾隆三年请旌,坊建九都。

生员江陶妻舒氏 乾隆三年,请旌建坊。

王锽妻汪氏 年十九夫业儒病故,子仅二龄。事舅姑,抚幼孤,孝慈兼尽,守节四十七年,卒年六十六。乾隆三年,请旌建坊。

周舜年妻吴氏 年十六自四都归城南,二十八夫故。翁姑伤感致病,氏委曲开慰,平日孝养必谨,遭两丧棺衾丧祭俱括据以资。立幼侄为嗣。守节四十三年。乾隆三年,请旌建坊。

胡开福妻许氏 青年而寡,茶苦自甘,孝慈备尽,守志五十余年。

胡兆耀妻周氏 年二十一夫逝,抚孤成人,苦节四十余年。

胡永兴妻朱氏 年二十七而寡,痛不欲生,因身有遗腹,嗣续为重。茹苦矢志,备极劬劳,抚孤成立,卒年六十有二。

胡善进妻吴氏 早寡乏嗣,自甘粗粝,辛勤苦积有余资,葬祭舅姑暨夫俱克如礼,桥梁道路诸善举乐为输助,晚年置租田除批给诸侄、捐入公会迄今。氏翁姑夫妇祔祀家庙。守节六十年,寿八十余。

以上四人,乾隆三年请旌,共建坊在六都。

余采莘妻汪氏 早年夫故,矢贞不二,纺绩自给,抚孤成立。

俞士集妻舒氏 集以勤学殁,氏欲身殉,念二子幼,抚育成人。守节四十四年,寿七十一。

俞日旭妻胡氏　六都胡士尚室女,年十八适俞,二十五夫故。事舅姑如事父母,抚教二孤以慈代严,晚见诸孙,氏曰"可报夫于地下矣"。苦节三十五年,寿六十。

俞世德妻叶氏　年二十四而寡,无子,勤十指,辅幼叔娶妻生子,以继前人。卒寿七十一。

汪太钰妻查氏　笄年而寡,勤俭持家,坚节不移。

费元照妻程氏　夫亡守志,金石同坚。

余德旺妻胡氏　旺素守分,氏归未二年夫殁,遗一子,氏年仅二十。拮据艰辛,育子成人,甘苦守节。

韩永暖妻余氏　徽传笃孝,门内芳型。

余日进妻胡氏　年二十二而寡,矢志冰霜,事翁姑抚幼孤备极艰苦,终年以完节著。

监生余世亮妻汪氏　青年守志,节凛冰霜,针黹自给,终世不渝。

以上十人,乾隆三年请旌,六年共建坊在一都。

程嘉吉妻汪氏　持家有道,矢志无他。乾隆三年,坊建五都。

余拱北妻吴氏　休邑得贵女,幼娴姆教,年十七适余,二十九夫故。纺纫自给,养孤有成,备尝艰苦,守节五十载。乾隆四年,请旌建坊。

王光复妻余氏　乾隆四年,请旌建坊,坊在八都。

江邦信妻李氏　生员李迈女,夫苦学,氏勤纺佐读,生子永新。夫殁,气绝者再,翁曰:"如遗腹,何应?"命不死,又产子永达。夫弟邦佑无子,氏以次子承其后。乾隆四年,请旌建坊。

程瑞龙妻汪氏　夫早卒,养老抚孤,晚节自完。乾隆五年,请旌建坊,坊在五都。

何邦鲁妻吴氏　青年孀居,事上抚下,妇道克修。

何邦递妻孙氏　夫病革,嘱以事亲教子,氏应命。夫卒,如所言。

王成材妻汪氏　夫逝欲以身殉,以子母之任在身,决志苦守。

以上三人,乾隆五年请旌,共建坊在一都。

舒以时妻余氏　余松寿室女,年十八归舒,二十二夫故。侍奉翁姑,抚遗腹子文安成丁娶媳。未几,子又故,慈养幼孙凤成立。守节三十二载,卒年五十三。乾隆五年请旌,七年建坊。

王寿培妻胡氏 五都胡志室女,年十七适王,二十八夫故。尽孝敬于翁姑,笃恩勤于褓襁,更以机杼之值供养老母。卒时年五十九,守节三十二年。乾隆五年,请旌建坊。

卢佐采妻舒氏 年二十四而寡,敬事公姑,持家俭约,卒年八十有九。

卢双富妻汪氏 年二十七夫故,纺织自给,守节三十九年。

卢正益妻韩氏 年二十五而寡,织纴自勤,抚孤成立,守节四十一年。

卢志和妻舒氏 年二十余而夫故,事上抚下,孝义克全,守节三十九载。

卢光鼎妻江氏 年二十二而寡,妇职克修,女红是课,守节四十一载。

生员卢凯妻胡氏 夫病,祷以身代,年二十九夫故。孝事舅姑,守节四十载。

卢继绪妻韩氏 年二十五矢志,事翁姑送终尽礼,典衣自给,守节五十四载,卒年七十。

以上七人,乾隆五年请旌,共建坊在十一都。

王学益继妻韩氏 年十八夫病,祈以身代,夫卒不起。氏事舅姑惟谨,立继子以承桃,守节五十四年。乾隆六年,请旌建坊。

程兆蛟妻吴氏 年二十五夫故,矢志自守,历节六十七年。乾隆六年,请旌建坊。

程元荜妻胡氏 年二十夫故无子,苦守三十年。乾隆六年,请旌建坊。

汪学达妻卢氏 夫故家贫,养老抚孤,克全妇道。

汪士最妻余氏 勤苦守贞,白发不渝。

何嘉玉妻项氏 夫卒,家贫,志操坚劲,为闾里所称。

以上三人,乾隆六年请旌,共建坊在三都。

黄圣太妻舒氏 乾隆六年,请旌建坊,坊在九都。

叶联登妻卢氏 年二十四夫故,敬养翁姑,抚子遇春成立,守节四十三年。乾隆六年,请旌建坊。

黄泰宇妻舒氏 氏归古溪黄村,年二十二夫故,孝翁姑,抚孤幼,寿八十一。乾隆六年,请旌建坊。

程邦育妻卢氏 年二十夫亡,衣布食粗,独处一楼,惟以(组)〔祖〕训为事守志,抚继子成立,寿五十九岁。

汪有濂妻朱氏 适郭隅,早岁夫亡。家贫,晨昏纺绩,藉以事翁姑抚幼子,卒年七十有八。

舒成名妻胡氏　早寡,孝事孀姑,抚教二子正福、正祥成立,训孙伟入邑庠,寿六十四。

胡宜新妻孙氏　年十九于归,七载夫故。舅姑已老,二子方幼,纺绩孝养,抚幼子元烈、元蒸成立,烈入郡庠,苦节五十余年。

孙勇先妻胡氏　青年守节,孝事翁姑,抚孤临成立,中康熙五十三年武举。

程福丛妻汪氏　年二十八夫故,子隆方周,茹苦独守,教子孙成名,寿七十余。

胡存器妻金氏　纺绩自勤,清操完节。

贡生汪自勉妻吴氏　年十八适汪,十九夫故,孝事继姑,抚七龄幼子成人,苦节五十余年卒。

吴福周妻胡氏　年二十四夫逝,遗孤世瑛甫三龄。氏殚勤劳,孝慈交尽,亲见孙曾林立,书香继美,寿跻八十有九,无疾而终。乾隆七年,同程邦育妻等十二人建坊于郭门外。嘉庆九年,复建于石山氏茔墓前。

吴三龙妻胡氏　青年夫故,事翁姑,抚幼子,女工自勉,不恤困穷,守节三十五年。

舒天福妻查氏　年二十三夫亡,性仁慈言笑不苟,遇孤孀尤怜恤之。苦节三十四年。

程允通妻胡氏　年二十夫故,立夫弟之子学林为后,苦节二十五年,卒年四十七。

以上十二人,乾隆七年请旌,共建坊在一都。

韩桥妻王氏　乾隆七年,请旌建坊,坊在十都。

朱之宝妻舒氏　青年守志,抚子成立,族衿于乾隆七年为之请旌,坊建九都。

查新贵妻余氏　乾隆七年,请旌建坊,坊在六都。

黄继贵妻洪氏　乾隆七年,请旌建坊,坊在十都。

舒安石妻卢氏　归屏山,早年而寡,奉养翁姑,始终如一,善抚侄孙成立。

舒士铎妻汪氏　孝事翁姑,礼教孙子,宽以驭下,严于持身。

以上二人,乾隆七年请旌,共建坊在九都。

程时龙妻叶氏　年二十四夫故,奉姑养子,孝慈交尽,守节三十四年。

程廷谟妻韩氏　年二十四夫故守志,与时龙妻叶氏于乾隆八年请旌,共建坊在一都。

监生王世潮妻汪氏　生员汪瑞室女,年十八归王,二十夫故,无子。孝事孀姑,立继子抚养成人,守节四十四年。于乾隆八年请旌建坊。

程允宁妻汪氏　年二十四夫故,矢志不渝,事姑尽孝,历节三十四载。乾隆八年请旌,坊建城南住屋门首。

程璇林妻汪氏　年二十二夫故,苦力奉姑,遗腹子初登殇亡,继子文登为后,历节三十四载。乾隆八年,请旌建坊。

汪道燧妻江氏　燧卒,一子才周岁,氏刻苦抚孤,教督甚严,子孙俱以学行著闻,曾孙举人士通有传。

汪其烈妻卢氏　年二十二夫病瘠,割股疗之不可救,遗子二,长惟显四岁,次惟昂一岁。上养孀姑,下抚孤幼,守节五十五年,卒年七十六。

监生汪煜妻舒氏　氏十八自西递适宏村,夫病,亲尝汤药,不治而夫殁,孝奉翁姑,育支子为嗣,年七十端坐而逝。

汪文魁妻舒氏　氏适宏村,夫早卒,织作自甘,克修妇道。

生员汪士伟妻舒氏　氏归宏村,夫故,矢志靡他。

汪起宗妻韩氏　归宏村,青年夫亡,克尽妇道,苦节自甘。

以上六人,乾隆八年请旌,共建坊在十都。

朱寿孙妻叶氏　早年丧夫,抚孤子毂邑廪生。乾隆八年请旌,十七年坊建九都。

胡绪祥妻余氏　年二十夫故,勤力自给,抚育孤孩,寿七十九。乾隆八年,请旌建坊。

孙瑱妻汪氏　夫卒,翁姑垂老,遗孤尚幼,勤女红以事育之,里党称贤。乾隆八年请旌,坊建四都。

汤允庆妻胡氏　年二十六夫故,乏嗣。老姑在堂,事之如母。养义男茂远为子,长为娶叶氏。子又亡,与媳同守,络纬种蔬,备极勤苦,茹素自甘,守节七十余年,卒寿九十九岁。乾隆八年请旌,坊建城中住屋门首。

朱文宜妻胡氏　年十九归江干,二十二夫亡。养翁姑,抚犹子,俱资食力。氏卒年五十六岁。

朱应学妻胡氏　年十八归江干,二十五夫亡。家贫守节,孝事翁姑,抚育孤子,纺绩辛勤,始终如一,年五十九而殁。

以上二人,乾隆八年请旌,坊共建江干墈。

舒泰来妻胡氏　年二十一夫亡,矢志坚守,事姑尽孝,与妯娌共爨三十余年无诟谇声。乾隆九年,请旌建坊,坊在九都。

韩景淏妻卢氏　幼年守志,养老抚孤,乡闾称重。乾隆九年,请旌建坊,坊在十都。

朱桂显妻舒氏　青年守志。乾隆九年请旌,坊建九都。

项尚仲妻黄氏　乾隆九年,请旌建坊,坊在五都。

叶天佑妻李氏　早年夫故,事姑以孝,训子以义,家贫,针黹辛勤,自给衣食,寿八十四,里人罕见其面。

叶起商妻孙氏　幼妇持家,孤儿倚膝,惟纺绩以资生,勤画荻而施教。

叶兆鹏妻孙氏　坚贞持节,孝事翁姑,勤俭持家,抚孤成立,寿七十六。

叶加龄妻项氏　年二十三夫亡,孝事尊嫜,抚孤宗葵年及三十又故,同媳孙氏安贫,养幼孙成立,寿八十有九。

叶振辉妻黄氏　早年夫亡无子,坚心守节,茹苦自甘。

以上五人,乾隆九年请旌,共建坊在五都。

叶小寿妻胡氏　六都胡四好女,年二十四归本都,二十七夫故。事姑孝,抚幼成立,守节四十六年。乾隆九年,请旌建坊。

江世坚妻汪氏　年二十一夫亡,翁姑谕以"孝节"二字,义不得殉,竭力孝养,立侄胜宗为后,婚教成家,守节五十九年。乾隆九年请旌,坊建二都北庄。

舒日赞妻杨氏　夫早逝,茹苦坚守,事姑尽孝,抚继子成立。

舒永橉妻王氏　幼适舒,服姑丧哀毁备至,事翁尽孝,夫亡抚孤成立,诸孙绕膝,以寿终。乾隆九年请旌,坊建九都水口庙。

舒日升妻吴氏　青年守志,敬事舅姑,克尽孝道。

舒腾蛟妻王氏　年二十夫亡,事姑尽孝,勤十指以资衣食,人咸颂之。

舒绍复妻江氏　年二十六夫亡乏嗣,事姑无亏妇德,勤绩克著贤声,寿七十有八,守节五十二年。

舒嘉士妻汪氏　年二十八夫亡,念夫泮游未久,欲继书香,教长二子成名,茹苦自持,寿六十九。

舒德伸妻胡氏　奉事翁姑,克尽孝道,勤劳纺绩,抚孤成立。

舒永梓妻李氏 年二十二而寡,家贫,矢志守节,抚孤子婚教成立,卒年八十有二。

舒有培妻胡氏 年十九归屏山,二十六而寡,家贫食力,抚孤成立。

舒如鲸妻王氏 夫早亡,姑老且病,茹荼坚守,四十年如一日。

以上十人,乾隆九年请旌,共建坊在九都水口庙。

舒天则妻余氏 年二十四夫亡,事姑孝,抚孤成立,卒年七十。

舒士鸿妻李氏 年十九归屏山,三载夫亡,孝事翁姑,慈抚周岁遗孤,老终幼长,妇德克全,卒年六十八岁,守节四十八年。

以上二人,乾隆九年请旌,二十五年坊共建长宁里外。

汪之灊妻余氏 年二十二夫故,励志茹苦,抚继子成立,完节以终。

汪之瀁妻余氏 年二十五夫故,辟垆自给,节老心坚。

汪华枨妻程氏 年二十二夫殁无嗣,坚持志节,立犹子为后,抚育成人,卒年六十有九。

汪华樘妻程氏 年二十二而寡,矢志不渝,抚孤子成人。

以上四人,乾隆十年请旌,共建坊在四都。

舒宫袍妻胡氏 夫病笃典饰以疗,夫亡节凛冰霜,指工自给。乾隆十年,请旌建坊,坊在九都。

朱新庆妻叶氏 入门五载,生子家麟甫半月而夫殁,氏勤苦守节。乾隆十年请旌,坊建九都。

朱秉政妻胡氏 青年矢志,继秉道次子世业为嗣。乾隆十年请旌,坊建九都。

李一龙妻宋氏 青年守志,白首完贞。

胡高兆妻汪氏 夫病卒,终年纺绩,孝育无亏,人称"完节"。

舒世光妻姜氏 青年守节,事姑勤谨,以寿终。

撒良杰妻奚氏 早年矢志,晚节自完。

余宗愈妻金氏 夫早卒,茹荼苦守,妇职无怠。

胡积远妻范氏 夫亡守志,仰事俯育,曲尽劬劳。

以上六人,乾隆十一年请旌,共建坊在一都。

黄文震妻王氏 年二十二夫亡,勤力养姑,克尽妇道,历节五十余年。乾隆十一年请旌,坊建四都,慎亲王题赠"柏舟"二字于坊上。

汪益名妻吴氏 年十九自横冈归宏村,二十六夫故,纺绩以养翁姑,抚幼子辛苦不辞,年五十六卒。乾隆十一年请旌,坊建十都。

卢福泽妻汪氏　氏归卢村,夫早逝,自励贞操,克全孝道。乾隆十一年请旌,坊建十一都。

鲍永明妻汪氏　乾隆十一年,请旌建坊。

胡文德妻颜氏　夫早逝,家贫纺绩,志凛冰霜。乾隆十二年请旌,坊建二都。

项元孙妻江氏　年二十三夫故,誓志自守,勤苦以给,朝夕抚孤成人。乾隆十三年,请旌建坊。

项永庚妻李氏　年十八于归,二十一夫故,心坚节劲,事老姑尽孝,抚孤宜富成立。乾隆十三年,请旌建坊。

汪华栩妻程氏　年二十三夫客死江右,氏事女工,奉翁姑惟谨,抚幼子储成人。乾隆十三年请旌,二十四年坊建在四都。

汪时文妻洪氏　氏归洋家墩,青年夫故,抚子成立,守节不渝。乾隆十四年请旌,坊建十二都。

卢大振妻余氏　年二十四而寡,守节三十一年。乾隆十五年请旌,坊建十一都。

胡文煜妻王氏　心勤孝养,茹苦自甘。乾隆十七年请旌,坊建六都。

生员程蜚英妻欧阳氏　年二十四夫故,孝事老姑,抚继子可廷成立,卒年九十六岁。乾隆十八年请旌,五十年坊建南隅外。

胡文最妻叶氏　氏寡居贫,饥寒自忍,妇道克全。乾隆十八年请旌,坊建二都。

舒世光妻王氏　年十八于归,二十夫故守志,舅姑年老,勤女红以代供子职。乾隆十九年请旌,坊建九都。

胡士荣妻舒氏　荣卒,氏年二十八,抚幼子成立,苦节三十余载。乾隆二十年,请旌建坊。

卢寿益妻舒氏　年二十二夫故守志,抚子成立,寿六十有七。乾隆二十一年请旌,坊建十一都。

生员吴充妻王氏　年十七于归,数月夫故,矢志持节,抚继子成立。乾隆二十二年请旌。

双节黄世瑜妻王氏,子德博妻王氏　姑媳同志守节。乾隆二十二年请旌,坊共建四都。

双节孙光武妻汪氏，子必大妻汪氏　武殁，氏年少，矢志坚贞，抚幼孤必大年十五娶汪氏，未一月而子又故，媳年十六，自经，姑救甦，因奉姑寂守，足不逾户阈。乾隆二十四年请旌，坊共建在四都。

卢思健妻程氏　夫故恸绝不欲生，因翁姑年老，忍痛代供子职。逾年，翁复举子，岁周翁故，氏同继姑养子成立。苦节三十余载。乾隆二十五年，请旌建坊。

汪元臣妻卢氏　乾隆二十六年请旌，坊在三都村中。

余显鑫妻严氏　乾隆二十七年请旌，坊建在六都。

生员汤茂衍妻江氏　年二十八夫亡无子，立侄学福承祀，节凛冰霜五十年，卒年七十九。乾隆二十七年请旌，四十二年坊建五都嘉祥庵。

范世求妻查氏　年十六归柏山，二十一夫亡守志，家贫，执女红度日，孝事翁姑，抚继成家，守节四十载。乾隆二十七年请旌。

余益泰妻胡氏　年十五于归，未四年夫故，事继姑尽礼，抚弱子成立。乾隆二十七年请旌。

胡善炟妻汪氏　在家孝母，年十六于归，二十四夫殁于外。奉事老姑，姑凤有痰疾，氏衣不解带。抚孤子有成，命出外扶父枢回。苦志守节，平居不出户外。乾隆二十七年请旌。

胡肇端妻程氏　年二十于归，未一月夫往浙得疾而殁。氏闻讣，绝粒欲从地下，因舅姑年老，忍死奉养，鬻衣饰为扶枢费。含酸茹辛，不出户外。乾隆二十七年请旌。

林大震妻韩氏　年十八适林，夫病惓惓，以母老子幼为虑，氏剪发誓言以慰之。既殁，勤纺绩，养姑育子，苦节五十三年。乾隆二十七年请旌。

余宗海妻汪氏　年十八适余，未三载夫殁。矢志自守，事继姑尽孝，与妯娌共爨四十年无诟碎语。乾隆二十七年请旌。

余之宪妻江氏　年十七适余，未一载夫病笃，欲先以身殉，夫告以"亲老宜代终养"。及殁，禀夫言，朝夕拮据，奉养无缺，人称"孝节"。乾隆二十七年请旌。

程琳妻汪氏　年二十一适程，夫贫读书，氏典钗奁助之，越六载夫故，茹苦守节。乾隆二十七年请旌。

胡嘉勇妻范氏　年二十适胡，越载余夫故，矢志守节，四十年不出户庭。乾隆二十七年请旌。

胡良巳妻江氏 年十八适胡,越七载夫故。舅姑年老,承志孝养,阅三十八载。乾隆二十八年请旌,坊在六都。

舒彦骏妻吴氏 年二十五夫亡,家贫纺绩,孝事老姑,抚子成立。

舒士栋妻胡氏 年十六于归,越三年夫故,事姑以孝,节苦心甘。

舒士拔妻王氏 拔素患疯瘰,父母欲改嫁之,氏坚志不许,年十八适舒,未一载夫故,苦志守节二十九年。

余福晋妻舒氏 笄年矢志,事上克孝,抚下以慈,乡间重之。

以上四人,乾隆二十九年请旌,共建坊在九都。

王天贵妻张氏 善事父母,乡里称贤。年十七适王,舅姑已逝。越二年夫病笃,即尽售服饰,代夫葬二亲。夫亡立嗣抚育,及子长家道稍裕,族邻有无后棺骸捐资葬之,贫乏守节者时加周恤。乾隆二十九年请旌。

万元镰妻吴氏 年十五于归,姑已病笃,氏卧簧前,衣带数月不解。姑殁夫继亡,遗孤半岁,矢志抚育,备极劳苦。乾隆二十九年请旌。

孙丕琅妻舒氏 氏好读《列女传》,适孙未一载夫亡,奉姑以孝,抚侄如子,苦节四十余年。

孙兴上妻汪氏 夫早卒,遗孤幼弱,家且贫窘,守节抚孤,竭蹶艰难。

孙有锁妻李氏 夫亡励志,仰事翁姑,勤女红以供甘旨,育孤成人,以寿终。

孙有镰妻江氏 夫亡,姑目盲,氏吁天祷祝,目复愈。家无宿粮,十指度活,抚子成立,完节以终。

孙曾颐妻江氏 青年而寡,家贫,养老姑抚幼嗣,皆操作以供。

孙诗妻黄氏 于归未两月,夫克死杭州。孝事舅姑,训子成名,苦节三十余年。

孙永祥妻余氏 一都经历职余世文室女,年十六适孙,二十一夫故,事舅姑抚孤幼孝慈兼至,饮酸茹楚,苦节三十年,卒年五十岁。

以上七人,乾隆三十年请旌,共建坊在四都。

汪登龙妻卢氏 年十五于归,甫三月而夫亡,志节不渝。乾隆三十年请旌。

卢家楣妻汪氏 年十六于归,夫病侍汤药衣不解带者数月,夫殁氏年十九。孝事舅姑,苦志守节。乾隆三十年请旌。

舒必正妻汪氏 年十六于归,未二载夫殁,苦节自持。乾隆三十年请旌。

舒必大妻万氏 年十七于归,十九夫亡,坚节自守。乾隆三十年请旌。

舒士仪妻汪氏 年十六于归,事姑克孝。未三载夫病,虔祷北辰,愿以身代。夫殁,茹苦守志。乾隆三十年请旌。

汪益有妻江氏 年十七于归,岁余夫故,秉节持志。乾隆三十年请旌。

汪培元妻卢氏 氏归宏村,早寡,矢志不二,晚节自全。续据学册请旌,未详年分。

许又姜妻朱氏 续据学册请旌,未详年分。

烈妇:

卢钟琦妻汪氏 生员汪兆梁室女,年二十夫故,守制服阕,绉衣绝粒,妯娌强进食,氏曰:"有叔奉翁姑,我何求哉?"越七日而死。乾隆二十五年,请旌建坊。

贞女:

叶氏 许字卢容,容殇。女母适病,病愈乃毁妆归卢守志。未至家先拜婿墓,不髻而麻,无声而泣。归行庙见礼,询婿所终内寝处焉。服阕,尽绉衣裳,绝粒十余日死。时灵鹊噪入窗棂,挥之不去。雍正四年,郡邑合为请旌,坊建在十一都。并见《新安女行录》。

汪氏 许字朱家英,未婚而夫殁。氏闻讣奔丧,矢志守贞,孝事舅姑,继家贞次子显为嗣。乾隆四年请旌,坊建在九都。

韩氏 汪成魁聘妻,乾隆六年请旌,坊与汪学达妻卢氏等四人共建在三都。

烈女:

吴氏 许字孙世洪,未婚洪卒,奔丧守贞,终制三年,绝粒誓死。死之日曰:"当食雪一杯。"时已春深,天忽雨雪,咽一杯乃死。既殡夜,大雷雨,发其夫冢,遂合葬焉。乾隆十二年请旌,坊建在四都。

汪氏 贡生汪植女,许字胡士登。登故年二十,女亦二十。闻讣奔丧归胡门,绝粒十日而死。乾隆三十年请旌,坊建在六都西递。

以上旌表建坊。[1]

孝妇:

---

[1]嘉庆黟县志 道光黟县志[M].南京:江苏古籍出版社,1998:252-260.

胡士达妻舒氏 年二十适胡,六载士达病故无子。氏饮泣养姑,苦节三十余年。续于乾隆三十六年请旌建坊。[1]

范世传妻汪氏 年十七适范,未三载而夫故无子,氏哀毁矢志。终丧后,舅姑以年少家贫为言欲嫁之,氏坚不从,迫言之者数。一日,挟刀往哭夫墓,适邑侯黄公劝农行野,闻其声惨烈,呼问故,即传翁至问之,翁以实对。因量予口食,氏得全节以终。续于乾隆三十六年请旌建坊。[2]

戴有宾妻吴氏 年二十四夫卒家贫,孤国聚生甫六月。氏念夫家七世单传,勤苦守节,抚孤成立。后国聚卒,氏年已垂老,仍事劬劳,教育幼孙。寿八十三。邑侯孙公有传。续于乾隆三十六年请旌建坊。[3]

(三)卷八《人物志·列女·补遗》中的牌坊

宋:

贤母胡氏 胡献卿女,南山朝散大夫程晋之之室,给事中庄节叔达母,事高年翁姑,柔和承顺。教子登进士第,历官通显。详见陶文公必大墓志铭。

明:

胡子昂妻江氏 万历三十年旌表,坊建六都。

张天赐妻徐氏 氏归湖洋坑,年十九而寡。姑老子幼家贫,勤力养姑尽孝,抚孤成人。天启间,知县赵公额曰"苦节抚持"。

万应武妻王氏 年十九适万,七载夫亡,家贫岁荒,竭力勤绩,姑病日夕调理,抚幼成人,寿六十九。天启甲子,知县赵公额曰"冰霜苦节"。

万世光妻余氏 年十六适万,九载夫亡,孤方周岁。售衣饰为葬夫及先人棺木之需,抚子承祧,寿七十一。天启甲子,知县赵公额曰"柏舟艾节"。

孙见龙妻李氏 早年夫故,坚志持节。天启间,知县屠公额曰"节□清宁"。

[1]嘉庆黟县志 道光黟县志[M].南京:江苏古籍出版社,1998:262.
[2]嘉庆黟县志 道光黟县志[M].南京:江苏古籍出版社,1998:263.
[3]嘉庆黟县志 道光黟县志[M].南京:江苏古籍出版社,1998:263.

　　程天建妻孙氏 氏归王宁桥,早年夫故,事上抚下,艰辛交至,守节三十一年。崇祯初年,知县李公额曰"贞节"。

　　程应顺妻范氏 一都范尚铨女,年十八适柏林,五载夫亡,矢志养翁姑抚稚子,指工不辍,守节四十三年。崇祯十三年,知县赵公赠匾曰"节操可风"。

　　王元虎妻汪氏 归城西未一载,夫以勤读亡,氏娠三月。毁容守志,生男恩勤抚育以延夫祀,卒年七十七岁。崇祯十七年,知县俞公并氏夫兄元龙妻汪氏给匾曰"妯娌双节"。

　　以上建坊给额。[1]

　　国朝:

　　杨良亿妻金氏 休北西村人,年二十二而寡无子。志节冰兢,仅有一侄克承先业,氏幸夫祀有托,苦守六十六年,卒寿八十有八。雍正二年,知县饶公额曰"冰节"。乾隆元年,族为请旌建坊。

　　余世德妻叶氏 年二十六而寡,孝事媚姑,教子麟成立工书画,守节三十三年。雍正八年请旌,坊建城西隅。

　　叶起芳妻舒氏 年二十九夫故,矢志贞洁,敬事翁姑,立继承祧,守节四十年,卒寿六十九。

　　叶赓明妻孙氏 年二十一夫亡守节,孝敬翁姑,抚继成立,卒年六十有五。

　　叶申睿妻王氏 年二十三夫亡守节,孝顺老姑,立继延祀,寿六十三。

　　叶二龙妻孙氏 矢志冰清,持身玉洁,育孤兼慈严之职,家给皆操作之劳。

　　叶嘉骏妻胡氏 青年夫故,遗孤继殇,坚贞守节,操作自供。

　　以上五人,乾隆七年,请旌建坊。

　　吴永焜妻胡氏 年二十一而寡,家贫苦节,孝事翁姑,寿九十有二。乾隆九年请旌。

　　余返补妻黄氏 氏归城西,年二十二夫亡无子,自矢坚贞,卒年七十有五。乾隆二十三年,请旌建坊。

　　烈妇:

　　[1]嘉庆黟县志　道光黟县志[M].南京:江苏古籍出版社,1998:265-266.

查氏　通志载入烈妇,原阙夫名。雍正八年旌表。

贞女:

余氏　许字叶荣瑞,瑞二十而亡,氏在家闻讣,念舅姑无倚,哀辞父母,至夫家代夫完职,守志安贫,女红自给。乾隆七年,请旌建坊。

以上旌表建坊。[1]

(四)卷八《人物志·列女·续编》中的牌坊

孙天产妻汪氏　年十六归古筑,事老姑承顺周至,夫病祷祝愿以身代,脱簪珥以资汤药。夫故,氏年十八,笃志苦守,纺绩之声闻于邻里,教子孙名列邑庠。卒年八十二。乾隆三十一年,子选为母请旌建坊。

监生胡立宏妻范氏　年三十四而寡无子,孝事舅姑,叔娣早卒,遗子德蔼甫二岁,氏抚成人入邑庠,立为嗣。常训蔼曰"人当早自树立"。鼋倡建塔开路,皆氏训诲功。寿七十四。乾隆三十四年请旌,坊建中城槐渠。

汪彝学妻卢氏　十一都卢廷仪女,年十七归宏村。夫勤学致病,售衾调治不起,时氏年二十。念翁姑年迈,遗孤甫周,忍死孝育,妇道克尽,守节三十八年。乾隆三十四年,请旌建坊。

韩元政妻程氏　氏归十都万村,年二十一夫故。善事舅姑,日夜苦绩,抚孤成立,守节三十四年。乾隆三十四年,请旌建坊。

程新宪妻邵氏　年十六归二都,十八夫故无子,勤织纴以事翁姑,立任致和为后,抚养成人。乾隆三十四年请旌,坊建枧溪半源。

程振大妻韩氏　氏十都奇墅人,归城南桂林,年二十六夫故无子。事老年翁姑承颜顺志,逮殁丧葬如礼,并窆数代祖棺,余资批入支会,俾资祭扫。嘱工为虚圹于夫墓侧,以待自归。仅一女,适城东王姓,亦早寡矢志。氏守节四十三年。乾隆三十六年请旌,坊建南隅外。

程遐年妻黄氏　氏归桂林,年二十三夫故无子。坚持志节,孝翁姑终养葬祭尽礼,并将祖遗田租及勤力所积批入祀会以绵宗祀,寿七十九。乾隆三十六年请旌,氏寻殁,支亲为建坊上大路氏墓而。

舒有碣妻吴氏　年二十二夫亡,苦志守节,足不出户,侍姑病衣不解带、终始不移。乾隆三十六年,请旌建坊。

---

[1]嘉庆黟县志　道光黟县志[M].南京:江苏古籍出版社,1998:267.

汪开熹妻孙氏　氏归宏村，年二十二而寡。孝养翁姑，抚六月遗孤成立，苦节四十年。乾隆三十七年，请旌建坊。续于嘉庆十一年，以孙方锡膺貤赠宜人。

江连墉妻叶氏　年十七自二都归里田，二十一夫故。孝事翁姑，慈抚孤子，纺织艰辛，时年六十三岁，守节四十一年。乾隆三十七年，请旌建坊。

江振鳌妻吴氏　年十七自六都归里田，二十一夫故，遗子女各一。家贫食力，孝翁姑，男婚女嫁，无忝坤仪，守节四十一年。乾隆三十九年，请旌建坊。

汪炜文妻何氏　三都何元音女，年十八归宏村，二十一夫故。家贫，事机杼以养翁姑，立继承祧，守节三十四年。乾隆四十年，请旌建坊。

故儒舒遵文妻余氏　年十六归屏山，夫病脱簪珥购药，十七夫故，罄资为丧费。乾隆四十年请旌，坊建舒村水口庙。时年五十四，守节三十七年。现年登耄耋，非祀事不出户庭。

生员江洪禧妻吴氏　六都进士吴鹗女，年十七归蓬村，夫勤学致病，氏祝以身代，年二十二夫故。善事舅姑，抚继子必超以十指之资俾就外傅，塾归课读惟严。时年六十岁，守节三十九年。乾隆四十一年请旌，坊建二都。

江元发妻黄氏　四都监生黄佑焕女，年十八归蓬村，夫病谨奉汤药，阅年夫故。辛勤辟绩，以奉翁姑，立继子德宝教训必严。时年五十三岁，守节三十五年。乾隆四十一年请旌，坊建二都。

汪元时妻孙氏　年十九归宏村，二十二夫故。孝事舅姑，存殁尽礼，抚育犹子承祧。卒年八十一岁，守节五十九年。乾隆四十一年，请旌建坊。

郡生员吴槐妻汪氏　年十八归横冈，二十二夫故。抚月余之藐孤，延夫祀于一线。纺绩自劳，丸熊教子，其子敬名列太学。夫兄增生吴梁有"日课敢忘筐里绩，夜吟须味口中丸"之句悬其室为后嗣志。乾隆四十一年，请旌建坊。卒年六十一岁。

舒士瑜妻汪氏　氏归屏山，早年夫故，坚志守节，俭薄自甘，敬事老姑，抚教继子，授室成家，卒年八十有二。乾隆四十二年，请旌建坊。

故儒舒遵泗妻汪氏　年十九归屏山，夫病笃极意调治，二十一夫故。欲吞耳环以殉，念夫祀宜延，抚继子鹤群完娶。子又亡，复立继孙，倍加爱养，孝义克全。乾隆四十二年请旌，坊建水口庙，时年五十三，守节三十二年。于嘉庆十四年卒，寿八十有五。

舒士述妻何氏　早年而寡,家贫,勤力事姑,教子成立。乾隆四十二年,请旌建坊。

舒朝仕妻汪氏　十都汪源室女,年十七归屏山,夫病质妆医药,年十九夫故。恐翁姑思子加痛泣不成声,平日曲意奉养。族为立继子遵元,婚娶生孙。守节三十七年。乾隆四十三年,请旌赐额。

胡学植妻黄氏　监生黄佑焕女,年十九归西递,夫病祈以身代,二十八夫故,义不欲生。念姑老子幼,强起维持,孝慈兼至,布素荆钗,勤劳服苦,守节二十七年。氏乾隆四十四年请旌,坊建西递村水口。累赠宜人。

王起章妻吴氏　六都吴天章女,年十八归柏山,十九夫故。家贫,翁姑老,继子幼,恐死代供子职,仰事俯育,悉藉女红。翁姑病,扶持调理,昼夜不眠。遭两丧,葬祭如礼。守节五十余年。乾隆四十四年,请旌建坊。

江名铸妻汪氏　氏归江村,年十八而寡,日夜号泣,至于丧明。孝事舅姑,立侄以延夫祀,守节六十余年。乾隆四十五年请旌,坊建二都。

王世铨妻余氏　本城西隅女,归城东,年二十六夫故。以不逮事翁姑为憾,祭祀极诚,抚孤婚教成家,及见孙曾,勤劬不懈。守节五十九年,卒年八十四。乾隆四十八年请旌,坊建城东门内周王阁。

王文珪妻余氏　一都余德鑫女,年十八归王,二十一夫故。家贫守节,孝事老姑,抚幼成立,卒年六十一岁。乾隆四十八年,请旌建坊。

汪士尭妻江氏　江旭九女,年十九归三都,二十八夫故,遗半岁孤,三传一线。舅姑衰老,氏子身支持,事亲教子,慎勤倍至。舅姑殁,竭力典贷,以资丧葬。家贫,子将服贾,氏以祖先丘墓为嘱,不令远适。守节四十三年。乾隆四十九年请旌,坊建三都新亭。

生员汪邦弦妻吴氏　六都吴永辉女,年十八归汪,夫贫习举业,纺纴佐读,二十五夫故。衰翁在堂,辛勤孝养,翁殁葬祭竭诚。抚孤成立,生孙三人,人谓"苦志之报"。守节三十七年。乾隆五十一年请旌,坊建三都新亭。

汪绅文妻卢氏　十一都监生卢拱宸女,年十八归宏村,四载夫亡。事翁姑生殁尽礼,勤纺不出户阃,卒年七十有九,守节五十七年。乾隆五十一年请旌。

舒崇堦妻朱氏　早寡守志,事姑尽孝,抚继成立。乾隆五十二年,请旌建坊。

舒永谟妻卢氏　年十八夫亡,矢志坚贞,敬奉老姑,甘旨不缺,姑患痼疾,不解衣带,侍药涤秽,以指工所积买地葬舅姑及夫棺,立继延祀。乾隆五十五年,请旌建坊。

　　汪开琦妻程氏　在城生员程虞宾女,年十七归宏村,四年夫病革,谓氏曰:"吾庶出也,不能事吾母,奈何?"氏誓志终养,含痛不令姑知,委曲开解,劝令加养,节以孝成。继侄伟臣为子,命入成均。今年七十五,亲族罕见氏面,守节五十余年。乾隆五十五年请旌。

　　故儒汪士朴妻江氏　二都江应炎女,年十七归汪,十九夫故。绝粒已三日,念夫弟尚幼姑老孤孩仅生六月,勉自勤力,奉养二人。姑病,侍药数月而愈,姑谓人曰"此媳孝心所致也"。每篝灯,氏绩子读,教以成名。时年五十六岁,守节三十八。乾隆五十六年,请旌建坊。

　　姚大广妻汪氏　年二十归姚,二十七夫故。承顺孀姑,终身孝谨。遗腹生子,抚养成立。守节四十八年。乾隆五十六年,请旌建坊。

　　故儒卢观莲妻韩氏　万村韩元长女,年十九归卢,五载夫亡,痛甚绝食。姑劝曰:"殉节事易,独不为我老与尔夫后计耶?"氏遂以养姑抚继为己任,纫绩辛勤。卒年五十三。乾隆五十六年请旌,坊建卢村水口。

　　监生汪圣谦继妻胡氏　六都胡寿女,年十七归城南,二十一夫故,誓以死殉。孀姑曰:"尔死吾谁依?"乃勉从操作,以尽孝养,立继子婚教成立。姑殁,竭力葬祭,并营葬三代祖棺。事甫竣,遂绝粒而卒,年三十二。乾隆五十六年,请旌建坊。

　　江洪裖妻谢氏　年十七归蓬村,三十一夫亡。姑目瞽,氏尽孝养。年六十四,守节三十三年。乾隆五十七年,请旌建坊。

　　舒咸麟妻程氏　五都程三佩女,年十八归舒,二十六夫故。孝养老翁,教子入泮,见五孙,纺织至老不懈。卒年六十有六,守节四十年。乾隆五十九年,请旌建坊。

　　程顺麟妻吴氏　年十六归桂林,十九夫故,生子甫三月。翁姑垂老,尽力孝养,抚孤成名,已为长孙授室,勤苦宛如一日。守节三十五年。知县狄公给额曰"彤管扬徽"。乾隆六十年请旌,坊建郭隅外。

　　故儒江元镛妻汪氏　十都汪文彬女,年十八归江村,一载夫亡。矢志靡他,事翁姑孝道无亏,抚嗣子义方有训。卒年四十二岁,守节二十四年。嘉庆元年,请旌建坊。

　　汪邦楷妻舒氏　九都监生舒正镆女,年十七归宏村,十八夫故。家贫,纺绩以养翁姑。逮二人继殁，典衣钗，备丧祭，抚侄为嗣。时年五十六岁，守节三十九年。嘉庆元年，请旌建坊。

王培家妻朱氏 年二十一归城东，是年夫故。勤俭持家，志坚金石。卒年七十四岁，守节五十三年。嘉庆二年，请旌建坊。

程熙堂妻朱氏 年十八归桂林，周年夫故未育，绝粒几死，听翁姑谕勉起。竭诚奉养，得二人心，尝求为立嗣。氏殁后，翁姑立侄孙为氏子，以延宗祀。守节三十年。嘉庆三年请旌，续膺诰赠恭人，坊建郭隅。

汪世焘妻江氏 二都江朝楫女，年十八归汪，二十四夫故。痛翁姑年迈，夫祀宜延，不忍轻殉。事上尽孝，抚侄承先。时年六十一，守节三十八年。嘉庆六年，请旌建坊。

胡肇铵妻苏氏 年二十归西递，二十一夫故，誓志守节，事翁姑克尽孝道，以勤俭所余助修本里桥梁、道路，抚继子授室生孙，卒年五十六。嘉庆八年，请旌建坊。

故儒王廷御妻卢氏 十一都卢景容女，年十六归王。夫勤学致病，侍药惟谨，未一年夫故。家贫勤绩，以养翁姑。姑殁翁耄，调护益至迨终，丧事尽礼。抚侄承嗣，教育成人。时年六十一，守节四十五年。嘉庆十年请旌，坊建横山路。

故儒江应学妻吴氏 年二十归蓬村，二十三夫亡。勤女工以养翁姑，抚教服侄婚娶成家，夫祀克延。时年五十四，守节三十二年。嘉庆十年，请旌建坊。

舒世鏊妻胡氏 年十五归屏山，十九夫故。甘贫矢志，翁姑年老，以女红佐朝夕，抚教犹子克绵夫祀。时年七十四岁，守节五十六年。嘉庆十一年，请旌建坊。

举人汪守圭妻王氏 一都王圭继女，年十八归黄陂，二十六夫故。事翁姑克孝，二人殁后分有微产，仍事勤俭，抚继授室生孙。时年六十一岁，守节三十六年。嘉庆十二年，请旌建坊。

监生舒朝进妻黄氏 古溪贡生黄其吉女，年十九归屏山，二十一夫故。孝事翁姑，抚周岁遗孤允炽，衣布食粗，力行节俭，有义举必助成之，歉岁复倾廪周亲党。翁姑丧后，不茹荤，不出户。及见炽以弱冠中乾隆丙午武举，孙学谦入郡庠，皆氏孝顺之报。卒年六十一，守节四十一年。嘉庆十二年，请旌建坊。

孙士崑继妻江氏 年十七归孙,五载生子克昌在襁褓中夫故。孝事尊嫜,子职妇供,抚孤成立,迎母养于家,为胞弟完娶生子。守节三十八年卒。嘉庆十二年,请旌建坊。

胡崇桔妻程氏 监生程希曾女,年十八归西递,二十夫亡乏嗣。事翁姑尽孝,抚犹子如己出。时年六十五岁。嘉庆十四年,请旌建坊。

附监生孙瑚侧室沈氏 江宁沈文峰女,瑚肄业钟山,娶氏年十八,克敦妇道,生子士梧、士朴,同归古筑,翁姑见二孙心喜,氏奉事肫挚。夫北上应乡试,卒于京邸,时氏年二十七,恐死代夫终事。今士梧在京供职,时以"公忠勤慎"勖之。现年五十四岁,守节二十八年。嘉庆十五年请旌。

叶启佑妻刘氏 年十八归武岭,五载夫亡,乏嗣,贫能守志,立侄元榴为子,抚育加勤。现年五十九岁,守节三十六年。嘉庆十五年请旌。

寿妇:

胡宗万妻汪氏 寿届期颐,乾隆十五年,膺旌建百岁坊。见原志坊表。

处士方世华妻程氏 四都厚善附贡方振声母,性安贞纯厚,勤俭持家,篝灯课子,居心静一,人瑞休徵。嘉庆五年,寿届百岁,叠膺旌典,建百岁坊,表为"贞寿之门",入祠崇祀,坊建西武岭。

贞女:

胡氏 西递生员胡时泮女,许字于程达。程自行聘后外贸无耗,女依父母二十余年。父坠楼伤手,骨碎惮割,女为吮出得瘥。母病痹在床,女扶持起卧三载。后得程凶报,求赴守义,程母不忍,坚命改字,女志不遂,又虑亲老无依,缝衣自经死。乾隆五十五年请旌,坊建西递湾冷水亭之左。

汪氏 三都汪宗年女,六岁许字于舒朝纲,年十五夫故。闻讣绝粒,父母劝,不从与,俱不食。始强起,闻姑病,翁又早丧,请归奉姑。侍姑卧榻,进药涤秽,始终不懈。日居小楼纺绩,以所积营葬夫棺。姑殁,即择地归葬。孝义兼全。时年五十八岁,守节四十四年。嘉庆十二年,请旌建坊。

以上旌表建坊。[1]

上述298条坊主信息,共记载牌坊220座:节孝贞烈坊218座,百岁期颐坊2座(坊主程宗万妻汪氏,处士方世华妻程氏);一主坊201座,二主坊5座,三主坊2座,四主坊3座,五主坊1座,六主坊2座,七主坊2座,九主坊1座,

---

[1]嘉庆黟县志 道光黟县志[M].南京:江苏古籍出版社,1998:270-273.

十主坊2座,十二主坊1座。

三、卷十《政事志·坊表》中的牌坊

嘉庆《黟县志》卷十《政事志·坊表》篇幅不大。

……

腾蛟、起凤二坊 在学前左右。

……

运史坊 为嘉靖三十八年运使汪如海[1]立。

……

父子郎中坊 在郭门外,为山东参政许天赠[2]及其父赠南京户部郎中许时[3]立。

鹰绣坊 在九都,为御史舒荣都[4]立。

刺史坊 在二都,为邓州知州江云梯[5]立。

……

[1]嘉庆《黟县志》卷五《选举志·科第·明》载:"**汪如海** 字汝会,黄陂人。己未进士,刑部主事,出任江西九江府知府,升河东盐运使。见《宦业传》。"嘉靖三十七年举人,三十八年进士。

[2]嘉庆《黟县志》卷六《人物志·宦业·明》载:"**许天赠** 字德夫,屏山人。嘉靖乙丑进士。知海宁县,躬履亩,厘正田之无税者,豪右亦不假借。升户部主事,榷北关,以廉惠称。出守建宁,疏古渠,创建、宁二卫。迁两浙长芦盐运使,转山东参政,狱多平反。卒之日,远近哀思之。著有《丈量尺》《北关志》《两浙长芦事宜》《诗经正义》等书。"嘉靖四十三年举人,四十四年进士。

[3]嘉庆《黟县志》卷五《选举志·封荫·明》载:"**许时** 以子天赠,封奉政大夫、南王府左长史。"

[4]嘉庆《黟县志》卷六《人物志·忠节·明》载:"**舒荣都** 字曰俞,屏山人。万历丁未进士。授中书舍人,擢御史。神宗末年,上三字疏,曰'虚、公、严',其要在于择相;其后,言边务,则劾督抚周永春等;言门户,则劾通政贾继春等。两次巡按湖广,发奸摘伏。时贵竹土司叛,滇南不通,荣都代疏,画进剿之策,乱赖以平。熹宗登极,翼卫有力。魏忠贤窃国柄,荣都密谋于杨应山涟、左沧屿光斗,将连名疏劾之,以丁父艰归。魏忠贤憾之,《点将录》斥为地短星。荣都见事不可为,忧愤而卒。崇祯元年,追赠太常寺卿。崇祀乡贤。"万历十九年举人,三十五年进士。

[5]嘉庆《黟县志》卷六《人物志·宦业·明》载:"**江云梯** 字天衢,蓬厦人。由举人为安陆令,举乡约以维民,修黉宫以造士,捐俸赈饥,兴利除弊。擢守邓川州,邓苗獠杂处号难治,云梯至,化诲驯服,民赖以安至今,立祠祀之。"嘉靖三十七年乡试。

　　大夫坊　在六都,为胶州知州胡文光[1]立。

　　……

　　儒裔坊　在九都,为蕲州判官朱贞[2]立。

　　善和坊　在八都,为河间经历汪智[3]立。

　　孝子坊　一在七都,乾隆三年为孝子倪廷松[4]立;一在六都西递,乾隆四十一年为孝子胡绅[5]立。

　　……

　　义烈坊　在二都,乾隆十七年为江雷[6]立。

　　……

　　贞女坊　旧五:……;新三:一为汪伯应未婚妻舒氏[7],……

节妇坊俱散载各节妇本传下。[8]

　　嘉庆《黟县志》卷十《政事·坊表》共新增牌坊13座:科举功名坊7座,孝友恩褒坊2座,景观坊2座,节孝贞烈坊1座,善行义举坊1座。

---

　　[1]嘉庆《黟县志》卷六《人物志·宦业·明》载:"**胡文光**　字原中,西递人。嘉靖乙卯举人。知万载县,革宿弊,擒巨贼,决两省积狱,筑城垣,修学校,起养济院,立水次仓。巡抚荐之,赐五品服俸,升知胶州兼理海运。寻迁荆王府长史,加四品服。以亲老归。"

　　[2]嘉庆《黟县志》卷五《选举志·贡生·明》载:"**朱贞**　府学。任广东磐石卫经历,有能声,升湖广蕲水州判。"天顺年间贡生。

　　[3]嘉庆《黟县志》卷五《选举志·贡生·明》载:"**汪智**　八都人。福建司河间卫经历。"天顺年间贡生。

　　[4]嘉庆《黟县志》卷六《人物志·孝友·国朝》载:"**倪廷松**　字松五,七都里安人。贡生,性孝友。随父寓常州,父病月余衣不解带,父殁扶柩归葬,庐墓三年。事母色养备至,恩抚庶弟成立。乾隆三年,奉旨建坊旌表,入忠义孝悌祠。"

　　[5]嘉庆《黟县志》卷六《人物志·孝友·国朝》载:"**胡绅**　字书存,西递人。附贡生。父庠生光祖,为人勇于义。绅每先意,偕诸弟力成之,三党益以亲。继母韩氏失明,穷于医药,绅晨夕祝天,舐之两月目复明。乾隆四十一年,奉旨建坊,崇祀忠义孝悌祠。"正德年间贡生。

　　[6]嘉庆《黟县志》卷六《人物志·忠节·国朝》载:"**江雷**　字伯升,二都江村人。幼孤,未冠居母丧哀毁。明末,凤阳逃兵入祁门,肆杀掠延及邑界,雷率众击走之。顺治二年乙酉,邑奴宋乞为乱,雷欲诛乞。先葬其母,招同邑江悃等,与汪京都以计杀乞。乞既死,贼党忿甚。雷谓众曰:'公等且避去,吾独当之。'遂自经于母墓旁林中。乾隆初,请旌建坊,祀忠义孝悌祠。汪有光、江碧有传,见《艺文志》。"

　　[7]嘉庆《黟县志》卷八下《人物志·列女·国朝》载:"**舒氏**　九都监生舒仲女,许字十都汪伯应。应夭,女年十六,守志母家二十七载。翁姑感其志,迎归,立孙以为冢嗣。邑人咸高其贞节。续于乾隆四十六年请旌。"

　　[8]嘉庆黟县志　道光黟县志[M].南京:江苏古籍出版社,1998:354-355.

四、小结

综上,嘉庆《黟县志》共新增牌坊234座:节孝贞烈坊219座,科举功名坊7座,孝友恩褒坊2座,善行义举坊2座,百岁期颐坊2座,景观坊2座。

第四节　道光《黟县续志》中的牌坊

道光《黟县续志》篇章结构"仍前志门类续于其后,既竣事复书数语于简端,使阅者了然于续撰之梗概焉"[1],道光五年(1825)付梓。在结构上,笔者查阅的道光《黟县续志》并不独立成书,各卷内容均接在嘉庆《黟县志》各卷之后。因为嘉庆十七年(1812)至道光五年(1825)只有短短的13年,故在嘉庆《黟县志》和道光《黟县续志》近1200个筒子页中,道光《黟县续志》只占很少一部分。

一、《人物志·人瑞》中的牌坊

道光《黟县续志》之《人物志·人瑞》有坊主汪文灏小传,建有百岁坊1座:

> **汪文灏**　字希梁,一都湖洋坑人。家世清贫,性情纯笃,孝养谨慎,寿至百岁。嘉庆二十五年,礼部题请恩赐六品顶戴、给银建坊外,仍赏大银一锭、缎一匹。卒年一百零四岁。[2]

二、《人物志·列女》中的牌坊

> **故儒汪国玺妻金氏**　年十九未嫁,闻玺病笃,跪亲前请曰:"女既许汪,今婿病亟,舅姑年老,义当往侍。"亲从其请,遂归汪。玺病重不能成礼,氏日

[1]嘉庆黟县志　道光黟县志[M].南京:江苏古籍出版社,1998:黟县续志序2.
[2]嘉庆黟县志　道光黟县志[M].南京:江苏古籍出版社,1998:246.

夜侍汤药。玺卒不起,丧殡既毕,氏竟绝粒而卒。嘉庆十九年,请旌建坊。

舒崇淦妻胡氏　事实见前志。嘉庆二十三年,请旌建坊。

程学乾妻胡氏　事实见前志。嘉庆二十四年,请旌建坊。

故儒汪有时妻叶氏　年二十六夫亡,孝事舅姑,抚孤成立,现年七十四岁。道光元年,请旌建坊。

程嘉道妻余氏　事实见前志。道光二年,请旌建坊。

覃恩诰赠奉直大夫胡尚焘侧室许氏　休宁人,年二十一归西递胡,二十四而寡,事姑孝,抚子慈,现年五十三。道光三年,请旌建坊。

故儒汪元榜妻舒氏　事实见前志。道光四年,请旌建坊。亲族为之立嗣。

节烈舒可添妻许氏　事实见前志。道光元年,请旌建坊。

贞女唐氏　字一都姚嘉福,事实见前志。嘉庆十六年,请旌建坊。

贞女汪氏　字西递胡绍纲,事实见前志。道光元年,请旌建坊。

以上请旌建坊。[1]

三、小结

综上,道光《黟县续志》新增牌坊11座:节孝贞烈坊10座,百岁期颐坊1座。

第五节　道光《徽州府志》中的黟县牌坊

道光《徽州府志》卷十二《人物志二》"孝友""义行"两目中未见黟县新牌坊信息,卷十三《人物志三·列女》中有黟县牌坊信息。

一、卷十三《人物志三·列女》中的黟县牌坊

道光《徽州府志》卷十三《人物志三·列女》共记载黟县节孝贞烈坊坊主

[1]嘉庆黟县志　道光黟县志[M].南京:江苏古籍出版社,1998:574.

信息308条：节妇坊坊主信息292条（宋代1条，明代12条，清代279条），节烈坊坊主信息3条（均为清代），贞女坊坊主信息8条（明代1条，清代7条），贞烈坊坊主信息5条（均为清代）。

排除与本章前四节重复信息301条，其余坊主信息如下。

（一）卷十三《人物志三·列女·节妇》中的黟县牌坊

宋：

江某妻孙氏　江名无考，氏古筑居士孙浩然女。

明：

……

舒拱禧妻项氏　舒，一都人；氏名汉，夫亡抚孤与侄。族有贪产欲夺其志者，氏守益坚。

程万方妻余氏　程，六都横冈人；氏名锦。

余枝贵妻汪氏　余，城西人；氏名安弟。

汪鳌妻王氏　汪，一都人；氏名全。"汪鳌"，一作"金汪鳌"。

汪校妻孙氏　汪，钟楼下人；氏名月。

以上五人据《江南通志》补。

以上旌表建坊，除据《江南通志》补入五人，余俱据旧府志及黟县志登载。[1]

国朝：

……

舒国熙继妻汪氏　据《江南通志》补。

……

以上旌表建坊，除据《江南通志》补入一人，余俱据府县两志登载。[2]

---

[1]道光《徽州府志》（三）[M].南京：江苏古籍出版社，1998：395

[2]道光《徽州府志》（三）[M].南京：江苏古籍出版社，1998：397-401.

（二）卷十三《人物志三·列女·节烈》中的黟县牌坊

国朝：

……

以上旌表建坊，据府县两志登载。[1]

（三）卷十三《人物志三·列女·贞女》中的黟县牌坊

明：

……

此一人旌表建坊，据旧府志及黟县志登载。[2]

国朝：

……

以上旌表建坊，据府县两志登载。[3]

（四）卷十三《人物志三·列女·贞烈》中的黟县牌坊

国朝：

……

以上旌表建坊，据府县两志登载。[4]

二、小结

以上7条节孝贞烈坊信息，鉴于缺少“共建坊”信息，这里按7座牌坊统计。

[1]道光《徽州府志》（三）[M].南京：江苏古籍出版社，1998：425.

[2]道光《徽州府志》（三）[M].南京：江苏古籍出版社，1998：426.

[3]道光《徽州府志》（三）[M].南京：江苏古籍出版社，1998：426.

[4]道光《徽州府志》（三）[M].南京：江苏古籍出版社，1998：427.

第六节　同治《黟县三志》中的牌坊

　　《黟县三志·凡例》称:"前志修于嘉庆壬申,续于道光乙酉,今自乙酉、丙戌年起,至同治己巳稿成之日为断。""人物志所载,必系没世论定之人始为立传。传中偶及现存之人,止因牵连叙事,不加一字品骘,以免标榜。然犹必舆论金同,方为附见,庶足信今传后。其前志未收而确有征信者,仍按时代先后,编入续志人物补传。"^[1]这两句话表明:①《黟县三志》主体内容,上自1825—1826年,下至1869年,前后40余年;②对于人物志所载内容,本着"盖棺论定"原则,凡嘉庆《黟县志》、道光《黟县续志》未曾记载但证据确凿的,一律按时间先后,编入续志"人物补传"之中。《黟县三志》卷六《人物志》开篇对于"人物补传"有如下规定:"续志人物应从道光乙酉以后编起,所有采访乙酉以前上溯元明时人,别为补传。"^[2]换言之,只要证据确凿,"人物补传"所载人物"上溯元明时人"。

　　《黟县三志》卷八《人物志·列女》开篇把列女分为"孝女""孝妇""贞女""烈女""烈妇""贤妇""寿妇""节孝姓讳"和"殉难妇女姓讳"九目,对篇目之划分有如下说明:

　　　　黟志列女,旧有孝贞节烈贤寿之目,今仍其例。惟自咸丰甲寅至同治癸亥,黟屡被兵,妇女之殉难者众,可谓烈矣。而孝贤贞节并在其中,不独"烈"字所能概。谨遵《奏疏旌案》称,"为殉难妇女别编姓讳",又"节妇人数较多,亦编姓讳,以便检校而免遗"。复其前志已载名氏事实,而旌表坊额在道光乙酉修志后者约而辑之,纪旷典,昭激劝,非复也。^[3]

　　这段话表明两点:第一,《黟县三志》卷八《人物志·列女》篇目结构除了常规的"孝女""孝妇""贞女""烈女""烈妇""贤妇""寿妇"七目,新增"节孝姓讳"和"殉难妇女姓讳"两目,新增这两目的原因是"咸丰申寅至同治癸亥,黟

---

[1]同治黟县三志[M].南京:江苏古籍出版社,1998:卷首4.

[2]同治黟县三志[M].南京:江苏古籍出版社,1998:55.

[3]同治黟县三志[M].南京:江苏古籍出版社,1998:147.

屡被兵,妇女之殉难者众","谨遵《奏疏旌案》"要求。第二,后文《旌恤定例》中"于通衢大路总建一坊,无论大小妇女,姓氏全行镌刻其上",原因也在于"咸丰申寅至同治癸亥,黟屡被兵,妇女之殉难者众"。上文中的"咸丰申寅"是咸丰四年(1854),"同治癸亥"是同治二年(1863)。上文中的"兵"和《旌恤定例》中的"贼"均指太平军。"咸丰申寅至同治癸亥",前后10年,清军与太平军在徽州的"拉锯战",造成徽州民众包括妇女死伤无数。

关于太平天国战争对徽州人口变迁的影响,研究认为:"晚清时期,徽州遭受了十数载的太平天国战争,累世积聚的繁荣社会破坏严重,人口出现巨大变迁,民众惨遭杀戮、流离、饥荒和瘟疫等,战后人丁凋敝,长期难以恢复。""自咸丰四年(1854)太平军首次进入徽州,祁门知县唐治和大洪司巡检钟普塘在与太平军交战中战死;直至同治三年(1864)太平天国天京失陷,幼主洪福瑱在干王洪仁玕等保护下经徽州歙县出走,在此期间徽州战争不断","对徽州六县县城的攻占情况进行了统计,六县平均达10次以上,黟县和绩溪更是高达15次"。"黟县嘉庆十五年到同治六年,人口减少约9万,根据徽州正常人口增长规律,太平天国战争前的道光年间黟县人口较嘉庆年间更多,因而黟县战乱人口损失也可估计约为一半。""太平天国战争造成徽州人口锐减的方式是多样、复杂的,不仅战争中有大量民众直接惨遭伤亡","战后带来的瘟疫、饥荒等同样致使人口继续减少"[1]。

在《黟县三志》中,牌坊信息分散在卷八《人物志·列女》和卷十《政事志·坊表》中。

一、卷八《人物志·列女》中的牌坊

(一)卷八《人物志·列女·烈妇》中的牌坊

姚长顺妻李氏　月塘女,归城东,纺绩佐夫,典衣侍药,夫卒自刭以殉。道光十七年旌,建坊东门外。

修生程绍裘妻汪氏,侧室王氏　汪氏,三都监生守埼女,年十六归桂

---

[1]余道年.太平天国战争与徽州人口的变迁[J].佳木斯大学社会科学学报,2013(3):114-117.

林,九载为夫纳三都王灶福女为妾。道光三十年夫亡,王氏先投缳死,年二十四。汪氏立夫兄子朝仪为嗣,从容饮药死,年二十八。族人呈请旌表双烈,咸丰二年,奉旌坊祠。

以上旌建专坊。[1]

(二)卷八《人物志·列女·贤妇》中的牌坊

赠中宪大夫附监生孙瑚继妻沈氏 寿百四岁,亲见七代,六世同堂,孙曾以下九十二人。咸丰六年,曾孙景□由国子监奏请,奉旨赏给银两建坊,赐额"贞寿之门"。别有传,见《艺文志》。壬申志作"侧室",又其时"现年五十四"应作"五十九"。[2]

(三)卷八《人物志·列女·节孝》中的牌坊

程元光妻汪氏,弟元振妻吴氏,子大桂妻汪氏 程,赤岭人。元光〔妻〕已见"节孝总坊"。元振妻,光村女,年二十四守节,五十九卒。大桂妻,汪联五之女,年二十一寡,抚遗腹子五龄而殇,勤苦守节,姑殁兵间,丧葬尽礼,现年六十一。咸丰五年,请旌建专坊。[3]

朱秉仁妻卢氏 紫阳年二十五寡,守节数十年卒。据访,已旌建专坊。[4]

从九胡庆坦妻陈氏 归西川,早寡守节。道光九年,请旌建坊。

赠奉直大夫胡尚炽侧室吴氏 〔归〕西川,早寡守节。道光九年,请旌建坊。

胡良煏妻王氏 归赤岭,年二十二守节,孝事公姑。道光十七年,请旌建坊。

胡崇榱妻孙氏 归西川,年二十守节。道光十八年,请旌建坊。年七十二殉难,旌总坊、祠。

候选知府胡积埙侧室杨氏 〔归〕西川,年二十七守节。道光二十六年,

[1]同治黟县三志[M].南京:江苏古籍出版社,1998:151.

[2]同治黟县三志[M].南京:江苏古籍出版社,1998:152.

[3]同治黟县三志[M].南京:江苏古籍出版社,1998:163.

[4]同治黟县三志[M].南京:江苏古籍出版社,1998:176.

请旌建坊。现年七十三。

以上已旌,建专坊。[1]

布经历衔王大成妻舒氏　屏山州同舒炽女,年二十一守节抚孤。出资助建考棚,买米赈辛卯水灾,尝赒邻里,年四十六卒。子,朝佐,见《宦业卷》。孙,元瑞。道光二十八年,旌表专坊。[2]

捐职吏目王繼妻叶氏　南屏女归城东,年二十守节,孝养重闱,抚继子克绳入学,助资修府河西桥、祁大洪岭。六十三卒。别有传,详载《艺文志》。道光三十年,旌表专坊。[3]

监生赠奉政大夫韩星聚妻汪氏　岭下教谕兴伯女,归奇墅,年二十一守节,六十六卒。有传,见《艺文志》。子文治,同知。咸丰初年,旌建专坊。[4]

汪观长妻何氏　青年守节,道光二十五年旌,同治二年殉难。节孝坊建本村。[5]

……

汪文达妻金氏

汪梦麟妻江氏

以上并黄陂节妇。道光二十五年旌,坊建三都。[6]

江燧妻韩氏　别有专坊。[7]

监生黄庆辏妻叶氏　归黄村,年二十九守节抚孤,子亡妇殉,又抚诸孙。年七十二。旌建专坊。[8]

[1]同治黟县三志[M].南京:江苏古籍出版社,1998:196.
[2]同治黟县三志[M].南京:江苏古籍出版社,1998:206.
[3]同治黟县三志[M].南京:江苏古籍出版社,1998:206.
[4]同治黟县三志[M].南京:江苏古籍出版社,1998:225.
[5]同治黟县三志[M].南京:江苏古籍出版社,1998:243.
[6]同治黟县三志[M].南京:江苏古籍出版社,1998:243.
[7]同治黟县三志[M].南京:江苏古籍出版社,1998:252.
[8]同治黟县三志[M].南京:江苏古籍出版社,1998:275.

二、卷十《政事志·坊表》中的牌坊

《黟县三志》卷十《政事志·坊表》全文如下:

节孝总坊 在外六都段,名氏见列女各传,《疏》见《艺文》。道光中,员外郎西递胡积堂[1]捐建,横冈文会输地基。

彰善坊 在考棚左偏彰善祠内。坊刻姓名,详彰善祠下。

孙洪甲[2]百岁坊 在六都横冈大路,道光二十七年建。[3]

为何修建"节孝总坊"?《黟县三志》卷六《人物志·忠节》刊载的《旌恤定例》道明了原委:

旌恤定例

礼部仪制司查定例:"殉难绅士庶民,令该督抚转饬各该地方官,于本邑忠义孝悌祠内设位致祭,并题名于石碑,俾得流传永久;其被贼戕害之妇女等,各该督抚转饬各该地方官,每县给银三十两,于通衢大路总建一坊,无论大小妇女,姓氏全行镌刻其上,并于节孝祠内设位致祭。其未届十岁者,毋庸设位"各等语。又咸丰三年奏准:"官绅殉难家属应行建坊人等,除官尚给银建坊外,如本家有愿自建专坊者,亦听其便(同治二年札行)。又殉难家丁婢女,准于各该处忠义节孝等祠、石碑及坊上分别题名,停止设祭。"[4]

根据《旌恤定例》,对于咸同年间因为太平天国运动而罹难的妇女,可能

---

[1]同治《黟县三志》卷七《人物志·尚义·国朝》载:"**胡积堂** 字汝华,一字琴生,候补员外郎。娴音律,通勾股法,兼精星学,富藏古今书画,衡鉴不差,交游皆知名之士,生平崇义好善。兄积烦早卒,兄子二人俱患心疾,积堂为治家政,管质库数十年,坦白无私。同族有传十余世而式微者为娶妻延祧,贫寡无依者歺佽助之。施药、舍棺、除道、成梁莫不毕力,捐资独建阖邑节孝总坊,重建本村凝瑞庵。刻有《笔啸轩书画录》《腐谭集》,著有《致知一得录》。子,文铨,见《选举志》。湘乡曾公驻皖修古乐,遣知县李载珪来黟采西川石制磬管。文铨与载珪论乐,出《致知一得录》,嘱请序于曾公。载珪旋邮《序》来。见《艺文志》。"

[2]同治《黟县三志》卷六下《人物志·人瑞·国朝》载:"**孙洪甲** 字焕芳,郭隅人。立身端厚,寿登百岁。道光十六年,恩赏银、缎,建坊。"

[3]同治黟县三志[M].南京:江苏古籍出版社,1998:413.

[4]同治黟县三志[M].南京:江苏古籍出版社,1998:95-96.

因为死难无数,故采用"每县给银三十两,于通衢大路总建一坊"等形式予以"表彰",于是就有了"节孝总坊";"如本家有愿自建专坊者,亦听其便",可以建专坊。

上文中的"《疏》见《艺文》",《疏》即《节孝总坊疏》,《艺文》即《黟县三志》卷十五《艺文》。礼部要求,地方照办,而且一丝不苟,层层报告。黟县不仅建了节孝总坊,还写了《节孝总坊疏》和《节孝总坊牌入祭碑文》,以记录建节孝总坊经过,深切悼念被祭之人。

《黟县三志》卷十五《艺文志·政事类·节孝总坊疏》载,"旌之贞孝节烈妇女三千九百五十七"[1]。《黟县三志》卷十五《艺文志·政事类》载有《节孝总坊牌入祠祭文》[2]。对于此《节孝总坊疏》和《节孝总坊牌入祠祭文》全文,有著述[3]引用过全文。

彰善坊是一座善行义举坊,亦是一座总坊,"道光六年岁次丙戌仲冬月建"[4]。据《黟县三志》卷十《政事志·考棚·乐输建造考棚姓名(彰善祠设位刊碑)》[5],共有坊主272人,包括"乐输建造考棚"并在"彰善祠设位刊碑"者共175人("各输银一千两加一兑又输银一百两"者8人,"各输银五百两加一兑又输银五十两"者4人,"各输银三百两加一兑又输银三十两"者7人,"各输银二百两加一兑又输银二十两"者1人,"各输银一百两加一兑又输银十两"者155人),"捐输地基者"4人("作价银一千两"者2人,"作价银三百两"者1人,"作价银一百两"者1人),"捐输建造考棚其未列位者列名坊左"者93人。

三、小结

综上,同治《黟县三志》共新增牌坊21座:贞烈节孝坊18座,善行义举坊1座(彰善坊),百岁期颐坊2座(坊主孙瑚继妻沈氏,孙洪甲)。

---

[1]同治黟县三志[M].南京:江苏古籍出版社,1998:515.

[2]同治黟县三志[M].南京:江苏古籍出版社,1998:515-516.

[3]黄成林.徽州文化地理研究[M].芜湖:安徽师范大学出版社,2018:296-299.

[4]同治黟县三志[M].南京:江苏古籍出版社,1998:409.

[5]同治黟县三志[M].南京:江苏古籍出版社,1998:408-409.

第七节　民国《黟县四志》中的牌坊

《黟县四志》之《卷首·凡例》界定了该志较前志新增内容的起止时间："考《三志》谢《序》称,同治戊辰十二月《三志》成,而续记事表并纪及戊辰以后之事,是《三志》应以同治九年庚午为止。兹编即自同治十年辛未接续之,至民国十二年癸亥为断,计五十三年。"[1]

一、卷六《人物志·忠节》中的牌坊

民国《黟县志》卷六《人物志·忠节》有2条坊主信息:

> **舒廷坚**　字辅三,屏山人。同治二年,粤匪寇黟,带勇御贼,力竭阵亡。由忠义局于一百二十六、〔一百二十〕七两次各省殉难人民议恤案内报部,光绪十年由部奉准建坊,入祀忠烈祠。子学忠。
>
> **舒学忠**　屏山人,廷坚次子。随父御贼,同时阵亡。同案奉准建坊。与父廷坚并祠忠烈祠。[2]

虽然这是2条坊主信息,考虑到坊主是父子二人,准予建坊事由相同,权作1座善行义举坊统计。

二、卷七《人物志·尚义》中的牌坊

民国《黟县四志》卷七《人物志·尚义》有1条坊主信息:

> **吴长峤**　字子青,横冈人,州同职衔,五品封典。宣统二年,皖北灾,捐助棉衣千袭。皖抚朱会同两江总督奏准在原籍地方建坊,给予"乐善好施"字样。[3]

[1]民国黟县四志[M]. 南京:江苏古籍出版社,1998:8.

[2]民国黟县四志[M]. 南京:江苏古籍出版社,1998:65.

[3]民国黟县四志[M]. 南京:江苏古籍出版社,1998:92.

三、卷八《人物志·列女》中的牌坊

民国《黟县四志》卷八《人物志·列女》将列女分为"孝女""孝妇""贞女""烈女""烈妇""贤妇""寿妇""才女""节孝"和"殉难妇女姓纬"等目，其中三目有列女牌坊信息。

（一）卷八《人物志·列女·烈妇》中的牌坊

盐大使丁未优贡韩绍祖妻胡氏　西川附贡生绍仁女，幼承祖母训，适绍祖，尽妇职，孝事祖姑及舅姑。年二十继姑与夫相继殁，哀痛绝粒。继姑殡后，从容服药死，距夫殁未及一月。合邑绅耆禀请旌表。宣统三年六月，奉旨建立专坊，入祀节孝祠，《请旌公禀》见《艺文》。[1]

"盐大使丁未优贡韩绍祖妻胡氏"小传中提到的《请旌公禀》即《韩胡氏请旌公禀》，并非见于《黟县四志》卷十三《艺文志·上》或卷十四《艺文志·下》，而是见于《黟县四志》之《卷末·公禀》：

韩胡氏请旌公禀

程定保

为烈妇殉夫，公请旌表，环吁详报，以励薄俗而慰贞魂事。窃维簪缨传世胄，名媛亦争日月之光；巾帼有完人，大节足壮山河之色。故咏《柏舟》而矢志，之死靡他；而藉彤管以扬芳，所生无忝。

邑十都奇墅优贡生韩绍祖之妻胡氏，幼承姆训，长适名门，射孔雀之屏一枝中目，举孟鸿之桉三载齐眉。在室则相依祖慈，口授班昭《女诫》；宜家则无违夫子，心仪冀缺妻贤。兰膳承欢，妇职兼修乎子职；篝灯佐读，针神常助夫经神。方期鹏翼搏风，郎君远到；岂意鹏声叫月，竖子潜侵。氏夫以诵读劳辛，遂抱伯牛之疾；氏姑以爱怜少子，偏求扁鹊之方。祈神悉本心诚，饮鸩竟将身代。金萱草折，姑方绝迹人间；玉树枝摧，夫亦修文天上。斯时也，镜鸾半破，钗凤双飞，落残并蒂之花泪枯鹃血，掷碎长生之果哭断猿肠。人

[1]民国黟县四志[M].南京：江苏古籍出版社，1998：116.

是未亡,何心独活?妾真薄命,有意捐生。凤钦毁容割臂之贞,拟效绝粒投缳之举,奈诸亲时时慰藉,令老媪密密防闲。于是,强作欢颜,勉襄大事,祭之以礼,虔供苹藻之馨;夜如何其,暗蓄芙蓉之汁,乘人不觉,视死如归,竟于四月初七日服毒以殉。烈由义尽,节与孝兼,从一而终,永作贞媛之范;有三不朽,宜邀旷典之褒。

某等或情切莪莪,或谊关桑梓,其证以见闻之确,忍听其湮没不彰?为此,谨呈烈妇事实,并族邻切结,环叩转详,俾邀旌典,以励薄俗,而慰贞魂,实为公便。[1]

《韩胡氏请旌公禀》行文讲究,言语悲切,概述了"烈妇"韩胡氏被旌表的原因——以身殉夫。

(二)卷八《人物志·列女·节孝》中的牌坊

附生舒开济之妻卢氏 十一都卢村女归屏山,年二十二夫故守节,抚遗腹子劬劳卓著,年六十岁卒。光绪三十四年,总督端、巡抚朱、学院吴会奏,奉旨旌表,准入祠,建坊竖匾。[2]

姚新琦之妻程氏 柏林女归双溪南,早寡,矢志守节,抚孤成立,卒年六十六。雍正二年,知县饶有裴、典史曹宪给"山海与长"额。已旌坊祠。[3]

程明来妻何氏 二都轴上女,适桂林,年二十一岁夫故守节,现年六十五岁。督学毓给"凌冬松秀"额,两江总督端、安徽巡抚冯详准旌表建坊,春秋享祀。[4]

杏墩胡光英妻汪氏 碧山汪仙房女,十九岁归胡,二十二岁夫故,守节四十一年,现年六十三岁,孝顺翁姑,尽力营葬。光绪三十年,三江采访总局详请汇题,奉旨旌表,建坊竖匾。[5]

[1]民国黟县四志[M].南京:江苏古籍出版社,1998:512-513.
[2]民国黟县四志[M].南京:江苏古籍出版社,1998:134.
[3]民国黟县四志[M].南京:江苏古籍出版社,1998:135.
[4]民国黟县四志[M].南京:江苏古籍出版社,1998:143.
[5]民国黟县四志[M].南京:江苏古籍出版社,1998:154.

杏墩胡遐龄妻查氏 西坑查朝旺女,年二十归胡,二十八岁夫故,柏舟矢志,种作度日,守节四十年,现年六十八岁。由安徽采访局汇题,光绪三十一年奉旨旌表,建坊竖匾。

杏墩胡尔康妻徐氏 由安徽采访局汇题,旌表奉旨准入祠建坊,赏给匾额"巾帼丈夫"。

杏墩故儒胡廷玉继妻孙氏 古筑孙伯达女也,名茂林,年十八归胡,三年夫故。翁姑在堂,节妇孝养备至。翁卒。姑病盲,性严切,节妇先意奉将务使愉悦,十余年如一日。抚遗腹子元吉成立,使从宿儒程朝仪万斛泉讲求正学。光绪庚子,联军入京,元吉佐湖北巡抚于荫霖率师勤王,闻母病驰归。节妇责以大义,使复出荫霖,叹曰:"母之贤,异于绝裾者矣。"宣统辛亥革命军起,元吉宰菏泽,节妇寄谕曰:"危不可去,变不可从。"逊位诏下,元吉归养,盖秉母以忠报国之训也。守节五十一年,年七十二。先是光绪三十三年安徽巡抚冯煦奏请旌表,奉旨入祠建坊,又表其闾曰"宣文懿范"。学使毓隆给匾额曰"节孝兼慈",乡人荣之"海内名流"。碑铭传咏见《艺文志》。[1]

胡荣组妻孙氏 光绪二十一年,两江总督张、江苏巡抚奎、江苏提督学院龙奏请旌表,奉旨依议,准建坊入祠。[2]

林万青妻程氏 城桂林女归漳溪,年十八夫故,事姑尽孝,遗腹子世桢抚养成立入庠,殁年七十一。学正贵汇奏,旌表入祠建坊。[3]

监生戴荣基侧室姜氏 年十七归际村戴,二十一夫故,侨居濡须,值粤匪之变,庐舍灰烬,抱夫容相、著作、遗稿,偕二稚女困苦流离,靡他自矢,后又迎母终养于家,卒年六十。光绪四年,学使龚给"芳躅流型"额。二十一年,总督张、巡抚福、学使李汇奏,奉旨旌表,准即入祠建坊。[4]

胡庆寿妻黄氏 年二十一夫故守节,现年五十八岁。民国八年,请给匾额,入祀建坊。[5]

[1]民国黟县四志[M]. 南京:江苏古籍出版社,1998:154.

[2]民国黟县四志[M]. 南京:江苏古籍出版社,1998:162.

[3]民国黟县四志[M]. 南京:江苏古籍出版社,1998:174.

[4]民国黟县四志[M]. 南京:江苏古籍出版社,1998:174.

[5]民国黟县四志[M]. 南京:江苏古籍出版社,1998:177.

李联级妻孙氏　年十六夫病,愿归李扶持,未数日夫故。事姑尽孝,佣工以供甘旨,苦守四十二年,乡里称焉,现年五十八岁。民国九年请旌,给"节励松筠"额,建坊。

李宗铃妻叶氏　年十九归李,二十一岁夫故,事姑尽孝,治葬尽礼,现年六十岁。民国请给"节励松筠",建坊。[1]

汪有时妻叶氏　归历川,年二十八夫故,家徒四壁,十指度日,遗孤三周,抚育成立。道光十一年,请旌建坊。卒年七十九岁。[2]

汪国璋妻程氏　年十九归历川,二十五岁夫故,哀毁绝粒,誓死殉夫,经亲族劝以"亲老家贫无人侍奉",始忍泪进食。养姑守节,立胞侄祥恩承继,以教以养,视如己出。卒年五十九岁。光绪十八年二月,奉旨建坊。[3]

双节汪辉庭妻孙氏,汪承庆妻孙氏　孙雨年之女,年十八适陈间山辉庭,二十三夫故,守节三十三年,现年五十六岁。孙式燧之女,二十岁适陈间山承庆,二十二夫故,现年六十岁。河南汝阳县知县汪奎等,以"一门双节"禀请河南巡抚于奏请旌表,奉旨入祠建坊。[4]

汪嘉禧侧室胡氏　光绪二十一年,江苏巡抚奎、江苏提督学院龙、两江总督张奏请旌表,奉旨作议,准建坊入祠。[5]

中宪大夫儒童汪锡祥妻李氏　李鸿萧女,孝事尊章,敬相夫子,夫卒抚孤,乡里称贤,旌表建坊。事实详《艺文》。[6]

吴张龄妻余氏　年二十五夫故,孝上慈下,现年六十三岁。民国八年,请

[1]民国黟县四志[M]. 南京:江苏古籍出版社,1998:178.
[2]民国黟县四志[M]. 南京:江苏古籍出版社,1998:185.
[3]民国黟县四志[M]. 南京:江苏古籍出版社,1998:186.
[4]民国黟县四志[M]. 南京:江苏古籍出版社,1998:193.
[5]民国黟县四志[M]. 南京:江苏古籍出版社,1998:193.
[6]民国黟县四志[M]. 南京:江苏古籍出版社,1998:195.

给匾额,入祀建坊。[1]

范名栋继妻王氏　江苏椽史有德女,年十九归柏山,二十五夫故,抚孤守节,孝事翁姑,卒年六十一岁。内阁中书吴详请奏,旌坊祠。

范名达妻胡氏　横冈女,年十九归柏山,二十六岁夫故,矢志守节,工作度日,现年七十八。光绪三十四年,安徽巡抚冯、总督端、提学吴会奏,旌坊祠。[2]

范崇慈妻舒氏　屏山遵铨女,年二十归柏山,二十八夫故,事姑孝,御下慈,抚二子均成立。殁年四十三岁,计守节十六年。兵部郎中胡宾铎详请奏,旌坊祠。

范高翔妻舒氏　屏山敦五妹,年十七归柏山,十九夫故,翁姑继逝,抚夫弟成家,继子承祧,亲见抱孙,营葬翁姑,维持家政。卒年六十二岁。内阁中书吴详请奏,旌坊祠。

范高院妻许氏,出嗣兼祧继妻吴氏　许氏,四都女,年十八岁归柏山,二十二岁守节。吴氏,崇山女,年二十归柏山,二十四守节。二氏各产一女,家徒壁立,事姑抚女俱孝慈兼尽。许氏先姑卒,吴氏独支家务,躬耕纺绩,为仰事俯蓄资。姑殁极哀,含殓营葬,三代祖坟皆如礼法。育二女于归。殁年七十一岁。光绪三十一年,总督周、巡抚诚、督学毓会奏,旌坊祠。

范高圭妻叶氏　南屏女,年十六归柏山,二十夫故。翁姑早逝,事太姑克孝,佣工纺绩,日夜辛勤,抚继子厚泽成名,和睦妯娌,人无间言,殁年六十三岁。宣统二年,巡抚恩、学政李会奏,旌坊祠。[3]

封职范崇集妻胡氏　城中学楫女,年十八归柏山,二十夫故。矢志守节,孝事翁姑,姑殁事翁尤加敬谨。家虽小康,甘居淡泊,抚继子高发成立。卒年六十七岁。兵部郎中胡详奏请,旌坊祠。

封职邑庠生范鸿渐继妻胡氏　上坑秀岩女,年十八归柏山,二十夫故。矢志守节,善于治家,创营居室,抚前室子惟瀚就傅游庠,亲见抱孙,卒年四

[1]民国黟县四志[M]. 南京:江苏古籍出版社,1998:210.
[2]民国黟县四志[M]. 南京:江苏古籍出版社,1998:211.
[3]民国黟县四志[M]. 南京:江苏古籍出版社,1998:211.

十。内阁中书吴荫培详请，旌坊祠。[1]

叶新喻妻黄氏 年二十三夫故，孝事孀姑，抚养孤子甫授室遽逝，忍痛立嗣，爱养倍加，殁年四十有七岁。民国九年，旌褒"志洁行坊"，建坊。

叶芳蒸妻舒氏 年二十二夫故，孝姑立继，勤俭持家，殁年七十二岁。民国九年，旌褒"节励松筠"，建坊。

叶新同妻孙氏 年二十八夫故，孝事翁姑，慈抚继嗣，现年六十一岁。民国九年，题褒"节励松筠"，建坊。[2]

上述31座牌坊信息中，7座建于民国年间（民国八年2座，民国九年4座，具体年份不详1座）。至于民国年间的7座牌坊，因为没有实地调研，不能肯定一定建坊，这里基于系旧志登载，一律按实际建坊统计。

（三）卷八《人物志·列女·殉难妇女姓纬》中的牌坊

舒学忠妻汪氏 廷坚之媳，归屏山，妇德卓著。同治二年二月初九，骂贼不屈，投河殉难。奏准旌表，建坊入祠，以慰幽魂。[3]

四、卷十《政事志·坊表》中的牌坊

民国《黟县四志》卷十《政事志·坊表》中有3条牌坊信息，其中第2条与上文卷八《人物志·列女》"中宪大夫儒童汪锡祥李氏节孝"条重复，其余2条信息如下。

[1]民国黟县四志[M]. 南京：江苏古籍出版社，1998：212.

[2]民国黟县四志[M]. 南京：江苏古籍出版社，1998：214.

[3]民国黟县四志[M]. 南京：江苏古籍出版社，1998：223.

　　姚联达[1]**孝子坊**　在一都城西双溪南水口。

……

　　复山汪崇镛[2]**之母李太恭人节孝坊**　在渔亭霭江大路旁。[3]

五、小结

　　民国《黟县四志》新增牌坊36座：节孝贞烈坊33座，善行义举坊2座（坊主舒廷坚父子，吴长峤），孝友恩褒坊1座（坊主姚联达）。

本章小结

　　综上，上述诸志共记载黟县非重复坊364座（表7-1）。

---

　　[1]民国《黟县四志》卷六《人物志·孝友》载："**姚联达**　字在邦，双溪南人。振钟子，捐职州同五品衔，性纯孝。年十三随父贾汉口，先意承志，奉养如成人。父患疮疡，侍疾事必躬亲，衣服溺器皆手自涤，夜卧床侧衣不解带者数月。疮愈又患咯血疾，侍之愈加敬谨。同治庚午，母得风痹疾，禀父命星夜驰归，遍延医诊罔效，焚香祷神，刲臂和药以进，疾始痊。里人同声称孝，欲为请旌，涕泣固辞。父晚年就养家居得气喘症，冬夜尝少寐爱听琴，则鼓琴以怡父心，待安寝然后屏息退，偶闻嗽声或欠伸声即起，数年如一日也。父母先后十日以寿终，丧葬如礼，居外庐不如荤者三年。忌日荐新扫墓，皆致祭尽礼。终身孺慕，生平见义必为。葺宗祠，复祀会，修谱牒，置高墙庵义冢，莫不概然乐助。他如重修渔亭石桥费繁工巨，筹办阖邑积谷责重事艰，联达亲往各埠劝捐，咸重其人，踊跃资助。至城外积谷仓、萃英文社，亦联达首倡之。光绪己亥，邑绅呈由大吏奏荦其门，赐建坊银两，安徽督学绵文奖以'永锡尔类'。卒年六十有三，崇祀忠义祠。子尔昌，高等师范毕业生，赏给举人，以七品小京官分部学习。"

　　[2]民国《黟县四志》卷六《人物志·孝友》载："**汪崇镛**　字友笙，号振声，城北箭亭里人，寄居渔亭之复山。父锡祥早逝，母李氏守节抚养，得旌于朝，学使祁公隽藻以'贞松慈竹'额其坊，详见《节孝》。崇镛奉母孝，事叔父如父，暑月施茶以济行旅。贾于江西之玉山，地当江浙之冲，徽州人贸易其间者甚众，向无义堂以厝旅榇，死者往往寄柩郊野，暴露堪伤。首先捐资提倡玉山之有新安旅榇厝所，崇镛之力也。同时，并购山地以备阡葬，其章程皆所手定云。又建婺源大镛岭头之乐善亭、渔亭惜字炉，凡诸义举无不以身先之。"

　　[3]民国黟县四志[M]. 南京：江苏古籍出版社，1998：255.

表7-1 部分徽州旧志记载的黟县牌坊统计

资料来源	合计/座	分类										
		纪念坊/座									非纪念坊/座
		小计	旌表类					非旌表类			景观坊
			节孝贞烈坊	孝友恩褒坊	善行义举坊	封赠例授坊	百岁期颐坊	科举功名坊	惠民德政坊	其他	
弘治《徽州府志》	42	19	2	0	5	0	0	11	1	0	23
嘉靖《徽州府志》	13	12	1	0	0	0	0	11	0	0	1
嘉庆《黟县志》	234	232	219	2	2	0	2	7	0	0	2
道光《黟县续志》	11	11	10	0	0	0	1	0	0	0	0
道光《徽州府志》	7	7	7	0	0	0	0	0	0	0	0
同治《黟县三志》	21	21	18	0	1	0	2	0	0	0	0
民国《黟县四志》	36	36	33	1	2	0	0	0	0	0	0
合计	364	338	290	3	10	0	5	29	1	0	26

第八章 绩溪牌坊

关于旧时绩溪县志,1998年版《绩溪县志》是这样说的:"明清时期编修的《绩溪县志》,由于种种历史原因,大都散失、损毁。今县内仅存胡适于民国23年捐赠县志馆的乾隆志刻印本和万历志、康熙志续编、嘉庆志的传抄本。1962年,台湾绩溪同乡会从日本东京国会图书馆借得清乾隆和嘉庆原版《绩溪县志》,影缩合订成册,辗转带回数部,所以县志稀见,索求不易,久为憾事。"[1]

本章依据弘治《徽州府志》、嘉靖《徽州府志》、道光《徽州府志》和绩溪旧时最后一部县志嘉庆《绩溪县志》,研究绩溪旧时牌坊。

第一节 弘治《徽州府志》中的绩溪牌坊

弘治《徽州府志》卷一《地理一·坊市》记载有绩溪牌坊。

一、卷一《地理一·坊市》中的绩溪牌坊

弘治《徽州府志》卷一《地理一》共十目,其中第九目"坊市"的重点是"坊",有关绩溪牌坊方面的内容如下:

> 宋,坊七:曰崇贤,曰崇仁,曰归德,曰连城,曰敦礼,曰清宁,曰临河。
>
> 元,坊十有八:曰崇儒,曰美俗,曰宣政,曰锦绣,曰传桂,曰仁慈,曰中

---

[1]绩溪县地方志编纂委员会.绩溪县志[M].合肥:黄山书社,1998:序二3.

和,曰居贤,曰丽泽,曰成德,曰积庆,曰中正,曰文明,曰孝义,曰仁寿,……,曰义和,曰仁里。仁里坊在十二都,国朝宣德中里人程以易重建。

　　国朝,建坊十二:遵义,中和,仁慈,集贤,淳安,仁寿,福泉,庆丰,太平,宣泽,美俗,敦睦。

　　科第坊　在学前,为本县历科举人进士题名立。

　　泮宫坊　在学内。

　　登云坊　为举人李富[1]立。

　　步蟾坊　为举人冯靖[2]立。

　　青云坊　为举人张彦清[3]立。

　　卓英坊　为举人汪渊[4]立。

　　绣衣坊　为冯靖立。

　　登科坊　为举人章英[5]立。

　　攀桂坊　为举人胡愈[6]立。

　　重光坊　为举人冯骝[7]立。

---

　　[1]弘治《徽州府志》卷六《选举·科第·国朝》载:"李富　绩溪人。《诗》。授道州同知,升云南黑盐井提举。卒于官。"永乐十二年举人。

　　[2]弘治《徽州府志》卷七《人物一·勋贤·国朝》载:"冯靖　字寓安,绩溪市东人。纯笃富问学,领宣德丙午乡荐,拜临城教谕,士多造就。升监察御史。时陕西罕东等番以易茶马而哗,朝命帅兵往相机宜,夷民咸裂口咬指而服。岁乙巳,闽寇邓茂七既授首,其党吴金七等据政和,伪号九龙大王,承命经理其地,设奇擒获,械送京师,诏加禄一级,且有文绮宝锢之赐。未几,升浙江按察司佥事,适有官台贼酋郑怀茂等为民孽,督兵剿灭,诏加从四品禄,寻升本司副使,廉能之誉益著。成化乙酉,恳疏乞骸以归,后例进阶一级。卒于家。"宣德元年举人。

　　[3]弘治《徽州府志》卷六《选举·科第·国朝》载:"张彦清　绩溪人。《诗》。授固安县训导,升博野教谕。卒于官。"宣德四年举人。

　　[4]弘治《徽州府志》卷八《人物二·宦业·国朝》载:"汪渊　字本深,绩溪坊市人。早游邑庠,学问淹贯,领正统戊午乡荐。授真定府无极县学教谕,宅忧归,改河南洧川县学。秩满升天津卫学教授,所至造士有方。升宁王府长史,端重周慎,宁惠王深器重之,赞其像云:'发身科目,司职教庠;献绩大廷,来作吾相:赤心辅导,古人不让。噫!贾谊其汝号,汝其贾谊分,相与之颉颃。'后以忧归,改楚王府,寻致仕。"正统三年举人。

　　[5]弘治《徽州府志》卷八《人物二·宦业·国朝》载:"章英　字彦邦,绩溪九都人。有学行,领成化乙酉乡荐,任安州学正,深得士心。左迁庐陵县学训导,士多造就。历典山东、广东文衡,以考秩卒于京。樑经安州,门人祖道哭祭,如丧考妣。"成化元年举人。

　　[6]弘治《徽州府志》卷六《选举·科第·国朝》载:"胡愈　字宗韩,绩溪人。《礼记》。归德州同知,今升叙州府通判。"成化四年举人。

　　[7]弘治《徽州府志》卷六《选举·科第·国朝》载:"冯骝　字致远,绩溪人。《书》。建安知县,改堂邑。"成化十年举人。

登俊坊　为举人许魁[1]立。

鸣凤坊　为举人汪溥[2]立。

双凤坊　为举人汪滢[3]立。

世科坊　为举人汪度[4]立。

世肖坊　为举人程傅[5]立。

世荣坊　为举人章瑞[6]立。

登庸坊　有三：一为举人戴善应[7]立，一为冯瑢[8]立，一为张兴[9]立。

擢秀坊　为举人周诚[10]立。

联璧坊　为举人胡拱旸[11]立。

---

[1]弘治《徽州府志》卷六《选举·科第·国朝》载："**许魁**　绩溪人。《礼记》。今四川绵竹知县。"成化十九年举人。

[2]弘治《徽州府志》卷七《人物一·勋贤·国朝》载："**汪溥**　字源学，绩溪十一都人。颖敏好学，领天顺己卯乡荐，授蓟州知州。州近辇毂，当路要冲，且有三卫，官民杂处。溥以诚笃廉谨莅之，首新庙学，躬与诸生讲解，科第多人，率其门下。凡课农足民，靡不究心致力。州南有龙池河，壅塞为患，欲疏导未能。岁甲午，河忽东注，民患自是息。是岁秋，酿泉乡粟有一本双穗者，民歌咏之。岁丁酉，有蝗集于葛庄，率亭长祷之，俄有黑虫飞啮蝗灭，禾亦大熟，人皆谓其德化所致。巡抚、巡按相继奉之。秩满，百姓遮道随赴阙保留，上赐诰命，升从四品禄，俾再任三年，以慰民望。秩满，百姓为立碑纪其德，以为张堪后一人而已。寻升广西庆远知府。地僻边隅，(猺獞)〔瑶獞〕杂处，素号难治。溥至，抚御有力，民夷安妥。未三载，丁外艰归，军民思之，屡陈于巡抚、巡按，交章奏保复知庆远，百姓相庆幸。未几，保升广西按察副使，整饬柳、庆、南宁等处兵备，经略规画，悉体民情，(猺獞)〔瑶獞〕向化，以卓异见荐行部。勤劳致疾，卒于官，民夷闻之皆流涕。溥学行俱优，人皆贤之。尝修《蓟州志》，所著有《仕优稿》。弟滢，字源洁，登戊戌进士第，授江西玉山知县，清苦勤慎，有德政，与溥齐名，擢福建道监察御史。丁外艰，卒于家。溥子度，中成化癸卯乡荐。"天顺三年举人。

[3]弘治《徽州府志》卷六《选举·科第·国朝》载："**汪滢**　绩溪人。《书》。见《人物志》汪溥传。"成化十年举人，十四年进士。参见脚注汪溥传。

[4]弘治《徽州府志》卷六《选举·科第·国朝》载："**汪度**　绩溪人。《书》。"成化十九年举人。参见脚注汪溥传。

[5]弘治《徽州府志》卷六《选举·科第·国朝》载："**程傅**　字佐时，绩溪人。浙江新昌知县。"成化十三年举人。

[6]弘治《徽州府志》卷六《选举·科第·国朝》载："**章瑞**　绩溪人。《书》。"弘治二年举人，十二年进士。

[7]弘治《徽州府志》卷六《选举·科第·国朝》载："**戴善应**　绩溪人。《易》。由监生中式，授鱼台知县，改黔江知县。"洪武二十九年举人。

[8]弘治《徽州府志》卷六《选举·科第·国朝》载："**冯瑢**　字时鸣，绩溪人。《礼记》。福州推官，升兵部车驾主事。今致仕。"成化十年举人，十四年进士。

[9]弘治《徽州府志》卷六《选举·科第·国朝》载："**张兴**　绩溪人。《书》。"弘治二年举人。

[10]弘治《徽州府志》卷六《选举·科第·国朝》载："**周诚**　绩溪人。"成化十年举人。

[11]弘治《徽州府志》卷六《选举·科第·国朝》载："**胡拱旸**　绩溪人。《书》。授浙江分水县教谕，改无极县。卒。"成化十九年举人。

　　进士坊　在隅都有五：一为冯瑢，一为胡富[1]，一为汪滢，一为胡光[2]，一为章瑞立。

　　三进士坊　为冯瑢、胡富、汪滢立。

　　尚义坊　在冯川，为冯义观[3]立。

　　旌孝坊　在城北，为孝子许钦[4]立。[5]

二、小结

　　弘治《徽州府志》共载有绩溪牌坊65座：景观坊37座（宋代景观坊7座，元代景观坊17座，明代景观坊12座，泮宫坊），科举功名坊26座，孝友恩褒坊1座（旌孝坊），封赠例授坊1座（尚义坊）。

第二节　嘉靖《徽州府志》中的绩溪牌坊

　　嘉靖《徽州府志》卷一第四目《坊市》记载有绩溪牌坊。

一、《卷一·坊市》中的绩溪牌坊

　　嘉靖《徽州府志》第一卷共六目，其中第四目"坊市"对绩溪牌坊有详细记载。排除与本章第一节重复坊，其余关于绩溪牌坊方面的内容如下：

---

[1]弘治《徽州府志》卷六《选举·科第·国朝》载："**胡富**　字永年，绩溪龙峰人。《书》。南京大理评事，升寺正，今升广东按察副使。"成化七年举人，十四年进士。

[2]弘治《徽州府志》卷六《选举·科第·国朝》载："**胡光**　字文光，绩溪人。《书》。广州府推官，谪驿丞，迁灌县知县，今升云南曲靖军民府同知。"成化十九年举人，二十年进士。

[3]嘉靖《徽州府志》卷十四《选举志下·恩荫·国朝》载："**冯义观**　以子瑢贵赠兵部主事，配陈氏封太安人。"

[4]弘治《徽州府志》卷九《人物三·孝友·国朝》载："**许钦**　绩溪人。家贫性孝，年十六教授于乡。兄弟贫，以己田让之。独养父母，有疾汤药惟谨，告天求以身代。母方卒，贷葬庐墓侧。知县郭纻举充生员。父宽继没，因贫稿葬，结庐守哭，人不忍闻。弘治庚申，知府祁司员奏闻旌表。"

[5](弘治)徽州府志[M].上海：上海古籍书店，1964.

……

各坊附曰：

清和，登云，处仁，大理。

……

储俊坊　在儒学门左，**毓才坊**在儒学门右，二坊御史张仲贤[1]立。

进士坊　在隅都有九：……，一胡宗明[2]，一胡宗宪[3]，一郑恭[4]，一汪仲成[5]。

举人坊　在隅都二十三：……，一程通[6]，……，一程辂[7]，……，一胡

---

[1]嘉靖《徽州府志》卷三《监司职官·国朝》载："**张仲贤**　山西阳曲县人。由进士正德十年任。"

[2]康熙《徽州府志》卷十四《人物志三·宦业·明》载："**胡宗明**　字汝诚，龙川人。正德丁丑进士，授户部主事。嘉靖甲申，甘肃边警，大司马往征，宗明督饷有功，进四川参议。移广东，剧盗充斥，宗明设奇俘馘而还。升河南副使，转福建参政。首问大豪，置之法审，均田赋，积弊悉除。漳、泉诸郡旱，谷价涌腾，宗明白直指使者仓储改征折价，民赖焉。调广西，佐毛伯温平瑶有功，进云南、山东布政使，升副都御史。巡抚辽东，增筑屯堡，多仿古遗法。"正德十一年举人，十二年进士。

[3]嘉靖《徽州府志》卷十三《选举中·科第·国朝》载："**胡宗宪**　字汝贞，绩川人。兵部尚书、少保兼太子太保。"嘉靖十三年举人，十七年进士。

[4]嘉靖《徽州府志》卷十七《宦业·国朝》载："**郑恭**　字子安，绩溪市东人。登进士。授黄岩知县，规画严明，擒海寇，疏河道，敦行布惠。擢户部主事，转刑部，法行豪右。出守平乐，母丧讣闻，适蛮攻阿村，恭部勒其民黎旦突赴之，蛮骇遁去。兵备朱亟称'恭智勇不可及'。起补莱州即墨，民多逋负，恭请一切蠲之。宾客仪资侭取诸俸余，当道恶恭'简率'。改调大理，时土官木氏阿氏不能相，搆兵弥年不能禁，恭为解之，政有能声。"正德八年举人，嘉靖八年进士。

[5]嘉靖《徽州府志》卷十七《宦业·国朝》载：**汪仲成**　字汝玉，绩溪人。以进士授南大理评事。有巨阉从子扑杀人，赂诸鞫官求脱，仲成力争不署名，竟抵法。仲成居官介伉，有以作野史谤者，迁知广西思恩军民府。思恩土官岑濬叛诛，濬子金率其党攻城郭，欲复故地，势汹汹甚。仲成计缚金，全其城。改任柳州府。柳民夷杂处，城外皆贼舍，匿椎埋。仲成至，具科条与军民约，疏涤宿弊，禁奸戢暴，民夷大和。"嘉靖四年举人，五年进士。

[6]弘治《徽州府志》卷九《人物三·孝友·国朝》载："**程通**　字彦亨，绩溪人。性至孝，慷慨有大节，读书过目不忘，下笔立就数千言，诗有唐体。洪武乙丑，时年二十二，领乡举入太学。明年，闻父客没于外，哀讣至江西之吉安，始得父丧，遂奉以归，庐墓三年。厥后，以祖远谪陕西，上表乞释之。其略曰：'臣幼失父，止有祖坐法流陕西，远隔四千里外，今年七十有四，茕然无依，饥孰为之食，寒孰为之衣，病孰为之奉汤药。'又曰：'臣无父，祖犹父也；祖无子，孙即子也。父子骨肉，坐视其若是而不相救，乌在其为孝也。'上悯其情，释归田里，人皆以为孝感所至。后通官至辽王府长史，王甚敬礼之。靖难初，上封事数千言。永乐间，锦衣卫指挥使纪纲以旧憾谮之，遂有诏械通诣京，簿录其家。通既死，家人发戍边。详见《文献志》，有文集藏于家。"洪武二十三年举人。

[7]嘉靖《徽州府志》卷十七《宦业·国朝》载："**程辂**　字邦载，绩溪程里人。由进士授行人，选给事中，上六事，曰'慎赐予，杜奸欺，核军功，累年劳，限囚革，清诡冒'。武官二千七百余人，应革者奏尽革去。或惧以危言不为动，坐救姜盘等，削籍后蒙赦。台垣高擢、李凤，冢宰李瓛交章论荐，辂曰：'得保首领生还，延太平之世，见至治嘉祥，足矣！'寻卒。所著有《石泉稿》《应言集》。"正德十四年举人，十六年进士。

富,一胡彦申[1],……,一汪遵[2],一冯兰[3]。

鸣盛坊　在市西,程定[4]、程容[5]。

尚书坊　在南门外,胡富。

世登科第坊　在南门外,戴骝[6]、戴祥[7]、戴嘉猷[8]。

绣衣坊　有四:一章瑞,……,一胡宗宪,一胡松[9]。

大司空坊　在南门外,胡松。

少保坊　胡宗宪。

都宪坊　胡宗宪。

---

[1]嘉靖《徽州府志》卷十三《选举中·科第·国朝》载:"**胡彦申**　绩溪人。"建文元年举人。

[2]嘉靖《徽州府志》卷十三《选举中·科第·国朝》:"**汪遵**　字惟中,绩溪人。平度知州。"正德八年举人。

[3]嘉靖《徽州府志》卷十三《选举中·科第·国朝》载:"**冯兰**　字惟友,绩溪人。莒州知州。"嘉靖十三年举人。

[4]嘉靖《徽州府志》卷十三《选举中·科第·国朝》载:"**程定**　字静夫,绩溪人。有文学。"弘治十四年举人,十八年进士。

[5]嘉靖《徽州府志》卷十三《选举中·科第·国朝》载:"**程容**　字仁夫,绩溪人。"嘉靖元年举人。

[6]此冯骝即戴骝,"冯"系戴骝榜姓。参见脚注戴骝、戴嘉猷传。

[7]嘉靖《徽州府志》卷十六之《明贤·国朝》载:"**戴祥**　字应和,绩溪市东人。父骝,知堂邑,为清白吏。进士铨曹,堂邑人,或曰'见之可获美秩',祥谢,使勿言。授行人,迁南工部员外郎,掌芦课,以廉称。转户、吏二部郎中。寻病,乞致事归。中澹简旷,杖屦不入城府。从游者胡松、邝汴、叶份,皆通显有声。子嘉猷,中丙戌进士。知乌程,县赋繁重,嘉猷为上于朝,乞均赋。置义田数百亩,岁征谷储之。构学舍,业诸生其中。后拜吏科给事中,以言事谪广西桂林尉,后迁高川州同知,署雷州府事,"蠲舟税,增设石闸,以护新城",语在《雷州志》中。升四川按察金事,获私茶金巨万及赎金,以筑马湖城。升湖广参议,时久旱,民苦令贪,嘉猷下车即劾去之,又收豪猾十余人,置之法,雨大注。进浙江巡海道副使。卒于官。所著有《前峰漫稿》及《东》《西》《楚》《蜀》四稿。"正德五年举人,六年进士。参见脚注戴嘉猷传。

[8]康熙《徽州府志》卷十三《人物志二·风节·明》载:"**戴嘉猷**　字献之,绩溪市东人。父祥,字应和,登正德辛未进士。初,祥父骝为堂邑令,有清白声。时铨曹为堂邑人,或言'见之可得美秩',祥谢,使勿言。授行人,迁南工部员外郎。转户部,升吏部郎中。躯历三部,清慎一节,致仕归。嘉猷登嘉靖丙戌进士,知乌程县。县赋繁重,嘉猷为上于朝,乞均赋。置义田数百亩,岁征谷储之。构学舍,课诸生。奏最,升给事中。以言事杖阙下,谪桂林尉,迁高州府同知,署雷州府事。蠲舟税,增设石闸,以护新城。升四川金事,获私茶金巨万及赎金,以筑马湖城。升湖广参议,时久旱,民苦令贪,嘉猷下车即劾去之,又收豪猾十余人,置之法,雨大注。进浙江巡海副使。卒于官。所著有《前峰漫稿》及《东》《西》《楚》《蜀》四稿。"正德八年举人,嘉靖五年进士。

[9]嘉靖《徽州府志》卷十三《选举中·科第·国朝》载:"**胡松**　字茂卿,绩溪人。工部尚书。"正德八年举人,九年进士。

科第传芳坊　进士胡光,子、举人胡宗华[1]。

诰封坊　胡淳[2]。

大夫坊　程伯祥[3]。

以上坊俱在南门外。

司谏坊　在东街,戴嘉猷。

世荣坊　在东街,戴嘉猷。

诰封坊　在东门,汪景[4]。

贡元坊　在登源,汪庠[5]。

……

鸿胪坊　在十三都,汪裕[6]。

节妇坊　在十五都,许杰妻(张)〔章〕氏[7]。

节孝坊　在县南,方岳妻葛氏[8]。

旌节坊　在县南,章珙妻江氏[9]。[10]

二、小结

排除与上节重复坊,嘉靖《徽州府志》共记载绩溪新增牌坊36座:科举功

---

[1]嘉靖《徽州府志》卷十三《选举中·科第·国朝》载:"**胡宗华**　字汝美,绩溪人。光子。河南钧州知州,文有□□。"正德十一年举人。

[2]嘉靖《徽州府志》卷十四《选举下·恩荫·国朝》载:"**胡淳**　以子松贵加封至中大夫、云南布政使司右参政,配方氏加封太淑人。"

[3]嘉靖《徽州府志》卷十三《选举中·输粟·国朝》载:"**程伯祥**　福建建宁府同知。"

[4]嘉靖《徽州府志》卷十四《选举下·恩荫·国朝》载:"**汪景**　以子仲成贵赠南京大理寺评事,配葛氏封太孺人。"

[5]嘉靖《徽州府志》卷十二《选举上·岁贡·国朝》载:"**汪庠**　字孝夫,登源人。道州通判。"正德十四年府学岁贡。

[6]嘉庆《绩溪县志》卷九《选举·仕宦·明》载:"**汪裕**　仁里人,鸿胪寺序班。"

[7]嘉靖《徽州府志》卷二十之一《列女·国朝》载:"**章氏**　名义弟,绩溪十五都人许杰妻。年二十三而寡,终年七十四。嘉靖间,有司奏闻旌表。"

[8]嘉靖《徽州府志》卷二十之一《列女·国朝》载:"**葛氏**　绩溪方岳妻,年二十三而夫亡,抚二孤底、于有成,卒年九十七。嘉靖间,有司奏闻旌表。"

[9]嘉靖《徽州府志》卷二十之一《列女·国朝》载:"**江氏**　绩溪市西章珙妻,年二十二珙亡,子方一岁,家贫,节操愈励,年七十一卒。嘉靖间,有司奏闻旌表。"

[10](嘉靖)徽州府志　(弘治)休宁志[M].北京:书目文献出版社,1998:32-33.

名坊25座（进士坊4座,举人坊6座,其他科举功名坊15座）,景观坊6座（清和坊,登云坊,处仁坊,大理坊,储俊坊,毓才坊）,节孝贞烈坊3座（节妇坊,节孝坊,旌节坊）,封赠例授坊2座（诰封坊2座,坊主分别是胡淳、汪景）。

第三节　嘉庆《绩溪县志》中的牌坊

一、卷一《舆地·坊表》中的牌坊

嘉庆《绩溪县志》卷一《舆地·坊表》载有绩溪牌坊,排除与本章前两节重复坊信息,其余信息如下:

在城坊:

……

春宫太保/夏官上卿坊　在县南总督府门首,为太子太保、兵部尚书胡宗宪立。

世科坊　四:在○○,为举人……,章英、章序[1]、章炫[2]立。

翰苑坊　在城北,为庚吉、胡晓[3]立。

步云坊　在县北,为举人张应丁[4]立。

煮凤坊　在县北,为举人唐卿[5]立。

起凤坊　在县东,为举人黄元敬[6]立。

……;**又奕世孝廉**　为汪宗立。

---

[1]嘉庆《绩溪县志》卷九《选举志·科第·明》载:"章序　字元礼,西街人。"嘉靖十年举人。

[2]嘉庆《绩溪县志》卷九《选举志·科第·明》载:"章炫　字德光,市西人。"嘉靖十六年举人。

[3]嘉庆《绩溪县志》卷十《人物志·宦业·明》载:"胡晓　字东白,市北人。为人倜傥魁岸,不作世俗娟媚态,而文亦如之。中嘉靖甲辰进士,丁未选庶吉士,改御史,直言不讳,奏立议阡于黄花镇,出按凤阳,风裁甚著。以却当国赆见忤,谪判官晋州,造士甚众。继升琼州同知,又补广信府,寻以归省。卒。有《翰苑》诸作。"嘉靖二十二年举人,二十六年进士。

[4]嘉庆《绩溪县志》卷九《选举志·科第·明》载:张应丁　嘉靖四十年举人。

[5]嘉庆《绩溪县志》卷九《选举志·科第·明》载:"唐卿　字汝皋,市北人。"万历四年举人。

[6]嘉庆《绩溪县志》卷十《人物志·宦业·明》载:"黄元敬　字子吉,号鹓湖,市东人。隆庆庚午举人,任湖广郧县令,廉介有循古吏风。升陕西临洮府通判,抚按交奖,委盘查决狱皆报最。"隆庆四年举人。

......

节孝坊　城东：一汪守勤妻胡氏[1]，一胡承相妻方氏，一胡〔正〕方妻章氏[2]，一张时润妻方氏[3]；城南：一方（有）〔世〕儒妻葛氏[4]；城西：一周（焕瑞）〔瑞焕〕妻邵氏[5]，一葛启佑妻胡氏[6]，一葛洪镐妻汪氏[7]，〔一〕周良楫妻程氏[8]，一章必炳妻张氏[9]，一章定德妻胡氏[10]；城北：一胡洪炬妻程氏[11]，一胡梦楚妻李氏[12]。余或未建坊，而未呈报者缺焉。四乡全。

贞烈坊　城北：舒子瑶妻李氏[13]；城南：程登正妻章氏[14]；城中：一胡

---

[1]嘉庆《绩溪县志》卷十《人物志·列女·国朝》载："庠生汪守勤妻胡氏　市南人。年十九寡，守节四十六年。雍正十三年旌。"

[2]嘉庆《绩溪县志》卷十《人物志·列女·国朝》载："**胡正方妻章氏**　市东人。年二十五寡，孝事舅姑，姑疾侍汤药二十余年不倦，育于振克成名。嘉庆十二年旌。"

[3]嘉庆《绩溪县志》卷十《人物志·列女·国朝》载："庠生张时润妻方氏　市中人。年二十八寡，节孝抚孤，现年五十九。嘉庆十三年旌。"

[4]嘉庆《绩溪县志》卷十《人物志·列女·国朝》载："**方世儒妻葛氏**　市南人。年二十七寡，守节四十七年。乾隆四年旌。"

[5]嘉庆《绩溪县志》卷十《人物志·列女·国朝》载："**周瑞焕妻邵氏**　市西人。未嫁时，焕病笃目瞽，请寒盟，氏闻号泣，矢志不二，年十八归周，半载寡，节孝抚嗣。乾隆十八年旌。"

[6]嘉庆《绩溪县志》卷十《人物志·列女·国朝》载："**葛启佑妻胡氏**　市西人。年二十一寡，遗孤仅百日，励志守节，孝事舅姑。乾隆三年旌。"

[7]嘉庆《绩溪县志》卷十《人物志·列女·国朝》载："**葛洪镐妻汪氏**　市西人。年二十六寡，苦节抚孤尚忠成立，忠见《乡善传》。乾隆五十三年旌。"

[8]嘉庆《绩溪县志》卷十《人物志·列女·国朝》载："**周良楫妻程氏**　市西人。年二十三寡，奉姑孝，抚孤绍成成立，守节五十年。乾隆五十七年旌。"

[9]嘉庆《绩溪县志》卷十《人物志·列女·国朝》载："**章必炳妻张氏**　西关人。年二十三寡，孝养抚孤，守节三十余年。嘉庆十年旌。"

[10]嘉庆《绩溪县志》卷十《人物志·列女·国朝》载："**章定德妻胡氏**　西关人。节孝抚嗣。嘉庆十一年旌。"

[11]嘉庆《绩溪县志》卷十《人物志·列女·国朝》载："**胡洪炬妻程氏**　市东人。年二十三寡，孝养翁姑，足不逾阃，抚子荣煸，早岁游庠。乾隆三十一年旌。"

[12]嘉庆《绩溪县志》卷十《人物志·列女·国朝》载："**庠生胡梦楚妻李氏**　市北人。年二十九寡，抚二子成立，卒年六十六。嘉庆元年旌。"

[13]嘉庆《绩溪县志》卷十《人物志·列女·国朝》载："**庠生舒子瑶妻吴氏**　市北人。姑病再割股，邑令熊维典奖之，二十六岁守节。雍正八年旌。"

[14]嘉庆《绩溪县志》卷十《人物志·列女·国朝》载："**程登正殉烈妻章氏**　市西人。夫病吁天，愿以身代，夫故未有所出，舅姑忧其年少，氏乃嘱舅姑于妯娌，请立夫嗣，遂绝粒十日死。名公卿皆挽以诗歌，稽相国璜挽歌，见《艺文补遗》。乾隆二十八年旌。"

（名）〔铭〕班妻吴氏[1]，一胡名华妻张氏[2]；城西：章敬晓妻胡氏[3]。

百岁坊　市南：为章国英妻汪氏立；市西：为孝廉方正章瑞锺[4]妻程氏立。

东乡坊：

五马坊　在胡里，为知州胡尚志[5]立。

……

黄门坊　在仁里，为给事中程辂立。

……

双豸贡元坊　在梧村，为副使汪溥、御史汪滢、贡元汪庠立。

……

郡宪坊　在瀛川，为推官章淮[6]立。

世科坊　在龙川，为胡富、胡光立。

……

尚书坊　在龙川，为尚书胡富立。

……

地官坊　在龙川，为尚书胡富立。

---

[1]嘉庆《绩溪县志》卷十《人物志·列女·国朝》载："**胡铭班殉烈妻吴氏**　市东人。乾隆三十六年旌。"

[2]嘉庆《绩溪县志》卷十《人物志·列女·国朝》载："**胡名华殉烈妻张氏**　市中人。华营浙病卒于途，氏迎枢归，并舅姑安葬毕，择从伯子定保为夫嗣，绝粒十四日死。嘉庆十二年旌。"

[3]嘉庆《绩溪县志》卷十《人物志·列女·国朝》载："**章敬晓殉烈妻胡氏**　市西人。夫病家贫，尽质钗镮以供药饵。夫故谋立嗣，乃闭户绝粒死。乾隆二十八年旌。"

[4]嘉庆《绩溪县志》卷十《人物志·孝友·明》载："**章瑞锺**　字鸢鸣，号迂儒、远子、增生。四岁失恃，及长痛母氏不可见，逢忌日必即位哭，在父前嬉笑若婴孩。父慷慨好施，未尝不快其欲；父意所存，未尝不体其隐。居父忧三年寝苫山，终身不受庆祝。居处未尝有惰容，虽观优终剧，屹立不移趾。接人蔼若春风，及义事则凛如霜雪。纂修前志，董建学宫。乾隆丙辰特科，举孝廉方正。寿享百龄。"

[5]嘉庆《绩溪县志》卷十《人物志·宦业·明》载："**胡尚志**　字士先，胡里人。博洽豪宕有气概，嘉靖丁酉举人。知湖广广济县，至即询民瘼，利兴蠹剔，别狱无系。因时景王之藩三省供具委，尚志总其区画有方，升济宁知州。适漕河淤塞，锹浚底积，当道交奖焉，荐之。寻乞归。著有《海阳集》。"嘉靖十六年举人。

[6]嘉庆《绩溪县志》卷十《人物志·宦业·明》载："**章淮**　字源豫，瀛川人。少失怙，事继母孝。领嘉〔靖〕乙酉乡荐，授浙江太平县教谕，作兴士类，每捐禄以恤士之贫寒。奉聘同考山东乡试。寻升长沙府推官，秉公恕，砥砺廉节，狱赖以平。部使委令盘查湖南北一十三郡案牍，所至发奸摘伏，民以'青天'呼之。蠲瘴，卒于衡水，百姓为著《全楚遗哀录》，立祠祀焉。淮励志官篆两任，不携家室，性清洁，一钱不苟，屡膺巡按荐剡。"嘉靖四年举人。

　　大方伯坊　在龙川,为举人胡拱旸立。

　　都宪坊　在龙川,为御史胡宗明立。

　　位协三公坊　在龙川,为兵部尚书胡宗宪立。

　　奕世尚书坊　在龙川,为户部尚书胡富、兵部尚书胡宗宪立。

　　胡康惠公[1]**神道坊**　在龙川。

　　胡襄懋公[2]**神道坊**　在龙川。

　　州牧坊　在大石门,为州判周祚[3]立。

　　……

　　司平坊　在○○,为断事许时(闰)〔润〕[4]立。

　　百岁坊　一在龙川,为胡化淑妻姜氏立;一在竹山,为许宗益立。

　　节孝坊　仁里:一程芳梅妻章氏[5],一程捷妻张氏[6],一程开妻汪氏,一程登台妻胡氏[7];瀛川:一章自熊妻王氏[8],一章自越妻周氏[9];龙川:一胡文郁妻余氏[10];纹川:邵国泮其周氏[11],一邵大成妻胡氏[12];磡头:一许树蟠妻方氏[13],……。

---

[1]胡康惠公即胡富。胡富,卒赠"太子少保",谥"康惠"。该神道坊归为科举功名类。

[2]胡襄懋公即胡宗宪。为了给胡宗宪彻底平反,万历皇帝为胡宗宪赐"祭文""谥文",追赠胡宗宪谥号"襄懋"。该神道坊归为科举功名类。

[3]嘉庆《绩溪县志》卷十《人物志·宦业·明》载:"周祚　字德延,大石门人。由增例入监,授山东泰安州判,督粮尽革例银,俵马不侵牧户,抚按奖之。升山西都司都事。"

[4]嘉庆《绩溪县志》卷九《选举志·仕宦·明》载:"许时润　十五都人。"

[5]嘉庆《绩溪县志》卷十《人物志·列女·国朝》载:"程芳梅妻章氏　仁里人。年二十六寡,抚孤守节。姑目瞽,氏取白蜜、桑椹洗之,姑目复明。乾隆二年旌。"

[6]嘉庆《绩溪县志》卷十《人物志·列女·国朝》载:"庠生程捷妻张氏　仁里人。年二十一寡,立继守节,孝事舅姑。乾隆十六年旌。"

[7]嘉庆《绩溪县志》卷十《人物志·列女·国朝》载:"程登台妻胡氏　仁里人。年二十三寡,子甫半龄,姑年垂老,孝慈备至,守节四十四年。嘉庆十三年旌。"

[8]嘉庆《绩溪县志》卷十《人物志·列女·国朝》载:"章自熊妻王氏　瀛川人。年二十六寡,节孝抚孤,现年七十二。嘉庆十年旌。"

[9]嘉庆《绩溪县志》卷十《人物志·列女·国朝》载:"章自越殉烈妻周氏　嘉庆三年旌。"

[10]嘉庆《绩溪县志》卷十《人物志·列女·国朝》载:"胡文郁妻余氏　龙川人。年二十二寡,家贫拮据,事姑抚子。雍正十三年旌。"

[11]嘉庆《绩溪县志》卷十《人物志·列女·国朝》载:"邵国泮妻周氏　伏岭下人。年二十四寡,节孝抚孤,翰周、次辅游庠,现年六十二。嘉庆十一年旌。"

[12]嘉庆《绩溪县志》卷十《人物志·列女·国朝》载:"邵大成妻胡氏　纹川人。年十八寡,孝事姑嫜,抚嗣家违游庠。嘉庆十一年旌。"

[13]嘉庆《绩溪县志》卷十《人物志·列女·国朝》载:"许树蟠妻方氏　磡头人。年二十二寡,守节抚嗣。乾隆二十一年旌。"

贞烈坊 胡里:胡启柏妻方氏[1];仁里:程永旺妻王氏[2]。

烈女坊 胡里:周添富未婚妻程氏[3]。

南乡坊:

……

达尊坊 在南关外,为尚书胡松立,歙汪道昆[4]有记。

……

恩隆节钺坊 在南关外,为都御史胡思伸[5]、赠按察使胡儒[6]、赠都御

---

[1]嘉庆《绩溪县志》卷十《人物志·列女·国朝》载:"**胡启柏殉烈妻方氏** 胡里人。夫故立嗣,绝粒死。乾隆四十六年旌。"

[2]嘉庆《绩溪县志》卷十《人物志·列女·国朝》载:"**程永旺殉烈妻王氏** 仁里人。年二十寡,孤亦死,立嗣并葬舅姑,绝粒十四日旌。嘉庆二年旌。"

[3]嘉庆《绩溪县志》卷十《人物志·列女·国朝》载:"**烈女程氏** 胡里人。许字周添富,富殁闻讣告,欲视殓父母不许,阅四月绝粒死,周迎氏柩合葬。嘉庆九年旌。"

[4]康熙《徽州府志》卷十二《人物志一·经济·明》载:"**汪道昆** 字伯玉,号南溟,歙千秋里人。嘉靖丁未进士。知义乌县,历福建兵备副使。会有悍卒,拥胁开府,开府莫能支,道昆遽驰入军门,戮首事以徇,一军寂然。壬戌,倭陷兴化,全闽大震,道昆走浙请督府胡宗宪檄总兵戚继光将浙兵往。于是,道昆主画策,继光主转战,诸贼皆次第削平。以功赐金绮者三,升按察使,特敕只护诸道军,旋进右金都御史,巡按福建。大盗吴平起,复与继光讨平之。以事归。未几,起抚郧阳,旋晋右副都御史,抚湖广。神宗立,召为兵部右侍郎,出阅蓟、辽边备,与戚继光、李成梁协心筹画数条,上'便宜多报,可裁革兵饷冒滥',岁省二十余万缗。其议畿辅兵疏,尤切至计。转左侍郎,乞终养归。道昆以诗文名世,比肩王、李。自李攀龙之没,遂与王世贞狎主齐盟,海内征文者不东走吴则西走新都,并称南北两司马焉。所著有《太函集》,自订《副墨太函子》行世。"嘉靖二十五年举人,二十六年进士。

[5]嘉庆《绩溪县志》卷十《人物志·经济·明》载:"**胡思伸** 字君直,号充寰,市北人。万历乙未进士,知浙江上虞。县土瘠民贫,思伸为筑夏盖、上白马、上妃三湖,灌田十三万亩,又筑梁湖、包村港口石闸,灌输三十余里,土人立碑,名其闸曰'新安',志不忘也。尝夜梦无首人称冤,翌日阅一疑词,穷诘之,则数年前有欧死者已贿悉葬之矣,俱事露,潜易以病尸。思伸启棺视验,别有一首,因鞫得无首真尸于眢井中,囚遂款服。又有途毙者,久无人识,思伸曰:'死在上虞,予固为之主也。'验有遗枝,命执枝踪迹之至新昌而获焉,乃慈溪人,其妇与奸夫所共谋也,置之法。其发奸摘伏类如此。擢兵部郎。尝谓:'士大夫一日居位各有存。'在兵言兵,因手出《兵略》一编以示同官,且剧谈塞上要害了如指掌,听者悚然。出补怀隆兵备副使。怀隆当宣镇之要冲,番卫京师重地。思伸至,周视隘塞,询军民疾苦,坚筑城堡四十余所,修南北边垣纡回三百余里;通水利,开旷土成沃田十三万亩有奇;节省虚冒银九万五千余两,军储充实,楼橹相望,屹然为一方金汤;又捐置学田,以赡多士。考绩,升按察使,领兵备如故。神宗称其'能纾我北顾忧'。既而以都御史巡抚保定等处,练兵、制器、悍卒、设钟楼,警盗发,开复何家圈屯田用,广积贮,畿南赖以奠安。思伸敭历三朝,皆以实心行实政,遗爱在民。上虞有专祠,又祀名宦及四贤侯祠,怀隆各城堡皆有祠。癸卯同考浙江,己未主考河南,所得多知名士。予告归里。县有先里后粮之役,往往贻累破产,力言当事调为官征官解,人勒石纪其德。所著有《督抚奏议编》《垣图纪》。年七十三。崇祀府县乡贤。"万历十六年举人,二十三年进士。

[6]嘉庆《绩溪县志》卷九《选举志·封赠·明》载:"**胡儒** 市北人。以孙思伸赠廷议大夫、山东按察使,配章氏赠淑人。"

史胡守贵[1]立。今圮。

……

　　节孝坊　南关外：……，一生员程应第妻胡氏[2]；□忠祠前：程嘉裣妻高氏[3]；曹渡桥：……；灵山下：（程）〔陈〕志辉妻汪氏[4]；龙塘镇：一胡之勤妻汪氏[5]，一胡有舜妻葛氏[6]；黄茂坦：一程嘉〔政〕妻叶氏[7]，一程廷爵妻章氏[8]，一程自新妻汪氏[9]。

　　贞烈坊　龙塘镇：胡时偡妻鲍氏[10]。今圮。

西乡坊：

……

　　孝义坊　在西门外，为孝义章逢诏立。

　　节孝坊　孔灵：汪（○○）〔立源〕妻（○）〔叶〕氏；古塘：汪国（儒）〔仪〕妻叶氏[11]；高迁：吴宗允妻高氏[12]。

---

[1]嘉庆《绩溪县志》卷九《选举志·封赠·明》载："**胡守贵**　市北人。以子思伸赠中宪大夫、右金都御史，配黄氏累赠淑人、累赠恭人。"

[2]嘉庆《绩溪县志》卷十《人物志·列女·明》载："**庠生程应第妻胡氏**　市中人。年十九寡，守节，以侄圻为后，抚教成立，孙枝林立。氏年垂老，敬养舅姑不衰。"

[3]嘉庆《绩溪县志》卷十《人物志·列女·国朝》载："**程嘉裣妻高氏　子邦东妻胡氏**　市西人。高氏抚孤守节，嘉庆二年旌，以次子淮沧赠安人。胡氏年二十八寡，孝事媚姑，抚嗣承祧，现年五十七。嗣子正熙侯选典史。"

[4]嘉庆《绩溪县志》卷十《人物志·列女·国朝》载："**陈志辉妻汪氏**　灵川人。年二十八寡，苦节抚孤，年九十三卒。乾隆五十九年旌。"

[5]嘉庆《绩溪县志》卷十《人物志·列女·国朝》载："**胡之勤妻汪氏**　龙塘镇〔人〕。年二十一守节。嘉庆十一年旌。"

[6]嘉庆《绩溪县志》卷十《人物志·列女·国朝》载："**胡有舜妻葛氏**　龙塘镇人。十八岁守节。嘉庆十一年旌。"

[7]嘉庆《绩溪县志》卷十《人物志·列女·国朝》载："**程嘉政妻叶氏**　黄茂坦人。年二十寡，孝事翁姑，慈抚双嗣，守节四十四年。乾隆五十六年旌。"

[8]嘉庆《绩溪县志》卷十《人物志·列女·国朝》载："**程廷爵妻章氏**　黄茂坦人。孝事舅姑，姑殁事后姑尽礼，抚嗣际昌游庠。乾隆五十七年旌。"

[9]嘉庆《绩溪县志》卷十《人物志·列女·国朝》载："**国学生程自新继妻汪氏**　黄茂坦人。年二十寡，孝事媚姑，抚前妻子如己出，守节四十一年。乾隆五十六年旌。"

[10]嘉庆《绩溪县志》卷十《人物志·列女·明》载："**胡时偡妻鲍氏**　（市）〔夫〕外出，氏为势迫而死。有司白其冤，立坊旌之。"

[11]嘉庆《绩溪县志》卷十《人物志·列女·国朝》载："**汪国仪妻叶氏**　古塘人。年二十三寡，孝姑抚子，子早亡，立嗣承祧，守节四十余年。乾隆十四年旌。"

[12]嘉庆《绩溪县志》卷十《人物志·列女·国朝》载："**吴宗允妻高氏**　高迁人。年二十六寡，守节三十九年。嘉庆十一年旌。"

贞烈坊　孔灵:汪秉和妻胡氏[1];大塘:吴光祖妻胡氏[2]。

北乡坊:

太守坊　在一都,为晋阶知府戴祥立。

……

掇科坊　在冯村,为知州冯兰立。

工部尚书胡公神道坊　在五都龙桥湾,为尚书胡松立。

百岁坊　在冯村,为冯光妻曹氏立。

节孝坊　蜀马:陈允武〔妻〕程氏[3];长安镇:一程徽立妻胡氏[4],一章宇升妻洪氏[5];翚阳里:周广连妻黄氏[6];旺山:石正(原)〔源〕妻胡氏[7];旺川:一曹修猷妻胡〔氏〕[8],一曹辉妻洪氏[9],一曹猷回妻胡氏[10];坦宅:胡升阶妻章氏[11]立。

---

[1]嘉庆《绩溪县志》卷十《人物志·列女·国朝》载:"汪秉和殉烈妻胡氏　孔灵人。乾隆四十六年旌。"

[2]嘉庆《绩溪县志》卷十《人物志·列女·国朝》载:"胡光祖妻吴氏　大塘人。乾隆十年旌。"

[3]嘉庆《绩溪县志》卷十《人物志·列女·国朝》载:"陈允武妻程氏　蜀马人。二十一岁寡,守节四十六年。嘉庆十一年旌。"

[4]嘉庆《绩溪县志》卷十《人物志·列女·国朝》载:"程徽立妻胡氏　大谷人。年二十一寡,孝事舅姑,抚嗣守节,现年六十三。嘉庆十一年旌。"

[5]嘉庆《绩溪县志》卷十《人物志·列女·国朝》载:"庠生章宇升妻洪氏　长安镇人。年二十九寡,节孝抚孤,现年七十九。乾隆五十七年旌。"

[6]嘉庆《绩溪县志》卷十《人物志·列女·国朝》载:"周广连妻黄氏　翚阳里〔人〕。年二十三寡,励志守节,孝事翁姑,抚孤承诒成立。嘉庆二年旌。"

[7]嘉庆《绩溪县志》卷十《人物志·列女·国朝》载:"石正源妻胡氏　旺山人。归源八年寡,励志抚孤,勤侍姑疾,姑殁事舅曲全妇道,以媳病代诸孙,病瘵而卒。嘉庆十一年旌。"

[8]嘉庆《绩溪县志》卷十《人物志·列女·国朝》载:"曹修猷妻胡氏　旺川人。二十四寡,励志守节。乾隆四十年旌。"

[9]嘉庆《绩溪县志》卷十《人物志·列女·国朝》载:"庠生曹辉妻洪氏　旺川人。二十五岁寡,节孝抚孤,卒年八十八。乾隆四十六年旌。"

[10]嘉庆《绩溪县志》卷十《人物志·列女·国朝》载:"曹猷回妻胡氏　旺川人。年十八寡,立侄承祧,孝事祖姑舅姑,凡遇善举命子遵行。乾隆五十七年旌。"

[11]嘉庆《绩溪县志》卷十《人物志·列女·国朝》载:"胡升阶妻章氏　宅坦人。年二十一寡,择嗣承祧,昼夜针纺,吞声不哭,有不解其意者,氏曰'恐伤舅姑心也',守节三十年。嘉庆四年旌。"

贞烈坊　旺川：一曹明登妻胡氏[1]，一（曹）〔陈〕徽珂妻胡氏[2]，一曹（胡）〔潮〕国妻胡氏[3]，一曹盛猷妻胡氏[4]，一曹盛效妻周氏[5]，一曹圣位妻章氏[6]；瑞川：程鹏万妻胡氏[7]；上川：胡锡焞妻曹氏[8]；杨村：汪期彩妻胡氏[9]；坦川：汪前依妻曹氏[10]；冯村：冯承嘉妻胡氏[11]；大谷：程廷辉妻汪氏[12]。

烈女坊　大谷：生员程日至为季女许字旺川曹猷海未婚殉烈[13]立，一

---

[1]嘉庆《绩溪县志》卷十《人物志·列女·国朝》载："曹明登未婚妻胡氏　七都人。未婚。明登卒于旅邸，氏闻往奠，奉主入祠，择嗣承桃，归柩毕，绝粒死。曹有光有赞。康熙五年旌。"

[2]嘉庆《绩溪县志》卷十《人物志·列女·国朝》载："程徽珂殉烈妻胡氏　旺川人。年二十六寡，誓志守节，舅病勤侍汤药，舅卒鬻妆治丧，勤纺绩以偿故夫宿逋。有黄会山民程光就谋夺之，氏鸣官乞执照，立嗣终志。光就瞰其归自母家，中途设伏劫缚至舆中，至进茗掷杯中光就面，毁去花烛，防守严，不得死。氏绐诸妇曰：'热甚，须浴。'起升楼，向檐槛跃下，折伤垂死。氏父鸣官，舁氏供诉，各犯俯首，遂不食死。县令萧昌申详题旌。光就纹抵，余皆分别轻重治罪。"

[3]嘉庆《绩溪县志》卷十《人物志·列女·国朝》载："曹潮国殉烈妻胡氏　旺川人。孝养舅姑，夫病典珥延医，谨侍汤药。及卒，请立夫后，七日夜不食死。雍正五年旌。"

[4]嘉庆《绩溪县志》卷十《人物志·列女·国朝》载："曹盛猷殉烈妻胡氏　旺川人。夫故，请立夫嗣，治丧毕绝粒终。乾隆四十七年旌。"

[5]嘉庆《绩溪县志》卷十《人物志·列女·国朝》载："曹盛效殉烈妻周氏　旺川人。夫故，请〔立〕夫嗣，送葬毕绝粒八日〔终〕。乾隆四十九年旌。

[6]嘉庆《绩溪县志》卷十《人物志·列女·国朝》载："曹圣位殉烈妻章氏　旺川人。夫故，请舅姑立嗣，绝粒十日终。乾隆五十八年旌。"

[7]嘉庆《绩溪县志》卷十《人物志·列女·国朝》载："程鹏万殉烈妻胡氏　瑞川人。事母孝，侍病七载无息。及归程，孝事两姑。万以勤学致疾，氏割双股进，追卒。嘱伯姒奉养堂姑，立侄承桃，绝粒八日死。督学程某给匾'八日千秋'。乾隆五十七年旌。"

[8]嘉庆《绩溪县志》卷十《人物志·列女·国朝》载："胡锡焞殉烈妻曹氏　上川人。夫故送葬、请继，事毕，绝粒八日死。嘉庆十二年旌。"

[9]嘉庆《绩溪县志》卷十《人物志·列女·国朝》载："汪期彩殉烈妻胡氏　杨村人。夫故绝粒死。乾隆四十七年旌。"

[10]嘉庆《绩溪县志》卷十《人物志·列女·国朝》载："汪前依妻曹氏　坦川人。年二十五寡，抚孤凤起成名，女适程门殉烈，卒年九十三。乾隆五十九年旌。"

[11]嘉庆《绩溪县志》卷十《人物志·列女·国朝》载："冯承嘉殉烈妻胡氏　冯村人。夫故立侄景麟延夫祀，绝粒八日死。乾隆五十八年旌。"

[12]嘉庆《绩溪县志》卷十《人物志·列女·国朝》载："程（庭）〔廷〕辉殉烈妻汪氏　锦谷人。夫客死异归，殓后择继殉烈。乾隆八年旌。"

[13]嘉庆《绩溪县志》卷十《人物志·列女·国朝》载："烈女程氏　大谷人。许字旺川曹猷海，将归海病，氏闻讣绝粒殉，家人强饮之，延三十余日，扃门自缢。乾隆八年旌。"

程徽慎未婚妻冯氏[1]；宅坦：胡端诜未婚妻章氏[2]。

　　贞女坊　上川：胡应正未婚守贞妻程氏[3]。[4]

　　在"在城""节孝坊"中有"一葛洪镐妻汪氏，〔一〕周良楫妻程氏"句，其中的"〔一〕"为笔者所添。笔者认为"一葛洪镐妻汪氏，〔一〕周良楫妻程氏"句意思是两座一主坊，而非不添加"〔一〕"的一座二主坊：①虽然二人都是"城西"人，但旌表年份不同（前者"乾隆五十三年旌"，后者"乾隆五十七年旌"），夫家姓氏不同（虽然黟县有夫家姓氏不同多主坊，但那些多主坊坊主旌表年份相同）；②在道光《徽州府志》卷十三《人物志·列女·节妇》中，"葛洪镐妻汪氏"和"周良楫妻程氏"[5]二人的信息并非彼此前后相继，而是中间插有10条其他节妇坊坊主信息。

　　嘉庆《绩溪县志》卷十《人物志·孝友》中有一座建于景泰年间的坊主为冯义观的恩荣坊[6]，未载入卷一《舆地·坊表》。此坊已见于弘治《徽州府志》，已经列入本章第一节。

二、小结

　　综上，嘉庆《绩溪县志》新增牌坊103座：节孝贞烈坊70座，科举功名坊27座（含3座神道坊），百岁期颐坊5座，孝友恩褒坊1座。

---

　　[1]嘉庆《绩溪县志》卷十《人物志·列女·国朝》载："程徽慎未婚妻冯氏　大谷人。二十岁闻夫讣，告母归程，延数月往，以庙见礼毕，成服临丧，孝舅姑，睦妯娌，立继子锦云游庠，守贞十年殁。乾隆五十年旌。"

　　[2]嘉庆《绩溪县志》卷十《人物志·列女·国朝》载："**胡端诜未婚妻章氏**　宅坦人。闻夫病笃，告母归胡，亲侍汤药，阅月夫殁，绝粒九日死。嘉庆四年旌。"

　　[3]嘉庆《绩溪县志》卷十《人物志·列女·国朝》载："**胡应正未婚妻程氏**　上川人。嫁未合卺夫殁，守继立节不二。乾隆五十八年旌。"

　　[4]民国宁国县志　嘉庆绩溪县志[M]. 南京：江苏古籍出版社，1998：389-391.

　　[5]道光《徽州府志》（三）[M]. 南京：江苏古籍出版社，1998：431.

　　[6]民国宁国县志　嘉庆绩溪县志[M]. 南京：江苏古籍出版社，1998：574.

第四节　道光《徽州府志》中的绩溪牌坊

道光《徽州府志》卷十三《人物志三·列女》载有绩溪节孝贞烈坊坊主信息，其他部分未见绩溪坊主信息。

一、卷十三《人物志三·列女》中的绩溪牌坊

道光《徽州府志》卷十三《人物志三·列女》共记载绩溪节孝贞烈坊信息148条：节妇坊坊主信息107条（元代2条，明代22条，清代83条），节烈坊坊主信息33条（明代1条，清代32条），贞女坊坊主信息3条（清代），贞烈坊坊主信息5条（清代）。

排除与此前重复牌坊信息，其余信息如下。

（一）卷十三《人物志三·列女·节妇》中的绩溪牌坊

元：

汪仲英妻朱氏　汪，三都人，殁；氏抚孤同甫，终志。见舒頔传。

汪门双节　上田汪龙妻胡氏，夫殁抚子良厚苦节，厚亦亡，妇与姑同守。见舒頔传。

明：

陈德星妻汪氏　陈，蜀马人，殁；氏仰事俯育，遭离乱始终如一。

章德俊妻胡氏　章，十二都人。

胡宗虞妻汪氏　胡，十二都人。

……

周仕铉妻张氏　周，市西人。

……

胡时敬妻戴氏　胡，市北人。

章大宾妻余氏　氏，市南人，早寡苦节，夫祖母疾，割股疗之。

程继高妻葛氏 程,市中人。

胡一桂妻汪氏 胡,龙川廪生。

胡汝光妻郑氏 胡,市东人,殁;氏截发抚子,割股活姑。

胡毓和妻汪氏 胡,市中人,殁;氏孝奉堂上,抚遗腹子铉食饩。铉贫远馆。氏疾,铉妻黄氏割股疗之。"市中",一作"市东"。

程子义妻胡氏 程,市中人,殁;氏守节孝养,割股救姑。

胡元崇妻石氏 上川人。

余珦妻汪氏 余,市南人。

……

周显志妻程氏 周,十一都人。

张廷芳妻胡氏 张,市北人,殁;氏守志抚孤宏福完娶,福早亡,与媳周氏同抚孙浩为诸生知名。

方日强妻胡氏 方,市南廪生。

葛元龄妻许氏 葛,市西人,殁,旋遭离乱,氏矢志抚孤成立。后长子崇道为训导,构堂以养母,辽王赐匾曰"奉节"。

胡若鹏妻章氏 胡,市北人。

以上七人据《江南通志》补。

以上旌表建坊。除据《江南通志》补入七人,余俱据旧府志及绩溪县志登载。[1]

国朝:

……

汪光昊妻胡氏 三都人。

……

汪大濬妻胡氏

……

葛尚冉妻胡氏

汪光燃妻章氏

胡名备妻唐氏

胡洪性妻冯氏

[1]道光徽州府志(三)[M].南京:江苏古籍出版社,1998:429.

……

吴世德妻章氏

……

程履先妻周氏

……

张邦来妻高氏　王干人。

胡文斗妻方氏

……

周承佑妻石氏　莲花塘人。

……

高有俊妻舒氏

……

程徽玺妻曹氏　大谷人。

王家海次妻江氏

……

程上实妻王氏　仁里人，夫殁守志，抚遗腹子希圣食饩。

周承谟妻高氏　市西人。

程廷燀妻胡氏　大谷人。

胡匡稷妻吴氏　胡，城东人；氏，城西人，夫殁守志，奉舅姑，抚孤秉梁入邑庠。

曹衍敏妻胡氏　曹，旺川人，业儒；氏归曹夫殁，孝事翁姑，继圣任、圣位为后。后圣位妻章氏殉烈。别见节烈门。

张峻龄妻程氏　张，城东人，业儒；氏归事继姑克孝，年十九夫殁，立嗣守志。

胡尚遇妻许氏　胡，城北人，业儒；氏年二十一夫殁，孝事舅姑，抚半岁孤守节。

章名铨妻胡氏　章，网川人。

胡尚昊妻叶氏　胡，城北人；氏年二十二夫殁守节，孝事舅姑，舅殁姑尝病卧床经年，赖氏扶持竟愈，阅六年乃殁。

任明森妻唐氏　任，一都界川人。

章必恭妻程氏　章，城西人，业儒。

吴宗岳妻胡氏　吴,市中人,业儒病殁;氏年二十三守节,孝事舅姑,抚孤入庠。

戴文连妻张氏　东村人。

张德给妻冯氏　张,蒙川人,业儒卒;氏年十八守节,孝事祖姑,抚遗腹子成立。

石兆雯妻胡氏　石,旺山人,病,氏割股进,及殁抚孤成名。

方鼎继妻洪氏　方,堨川人,候补天文生,殁;氏守节,孝事舅姑。从舅历任府道及臬司,凡舅姑饮食必亲洁治而后进,数十年无少怠。舅有妾赵氏,生子甫七龄而赵卒,氏抚养惟谨,抚叔子以承夫祧。

程昌泰妻王氏　程,仁里诸生。

吴宗传妻黄氏　吴,市西人,殁;氏孝事孀故。

胡秉礼妻汪氏　市东人。

胡秉信妻汪氏　市东人。

胡匡辙妾张氏　胡,市东诸生,殁;氏事舅姑及嫡室皆谨,抚三孤成立,长子秉政入邑庠。

胡培晫继妻曹氏　胡,市东人。

余道钢妻胡氏　余,北关外人,殁;氏守节,孝事太姑,抚遗腹子成立。

胡懋顺妻程氏　胡,市东人,读书攻苦病殁,子甫三龄;氏矢志抚孤,事孀故孝敬。

汪绍琳妻张氏　汪,孔灵人,殁;氏守志,事祖姑暨舅姑孝谨,抚侄为嗣。

程绍度妻章氏　程,城南觉今园人;氏年二十三夫病,吁天求代,及夫殁,水浆不入口数日,念舅姑年老、继嗣未立,乃忍死守节,孝事舅姑,立继承祧。

许承祀妻胡氏

胡瑞兆妻程氏

以上旌表建坊,据府县两志及采访册登载。[1]

---

[1]道光徽州府志(三)[M].南京:江苏古籍出版社,1998:431-432.

(二)卷十三《人物志三·列女·节烈》中的绩溪牌坊

明:

……

此一人旌表建坊,据旧府志及绩溪县志登载。[1]

国朝:

……

程开美妻高氏 仁里人,年十九归程门,夫病鬻珥延医,病笃恳舅立嗣,迨死氏已不食十一日矣,殓毕,一恸而绝。

……

曹良谟妻柯氏 旺川人,夫病割股和药进,夫殁立嗣后绝粒死。

……

葛廷炜妻程氏 夫亡殉烈。

……

戴武珂妻胡氏 夫亡殉烈。

……

方裕高妻王氏 碣川人,夫殁殉死。

……

唐学镛妻方氏 市北人,幼娴孝义,父疾奉侍唯谨。及归唐,佐夫执艺营生。镛絜居兰溪,经两载镛病殁,氏欲殉。回忆扶柩归里,无人可恃,勉纳水浆。及归葬,哀告宗长立嗣,绝粒十三日死。

胡定桂妻周氏 胡,遵义坊监生;氏归胡,孝事祖姑,夫殁未数月孤又病夭,乃求亲族议后,遂绝粒十三日卒,时年二十四。

王锦玉妻洪氏 王,盘川人;氏归时舅姑已殁,祭荐必洁,夫病故立后,葬祔毕,不食十四日卒。

张厚冀妻胡氏 张,城北人;氏在室时无兄弟,事父尽孝,父殁居哀丧毁。归张后七年夫殁,上无舅姑,请族长立从侄为后,不食十数日卒,时年二十一。

---

[1]道光徽州府志(三)[M].南京:江苏古籍出版社,1998:443.

陈元极妻汪氏　陈,三都人,业儒未成名而卒,氏年二十二,立嗣葬祔毕,绝粒十三日卒。

程猷锌妻汪氏　程,大谷人;氏孝事祖姑,存殁尽诚。夫客死于外,迎柩归葬,立后祔主,不饮食九日卒。

黄惠桁妻凌氏　黄,白果树下人,殁于外,氏立嗣葬祔毕绝粒以殉。

胡光祖妻吴氏　夫亡恸绝救甦,强视哀葬,绝食六日复自尽。据《江南通志》补。

以上建坊旌表。除据《江南通志》补入一人,余俱据府县两志及采访册登载。[1]

(三)卷十三《人物志三·列女·贞女》中的绩溪牌坊

国朝:

……

许承祀未婚妻胡氏　许,市南人;氏年十三归许门,时夫年十四,以俱幼未成婚。次年,夫殁于外,氏矢志贞守,奉事舅姑,终身不怠,立犹子为夫后。

以上建坊旌表,据府县两志及采访册登载。[2]

(四)卷十三《人物志三·列女·贞烈》中的绩溪牌坊

国朝:

……

汪烈女　市西人,许字周承榛;榛殁,女闻讣欲殉,父命曰:"女善事我!"女乃饮泣偷生,阅五年父殁,屏食卒。

以上建坊旌表,据府县两志登载。[3]

[1]道光徽州府志(三)[M]. 南京:江苏古籍出版社,1998:443–444.

[2]道光徽州府志(三)[M]. 南京:江苏古籍出版社,1998:445.

[3]道光徽州府志(三)[M]. 南京:江苏古籍出版社,1998:445–446.

二、小结

上述信息中,除了信息本身表明是多主坊外,其余诸信息因缺少证据证明其中有多主坊,这里且作一主坊信息统计,共节孝贞烈坊77座:元代2座,明代18座,清代57座。

本章小结

综上,弘治《徽州府志》、嘉靖《徽州府志》、嘉庆《绩溪县志》和道光《徽州府志》共记载绩溪非重复牌坊共281座(表8-1)。

表8-1　部分徽州旧志记载的绩溪牌坊统计

资料来源	合计/座	分类										
		纪念坊/座										非纪念坊/座
		小计	旌表类					非旌表类				景观坊
			节孝贞烈坊	孝友恩褒坊	善行义举坊	封赠例授坊	百岁期颐坊	科举功名坊	惠民德政坊	其他	
弘治《徽州府志》	65	28	0	1	0	1	0	26	0	0	37
嘉靖《徽州府志》	36	30	3	0	0	2	0	25	0	0	6
嘉庆《绩溪县志》	103	103	70	1	0	0	5	27	0	0	0
道光《徽州府志》	77	77	77	0	0	0	0	0	0	0	0
合计	281	238	150	2	0	3	5	78	0	0	43

第九章　结　语

章名曰结语,并非定论,仅仅是基于已读部分徽州旧志的几点认知。研究历史应该"有几分证据说几分话",严格说来,基于部分徽州旧志谈对徽州牌坊的认知,试图从局部看整体,类似于"盲人摸象",实不可取。但从拙作篇章结构上讲,既然开篇有引言,结尾应该有结语,自以为"只言片语"也比"不言不语"好。在叙说时,因为需要,涉及一些存世牌坊。

第一节　徽州牌坊总量和类型

撇开个人意愿和经济条件不谈,旧时徽州符合政策条件可以建坊的人应该非常多,如科举及第者(明清两代徽州举人多于2636人,进士1136人,状元22人[1]),得到朝廷旌表的节孝贞烈女性,还有封赠例授者等,总量应该以数万计。

历史上,徽州到底建有多少座牌坊? 笔者认为,"永远没有准确答案",但通过不断努力可能会"无限接近准确答案",拙作基于28部徽州旧志统计的徽州牌坊数量也仅仅是"无限接近准确答案"的"答案"之一。换言之,弄清徽州牌坊总量已无可能。既然弄清徽州牌坊总量已无可能,那么关于徽州牌坊类型的分析也只能是基于目前已知有关牌坊方面的文献和存世牌坊的认知。

---

[1]佚名. 明清两代徽州的举人、进士、状元[J]. 黄山学院学报,2008(6):66.

一、徽州牌坊总量

按照本书第二至第八章诸"本章小结"中的表格统计,徽州共有牌坊3923座(表9-1)。

表9-1　部分徽州旧志记载的徽州牌坊统计

地域	合计/座	分类										
		纪念坊/座										非纪念坊/座
		小计	旌表					非旌表				景观坊
			节孝贞烈坊	孝友恩褒坊	善行义举坊	封赠例授坊	百岁期颐坊	科举功名坊	惠民德政坊	其他	
徽州府城	79	36	2	2	0	0	0	32	0	0	43
歙县	1510	1493	1273	11	18	11	7	171	1	1	17
休宁	756	737	516	10	8	32	6	164	1	0	19
婺源	535	535	284	13	13	6	7	212	0	0	0
祁门	398	380	187	3	3	8	1	177	1	0	18
黟县	364	338	290	3	10	0	5	29	1	0	26
绩溪	281	238	150	2	0	3	5	78	0	0	43
总计/座	3923	3757	2702	44	52	60	31	863	4	1	166

严格说来,关于徽州牌坊总量以下三种说法可能比较全面。

(一)总量应在四千座左右

表9-1表明,徽州牌坊总量只有3923座,说其"总量应在四千座左右",基于如下理由:

1. 阅读旧志不够缜密而导致的疏漏或差错

这至少包括两方面情况:一是在已读的徽州旧志中,肯定有疏漏;二是对重复坊的辨识恐怕有差错或"误伤"。

2. 还有不少旧志没有查阅

结合第三章至第八章每章章首各县旧志情况概览,对照表1-4,笔者没有查阅的徽州旧县志依旧不少。当然,鉴于已经查阅的旧志中通志占绝对优势,如果这些通志在坊表内容方面并没有大幅度地"略古""略远"的话,那么未查阅到的徽州旧志对徽州牌坊总量等方面的影响不可能很大。

第二种情况是,一个村可能先后有几部旧志,笔者只读了年代较早的版本,以至有的牌坊没有统计到。例如,《橙阳散志》,笔者读到的只是乾隆四十年的影印版本。据《橙阳散志》点校出版本[1]介绍,《橙阳散志》有乾隆和嘉庆两个版本,并且不同收藏单位这两个版本的完整程度有差异,点校出版本"以上海图书馆收藏嘉庆本为底本,辅之以中国社会科学院历史研究所图书馆的嘉庆本(主要用卷九、卷十内容),来校南京大学图书馆和广东省立中山图书馆收藏的乾隆本,相互参照,进行比勘,试图以此来复原该部方志的编纂实态,以便学界更好地利用"[2]。出现在《橙阳散志》点校出版本中的牌坊共41座(节孝贞烈坊31座,科举功名坊5座,孝友恩褒坊3座,善行义举坊2座),未见于本书第三章前七节中的牌坊共10座(科举功名坊5座,节孝贞烈坊4座,善行义举坊1座),未见于笔者读到的乾隆《橙阳散志》中的牌坊共5座:节孝贞烈坊4座(坊主是"赠运同江学继妻许氏""江通灝妻何氏"[3],"江嗣禄妻曹氏"[4],"江启蔚妻吴氏"[5]),科举功名坊1座("四世廷尉坊"[6])。

3. 实际建有牌坊,但未见于旧志

这种情况又包括以下方面:

(1)万历《歙志》"不录"坊表所造成的影响。比较表9-1和表1-1、表1-2,有两点值得注意:第一,作为徽州第一人口大县的歙县,其牌坊总量和节孝贞烈坊总量位居六县之首(主要得益于相关府志提供的信息),这一点很好理解,这与歙县是徽州人口第一大县紧密相关。第二,"歙县明清两代共取进士623人,居安徽省诸县首位"[7](这方面的数字,不同研究者所得结论有差异,

[1][清]江登云,江绍莲.橙阳散志[M].康健,校注.芜湖:安徽师范大学出版社,2018.

[2][清]江登云,江绍莲.橙阳散志[M].康健,校注.芜湖:安徽师范大学出版社,2018:校注说明1.

[3][清]江登云,江绍莲.橙阳散志[M].康健,校注.芜湖:安徽师范大学出版社,2018:106.

[4][清]江登云,江绍莲.橙阳散志[M].康健,校注.芜湖:安徽师范大学出版社,2018:107.

[5][清]江登云,江绍莲.橙阳散志[M].康健,校注.芜湖:安徽师范大学出版社,2018:109.

[6][清]江登云,江绍莲.橙阳散志[M].康健,校注.芜湖:安徽师范大学出版社,2018:146.

[7]佚名.明清两代徽州的举人、进士、状元[J].黄山学院学报,2008(6):66.

如表1-2），徽州科举佳话中很多来自歙县，如"一榜八进士"[1]，"一镇四状元"[2]，"一门八进士，两朝十举人"[3]，"十里四翰林"[4]，"父子尚书"[5]等，作为徽州科举第一大县歙县，即使包括府城科举功名坊在内，其科举功名坊总量仍不及婺源多，这就难以排除"万历《歙志》'不录'坊表所造成的影响"。如果从存世牌坊看，据笔者粗略统计[6]，在徽州六县中，歙县（包括今歙县和徽州区）牌坊约占全徽州的四分之三，其中科举牌坊占全县的五分之二稍多。自唐大历五年（770）"一州六县"开始，历经"一府六县"，到民国元年（1912）"裁府留县"，徽州六县自然环境和社会环境变迁应该大体相近，徽州自然环境和社会环境对徽州六县牌坊损毁的影响不会差异太大，这同样也使人容易产生歙县科举功名坊信息严重缺失的联想。当然，以存世牌坊来推测旧时牌坊总量也是不科学的。从总体上看，建坊是私事（家事或家族事），建与不建，权力在坊主或坊主后人及家族等；经济条件有重要影响，即使建坊的制度和政策因素许可，经济基础差者"心有余而力不足"无钱建坊。

---

[1]据民国《歙县志》卷四《选举志·科目》，顺治壬辰科（顺治九年，1652）邹忠倚榜有歙县进士洪琮、何如龙、胡文学、吴雯清（原名玄石，避康熙玄烨讳改"玄"为"元"，更名雯清）、吴晋剡、王仕云、罗汉章、刘廷献八人，故有"一榜八进士"之说。

[2]民国《歙县志》卷四《选举志·科目》载，岩镇先后出过四位状元：舒雅，南唐保大八年（950）状元，并为徽州第一位状元；吕溱，北宋宝元元年（1038）状元；唐皋，明正德九年（1514）状元；金榜，清乾隆三十七年（1772）状元。

[3]"一门八进士，两朝十举人"系根据歙县雄村建于乾隆四十九年（1784）的"光分列爵/世济其美"坊所载曹氏家族八位进士、十位举人姓名而来。"一门八进士"是成化甲辰科进士曹祥，正德戊辰科进士曹深，隆庆辛未科进士曹楼，乾隆戊辰科进士曹学诗，乾隆庚辰科进士曹文埴，乾隆辛巳恩科进士曹坦，乾隆辛卯恩科进士曹城，乾隆辛丑科进士曹振镛；"两朝十举人"指的是成化辛卯科经魁曹观，成化丙午科经魁曹祯，弘治己酉科举人曹褕，万历甲午科举人曹士鹤，康熙己酉科举人曹挺，康熙丁酉科武举人曹扩，乾隆庚午科举人曹元端，乾隆己卯科举人曹桂，乾隆壬午科举人曹榜，乾隆癸卯科举人曹铭。"一门八进士，两朝十举人"时间跨度从成化甲辰（成化二十年，1484）到乾隆癸卯（乾隆四十八年，1783），前后三百年。

[4]《黄山学院学报》2008年第6期《连科三殿撰　十里四翰林》（佚名）载："清乾隆三十六年辛卯（1771年）状元黄轩是休宁人，乾隆三十七年壬辰（1772年）状元金榜是歙县人，乾隆四十年乙未（1775年）状元吴锡龄又是休宁人。接连三科状元俱为徽州儒生经所得，颇不寻常。同治十年（1871年）梁耀枢榜洪镕、郑成章、黄家惺、汪运铨四人同科考中进士，俱授庶吉士。四人皆歙县西乡人，他们的家乡岩镇、郑村、潭渡、西溪南四村都在丰乐河畔，相距仅10余里。如此相近的同乡四人同榜高中，俱归翰林，诚为罕见。遂有'连科三殿撰，十里四翰林'的科举佳话流传。"

[5]"父子尚书"：歙县雄村人曹文埴曾任乾隆朝户部尚书，其子曹振镛曾任嘉庆朝工部尚书。

[6]黄成林.徽州文化地理研究[M].芜湖：安徽师范大学出版社：2018：232-235.

在歙县存世牌坊中,确实有不少牌坊未见于本书第三章。以科举功名坊为例,至少有歙县县城的许国石坊(坊主许国)、尚宾坊(坊主江衷),丰口的宪台坊(坊主郑廷宣、郑绮父子),稠野的父子大夫坊(坊主汪克明、汪懋功父子)、褒荣三世坊(坊主汪廷璋及父亲汪允信、祖父汪景祖孙三代),桂林吴川村的胡氏进士坊(坊主顺治九年壬辰科进士胡文学,康熙三年甲辰会试武进士胡璋,少见的文武进士同坊),蜀源的赞宪坊(坊主鲍镇),唐模的同胞翰林坊(坊主许承宣、许承家兄弟)等。

歙县旧志列女传不够完整,以至存世的节孝贞烈坊在旧志列女传中没有建坊信息,这也影响依靠旧志研究歙县牌坊数量的准确性。例如,民国《歙县志》列女卷中记载了"旌表"事实未见"建坊"字样,但其牌坊当下依旧存世(表9-2)。

表9-2 民国《歙县志》中仅"旌表"未"建坊"而实际上牌坊存世的部分节孝贞烈坊基本信息

坊名	位置	坊主	民国《歙县志》列女传中坊主传
许氏节孝坊	歙县潜口镇蜀源村	鲍光绩妻许氏	**鲍光绩妻许氏** 蜀源人。十九岁适鲍,二十四岁夫故。氏侍继姑教孤子,苦节数十年。……以上乾隆四十年旌表"
汪氏节孝坊	歙县上丰乡屯田村	宋亨退妻汪氏	**宋亨退妻汪氏** 屯田人。二十四岁夫故,氏养翁姑抚遗孤,守节三十三年殁。……以上乾隆五十六年旌表"
双节孝坊	歙县许村镇环泉村	许俊业继妻金氏、姜贺氏	**许俊业继妻金氏** 呈坎人。适许村许俊业,年二十七夫故,抚侄承祧,守节二十六年。**许俊业妾贺氏** 许村人,年二十七夫故,与嫡室同心苦节,尽孝事姑,守节二十年。……以上嘉庆二十三年旌表"

(2)牌坊建造时间是在所在县最后一部旧县志截稿之后所造成的影响。歙县最后一部旧志民国《歙县志》截稿于"清末",婺源最后一部旧志民国《婺源县志》截稿于民国十四年(1925),黟县最后一部旧志民国《黟县四志》资料"至民国十二年癸亥为断"[1],理论上这三县清末民初所建牌坊会悉数刊载(这里暂且不论歙县旧志一律"不录"坊表)。休宁最后一部旧志《休宁县志》问世于道光三年(1823),祁门最后一部旧志《祁门县志》见于同治十二年(1873),绩溪最后一部旧志《绩溪县志》嘉庆十五年(1810)刊刻,这三县最后一部县志距清末民初短则三四十年,长则一百年稍多,这期间或多或少肯定建有牌坊。从黟县情况看,嘉庆《黟县志》截稿之后到清末民初,道光《黟县续

---

[1]民国黟县四志[M].南京:江苏古籍出版社,1998:8.

志》、道光《徽州府志》、同治《黟县三志》和民国《黟县四志》所载黟县新增牌坊占全县牌坊总量的20.60%。当然，这种由局部推及全体的想法实不可取。

据笔者有限信息，目前只有绩溪县在其1998年黄山书社版《绩溪县志》对该县旧时牌坊有过统计："县内牌坊多系明清时代所建，最早的是建于明洪武年间的蜀马节孝坊，最后一座是清光绪间建于翚阳村（今庄川）的百岁坊，其间历540年，总计各类牌坊182座。明代84座，清代98座。其中仕科坊67座，神道坊4座，均建于明代；节孝坊71座，清代59座（其中嘉庆间建48座）；贞烈坊34座，清代33座（其中嘉庆间建28座）；百岁坊6座，均建于清乾隆、嘉庆年间。"[1]对比这一段直接引文和表9-1，尽管存在分类上的差异，基于4部旧志对绩溪县牌坊的统计数要高于1998年黄山书社版《绩溪县志》对该县牌坊统计数的54.40%。

（3）"已建未报者"。地方在编撰县志时要求基层报送牌坊信息，但实际上存在"已建"者"未报"现象，以至有的县志不得不在相关部分予以说明。如乾隆二十二年《婺源县志》卷九《建置志·坊表》和道光《婺源县志》卷九《建置志·坊表》中都有"已建未报者，俱缺之"之句，光绪《婺源县志》卷十二之二《建置志六·坊表》中也有"凡坊表，只录其来报者"之句（见第五章第四、五、七节）。

4. 道光《徽州府志》中节孝贞烈坊肯定存在多主坊

第七章第三节表明，嘉庆《黟县志》卷八《人物志·列女》共登载301条节孝贞烈坊坊主信息（含两座百岁期颐坊坊主信息），实有牌坊223座（含两座百岁期颐坊），平均每座牌坊1.35条坊主信息；二主及以上坊19座，占全部节孝贞烈坊的8.52%。第三、四、六、八章表明，道光《徽州府志》所载节孝贞烈坊是歙县、休宁、祁门、绩溪四县节孝贞烈坊的主体，如果以嘉庆《黟县志》卷八《人物志·列女》中平均每座牌坊1.35条坊主信息计算，这四县据道光《徽州府志》统计的节孝贞烈坊总量要比坊主信息条数减少25.93%。

（二）永远没有准确答案

说"永远没有准确答案"，原因在于可能根本不存在系统、连续、不间断地记载徽州牌坊的历史文献，比如以县为单元不间断登载该县自设县至清末

---

[1]绩溪县地方志编纂委员会. 绩溪县志[M]. 合肥：黄山书社：1998：379.

民初所建牌坊的方志类文献,可以验证县志所记资料准确性的乡村志文献,各家族自从在徽州开宗立派以来的谱牒类文献。从目前情况判断,不可能存在上述非常完整的历史文献,也就意味着"永远没有准确答案"。

(三)无限接近准确答案

说"无限接近准确答案",一是徽州现存这类历史文献未必全部进入研究者视野,研究者没有一次性读完已经出现在研究者面前的历史文献,但迟早会有研究者读完这些文献;二是至少到目前为止,徽州历史文献是逐步被发掘出来的,随着历史文献不断被发掘,随着研究者的不断探索,随着"走村者"队伍不断扩大和采风的不断深入,相信会有研究者不断修正既往关于徽州牌坊数量的认知,最终"无限接近准确答案"。

二、徽州牌坊类型

(一)全部牌坊中,以纪念坊占绝对优势,非纪念坊比重很低

表9-1表明:在全部徽州牌坊中,纪念坊占95.77%,非纪念坊仅占4.23%;各县牌坊同样均以纪念坊占绝对优势,非纪念坊为辅。

(二)纪念坊中,以节孝贞烈坊和科举功名坊为主

表9-1还表明:在全部纪念坊中,节孝贞烈坊占71.92%,科举功名坊占22.97%,比重超过1%的还有封赠例授坊(1.60%)、善行义举坊(1.38%)、孝友恩褒坊(1.17%);从各县情况看,纪念坊中均以节孝贞烈坊和科举功名坊为主。

(三)节孝贞烈坊中以节妇坊为主

道光《徽州府志》卷十三《人物志三·列女》将列女"分四门编纂,一节妇,一节烈,一贞女,一贞烈,而以孝妇、孝女、贤淑、才媛诸人殿其后"[1],共八类。

---

[1]道光徽州府志(三)[M]. 南京:江苏古籍出版社,1998:110.

按这八类统计,道光《徽州府志》卷十三《人物志三·列女》所载牌坊坊主信息全部集中在前六类,其中以"节妇"最众,占全部的90.45%(表9-3),各县同样以"节妇"占绝对优势。

表9-3 道光《徽州府志》卷十三《人物志三·列女》登载的牌坊坊主信息按类别统计

县名	节妇/条	节烈/条	贞女/条	贞烈/条	孝妇/条	孝女/条	合计/条
歙县	1164	57	24	15	2	2	1264
休宁	478	24	7	7	1	0	517
婺源	255	12	6	7	2	1	283
祁门	148	19	14	1	0	0	182
黟县	292	3	8	5	0	0	308
绩溪	107	33	3	5	0	0	148
合计	2444	148	62	40	5	3	2702
所占比重	90.45%	5.48%	2.29%	1.48%	0.19%	0.11%	100.00%

第二节 徽州牌坊坊主和坊名

牌坊坊主与坊名关系密切:首先,有什么类型的坊主就有什么类型的牌坊和坊名,于是有了科举功名、节孝贞烈、百岁期颐等类型的牌坊分类,有了与科举功名、节孝贞烈、百岁期颐等类型相匹配的牌坊坊名,如"进士""节孝""百龄"等;其次,坊主的心态或偏好也影响坊名,如有的坊名张扬,有的坊名内敛,估计就与坊主的心态或偏好有关。

一、徽州牌坊坊主

牌坊是在特定时代建造的具有纪念和教化等功能的坊状构筑物,无论一主坊,还是多主坊(从几位到几十位、数百位、数千位不等),它们得以建造,肯定是坊主人生中有过某件或某类符合建坊时代主流价值观的重要事件。

基于目前的统计,绩溪胡宗宪既是徽州科举功名坊最多的坊主,也是徽州牌坊最多的坊主:府城的"大总督坊",绩溪境内的"进士坊""绣衣坊""少保坊""都宪坊""春宫太保/夏官上卿坊""位协三公坊""奕世尚书坊""胡襄懋公神道坊",一共九座,而且八座是一主坊。

(一)从一主坊到千主坊不等,一主坊为主,多主坊为辅

基于牌坊具有纪念意义,只要政策和建坊人经济实力许可,一主坊应该是徽州坊主梦寐以求的,但基于其他原因,如建坊人经济实力不允许,因建坊起因相同,二主坊、三主坊乃至十数主坊、数十主坊在徽州牌坊中并不少见,甚至一坊千主的"总坊"也见于旧志。

总体上,徽州牌坊从一主坊到千主坊不等,一主坊为主,多主坊为辅,大体上坊主数量越多的牌坊数量越少。

康熙《休宁县志》卷二《建置·坊表》共登载坊主信息非常明确的"科目"坊113座(另有3座科举功名坊坊主含"等"字,未统计在内),涉及坊主190人次,平均每座牌坊坊主1.68人次(表9-4)。

表9-4　康熙《休宁县志》卷二《建置·坊表》"科目"坊按坊主数量分类

按坊主数量分类	一主坊	二主坊	三主坊	四主坊	五主坊	八主坊	十一主坊	十三主坊	十八主坊
牌坊/座	93	8	4	1	3	1	1	1	1

嘉庆《黟县志》卷八《人物志·列女》共登载301条坊主信息,实有坊主303位304人次(其中"吴福周妻胡氏"于"乾隆七年,同程邦育妻等十二人建坊于郭门外。嘉庆九年,复建于氏茔墓前",因而坊主人次比实际坊主人数多1人次),牌坊223座,平均每座牌坊坊主1.36人次(表9-5)。

表9-5　嘉庆《黟县志》卷八《人物志·列女》每座牌坊坊主数量统计

按坊主数量分类	一主坊	二主坊	三主坊	四柱坊	五主坊	六主坊	七主坊	九主坊	十主坊	十二主坊
牌坊/座	204	5	2	3	1	2	2	1	2	1

百主坊也很少。黟县"彰善坊""道光六年岁次丙戌仲冬月建",据同治《黟县三志》卷十《政事志·考棚·乐输建造考棚姓名(彰善祠设位刊碑)》[1],共

---

[1]同治黟县三志[M].南京:江苏古籍出版社,1998:408-409.

有坊主272位。

(二)专坊为主,"总坊"极少

"总坊"是相对专坊而言的,徽州纪念坊主要是专坊,在徽州旧志中明确称为"总坊"的牌坊极少,而且都是节孝贞烈类牌坊。在已经查阅的28部徽州旧志中,只有几座牌坊坊名中有"总坊"二字:光绪《婺源县志》卷十二之二《建置志六·坊表》所载的建于道光十八年(1838)的"孝贞节烈总坊";同治《祁门县志》卷十一《舆地志·坊表》记载,祁门有两座"节孝总坊",一座"在祈春门内,道光○年为五乡贞烈节孝建",另一座在"城南十王寺前,同治癸酉为五乡贞烈节孝建"[1];同治《黟县三志》卷十《政事志·坊表》所载的建于道光年间的"节孝总坊"。

虽然总坊很少,但其坊主总量超过专坊坊主总量。如光绪《婺源县志》卷十二《建置志·坊表》所载的建于道光十八年(1838)的"孝贞节烈总坊","道光十八年戊戌,中书洪钧邀集合邑士绅,为自宋以来列女援例吁请旌表,计孝贞节烈志载二千六百五十六口,采访四百五十口"而立,合计坊主3106人。同治《黟县三志》卷十《政事志·坊表》记载,黟县"节孝总坊""在外六都段,名氏见列女各传,《疏》见《艺文》,道光中员外郎西递胡积堂捐建,横冈文会输地基"[2],并且这是一座节孝贞烈坊主数量非常具体的"节孝总坊",因为该志卷十五《艺文志·政事类·节孝总坊疏》载,该"节孝总坊""旌之贞孝节烈妇女三千九百五十七"[3]。

一座多主坊的坊主能够"走到一起",一定因为同一件事或同一类事,如前述黟县"彰善坊"272位坊主为建考棚输地捐资而"走到一起",黟县"外六都段"的"节孝总坊"3957位坊主因为节孝贞烈"走到一起"。多主坊坊主之间的关系,有的比较简单,如百岁期颐类二主坊,目前从旧志中看到的都是夫妇关系;有的比较复杂,如前述黟县"彰善坊"272位坊主和黟县外六都的"节孝总坊"3957位坊主的关系,只能以"同乡关系"粗略描述之。

[1]同治祁门县志　光绪祁门县志补[M].南京:江苏古籍出版社,1998:111.

[2]同治黟县三志[M].南京:江苏古籍出版社,1998:413.

[3]同治黟县三志[M].南京:江苏古籍出版社,1998:515.

(三)坊主并非都是具体的人

除了景观坊,一般看来,纪念坊坊主都是具体的人物,其实也有例外。在徽州纪念坊中,有个人、家族(祠堂)、行业组织等同为一座牌坊坊主的实例。道光《徽州府志》卷十二《人物志二·义行》文末一段关于嘉义坊由来及捐输者的文字[1]表明,该坊坊主既包括"鲍勋茂"等124人,还有"鲍仁本堂"等宗祠或家族18个,歙县"杭商"等行业组织4个,以及很可能是制墨业作坊的歙县"程墨林轩"1家。

(四)坊主从一品要员到平民百姓,以平民为主

徽州科举功名坊坊主从正一品到从九品都有。徽州有四座"四世一品"坊,但并非其中所有坊主都是实职。歙县雄村曹氏家族"四世一品"坊共12位坊主,其中只有曹文埴是实职一品;歙县江村江氏家族"四世一品"坊坊主江春是一品虚职"诰授光禄大夫";府城昭恩楼前的"四世一品"坊和婺源大畈汪氏家族"四世一品"坊四主坊坊主相同(汪橚、汪焕、汪俨、汪铉),其中只有汪铉是实职一品。从九品的牌坊,如绩溪十三都鸿胪寺序班汪裕的"鸿胪坊"等。

在徽州牌坊中,坊主最多的还是平民百姓。至少可以说,徽州节孝贞烈坊坊主是平民百性。

如果不考虑旧中国女性属于士农工商哪一阶层的话(坊主传信息不足以按"三从四德"之"三从"划分女性坊主阶层),即撇除节孝贞烈坊,士族是徽州牌坊坊主的主体,坊主为商人的牌坊数量很少,多出现在善行义举类。换言之,如果不考虑女性坊主的牌坊,旧时"士农工商"之社会等级排序,在徽州牌坊中总体上是成立的。

(五)按坊主性别,以女性坊主最多

据表9-1,且不考虑封赠例授坊、百岁期颐坊等涉及女性坊主外,仅节孝贞烈坊就占徽州全部牌坊的68.88%,女性牌坊最多。如果把所有牌坊按坊

---

[1]道光徽州府志(三)[M].南京:江苏古籍出版社,1998:86-87.

主数量重新统计的话,女性坊主的比重还会高一点。

在封建社会,女性社会地位虽有高有低,但总体上社会地位很低,除了封赠例授坊中的女性生活在官宦人家外,女性绝大多数为平民百姓,这就意味着徽州旧时牌坊坊主以女性平民为主。

(六)科举功名类多主坊坊主之间的关系

科举功名坊同样以个人专坊为主,两人以上(含两人)共建坊为辅。其共建坊坊主之间的关系要比节孝贞烈共建坊坊主之间的关系复杂些:①父子关系,如黟县横冈"御史汪景明、举人汪仲瀚"父子"绣斧"坊;②兄弟关系,如祁门举人徐振、徐美兄弟的"鸣阳"坊,唐模许承宣、许承家的"同胞翰林"坊;③祖孙三代,如歙县县城凌相、凌珀、凌光伦祖孙三代的"父子明经"坊;④一门四代,如歙县雄村"四世一品"坊;⑤不同宗但同科及第者,如祁门嘉靖三十一年(1552)乡贡谢师训、王京祥、谢兴隆、许试4人的"四俊"坊;⑥同宗历科及第者,如黟县一都"世显坊"为"余世科贡题名"立,歙县雄村"光分列爵/世济其美"坊纪念曹氏家族8位进士10位举人;⑦同县不同宗历科及第者,如黟县"科第坊","为本县历科举人进士题名立"。

康熙《休宁县志》卷二《建置·坊表》共记载20座科举功名类多主坊(不包括坊主中含"等"字的科举功名多主坊3座),根据多主坊坊主传等信息,这20座多主坊坊主之间的关系如表9-6所示。

表9-6　康熙《休宁县志》卷二《建置·坊表》所载科举功名多主坊坊主之间的关系

多主坊类型	牌坊/座	坊主关系
二主坊	8	父子关系(6座):父子尚书(1座),父子进士(1座),父子举人(1座),子贵父荣(3座);兄弟举人(1座),同科举人(1座)
三主坊	4	同科举人(1座),父子科第(1座),同宗科第(1座),同科进士(1座)
四主坊	1	同科进士
五主坊	3	同宗科第(1座),同科举人(1座),同科进士(1座)
八主坊	1	同族科第
十一主坊	1	同区域不同科科第者
十三主坊	1	同科举人(隆庆元年丁卯科)
十八主坊	1	连科举人(从嘉靖十九年庚子科到嘉靖三十七年戊午科)

表9-6表明,康熙《休宁县志》卷二《建置·坊表》所载科举功名多主坊坊主关系,以父子关系最众,次为同科科第者。

(七)节孝贞烈类多主坊坊主之间的关系

嘉庆《黟县志》卷八《人物志·列女》共登载19座节孝贞烈类多主坊,根据多主坊坊主信息,这19座多主坊坊主之间的关系如表9-7所示。

表9-7　嘉庆《黟县志》卷八《人物志·列女》所载节孝贞烈多主坊坊主之间的关系

多主坊类型	牌坊/座	坊主关系
二主坊	5	夫家舒姓(2座),婆媳关系(2座),夫家朱姓(1座)
三主坊	2	夫家何姓2、王姓1(1座),夫家汪姓2、何姓1(1座)
四主坊	3	夫家胡姓(1座),夫家汪姓(1座),夫家舒姓3、余姓1(1座)
五主坊	1	夫家叶姓
六主坊	2	夫家汪姓(1座),夫家多姓(胡姓2,李、舒、撒、余姓各1)(1座)
七主坊	2	夫家卢姓(1座),夫家孙姓(1座)
九主坊	1	夫家舒姓
十主坊	2	夫家多姓(夫家余姓4,俞姓3,汪、费、韩姓各1)(1座),夫家舒姓(1座)
十二主坊	1	夫家多姓(程姓3,汪姓2,舒姓2,胡姓2,吴姓2,孙姓1)

根据表9-7,在19座多主坊中,夫家同姓坊为主(13座),夫家多姓坊为辅(6座)。在6座夫家多姓坊中:"夫家多姓坊1座(夫家舒姓3、余姓1)"中的坊主夫家"余姓"的女性本人舒姓,很可能是外嫁余姓的舒姓姑娘夫殁后回娘家同娘家三位媳妇共建一坊,四坊主之间的关系依旧密切;其余5座多主坊坊主之间的关系不得而知,暂时只能以"同村关系"界定之。在某种意义上,19座节孝贞烈多主坊坊主之间的关系都可以界定为"同村关系"。

另外,每一座节孝贞烈多主坊坊主旌表年份相同,这也是她们能够"走到一起"的重要条件。换言之,她们因节孝贞烈类行为而同年请旌得允而共建一坊。

二、徽州牌坊坊名

事物之名是一种特定符号或者标志。取名是一种学问,或易认易念易写,或好听好看好记,或吉利吉庆吉祥,或喜庆亲和清新,或典雅华贵曼妙,或含蓄低调委婉,甚至庸俗粗鄙芜俚,都寄托着当事人对未来的期盼等无限心思。徽州牌坊坊名亦如此,并且不同类型的牌坊坊名在命名思路上差别比较明显。

从表9-8大体上可以看出:科举功名坊坊名用词比较直白,官衔、官署或品级一目了然,"高歌一曲"的意味浓烈;节孝贞烈坊坊名用词比较高冷,"节""孝""贞"和象征坚贞的"松""梅"或冷酷的"霜""雪""冰"等字比较常见,充满着酸楚和苦衷;封赠例授坊坊名用词虽然比较含蓄(毕竟荣誉来自子孙而非自己),但"褒""恩""荣""天"等象征皇恩浩荡的字比较常见,充盈着高扬与声张;百岁期颐坊坊名用词比较写实,"寿""百龄"等字词比较常见,似乎在写实的基础上蕴含着老年人看淡世态看透人生实话实说的恬静心理。

表9-8　徽州主要纪念坊类型坊名举例

纪念坊类型	坊名举例
科举功名	尚书,大学士,大中丞,进士第,三世二品,三朝典翰,四世一品,胶州刺史,丞相状元,同胞翰林,父子明经,奕世贞保,官联台斗,金殿传胪
节孝贞烈	节孝,节劲三冬/脉存一线,纶褒贞节/天锡孝慈,矢贞全孝/立节完孤,霜雪青荫/节孝佑启,青年矢节,荣褒冰节,恩褒双节,龙章褒节,节凛冰霜,雪荫贞松,松虬雪古/梅冷冰香,贞心矢日,冰霜比洁/金石同坚,彤史流芳/女贞崇祀
封赠例授	褒荣三世,柱史承恩,恩崇夤绣,世承天宪,宪节升华
百岁期颐	双寿承恩,贞寿之门,百龄柱史

总体上,徽州牌坊坊名从命名风格看,大体分为直白和含蓄两类;从词性看,主要是名词;从坊名字数看,两个字到四个字不等。

(一)一坊一名,重名者有之

如同人有人名一样,每一座牌坊亦有坊名,有多少座牌坊就有多少个坊名。在茫茫人海中,重名重姓名者亦很常见。在徽州众多牌坊中,坊名重复者有之,最常见的重复坊名是科举功名坊类的"进士"坊名,次有节孝贞烈坊中"节孝"坊名,即使是数量极少的百岁期颐类牌坊中亦有重复坊名,如"双寿承恩"坊名,已圮的有休宁万安街坊主为封江西道御史何积的"双寿承恩坊"[1],存世的有歙县许村隆庆年间(1567—1572)为徽商许世积夫妇乐善好施而建的"双寿承恩"坊。

(二)不同类型牌坊坊名分析

虽然徽州牌坊在命名风格、词性、字数等方面具有某些共性,但不同类型牌坊的坊名还有自己的个性。

1. 景观坊坊名分析

任何景观,尤其是牌坊类文化景观,都有其特定的内涵,都有其普适性的教化功能。景观坊多为地方政权建造,其坊名必然包含着地方政权对社会、百姓、环境的期盼等,这种期盼等在某种程度上实际也是执政者对自己"为官一任、造福一方"奋斗目标的概括。

如第一章第一节永乐《祁阊志》卷一第五目《坊巷》中县令方贡孙悉数恢复水毁火焚牌坊后记其事所写文字,短短百余字"记云",20座牌坊(景观坊13座,科举功名坊6座,节孝贞烈坊1座)名字嵌入其中,坊名或直白或含蓄,总体上通俗易懂,表达了地方政权非常重视景观坊的教化和引领社会风尚的功能,充满着对社会和不同阶层的人的美好期盼,试图借助牌坊坊名"以敦政教之本、风化之源"。

2. 科举功名坊坊名分析

"寒窗苦读数载,金榜题名一朝","朝为田舍郎,暮登天子堂",因苦而乐,实现了"高官厚禄、平步青云"的理想,当事人喜悦之情油然而生自然情在理中。如果要树坊纪念自己的科举功名,自己为牌坊取个合适的名字无疑也是坊主内心思绪的真实写照。

康熙《休宁县志》卷二《建置·坊表》共记载科举功名坊116座(内含多座重名坊),总体上可以分为两大类(表9-9)。

---

[1]嘉靖徽州府志　弘治休宁志[M]. 北京:书目文献出版社,1998:31.

表9-9　康熙《休宁县志》卷二《建置·坊表》中科举功名坊坊名分类

类别		坊名举例
直白	与科第有关	进士,经魁,会魁,文魁,魁英,应魁,亚魁,及第,世第,世科,世仕,科贡双隽,奎光,科贡题名,父子登科,桥梓连登,多士,同榜五进士,壬辰进士
	与坊主官职有关	司谏,绣衣,尚书,秋官,牧爱,薇垣,学士,台宪,清朝忠谏,郡牧,武选大夫,郡宪,司元,天朝司直,肃纪两台,宗伯大夫,大夫,地官,柱史,都谏,天官掌选
含蓄(借喻)		登庸,贞肃,攀桂,登云,青云,凌霄,观光,鸣凤,擢秀,步蟾,锺英,双凤,跃龙,步云,文光,锺秀,梯云,云程,明扬,世德聚奎,启秀,凌云,老桂,光启,莘英,世美,一鹗横秋,登俊,高冈鸣凤,登瀛,飞黄,月窟天香,宾荐,籲俊,龙跃天池,彩凤联飞,鹰绣,三凤腾辉,奎聚发祥,郡英汇拔,四俊同升,肇文世美,八柱恩荣,宫洗名臣,帝命三锡/邦宪文武,鹰绣霜清/飞鸣瑞凤

在上述科举功名坊坊名中,有以下现象:

有的坊名可能先抑后扬,如"籲俊"。"籲俊"是"求贤"的意思。坊名"籲俊"好像是朝廷"招才纳贤"的广告,但仔细一想,实际上暗含着坊主说自己已经是"贤才良臣"了。

有的坊名可能比较张扬,如两字坊名中的"登庸"("登庸纳揆")、"登云"("步月登云")、"步云"、"青云"("平步青云")、"明扬"("名扬天下")、"飞黄"(通常认为"飞黄腾达"是贬义词,这里的"飞黄"可能指的是传说中神马的名字"乘黄")等,四字坊名中的"龙跃天池""一鹗横秋"等。在中国传统文化中,龙首先象征权势、高贵、尊荣,旧时带有龙图案的物品非皇家莫属,甚至有"龙颜大悦"之说,其次才是象征出人头地、不同凡响,如"望子成龙"。"天池"当为"天上之池""仙界之池"。由此看来,"龙跃天池",何等了得。

有的坊名用官署或官衔的旧称,如"秋官""地官""宗伯大夫""绣衣""郡牧""鸿胪"等。《周礼》分设天、地、春、夏、秋、冬六官(职能部门),后来演化为吏部、户部、礼部、兵部、刑部和工部六部,于是有户部郎中(正五品)的俞指南借用其供职单位的旧称作为坊名——"地官",刑部员外郎(从五品)的谢恭借用其供职单位的旧称作为坊名——"秋官"。"宗伯"系"春官"长官,代指"礼部",于是有礼部仪制清吏司郎中(从五品)曹诰借用其供职单位旧称"宗伯"二字用于坊名——"宗伯大夫"。"绣衣"是"绣衣使者""绣衣直指"的简称,后来演化为监察御史的别称,于是有监察御史金辉、谢志道和陈景云将其作为坊名——"绣衣"。明清两代有"大理寺""太常寺""光禄寺""太仆寺""鸿胪寺"等官署名,其专名也被任职者用作坊名,如从九品鸿胪寺序班汪裕坊名为

"鸿胪"。"郡"是古代行政区划通名,与明清两代行政区划通名"州""府"大体相当,"郡牧"是郡之行政长官,于是借用这一职务的旧称为同知陈有容坊坊名。用旧时官署名作为坊名,如"地官""秋官""鸿胪"等,坊名与坊主官职两相对照,似乎有点"大帽小头"的意味。

3. 封赠例授坊坊名分析

康熙《休宁县志》卷二《建置·坊表》载有"封赠"坊27座,"例授"坊11座。从命名方式看,这38座"封赠""例授"坊坊名大体分属四种情况(表9-10)。

表9-10 康熙《休宁县志》卷二《建置·坊表》中"封赠""例授"坊坊名分类

类别	坊名举例
与封赠官衔有关	地官,冬官,秋官大夫,薇省貤封,三世二品
与受封者实职有关	中翰,内使,紫宸近侍,华省清班,承弼同文
感恩戴德	宸章世锡,双寿承恩,龙章并锡,两台恩光,启胤蜚英,恩赐谏垣,恩焕玉堂,五马恩光,青琐崇恩,天恩重沐,善庆覃恩,玉署承恩,凤沼纶恩,凤池锡命,天章褒义
评价性词语	著义教忠,还金余荫,誉命,柏府崇阶,庆际青宫,笃生名世,驯行孝谨,五花毓彩,义能佐国,尚义(3座),义佐国家

有的坊名比较张扬,这不一定是坊主或建坊人所撰,有可能来自地方官员或他人所题赠。

当然,坊名中用典的估计也不在少数。

第三节 徽州牌坊时空分布

时空分布不均是牌坊时空分布的总体特征。徽州牌坊作为一种人文现象,影响其时间和空间分布的因素很多。

第一,朝廷奉行的主流价值观和相关政策。如明代以科举功名坊为主,清代以节孝贞烈坊为主,应该与朝廷奉行的主流价值观和相关政策有关。关于相关政策,其中一点就很明显:节孝贞烈坊实行"许可制",属于"许可制"的还有孝友恩褒坊、封赠例授坊、善行义举坊、百岁期颐坊等;科举功名坊多数属于"备案制",少数实行"许可制",比如龙凤牌上有"敕建""御制""圣旨""恩荣"之类文字的。因此,牌坊上的文字,尤其是龙凤牌上的文字,不是坊主或其后人和他人所能任意而为之的,必须遵循"体统",否则有"僭越"之罪。

第二,特殊时期特殊因素,尤其是战争因素。凡是战争,最遭殃的是底层民众,战争对妇女的戕害尤为惨烈,以至朝廷不得不以建"总坊"的形式来祭奠包括在战争中遇害的众多女性亡灵。

第三,学风。学而优则仕,一般地,仕宦多必然会出现众多功名坊,由此产生的封赠例授坊也可能较多。

第四,经济实力。除了朝廷建造的"总坊"(个别"总坊"亦为士绅筹资建造,如婺源"孝贞节烈总坊")、景观坊、辖区举人进士题名的科第坊、"公建"坊(如康熙《休宁县志》卷二《建置·坊表》所列的"硕儒里""勋贤坊""名宦乡贤""理学名儒"四坊。"名宦乡贤""在上资,为(复)〔福〕宁州训导汪如玉",即第四章第三节的"崇贤坊"),其余牌坊建造资金主要来源于民间,包括坊主本人、后人、家族和乡民(如乡民建造的德政坊)等。经济实力强者,牌坊高大雄伟,如八柱口字形的许国石坊,棠樾牌坊群等四柱三楼及以上的牌坊等。经济实力弱者,或者牌坊窄小低矮,如歙县许村"旌表故民许俊业继妻金氏妾贺氏"的两柱一楼双节孝牌坊;或者"合资"建造,如节孝贞烈多主坊;或者本该是坊状建筑物建成了碑状建筑物,如"旌表故儒吴云绍聘妻汪氏贞节坊"[1]。贫困潦倒者,即使具备申报旌表条件的也可能无力申报旌表,已经申报被旌表的因财力不支而无力建坊。经济实力强,善行义举多,同样增加了善行义举坊的概率。总体上,科举功名坊较节孝贞烈坊高大雄伟。

第五,符合建坊条件者不愿意建坊,估计亦有。

第六,地貌类型。地貌类型影响土地承载力、经济活动方式和人口密度。在朝廷政策一致、社会风尚大体相当的情况下,大大小小的河谷平原等开阔地带的人口密度肯定大于山区,前者的牌坊密度肯定大于后者。

---

[1]黄成林.徽州文化地理研究[M].芜湖:安徽师范大学出版社,2018:231.

一、徽州牌坊时间分布

(一)起于唐,延及宋元,兴盛于明,鼎盛于清,终于清末民初

从已经查阅的徽州旧志看,徽州牌坊"起于唐,延及宋元,兴盛于明,鼎盛于清,终于清末民初"的特征非常明显。

这里以节孝贞烈坊史料为证。道光《徽州府志》卷十三《人物志三·列女》所载节孝贞烈坊(内含极少数百岁期颐坊)坊主信息表明(表9-11):唐代占0.07%,宋代占0.44%,元代占1.15%,明代占7.37%,清代(截止1827年)占89.97%。

表9-11　道光《徽州府志》卷十三《人物志三·列女》所载列女坊坊主信息按朝代统计

属县	唐代/条	宋代/条	元代/条	明代/条	清代(截至1827年)/条	合计/条
歙县	0	6	16	87	1155	1264
休宁	2	2	4	44	465	517
婺源	0	2	5	33	243	283
祁门	0	1	4	26	151	182
黟县	0	1	0	13	294	308
绩溪	0	0	2	23	123	148
合计	2	12	31	226	2431	2702
所占比重	0.07%	0.44%	1.15%	8.37%	89.97%	100.00%

结合其他类型牌坊,如果不考虑建坊具体年代,徽州最早的坊主都是唐代人——同治《祁门县志》卷十一《舆地志·坊表》所载"忠烈坊"坊主"越国公"汪华(586—649),道光《徽州府志》所载唐代休宁贞烈坊坊主"范三娘"[1]〔唐"宣歙使范传正(生卒年不详,约公元800年在世)之女"〕,弘治《徽州府志》卷一《地理一·坊市》所载"旌孝坊"坊主"唐孝子黄芮"〔卒于唐大和五年(832)〕,道光《徽州府志》所载唐代休宁节烈坊坊主"吴姬"[2]〔遇难于"黄巢之乱"(878—884),《休宁县志·大事记》载"乾符六年(879年)十一月,黄巢农民起义军一部攻入本县"[3]〕,同治《祁门县志》卷十一《舆地志·坊表》所载"文德

[1]道光徽州府志(三)[M]. 南京:江苏古籍出版社,1998:312.

[2]道光徽州府志(三)[M]. 南京:江苏古籍出版社,1998:305.

[3]休宁县地方志编纂委员会. 休宁县志[M]. 合肥:安徽教育出版社,1990:15.

武功坊"坊主郑传〔乾符二年(875)盗起,众推传兄弟义保乡里;四年(877),黄巢寇浙江,领三十万人从宁国攻祁,传令设鹿角栈道御之,民不为害;自广明至天祐垂三十年,握兵三万,保障八州,建立大功,卒于天祐八年(911)〕,而且牌坊类型多样。徽州建造时间最晚的牌坊同属节孝贞烈坊,即民国《黟县四志》所载的建于民国九年(1920)的"李联级妻孙氏"[1] "叶新喻妻黄氏""叶芳蒸妻舒氏""叶新同妻孙氏"[2]牌坊。

按照明代及其以前和清代及民初两个时段,统计第二章至第八章诸"本章小结"中表格内容(暂不考虑清代徽州旧志载有明代及其以前非重复牌坊信息),其结果如9-12所示。从表9-12可以看出,在全部徽州牌坊中,清代及民初占绝对优势(77.29%),明代及其以前只占22.71%。

表9-12 部分徽州旧志记载的徽州牌坊分时段统计

时段	合计/座	分类										
		纪念坊/座										非纪念坊/座
		小计	旌表类					非旌表类				景观坊
			节孝贞烈坊	孝友恩褒坊	善行义举坊	封赠例授坊	百岁期颐坊	科举功名坊	惠民德政坊	其他		
明代及其以前	891	732	37	8	21	21	2	639	3	1		159
清代及民初	3032	3025	2665	36	31	39	29	224	1	0		7
合计	3923	3757	2702	44	52	60	31	863	4	1		166

(二)明代以科举功名坊占绝对优势,清代以节孝贞烈坊占绝对优势

从表9-12中还可以看出:明代及其以前的牌坊以科举功名坊占绝对优势(71.72%),景观坊占重要地位(17.85%),节孝贞烈坊比重很低,仅占4.15%;清代及民初的牌坊以节孝贞烈坊占绝对优势(87.86%),科举功名类仅占7.39%,居第三位的是恩封例授坊(1.29%)。

不同朝代主要牌坊类型的差别,实质上反映了不同朝代官方倡导的主流价值观的差异。

---

[1]民国黟县四志[M]. 南京:江苏古籍出版社,1998:178.

[2]民国黟县四志[M]. 南京:江苏古籍出版社,1998:214.

明代以科举功名坊为主,但各朝之间差异很大。表9-13是康熙《休宁县志》卷二《建置·坊表》中所列明代科举功名坊在各朝的分布(不含"洪武丁丑至隆庆朝"[1]建坊具体时间不明确的坊名为"进士"的牌坊20座),从中可以看出,隆庆、天顺、弘治朝平均每年至少一座,而建文、洪熙、成化、正德、泰昌、天启朝未见一座牌坊。

表9-13 休宁明代科举功名坊在各朝的分布[2]

年号	执政时间/年	科举功名坊/座	年号	执政时间/年	科举功名坊/座
洪武	31	2	弘治	18	18
永乐	22	8	嘉靖	45	30
宣德	10	2	隆庆	6	11
正统	14	1	万历	48	4
景泰	8	3	崇祯	17	1
天顺	8	13	合计		93

关于各朝之间的差异,各县情况肯定存在很大差异。

康熙《休宁县志》卷二《建置·坊表》还表明,清代从开国到康熙朝只有"天官掌选"和"鹰绣霜清/飞鸣瑞凤"[3]两座科举功名坊,而从清朝开国到康熙《休宁县志》完成的康熙三十二年,前后已经七十多年。

清代以节孝贞烈坊为主,但清代各朝之间牌坊数量同样也存在很大差异。以嘉庆《黟县志》卷八《人物志·列女》所载"请旌"或"旌表建坊"年代明确的节孝贞烈坊为例(表9-14,依据第七章第三节资料统计),可以明显看出这一点:康熙四十九年(1710)到嘉庆十四年(1809)前后100年共有节孝贞烈坊156座,乾隆朝年均2座以上,而康熙朝平均每3年才有1座。

表9-14 康熙四十九年至嘉庆十四年黟县节孝贞烈坊在各朝的分布

年号	康熙	雍正	乾隆	嘉庆
执政时间/年	12(起自康熙四十九年)	13	60	14(止于嘉庆十四年)
节孝贞烈坊/座	4	12	126	14

毕竟统计的样本区域比较小,如同明代科举功名坊在各朝分布因县而异

[1](康熙)休宁县志[M]. 台北:成文出版社,1974:305-306.

[2](康熙)休宁县志[M]. 台北:成文出版社,1974:306-315.

[3](康熙)休宁县志[M]. 台北:成文出版社,1974:315.

一样,清代节孝贞烈坊在各朝的分布同样也会因县而异。

二、徽州牌坊空间分布

(一)各县差异较大

暂不考虑歙县旧志一概"不录"坊表和查阅旧志不完整、有遗漏等因素的影响,表9-1表明,徽州各县牌坊数量差异大,以歙县(含府城)为最(40.50%),其次为休宁(19.27%)、婺源(13.64%)和祁门(10.15%),再次为黟县(9.28%),绩溪最少(7.16%)。表9-1所示徽州各县牌坊数量从多到少排序,与表1-1所示徽州六县人口数量从多到少排序完全一致。

一般来说,在自然环境相似的区域,同一历史时期某种文化现象的差别主要源自人文环境的差异。朝廷倡导的主流价值观对徽州的影响或者徽州对朝廷倡导的主流价值观的响应,在徽州各县差异不会太大。暂不考虑歙县旧志一概"不录"坊表和查阅旧志不完整、有遗漏等因素的影响,徽州各县牌坊数量和结构差异可能源自各县人口数量差异,文风学风差异,经济状况的差异,特殊事件(如宋末元初的战争,明季清初的徽州"奴变",咸同年间的太平天国战事等战争)影响程度的差异,等等。

(二)一县之内各都各村牌坊数量差异大

区域差异大,不仅反映在各县之间,一县之内各都各村同样差异大。嘉庆《黟县志》卷八《人物志·列女》共有116座节孝贞烈坊坊主所在都、村信息,对照嘉庆《黟县志》卷二《地理志·都图》,列表9-15(县城11座牌坊未列入其中),可见一县之内各都各村之间牌坊数量之差异:平均每都接近9座,但最多的九都达27座,最少的八都、十二都各只有1座;平均接近每三村1座,但九都每村达1.23座,十二都30个村仅1座。

城区和周边四乡,各自牌坊总量也会存在差异,一般地,城区面积小于四乡,城区人口密度大于四乡,城区单位面积上的牌坊数量要高于四乡。但是,毕竟城区和四乡的划分与城区是位居县域之中心还是偏居一方有关,也与影

表9-15 嘉庆《黟县志》卷八《人物志·列女》所载黟县部分节孝贞烈坊坊主所在都、村分布

都名	辖村/个	全部节孝贞烈坊/座	其中各村节孝贞烈坊/座
一都	29	9	江干1,柏山1,湖洋坈1,其余不详
二都	26	12	蓬村3,北庄1,江村1,其余不详
三都	17	5	黄陂1,其余不详
四都	24	10	古筑1,西武岭1,其余不详
五都	29	5	不详
六都	36	14	西递5,横冈2,其余不详
七都	40	2	不详
八都	18	1	不详
九都	22	27	舒村6,古溪黄村1,其余不详
十都	20	12	宏村6,里田2,万村1,其余不详
十一都	15	7	卢村1,其余不详
十二都	30	1	不详
合计	306	105	

响牌坊分布的人文因素和自然因素比较多有关。下面两个案例大体也反映了这一特点:嘉庆《绩溪县志》卷二《建置志·坊表》[1]共登载牌坊148座:"在城坊"42座,"东乡坊"41座,"南乡坊"29座,"西乡坊"6座,"北乡坊"30座,"在城坊"数量多于四乡之各乡坊数量;光绪《婺源县志》卷十二《建置志六·坊表》[2]共登载牌坊261座(不含标注"在都隅"的多座"会魁坊""解元坊""进士坊""举人坊"):"在城坊"50座,"东乡坊"60座,"南乡坊"33座,"西乡坊"58座,"北乡坊"60座,"在城坊"数量明显少于四乡之三乡坊数量。

(三)集聚分布现象明显

1. 郡邑治所多牌坊

府城和县城是地方政治、经济、交通、文化中心,也是人口密度大、人流集中之地,纪念坊和非纪念坊都比较多,受众最多,教育面广,社会影响大。

在郡邑治所,以府学、县学、府衙、县衙一带较为集中。

---

[1]民国宁国县志 嘉庆绩溪县志[M]. 南京:江苏古籍出版社,1998:389-391.

[2]光绪《婺源县志》卷十二之二《建置志六·坊表》第一至第六页。

第二章表明,府城弹丸之地,据不完全统计,先后有79座牌坊,尤以景观坊(43座)和科举功名坊(32座)最为突出。嘉庆《绩溪县志》卷十二《建置志·坊表》表明,绩溪"在城坊"42座,"南乡坊"29座中位于城乡接合部的就有18座——"南关"1座,"南关外"17座[1]。

2. 名门望族多牌坊

名门望族是旧时用来指称官僚、显贵、有特权的家族。从字面上理解:"名门",或因"名人而名",或因"官人而名",或因"富豪而名",或兼而有之;"望族",或"官运亨通",或"财富昌盛",或"人丁兴旺",或"官财通吃"。"名门望族",或"非贵即富",或"亦富亦贵",或"先贵后富",或"先富后贵"。官多钱多人多,有了牌坊,尤其是众多牌坊,不仅显赫乡里,还可以"支撑"和"壮大"门面,有条件建坊的名门望族何乐而不为呢!

在徽州有"徽州八大姓"(程、汪、吴、黄、胡、王、李、方姓)和"新安十五姓"("徽州八大姓"外加洪、余、鲍、戴、曹、江、孙姓)之说。在旧中国,"名门"多为仕宦名儒家族,"望族"多为子孙、家业兴旺家族,并且"名门"与"望族"彼此互相促进,良性循环。"徽州八大姓"或"新安十五姓"中,其徽州始祖或裔孙为国家功臣者有之,官宦世家(科举世家)有之,富商巨贾者有之,官宦与富贾兼者有之,总之他们中多名门望族。

名门望族多牌坊,还与名门望族子弟接受教育机会多有关系。接受教育机会多,意味着科举及第概率高,进入仕途概率大,进而建科举功名坊的机会多。一般说来,名门望族的家风家学也较好。如婺源,一是与朱熹家族和程朱理学有关的牌坊多,包括朱文公祠前文公阙里坊、景星庆云坊、泰山乔岳坊、修德坊和凝道坊;二是一门多代共坊比较多,如一门三代坊3座(三世司徒坊2座、祖孙济美坊1座),一门四代坊2座(四世一品坊1座、四世科甲坊1座),一门五代坊2座(五世恩光坊1座、五世承恩坊1座)等;三是科举功名坊家族性特征比较明显,如大畈汪氏家族、沱川余氏家族("十五世而绣衣不脱"[2])、济溪游氏家族、桃溪潘氏家族等,都是科举世家,科举功名坊较多。

根据光绪《婺源县志》卷十二《建置志·坊表》[3],婺源大畈汪氏家族历史

---

[1]民国宁国县志 嘉庆绩溪县志[M].南京:江苏古籍出版社,1998:390.

[2]何建木.徽州科举文教世家——婺源济溪游氏[J].寻根,2012(6):75.

[3]光绪《婺源县志》卷十二之二《建置志六·坊表》第一至第三页。

上共建有23座牌坊(科举功名坊20座,节孝贞烈坊2座,封赠例授坊1座):建于府城的有四世一品坊(坊主汪榢、汪焕、汪俨、汪铉),少保天官坊(坊主汪铉),司马总宪坊(坊主汪铉),大司徒坊(坊主汪玄锡),清朝忠谏坊(汪玄锡),共5座;建于婺源县城的有聚英坊(坊主大畈汪氏世科),四忠坊(坊主汪铉),留台总宪坊(坊主汪舜民),都宪坊(坊主汪奎),共4座;建于大畈村的有四世一品坊(坊主汪榢、汪焕、汪俨、汪铉),世德流芳坊(坊主汪榢、汪焕、汪俨,当为本章第二节的"封赠坊"之一),青宫少保坊(坊主汪铉),司马总宪坊(坊主汪铉),冠英坊(坊主汪进),豸绣坊(坊主汪星,当为本章第一节"宾贤坊"之一),三凤坊(坊主汪舜民、汪天民、汪济民),柱史承恩坊(坊主汪仁卿),宸纶焕渥坊(坊主汪激),宪节升华坊(坊主汪国楠),祖孙济美坊(坊主汪玄锡、汪谟、汪让、汪谐),绣衣坊(坊主汪舜民),贞烈坊(坊主汪贤举妻贞女游氏),节孝坊(坊主汪申贤妻程氏),共14座。上述婺源大畈汪氏家族23座牌坊,汪铉出现在7座牌坊中,当为徽州牌坊最多的坊主之一。

绩溪龙川胡氏是徽州名门望族,牌坊比较多。嘉庆《绩溪县志》卷十二《建置志·坊表》表明,龙川有牌坊13座[1],除了1座"百岁坊",其余12座均为科举功名坊(含坊主为胡富、胡宗宪的两座墓道坊),科举功名坊坊主为官员胡富、胡宗宪、胡光、胡拱旸、胡宗明。另外,龙川胡氏在"南关"还有胡富的"尚书坊",胡光、胡宗华的"科第传芳坊";在"南关外"还有胡宗宪的"绣衣坊""少保坊"和"都宪坊"。龙川胡氏家族当为徽州牌坊最多的家族之一。

从表9-15中可以看出,黟县牌坊数量比较多的村庄多为当下名村,如舒姓舒村、汪姓宏村、胡姓西递。从当下屏山(舒村)、宏村、西递明清时期留存下来的传统建筑看,当时这三村富有之家估计不在少数,这也说明从申报到获准旌表再到牌坊落成,经济因素是非常重要的影响因素。更能说明经济因素对牌坊的影响是,表9-15中舒村6座牌坊坊主夫家均为舒姓,宏村6座牌坊坊主夫家均为汪姓,西递5座牌坊坊主夫家均为胡姓。

总体上看,徽州科举功名坊坊主以名门望族最为突出。

康熙《休宁县志》卷二《建置·坊表》[2]中共有116座科举功名坊,剔去多姓

---

[1]民国宁国县志　嘉庆绩溪县志[M]. 南京:江苏古籍出版社,1998:390.

[2](康熙)休宁县志[M]. 台北:成文出版社,1974:305-321.

多主坊10座,其余106座科举功名坊中,"徽州八大姓"中的前三姓接近占一半:汪姓20座,吴姓17座,程姓15座。

嘉庆《绩溪县志》卷一《舆地·坊表》[1]中共有64座科举功名坊:一主坊53座,二主坊5座,三主坊6座。据统计,这64座科举功名坊中,坊主居前三位的是"徽州八大姓"中前五姓中的胡、汪、程三姓:胡姓(含同姓不同宗)22座(一主坊18座,二主坊3座,三主坊1座);汪姓10座(一主坊9座,三主坊1座);程姓6座(一主坊5座,二主坊1座);胡、汪、程三姓牌坊共38座,占全部牌坊的59.38%。

科举功名坊坊主多来自名门望族,且不考虑裙带关系等因素,显然与名门望族家庭经济条件好有关。在旧中国,家庭经济条件好是读书的首要条件,且不说官宦世家、富商巨贾,仅从少数"先儒(读书)→缺钱辍学→后贾(经商赚钱)→再儒(有钱再读书)→入仕"者的发展轨迹中亦可看出这一点。

(四)共享空间为主

1. 城镇街口巷道多牌坊

从今天存世牌坊看,亦可看出城镇街口巷道多牌坊。如许国石坊位于歙县县城中和街上,豸绣重光坊位于歙县县城大北街,父子明经坊位于歙县县城新路街,柏台世宠坊位于歙县县城上路街,等等。

城区因为空间有限,普通人家财力有限,其牌坊位于"住屋门首"的今天也不鲜见。如歙县斗山街"旌表江莱甫妻叶氏贞节之门"坊(木坊)门脸与木坊合二为一,吴沛妻黄氏孝烈坊(砖坊)与山墙合二为一。

2. 乡村牌坊以水口和村口最为集中

嘉庆《黟县志》卷八《人物志·列女》共有116座(表9-15中105座牌坊和县城11座牌坊)节孝贞烈坊提供了都、村等位置信息,有15座载明了建坊具体位置,其中以"水口""村口"等共享空间最为集中:明确记载坐落在"水口"处的有6座("舒村水口庙"2座,"九都水口庙"2座,"西递村水口"1座,"卢村水口"1座),"村口"处1座("四都村口"1座),估计坐落在"村口"或"水口"处3座("三都新亭"2座——此"新亭"不是村名,可能是村口或水口处新建的路

---

[1]民国宁国县志 嘉庆绩溪县志[M].南京:江苏古籍出版社,1998:389-391.

亭,"西递湾冷水亭"1座——此"冷水亭"不是村名,可能是村口或水口处的路亭);此外,"住屋门首"("城南住屋门首"1座,"城中住屋门首"1座)、"村中"("三都村中"1座)、庵前("五都嘉祥庵"1座)和墓前("氏墓"1座,"氏茔墓前"1座)也是牌坊常见坐落之处。

从徽州存世牌坊看,"村口"或"水口"等共享空间是牌坊的主要坐落之处。如棠樾牌坊群7座牌坊都位于进村道路上,唐模"同胞翰林"坊位于进村水口处,蜀源"贞寿之门""节孝""赞宪"三坊均位于进村道路上,灵山"翰苑"坊位于进村水口处。

(五)关于本地建坊和异地建坊

这里的"本地"和"异地"指的是"县内"和"县外"或者"府外"。绝大多数情况是本地人在"本地建坊",包括在所在乡村建坊和到县城建坊,但客观上确实存在"异地建坊"情况。这里的"异地建坊",既包括徽州属县功成名就者到府城建坊(本地人异地建坊),也包括祖籍徽州入籍他乡的徽州人回祖籍地建坊(外地人回乡建坊)。

关于本地人"异地建坊",以府城为例:府城地处歙境,府城牌坊坊主多为歙人不难理解,但府城牌坊中却有6座牌坊坊主非歙人而是府辖其他县人(见第二章:"双凤坊"坊主休宁人汪杲、汪荣兄弟,"大司徒坊"坊主户部尚书婺源人汪玄锡,"大冢宰坊""大司马坊"坊主吏部尚书兼兵部尚书汪鋐,"少宗伯坊"坊主礼部侍郎祁门人康永韶,"大总督坊"坊主都御史绩溪人胡宗宪),而且这六位官位品级差别很大,不得其解:到府城建坊的标准是什么? 是官位品级抑或影响力? 异地建坊经费谁承担? 是否功成名就且资金充裕者就可以在府城购地建坊?

在徽州科举功名坊中,世居徽州的徽州人的牌坊是主体,亦有祖籍徽州移籍他乡的徽州人回祖籍地建坊。以休宁县为例,如上溪口"双凤坊"28位坊主中,其传写明"浙江籍"的有"汪由敦""汪大锜""汪光被""汪廷林"4人,写明"钱塘籍"的有"汪陈善",写明"江北籍"的有"汪伯澐";"休宁人""长州县籍"的"查兆应"在休宁建有进士坊;休宁人"四川巴县籍"的"戴冕"、"东流县籍"的"金幼芥"和"金世和"、"江都籍"的"金淑滋"、"望江籍"的"李彦",均在休宁建有举人坊。

由此看来，徽州人建坊，具有强烈的显赫门庭、光宗耀祖意识。

第四节　徽州旧时社会风尚

"风尚"，通常是指在一定时期社会上流行的风气和习惯。与"风尚"相近的词语还有"时尚""风俗""风土"等。"时尚"是当时的风尚，时兴的风尚，这种风尚流行时间不长。"风俗"是指在社会上长期形成的风尚、礼节、习惯等的总和。"风土"是指一个地方特有的自然环境和风俗、习惯的总称。一般地，在时间尺度长短上，"风土"和"风俗"是长期形成的，具有流传时间久远的特征，而"风尚"形成和传承时间相对较短，"时尚"延续时间最短。在含义广度上，"风土"最广，既包括自然环境也包括基于自然环境而形成的人文环境中的"风俗、习惯的总和"；"风俗"次之，仅指人文环境中的"风尚、礼节、习惯等的总和"；"风尚"再次之，仅指"风气和习惯"；"时尚"含义最窄。

如同从一言一行中可以看出言行者的修养一样，一座又一座的牌坊也是旧时社会风尚的标杆。基于徽州旧志坊主传，亦可看出徽州旧时社会风尚，甚至彰显了旧时更大空间的社会风尚。阅读徽州旧志坊主传，一个个鲜活的人物形象如在眼前。纵观这些人物，或为学，或为官，或为民，或为商，或为妇，从当下看来，既有值得传承的优秀品质，也有必须摒弃的不良风气和习惯。

家庭、家教、家风关系公民素养、社会风气和社会的和谐稳定，进而关系国家的繁荣发展和进步。重视家庭教育，建立良好的家风，是我国自古以来的优良传统。家庭是社会的细胞。家教事关家庭和家风，是人类教育和教化的重要组成部分，而且是最初始、最基本、最具内在价值体认和内在认同连贯性的教育和教化，是家风形成的重要途径。家风是家庭的灵魂，具有强大的育人功能，家风的核心是家庭的价值观，并通过家庭成员待人接物、为人处事、生活方式、道德行为等方面表现出来。家庭、家教、家风之间可以形成良性互动，也可能形成恶性循环。良好的家庭必有良好的家教，良好的家教会形成良好的家风,良好的家风又会推进良好家庭的进一步发展。

在徽州牌坊坊主中不少坊主不仅具有良好的家教与家风,还留有值得当下传承的家训。如《徽州名人家训》[1]共载有32篇家训,其中《汪华与汪氏家训》《罗颂罗愿与罗氏家训》《陈栎与藤溪陈氏家训》《郑千龄与郑氏家训》《胡富与龙川胡氏家训》《范涞与林塘范氏家训》《余懋衡与余氏家训》《许国与许氏家训》《项宪与项氏家训》中的汪华、罗愿、陈栎、郑千龄、胡富、范涞、余懋衡、许国、项宪均建有牌坊。又如《明清徽商家训释读》[2]所涉及的人物中,晚清黟县孝子姚连达、万里寻父归的清初歙县孝子程世铎、明代中叶教子"做好父母官"的休宁人何积、明末清初歙县棠樾孝子鲍逢昌、捐资济困的歙县江村江承珍,同样建有牌坊。

良好的家庭家教家风在徽州形成风气自不待言,有些今天看起来不可思议的"孝行"甚至可以称之为"愚孝"的行为在旧时徽州也并非个案。如"二十四孝"中有南北朝时南齐"黔娄尝粪",而在徽州,尝粪者有儿也有媳。"二十四孝"中王武子妻"刲股疗亲",在徽州,既有子女为父母刲股疗疾,也有夫妇同为嫡母割股疗疾,更多的是儿媳为夫君、公婆刲股疗疾。

下文中将徽州旧时仕宦和妇孺风尚简称为"为官之道"和"为妇之道",试述徽州旧时社会风尚中的两个方面。"道"的含义很多,这里大体取其"路径""德性"之意。

一、为官之道

任何朝代都有勤官、能官、好官、贤官、清官、廉官,都有懒官、庸官、坏官、昏官、赃官、贪官。任何朝代对官员的评价,有褒贬得当的,也有违背事实的,毕竟给予这种评价的人是处在特定时代背景下的人。

成语"一人得道,鸡犬升天",比喻一个人做了官,和他有关系的人也都跟着得势。封建时代的封赠、恩荫制度,充满着"一人得道,鸡犬升天"的意味。封赠、恩荫制度不仅为官员家庭带来荣誉,也能为官员家庭在政治、经济上带来一定的特权。徽州旧志中有不少关于封赠、恩荫方面的记载,这里以

---

[1]杨永生,王大白.徽州名人家训[M].合肥:中国科学技术大学出版社,2018.

[2]王世华.明清徽商家训释读[M].芜湖:安徽师范大学出版社,2021.

明代兵部尚书绩溪胡宗宪为例。康熙《徽州府志》卷十一《选举志下·恩荫》[1]载，因为胡宗宪，上及祖父和父亲两辈2人以"恩赠"，下及子辈2人以"恩荫"，再及孙辈、曾孙辈3人以"世袭"，上两代下三代一共7人：胡昆"以孙宗宪赠兵部侍郎"；胡尚仁"以子宗宪赠兵部侍郎"；胡桂奇"以父宗宪荫南京左都督府都事"，胡松奇"以父宗宪荫授锦衣卫副千户"；胡焞"以祖宗宪世袭锦衣卫指挥金事"；胡维封"以高祖宗宪世袭锦衣卫金事"，胡廷镕"以高祖宗宪世袭锦衣卫金事"。

（一）科举入仕

"学而优则仕"出自《论语·子张》："子夏曰：'仕而优则学，学而优则仕。'""优"作"有余力"讲，"学而优则仕"原意指学习还有余力的就去做官，后来演化为读书读得好的就可以当官。

科举制打破身份限制，为中国古代的国家治理奠定了稳定、持续的人才基础。与此同时，科举也成为连接国家和社会各阶层的通道，中央的控制力和影响力得以畅行于社会各阶层。其人才选拔范围扩大到基层，取才标准兼顾经义与实务。作为一种选官制度，科举制是维护封建统治的重要支柱，是地主阶级维护自身统治的政治和文化工具。科举制塑造的以四书五经为尊的经典框架和知识体系，其单一性与封闭性严重阻碍了知识更新和文化发展，使得当时中国的文化和科学水平在世界潮流面前瞠乎其后[2]。

旧时科举之路并非坦途。《儒林外史》中的范进，20岁应试，50多岁才相继考中秀才和举人，历经30多年的酸咸苦辣，终于通过了那座独木桥，可能讽刺性小说写得有些夸张，但也说明旧时要在科举考试中出人头地确实很难。

第一，要进入仕途，首先必须读书。最初的启蒙读物是《千字文》《三字经》和《百家姓》，然后可能是《千家诗》《幼学琼林》《声律启蒙》之类。不仅要读，而且要熟读、背诵，进而可能要达到默写和训释解说的程度。继之是读《大学》《中庸》《论语》《孟子》"四书"和《诗经》《尚书》《礼记》《周易》《春秋》

---

[1]（康熙）徽州府志[M].台北：成文出版社，1975：1571-1572.

[2]解扬.评价科举制度应坚持两分法[J].历史评论，2021（4）：30-33.

"五经"。相比较,"四书"可能要容易些,"五经"晦涩难懂,读懂读通并非易事,达到融会贯通的程度更难。这其中想必一定还要读一些类似于今天应考的教辅书,如关于"四书"的注释必读朱熹《四书章句集注》之类的。

第二,必须经过层层选拔性考试。①院试(县级考试),又称"童试",童生参加,考上者为"秀才"(生员)。只有秀才才能获得进入府学、州学或县学的资格,才能踏上乡试之道。秀才分为三等:成绩最好的称"廪生",享有待遇,地方政府每月给以"廪食";秀才的后两个等级依次称为"增生"(增广生)和"附生"(附学生员),无"廪食"待遇。②乡试,又称"秋闱"(省级考试),进入府学、州学或县学学习的秀才才能参加,考上者称"举人",考取举人就开始具备了做官的资格。③会试,又称"春闱"(国家级考试),往往在乡试后的第二年春天举行,吏部主考,举人参加,在京城贡院举行,考上者为"贡士",第一名为会元。④殿试,名义上由皇帝主考,贡士参加,考上为"进士",第一名为"状元",第二名称"榜眼",第三名叫"探花"。还必须注意,每个层级的考试并非只有一场考试,如会试分三场,每场考试一进考棚就是三天两夜。

第三,科举考试录取率很低。"钱茂伟先生在其《国家、科举与社会》一书中认为'明代乡试录取率在4%左右,会试录取率在10%左右'"[1]。根据《明清科举考试录取率的考查及启示》一文中表1提供的明清时期江南1393—1893年19个年份的乡试考生数和录取人数资料统计,乡试录取率为2.65%;根据该文表2提供的1371—1850年15个年份的会试考生数和录取人数资料统计,会试录取率为7.04%。

第四,科举考试并非年年开考,分等级而定。一般地,童生考秀才一年一次,秀才考举人三年一次,举人考贡士在乡试后的春天接着开考,贡士考进士在贡士发榜后的几天内开考,当然特殊情况还有恩科(如皇帝根据需要在某年会增加考试次数等)。

科举考试,可谓"千军万马过独木桥"。能够"秋闱"之后立即在"春闱"中胜出者并不占多数。笔者统计了休宁科举功名坊中50位进士由举人到进士时间:20人中举第二年中进士,1人中举第三年中进士,1人中举第四年中进士,12人中举第五年中进士,7人中举第八年中进士,2人中举第九年中进

---

[1]赵干.明清科举考试录取率的考察及启示[J].内蒙古农业大学学报(社会科学版),2014(4):307.

士,4人中举第十一年中进士,2人中举第十四年中进士,1人中举第二十一年中进士,平均4.52年。笔者还统计了祁门科举功名坊中46位进士由举人到进士时间:13人中举第二年中进士,1人中举第三年中进士,9人中举第五年中进士,11人中举之后第八年中进士,5人中举第十一年中进士,1人中举第十二年中进士,3人中举第十四年中进士,1人中举第十七年中进士,2人中举第二十年中进士,平均6.13年。上述两县平均,96位进士由举人到进士平均时间是5.29年。必须指出,上述统计仅仅基于考中进士中的佼佼者,更多的学子终身停留在举人身份上。

可以想象,每一座科举功名坊的背后都是坊主付出了不懈的努力,每一位进士都是当时妥妥的"学霸"。

徽州科举及第者位居全国前列,这为徽州科举功名坊创造了最基本的条件。也许科举及第者付出的辛劳只有当事人才有深刻感受,徽州学子中确实有的在漫漫征途中或者还没有上路就离开了人世,或者死在赶考的路上,或者死在考完回家的途中(表9-16)。这些学子不但没有因为读书给家人带来"千盅粟""黄金屋",反而给妻子或母亲等家人带来永远的痛。在那个视"出嫁从夫"为不朽信条的年代,当夫故去后作为妻子的普遍做法是守节抚孤、孝事舅姑,更有甚者则为夫而殉(如清代绩溪"程鹏万殉烈妻胡氏")。

表9-16 徽州旧志中部分节孝贞烈坊坊主以"攻苦""勤学"而殁的亲人基本信息

县名	节孝贞烈坊坊主	坊主传相关内容	资料来源
歙县	江以鳌妻鲍氏	"夫以攻苦积疾"	道光《徽州府志》卷十三《人物志三·列女》
	鲍廷宾继妻凌氏	"孤以勤读致疾夭"	
婺源	张鏻昌妻施氏	"昌以勤学病瘵,氏鬻奁医药,刲股疗之,复延三载没,氏年二十三"	乾隆二十二年《婺源县志》卷九《建置志·坊表》
	董必贞妻程氏	"贞攻苦举业数奇早没,遗孤甫晬"	
	张氏	夫"炬应试卒于旌阳"	乾隆二十二年《婺源县志》卷二十九《人物十五·列女二》
	韩氏	夫"辉文以读书劳惫早卒,氏年二十"	
	王氏	夫"世祝嗜学劳疾卒,氏年廿二"	乾隆二十二年《婺源县志》卷三十《人物十五·列女三》
	张氏	夫"琛攻苦下帷抱病,临危嘱氏'代供子职',氏年廿一"	
	齐淑霖妻张氏	"二十夫以读书攻苦病亡,遗孤彦联甫生三月"	道光《婺源县志》卷三十《人物十五·列女三》

县名	节孝贞烈坊坊主	坊主传相关内容	资料来源
婺源	程门双节	"王氏,城西高女,归程良谟。谟弟良训,娶城西汪兆璜女。丙戌,谟赴岁试,训应童子试既入学,归舟抵湖山桥,舟覆皆殁,适端午日也"	
	孙大鹄妻俞氏	"二十四岁夫以勤学积劳病故"	
歙县	俞士集妻舒氏	"集以勤学殁"	嘉庆《歙县志》卷八《人物志·列女》
	程琳妻汪氏	"夫贫读书,氏典钗奁助之,越六载夫故"	
	王元虎妻汪氏	"夫以勤读亡,氏妊三月"	
	汪彝学妻卢氏	"夫勤学致病,售奁调治不起,时氏年二十"	
	生员江洪禧妻吴氏	"夫勤学致病,氏祈以身代,年二十二夫故"	
	故儒王廷御妻卢氏	"夫勤学致病,侍药惟谨,未一年夫故"	
绩溪	程鹏万殉烈妻胡氏	"万以勤学致疾,氏割双股进,追卒","嘱伯姒奉养堂姑,立侄成桃,绝粒八日死"	嘉庆《绩溪县志》卷一《舆地·坊表》
	胡懋顺妻程氏	夫"读书攻苦病殁,子甫三龄"	道光《徽州府志》卷十三《人物志三·列女》

从徽州节孝贞烈坊坊主传中还可以看出,徽州人非常看重科举功名,哪怕成为秀才同样值得自豪,如在坊主传中,或在夫君姓名前,或在介绍夫君简短几个字中,或是介绍氏的父辈时,或述说氏之子辈和其他亲属时,有"监生"二字的有107位,有"廪生"二字的有11位,有"生员"二字的有26位,另有"增生"2位,"附生"1位。

(二)勤政为民

1. 在其位谋其政

在其位谋其政,是官员最基本的责任担当,也是黎民对官员的基本期待。从徽州科举功名坊坊主传看,为官清廉、为民办事甚至"卒无以为殓"者有之,秉直谏言、即使被谪亦在所不辞者有之,轻车简从、以理服人、化解矛盾者有之,面对灾祸、及时应对、百姓安然无恙者有之,兴办学校、捐俸助学、重视风俗教化者有之,不畏豪强、惩恶扬善、为民伸张正义者有之……

明代南京工部营缮司主事歙县吴湜,"在官所奉如布衣时,卒之日无以为殓,冢宰暨僚友咸加赙之"。

明代浙江嘉善令歙县汪贵,"首核富民买田不割税、小民陪纳之弊,又省上下无名馈送之费,新学宫及隍社、仓廪、公廨,确励清操,抑强扶弱,独不利于豪猾。以此被诬,起送吏部,民数千人拥去舟攀号,请留其衣作留衣亭,以昭不忘。邑士周寅等为上书讼冤,冢宰三原王恕特为奏请复职,民心始安。甫半载,考绩赴部,改固始县。卒于官,年五十五,身无遗物,仅衣被而已。子升,在郡庠,往归其榇,光州守叶适哀其清约,解所乘舟赙之"。

明代云南参政歙县程资,"所在民怀其惠。卒无以殓"。

明代广西佥事歙县方纪达,"《南宁府志》载:'纪达为明朝名宦第一,历福建参议,卒无以殓。'"

明代大田知县休宁俞乔,"乔至兴学,与民更化,旧锻铁户进馈贽例金千余,乔尽屏去","以感岚气殁,无以为殓,士民立碑记德"。

明代工部主事休宁范准,"卒于官,年四十八。无以为殓,久之始得归葬"。

那是一个"三年清知府,十万雪花银"的时代,吴湜们能够洁身自好,做到"出淤泥而不染"实属不易。

元末明初歙县朱升,"丁酉秋,天兵下徽,即被召见。上潜邸,被顾问,升对曰:'高筑墙,广积粮,缓称王。'上大悦,遂预帷幄密议。冬辞归。嗣后,连岁被征"。这是一种求贤若渴的为官问策之道。

宋代监察御史休宁金安节,"致仕,赐封衣金带鞍马,陛辞,面赐金鱼。去都之日,送者数百人,以为中兴以来全名高节鲜有其比"。今天主流媒体亦以《刚正不阿的监察御史金安节》[1]为题予以称赞。

明代户部主政休宁王镳,上疏敢谓"天下治乱在君相,人才进退在铨衡,国家是非在台谏,生民休戚在守令,守令贤否在巡按,此古今不易"。虽然这句话是"在官言官",但"从官员自身找原因","刀口向内",其中隐含的道理确实"古今不易"。

　　……

---

[1]黄山市纪委监委.刚正不阿的监察御史金安节[EB/OL].(2016-06-19)[2022-02-22].http://www.ahjjjc.gov.cn/lsjd/p/76085.html.

旧时官员亦有祷神降雨等祈求神明为民免灾驱害之事,今天看来缺少科学性,也许当时天机与人愿巧合——"苍天有眼","善有福报"。

明代休宁李时,"知龙泉县,迁严州府通判,常例一无所入。海宁患海潮,累堤不就,上台已嘱时。时斋沐以祷,逾月而成"。

明代冠县令休宁黄文光,"市猾数辈,故常为民害,光廉得其状,叹曰'爱嘉禾者去莨莠',悉置之法。岁旱民饥,文光竭诚露祷,大雨如注"。

明代兰溪令休宁张应扬,"初令兰溪,俗多溺女,下令存活无算。所拔士多,一时髦俊邻邑欲移税,坚执不从。岁饥,捐俸置社仓,旱祷雨立应,兰人先后两祠焉"。

明代黟县王俊得,"宣德丁未,奉敕清理山东军伍,时蝗虫伤稼,父老告曰'但得骤雨可除',俊得即斋沐率属祷于神,翌日甘霖倾注,虫随以消"。

明代蕲州知州绩溪汪溥,"岁丁酉,有蝗集于葛庄,率亭长祷之,俄有黑虫飞啮蝗灭,禾亦大熟,人皆谓其德化所致"。

有的官员甚至还因祷雨得疾而离世。宋代鄂州知州歙县罗愿,乾道"十一年甲辰七月值旱,立日中精祷致疾,及祠岳飞庙,遂卒,年四十九"。

2. 百姓拥戴好官

旧时对于勤政为民的官员离任,士民有"攀辕卧辙""留靴置亭""遮道而泣",甚至"立碑树坊""为立生祠"之举。在徽州科举功名坊坊主中,不乏这类官员的身影。

明代黄梅知县祁门叶鼐,"丁父忧归,民有泣涕扶舆而不去者,有送之越境而后返者不啻数百人。又有一子尝为继母所潜使,其父告之不孝,鼐谕解而活之,其人追而送之江之(许)〔浒〕拜哭而去。服阕,改大冶县,道经阳谷而卒,远近哀之"。

明代三河知县祁门胡永兴,"以廉能老成擢赵王府左长史,民不忍其去,留靴'翼亭'"。

明代高州同知休宁曹鼎,"革弊甦困,剿盗兴学,监司有召,父杜毋奖荐,民为立亭"。

明代辽州知州休宁吴贤,"以老病辞归,民遮道而泣"。

明代大田知县休宁俞乔,"以感岚气殁,无以为殓,士民立碑记德"。

明代蓟州知州绩溪汪溥,"秩满,百姓为立碑纪其德,以为张堪后一人而已"。

明代休宁江一桂,"由乡荐选知建宁,制黠胥,尽铲秕政,购书院置田,有'师帅父母'之称。民建祠宇,与宋令赵纺夫并祀。擢入留曹,督中都,提九库,具奏洗刷积蠹,尚书倚重之。出守广西太平郡,接壤交趾,正身率属,被以华风,民夷奢服。时交酋莫登庸僭逆,上命毛伯温征之。伯温计先遣臣往谕,一桂请往,登庸乃称臣,筑受降城,建诏德台于镇南关,勒'征南''昭德'二碑,颂朝廷功德。上韪其绩,赐赉特厚,进阶亚中大夫。以副使卒。边郡及诸酋建桃榔祠于关内,祀之"。

明代长沙府推官绩溪章准,"秉心公恕,砥砺廉节,狱赖以平。部使委令盘查湖南北一十三郡案牍,所至发奸摘伏,民以'青天'呼之。蠲瘴,卒于衡水,百姓为著《全楚遗哀录》,立祠祀焉"。

明代上虞知县绩溪胡思伸,"知浙江上虞。县土瘠民贫,思伸为筑夏盖、上白马、上妃三湖,灌田十三万亩,又筑梁湖、包村港口石闸,灌输三十余里,土人立碑,名闸曰'新安',志不忘也"。徽州旧时为"新安"地,胡思伸"在其位谋其政",百姓为之"立碑,名其闸曰'新安'",这既是胡思伸的荣誉,又是徽州官员群体的荣幸,更是所有徽州人的骄傲。

更有甚者,明代漳州民众还把出守漳州的汪康谣与朱熹并重,"去漳三载,民思其德,奉祀朱文公祠,额曰'新安两夫子'"。

徽州人对勤政为民的父母官同样十分拥戴。

元末明初仪真朱珍,"元末从官九江,明初甲辰以荐授知县,勤政著绩",百姓为建专坊——名宦坊。

在祁门县,"永乐戊子,邑宰路达秩满,考最,民思其惠,不忍其去,耆民汪德高、胡克昌等建思惠坊于十字街北,而怀慕焉"。

广东博罗人、徽派民居马头墙的始创者、明代徽州知府何歆,"由御史出守徽州,为人精敏强干,有吏能。郡数灾,堪舆家以为治门面丙,丙火位,不宜门,前守用其言,启甲门出入,犹灾。歆至,思所以御之,乃下令郡中率五家为墙,里邑转相效,家治崇墉以居。自后六七十年无火灾,灾辄易灭,墙岿然不动。祀郡中弥灾亭,又合祀十太守祠"。

为官员立生祠,即百姓自发地为健在官员建专祠供奉祭祀,而不是供奉于名宦祠,这是百姓对深得民心的官员所给予的类似于"活神仙"的崇敬。在徽州,既有在外地为官的徽州人得到士民拥戴而为之立生祠,也有徽州人为父母官立生祠。

明代江西建昌府广昌知县歙县江浩,"以能著称。正统十四年,闽广强寇邓茂七侵掠县境,浩亲率民壮控御,寇不犯境,民赖以安。巡抚侍郎杨宁奏其功,升本府通判,仍知县事。秩满,又以巡抚都御史韩雍荐,升本府知府,蒙诰命之褒,升两浙都转盐运使司运使。致仕,卒于家。广昌民立生祠焉"。

明代歙县江坤,"西平县知府,捐俸筑城,民为立祠"。

明代户部主事祁门汪回显,"己巳,北房犯边,督刍于畿甸郡邑,奏行劝借赈恤之令,人得甦息。景泰初,监督官军万六千人攒运怀来、永宁军饷,备尝惊险。明年,舆白金万五千两买牛具于河南,转送大同给济军民耕种。于时,饿殍塞路,奏发廪粟十余万石赈之,全活者众。又教民造蕨粉充饥,为利甚博。民怀其德,立祠生祀之"。

明代安陆令黟县江云梯,"举乡约以维民,修黉宫以造士,捐俸赈济,兴利除弊。擢守邓川州,邓苗獠杂处号难治,云梯至,化诲驯服,民赖以安至今,立祠祀之"。

明代黟县知县淳安胡拱辰,"廉明仁恕,讼简赋平,文学政事,称重一时,吏畏其威,民怀其惠。三年秩满,升广东道监察御史,邑人立祠生祀之"。

除了立祠,有的百姓甚至为勤政为民的官员歌咏之。明代汀州府同知歙县程熙,"刚介廉慎,佐郡十一载,政绩屡著,时汀民竟为歌谣颂之"。

宋代徽州知州刘炳,"绍定间,以寺丞来知郡事。始下车,顾学宫,怃然曰:'学校不修,乌足言政!'端平元年,各次第营葺,明年告成,人皆谓:'知所先务,注意教养。'拨婺源田以继廪粟。其他百度莫不整饬,一念在民,减租耗,蠲积逋,罢岩镇市榷,建育子局,制活人仓,甃通衢以离淖,创桥梁以利涉梅岩三瑞,为国流芳,是皆功之可纪也。徽人爱之,立生祠以祀"。

嘉庆《绩溪县志》卷七《祭祀志》将祭祀分为"官祀""乡祀"和"族祀"三类,其中"乡祀"中有如下记载:"生祀","一为李侯邦直,在天王寺;一为郁侯蔺并督造城垣有功者,在西门内"[1]。

3. 崇祀名宦乡贤祠

《钦定大清会典·事例卷四百二》"礼部"之"风教"条有曰:"名宦乡贤。顺治元年定:凡直省府州县建设名宦乡贤祠。其人有政绩彰著、乡评允协者,准其题请,设位入祠,春秋致祭。又定:名宦乡贤,风教所关。提学官遇有呈请,务须核实确据。若有受人请求妄举者,经自革除。康熙十年奏准:嗣后各省学政,遇有乡贤,务须核实,年终造册报部,毋得徇情冒滥。如有私给衣顶奉祀者,尽行黜革。"

对于勤政爱民、德业卓著的官员,逝世后经由当地士民举荐,逐级报批,最后或奉旨准入名宦祠,或奉旨准入乡贤祠。这是旧时给予名宦乡贤的一种极高荣誉。如同建牌坊一样,崇祀名宦乡贤祠,除了崇德报功、崇敬缅怀、纪念碑主和祠堂设位者外,更重要的目的在于教化包括官员在内的所有人。

一般地,大成殿、崇圣祠、名宦祠、乡贤祠、忠义孝悌祠,是府学、县学的重要组成部分,同时也都是祭祀的场所,只不过被祭祀的对象有差异。名宦祠专祀惠民德政的父母官,亦即仅设勤政爱民、德业卓著的外来官员的牌位;乡贤祠专祀品德和才学为乡人推崇敬重、在乡间德高望重者的牌位。能够入祀乡贤祠,他们一定是有益于地方治理的致仕回乡的官员、科举及第未仕者或落第士子、乡绅贤达等中的佼佼者;他们近于官又异于官,近于民又高于民。

在徽州府学、县学都建有名宦祠和乡贤祠,徽州旧志还登载有入祠者姓名和官衔。如嘉庆《绩溪县志》卷五《学校志·学官》"名宦祠"崇祀从"宋知县事苏辙"到清代"巡抚侍郎靳辅""共二十三位"[2]官员;"乡贤祠"崇祀从"宋侍制胡舜陟"到"明巡抚都御史胡思伸""共十五位"[3]致仕官员和社会贤达。

据道光《婺源县志》卷八《建置志·祀典》,婺源县奉祀名宦祠的官员,从"宋知县承议郎洪邦直"到清代"雍正二年"入祠的"总河陈鹏年"共计78位[4],奉祀乡贤祠的从"宋太尉魏璀",到清代"嘉庆十二年督抚题,十三年奉旨准

[1]民国宁国志 嘉庆绩溪县志[M]. 南京:江苏古籍出版社,1998:459.

[2]民国宁国志 嘉庆绩溪县志[M]. 南京:江苏古籍出版社,1998:432.

[3]民国宁国志 嘉庆绩溪县志[M]. 南京:江苏古籍出版社,1998:433.

[4]道光《婺源县志》卷八《建置志·祀典》第三至第四页。

入"的"岁贡生江永",共84位[1]。

(三)发挥余热

非公事不入官府、热心公益,为社会治理等献计献策,是致仕之后徽州籍官员很常见的行为,而崇祀乡贤祠就是对他们致仕之后热心公益等的充分肯定。如明代参政歙县郑佐,"悬车二十年,当道累疏荐,郡邑造请不就,扫轨绝宾客之知,尝率乡人建台塔以障水口。既没,祠其中"。

徽州籍官员不仅在任职地崇祀名宦祠,致仕之后还入祀乡贤祠,其中入祠崇祀多达三四处者不止一人。

明代休宁胡宥,"授长垣令,平狱讼,省租庸,缮城新学,长垣祠祀之","左迁毕节佥事","卒,毕节哀之,为创名宦祠",致仕之后"祀乡贤"。

明代南吏部尚书婺源余懋衡,"卒,赐祭葬。祀郡邑乡贤,永新祀名宦,附祀三贤祠"。

元代孝廉祁门汪克宽,入祠崇祀当在四处:"祀乡贤,从祀朱子祠,又从祀程朱阙里祠、紫阳书院。"

明代上虞知县、怀隆兵备副使绩溪胡思伸,入祠崇祀当在五处以上:"上虞有专祠,又祀名宦及四贤侯祠,怀隆各城堡皆有祠",还"崇祀府县乡贤"。

或因直接引文撰写年代偏早,或因阅读旧志不够仔细、抄录坊主传卷目不当,实际列入乡贤祠的徽州籍官员远比本书间接引文中出现的要多。查阅徽州六县各一部旧县志,六县不同朝代列入乡贤祠者共计300人次(含同一人崇祀于不同县乡贤祠),其中见于本书直接引文中的坊主135人次,占总量的45%(表9-17)。他们中主要是致仕官员,也有少量恩封例授者和孝子等社会贤达。

事实上,列入乡贤祠的还有未见于本书文献源28部徽州旧志上的徽州牌坊坊主。以歙县为例,歙县存世牌坊坊主中未见于本书但见于民国《歙县志》卷二《建置志·秩祀》崇祀乡贤祠的还有"大学士许国"(今县城"大学士"坊坊主),"按察使凌琯"(今县城"父子明经"坊三坊主之一),"御史江秉谦"(今县城"豸绣重光/龙章再锡"坊两坊主之一),"赠金都毕力德"(今县城"柏

---

[1]道光《婺源县志》卷八《建置志·祀典》第四至第六页。

表9-17　本书坊主入祀徽州六县乡贤祠者名录

县名	入乡贤祠者总数/人次	本书坊主入祀乡贤祠者		资料来源
		小计/人次	名录	
歙县	111（涉及唐、宋、元、明、清五代）	33	丞相吉国公程元凤，侍讲学士朱升，孝子黄芮，孝子鲍寿孙，休宁县尹郑千龄，山长唐仲实，都御史程富，尚书柯宁，侍郎吴宁，金事程志学，运史江浩，布政使庄歆，尚书洪远，御史程材，副使张芝，侍郎唐泽，参政郑佐，侍讲唐皋，布政程旦，郎中黄镗，尚书鲍象贤，尚书鲍道明，尚书殷正茂，赠光禄卿汪一中，府尹方良曙，副使程大宾，知县程金，兵部侍郎汪道昆，知县方铉，巡抚江东之，孝子吴荣让，副使吴漳，赠光禄大夫项宪	民国歙县志[M].南京:江苏古籍出版社，1998:60-61
休宁	54（涉及唐、宋、元、明、清五代）	32	御史中承歙州都知兵马使程沄，尚书屯田郎中曹珏，吏部尚书赠少保金中肃安节，龙图阁学士赠少师程文简大昌，广南西路安抚吴文肃徵，柳塘先生汪莘，勿斋先生程若庸，定宇先生陈栎，道川先生倪士毅，东山先生赵汸，翰林院侍讲学士朱升，兵部尚书赠太子少保程襄毅信，礼部尚书程敏政，国子监助教金约，顺天府通判汪循，福宁州儒学训导汪如玉，湖广参议黄耀，辰州府知程廷策，四川副使叶时新，瑞州府同知陈有容，苑马少卿胡宥，广东参议黄金色，贵州参议汪坦，福建右布政使范涞，太常寺少卿邵庶，赠都察院右佥都御史金坤，赠兵部右侍郎金忠士，布政使右参政程朝京，赠按察司副使汪铅，按察司副使汪康谣，顺天府丞汪晋徵，尚书赠太子太师谥文瑞汪由敦	道光休宁县志[M].南京:江苏古籍出版社，1998:62-63
婺源	84（涉及宋、元、明、清四代）	43	成忠郎胡闳休，吏部献靖公朱松，钟山先生李缯，信州司户参军滕恺，环溪先生程鼎，吉州知录程洵，浙闽帅司参议滕璘，玉斋先生胡方平，道川先生倪士毅，双湖先生胡一桂，云峰先生胡炳文，徽州路儒学教授胡复心，节右副都御史汪奎，南京右副都御史汪舜民，给事赠少卿戴铣，检讨陈寿，主事汪敬，员外郎程思温，赠尚书汪俨，参议张清，金事潘选，参议叶天球，金事程文，知府王寿，兵部尚书襄毅公潘鉴，参事胡德，侍郎潘珍，赠尚书潘旦，尚书简肃公潘潢，同知汪嵩，参政潘钦，赠户部尚书汪玄锡，知县余堂，都御史游震得，知州余世儒，太仆寺卿胡用宾，知府洪垣，尚宝司卿汪文辉，赠尚书恭穆公余懋学，赠尚书游应乾，给事中余懋孳，大理寺卿余启元，吏部尚书余懋衡	道光《婺源县志》第八卷《建置志·祀典》第四至第六页
祁门	16（涉及宋、元、明、清四代）	11	方岳，字秋岩，宋朝散大夫；方贡孙，字竹溪，元县尹；汪克宽，字环谷，元孝廉；程显，字慎庵，明长史；康汝芳，字实庵，明知府；叶琦，字勿斋，明进士；汪褆，字麋庵，明文学；程昌，字和溪，明按察使；吴自新，字韫庵，明侍郎；谢存仁，字大涵，明巡抚；倪大有，字宾阳，明奉通政使	同治祁门县志[M].南京:江苏古籍出版社，1998:62-63
黟县	20（涉及南朝梁、宋、明、清四代）	6	江西道监察御史汪景明，广东左布政使王俊得，祁门知县余徽，遂昌县知县汪滩，崇安县知县余衍，四川道监察御史巡按湖广赠太常寺卿舒荣都	嘉庆黟县志道光黟县志[M].南京:江苏古籍出版社,1998:346
绩溪	15（涉及宋、元、明三代）	10	明长史程通，明知县戴骃，明知府戴祥，明尚书胡富，明副使汪溥，明知县汪度，明训导章英，明工部尚书胡松，明少保兵部尚书谥襄懋胡宗宪，明巡抚都御史胡思伸	民国宁国志嘉庆绩溪县志[M].南京:江苏古籍出版社,1998:433.

台世宠"坊坊主),"司农少卿汪叔詹"(今郑村"直秘阁"坊坊主),"知州汪若海"(今郑村"司农卿"坊坊主),"参政曹楼"(今雄村"光分列爵/世济其美"坊18坊主之一)[1]。

徽州致仕官员著书立说是一种比较普遍的现象。著述内容大体包括三类:一是围绕传统经典的注释;二是官宦历程中亲力亲为的重要资料,包括奏折等;三是游历见闻。那是一个图书市场非常不发达的年代,著书立说的主要目的在于"三立"之"立言",或传承子孙、丰富家学,或送与友人,纵然极无可能通过销售这类极小众图书从中获得经济上的回报,他们亦乐此不疲。

二、为妇之道

在旧中国,总体上重男轻女、男尊女卑、夫尊妇卑,妇女地位低下。中国封建社会各代妇女地位差别很大,但在明清两代,重男轻女、男尊女卑、夫尊妇卑、从一而终的观念达到了顶峰。

2010年版《歙县志》第十六编第一章第五节[2]以"劝夫经商倾妆资夫""勤俭持家奉亲抚子""坚贞抚孤重振家声"和"承继夫志慷慨行义举"概述"徽妇德行",观点明确,言而有据。这不仅是对徽商妇的概括,同样是对徽州节孝贞烈坊坊主的归纳。

对于徽州列女,徽州学人在万历《歙志》点校今印本《内容提要》综述《列女卷》时写道:"烈者仰药、投水、绝粒、自经、坠楼等等,万念俱休,一朝黄泉,死诚难矣!然守节者,炊烟不继,手口拮据,上侍公婆,下育孤儿,如何肩息?无子者,只影相怜,孤儿徒继,深情何托?幸而遗腹,以日为岁,漫漫长夜,何时得明?虽为富室,堂上欢宴,向隅独泣,为谁容颜?一卷《列女传》,就是一部辛酸的妇女生活史,无怪乎文人为之歌咏不倦。"[3]这段话既是对徽州众列女辛酸生活的深情写照,更是对徽州节孝贞烈坊坊主凄惨经历的详实刻画。

明代婺源坊主"双烈游氏程氏"传全文如下:

[1]民国歙县志[M].南京:江苏古籍出版社,1998:60-61.

[2]歙县地方志编纂委员会.歙县志(—2005)[M].合肥:黄山书社,2010:667-668.

[3]万历歙志[M].张艳红,王经一,点校.张艳红,注释.胡武林,审定.2004:歙志内容提要3.

双烈皆阪上汪大宰之曾孙妇也。其一为济溪生员游天禄女，名益安，幼通《列女传》《女训》《内则》诸篇，受聘汪举贤，未字。举贤家贫，传武林客死。游闻讣毁容变服，泣曰："守一靡他，女之志也。"举贤榇归，力请往奠，父母御之，就道迎榇路祭，攀触几死，竟谢父母，抱主归汪，修子妇礼。逾二年，迨禫除禭衣，日进米一龠，姑及父母阻劝百端，氏曰："前之不死，为持服申孝养也，今日固儿毕命日矣。"辰起，纫禭沐浴，绝食五日内犹进汤药奉姑，安好如常时。有虞其谷气绝而暴燥者，谢之曰："吾有主在，清自若水。"迨其濒死，正襟端坐，神色不变，历二十四日而死，年二十二岁。死之日，见者无不唏嘘泣下。郡邑士绅莫章哀词编汇成帙，直指何公上章表其门，立祠祀之。后四年，其家以烈闻者，为溪田岭程氏，名可仪，配汪申贤，归汪未期，申贤竟乡试喷血异。归资乏，程脱簪珥佐医，吁天愿以身代，引刃割股三，割肉落如掌，炙以进。申贤心动，抢席谢曰："若归吾仅期以贫，故十九馆外，累若尝艰苦忍以死食而肉乎？吾即死，愿得嘉偶以酬。"程抱哭曰："君男儿，何出此言。常语幸君无死，死即妾死矣。"越日，申贤死，程绝复甦，视殓殡，抱主归祠。大事既毕，奉翁泣曰："夫有遗孙，余犹'未亡人'，今无望矣，虚生何为？"遂纫禭衣绝粒。刲肉创发楚痛，犹戒无闻，以贻翁戚，饿三十一日而死，年仅一十九岁，远近咸哀。邑郡交章上之，采风使者以闻，敕建坊祠，旌典"一如游氏故事，今一门有两旌节烈"云。

由此可以看出"双烈游氏程氏"的"凄凄惨惨戚戚"人生轨迹大体如下：游氏幼通女传→未字夫亡→坚辞父母→迎榇路祭→攀触几死→抱主归汪→修子妇礼→守孝两载→纫禭沐浴→绝粒二十四日死，程氏归汪未期→夫乡试喷血→脱簪珥佐夫医药→三刲股疗夫罔效→抱主归祠→刲肉创发→禭衣绝粒三十一日死。

在徽州，女子卖身救母养父者有之。如清代歙县节妇"朱其备妾王氏"，"朱，义成人，赠知府；氏年十九父贫母病，请鬻身以医母而养父，遂归朱。夫殁守节终"。清代歙县节妇"汪肇清妾吕氏"卖身救父，"汪，郡城人。氏因父贫病无力医药请鬻身于汪，以资父疾得痊"。

总之，徽州节孝贞烈坊坊主群体具备封建社会对妇女的全部品行要求，如孝顺父母，友爱兄弟，敬奉公婆，贤妻良母，相夫教子，承继夫志，倾妆资夫，和睦妯娌，妇代子职，坚贞抚孤，概行义举，勤劳节俭，十指度日，含辛茹苦，曲意承欢,矢志不渝,从一而终、永不再适,视死如归,虽生犹死,延续子嗣,丧葬尽礼,事死如生,刲股疗亲,等等。现择其一二,略述之。

(一)从一而终

"从一而终"是徽州明清妇女群体性现象。在本书所统计的所有徽州节孝贞烈坊坊主中,只有极少数坊主或"终身不字",或"抗暴自经",或"义不受辱",或"为寇所杀",其余均是"从一而终"的节妇、节烈、贞烈、贞女等。清代祁门"汪氏贞孝女"因父亡母病弟幼而"终身不字":"石谷汪之泰女,名凤,夫亡,母患疯疾,弟幼,女事母抚弟,终身不字。"清代歙县"汪烈女"抗暴自经:"玉村前人,贫家女也。随女伴往田间,守舍农王丫头要于路而欲污之,死拒得脱,归而自经。"歙县"程烈女","方腊寇至,女年十七,不受辱,骂贼死"。明代婺源双烈坊坊主旃坑江棠妻和女儿,"正德九年,为饶寇所获,驱行至果子滩,投水死。其女方十岁,亦骂贼,投水死"。元代歙县节烈"罗宣明妻蒋氏","蕲黄寇起",因夫"保障乡井",自己"极口骂贼",为寇所杀。

为什么明清徽州妇女"从一而终"这类节烈性行为具有群体性特征?有学者认为,守护贞节伦理,担当家庭责任,逃避困窘生活,希望留名传世,是明清徽州妇女节烈性行为的群体性因素[1]。

这里以第七章第三节嘉庆《黟县志》卷八《人物志·列女》中的相关信息以及其他方面的信息为依据,管窥节孝贞烈坊的诞生过程,间接说明"从一而终"情况。

1. 矢志守节

坊主传表明,他们被旌表的共同特征或是"从一而终,永不再适"。从被旌表者婚姻状况看,不论"明媒正娶"者,抑或"继室""妾",还有"已有婚约尚未过门"者,只要符合"定例",一概可以作为请旌对象并且获准"旌表建坊"。

(1)已婚妇女的婚姻状况。据对嘉庆《黟县志》卷八《人物志·列女》婚姻年龄等信息完整的55位节孝坊坊主数据统计,得出如下信息:

"适归"年龄,最小者15岁,最大者24岁,平均17.75岁;

---

[1]王传满.明清徽州妇女群体性节烈行为之主体性因素研究[J].山东科技大学学报(社会科学版),2008(5):64-72.

"夫亡"时年龄,最小者16岁,最大者31岁,平均22.65岁;

夫妇共同生活时间,短者"适归"当年夫殁,最长者12年,平均4.90年;

"守节"年数,最短者11年,最长者64年,平均40.44年;

氏卒年龄,最小者32岁,最长者86岁,平均63.09岁。

(2)贞女。贞女和节妇虽然都是守节,但两者痛苦程度存在明显差异:且不说孝事公婆之类,节妇一方面对故夫有深情,另一方面多数有子嗣,所以他们有寄托和希望;而贞女从未在夫家生活过,年轻无子,凄凉状况遥遥无期,其生活痛苦程度是常人难以想象和承受的。

2. 守节方式

(1)"从一而终,永不改嫁",孝顺翁姑,妇当子职,抚孤教子,终其一生,是徽州节孝贞烈坊坊主常态。其中有些人自称为"未亡人",甚至自杀殉夫。清代婺源节妇"章氏","年十七夫故,遗孤尚位。氏励志,称'未亡人',孝养翁姑,抚孤成立,矢节五十二年,寿六十九岁"。清代歙县节妇"朱基妻曹氏","氏年十八于归,孝奉两代翁姑,佐夫读书入泮,二十九岁夫殁。念两代高堂见此'未亡人'必触目难安,遂于夫殁逾月投缳以殉"。

(2)"视死如归,虽生犹死"。这其中不乏"绝粒""不食""自经""抗暴""坠楼""投缳""仰药""投水""自刃""自刭""毁容""断发"者,更有"鸣官乞执照,立嗣终志"最终"不食死"者。

以"绝粒"一词检索本书直接引文,共有101条节孝贞烈坊坊主信息,既有先"绝粒",后被长辈苦谕而止,进而奉养翁姑、抚孤教子、守节以终者,更有"绝粒"而殁者。明代歙县节烈"汪一鸾妻唐氏","汪,丛睦举人,殁;氏自坠楼折其臂,救之少苏,绝粒七日死"。

以"不食"一词检索本书直接引文,共有21条节孝贞烈坊坊主信息,如清代歙县节妇"吴星生妻程氏","夫殁无子,水浆不入口,其父来灌以汤水少甦,终不食,后夫亡几九日"。

以"自经"一词检索本书直接引文,共有41条节孝贞烈坊坊主信息。如明代歙县贞烈"程大节妻吴氏","大节恶疾数年,氏侍汤药不懈。大节死,氏自经殉";明代歙县贞女"汪道耆妻方氏","年十二失怙恃,道耆母逆之,归以待年。越五载及笄,期以季冬成礼,而道耆病卒。方出视殓始面耆,夜中自经死"。

有的甚至先"绝粒"后"自经"。如清代歙县节烈"吴贞美妻江氏","夫病殁,氏绝粒属纩甫毕,即裂帛自缢死"。

"自经"而亡者中不乏抗暴者。如宋代歙县节烈"汪门二烈","富竭汪福妻王氏,承和妻吴氏,姑媳也。方腊寇歙,姑自经,吴为敛毕亦缢死,朝旌'双烈'";明代歙县节烈"吴宽浩妻郑氏","氏早寡,拮据养姑,姑殁。兄子阴受人聘,计使与人拥之去。郑觉,嚎咷无及,假入室更衣,遂自经死"。

有的"坠楼以殉"。如清代休宁节烈"吴安礼妻黄氏","夫亡坠楼以殉";清代婺源贞节坊坊主"江湾滕蛟妻江氏","适同里生员滕蛟。幼通《孝经》诸书。蛟病,誓死以殉。及蛟没,家人防护不得死,乃给其从者使懈遂坠楼,未死,绝粒数十日卒"。

有的"投缳以殉"。如清代歙县节妇"汪百幅妻凌氏","夫客死江西,氏闻讣即绝粒求死数次以救复甦,逾月乃投缳以殉"。

有的"仰药而殁"。如明代歙县节烈"方大法妻程氏","方,岩镇人,婚甫五月客游真州病殁;氏闻讣恸几绝,而孝事舅姑如平时,将期年值夫忌辰,先数日遂绝粒仰药死"。明代祁门节烈"方应凤妻饶氏","方,北隅人,殁;氏恸绝复甦,比葬虚右圹,服阕设奠尽哀,阖户饮药死"。清代黟县烈妇"修生程绍裘妻汪氏,侧室王氏","汪氏,三都监生守堉女,年十六归桂林,九载为夫纳三都王灶福女为妾。道光三十年夫亡,王氏先投缳死,年二十四。汪氏立夫兄子朝仪为嗣,从容饮药死,年二十八。族人呈请旌表双烈,咸丰二年,奉旌坊祠"。

有的"投水而殁"。如宋代歙县节烈"方回师妻江氏"投水抗暴,"避难留村猝遇贼逐之急,氏义不受辱投水死"。

有的"自刃"无果继之"不食"而殁。如明代休宁"凤阁传宣"坊坊主"烈女吴氏","南街叶起凤未婚妻。闻凤客殁,欲断发自刃。及凤归丧,哀毁不食,寻殁"。

有的"自刭以殉"。如清代黟县烈妇"姚长顺妻李氏","月塘女,归城东,纺绩佐夫,典衣侍药,夫卒自刭以殉"。

有的"毁容""断发""刺目"明志。如清代休宁节妇"监生陈永权妻黄氏"，"居安淮徐道，黄兰谷女，年十七适山头，未三载权殁，黄以针刺右目，继子守节"。"毁容"明志者坊主信息有7条。

有的"鸣官乞执照，立嗣终志"，最终"不食死"。如清代绩溪贞烈"程徽珂殉烈妻胡氏"："年二十六寡，誓志守节，舅病勤侍汤药，舅卒鬻妆治丧，勤纺绩以偿故夫宿逋。有黄会山民程光就谋夺之，氏鸣官乞执照，立嗣终志。光就瞰其归自母家，中途设伏劫缚至舆中，至进茗掷杯中光就面，毁去花烛，防守严，不得死。氏绐诸妇曰：'热甚，须浴。'起升楼，向檐檑跃下，折伤垂死。氏父鸣官，舁氏供诉，各犯俯首，遂不食死。"

（3）贞女烈女的守节方式，尤为凄惨。

一是"终身不嫁，在家守节"。如元代歙县"毕贞女"，"邑城毕庆一之女，许字而夫殁，庆一无嗣，女誓不嫁，代子职以终其身"；明代黟县贞女"卢氏"，"许字城西许永源，女年十六未嫁而源夭亡，矢志无他，终身守节，于母家步不逾户，卒年六十八，坚节五十二年"。

二是"坚不改适，自经而亡"。如清代黟县贞女"胡氏"，"西递生员胡时泮女，许字于程达。程自行聘后外贸无耗，女依父母二十余年。父坠楼伤手，骨碎惮割，女为吮出得痊。母病痹在床，女扶持起卧三载。后得程凶报，求赴守义，程母不忍，坚命改字，女志不遂，又虑亲老无依，缝衣自经死"。

三是"誓不事仇，终身不嫁"。如明代黟县贞女"胡氏"，"城南胡应迁女，许字于汪。父为汪所凌，抱愤而死，女遂不肯适汪。汪拥众夺之，女闭门断发。汪讼之官，女曰：'非姻也，仇也！誓不事仇！'官壮其言，从之。续兄殁，女自食其力，抚侄宗淮，茹苦相依"。

四是"奔丧守志，自杀殉夫"。如黟县贞女"叶氏"，"许字卢容，容殇。女母适病，病愈乃毁妆归卢守志。未至家先拜婿墓，不髢而麻，无声而泣。归行庙见礼，询婿所终内寝处焉。服阕，尽纫衣裳，绝粒十余日死"；清代黟县烈女"吴氏"，"许字孙世洪，未婚洪卒，奔丧守贞，终制三年，绝粒誓死。死之日曰：'当食雪一杯。'时已春深，天忽雨雪，咽一杯乃死。既殡夜，大雷雨，发其夫冢，遂合葬焉"；清代黟县烈女"汪氏"，"贡生汪植女，许字胡士登。登故年二十，女亦二十。闻讣奔丧归胡门，绝粒十日而死"。

五是"哀辞父母，代夫完职"。如清代黟县贞女"余氏"，"许字叶荣瑞，瑞二十而亡,氏在家闻讣,念舅姑无倚,哀辞父母,至夫家代夫完职,守志安贫,女红自给"。

3. 夫亡原因

这方面信息极少,嘉庆《黟县志》卷八《人物志·列女》记载了极少数坊主丈夫的职业和"夫亡"的原因及地点,大体分为四类。

(1)"客死"他乡。如"舒德儒妻江氏","年二十二夫客死中州";"舒文球妻卢氏","年十八夫在广东病故";"许公植妻舒氏"和"汪华栩妻程氏","夫客死江右";"孙诗妻黄氏","于归未两月,夫客死杭州"。这5人很可能均为在外经商而故,病因不详。不仅"中州""广东""江右""杭州",徽商经商地域"几遍天下",尤其是"江右""杭州"和"广东",是徽商相对集中的区域。

(2)患病故去。如"江福来妻舒氏","夫患痰痨,氏侍汤药不效";"汪其烈妻卢氏","夫病痨,割股疗之不可救";"舒士拔妻王氏","拔素患疯痰,父母欲改嫁之,氏坚志不许,年十八适舒,未一载夫故"。"痨"即肺结核病,是旧时最重要的致死流行疾病之一。

(3)在"业儒"和"勤学"中故去。如"王锽妻汪氏","年十九夫业儒病故";"俞士集妻舒氏","集以勤学殁";"江邦信妻李氏","夫苦学"而殁。"业儒"只是职业,"勤学""苦学"只是谋生的前期准备,都不是病亡的直接病因,但"业儒""勤学""苦学"而殁,至少说明徽州旧时盛行勤苦读书之风。这些坊主家境可能十分贫寒,生活极其清苦。这些学子青灯黄卷,面如灰土,销毁骨立,亡于科举之路途中……

(4)在明季清初"徽州奴变"中故去。如"舒之杰妻胡氏"丈夫"遭逆斧伤殒命",江雷"义烈"坊亦与"徽州奴变"有关。关于明季清初"徽州奴变",嘉庆《黟县志》卷一《图表·沿革纪事表》有记:

> 〔顺治二年〕夏,逆仆宋乞、朱太等聚党结寨,盘踞城中,挟取卖身文约,各乡之仆亦如之。
>
> 秋七月,逆仆宋乞、朱太等乘明季乱,藉募乡勇之名,倡诸奴分结三十六寨,计欲尽灭大户。发难于奇墅、屏山,延及四乡,屠杀活埋不计其数。江村人江雷,矢志杀乞,伺之未得。其间,忽乞阅营至江村,雷于众中跃起,以刀挟其胸,刃出于背。时江宗孔、汪日俞等各持械至,孔即以刀断乞首,贼党

惊溃。宋乞,奴之最黠者,诸奴奉为谋主,雷故杀之,以杀其势。然贼方炽,雷惧祸及族人,使宗孔等急走避,遂自经。次早,朱太率诸奴蜂至,见雷死,碎其尸,杀宗孔家人,焚掠一空,搜索日俞兄弟,俱杀之,雷之族获免。同时,有叶万四者,伺贼出入,击刺不中,先雷被害。

〔顺治三年〕春三月,大兵除逆仆以靖地方。自江雷诛宋乞后,诸奴无谋主,焚掠渐息。

〔顺治〕三年,逆仆朱太、林老等数千人复起为乱,大肆杀戮。知县张维光密请救,被祸。如舒士武、韩定、程羽仪辈亦赴府申诉,提督张天禄、知府张学圣带兵进剿,诛首逆朱太、林老等,余党悉平。[1]

"首先揭竿而起的是黟县万村仆人万黑九。1645年(弘光元年、清顺治二年)5月,万黑九与宗主韩氏发生诉讼,庭讯时官府袒护韩氏,万黑九因为奴仆身份败诉。黑九义愤填膺,乃召集众仆,夜围韩家,焚其住宅,杀其一家,然后拉起一支队伍,上山结寨,抵抗地主阶级的进攻,从而揭开了徽州'奴变'的序幕。在万黑九的鼓舞下,黟县蔡村人宋乞也聚众起事。""为了扑灭奴仆的反抗烈火,地方豪绅变换策略,以求一逞。他们先是唆使黟县五都南屏亡命之徒叶万四潜匿厕所,企图刺杀宋乞,未遂后又利用暴徒江雷、汪日俞施展阴谋诡计,诱杀了宋乞。"在此影响下,"休宁、歙县、祁门等地奴仆纷纷响应。""顺治三年(1646)3月,义军围攻黟县城池,被清政府援军击败。"[2]"徽州奴变""主要在黟县地区,波及休宁、歙县等地"[3]。

4.请旌者身份

按照"定例"和相关文书,为符合定例的节孝贞烈妇女请旌建坊,"有后之家"由亲属申报,"无后之家"左邻右舍和地保亦可代为申报[4]。如:黟县清代坊主"孙天产妻汪氏","子选为母请旌建坊";黟县清代节妇"杨良亿妻金氏","族为请旌建坊";黟县"朱之宝妻舒氏","族衿于乾隆七年为之请旌"。

除了上述情况外,还有"郡邑合为申报"和"合邑绅耆禀请旌表"的。前

[1]嘉庆黟县志 道光黟县志[M].南京:江苏古籍出版社,1998:32.

[2]《安徽百科全书》编纂工作委员会,《安徽百科全书》编辑委员会.安徽百科全书[C].南京:南京大学出版社,1994:154,154,154,154—155.

[3]韩旭.明季徽州奴变述略[J].黄河科技大学学报,2013(2):86.

[4]黄成林.徽州文化地理研究[M].芜湖:安徽师范大学出版社,2018:290.

者如黟县贞女"叶氏",未婚而夫殁,"雍正四年,郡邑合为请旌";后者如清代黟县烈妇"盐大使丁未优贡韩绍组妻胡氏","合邑绅耆禀请旌表"。

至于请旌时间,既可以"集中申报"[1],也可以"个别申报"。

5. 建坊时间

(1)"先殁后旌"者和"先旌后殁"者兼而有之。通常认为,建坊理应"先殁后旌""盖棺论定",其实不然,"盖棺论定"的仅仅是申请旌表或被旌表的个人条件,多数是"先殁后旌",也有"先旌后殁"案例。如黟县"故儒舒遵文妻余氏"节孝坊,"乾隆四十年请旌,坊建舒村水口庙。时年五十四,守节三十七年。现年登耄耋,非祀事不出户庭","故儒舒遵文妻余氏"在离世前二三十年就旌表建坊了。又如黟县"故儒舒遵泗妻汪氏"节孝坊,"乾隆四十二年请旌,坊建水口庙,时年五十三,守节三十二年。于嘉庆十四年卒,寿八十有五","故儒舒遵泗妻汪氏"建坊时间较其殁年早32年。

(2)被旌表后建坊与滞后多年建坊皆有。通常认为,被旌表与建坊应该相继进行,其实不然,滞后多年建坊也不鲜见。从嘉庆《黟县志》卷八《人物志·列女》记载看,建坊滞后旌表时间,短者两年,长者三十余年。如"舒以时妻余氏"节孝坊,"乾隆五年请旌,七年建坊",建坊时间比旌表时间晚两年;"生员汤茂衍妻江氏"节孝坊,"乾隆二十七年请旌,四十二年坊建五都嘉祥庵",建坊时间比旌表时间晚15年;"生员程蚩英妻欧阳氏"节孝坊,"乾隆十八年请旌,五十年坊建南隅外",建坊时间比旌表时间晚32年。

(3)先"共建"后"独建"者亦有之。通常认为,牌坊一经"共建"可能不再"独建",类似于"从一而终,永不再适"。其实不然,"先共建后独建"也有案例。如黟县"吴福周妻胡氏"节孝坊,"乾隆七年,同程邦育妻等十二人建坊于郭门外。嘉庆九年,复建于石山氏茔墓前",从"共建"坊到"独建"坊相隔60余年。

6. 建坊经费来源

同治元年(1862)《钦命署印江南安徽等处承宣布政使司布政使加十级纪录十次江札》载:"各省殉难妇女由地方官查明,于通衢大道总建一坊,将姓氏镌刻其上,并于节孝祠内设位致祭;又例开各直省烈妇应旌表者,令地方官给

---

[1]黄成林.徽州文化地理研究[M].芜湖:安徽师范大学出版社,2018:289.

银三十两,听本家自行建坊"[1]。从这段文字并结合案例看,建坊费用至少来自以下方面:

(1)官方全资建造。如各地景观坊、节孝总坊和"公建"坊,但这类牌坊数量不多,就是节孝总坊亦有多方筹资建造的,如婺源道光十八年(1838)建的"孝贞节烈总坊"。

(2)官方与"有后之家"亲属共同出资建造。"地方官给银三十两,听本家自行建坊",30两银子估计不足以建坊,需要坊主后人悉数补充。

(3)"有后之家"亲属出资建造,如前述"孙天产妻汪氏","子选为母请旌建坊"。

(4)"无后之家"支亲为之建坊。如"程遐年妻黄氏","无子","并将祖遗田租及勤力所积批入祀会以绵宗祀","支亲为建坊上大路氏墓而"。其实,在某种程度上,"程遐年妻黄氏"牌坊的建造经费还是自己的。

(二)延续子嗣

在封建社会,把延续子嗣、传宗接代看成女人最重要的使命之一。在本书直接引文中,关于无子之寡妇延续子嗣大体有两种途径:

1. 立继承祧

多数情况下,对于夫亡无子的徽州节妇们是"立侄承祧","抚养成人","为之婚娶";如果儿子故去,则会和媳妇共同守节,抚养幼孙。如清代祁门节妇"倪昭桓妻汪氏","年十九夫殁,请伯子承祧,夫出殡后投缳不死,是夜复持刀自刎";清代祁门节妇"廖世源妻胡氏","廖,石门人,殁;氏继侄承祧,丧殡尽礼毕,扃户自经,距夫死五日"。

2. 为夫纳妾生子

婚后不育无子,为了延续子嗣,徽州坊主为夫纳妾者有之,请翁置簉室者有之,命夫娶继妻者有之。

明代歙县节妇"郑文治妻汪氏","举子不育,即为夫纳妾。夫死妾娠,生男未久妾亦死。男羸善病,汪抚育如己子。娶妇而男又死,汪为继嗣。媳程氏亦矢志不嫁。上官旌为'双节'"。

---

[1]黄成林.徽州文化地理研究[M].芜湖:安徽师范大学出版社,2018:292.

清代歙县节妇"潘门双节"，"大佛监生潘宗谦继妻郭氏，吴县人，因舅姑以望孙为忧，为夫纳妾吴氏生子。迨夫殁，郭事翁姑丧葬尽礼，抚妾子如己出，吴氏亦相嫡抚孤，同心守节终"。

清代歙县节妇"曹门双节"，"雄村赠中宪大夫曹增妻鲍氏，于归数载不育，为夫纳妾方氏，生子共抚之"。

清代歙县节妇"方正桂妻陈氏"，"氏年十八夫殁欲殉，翁姑劝止，孝养惟谨。痛夫无嗣，请翁置簉室得举三子。后氏病革，翁姑命第三子所生长子至前曰'以是为若子'，氏泣受命，寻卒"。这个案例很特殊：夫殁无子→欲以身殉→翁姑劝止→请翁纳妾→翁举三子→翁子生子→氏病革→翁命三子长子为氏子。

清代歙县"孙门双节"，"郡城孙士佐继妻许氏，夫殁与妾吴氏共矢志抚孤成立。初，吴氏父病，鬻女于孙，□□□□吴归，事姑及嫡如礼。嫡姚氏殁无子，吴请于姑，命夫娶继室，故许生子，吴共抚之，无异所生"。

（三）百般营葬

"入土为安"，让亡者安息，生者安心，是中国丧葬文化内容之一。徽州节孝贞烈坊坊主，如果夫君或舅殁于外，即使万般辛苦，也要扶榇归葬；宁可节衣缩食、斥卖典鬻，也要对故者丧葬尽礼；如有祖骸浮攒，则竭力营葬。

1. 扶榇归葬

清代歙县节妇"汪门双节"，"岩镇进士汪侃，入京道卒，继妻胡氏、妾娄氏解衣装治丧，扶柩归葬。胡谓娄曰：'汝年少，且与我俱无后，恐不能终志也。'娄剪发自誓"。

清代歙县节妇"许学清妻张氏"，"许，许村人，客死汉阳；氏扶榇归里，抚子娶妇而子夭，后抚孤孙以终"。

清代歙县节烈"汪光瑶妻程氏"，"夫殁于姑苏，氏坚贞矢志，择侄承祧，逾年扶榇归葬毕，即以身殉"。

清代绩溪节妇"唐学镛妻方氏"，"幼娴孝义，父疾奉侍唯谨。及归唐，佐夫执艺营生。镛挈居兰溪，经两载镛病殁，氏欲殉。回忆扶柩归里，无人可恃，勉纳水浆。及归葬，哀告宗长立嗣，绝粒十三日死"。

清代歙县节妇"徐光明妻胡氏"，"徐，徐村人，贸易徐州，奉父挚氏同往。后氏之翁殁于徐，夫痛父椎心遂成疾不起，氏乃扶两枢，携幼孤，走千余里归歙。族人醵金为氏抚孤养姑资，氏坚辞不受，藉纺绩以葬翁姑，守节终身"。弱女子，大概率还是小脚女人，"抚两枢，携幼孤，走千余里归歙"，孤儿寡母，舟车劳顿，即便"两枢"有他人操持，途中之艰难，常人仍难以想象。

甚至有的妇女，或是对亡夫一往情深、难以接受眼前事实，或是对未来生活没有一丝一毫的希望，在扶椟归里途中投水殉夫。如清代休宁"程潭妻吴氏"，"监生潭以暴疾殁于监，吴扶椟舟归至淳安赴水而殁"。

2. 丧葬尽礼

清代歙县节妇"吴国梓妻方氏"，"氏年十六将归，夫疾已笃，父母欲改婚期，氏坚请往。越五日夫殁，持刀自刭，以翁姑命乃止。孝事翁姑，丧葬尽礼，抚侄为嗣，守节终身"。

清代歙县节妇"巴廷录妻黄氏"，"氏归两月夫殁。将殁时执氏手，氏拔簪刺手出血，以示不二，事翁姑丧葬尽礼，抚继嗣成立"。

3. 营葬祖棺

旧时徽州丧葬有"停厝"（停棺待葬）习俗，久而久之"停厝"甚至成为一大陋俗，以至地方政权不得发文"严为示禁"[1]。节孝贞烈坊坊主为亡夫及先世"入土为安"，百般营葬。

清代歙县节妇"王世勋妻程氏"，"氏在室时尝刲股以愈父病。于归逾年，舅客殁，夫方自塾出，扶椟归，居丧遘疾，不能理生产，姑亦老病，斥卖典鬻，家无立锥，惟湖田薄地数弓仅存。越数年，夫与姑相继殁，抚六岁遗孤以守。念先世两代犹厝浅土，乃奉四枢于湖田葬之，工力不赡，负土以成，见者皆为流涕"。

清代歙县节妇"汪沅宽妻郑氏"，"汪，岩镇人，殁；氏抚侄为嗣，营葬祖骸六棺，备极艰窘"。

---

[1]嘉靖《徽州府志》《卷二·风俗》载："亲殁不即营宅兆，富者以屋以殡，贫者仅覆茅茨，至暴露不忍见者。由俗溺阴阳择地择日拘忌，故至屡世不能复土举葬。"嘉庆《黟县志》卷三《地理志·风俗》载：黟县"地多山水，故土薄，择葬地实难，而形家说又杂出，或不仅求安，且欲以求福。至亲没，不即葬，多为厝屋，至有覆茅茨者，岁久将不能葬。今严为示禁，且量助以资，或冀此风稍改。"嘉庆《黟县志》卷十一《政事志·义冢》还载有自明弘治至清嘉庆黟县父母官和社会贤达捐置义冢几十处，附有《捐置义冢劝葬示》，劝谕"死无葬身之地"者及时安葬。

　　清代歙县节妇"曹健妻张氏","夫殁,氏孝养翁姑,课子守节,并抚育其孤侄。母家三世浮攒皆氏安葬"。

　　清代歙县节妇"余士锜继妻周氏","氏,吴县人,年十八夫殁,翁疾刲股和药,抚前室子,媵妇孤孙,营葬五代祖棺,皓首而终"。

　　清代歙县节妇"程天锡妻吴氏","程,槐塘人,殁;氏事媵姑,抚幼子,蓄针绂资葬先世五棺"。

　　清代歙县"吴烈女","溪坎人,许字甸子上潘世瑰。既归其家,待年未婚,世瑰父母俱亡,门衰祚薄,竟以贫死。其上世数棺未葬,女尽鬻其所有以营葬事,而以世瑰祔焉。事毕,遍拜邻族,泣告曰:'无祀之坟,得不易坏,死生均感。'是夜,雉经死"。

　　清代黟县节妇"程应辉妻汪氏","年二十二夫故。子一桂殇,择继承祀。变产葬八代未归土之棺"。

　　徽州节孝贞烈坊坊主中甚至还有"生不同死,死必同穴"现象,即有的坊主在营葬亡夫或舅姑时,就为自己虚圹以待。如明代歙县节烈"毕熙皁妻李氏","熙皁殁,氏志相从。以舅姑未葬因,罄家所遗,营四圹,余一自待,绝粒九日死"。

　　更有甚者,徽州节孝贞烈坊坊主及家人"死无葬身之地",亦见于坊主传。"鲍东连妻叶氏","鲍,塥田人,贫而佣贩,氏力作相之。及病,氏为医祷,艰难万状。卒不起,无子。氏语诸族人,欲置片土葬其夫,虚右为己圹,比无应者。商之母族,亦然。氏叹曰:'命也!'乃泣拜夫枢,尽燎夫之故籍文券,而自经焉"。可以想见,该女子自经时一定是绝望至极,到了生不如死的程度。

(四)刲股疗亲

　　在旧社会,刲股疗亲并不鲜见,不仅普通百姓,即使官宦人家亦有这种今天看起来属于"愚孝"的行为,其实这一行为背后蕴含着中国人深厚的孝亲文化。在徽州节孝贞烈坊坊主中,为救父母、夫君、公婆,刲股者有之,剔臂者有之,既刲股又剔臂者有之,既刲左股又刲右股者有之,甚至三次刲股疗亲。

　　在前述48条"刲股"坊主信息中,42条系节孝贞烈坊坊主。如清代歙县节妇"江华勤妻程氏","氏在室曾刲股瘥母疾,及夫病又刲股不效,事祖姑翁姑尽孝,继侄守节";清代歙县节妇"凌嘉恪妻吴氏"割股不为家人所知,直到因割股而殁收殓时"乃知其刲股","嘉恪生四龄父殉难,时时哀思其父,体羸善病而殁,氏绝粒七日投缳死。就殓时,姑姊为周衣,见左股肉溃,乃知其刲股";清代歙县节妇"方深明妻仰氏"三次刲股,"在室尝刲股疗母,及嫁两次刲股救姑与夫,夫殁抚遗腹子成立"。

在前述18条"割股"坊主信息中,共有17条系节孝贞烈坊坊主。如明代婺源节烈"渼田岭程氏,名可仪,配汪申贤,归汪未期,申贤竟乡试喷血殒。归资乏,程脱簪珥佐医,吁天愿以身代,引刃割股三"。明代黟县节妇"汪成材妻江氏","于归时夫已病,氏侍奉汤药,至割股吁天代死。夫故,毁容断发,卜葬夫棺如礼,营虚圹矢志同穴"。

在"刲股疗亲"的同时还有"割臂疗亲"的,如清代歙县"大里汪门双节"中的廷琮妻"鲍氏,尝刲股疗夫,后又剔右臂救姑"。

今天看来,"刲股疗亲"是一种愚孝行为,为什么明清时期不仅徽州节孝贞烈坊坊主而且其他人却努力践行之? 这可能与社会大环境因素有关:"历史上对愚孝的态度有较大的分歧,自元朝开始,朝廷不再表彰埋儿、卧冰、刲股等孝行,朝廷虽然禁止,但刲股疗亲在民间颇为盛行,地方官常常持赞同态度。"[1]且不说朝廷是否禁止,至少深入人心的封建伦理和孝亲文化、地方官的赞同态度、他人的示范效应亦是重要原因。

如果要形容徽州节孝贞烈坊坊主们一生的群体性特征的话,似乎用"悲伤""悲苦""悲惨""悲辛""悲凉"甚至"悲烈""悲鸣""悲壮"等词一点也不为过。

> 不幸夫亡,动以身殉,经者、刃者、鸩者、绝粒者,数数见焉。或称"未亡人",而代养,而抚孤,嫠居数十年,终始完节。处子或未嫁而自杀,或不嫁以终身,虽古烈女,何以过焉。[2]

这是出自同治《祁门县志》卷五《舆地志·风俗》中的一段话。这段话也出现在万历《休宁县志》卷一《舆地志·风俗》和康熙《休宁县志》卷一《方舆·风俗》中。徽州女子守节之惨状,竟成为徽州风俗之一,可见徽州女子守节时间久远,范围广大,相沿成习,并对徽州社会成员行为尤其是女性守节行为产

---

[1]陈爱平.中国古代愚孝探赜[J].台州学院学报,2013(4):44.

[2]同治祁门县志 光绪祁门县志补[M].南京:江苏古籍出版社,1998:59-60.

生了一种非常强烈的制约和导引作用。

"总之,节烈成风,乃是徽州女性最突出的个性之一。这种个性的形成,与理学思想的潜移默化及约束有着明显的因果关系。这是理学对徽州社会产生重大影响的又一表现。平心而论,提倡贞洁,强调节义,本无可厚非,然而片面地穷其极致,甚至摧残妇女,鼓励轻生,扭曲人性,刻意提倡和建立一个男女不平等的社会秩序,这是包括新安理学在内的整个宋明理学的糟粕之处,应予揭露和批判。"[1]

在查阅 28 部徽州旧志、抄录徽州牌坊及坊主传、整理书稿过程中,"仁义礼智信、温良恭俭让、忠孝廉耻勇"这十五个字始终隐现于脑海中。"仁义礼智信"即"仁爱、忠义、礼和、睿智、诚信","温良恭俭让"即"温和、善良、恭敬、节俭、谦逊","忠孝廉耻勇"即"忠心、孝悌、廉洁、羞耻、勇敢",这些都是儒家思想或伦理的重要内容,或为做人为世处事的基本遵循,或为待人接物的重要准则,其中一定不乏中华优秀传统文化应有之意。

牌坊,看似孤零零冷冰冰,其实却是特定时代政治、经济、文化的载体,固化了坊主们"可歌可泣"的言行举止,承载着各级政权的殷切期望,蕴含着建坊朝代的时代精神,既是歌咏坊主的丰碑,更是彰显国家为教化百姓、维护基层治理进而巩固政权的无言之诏!

---

[1]周晓光.新安理学[M].合肥:安徽人民出版社,2005:268-269.

后　记

本选题是我和安徽师范大学历史学院院长、博导刘道胜教授共同申报的。道胜教授文史功底深厚,主要研究中国古代史、历史文献学和徽学等,系安徽省"领军骨干人才特聘教授""学术与技术带头人",主持国家社科基金等项目20余项,独著《徽州方志研究》《徽州文书稀俗字词例释》等著作多部,发表学术论文50余篇,获奖10余项。就合作事宜,我们有过四次交流。无奈道胜教授后来因为行政管理、教学、科研任务繁重,主动提出无力参与后续工作,并鼓励我坚持下去。既然开了头,确实应该坚持下去,但道胜教授的退出让我始料未及,由我一人来完成实在有些力不从心:在"文革"中结束中学生活,有幸作为七七级的一员但在接受四年非文史专业的教育之后再也没有接受过学历教育,文史知识之浅薄可想而知。好在道胜教授古道热肠,无论是否合作,对于我的请教始终满腔热忱,加上其他学人的无私帮助,我坚持了下来。

《引言》中已经提到,几年前,我在《徽州文化地理研究》中写徽州牌坊景观时关注过徽州存世牌坊,认为"旧时徽州牌坊可能多于1000座"[1],还设想了研究路径[2]。"旧时徽州牌坊可能多于1000座"是个约数,到底多少座,可能永远无法再弄清楚,但深究下去自认为还是一件很有意义的事情。研究路径可行不可行,也需要探究。这是写作动因之一。退休之后,完成返聘工作之余还有点可供阅读、思考、写作的时间,自知文史功底浅薄,读读徽州旧志,或许对认识徽州旧时牌坊有所帮助,对徽州过往多一点了解,甚至还可以增长一点自己的文史知识。因为这两点原因,我产生了本选题的初始想法,基于

---

[1]黄成林.徽州文化地理研究[M].芜湖:安徽师范大学出版社,2018:230.

[2]黄成林.徽州文化地理研究[M].芜湖:安徽师范大学出版社,2018:231.

部分徽州旧志,研究徽州牌坊,并且和道胜教授的想法不谋而合。

　　说到底,本书是一部读书笔记,记载我关于徽州牌坊所读所见所思,从萌发念头到呈交书稿,历时四五个年头。其基本内容来自28部徽州旧志,我是边读书,边笔记,边思考,边整理。读书,主要是查阅徽州旧志中与徽州牌坊有关的内容,肯定有疏漏;笔记,主要是摘抄牌坊信息和坊主传(这其中肯定还有识读、句读方面的问题),记下零散想法,我以为坊主传是坊主之所以能够立坊的"先进事迹",更是立坊时代官方立场、观点、态度的再现,很有价值,亦是认识当时社会的"入口"之一;思考,如思考牌坊分类、牌坊与社会的内在联系等,尤其是重复坊的排除问题很是麻烦,纵然反复辨析,未必没有差错;整理,即在阅读的基础上先整理思路或构架,再整理文稿,几经整理、前后协调好的文稿即书稿。徽州旧志出自官员和文人之手,代表了封建统治阶级的观点,自说自话,今天看来,间有不恰当之语,为保持原貌,抄录旧志时未作改动,特此说明。

　　第一章叙说研究缘起、内容和方法,其中按纪念对象类别对牌坊的分类实际上是归纳第二章至第八章部分内容的结果之一。第二章至第八章,以徽州府城和府属六县为单元,以徽州旧志为文献源,记载各自的牌坊,并对各单元的牌坊予以分类统计,凡牌坊坊主力争在旧志中找到其小传,一一抄录下来,藉以观照旧时的社会风尚,甚至可以一睹当时主流社会奉行的价值观念等。第九章试图对第二至第八章内容予以综合归纳,提出了关于徽州牌坊总量和类型、坊主和坊名、牌坊时空分布、徽州旧时社会风尚等方面的认知,自认为对于认识徽州牌坊具有积极意义。第九章很值得写,不仅是已经写的几部分(只是写得不深不透),还有为学之道,甚至徽商某些方面等,直接引文中都有可供分析的真实材料,都很值得深究细写。由于自身能力等原因,这里只得留白了。相信读者读完全部直接引文从中领悟的东西,远比看我结语中的文字更有收获,也更有意义。

　　回到上文提到的几年前关于徽州牌坊的估算和研究路径,现在看来,对徽州牌坊总量的估算过于失智了,但基于徽州旧志研究徽州牌坊的路径是可行的。如果全读细读深读全部徽州旧志,反复梳理,一定会有更多的认知。如果基于徽州旧志中的坊主传等旧志中的资料,建立牌坊和坊主数据库,肯定能够统计分析出更多的关于徽州牌坊及其相关内容的具有普遍意义的结论。

这里还必须就《引言》开篇问的问题"旧时为什么要建牌坊"予以补充。前文答案是"褒扬坊主,教化今人"和"教化今人,期盼美好",这里补充的是:对个人、家庭、家族而言,建牌坊在于光宗耀祖,显赫乡里;对于政权而言,建牌坊在于维护基层社会治理,进而维护地方政权乃至朝廷皇权;建牌坊的肇始者是朝廷。

我以为,凡是有意义的事情总得有人"投石问路",哪怕确实是"此路不通"也很值得。限于学识和能力,只是查阅了28部徽州旧志中的部分内容,拙作还存在这样那样的问题,包括因"不知道自己不知道"而疏于讨教产生的差错等,欢迎读者批评指正。如果有读者试图引用本书中的坊主信息等原始资料,建议据徽州旧志予以核对。

还必须说一句,在整理书稿的后期,我又觅得几部徽州旧县志,本该补充到书稿中去,考虑到工作量、书稿篇幅等原因,只得忍痛割爱,还请读者原谅。我想我应该在合适的时候为本书补遗,以无愧于内心,至于有没有刊物愿意刊载几万字的长文那又是另一回事。

书稿即将脱手,但自动笔以来一直惴惴不安,除了才疏学浅、研究内容有些跨界之外,还有始终萦绕心头的敬畏文字、敬畏出版。

在完成书稿的过程中,除了道胜教授满腔热忱外,我还得到了不少学人的无私帮助,如黄山市徽州区王朝涌先生为我提供了吴之兴先生点校、徽州区人民政府办公室和徽州区地方志编纂委员会印行的《岩镇志草》,黄山市文化和旅游局陈琪先生为我提供了三部电子版徽州旧志,歙县学者张艳红女士为我提供了民国《丰南志》点校今印本并热情回答我请教的问题,歙县方志办邵宝振主任为我提供了万历《歙志》点校今印本和电子版道光《歙县志》,祁门中学胡义松老师为我提供了祁门县地方志办公室整理、印行的《祁阊志(外四部)》,等等,借此机会谨向他们表示衷心的感谢!

感谢安徽师范大学历史学院将拙稿列入安徽师范大学徽学研究丛书出版计划并资助出版,感谢安徽师范大学出版社领导在本书出版方面给予的诸多关心!

感谢家人一直以来的默默支持和百般奉献!

初稿于壬寅年仲春廿二,定稿于仲夏初十